庆祝新中国成立60周年重点图书

新中国经济学60年

主编　柳　欣　秦海英

中国财政经济出版社

图书在版编目（CIP）数据

新中国经济学60年/柳欣，秦海英主编. —北京：中国财政经济出版社，2010.1
庆祝新中国成立60周年重点图书
ISBN 978 - 7 - 5095 - 1472 - 6

Ⅰ. 新…　Ⅱ. ①柳…②秦…　Ⅲ. 经济学 - 研究 - 中国 - 1949 ~ 2009　Ⅳ. F120.2

中国版本图书馆CIP数据核字（2010）第005055号

责任编辑：周桂元　　　　责任校对：王　英
文字编辑：周桂元　卢关平　　　　版式设计：兰　波
　　　　　刘五书　林治滨　　　　美术编辑：郁　佳

中国财政经济出版社出版

URL：http：//www. cfeph. cn
E - mail：cfeph@ cfeph. cn

社址：北京市海淀区阜成路甲28号　邮政编码：100142
发行处电话：88190406　财经书店电话：64033436
北京财经印刷厂印刷　　各地新华书店经销
787×1092毫米　16开　25.5印张　621 000字
2010年4月第1版　2010年4月北京第1次印刷
定价：49.00元
ISBN 978 - 7 - 5095 - 1472 - 6/F · 1267
（图书出现印装问题，本社负责调换）
本社质量投诉电话：010 - 88190744

代 序

学习、彷徨、求索

——从事政治经济学科研、教学工作60年

谷书堂

一、初入政治经济学的门坎

1948年秋，我第一次接触到政治经济学著作，是在学校学生自治会创办的小书亭中看到的，是列昂节夫著的一本通俗的小册子《政治经济学》。这本书很容易读，通俗而且很生动，给我留下了深刻的印象。1949年1月15日天津解放，秋季开学时，系里就请来一位曾经在前苏联留学的季陶达教授，给我们当时大学四年级的同学讲授政治经济学，这是我在大学课堂上第一次接触到这门课程。不过季教授当时讲的内容，还只限于相当于《资本论》第一卷的内容，并没有讲到帝国主义阶段，更谈不到社会主义部分了。

1950年我毕业后被调回学校工作。1951年高教部借大批前苏联专家来华之际，利用当时燕京大学的校舍举办了一期政治经济学研究班，名义上称研究室，实际上就是进修班，当时从全国高等学校抽调20多名中青年教师来此培养。由三位前苏联专家授课，第一位是阿尔马卓夫，讲授政治经济学（资本主义）部分；第二位是加姆什金，讲授帝国主义部分，实际上他讲的是列宁的“帝国主义论”；第三位是然明，他很年轻，据说是刚从莫斯科大学拿到博士学位的副教授，他主讲社会主义部分。这部分很像是一些专题，不过当时听了觉得很新鲜，因为过去对此根本没有接触过，由于听了他的讲解似乎觉得社会主义原来就是这个样子，当然那时没有能力对它加以分析和辨别。就我来说颇有些意满志得，似乎在新中国我是第一批接触到什么是社会主义经济理论的教师。这一年我们

唯一的任务就是在这里学习这一套理论，读《资本论》、《帝国主义是资本主义发展的最高阶段》，以及列宁和斯大林的一些有关著作。

建国之初学过政治经学的人极少，我回校后，很自然地就被视为稀缺的政治经济学学者了，所以很快就被安排在经济系政治经济学专业担任“政治经济学”的主讲教师。全部课程安排两年，每周6个学时，这可算是教学工作中的“重中之重”了。我当时的心气自然很高，一心想把教学搞好，但没料到的是52届学生的素质很不整齐，由于当时大学的生源不足，主管部门一般把成绩较好的学生优先安排到理工科去，分配到南大经济系的20多名同学都不是按照他们本人的志愿“分配”来的，因此，入学后不安心专业学习的学生很多，而真正喜欢读政治经济学专业的人不足十之二三，这对我的满腔热情无疑是一个很大的打击，次年学校就停止了招生。1954年经济系内还设有会统专业（1958年后会统专业也调整到现在的天津财经大学），系里就把我临时安排到会统专业授课。这班学生有一部分是中专毕业的，还有一部分是调干生，多半年纪较轻，对理论的要求不高，但学习情况还可以，这使我的心情好了许多。

政治经济学专业停招了三年后1956年再度招生，这一届学生是由调干生和高中毕业生两部分人组成，有的学生年岁较大，学习兴趣也比较高，他们尤其喜欢结合实际情况讨论问题，这也激发了我思考问题的积极性。总之，对这一班学生我还比较满意。可是，好景不长，没过多久问题就来了，最让我头痛的有两个问题；一是政治运动接踵而至，课程的进展经常被冲断，由于各种社会活动应接不暇，学生的注意力也就很分散，学习情绪也就提不起来；另一个问题是这班约有一半的学生家在农村，他们对当时农村情况了解很多，因此往往会向我提出让我很难回答的问题。例如，农村生产力在50年代没有很大变化，而生产关系却连升三级由初级社、高级社，飞跃到人民公社，这怎么解释？它的必然性又在哪里？再例如，1958年大丰收了，为什么全国却很快进入了三年经济困难时期？在大家都饿肚子的情况下，为什么农村还要办食堂？对于这些议论，我并不是没有看法，但却不敢轻易表态，于是在1960年春节前，我就带着两位年轻同事下到离天津市不远的王庆坨公社和河北省霸县的堂二里公社调查，通过亲身所闻所见，证实了同学们提出的那些问题都是有事实根据的。领导上的主观主义和脱离实际的“五风”如刮共产风等，是造成诸多严重问题的根源，这些问题大家都清楚，可是谁也不敢向上反映。我当时的思想斗争很激烈，觉得这么明显的问题从一个共产党员的良心出发应该向上反映，防止灾情继续蔓延，可是当我从报上看到北京大学副校长邹鲁风、中国科学院经济研究所研究员董谦等同志由于在调查中如实地向上面反映问题，却都受到了严厉的批判和处分，心里不由自主地凉了下来。回想起来，由于在当时的形势压力下，虽然我本人最终也未能向上反映所了解的实际情况，但是对于坚持“实事求是”

这个原则的重要性及实践“实事求是”是多么困难，却深深地印在我的脑海中。“实事求是”对于我后来的教学和科研一直起着警示的作用。

二、改革开放后的顺利与困窘

由于人们长期处于贫困和压抑的条件下，改革开放大政策的提出，自然符合大家的心愿，所以从70年代末开始的改革开放大潮使大家感受到似乎获得了“第二次解放”。这次解放对于我个人来说，更具有双重意义！一方面自然是我的思想观念获得了一次大解放，另一方面也使我的科研写作获得了解放，可以说，从此我基本上可以自由地表述自己的真正认识和经济观点了。

特别是党的十一届三中全会确定了以经济建设为中心这一基本方针，更加符合我们经济学人的愿望，觉得可以大有用武之地了。当时我就把自己研究的重点方向设定在与经济体制改革有关的重大问题方面。80年代初期领导层对改革策划的重点都是在所有制改革、商品经济和计划与市场关系等重大理论问题方面，利用历史唯物论的方法和政治经济学关于变革生产关系的有关原理进行分析，觉得思路很顺畅，所以心里有说不出的痛快，感到原来自己所学的理论知识是很有用的。那时我参加的研讨会和发表的论文都比较多，可以说这是我从事政治经济学理论工作以来心情最舒畅的一个时期。

然而没有料到的是，进入20世纪90年代以后情况出现了一个转折。90年代初邓小平南方讲话以后，中国终于决定了实行社会主义市场经济体制。这是符合所有支持改革的人的共同的愿望，我自然也不例外。但问题是对市场机制下的经济运行和发展如何进行研究，我却感到有些陌生，不仅分析方法不熟悉，甚至连一些常用的概念术语都觉得不太适应，自己原来学的那些理论知识显得不够用了。当时的大部分理论文章都是来用西方常用的那一套，这些我基本不熟悉，尽管在大学时我也读过一点西方经济学，但那只是一点点，而且还是马歇尔那个时代的理论。由于我对于市场经济的研究方法不熟悉。原有的知识又觉得不够用，于是我开始陷入一个始料未及的困境中。到了20世纪90年代中后期，经济体制方面的重大改革，如企业改革、金融体制改革等由于进入攻坚阶段，新的重大措施出台很少，而同时房改、医改、教改等方面的问题却突出起来，特别是群众不满社会分配不公的呼声更加吸引了人们普遍的关注。在这种情况下，我觉得再继续追踪经济体制改革的研究困难颇多，于是在上个世纪末我决定把经济体制改革追踪研究的工作暂时告一段落。我在2000年发表的关于“经济体制改革的发展与回顾”的文章，实际是对此问题研究暂告结束的“告别书”。

然而我当时虽然已经七十多岁，而且已经离休，但总觉得还有些余力，尚不习惯就此停笔。同时考虑到我担任主编的《政治经济学（社会主义部分）》教材，虽然已出了七版，但是出版社也没有结束的意思。再加上在过去这段经历中，政治经济学、特别是社会主义部分在教学中的反映和存在的问题，也使我断断续续地进行过思考，并有了一些不成熟的想法。上述诸因素结合起来就促使我把余力转移到政治经济学本身问题的研究上来，这颇有点像是问题“复归”。因为在50年代我从事教学初期对经济学本身的一些问题，例如社会主义政治经济学的研究对象是什么？政治经济学与经济学的关系应如何看？政治经济学社会主义部分的主线和基本范畴又是什么？等等，虽然也曾写过文章探讨过，但在当时这些问题不可能有明确的答案。以后这类问题在我的整个研究和教学过程中也时而考虑过，然而由于每个阶段关注的焦点都是与经济体制改革有关的，不可能抽出专门时间来研究它。对于这一些经常在我的脑海中反复闪现过而又未解决的问题，现在有富裕时间了，虽然精力已大不如前，但安排一些时间较为集中地考虑这个问题还是可能的。当然在几十年后的今天，这类问题的内涵与外延也都与过去不同了，它也是随着社会的发展和认识的进步而改变的。致使这类问题的深化和具体化已非昔日可比。例如近些年碰到较多的问题是：社会主义政治经济学究竟是不是科学？它与西方经济学是个什么关系？从一个更宏观的角度看，政治经济学是否应该作为一种纯经济学的学科存在？以及如何在实践中审视已有的经济科学的细划与综合？等等，特别是今天在中青年朋友中很多人对政治经济学、尤其是社会主义政治经济学兴趣不大，究竟问题出在哪里？这些都是促使我认真地反思过，我相信这也是我们学界同行共同思考的问题。

三、晚年的求索

谈起对上述诸问题的片片断断的思考，可以说面对的都是颇为伤脑筋的问题。由于始终没摸索到一条清晰的线索，往往是只能徒劳往返。在这里我不想描述这个曲折的反思过程，只想把对我个人来说近似结论性的看法写出来，以期引起同行专家的批评和商榷。

政治经济学社会主义部分究竟走向何处？前面所列举的一些问题，不论出自什么角度，总括起来一句话，就是如何评估社会主义政治经济学的问题。在我主编的《社会主义经济学通论》一书中曾试图回答这个问题，很不理想，它并没有解决了这个问题。然而我之所以还是把该书印出来，只是考虑到目前没有更合用的教材，不得不利用它暂时满足眼前的急需而已。如果认真地思考一下它的科学性、系统性，特别是我所表述的社会主义经济本质特征及其规律性，便不难发现它在这方面存在的缺点。为什么到今天中国还编不出一本合格的教材？那绝非偶然。我认为，今天在世界范围要想写出一本科学的社会主义政治经济学著作恐怕只能是幻想。我之所以敢这样武断地结论，一个再简单不过的理由就是“社会存在决定社会意识”。这是一条大家都承认的真理，既然如此，那么在当今世界上还根本不存在一个成熟的或成功的社会主义社会的条件下，又怎么可能抢先冒出一部能够正确反映社会主义社会基本规律的政治经济学著作呢？我们可以回顾一下历史，世界上最早的一部包括社会主义部分内容的政治经济学著作是在前苏联1954年出版的。1936年斯大林匆匆忙忙地宣布本国建成了社会主义社会，然而不论当时的实践，还是最后的结局，都证明他宣布的这个社会主义社会并不成功。而1954年出版的曾经红极一时的教材就是以这个不成功的体制和政策为基础写成的。因此，尽管参编者都是前苏联科学院鼎鼎大名的院士，而且是在斯大林的旗帜下成书的，最终也无济于事。由于经济基础本身就不符合实际情况的要求，反映这个基础的上层建筑又怎么能维持得长久？所以短短几年这本教科书也就在人们的视线中消失了。

我们中国编写包括社会主义部分的政治经济学教材是从50年代末开始的。虽然1958年我们也宣布进入了“社会主义社会”，但是社会主义究竟是个什么样子？它的基本要素是什么？当时恐怕没有人能说得清楚。可以想见，那时写出来的东西除了“借鉴”前苏联教科书那一套框架和基本点外，还能写出什么新东西来呢？好在当时中国正处于政治运动的高潮期，并进入了“文革”动乱时期，这时整个学校都停止了教学活动，还有谁来理会这一套呢？在这种背景下，政治经济学又怎么可能引起人们的重视和关注？

改革开放在中国开辟了一个崭新的时期。改革开放以后，政治经济学的研究和教学都发生了根本性变化，特别是在思想解放的背景下，经济学者都围绕经济建设和改革开放开展了比较实事求是的研究和相当自由的理论探讨，自然是成果累累，对国家建设和改革开放的推动发挥了重要作用，经济理论工作者的心情也是兴奋异常。然而在大好形势下，对我来说，也还是存在着问题。对当前现实问题的研究、我认为虽然很重要，对当前经济的发展也能起推动作用，但它毕竟回答不了基本成熟的或比较典型的社会主义社会的本质问题，也回答不了社会主义社会的基本矛盾及其运行规律的重大问题。基于这种情况，我认为倒不如把现在开设的政治经济学社会主义部分或叫社会主义政治经济学这项大帽子暂时收藏起来，而把现在开设的实际上是“中国转型期经济问题的研究”名符其实标榜出来。这样才算是实至名归。我们经过这种长期的有针对性的具体研究，随着社会的发展和进步，也可以为基本成熟的社会主义社会的起步及其理论形态积累资料。

借此机会，我还想补充说一句话，就是关于经济学的指导思想和研究方法问题。我个人几十年来从事政治经济学研究工作的体会之一，就是马克思的历史唯物论是分析社会发展的科学方法，在研究当前经济社会发展时，也是不可或缺的指导思想。然而在研究市场的经济运行机制及其相关的问题时，西方经济学尽管还存在某些不足，但西方学者对市场机制的研究毕竟比我们早了一二百年，他们的著作中积累了不少符合科学的因素，我们应该借鉴一些对我们有益的东西。西方经济学与马克思主义政治经济学虽然出发点和基本思想以及它们的功能都不尽相同，但是其中有些内容、特别是对市场经济运行的研究手段和研究方法可以借鉴之处还是不少。因此，我认为没有必要把二者完全对立起来。至于经济学今后究竟如何发展，马克思主义政治经济学与西方经济学的关系应该怎样妥善处理，这是一个值得慎重研究的问题，在我们经过了这头一个60年以后，还必须继续思考和认真研究解决这个课题。当然，这不应该是我们这些已逾耄耋之年的老者的任务了。

谷书堂

2009年11月4日修改

目录

第一章
马克思主义经济学研究：1949—1978 年 ……（1）
第一节　社会主义政治经济学体系的探索 ……（1）
一、前苏联政治经济学体系的影响 ……（1）
二、孙冶方《社会主义经济论》的探索 ……（1）
三、社会主义政治经济学中心问题的探索 ……（2）
四、《政治经济学（社会主义部分）》（北方本）的探索 ……（3）
五、《政治经济学（社会主义部分）》（通称南方本）的探索 ……（4）
第二节　马克思主义经济学若干理论创新：1949—1978 年 ……（4）
一、关于生产力与生产关系的讨论 ……（4）
二、关于工业化理论和人口理论的讨论 ……（15）
三、关于社会主义基本经济规律的讨论 ……（18）
四、关于社会主义经济结构与经济效果 ……（24）
五、社会主义经济中的商品生产与价值规律 ……（28）

第二章
经济体制改革与马克思主义经济学理论创新：1979—1991 年 ……（35）
第一节　社会主义初级阶段理论 ……（35）
一、社会主义初级阶段的含义和基本经济特征 ……（35）
二、社会主义初级阶段理论是科学社会主义理论的发展 ……（39）
三、社会主义初级阶段理论是马克思主义与中国实际相结合的创新 ……（40）
第二节　社会主义商品经济理论 ……（41）
一、社会主义商品经济理论的形成过程 ……（42）
二、社会主义与计划经济、商品经济、市场经济关系的争论 ……（44）
三、计划与市场的关系 ……（46）
四、公有制与商品经济兼容性研究 ……（50）
第三节　社会主义所有制理论与收入分配理论 ……（51）
一、社会主义所有制理论 ……（51）

二、社会主义收入分配理论 …………………………………………………… (53)

第三章
马克思主义经济学研究的发展：1992—2008年 …………………………… (55)
第一节 对传统政治经济学研究方法的反思 ……………………………… (55)
一、马克思主义经济学的研究方法 ……………………………………… (55)
二、对传统政治经济学研究方法的反思 ………………………………… (58)
三、政治经济学研究方法的规范化 ……………………………………… (60)
第二节 构建“中国经济学”的理论尝试与争论 ………………………… (62)
一、构建“中国经济学”的理论争论 …………………………………… (63)
二、有关构建“中国经济学”的理论思索 ……………………………… (66)
第三节 新的时期有关社会主义政治经济学研究内容的扩展 ………… (69)
一、邓小平的社会主义市场经济理论 …………………………………… (69)
二、中国特色社会主义经济理论体系 …………………………………… (71)
三、经济体制改革的相关理论 …………………………………………… (74)
四、宏观经济研究的相关问题 …………………………………………… (80)
第四节 对马克思主义经济学与西方经济学关系的论争及探索 ……… (83)
一、新的时期马克思主义经济学与西方经济学关系的论争 ………… (84)
二、对马克思主义经济学与西方经济学关系的再思索 ……………… (86)

第四章
新中国成立后的前30年西方经济学的引进与研究 ………………………… (90)
第一节 新中国成立后的前30年西方经济学所处的地位与研究状况 …… (90)
一、新中国成立前西方经济学的引进概况 ……………………………… (90)
二、新中国成立以来至改革开放前西方经济学所处的地位及其原因 …… (92)
三、西方经济学研究的进展 ……………………………………………… (93)
第二节 对西方古典政治经济学的研究与评价 ………………………… (94)
一、从历史发展脉络来研究古典政治经济学 …………………………… (95)
二、从马克思的批判继承来研究古典政治经济学 ……………………… (96)
第三节 对西方资产阶级庸俗经济学的研究与评价 …………………… (98)
一、对庸俗经济学与辩护论经济学之间关系的曲解 …………………… (99)
二、对资产阶级庸俗经济学方法论的批判 ……………………………… (100)
三、对资产阶级庸俗经济学说的批判 …………………………………… (101)

第五章
改革开放以来西方经济学的引进与研究 …………………………………… (107)
第一节 改革开放以来西方经济学的引进和研究概况 ………………… (107)

一、20 世纪 80 年代 …………………………………………………………………… (108)
二、20 世纪 90 年代 …………………………………………………………………… (110)
三、21 世纪的开端 ……………………………………………………………………… (113)
第二节 西方经济学的引入和研究对我国理论经济学的影响 ……………………… (115)
一、西方经济学的引入和研究对我国理论经济学的一些影响 ………………… (115)
二、中国经济学的发展方向 …………………………………………………………… (117)

第六章

中国的经济改革与转型经济学的发展 ……………………………………………… (121)
第一节 中国转型经济学的发展沿革 ………………………………………………… (121)
一、中国转型经济学的起步阶段：1978—2002 年 ………………………………… (121)
二、中国转型经济学的成熟阶段：2002—2008 年 ………………………………… (122)
三、中国转型经济学的转型阶段：2008 年至今 …………………………………… (124)
第二节 中国转型经济学的研究范式 ………………………………………………… (125)
一、政治经济学的研究范式 …………………………………………………………… (126)
二、发展经济学的研究范式 …………………………………………………………… (128)
三、新制度经济学的研究范式 ………………………………………………………… (129)
四、比较经济学的研究范式 …………………………………………………………… (131)
五、演化经济学的研究范式 …………………………………………………………… (131)
第三节 中国改革实践对转型经济学发展的贡献 …………………………………… (133)
一、双轨制与增量改革 ………………………………………………………………… (133)
二、产权保护与分权竞争 ……………………………………………………………… (135)
三、政府的作用与国家治理 …………………………………………………………… (136)
第四节 中国的转型绩效与中国未来改革方向 ……………………………………… (138)
一、关于中国转型绩效的争论 ………………………………………………………… (138)
二、从“华盛顿共识”到“北京共识” ……………………………………………… (140)
三、中国未来改革方向的讨论 ………………………………………………………… (142)

第七章

中国经济增长 60 年：发展战略、制度变迁与增长绩效 …………………………… (144)
第一节 一个简单的理论分析框架 …………………………………………………… (145)
一、要素投入、技术进步与经济增长 ………………………………………………… (145)
二、意识形态、制度变迁与经济增长的长期绩效 …………………………………… (146)
三、发展战略与制度变迁 ……………………………………………………………… (148)
第二节 激进式变革下的经济增长：1949—1977 年 ………………………………… (149)
一、意识形态 …………………………………………………………………………… (149)
二、发展战略与制度变迁 ……………………………………………………………… (150)

第三节 渐进式改革的经济奇迹：1978—2009年 ……………………………… (156)
一、经济发展战略：比较优势、市场竞争与经济开放 ……………… (156)
二、劳动投入、资本积累与技术进步 ……………………………… (160)
第四节 经济增长的比较 ………………………………………………… (164)

第八章
经济史学60年 ……………………………………………………………… (167)
第一节 关于古代经济史的主要学术论争回顾 ……………………… (167)
一、中国古史分期问题论争 ………………………………………… (167)
二、资本主义萌芽问题论争 ………………………………………… (170)
第二节 近代经济史研究的进展 ……………………………………… (175)
一、关于近代资本主义经济部门发展水平与程度的研究 ………… (175)
二、关于近代经济发展水平和国民经济结构的研究 ……………… (179)
三、近代中国经济发展的中心线索问题 …………………………… (181)
第三节 新中国经济史研究的基本特点与发展状况 ………………… (183)
一、新中国经济史研究的基本特点 ………………………………… (183)
二、新中国经济史研究的发展状况 ………………………………… (183)
第四节 新中国经济史研究方法的发展 ……………………………… (185)
一、对"西方中心论"的反思 ……………………………………… (185)
二、新研究方法的引入与推广 ……………………………………… (187)
三、经济史研究中历史学和经济学研究方法的互补 ……………… (190)
第五节 外国经济史研究的60年 ……………………………………… (191)
一、外国经济史学科的创建与初步发展：1949—1978年 ………… (191)
二、外国经济发展经验的借鉴、吸收与外国经济史研究：1978—2009年
……………………………………………………………………… (200)

第九章
中国发展观的演进及其发展策略的理论与实践 ………………………… (208)
第一节 中国发展观的演进 …………………………………………… (208)
一、"社会主义建设"发展观的理论与实践………………………… (208)
二、"发展是硬道理"发展观的理论与实践………………………… (210)
三、"科学发展观"的理论与实践…………………………………… (213)
第二节 中国发展策略的演进 ………………………………………… (214)
一、"重工业优先战略"的理论与实践……………………………… (214)
二、"以改革开放带动发展"战略的理论与实践…………………… (220)
三、政府主导型发展策略的理论与实践 …………………………… (223)
第三节 从发展经济学视角对中国60年发展思路的评述 …………… (227)

一、中国工业化的发展阶段及其特点 …………………………………………（228）
二、从发展经济学视角来看中国发展过程中增长机制 ……………………（229）
三、中国发展模式可升华为发展经济学理论 ………………………………（231）

第十章
中国国有企业60年：理论探索与实践推进 ………………………………（234）
第一节 国有企业的建立与改革萌芽 ……………………………………（234）
一、国有企业建立的理论基础 ………………………………………………（234）
二、传统国有企业的制度特征 ………………………………………………（236）
三、国有企业改革的理论萌芽 ………………………………………………（237）
四、国有企业的政策调整 ……………………………………………………（240）
第二节 企业主体论：从“放权让利”到“两权分离” ……………………（243）
一、正确认识计划与市场的关系：扩大国有企业自主权的前提 …………（243）
二、国有企业内部权利关系的探讨：“两权分离”理论形成的基础 ………（245）
三、企业本位论：社会主义企业理论基本框架的形成 ……………………（247）
四、国有企业扩大自主权的政策演进 ………………………………………（249）
五、转换企业经营机制与承包制的退出 ……………………………………（250）
第三节 企业制度论：从股份制到现代企业制度 …………………………（252）
一、关于股份制的理论探索 …………………………………………………（252）
二、建立现代企业制度的理论探索 …………………………………………（256）
第四节 西方现代企业理论的引入及批判借鉴 ……………………………（257）
一、现代企业理论的争论及国有企业改革方向的分歧 ……………………（258）
二、马克思主义产权理论的探索阶段 ………………………………………（260）
三、西方产权理论的大量引入及误用 ………………………………………（261）
四、马克思主义经济学家对西方产权理论的批判 …………………………（262）
五、国有资产管理体制改革的推进 …………………………………………（266）

第十一章
乡镇企业的发展实践与理论探索 …………………………………………（268）
第一节 新中国成立以来乡镇企业的发展实践 ……………………………（268）
一、乡镇企业政策导向及重要发展阶段 ……………………………………（268）
二、经济体制的转变与乡镇企业发展 ………………………………………（271）
第二节 乡镇企业发展过程中的重大学术争鸣 ……………………………（273）
一、关于小城镇与乡村工业化模式的争论 …………………………………（273）
二、乡镇企业产权结构演化的理论解释 ……………………………………（274）
三、苏南模式与温州模式之争 ………………………………………………（275）
四、乡镇企业地位和未来走向的争议 ………………………………………（278）

第三节 乡镇企业在中国经济发展中的地位和贡献 …………………… (281)
一、乡镇企业的经济和社会效率 …………………… (281)
二、乡镇企业的自发性市场制度创新 …………………… (282)

第十二章
收入分配理论60年 …………………… (284)
第一节 改革开放前我国居民收入分配原则和实现形式以及主要问题 ………… (284)
一、按劳分配是改革开放前我国居民收入分配的基本原则 ………… (284)
二、按劳分配制度的具体实现形式 …………………… (285)
三、改革开放前我国居民收入分配领域存在的主要问题 ………… (287)
第二节 改革开放后我国居民收入分配体制及收入差距的变化 ………… (289)
一、改革开放后我国城乡收入分配体制的变化 …………………… (289)
二、收入分配体制的变化导致居民收入差距不断拉大 ………… (291)
三、公有制收入分配倒U理论的提出及与库兹涅茨倒U假说的比较 ……… (293)
第三节 当前收入分配领域存在的主要问题及对居民收入分配现状的评价 …… (299)
一、当前我国收入分配领域存在的主要问题 …………………… (299)
二、对我国当前居民收入分配现状的评价及未来变动趋势的判断 ……… (301)
三、未来我国居民收入分配体制改革的目标及政策建议 ………… (302)

第十三章
区域经济学理论60年 …………………… (305)
第一节 国外区域经济学的形成与发展 …………………… (305)
第二节 我国区域经济学的形成与发展 …………………… (309)
一、改革开放前——我国区域经济学的萌芽时期 …………………… (310)
二、改革开放后——我国区域经济学初步形成阶段 …………………… (313)
三、20世纪90年代以后——我国区域经济学蓬勃发展阶段 ………… (314)
第四节 我国当前区域经济研究状况及代表性分析框架 …………………… (316)
一、目前我国区域经济学研究状况 …………………… (316)
二、我国有代表性的区域经济学分析框架 …………………… (327)
第五节 目前我国区域经济学研究存在的问题及未来重点研究 ………… (332)
一、目前我国区域经济学研究存在的问题 …………………… (332)
二、未来我国区域经济学研究的重点方向 …………………… (332)

第十四章
对外贸易理论发展60年 …………………… (338)
第一节 外贸在经济中的功能定位：1949—1978年 …………………… (338)
第二节 关于外贸体制改革的理论探讨：1978—1991年 …………………… (339)

一、外贸体制改革的指导思想 …………………………………………（339）
二、实行对外开放的理论依据 …………………………………………（342）
三、外贸经营效益的探讨 ………………………………………………（344）
第三节 关于外贸发展战略的理论探索：1992—2001 年 ………………（344）
一、比较优势原理的再考察 ……………………………………………（344）
二、外贸发展战略的大讨论 ……………………………………………（346）
第四节 加入世界贸易组织后的理论思辨：2001 年至今 ………………（347）
一、利用外资规模的讨论 ………………………………………………（347）
二、"市场换技术"的反思 ………………………………………………（349）
三、全面开放后的产业安全辩论 ………………………………………（350）

第十五章
60 年来毛泽东式政治经济学与改革式政治经济学编年史：政治与经济政策的路线 …（354）
第一节 导论：政策源流考 ……………………………………………（354）
第二节 毛泽东式的政治经济学 ………………………………………（355）
一、土地问题 ……………………………………………………………（355）
二、政治制度与国家战略 ………………………………………………（356）
三、所有制 ………………………………………………………………（357）
四、社会主义的商品生产与商品交换 …………………………………（358）
五、价值和价值法则（规律） …………………………………………（359）
第三节 论十大关系：社会主义的探索 ………………………………（362）
第四节 "毛泽东式工业革命"的后果 ………………………………（366）
第五节 计划与市场：改革的政治经济学 ……………………………（370）
一、改革的政治经济学：1956—1979 年 ………………………………（371）
二、改革的政治经济学的分析逻辑：1979—1992 年 …………………（376）
第六节 转型的政治经济学：1992 年至今 ……………………………（379）
第七节 结语：政治的或意识形态的政治经济学？ ……………………（383）

主要参考文献 …………………………………………………………（385）

后　记 …………………………………………………………………（392）

第一章
马克思主义经济学研究：1949—1978年

第一节　社会主义政治经济学体系的探索

一、前苏联政治经济学体系的影响

在世界经济学说史上，社会主义政治经济学是在20世纪初才产生的一门新兴学科。马克思主义经典作家主要研究的是资本主义经济，对未来的社会主义经济只是作了一些推理和构想，并无系统理论阐述。直到俄国十月革命以后，建立了人类历史上第一个社会主义国家——前苏联，社会主义政治经济学的研究才有了实践的参照。

前苏联社会主义政治经济学的理论体系大体上有三个基点：一是生产资料公有制；二是以优先发展重工业为特征的社会主义工业化；三是高度集中的计划管理体制，贯穿其中的是斯大林定义的社会主义基本经济规律。这一理论体系不仅对中国理论界，而且对中国的社会主义建设也产生了广泛而深远的影响。

20世纪50年代和60年代初期，中国理论界建立中国的社会主义政治经济学体系的探索一直没有停止过，并且在一些重要问题上展开了讨论。当时的研究和探索主要集中在两个问题上：一是社会主义政治经济学的始点范畴；二是贯穿社会主义政治经济学的主线。

二、孙冶方《社会主义经济论》的探索

《社会主义经济论》是孙冶方从20世纪50年代开始进行的一项主要研究课题。1961年6月提出《社会主义经济论》初编的讨论意见和第二稿的初步设想。1962年至1963年一些重要的文稿开始形成。但直到1983年孙冶方病逝，这部著作仍未能完成。遵照其遗愿，中国社会科学院经济研究所对孙冶方的有关文稿、讲稿进行了整理修改，编成《社会主义经济论稿》，于1985年由人民出版社出版。这部书稿比较完整准确地反映了孙冶方长期从事马克思主义政治经济学社会主义部分的研究所形成的理论和观点，包括他对社会主义政治经济学体系的探索。

孙冶方指出，在政治经济学研究对象上，要反对两种偏向。一种偏向是“生产力论”、“物质技术基础论”；另一种偏向是“恐生产力论”，把政治经济学当作一个不接触具体问题

的虚无缥缈的东西，热衷于下定义，单纯从概念到概念，搞文字游戏，不解决任何问题。生产关系与生产力是社会经济的基本矛盾，研究矛盾不能丢开一方来研究另一方。从社会经济发展的角度看，生产力是矛盾的主要方面；但就政治经济学这门学科的研究对象而论，生产关系是主要方面。

社会主义生产关系是社会主义政治经济学研究的主要对象。但用“自然经济”的观点或商品货币经济的观点不可能研究明白社会主义的生产关系。孙冶方主张要通过客观经济过程的分析来研究政治经济学。客观经济过程就是生产和流通过程，总起来就是社会生产和再生产过程。对社会主义经济过程的研究，应以“产品”这个范畴作为逻辑起点。这里所谓的“产品”，不是具体的物，而是社会主义所有制、共产主义高级阶段人与人的生产关系的概括，是一个抽象的、体现社会主义全民所有制内部关系的范畴。如果不运用抽象分析，而是从不同所有制、从按劳分配来研究“产品”，就会由外因说到内因，从商品货币关系说到全民所有制，这是不恰当的。应当先从最本质的关系阐述起。政治经济学是研究生产关系的，而把“产品”的自然属性抽象掉，剩下的就代表生产关系；又把不同所有制、按劳分配等抽象掉，就是代表全民所有制内部的生产关系。只有在这一起点上，才能分析社会主义经济的本质关系。

社会主义经济中的产品范畴也有二重性，即使用价值和价值。单讲使用价值而不讲价值，是没有经济意义的。既然产品有二重性，那么社会主义劳动也就有二重性——具体劳动和抽象劳动。只有在劳动二重性的前提下才能分析个别劳动与社会劳动的关系，才能进行交换。劳动的二重性决定了生产过程的二重性，社会主义产品生产过程是使用价值制造和价值创造的统一。产品的价值决定于产品生产过程中社会必要劳动时间的耗费。为了计算社会必要劳动时间，就有必要比较经济效果和生产费用。据此逻辑，孙冶方提出，社会主义政治经济学教科书的红线应该是以最少的社会劳动耗费、有计划地生产最多的满足社会需要的产品，它既体现了社会主义生产的目的，也使社会主义政治经济学各范畴有了内在联系。

孙冶方的这些先行探索参照了马克思《资本论》的框架和方法，目的是构筑不同于前苏联《政治经济学教科书》的社会主义政治经济学学科体系，它在中国社会主义政治经济学理论史上具有重要地位，也为以后的研究奠定了相应的基础。

三、社会主义政治经济学中心问题的探索

于光远在1956年发表了一篇文章，对社会主义政治经济学体系进行探索。于光远指出，在社会主义制度下，最大限度地满足社会需要本身，就是生产的目的。因此，最大限度地满足社会需要就是政治经济学社会主义部分的一个中心问题。能够用来满足社会需要的物质资料，在政治经济学里就说它具有某种使用价值。如果说政治经济学资本主义部分的中心是价值，那么政治经济学社会主义部分就应当着重于使用价值方面。当然不是去研究使用价值的自然属性，研究它们的效用，而是在研究社会主义经济运动的规律性时，要把如何生产出更多更好更合乎需要的具有各种使用价值的产品，如何合理地分配这些产品，以及如何合理地消费这些产品当作一个中心问题。①

在社会主义制度下也还存在着商品与商品生产。社会主义制度下的商品与任何社会制度

① 于光远：“最大限度地满足社会需要是政治经济学社会主义部分的一个中心问题”，《学习》，1956年第11期。

下的商品一样，不但有使用价值，同时还有价值。社会主义制度下的商品交换也是以价值为基础的。价值这个范畴，所表现的就是不同的生产者交换自己的劳动，而不问生产者究竟是怎样的人。社会中既然有一部分产品进行着商品交换，因而是有价值的东西，那么并不和别的产品进行商品交换的产品，也就只有用价值的形式来表明生产它所必需的劳动量。所以在社会主义制度下，尽管商品同非商品在本质上是有差别的，但是价值这一范畴通用的范围却远远超出了商品生产。这就是说，价值在社会主义制度下不仅是商品交换的基础，而且是劳动的尺度和消费的尺度，不论在生产的领域、流通的领域，它都有很重要的作用。但是，价值在社会主义经济建设中只是一个工具，它本身不可能成为社会主义建设的目的。社会主义生产的目的只能是最大限度地满足社会需要，只能是生产更多更好的具有各种使用价值的产品，并且对它们进行合理的分配。

于光远认为，最大限度地满足社会日益增长的需要，是贯穿在整个社会主义生产中的一根红线。政治经济学社会主义部分中如何把社会主义生产的这个根本目的同社会主义经济的各个主要方面、主要过程结合起来，是理论研究的一个中心问题。

四、《政治经济学（社会主义部分）》（北方本）的探索

1979 年，陕西人民出版社出版了由北方 13 所大学（北京大学、中国人民大学、南开大学、辽宁大学、河北大学、山西大学、吉林大学、黑龙江大学、兰州大学、宁夏大学、青海师范学院、陕西师范大学、北京经济学院）共同编写的《政治经济学（社会主义部分）》(通称北方本)。该教材由南开大学担任主编，辽宁大学担任副主编。到 1993 年，该教材已修订五次。从第二版开始，由谷书堂、宋则行任主编。

该教材指出，社会主义政治经济学的研究对象是社会主义生产关系，而本书所研究的则是不发达的社会主义阶段的生产关系。所谓“不发达的社会主义阶段”，其主要特征是，生产社会化程度低；生产资料公有制还存在两种形式，甚至还保留着一定数量的个体所有制；按劳分配还不能在全社会范围内得到充分贯彻。

社会主义政治经济学的基本任务，是阐明社会主义经济发展的规律。社会主义生产关系确立之后，社会发展的主要任务已经由解放生产力转为在新的生产关系保护下发展生产力。因此，社会主义政治经济学研究社会主义经济发展规律的根本目的，是不断完善生产关系，促进生产力的发展。该教材认为，社会主义经济关系的核心，是国家、集体和个人之间的物质利益关系，并将社会主义物质利益关系作为贯穿全书的一条重要线索。在以后的改版修订中，不断根据历史条件的变化和理论研究的深化，对研究对象、理论框架、篇章内容等作了重大调整，最终发展为“社会主义市场经济的政治经济学”。

1978 年第一版最主要的特点是把“不发达社会主义阶段”（即相当于后来的“社会主义初级阶段”）生产关系作为研究对象，“联系”生产力研究生产关系，并把物质利益作为研究社会主义经济过程的主线。同时，敢于探索、敢于突破传统经济理论的束缚，“明确把社会主义经济看做是公有制基础上产生的有计划的商品经济，从而提高了商品经济在政治经济学社会主义部分中的地位”。这一提法比 1984 年十二届三中全会《关于经济体制改革的决定》早了整整 6 年；关于“不发达社会主义阶段”的提法比 1992 年十三大“社会主义初级阶段”的提法早了 14 年。

五、《政治经济学（社会主义部分）》（通称南方本）的探索

1979年，四川人民出版社出版了由南方16所大学（复旦大学、南京大学、厦门大学、武汉大学、中山大学、杭州大学、暨南大学、四川大学、上海师范大学、山东大学、广西大学、云南大学、江西大学、郑州大学、湘潭大学、安徽劳动大学）共同编写的大学试用教材《政治经济学（社会主义部分）》（通称南方本）。该教材指出，政治经济学社会主义部分是马克思主义政治经济学的一个重要组成部分。政治经济学社会主义部分是以社会主义生产关系作为研究对象，其中心任务是根据社会主义建设的实际，分析社会主义生产和再生产过程，阐明社会主义生产关系发展的客观规律，为社会主义经济建设服务。该教材的理论体系主要由"社会主义生产关系的建立"、"生产资料社会主义公有制"和"社会主义生产的实质"这三章构成，在此基础上加进生产、流通、分配等诸内容。从理论表述看，这部教材基本上仍是前苏联教科书的观点，但它毕竟是一部自成章节体系的完整的教科书，在当时有较大的影响。

第二节　马克思主义经济学若干理论创新：1949—1978年

一、关于生产力与生产关系的讨论

（一）政治经济学研究对象是否包括生产力

第一阶段，1959—1960年。

从1959年6月起，平心在连续发表文章，提出他的关于生产力的理论。认为生产关系总和与生产力总和都是历史范畴。生产力具有社会属性和生产技术属性的二重性，具有自身相对独立的运动。研究各个社会经济形态同生产力因素怎样发生矛盾，以及怎样解决这些矛盾，也是政治经济学必须接触到的重要课题之一。平心指出，生产力和生产关系总是彼此矛盾而又互相统一，作为生产的内容和形式而构成社会物质基础。在任何社会形态中，在任何历史发展阶段中，都不会有离开生产力而单独存在的生产关系，也不会有离开生产关系而片面孤立的生产力。[①] 他还提出："政治经济学不是单以生产关系为研究对象的。必须结合生产关系性质，同时分析和综合各个社会经济形态的生产力性质，并且进一步研究生产力性质与生产关系性质彼此间的区别点与会合点。"[②] 或者说："政治经济学不单是研究社会生产关系的科学，它同时需要研究社会生产力的变化与发展规律。"[③] 平心文章一发表，就受到了全面的批判。在批判中对平心关于政治经济学对象的论断也提出了不同意见。

一些人不同意把生产力列入政治经济学的对象。如谢昌余说："政治经济学要在生产力与生产关系的统一中来研究生产的社会方面，即生产的社会关系。但是，绝不能因为如此，就把生产力也列入作为政治经济学的对象"[④]。从1959年6月起，平心在《学术月刊》和其

---

① 平心："论生产力性质"，《学术月刊》，1959年第6期。

② 平心："论生产力性质"，《学术月刊》，1959年第6期。

③ 平心："再论生产力性质"，《学术月刊》，1959年第9期。

④ 谢昌余："再论平心先生的生产力理论"，《学术月刊》，1960年第5期。

他刊物上发表文章，提出他的关于生产力的理论。认为生产关系总和与生产力总和都是历史范畴。生产力具有社会属性和生产技术属性的二重性，具有自身相对独立的运动。研究各个社会经济形态同生产力因素怎样发生矛盾，以及怎样解决这些矛盾，也是政治经济学必须接触到的重要课题之一。平心指出，生产力和生产关系总是彼此矛盾而又互相统一，作为生产的内容和形式而构成社会物质基础。在任何社会形态中，在任何历史发展阶段中，都不会有离开生产力而单独存在的生产关系，也不会有离开生产关系而片面孤立的生产力。他还提出："政治经济学不是单以生产关系为研究对象的。必须结合生产关系性质，同时分析和综合各个社会经济形态的生产力性质，并且进一步研究生产力性质与生产关系性质彼此间的区别点与会合点。""政治经济学不单是研究社会生产关系的科学，它同时需要研究社会生产力的变化与发展规律。"平心文章一发表，就遭到了全面批判。在批判中对平心关于政治经济学对象的论断也提出了不同意见。

陈泽莲认为："马克思主义的政治经济学是研究人类生产关系的科学。当然政治经济学不是孤立地研究生产关系，而是从生产力与生产关系、上层建筑与经济基础的矛盾中来研究生产关系"。[①] 徐涤平说：政治经济学虽然是以生产关系为对象，但并不是脱离生产力而孤立地去研究生产关系。当然政治经济学并不是研究生产力的结构和运动的规律，而是把它作为生产关系运动发展的物质基础，作为物质生产关系产生、发展和衰落的物质条件，作为生产关系及其作用的结果来研究。政治经济学研究生产力的目的，不是为了说明生产力本身的运动规律，而是为了阐明生产关系发展变化的规律，所以，政治经济学研究生产关系与生产力，是两个不同的问题：前者是研究对象的问题，后者是如何研究的问题。平心恰恰把这两个问题混淆在一起。[②]

第二阶段，1961—1962年。

第一种意见认为，政治经济学的对象是生产关系。田光认为，从马克思、恩格斯创立无产阶级政治经济学的过程可以看出，政治经济学的对象是从生产关系的角度研究各种社会形态中生产关系和生产力的矛盾、上层建筑和经济基础的矛盾。他说，在"上层建筑——经济基础——生产力"的相互关系中，政治经济学的对象是抓住"中间"，联系"两头"，三者是缺一不可的。中间是政治经济学的立足点和基础，"两头"又是政治经济学必然联系的方面。脱离生产力去研究生产关系，就会使政治经济学唯心主义化，脱离上层建筑来研究生产关系就会使政治经济学变成干巴巴的缺乏主观能动性的东西。只有抓住"中间"，联系"两头"，才是在"上层建筑——生产关系——生产力"的活生生的矛盾运动中研究生产关系的辩证运动。[③]

第二种意见认为，政治经济学的对象是生产方式。方文提出，政治经济学的对象应当是社会生产方式。他说，所谓社会生产方式，不是生产力与生产关系的简单总和，而是两者的矛盾统一体。因此，政治经济学把生产方式作为对象，并不是分别孤立地去研究生产力和生产关系，而是在生产力与生产关系的统一和斗争中研究生产方式。所以，政治经济学是关于社会生产方式发展规律的科学，亦是关于社会经济发展规律的科学。他还认为，生产力只能

---

① 陈泽莲："评平心先生的关于政治经济学研究对象的论点"，《光明日报》，1960年11月28日。

② 徐涤平："政治经济学的对象"，《光明日报》，1960年10月17日。

③ 田光："从马克思列宁主义政治经济学史来看政治经济学的对象"，《经济研究》，1961年第4期。

由政治经济学来研究，至少首先要由政治经济学对它作全面的研究，生产关系要由政治经济学研究，生产力与生产关系的矛盾也要由政治经济学来研究，这三个研究合而为一。说明政治经济学的研究对象只能是生产方式。①

第三种意见认为，政治经济学要研究生产力。宋承先重申，生产力是有社会属性的。他认为对生产力是否有社会属性问题有不同答案，归根到底在于：主张生产力有社会属性的人是把生产力作为生产方式的一个侧面，即联系生产关系来考察生产力的特点；而否认生产力有社会属性的同志则是抽象地孤立地考察生产力的特点，这样当然就只能看到人与物之间的关系的自然的和技术的特点，而不可能看到，在不同生产方式下人与物之间的物质技术关系所特有的社会历史特点。他还认为，明确地揭示和阐明特定生产方式下生产力所具有的特定社会属性，比如生产力由以存在和发展的动因和界限、生产力发展变化的具体表现等等，正是马克思主义政治经济学区别于资产阶级政治经济学的主要特点之一。②

第四种意见认为，政治经济学的对象包括生产关系同生产力之间的矛盾。李志远说："政治经济学不仅要研究生产关系内部各方面的关系或矛盾，还应研究生产关系同生产力之间的关系或矛盾，以及作为经济基础的生产关系同上层建筑之间的关系或矛盾。"③

如果说平心关于政治经济学对象的阐述揭开了20世纪50年代后期到60年代初期这场论战的序幕，那么，张闻天定稿于1963年而未能发表的关于政治经济学对象的文章，就标志着这场讨论的歇息。张闻天主张："政治经济学研究的生产关系不是脱离生产力而单纯研究生产关系，而是要在研究生产关系中研究生产力""生产关系的内在矛盾，即两者的对立统一关系。"他说，生产力和生产关系的矛盾，不存在于生产关系的外部，而存在于生产关系的内部。生产关系具有两重性，具有表现生产力的生产关系方面和所有关系方面。表现生产力的生产关系是指人与人在生产中分工和协作的关系。它直接反映出生产社会化的程度和社会的生产力水平。所有关系包括生产、分配、交换、消费四个方面。它具有暂时性和相对稳定性两个特点。根据以上分析，张闻天得出：政治经济学的对象是生产关系，是生产关系内在矛盾的规律，即表现生产力的生产关系和所有关系的对立统一规律。他说，生产力是经济范畴，是政治经济学研究对象的一部分；生产技术作为生产力和生产关系的物的因素，是经济范畴，是政治经济学应该研究的。他认为"把社会主义政治经济学的研究，脱离生产和再生产过程，脱离表现生产力的生产关系，就会使它简单化和片面化，就会使它失去内在运动的源泉，使它不可能正确地反映社会主义经济运动的客观规律。"④

第三阶段，1962—1980年。

第一种意见认为，政治经济学对象是生产关系，但也要研究生产力。孙冶方赞同平心关于政治经济学不仅要研究生产关系，同时也要研究生产力的观点。他认为，政治经济学的研究对象是同生产力的一定发展阶段相联系的生产关系，因此，主张把生产力放在政治经济学的研究范围之内。⑤

---

① 方文："马克思列宁主义政治经济学的研究对象是社会生产方式"，《经济研究》，1961年第7期。

② 宋承先："也谈我对生产力问题的两点认识"，《经济研究》，1962年第8期。

③ 李志远："马克思在政治经济学研究对象和方法上所完成的革命"，《经济研究》，1961年第10期。

④ 张闻天："关于生产关系的两重性问题"，《经济研究》，1979年第10期。

⑤ 孙冶方："政治经济学也要研究生产力——为平心《论生产力》文集写的序言"，《人民日报》，1980年1月10日。

第二种意见认为，生产力是政治经济学的对象。熊映梧提出，“政治经济学要把生产力的研究放在首位。”“政治经济学要首先揭示出生产力自身发展的规律，并在此基础上揭示出生产关系和生产力相互关系的规律。”他认为把政治经济学的对象局限为生产关系，并不是马克思主义政治经济学创始人的观点。马克思在《资本论》中，始终把生产方式（静态），或社会生产运动（动态）作为研究对象。[①]

第三种意见认为，政治经济学研究的对象是生产方式及其相适应的生产关系。持这种看法的人对生产方式的理解又各有不同；马家驹、蔺子荣认为，政治经济学所要研究的是历史发展各个阶段上特定的生产方式及其相应的生产关系。他们不同意把生产方式理解为生产力和生产关系的统一。而认为生产方式是介于生产力和生产关系之间从而把两者联系起来的一个范畴。生产力决定生产方式，而生产关系则又是与生产方式相适应的。他们说生产方式本身有两个含义：一是指劳动的方式，即劳动者在劳动过程中相互结合的方式以及他们使用劳动资料的方式；二是指生产的社会形式，即社会经济形态或社会经济结构。[②]

（二）关于生产力的问题

1. 关于生产力内涵两要素和三要素的争论。建国初期，从王学文主张生产力应包括劳动者、劳动资料和劳动对象三个要素和有的同志主张的生产力只能包括生产工具和生产者两个要素的意见发表以来，关于生产力两要素和三要素的问题成了长期争论的一个问题。主张生产力包括三要素的人认为，生产力作为生产水平或劳动生产率，是劳动过程的结果。而劳动过程的简单要素则是：有目的的活动或劳动本身，劳动对象和劳动资料。这也就是指生产力的简单要素。特别是现代科学技术的发展，使劳动对象在生产力革命中起着重要的作用。

主张生产力包括两要素的人认为，不能把生产力和劳动过程这两个不同的概念等同起来。劳动过程既要有能动的因素（劳动力、生产工具），又要有对象的因素（劳动对象）。而生产力则不同，既然它是一种“力”，那就只能包括能动的因素，而不应包括对象的因素。原材料的数量和质量对生产的影响是不可忽视的，但是，也应该看到，原材料的生产和科研，归根到底还是由人的生产知识、劳动技能和生产工具的水平决定的。

2. 关于生产力中的决定性因素。对这个问题，有以下五种意见：

第一种意见认为，劳动者是生产力中主要的、起决定作用的因素。理由是：（1）人类所使用的生产工具等，无一不是劳动者创造出来的。不仅如此，劳动者还是生产工具的使用者，生产工具创造出来以后，如果没有劳动者去运用、推动，它就会成为一堆无用的废物。（2）科学技术对于生产力的发展，越来越显示出巨大的作用。生产工具是同一定的科学技术相结合的，而掌握了一定科学技术的劳动者，正是这种结合的实现者。掌握科学知识的劳动者把科学知识同生产工具结合起来并运用于生产，就使科学由潜在的生产力变为现实的生产力。（3）肯定人在生产力中的决定作用，可以使我们重视培养和训练劳动者，以充分发挥劳动者的作用，特别是把科学技术的教育和人才的选拔、训练、培养，放在发展生产的头等重要地位，以加快四化的步伐。[③]

第二种意见认为，生产工具是生产力中的最终的决定因素。理由是：（1）生产工具是

---

① 熊映梧：“经济科学要把生产力的研究放在首位——兼评单独创立‘生产力经济学’的主张”，《经济科学》，1980年第2期。

② 马家驹、蔺子荣：“生产方式和政治经济学的研究对象”，《经济研究》，1980年第6期。

③ 林京耀：“关于生产力要素问题”，《光明日报》，1959年12月7日。

人创造的，但决不能忘记，人是在既定的社会经济条件下，在既定的生产力下，利用既定的生产工具来创造生产工具的。这些既定的条件是人们不能自由选择的。（2）生产工具诚然要人去制造和使用，但是要制造和使用生产工具，人们就必须具备一定的生产技能和经验，而人的生产技能和经验也是历史地确定的，它们只能随着生产工具的发展而发展，并以长期形成的上一代人的生产技能和经验为出发点。当一种新的生产工具没有广泛地被使用以前，人们是不可能普遍地具有掌握和使用这种新的生产工具的技能和经验的。这就是说，人的生产技能和经验本身也要受到既定的生产工具的决定。（3）一种新的生产工具的诞生和广泛被采用，总是由一定社会经济条件下所产生的客观需要所决定的，这种客观需要也是历史形成的。

第三种意见认为，不同时期决定因素不同。“在使用手工工具的情况下，劳动工具的物质技术性质更多地依赖劳动者的手艺来体现，因此生产力中‘人’的因素的劳动技能、经验等就成为生产力发展中物质力量的主导方面。近代社会，由于科学技术的日新月异，生产设备的更新，生产工具的变动，都非常迅速，生产力发展的物质力量的主导方面就让位给科学技术及其应用，即工具了。”

第四种意见认为，一般地说，在旧时代的生产力中，生产工具是一个决定性的、最能动的因素、工具决定和反映着生产力的水平，居于主导地位。但是，对于社会主义和共产主义的新时代来说，就完全不同了，人的作用第一次提到应有的高度，物统治人的时代过去了，人统治物的时代开始了。

第五种意见认为，现代科学技术成为生产力的主要决定因素。“现代科学技术突飞猛进的发展，释放出巨大的‘革命的力量’，使得脑力劳动以前所未有的速度和力量，前所未有的广度和深度，深入到物质生产的各个领域和直接生产的全部过程。”

3. 关于生产力的性质。对这个问题有以下四种意见：

第一种意见认为，生产力性质乃是在一定历史阶段生产力的物质技术属性与社会属性的总和，同时又是生产力的一般强变性和特殊强变性的综合。区别各种不同社会经济形态的生产力性质，不仅要从它们的物质技术属性考虑，而且要从它们的社会属性考虑。又不仅要注意它们的一般强变性，而且也要注意它们在不同历史环境中的特殊强变性。

第二种意见认为，生产力性质是指什么样的生产力而言。仍如：是手工劳动，还是机械化劳动，是分散的、个体化的生产力，还是集中的、社会化的生产力，它的规模的大小如何，等等。因此，它既包括生产力的质的规定性，又包括生产力的量的规定性。① 与此看法基本相同的人还进一步指出：“生产力性质就是生产力的质的规定性，是由生产资料特别是劳动工具的技术特征、生产劳动过程的规模和特征以及劳动者对这些特征之认识、掌握和驾驭的程度，从而整个人类社会控制、改造自然的程度来表明的。”②

第三种意见认为，生产力的性质是指生产力的社会化程度。它主要表现在劳动者分工、协作的发展程度和生产资料社会利用的范围、程度两个方面。这两个方面是不可分别互相依存、互相推动，并统一于生产力性质之中的。当我们统一地去考察生产力的性质时，它表现

① 骆耕漠：“谈谈生产关系一定要适应生产力性质的问题”，《大公报》，1961年11月27日。

② 方永祥：“也谈生产力性质的几个问题”，《江海学刊》，1962年第11期。

为生产过程的社会化程度。①

第四种意见认为，生产力的性质，就是它的物质技术构成的性质。所谓生产力的物质技术构成，即一定的劳动资料（主要是生产工具）与一定的劳动者的生产结合。这种结合的特性与要求，规定生产力的性质由于生产工具在劳动资料中起着决定作用，由于生产工具是劳动力发展的主要物质产品、物质标尺，因此也可以说，生产力的性质，主要决定于生产工具的性质。②

4. 关于生产力的发展动力。对这个问题有四种意见：

第一种意见认为，生产力发展的根本动力在于生产力内部的矛盾。理由是：（1）生产力本身是一个矛盾的统一体，按照唯物辩证法，事物内部的矛盾是该事物发展的根本原因；（2）生产力是最革命最活跃的因素，是社会发展的决定力量，不能设想在整个历史发展过程中，生产力发展的根本动力是被生产力所决定的生产关系和上层建筑；（3）生产关系和上层建筑对生产力的发展只起加速或延缓的作用，这种作用也要通过生产力内部的矛盾来实现。生产关系和上层建筑都只能是生产力发展的外在推动力。③

第二种意见认为，只有生产关系才能成为生产力发展的动力。理由是：（1）生产力与生产关系的关系，不是内因和外因的关系，而是内容和形式的关系，它们是社会生产不可分割的两个方面，是不能分开的，我们不能脱离生产关系去寻找生产力发展的内部动力；（2）生产力内部矛盾对生产力的发展起着相当大的作用，但人怎样与生产工具结合，生产力内部矛盾将怎样解决，则完全以社会条件为转移，也就是以生产关系为转移；（3）适合生产力性质的生产关系是生产力发展的强大动力。当然，生产关系有阻碍生产力的时候，但这种阻碍正是它推动生产力发展的结果。

第三种意见认为，生产力和生产关系的交互作用是生产力发展的动力。因为生产力与生产关系是社会生产的两个方面，离开了任何一方，都只能得到片面的理解。④ 持这种意见的人认为，生产力发展的动力，既不能由生产力内部存在的矛盾得到说明，也不能单由生产关系的促进作用得到说明，归根到底，必须在生产力与生产关系之间的矛盾相对立斗争的统一中，在它们之间的辩证发展中，去找到它的依据。⑤

第四种意见认为，应把第二种意见和第三种意见结合起来。认为适应生产力发展的生产关系及其与生产力的相互作用是生产力发展的根本动力。

5. 关于生产力的发展规律的讨论。有以下三种意见：

第一种意见认为，生产力与生产关系是社会生产的两个密切结合在一起的方面，它们是内容和形式的关系，所以，生产力与生产关系各自的发展规律是不能截然分开的。生产力的发展规律固然会体现一定的生产关系，同样地，生产关系的发展规律也同时体现着一定的生产力。经济规律本来就不单是生产关系的发展规律，例如按比例发展的规律，劳动生产率不

---

① 杨长福："略论生产力的性质——兼与孙书平等同志商榷"，《学术月刊》，1963年第12期。

② 李树源："关于生产力的理论问题"，《江西师院学报（哲学社会科学版）》，1979年第2期。

③ 平心："论生产力与生产关系的相互推动和生产力的相对独立增长——也论生产力性质"，《学术月刊》，1960年第7期；"关于生产力二重性问题讨论的重要声明"，《文汇报》，1960年12月7日。

④ 李洪林："只有生产关系才能成为生产力发展的动力"，《光明日报》，1957年1月23日。

⑤ 王亚南："政治经济学史绪论——政治经济学史方法论"，《厦门大学学报（哲学社会科学版）》"，1979年第1期。余少波、项启源："试论生产力发展的动力——兼与蒋学模同志商榷"《中国经济问题》，1979年第4期。

断增长的规律，生产资料优先增长的规律，以农业为基础的规律等等，就其本身来说，都是属于生产力的发展规律。①

第二种意见认为，从总体上观察，生产力具有发展的延续性、发展的顺序性和加速发展的趋势，这也是生产力运动的基本特点。"所谓发展的延续性，就是说在连续不顾的生产和再生产过程中，人类改造自然的能力是一代代地积累起来和继承下来的。所谓发展的顺序性，就是说社会生产力的发展是一个按照一定的顺序从低到高，逐渐前进的客观过程。所谓加速发展，就是说，生产力越是到了近代、现代，它的运动、变化和发展就越快。例如，劳动生产率迅速提高，社会产品总量迅速增多，生产技术的重大改革越来越频繁，等等。"②

第三种意见认为，生产力运动的一些基本趋向有以下几点：（1）生产力诸要素之间，以及诸要素内部各部分之间，依一定的质、量比例关系构成直接的或现实的生产力体系。（2）生产力的物质技术构成不断提高。在生产力发展历史过程中，物化在被用于生产的劳动资料中的劳动量与统治它的社会必要的活劳动量之间的比率，呈现不断提高的必然趋势。这种趋势在机器大工业出现之后，表现得日益加速和加强。（3）生产生产资料的生产力以较高的速度增长。这是生产力物质技术构成不断提高必然引起的一种趋势。（4）以生产工具为主的劳动资料的分化、专门化，是与分工一起自然产生的。二者互为因果，互相促进。分工是生产力运动的一种规律，是劳动生产率提高的一个强力杠杆。（5）在社会发展的长期过程中，生产力的发展有加速趋势。这主要是由于科学的发展及转化为直接生产力的速度的加速趋势引起的。③

（三）关于生产关系的内容

1. 关于生产资料所有制形式的讨论。这也有多种观点。

对斯大林定义的批评，集中在他把生产资料所有制形式与"各种不同社会集团在生产中的地位以及它们的相互关系"、"产品分配形式"相并列，并把后两者看作由前者派生出来的论述上。④ 这些反对斯大林观点的作者本身对于生产资料所有制又有两种不同的理解。

第一种观点是，生产资料所有制就是所有制，而所有制就是生产关系的总和。因此，政治经济学在说明所有制关系时，必须分析全部生产关系。于光远说："所有制这种关系，同生产过程四个环节不能并列。它在经济上是通过生产过程上述四个环节来实现的，否则就是空的。"所以，"一句话，所有制就是生产总过程四个环节中的人与人之间的关系。"为了解释什么叫做资本主义所有制，我们就要从货币转化为资本说起，把资本主义的全部生产关系讲一遍；同样，社会主义所有制，也只有把社会主义全部生产关系讲一遍，才能讲清楚。⑤根据于光远的这些论述，吴学灿批评了他称之为"三分法"的斯大林关于生产关系的定义。认为这个定义把所有制单独列在首位是错误的。⑥ 查获园也指出，"所有制就是全部生产关系的总和（或诸生产关系），而不是三分法中所说的基础。"⑦

---

① 方文："马克思列宁主义政治经济学的对象是社会生产方式"，《经济研究》，1961 年第 7 期。

② 项启源、余少波："试论生产力的运行规律"，《南开大学学报（哲学社会科学版）》，1978 年第 6 期。

③ 李树源："关于生产力的几个理论问题"，《江西师院学报（哲学社会科学版）》，1979 年第 2 期。

④ 孙冶方："论作为政治经济学对象的生产关系"，《经济研究》，1979 年第 8 期。

⑤ 于光远：《谈谈社会主义公有制和按劳分配问题》，人民大学出版社 1978 年版，第 11—12 页。

⑥ 吴学灿："怎么正确理解生产关系"，《读书》，1979 年第 1 期。

⑦ 董薇园："为什么社会主义公有制和按劳分配实际是一个问题？"，《读书》，1979 年第 3 期。

孙冶方指出，财产关系（或译所有制关系或所有制形式）原来只是生产关系的法律用语。生产关系的三个组成部分：生产、交换、分配，就是这个法律用语所包含的全部经济内容，也就是政治经济学在所谓“所有制形式”或“财产形式”的项目下所要研究的全部内容。他引用马克思在《哲学的贫困》中所说：“给资产阶级的所有权下定义不外是把资产阶级生产的全部社会关系描述一番”① 来证明自己的论点。他认为，如果像斯大林那样，在生产、交换、分配这些关系之外把所有制抽取出来，并且和它们并列为政治经济学的一个独立研究对象，那就不免像马克思批判普鲁东时所说的那样，是“形而上学的或法学的幻想”。

第二种观点是，所有制或所有权，即财产的归属，是一个法律范畴。它不包括在政治经济学的对象之中。

文钧说，在马克思和恩格斯的著作中，根本就不存在“所有制”（即一般解释为生产资料归谁所有的制度）这样一个概念，而只有“所有权”这样一个概念。也没有“所有制关系”，而只有“所有权关系”。后者“只是生产关系的法律用语”，即“生产关系”在另一范畴的同义词。

商德文认为，生产资料所有制形式，即财产归谁占有的方式，固然对生产关系有很大影响，但它不属于政治经济学的专门研究对象。因此，马克思在《〈政治经济学批判〉导论》中，把“法的关系”放在其后一部分，即放在政治经济学的对象和方法之外，看作需要另外加以研究的更疏远的一种关系。”

同意斯大林观点的人也有几种不同的意见。第一种观点认为，生产资料所有制不同于所有制，所有制也不同于生产关系，生产资料所有制只是生产关系的一个组成部分。朱剑农说，不能把生产资料所有制的概念和生产关系的概念看成是内容完全相同的同义词，只能认为二者是有着内在的密切联系，但各有不同含义的两个不同概念。第二种观点认为，生产资料所有制即所有制，是生产关系的独立组成部分。

张效英认为财产关系（所有制关系）因其使用不同而有不同含义，作为生产关系范畴的所有制，“是从人对生产的物质要素来看的人与人之间的关系，也就是说用谁的生产资料进行生产，生产的产品归谁所有。”这种关系即“决定生产关系的其他方面的基础”。

2. 关于生产资料是否应单独作为生产关系的一个方面的讨论。主要有两种观点：

第一种观点认为，生产资料所有制不应单独列出来作为生产关系内容的一个方面。持这种观点的同志认为，恩格斯说过，政治经济学研究的是“人类各种社会进行生产和交换并相应地进行产品分配的条件和形式”②。所谓“各种社会进行生产和交换并相应地进行产品分配的条件和形式”是指什么呢？那还不就是指：（1）用谁所有的生产资料来进行生产，生产出来的产品归谁占有；（2）交换的产品是谁生产的又为谁占有的产品；（3）被分配的产品是谁生产的又归谁所占有，从而用什么形式，按什么比例来分配的。历史上各种社会经济形态，岂不就是按照以上三项内容来辨别的吗？这岂不就是所谓“所有制形式”或“财产形式”的项目下所要研究的全部内容吗？正是在这个意义上，马克思说，“给资产阶级的所有权下定义不外是把资产阶级生产的全部社会关系描述一番。”③ 既然生产、交换、分配

---

① 《马克思恩格斯选集》第1卷，人民出版社1995年版，第144页。

② 《马克思恩格斯选集》第3卷，人民出版社1995年版，第189页。

③ 《马克思恩格斯选集》第1卷，人民出版社1995年版，第144页。

这三项已经包括了生产关系的全部内容，那么在这三项之外，再单列一条所有制形式，“那就意味着在生产关系之外去研究所有制问题（而且是所有制的形式’问题，即‘法制形式’问题），然而马克思早就告诉我们：在生产关系之外去研究这个问题，不过是形而上学的或法学的幻想’，那‘不只是犯了方法上的错误’。”① 有的同志指出，“生产关系当然包括有生产资料所有制，马克思、恩格斯也向来重视生产资料所有制的变革，并把它看做是区分不同生产关系的标志。但是他们都没有把生产资料所有制单独列为生产关系的一个组成部分。这是因为生产资料所有制是生产关系的前提，它贯穿于整个生产过程，不仅在直接生产中，而且在分配、交换、消费关系中都有所有制问题。斯大林把生产资料所有制单独突出出来，容易使人们离开生产关系的实际而把注意力始终集中在所有制形式上。”②

第二种观点认为，生产资料所有制应当单独列出来作为生产关系内容的一个方面。

持这种观点的同志认为，“斯大林关于生产关系的定义，本来是从恩格斯定义上的一个前进，虽然还有不足，其中最主要的贡献是强调了生产资料所有制在生产关系中的决定作用。”③ 有的同志认为，斯大林在定义中把所有制形式当作生产关系的一个内容列出来，无论从哪个方面看，也看不出有促使人们离开生产关系去研究所有制的倾向。在实践中如果有人由于斯大林同志在定义中把所有制形式单独列了出来，就认为是要求离开生产关系去研究所有制，这个错误的责任是他自己的理解问题，而不能怪罪斯大林。

3. 关于交换关系的讨论。

孙冶方认为，斯大林在自己的定义中没有把“交换”单独列出来，而把它作为直接生产过程中人与人之间关系的一个项目（即所谓“互相交换劳动”），是受到恩格斯严厉批判的杜林的观点（恩格斯对杜林关于“交换或流通只是生产的一个项目”的观点的批判。④ 斯大林的否定流通的观点是实践中否定流通而确实物配给的反映。这种观点对实践中许多复杂问题的解决是十分有害的。⑤

计暖澄、徐海闲、李运桐不同意孙冶方的观点。他们说：斯大林把他的第二项内容概括为：“或如马克思所说的互相交换其活动”，其中交换一词显然是包含了商品交换的，不过没有局限于商品交换罢了，怎么能说他的定义中没有交换呢？

朱剑农和余少波从不同角度反驳了认为斯大林已经把交换包括在他的定义的第二项即“各种不同社会体团在生产中的地位以及它们的相互关系”之中的说法。朱剑农说，马克思在《雇佣劳动与资本》中所说“互相交换其活动”同在《〈政治经济学批判〉导言》中所说的“社会成员在各类生产之间的分配”，都是作为人们在直接生产过程中生产关系的组成部分来看待，并非作为交换过程中的生产关系来看待，因此他是和杜林一样，“把生产和流通这两个虽然互相制约的但本质上不同的过程混为一谈”了。⑥ 余少波则说：由于斯大林没有从社会生产和再生产的过程来考察生产关系，他所引的“互相交换其活动”这句话，就可以解释为人们在直接生产过程中互相交换其活动，即劳动的交换，并没把整个产品交换

① 孙冶方：“论作为政治经济学对象的生产关系”，《经济研究》，1979 年第 8 期。
② 洪远朋：“应该恢复马克思的定义”，《学术月刊》，1979 年第 12 期。
③ 马树方：“生产关系应当包括哪些方面”，《经济研究》，1979 年第 12 期。
④ 《马克思恩格斯选集》第 3 卷，人民出版社 1995 年版，第 192—193 页。
⑤ 孙冶方：“论作为政治经济学对象的生产关系”，《经济研究》，1979 年第 8 期。
⑥ 朱剑农：“关于所有制和生产关系的几个基本理论问题”，《经济研究》，1980 年第 1 期。

（以及商品交换）包括在内。①

蒋学模不同意上述意见。他认为，关键是要确定“互相交换活动”这一短句的含义。斯大林自己认为这一短句已把恩格斯在《反杜林论》中的政治经济学研究对象定义中的“交换”一词的含义包括在内，并注明是引自马克思的《雇佣劳动与资本》。按照马克思的原意，这里的“互相交换其活动”，应理解为人们在一切社会生产过程中的分工协作的关系，既包括共同体内部的劳动者之间互相交换劳动的关系，也包括不同生产者之间的商品交换关系，是最一般、最概括意义上的交换。所以，“用‘互相交换活动’来概括交换活劳动和交换产品的关系，是很适合的。斯大林的那一段说明，是很有说服力的。”②

4. 关于生产关系中是否包括消费关系的讨论。

第一种意见认为，应当把消费关系列为生产关系的内容，作为政治经济学的研究对象。因为“社会生产总过程客观地存在生产、分配、交换、消费四个要素，它们的统一才构成人类社会的生产过程，这是不依人们的意志和好恶为转移的。”马克思在创立自己的科学的政治经济学原理时，从来都是把生产、分配、交换、消费看做是“一个总体的各个环节”或“一个统一体内部的差别”来加以考察的。③ 有的同志认为，消费具有双重属性。就消费的物质内容来看，它是消费者与消费对象（包括实物消费品和劳务消费品）之间的物质变换。同时，“消费又总是在一定的社会经济条件下，在一定的人与人之间的经济关系中进行的过程和行为。在消费行为、过程的背面，总是包含营、反映着一定的社会经济关系。”所以，“使消费具有暂时的和历史性的属性的，不是‘消费一般’，而是‘消费者所处的社会条件’，是消费的经济形式，即消费关系。”④

第二种意见认为，不应把消费关系列为生产关系的内容，消费关系不是政治经济学的研究对象。“消费是消耗物质资料的自然过程，这个过程脱离社会运动，不反映经济关系。“消费不含有经济关系，就没有什么‘消费关系’归在生产关系之中，消费也就不成其为政治经济学的对象了。”⑤

（四）生产力与生产关系

1. 关于生产关系一定要适应生产力的性质的讨论。生产关系一定要适合生产力性质的规律是一切社会形态共有的经济规律，它阐明了生产关系与生产力的根本关系。新中国成立以来，理论界陆续发表了不少文章、出版了不少专著解释和讨论这一规律。但对这一规律究竟应该如何理解，看法则不完全一样。

首先，关于对这一规律本身的理解和表述问题。大多数人对这一规律的表述没有什么分歧。至于如何理解，许涤新主编的《政治经济学辞典》的解释具有一定的代表性，认为这一规律体现着生产力和生产关系之间的本质联系。生产力和生产关系的对立统一，首先表现在生产力决定生产关系，有什么样的生产力，最终就会有什么样的生产关系；但生产关系决不只是消极地适应生产力的性质，它对生产力的发展起着巨大的反作用。在社会主义制度下，无产阶级政党认识和掌握生产关系一定要适合生产力性质的规律，就可以自觉地根据生

① 余少波：“所有制是生产关系总和”，《经济研究》，1980年第3期。
② 蒋学模：“也论生产关系范畴的内涵”，《群众论丛》，1980年第3期。
③ 于俊文：“论消费在政治经济学中的地位”，《东北师大学报（哲学社会科学版）》，1981年第6期。
④ 晓原：“关于社会主义消费的几个理论问题”，《经济科学》，1983年第3期。
⑤ 李大明：“生产关系中有‘消费关系’吗?”，《财经研究》，1981年第4期。

产力发展的要求，及时地改变社会主义生产关系中不完善、不适应的部分和方面，以促进生产力的发展。①

其次，如何理解“适合”与“不适合”。所谓生产关系适合生产力性质，就是生产关系能够为生产力的发展开辟广阔的道路，促进生产力的迅速发展。所谓“适合”，并不是绝对的，而是相对的。但如何理解相对的，在论述上各不相同。例如，有的人认为，“新的生产关系所借以产生的一定的生产力水平是必要的，这是革命变革的一定的物质条件，如果忽视了这个条件，就会犯主观主义的错误。但它们并不是绝对地、机械地被决定了的，而是相对的，可以有极大伸缩性的。例如，作为个体性质的生产力，就既可以容纳奴隶制的生产关系，也可以容纳封建制的生产关系。又例如，作为社会化性质的生产力，就既可以容纳资本主义的生产关系，也可以容纳社会主义的生产关系。”②

2. 关于生产关系对生产力的反作用的讨论。新的生产关系是生产力发展的强大动力，促进生产力的迅速发展；不适合生产力发展的旧的生产关系是生产力的桎梏，阻碍和破坏生产力的发展。对于生产关系的这两方面的反作用，没有什么争论。争论之点是：在一定条件下，生产关系能否决定生产力性质。

一种意见是：一定历史条件下的生产关系可以决定着一定的生产力性质及其发展方向。另一种意见是：不同意上述观点，认为“有什么样性质的生产力、就要求有什么样的生产关系与之相适应，而不是相反。”尽管在不同的社会制度下生产力的发展状况有根本的不同，适合或不适合生产力性质的生产关系，对生产力的发展部起着巨大的影响，但却不能因此既认为生产力具有资本主义性质或社会主义性质。③

3. 关于对生产力和生产关系的对立统一的看法。

首先，对“又相适应又相矛盾”的理解。一种意见是：对社会主义生产关系和生产力之间，“既不能只看到适应，否认矛盾；又不能只看矛盾，否认适应。应当说，社会主义生产关系的三个方面同生产力都是又相适应又相矛盾的。”由于社会主义生产关系更能够适合生产力发展的性质，因此，“在‘相适应’和‘相矛盾’中，相适应是主导的、基本的。这是我们全面地、准确地理解又相适应又相矛盾这一科学论断的基本立足点和前提。”④ 另一种意见，不同意说“适应”始终是基本的，“矛盾”始终是次要的。持这种意见的人认为，“又相适应又相矛盾”，具体表现为两种情形：其一，“适应”中有“矛盾”，二者同时存在，交织发展。比如，公有制是消除资本主义固有的生产社会化和私人占有之间的矛盾的根本保证，可是在公有制采取什么形式比较适应我国生产力发展水平的问题上，我们长期片面强调“大”和“公”，以为越大越好，越公越先进，结果破坏了生产力的发展；其二，就“矛盾”而言，它有一个逐渐激化的过程，有一个从比较地不尖锐到比较地尖锐化的过程。30年来，这个矛盾时而缓和时而尖锐。⑤

其次，社会主义生产关系变革有没有质变的认识。一种意见是：在从社会主义到共产主

---

① 许涤新主编：《政治经济学辞典》（上），人民出版社1980年3月版，第138—140页。

② 黄顺基、刘炯忠：“关于生产力发展的决定动力问题”，《教学与研究》，1963年第6期。

③ 方永祥：“也谈生产力性质的几个问题”，《江海学刊》，1962年第11期。

④ 方辛：“社会主义社会生产关系和生产力又相适应又相矛盾的科学论断不容篡改”，《哲学研究》，1978年第1—2合期。

⑤ 陈延政：“关于我国现阶段的主要矛盾问题”，《求是学刊》，1980年第2期。

义的过程中，生产关系和生产力之间的矛盾和变革，完全是由环节性的矛盾和变革组成的。这是因为，社会主义的生产关系基本上是适合于生产力的，其不适合（矛盾）是局部的，解决这些矛盾只具有量变或小质变的性质，但是必须及时解决，也能在社会主义制度的前提下得到解决。[①] 另一种意见是：社会主义生产关系的变革仍然有质变。“随着生产力发展到一定阶段，生产关系和生产力之间的矛盾，由基本上相互适应的量变阶段，不断地转化为基本上不相适应的质变阶段，这种变动性乃是绝对的、普遍的，它不仅适用于阶级对抗社会，而且适用于社会主义、共产主义社会。与阶级对抗社会比，社会主义社会中生产关系和生产力之间矛盾的特点，并不在于它只有量变阶段而没有质变阶段，而在于：由于矛盾的性质和解决方法有所不同，因而量变、质变的具体形态也有所不同罢了。”[②]

二、关于工业化理论和人口理论的讨论

（一）关于工业化理论

1. 关于优先发展重工业的讨论。斯大林说，资本主义工业化是从轻工业开始的，社会主义工业化是从重工业开始的；优先发展轻工业是资本主义工业化的方法，优先发展重工业是社会主义工业化的方法。这种说法对不对？同时，这里涉及我国多年来执行的优先发展重工业的方针及其理论基础对不对的问题。

第一种观点认为，工业化从何开始与社会制度有关，优先发展重工业的方针是正确的。关梦觉说，生产力水平低，的确限制了一些资本主义国家的工业化只能从轻工业开始。[③] 但若说工业化的道路与社会制度无关，那就不见得正确了。前苏联1928年以前是一个生产力水平低的落后国家，可是在社会主义制度下，正因为生产力水平低，要免于灭亡，工业化才必须从重工业开始。同时他认为，为了满足人民的需要，不断提高人民的生活水平，我们确实应当重视轻工业，不这样不行。但满足人民的需要，提高人民的生活，没有重工业这个基础能行吗？轻工业解决眼前的需要，重工业用现代化的装备武装农业和包括轻工业在内的整个工业、是为了更好地解决长远的需要。没有重工业，农业和轻工业就没根。重工业是“高度技术基础”的基础，重工业不优先增长，怎能有“高度技术基础”呢？[④] 有的人认为，我们的问题是对农业轻工业重视不够，不能说优先发展重工业不对。现在要加速发展农业、轻工业，仍然要重视工业的大力发展，要优先发展重工业。

第二种观点认为，前苏联的工业化根本就不是从发展重工业开始的，而是从发展轻工业开始的。因此，认为第一种意见从根本上就不能成立。有的人说，优先发展重工业是不是社会主义经济建设的规律，值得探讨。从世界各国经济发展的历史看。并非所有资本主义国家都是从发展轻工业开始、社会主义国家都是从发展重工业开始的。[⑤] 薛暮桥认为，资本主义国家一般是从发展农业开始，接着发展轻工业，最后发展重工业。社会主义国家可以缩短这

---

① 骆耕漠：“我国社会主义制度下的生产关系和生产力之间的矛盾”，《学习》，1958年第12期；“谈谈生产关系一定要适应生产力性质的问题”，《大公报》，1961年11月27日。

② 徐崇温：“关于生产关系一定要适合生产力性质的几个问题”，《学术月刊》，1962年第11期。

③ 关梦觉：《关于社会主义再生产的几个问题》，吉林人民出版社1980年版。

④ 关梦觉：“在社会主义现代化建设中生产资料生产的优先增长问题”，《社会科学战线》，1980年第1期。

⑤ 阚沸、王玲玲：“关于经济结构的一些看法”，《工业经济管理丛刊》，1980年第1期。

个过程，但不能改变这个过程。①

第三种观点认为，工业化过程从连贯性上看从轻工业开始、是符合生产力发展规律的。而优先发展重工业，却往往造成国民经济比例失调。周叔莲、吴敬琏认为，英法等资本主义国家工业化从轻工业开始这个事实并不能证明，从轻工业开始就是工业化的“资本主义道路”，只是由于当时的生产力状况决定了这些国家的工业化只能从轻工业开始，后来生产力状况改变了，实现工业化和进一步发展经济的方法才有所不同。从我国的实际情况来说，由于原来底子薄，人民生活水平还很低，发展轻工业更有着特殊重要的意义。②

2. 关于“以钢为纲”的讨论。“以钢为纲”，是我国多年来，优先发展重工业，进行经济建设的指导思想。对于这个方针近年来越来越多的人提出了不同观点：

第一种观点认为，“以钢为纲”的方针是正确的。发展国民经济必须有带头的部门。“人们把重工业的发展放在优先地位，把钢铁生产作为带动各行各业生产发展的纲，把钢铁等重工业产品指标作为反映工业发展程度的主要指标，如果它并未违反按比例发展的要求，本身并不足以引起非议。”③

第二种观点认为，“以钢为纲”正是形成不合理的经济结构的主要原因。马洪认为，1958年提出“以钢为纲”口号以后，由于不切实际地追求钢铁和其他重工业产量的高指标，破坏了国民经济的综合平衡，所以，逐渐形成了“重轻农这样一个不合理的经济结构。持这种观点的人不同意把钢说成是带动国民经济的。因为钢这个东西并不是最终产品，它既不能吃，也不能穿。它只有成为最终产品以后，才能用。钢铁生产归根到底还是由农业、轻工业和其他重工业发展的需要决定的。是农业发展的需要，轻工业发展的需要，重工业发展的需要，特别是机械制造工业发展的需要，决定钢铁的发展，而不是由钢来决定其他。④

3. 关于重工业自我服务的问题。

第一种观点认为，我国重工业属于自我服务类型。“现在的问题是重工业为自己服务的太多，为农业、轻工业服务的太少了。1978年我国钢材消费量中，用于农业和农机维修的仅占15.5%，用于轻工业的仅占11.7%；在生铁消费中，用于农业和农机维修的仅占3.6%，用于轻工业的仅占1.1%。农业轻工业和重工业用电量所占比重分别为11.5%、12.9%和53.6%。这就说明了重工业的发展方向问题尚未解决，我国现在重工业在很大程度上还是自我服务类型的重工业。”⑤ 持相同观点的人还指出，在投资的使用方向和物资的供应上，重工业挤了农业、轻工业。基本建设投资用于重工业的比重过大，用于农业和轻工业的较小；在重工业基本建设投资的使用上，偏重于重工业自我服务的部分，重工业为农业、轻工业提供的原材料、燃料、设备不仅数量少，而且质量差，远不能满足农业、轻工业发展的要求。⑥ 重工业不能很好地支援和促进农业和轻工业的发展，而农业和轻工业的发展，反过来又限制了重工业的进一步发展。

第二种观点认为，不能说我国重工业是自我服务类型的。因为重工业的产品除了直接为

① 薛暮桥：“经济结构和经济体制的改革”，《红旗》，1980年第14期。

② 周叔莲、吴敬琏：“把发展轻工业放在优先地位”，《人民日报》，1979年8月31日。

③ 戴园晨：“试论消费资料保证规律”，《经济研究》，1980年第8期。

④ 马洪：《中国式的社会主义现代化与经济结构的调整问题》，1979年8月在中共中央党校所作的报告。

⑤ 冯宝兴、万欣、张大简：“记取片面发展重工业的历史教训”，《红旗》，1979年第12期。

⑥ 张曙光、王玲玲：“经济理论界对我国经济结构的一些不同观点”，《经济学动态》，1980年第4期。

农业、轻工业所使用以外，重工业还有许多无法统计的间接服务项目。因此仅仅用农轻重各部门消耗的钢材、电力在总消耗量中的比重来说明重工业自我服务类型，理由是不充分的。其次，从重工业建设本身的特点来看，一般是建设周期长，资金占用多，如不及早安排，会影响社会扩大再生产的进行，所以重工业比重大些没什么坏处。①

第三种观点认为，不能简单地看重工业自我服务的问题。因为生产资料生产本身就需要消耗一定数量的生产资料而且随着社会主义扩大再生产和有机构成的不断提高，生产资料生产中自我服务的数量会日趋增加，所以重工业自我服务并不都是坏事。只要使用方向合理，在国民经济各部门中所占的比重恰当，则是完全应该的。当前的问题是重工业自我服务不但比重过大，而且也没有为自己服务好，不少重工业部门由于缺少能源、钢材、先进的技术装备和建筑材料等而影响了生产，这是重工业内部比例严重失调的原因之一。②

（二）积累和消费问题

积累是扩大再生产的必要条件，消费是生产的目的，积累与消费的比例关系是国民经济中的基本的比例关系。在这个问题上的不同观点主要有以下两种：

1. 积累率的高低与国民经济发展速度的关系。

第一种观点认为，积累率的高低是影响工农业生产发展的重要因素。日本实行的就是高积累、高速度、高消费的“三高”政策。从我国目的情况来看，底子薄、资金少、要想加快实现四个现代化步伐，不能偏重于消费，还得提倡艰苦奋斗的精神，适当增加积累。只有高积累才有经济建设的高速度。

第二种观点认为，高积累达不到高速度地发展国民经济的目的。积累率过“高”，生产性积累过“大”，国家的经济生活就表现出不协调的现象，经济发展的速度不但上不去，而且要降下来。反之，积累率“低”一点，生产性积累略“少”一些，国家的经济生活就表现出比较地协调，经济发展的速度不但下不来，而且会上去。刘国光等认为，高积累并不一定带来高收入、高速度，关键在于提高积累效果。③ 那种只看重积累率而忽视积累效果的观点是十分错误的。我们要争取的应该是在保持适当积累率，最大限度地提高积累效果，以求国民经济高速度地增长。这样，既有利于合理安排消费与积累的比例，又有利于发挥现有生产潜力，加快生产发展速度。许毅④等认为，我国积累率长期过高，实质上是一种用缩减消费的办法来搞生产建设，这是国民经济比例失调的症结所在。钟仁福还分析了高积累并没有带来高速度的原因：第一，过高的积累挤了人民群众的消费，挫伤了劳动群众的生产积极性，这对生产发展是极为不利的；第二，积累率过高，基本建设规模过大，不能保持物资和资金的平衡，扩大再生产就不能很好地实现，并造成严重浪费；第三，过高的积累，还包含积累基金使用方向的问题，即片面发展重工业，片面强调生产性积累，加重了农轻重比例关系的失调；第四，积累效果不好。经济发展的速度不仅取决于积累率的高低，还要看积累效果的好坏。⑤

第三种观点认为，积累率越高越好和越低越好的看法都是片面的，问题不仅在于积累率

---

① 张曙光、王玲玲：“经济理论界对我国经济结构的一些不同观点”，《经济学动态》，1980年第4期。

② 张曙光、王玲玲：“经济理论界对我国经济结构的一些不同观点”，《经济学动态》，1980年第4期。

③ 刘国光、王向明：“对我国国民经济发展速度和比例关系问题的探讨”，《中国社会科学》，1980年第4期。

④ 许毅、黄菊波：“关于积累与消费的几个问题”，《人民日报》，1979年12月7日。

⑤ 钟仁福：“从历史经验中探讨我国合理的积累率”，《人民日报》，1980年5月15日。

是否适当，而且在于积累基金使用是否合理，效果是否显著。只有积累与消费的关系处理的比较协调，各方面综合平衡搞得比较好，才会有真正的高速度。在紧缩人民消费的基础上提高指标，高积累，必然形成高浪费、低消费和起伏很大的跳跃式发展。

2. 我国积累率多大比较合适的讨论。

第一种观点认为，过去积累率过高，经过调整，1979 年已下降到 32%，不能再说积累率过高了，主要问题是没有使用好，今后要提高积累资金的使用效果。

第二种观点认为，确定适度的积累率不能脱离一定的经济水平和一定时期的国家状况。有人说，日本的积累率多年在 30% 以上，我们积累率 30% 多，不能算高。这种说法是欠妥的。因为两国的经济水平很悬殊。日本职工平均收入比我国高 20 倍以上，因而日本私人储蓄率也高达 20% 以上，这样就可以把大量的个人储蓄用于积累。在我国的具体情况下，也搞那么高的积累，显然是行不通的。[①] 有人主张，目前我国的积累率控制在 25% 比较合适。钟仁福说，把积累率的“框框”定为 25% 左右，同许多国家比较，这样的积累率是并不低的。如果把我国人口多、底子薄、生产力水平低、人均国民收入少等因素考虑在内，那应当说，积累率保持在 25% 左右，已经是够高的了。

第三种观点认为，要确定积累率的高低，必须根据我国当前的具体情况，并随着时间、条件的变化而变化，不能简单地照搬外国和我们自己的经验。黄源认为，在不同的国家或不同的发展时期中，积累和消费之间应该有不同的比例。如果按人口平均的国民收入比较高，那么，积累率虽然高一些，仍是合理的。相反，在按人口平均的国民收入还比较低的情况下，盲目地追求高积累就必然招致不良的后果。柳随年[②]主张积累率应该有个合理的伸缩界限，一般最高不能使人民生活水平下降（而且要略有提高），最低要能维持社会简单再生产的正常进行。刘国光等提出，消费与积累的安排，应该遵守下列原则：（1）在大力发展消费资料生产的基础上相应增加人民的消费资金，保证人民的消费水平不断提高并使消费资金的增长与消费品的增长相适应；（2）要把保证原有人口和新增人口消费水平不降低作为积累的最高线或警戒线，不能逾越；（3）要把消费品扩大再生产以及与此相联系的生产资料生产相应的扩大再生产所必不可少的积累作为积累的最低线或消费的最高线；（4）从各个时期的具体情况出发，在上述积累的最低线与最高线之间决定适度的积累率。这个适度的积累率应该在高低限之间偏下的方向寻求，也就是说，这个适度的积累率宜低不宜高。[③]

三、关于社会主义基本经济规律的讨论

（一）社会主义基本经济规律的内涵

第一种观点认为，社会主义基本经济规律应包括两个方面的内容，即社会主义生产目的和达到这一目的的手段。持这种意见的同志认为，“社会生产目的，指的是社会生产发展的客观方向或必然趋势，它取决于生产资料所有制的性质，反映一定社会的生产的实质、是本质的特征。在再生产过程中，生产、分配、交换和消费等方面都是在一定的社会生产目的的支配下运动的。达到生产目的的手段也反映一定社会的特点，它取决于生产目的。社会生产

① 孙尚清：“谈谈经济结构问题”，《经济科学》，1980 年第 1 期。

② 柳随年：“搞好国民经济综合平衡需要研究的一些问题”，《学习与探讨》，1980 年第 1 期。

③ 刘国光、王向明：“对我国国民经济发展速度和比例关系问题的探讨”，《中国社会科学》，1980 年第 4 期。

目的和达到这一目的的手段之间有着内在的联系。经济现象之间的本质联系就是经济规律。"① "社会主义生产的目的以及达到这一目的的手段，构成社会主义基本经济规律的主要内容。"社会生产的目的和达到目的的手段是统一的。有什么样的生产目的，既必然会有与实现这一目的相适应的手段。"社会主义生产目的是为社会全体劳动者和劳动者生产集体的需要和利益服务，是排斥了人与人的利益对抗的，因此，为了达到这一目的，也不能采取任何用损害一部分人的利益来增进另一部分人的利益的手段，而只能靠发展社会主义生产的办法来实现。"②

第二种观点认为，"保证满足劳动者经常增长的物质和文化的需要这个社会主义生产目的，是社会主义基本经济规律的唯一内容；达到社会主义生产目的手段，不能包括到社会主义基本经济规律中去。"把斯大林关于社会主义基本经济规律的表述，理解为是由"目的"和"手段"两者构成的观点，是一种误解。不能把斯大林的表述割裂开来解释，而应该当作一个完整的思想来把握。这个表述的中心思想在于揭示社会主义生产的实质，是要保证满足劳动者经常增长的物质和文化需要。斯大林在社会主义基本经济规律的表述中，虽然用了"用在高度技术基础上使社会主义生产不断增长和不断完善的办法"等词句，其目的也是为了说明社会主义生产的目的是保证满足劳动者经常增长的需要，这才是社会主义的基本经济规律。③

（二）社会主义基本经济规律应如何表述

第一种观点认为，斯大林把社会主义基本经济规律表述为"在高度技术基础上使社会主义生产不断增长和不断完善的办法来保证最大限度地满足整个社会经常增长的物质和文化的需要"是正确的，是对社会主义基本经济规律的一个科学概括。第一，斯大林的定义把社会生产的目的和手段都概括了进去。"把生产目的性作为基本经济规律的主要内容，它能反映一定生产关系的本质特征，而借以达到目的的手段也能反映生产关系的性质和社会组织生产的基本要求。斯大林的概括，为我们科学地组织社会主义经济建设指明了基本原则和发展方向。"第二，在发展生产的手段问题上，斯大林是在把社会主义同资本主义作对比，从分析两种生产关系存在的内在必然性中得出结论的。随着社会主义制度的建立，发展生产力不能像资本主义那样依赖于对内剥削、对外掠夺和国民经济军事化的办法，只能靠本国内部的潜力，靠生产的增长和完善，靠技术的不断进步。第三，关于生产目的，斯大林的定义把马列主义有关的基本点都包括进去了。"恩格斯谈到社会主义要'使社会生产力及其所制成的产品增加到能够保证每个人一切合理的需要日益得到满足的程度'。列宁也谈到改变所有制，发展生产力，是为了'保证社会所有成员的富裕的物质生活和全面的自由发展'。斯大林把'合理的需要'、'日益得到满足'、'社会所有成员'、'富裕的物质生活和全面的自由发展'几层台阶，概括得更为简练，反映了社会主义生产目的性的基本要求。"第四，"我国三十年经济建设的实践证明这个概括是完全正确的。"只要我们遵循它，就带来经济生活的繁荣和发展，相反，如果我们在某些时候、某个问题上稍一背离它，就要受到惩

---

① 吴佩钧："社会主义基本经济规律的客观性及其与物质利益的关系"，《武汉大学学报（人文科学版）》，1981年第2期。

② 蒋学模主编：《政治经济学》，上海人民出版社1983年版，第249－250、254页。

③ 吴光辉："社会主义生产目的及其实现的经济目标"，《财经问题研究》，1981年第2期。

罚。①

第二种观点认为，斯大林的表述基本是正确的，但表述的内容不够完善，需要加以补充。社会主义基本经济规律既然是决定着社会主义生产的一切主要方面和一切主要过程，并决定着社会主义经济发展的根本方向，那么，在它所表明的发展社会主义生产的手段“就应该还要包括生产力的人的因素与改革生产关系和上层建筑同生产力发展不相适应的某些部分以及如何管理生产的办法。斯大林对社会主义基本经济规律所作的表述，是以当时前苏联经济发展的客观条件为依据的，但现今其他社会主义国家经济发展的具体情况则有所不同，“因而应当结合各国的现实情况和具体条件，对这个规律进行研究。由于斯大林所作的表述“过于笼统和不够完善使不少人用以研究我国社会主义现代化建设问题时，产生种种不应有的错误见解。”因此，社会主义基本经济规律应补充表述为：“用在加速实现四个现代化的先进技术基础上，充分调动人民群众的社会主义积极性，通过及时地调整生产关系和上层建筑同生产力发展不相适应的部分，促使社会主义生产多快好省地不断发展的办法，保证尽可能地充分满足国家、集体和个人日益增长的物质和文化的需要，进而完成向共产主义高级阶段的过渡准备物质条件。”

第三种观点认为，斯大林表述的社会主义基本经济规律缺少科学性，也是不能成立的，有重新研究之必要。“这条规律不是社会主义经济建设实践的产物，而是来源于主观臆断。”斯大林把社会主义生产和资本主义生产以及一切其他形式的生产完全对立起来了，他只看到社会主义生产的特性，而没有看到社会主义和以往生产形式的共性；只谈生产特殊，不谈生产一般。他不准许经济学家谈论必要劳动和剩余劳动、必要产品和剩余产品之类的概念。斯大林的这种观点和马克思、恩格斯、列宁的观点是不同的。“斯大林所表述的这一规律，与客观生产过程、客观经济范畴没有任何联系，这是不符合经济规律的性质的。经济规律总是一定经济范畴的体现，总是在一定的生产过程中产生的，而斯大林所揭示的生产目的和达到目的的手段，都不体现任何经济范畴，它和社会主义生产过程没有内在的本质联系。”“斯大林所表述的生产目的和达到目的的手段是极不明确的。满足需要总是和一定的生产方式相联系的，在不同生产方式，有不同的表现形式。例如，在封建社会，满足封建地主的需要是通过封建地租的形式。在资本主义社会，满足资本家的需要是通过剩余价值的形式，这在质和量上都是很明确的。而在社会主义社会是通过什么形式满足全体社会成员的需要的呢？斯大林的表述无论在质或量上都是极不明确的。至于手段则更不明确了。资本主义生产也是在高度技术基础上进行的，那么，社会主义生产的高度技术与资本主义的高度技术又如何相区别呢？”②

第四种观点认为，为了明确社会主义生产的目的，应该毫不含糊地恢复恩格斯、列宁的提法。恩格斯曾经就生产资料社会占有条件下的生产目的说过：“通过社会生产，不仅可能保证一切社会成员有富足的和一天比一天增长的物质生活，而且还可能保证他们的体力和脑力获得充分的自由的发展和运用。”③ 列宁在1902年批评当时俄国社会民主党纲领草案中关于“满足整个社会及社会各个成员的需要”的提法时曾指出：“不仅满足社会成员的需要，

① 田荣嘉：“斯大林对社会主义基本经济规律的表述是正确的”，《兰州学刊》，1980年第1期。

② 刘光第：“对有关社会主义生产目的的几点看法”，载《论社会主义生产目的——全国社会主义生产目的讨论会论文集》，吉林人民出版社1981年版，第194—196页。

③ 《马克思恩格斯选集》第3卷，人民出版社1995年版，第322页。

而且充分保证社会全体成员的福利和自由的全面的发展。”① 列宁所说的同恩格斯所说的完全一致。列宁自己的提法，突出两点：一是充分保证社会全体成员的福利，以此代替“满足整个社会需要”的含糊提法；二是强调保证劳动者的自由的全面发展。这是马克思主义经典作家一直十分重视的问题。斯大林在《苏联社会主义经济问题》中讲到过保证社会一切成员全面发展的问题，那是作为过渡到共产主义的先决条件提出来的，但是可借的是斯大林在概括社会主义基本经济规律的要求时，又完全离开了这一点。于是剩下的，只是满足各个社会需要的一般概念，而这一提法正是列宁所不同意的。所以，“为了明确社会主义生产的目的，应该毫不含糊地恢复恩格斯、列宁的提法。

（三）关于价格形成问题的探索

社会主义制度下价格形成问题，新中国成立以来经济学界曾进行过两次大的讨论；第一次是 1956—1957 年围绕生产资料价格问题展开的；第二次是 1959—1964 年围绕着社会主义价格形成基础展开的。粉碎“四人帮”后，被窒息十年之久的科学讨论又重新活跃起来。新中国成立以来关于社会主义价格形成问题的讨论包括以下两方面。

1. 社会主义经济中价格的职能和作用。一般认为，价格是价值规律作用的形式，价值规律只有通过价格才能发生作用。在社会主义经济中，价格具有怎样的职能或作用，主要有两种不同的观点。

一种观点认为，在社会主义制度下，价格是核算社会劳动消耗的工具。因此，价格要尽可能地同价值相一致，价格和价值不相一致的情况只能是暂时的、偶然的，因为这种情况在经济上是没有根据的，不利于经济核算的。这种观点的代表是孙冶方。他认为，计算生产中的劳动耗费，是通过价格来实现的，只有价格才能最准确地计算社会劳动的消耗。② 过去，“主要是从流通领域，从国民收入的分配和再分配的观点来考虑价格和价值问题，很少考虑生产过程本身的经济核算的需要”，“价格的偏高偏低就是打乱了国民经济的比例关系，破坏了整个国民经济中的经济预算。”③

另一种观点认为，社会主义经济中，价格除具有计量社会劳动耗费的职能外，还具有再分配国民收入或调节社会主义生产和流通的职能。持这种意见的人，在对调节的程度和范围的认识上也不一致。例如，赵履宽认为在社会主义制度下，“价格有计划地发挥着计量社会劳动耗费和再分配国民收入的职能。为了有效地发挥价格作为间接计量社会劳动耗费工具的职能，必须使各种商品的价格大体接近它们各自的价值。同时，自觉地有计划地使商品的价格适当背离它的社会价值，是从经济方面，正确处理人民内部矛盾的重要手段。但是，商品价格背离其价值的幅度应尽可能小一些，价格背离共价值的方向和幅度，应该具有相对的稳定性。”④

2. 关于生产资料价格的问题。1956 年以后，随着农业、手工业和资本主义工商业社会主义改造基本完成，主要生产资料实行计划供应的企业数迅速增加，在我国经济学者面前，就产生了全民所有制内部交换的生产资料是否具有价值，制定生产资料价格的客观依据是什么等重要理论课题。在 1956—1957 年的讨论中，主要涉及如下几个问题：

---

① 《列宁全集》第 6 卷，人民出版社 1986 年版，第 37 页。

② 孙冶方：“把计划和统计放在价值规律的基础上”，《经济研究》，1956 年第 6 期。

③ 孙冶方：“从‘总价值’谈起”，“社会主义经济学的若干理论问题”，人民出版社 1979 年版，第 35—36 页。

④ 赵履宽、项镜泉：《论社会主义制度下商品差价的客观基础及制定差价的依据》，《经济研究》，1964 年第 2 期。

生产资料是否具有价值。多数经济学者认为，在全民所有制内部交换关系中，生产资料已经不是商品而只保留着商品外壳，生产资料实质上是没有价值的，只不过保留价值的形式，超出了价值规律发生作用的范围。与上述流行观点不同的另一种观点，认为生产资料具有价值。如顾准说："产品的社会价值与个别价值的矛盾，是社会主义社会存在价值范畴的根据。"①

南冰、索真从全民所有制内部交换的生产资料也是商品的见地出发，论证了生产生产资料的劳动，转化为价值的必然性。其主要论点是：第一，生产生产资料的劳动不转化为价值，"就不可能比较生产者各自的劳动。而不比较生产者各自的劳动，在国营企业之间的产品交换不是等价交换，就势必破坏国营企业作为相对独立的经济单位的原则。"第二，在社会主义经济中，存在着全民所有制的国营经济、集体所有别经济；存在一部类和二部类生产分工。同时，再生产过程是统一的整体。生产消费资料所要耗费的生产资科，不计算生产资料的价值，消费资料的价值也就无法计算出来。消费资料是商品，就必然使生产生产资料的劳动转化为价值。第三，消费资料的生产中要用价格来表现物化劳动，劳动力的消耗要以作为商品的消费品来补偿，以货币工资形式来实现，那么，生产资料的生产劳动的耗费，也就不能不用迂回曲折的价值和价值形式核算较量。第四，如果生产资料仅以进行成本核算的价值形式，势必脱离成本基础的价值，孤立地研究生产资料的成本，同时等于认为在生产资料的劳动中，没有社会的劳动了。他们由此得出结论：即使是在国营经济内部进行分配的生产资料，也仍然具有价值，这决不是形式上的事情。②

3. 关于生产资料价格的合理标准。

一种观点认为，价格高低"一般应以成本为准：某种产品的价格超过成本较多，就相对地说它的价格高；某种产品的价格超过成本较少，就相对地说它的价格低。"③ 但是，怎样高低的价格才算合理，持这种意见的人认为，"主要不是看价格同价值的关系如何，也不是看利润如何，而是看社会主义基本经济规律和国民经济有计划、按比例发展规律在各种具体情况下的各种具体要求如何。"④

另一种观点认为，成本对价格的差距不能作为价格水平高低的标准。价格是否高于价值，虽然可以作为衡量生产资料价格总水平的依据，但是，最重要的"是从对经济生活的影响如何，从经济建设实践，来考察价格的高低。"他们还认为，按成本加工资平均积累计算产品的价值，我国生产资料的价格水平并不高于轻工业品。而且从现实生活来看，也不可能得出我国生产资料价高的论断。他们认为，我国生产资料价格总水平基本上是正常的。⑤

4. 关于生产资料价格政策。

一种观点认为，生产资料应实行低价政策。其中又有两种意见。第一种意见是：无论从历史比价或价格对成本的差距来看，我国生产资料价格水平都高于轻工业品相农产品。相当大一部分生产资料价高利大，因此，应该降低价格，并把生产资料价格规定在成本加3%一

① 顾准："试论社会主义制度下的商品生产和价值规律"，《经济研究》，1957年第3期。

② 南冰、索真："论社会主义制度下生产资料的价值和价值规律作用问题"，《经济研究》，1957年第1期。

③ 骆耕漠："关于价格中的利润和利润率问题的研究"，《计划经济》，1957年第3期。

④ 骆耕漠："关于生产资料的低价政策问题"，《经济研究》，1957年第3期。

⑤ 南冰、索真："论生产资料价格问题"，《经济研究》，1957年第2期。

5% 的成本赢利率的水平上。[①] 第二种意见是：对生产资料一般应该采取低价政策，生产资料的作价原则是：（1）一般保本；（2）一般低价；（3）合理比价。[②] 但同时也认为"生产生产资料的部门的产品价格照例不包含周转税"（即按成本加企业利润定价）的论点不具有普遍的妥当性。这种意见的主要论据是：生产资料采取一放低价的原则对新技术的广泛采用有刺激作用，这对农业是十分显明的；对于国营企业来说，虽然信用的程度有所不同，但对于企业和部门能够相对独立调度的控制，则能刺激它们更多地用于改进生产技术。这种作用在计划、财务体制改革和企业权力适当地扩大以后将有所增大。[③]

另一种观点认为，重工业产品的价格不能太低。认为价格要等于价值，否则"国民经济的比例关系就会被扭曲，会助长生产资料使用不合理甚至浪费的现象，甚至社会主义再生产就会遭到破坏"。

5. 制定社会主义计划价格的依据。

第一种观点认为，应以产品本身的社会价值为基础定价。"社会主义经济中的价格，依然是商品价值的货币表现。当国家给各类商品确定价格时，必须首先考虑它们在生产中所消耗的社会必要劳动，使各类商品的价格大体上符合于它的价值。[④] 商品价格的制定，应该以社会价值为基础，而不是以个别价值为基础。[⑤]

第二种观点认为，社会主义计划价格应直接以生产价格为基础，产品价格构成中的利润额应按平均利润率来计算和确定。商品按生产价格定价，"既不是资本主义生产关系的产物，又不是社会化生产一般发展的产物。而是社会化大生产高度发展的客观要求。"它也必然存在于社会化大生产高度发展的社会主义经济之中，而决不会因为社会主义制度取代了资本主义制度而自动消失。所不同的，只能是它的实现形式。[⑥]

第三种观点认为，应按产品的平均成本加"合理利润"来定价，即各种产品的价格根据具体情况而定，其成本利润率幅度各不相同，并不划一。其理由是：按目前的统计资料的条件，比较容易掌握的只是产品的成本。定价时除保本外，按有关产品的观行比价关系、现有利润多少以及价格政策要求等方面，研究如何调整利润和修订计划价格，比较现实可行。[⑦]

第四种观点认为，产品价格构成中的利润额应以部门平均成本利润率为主（参考资金、工资利润率）来计算。关于计划价格的形成，三种利润率各有利弊，不能以其中一种利润率作为定价的唯一依据。根据社会主义社会的特点以及目前部门之间有机构成相差很大，每个产品的资金利润率难以计算等情况，生产价格目前是行不通的。应该以部门平均成本利润率为主（参考资金、工资利润率）来定价。同时用税收、信贷和规定不同部门的利润分成

---

① 范若一："关于降低生产资料调拨价格问题的商榷"，《计划经济》，1956 年第 2 期；"再论重工业产品的价格政策"，《经济研究》，1957 年第 3 期。

② 骆耕漠："重工业产品的周转税问题——关于'生产生产资料的部门的产品价格按照不包含周转税'的研究"，《经济研究》，1957 年第 3 期。

③ 骆耕漠："关于生产资料的低价政策问题——答南冰、索真同志的几点批评"，《经济研究》，1957 年第 3 期。

④ 薛暮桥：《中国社会主义经济问题研究》，人民出版社 1979 年版，第 133 页。

⑤ 赵之邦："社会主义条件下商品价格的形成"，《杭州商学院学报》，1983 年第 2 期。

⑥ 李德华："按生产价格定价和生产社会化"，《经济研究》，1979 年第 4 期。

⑦ 转引自张纯音、詹君仲："关于社会主义社会价格形成问题的初步探讨"，《社会主义制度下价格形成问题》，中国社会科学出版社 1980 年版，第 165 页。

比例来调整不同部门的利润水平，使它们大致相等。此外，还要参考供求关系，有计划地使价格大体符合价值。①

四、关于社会主义经济结构与经济效果

（一）关于我国经济结构特点的探索

第一种观点认为，当时我国经济结构的特点：一是从优先发展重工业开始工业化；二是国家实行高度集中的计划经济，没有或极少有市场调节；三是高速度实行农业集体化。其优点是：（1）能够集中地、有计划地使用积累；（2）重工业发展的速度较快，并能促使科学技术部门的快速发展；（3）有利于加快实现国防现代化；（4）从整个国民经济发展速度来看也比较快。其缺点是：（1）农业和轻工业相对落后；（2）人民生活的改善受到影响和限制；（3）基本建设规模容易过大，生产效率较低；（4）政治变动时对生产影响很大。

第二种观点认为，现有经济结构的特点是：（1）组织松散，重复劳动多、专业化协作不够发展，经济力量分散；（2）各部门经济发展不平衡，速度大起大落；（3）经济效果差，优势不能发挥，资源无法充分利用，浪费多，损失大。②

（二）当时我国经济结构存在的主要问题

普遍认为我国当时的经济结构很不合理，表现在国民经济各个部门内部、部门之间和国民经济各个主要方面之间比例失调。但在分析什么是当时我国经济结构不合理的主要问题时，也产生以下几种不同观点：

第一种观点认为，主要是表现在积累与消费的关系上，积累率偏高，消费偏低，积累和消费的比例不合理。许毅等认为，就我国社会主义建设实践看，哪个时期的积累与消费比例适当，经济发展就快；哪个时期的积累与消费比例失去控制，经济就遭受挫折。并且说："积累与消费的比例关系是国民经济中一个带根本性的比例关系，安排国民经济必须十分注意安排好这项比例关系。积累失去控制，势必影响全局。"③

第二种观点认为，主要是农轻重比例失调。因为积累和消费结构属于分配结构，它是由产业结构决定的农轻重比例不调整好，消费的增长速度难以很快提高。"我国现在的经济结构的缺点，是重工业过分突出，农业、轻工业、交通运输业、商业服务业等相对落后。"④有的人认为，我国经济结构问题归根到底是农业过分落后。农业基础相当薄弱，生产水平低，不能满足社会主义建设的需要。有的文章说："在我国，农轻重是产业结构的最主要问题，对经济结构有着决定性的影响。"⑤

第三种观点认为，我国在研究和安排国民经济比例时，只考虑物质资料生产中生产资料生产和消费资料生产的比例，国民收入分配中的积累和消费的比例。所谓比例失调，首先是人类自身的生产和物质资料生产这一最基本的比例失调。⑥

第四种观点认为，当时我国经济结构存在的问题是多方面的、主要有四个问题：一是第

---

① 张纯音："关于社会主义经济中计划价格问题讨论情况"，《经济学动态》，1979年第6期。

② 张曙光、王玲玲："经济理论界对我国经济结构的一些不同观点"，《经济学动态》，1980年第4期。

③ 许毅、黄菊波："关于积累与消费的几个问题"，《人民日报》，1979年12月7日。

④ 王梦奎："认真讲求经济效果"，《财贸战线》，1980年6月8日。

⑤ 周叔莲、陈吉元："关于经济结构的几个理论问题"，《社会科学战线》，1980年第4期。

⑥ 刘铮："人口问题要有个规划"，《人民日报》，1980年6月2日。

一产业部门（包括农、林、渔等）的比例太大，劳动生产率太低、这是我国经济落后的表现；二是我国工业结构的中间产品太多，技术差，消耗大，最终可供使用的产品太少；三是经济结构比例严重失调，主要是农轻重的比例和积累与消费比例严重失调；四是经济结构不符合我国的实际情况和特点。

（三）形成我国不合理经济结构的原因

比较一致的观点是，当时我国不合理的经济结构是在长时期内形成的，原因很多。有客观原因，也有主观原因。诸如：我国解放的是一个半殖民地半封建国家，原来的经济结构就是不合理的；我国开始建设的时候，是以前苏联作为社会主义的唯一样板，把它的经济管理体制和经济结构模式全盘搬过来：我国受封建传统的影响深、不重视商品生产、价值规律。不讲究经济核算、经济效果。所有这些都直接影响了我国经济结构的现状。但是。有的人认为，主要原因还应该从指导经济建设的思想理论方面去找。

首先是与我们一贯执行的优先发展重工业的方针分不开，把生产资料生产的优先增长说成是普遍规律，并作为优先发展重工业的依据；在制定经济发展计划时，不首先重视比例，而过分强调往往是主观要求的速度，一切服从高速度，把速度作为计划的出发点相归宿，必然导致高指标，瞎指挥，比例失调。此外，由于受斯大林《苏联社会主义经济问题》一书的理论影响，否认社会主义制度下生产资料是商品、否认价值规律对社会主义商品生产起调节作用，否定社会主义经济中的流通，这就导致在实践中限制商品生产和价值规律的作用，这也是形成当时不合理经济结构的一个重要原因。①

有的人从经济体制、经济政策和思想理论三个方面分析了产生当时不合理的经济结构的原因。从政策上，违背了从农业国向工业国过渡一般都是从轻工业开始的客观规律。连续不断的、大规模的政治运动破坏了生产建设的正常进行。在经济体制上，由于农村人民公社化过急、挫伤了农民的积极性、影响了农业生产的发展；在工业中没有充分发挥集体所有制的作用，真正的集体所有制经济太少，同时国营企业没有自主权，缺乏内在的经济调节机制，影响了工业生产的发展。在思想理论上，主要是片面地理解了生产资料优先增长的规律，片面强调了优先发展重工业。②

有的文章分析造成当时经济结构不合理的原因有以下五点：第一，盲目追求高速度，破坏了综合平衡；第二，片面强调优先发展重工业，忽视了农业和轻工业；第三，片面追求高积累；第四，公社化过程中某些过左的做法挫伤了农民的积极性；第五，全民所有制经济管理体制有严重的缺陷。③

（四）关于当时我国合理的经济结构的讨论

1. 关于什么是我国合理的经济结构的认识。

第一种观点认为，适合我国情况和特点的合理的经济结构，概括地说，应当具有以下一些特点：（1）能够充分利用我国的有利条件，避免不利条件；（2）能够充分有效地利用我国的人力、物力、财力和自然资源；（3）能够充分利用我国现有的物质、技术基础，使国民经济各部门、各地区能够协调发展，社会再生产能够顺利进行；（4）技术能够迅速发展，

---

① 孙尚清、周叔莲、张卓元、吴家骏："对于我国经济结构的初步研究"，《经济研究丛刊——社会主义政治经济学若干基本理论问题》，山东人民出版社，1980年版，第29—30页。

② 张曙光、王玲玲："经济理论界对我国经济结构的一些不同观点"，《经济学动态》，1980年第4期。

③ 经济结构调查研究组："关于改善我国经济结构的意见"，《经济管理》，1980年第12期。

劳动生产率能够迅速提高；（5）生产发展速度快，人民生活提高，积累增长快，能够实现高速度、高消费、高积累的良性循环。总之，这种经济结构要能够大大加快我国社会主义现代化的建设。①

第二种观点认为，合理的经济结构应该符合三个标志：第一，必须能够充分发挥各个经济因素的经济优势，有效地利用我国的人力、物力、财力和自然资源以及国际分工的好处。第二，必须能够保持各个经济因素的平衡衔接和协调发展，实现经济活动的良性循环。第三，必须能够保证取得最大的经济效果，达到社会劳动的最大节约和社会需要的充分满足。②

第三种观点认为，符合“四化”要求的、合理的经济结构必须做到三条：（1）社会劳动时间的合理分配；（2）劳动时间的节约；（3）劳动者日益增长的、全面而自由的发展的需要不断地得到最大程度的满足。③

2. 关于如何建立合理的经济结构的讨论。

第一种观点认为，建立合理的经济结构，要从国情出发。根据我国人口多、物力资源不足（相对于人口和劳动力）、投资能力小等特点，一方面应当发展某些技术构成和劳动生产率高的部门和企业；另一方面更应当大量发展技术构成低、劳动密集、能容纳较多劳动力的部门和企业。同时还要考虑到我们在国际市场的竞争条件。④ 有的人认为，建立合理的经济结构首先要考虑时间、地点、条件，从实际出发。在我国，建立合理的经济结构和走中国式的现代化道路实质上是一回事。⑤

第二种观点认为，重点是解决产业结构的问题。应该抓农轻重的关系，其中有的认为主要应该抓农业，要改变农业结构，加快农业发展速度；有的认为主要应该抓轻工业，当时要优先发展轻工业，以此来促进农业和重工业。⑥

第三种观点认为，今后调整我国经济结构应把握以下几个基本点：第一，我们的经济结构应当以满足人民的吃穿用住的需要为中心；第二，要把解决好能源当作首要问题，真正使交通运输成为先行，今后十年内应当多发展劳动密集型的、节约能源的产业，以及就业问题和能源问题的解决；第三，坚持自力更生方针，充分利用现有基础，在老企业的挖潜、革新和技术改造上下功夫；第四，扩大出口，引进技术，利用外资，加强我国若干薄弱环节；第五，军事工业和民用工业要真正结合起来，寓军于民；第六，把发展科学教育放在重要地位，努力搞好人口规划、环境保护、劳动条件、城市建设、保健卫生等方面的工作。总之，要把社会生产适应消费需要作为改善我国经济结构的出发点和目标。⑦

第四种观点认为，要想从根本上改变目前这种不合理的经济结构，就必须从理论上搞清楚社会主义生产的目的，搞清楚以农、轻、重为序安排国民经济计划同实现这一目的的关系，严格按照社会主义基本经济规律办事，才能贯彻党的调整、改革、整顿、提高的八字方

---

① 马洪：“深入经济结构的调查研究加快社会主义现代化建设”，《财贸战线》，1979年9月14日。
② 张曙光：“改革经济结构、提高经济效果”，《东岳论丛》，1980年第2期。
③ 蒋明：“上海经济结构问题探讨”，《社会科学》，1980年第1期。
④ 赵履宽：“我国当前劳动就业的几个问题”，《人民日报》，1980年8月19日。
⑤ 苏绍智：“我国国民经济调整和改革工作的若干经济理论问题”，《思想战线》，1980年第2期。
⑥ 周密：“经济结构方面需要研究的若干问题”，《光明日报》，1979年9月22日。
⑦ 经济结构调查研究组：“关于改善我国经济结构的意见”，《经济管理》，1980年第12期。

针，才能改变目前这种重、轻、农的畸形发展的经济结构，使整个国民经济计划回到农、轻、重的轨道上来上。①

（五）关于经济效果评价标准和指标体系的认识

比较一致的观点是，在社会主义条件下经济效果问题有很多方面，因而考察和分析经济效果不能用一个指标，而必须用一系列指标及其体系来反映。但对指标体系如何设置则有不同观点。一些人认为，在这个指标体系中，既要有个别指标，反映个别对象的经济效果，又要有综合指标，反映整个企业、整个部门、整个国民经济某一方面的经济效果，以便于进行总的评价。而对于什么是评价社会主义经济效果的最高标准（或最后标准），分歧较大，大体有以下几种观点：

第一种观点认为，劳动生产率是社会主义经济效果的“综合表现”，是评价社会主义一切经济效果的“最高标准”。因为，第一，这是由社会主义经济效果的实质决定的，并且显示了计会主义制度的优越性。有用成果和劳动耗费的比较，实际上就是对各生产单位、各部门、各地区以至整个国民经济的劳动生产力进行计算：讲求经济效果就是要求社会劳动有尽可能高的生产效率。可见，两者的含义在一定意义上是相同的；而且，只有社会主义才最关心劳动的节约，才能把劳动生产率作为最高标准。第二，经济效果的真正含义是节约劳动时间，用社会必要劳动时间（社会劳动生产率的倒数）来衡量社会主义经济效果，正符合这一中心要求。因为这样的社会必要劳动量不仅是指生产每一单位产品所消耗的劳动量是社会平均必要劳动量（称为“狭义的社会必要劳动”），而且是指生产这种产品所投入的社会总劳动量也是社会所必要的（称为“广义的社会必要劳动”）。无论是从全社会整体利益的角度来衡量和评价个别单位范围的经济效果，还是充分利用社会劳动资源，有计划地组织全社会范围的经济活动，都必须以这种社会必要劳动为准则。可见这也是把个别效果和社会效果统一起来的标准。第三，劳动生产率既是衡量劳动消耗效果和劳动占用效果的统一的标准，也是衡量目前效果和长远效果的统一的标准。”②

第二种观点认为，不同意把劳动生产率作为社会主义经济效果的“综合表现和最高标准”。有人认为，首先，劳动生产率和经济效果不是一个概念，二者在内涵上有交叉，也有区别。不同社会的劳动生产率概念一样，可以做量的比较，不同社会的经济效果性质不同，根本不能比较。社会主义经济效果综合反映了经济生活中目前利益和长远利益、局部利益和整体利益、不同所有制之间、地区之间、部门之间、企业之间以及生产、分配、交换、消费过程之间的复杂联系。它比劳动生产率更广泛更具体更综合。其次，全部劳动生产率的概念根本不能成立，因为劳动生产率是指人不是指物；从劳动来说，是指具体劳动，而不是指抽象劳动。马克思在谈到劳动生产率时，有时也涉及价值问题，那是讲劳动生产率的变化与价值的关系，不是讲劳动生产率的本身。再次，比较劳动耗费和有用成果的“有用经济效果”，虽然在社会主义制度下有广阔的作用场所，但它是从一般劳动过程产生的，劳动生产率虽为任何社会所关心，但任何社会都不把它视为最终目的。因此，应该把每个社会形态生产的特有目的的效果作为经济效果的主要内容或综合表现，作为评价该社会一切经济活动的最高标准，这才是抓住了最本质的决定性的东西。在社会主义社会，这样的标准就是“满

① 王珏：“只有搞清社会主义生产目的才能变重轻农为农轻重”，《经济研究》，1979年第12期。

② 张根学、张问敏：“关于社会主义经济效果一般理论问题的讨论情况”，《经济研究》，1980年第6期。

足需要效果”。

第三种观点认为，应把生产过程中新创造的价值即国民收入的大小，作为“统一的一定实物构成基础上的经济效果的衡量标准”。因为，满足需要是社会主义经济效果的一个重要标志，它不仅要反映社会主义生产目的实现程度，还要回答如何在最有利的条件下实现它。所以，这种满足需要不仅是指满足社会对消费资料的需要，而且也包括满足社会对生产资料的需要。作为社会主义经济效果的统一标准，必须能够无遗漏地综合反映生产活动的全部成果，而不受其他因素的影响。这样的标准不是最多的积累基金或最多的消费基金，而是最多的国民收入。在企业范围内是单位劳动时间的国民收入额及其动态，在国民经济范围内必须是总量指标，既国民收入及其动态。

第四种观点认为，社会消费品生产的经济效果是衡量人们实践活动对社会生产是否有利的“最根本的标准”。生产资料生产本身不是生产的目的，生产的目的是为了把消费资料生产出来，而且用于生产生产资料的劳动已经包括在消费资料生产的劳动中了。况且，社会消费品生产的经济效果与个别产品的经济效果既是矛盾的，又是统一的。人们的某种实践究竟有利还是不利，最后都需要用社会消费品的经济效果来衡量。

五、社会主义经济中的商品生产与价值规律

社会主义经济中的商品生产与价值规律包括以下问题：

（一）全民所有制内部调拨的生产资料是不是商品的讨论

关于社会主义商品生产的范围，1956 年以前，一般是阐述和宣传斯大林的观点。1956 年以后，逐渐提出了各种不同见解，争论的焦点是全民所有制内部调拨的生产资料是不是商品。

1957 年初，南冰、索真发表文章，批评斯大林关于国营企业间进行分配的生产资料实质上不是商品的论断，认为“在实行经济核算制度条件下，各个国营企业还要彼此当作不同的相对独立的经济单位来相互对待。还要‘亲兄弟，明算账’。”因此，“生产资料在国营企业内部进行分配时，各个企业之间还是要把它当作商品来相互对待。”“这种买卖的经济关系，决不是‘观念的’、‘象征的’意义，而是具有真实的、与企业利害相关的经济内容。”对企业来说，“赢利乃是意味着荣誉和物质上的利益，赢利和物质利益可以促使调动一切积极因素和力量为社会主义事业服务”，生产企业“很自然地”会“对那些赢利多的品种兴趣大”。①

1959 年，于光远提出：“国营企业之间的商品交换，”也“是商品关系，加入这种交换的产品就是商品。”因为“企业间的交换还有一定意义的所有权的转移……各个企业之间还存在着一定程度的‘你我界限’，在各企业间进行交换时的条件对各个企业的职工还发生物质上的利害关系。”②

一些人不同意上述观点。王思华 1959 年说：“在国营企业内部调拨的生产资料不能称是商品……它们不是为买卖为交换而生产的”，“调拨物资是国营企业内部的产品分配，它们是由国家统一地有计划地进行生产和分配，它们既不改变所有者，又不是自由买卖的对象，

① 南冰、索真：“论社会主义制度下的生产资料的价值和价值规律的作用问题”，《经济研究》，1957 年第 7 期。

② 于光远：“关于社会主义制度下商品生产问题的讨论”，《经济研究》，1959 年第 7 期。

……但是为了估价，为了进行经济核算，它们还不能不保存着价值形式，也就是不能不保存着商品形式。如果把这种新的产品分配关系，仍然看做是旧的商品关系那就是只从形式上看问题，而不是从本质上看问题”。①

需要指出，在1956—1957年的讨论中，认为全民所有制内部调拨的生产资料实质上是商品的人还很少；而在1958—1959年及以后的讨论中，则有了显著增加。

与上述问题相联系，孙冶方提出，由于“几十年来社会主义政治经济学中自然经济论的影响”，“在全民所有制内部关系上就强调物资调拨，而不强调数以万计的独立核算企业间的合同协作关系”。他主张：“在原来的协作关系、供销关系范围以内，在原来的生产方向和范围以内，企业相互间定期订立供销合同，商定供销数量和具体的品种规格是企业职权范围以内的事，国家和地方都不必过问。”他还说：“我们不是一向有按品种的产量指标么，可是我们就老没有解决‘货不对路’的问题。我认为，品种规格的问题，是要通过固定的协作关系，通过供产销合同制来解决的。在国家已经批准的固定的协作关系范围以内，生产企业生产什么品种规格的产品，应该征求消费者企业的意见，然后双方根据需要和可能在供产销合同中确定下来，严格遵照执行。”②

孙冶方的上述观点曾受到一些人的批判。有的人说：社会主义全民所有制企业的产品，是属于国家所有的，必须由国家进行计划分配和统一调拨……没有集中的物资分配，就没有计划经济。企业必须严格按照国家规定的物资分配计划，销售自己的产品。孙冶方反对国家对企业产品实行统一调拨，要求取消有计划的物资分配制度，主张让企业通过“合同制”来自行安排供销关系，实际上就是让企业把自己的产品拿到市场上自由买卖，进行自由竞争。雍文远也说：“有一些人，力图使国营企业有权转让或出卖这些属于全民所有的生产资料，否认物资技术计划供应的任何必要性，要不分青红皂白地把这些供应统统纳入一般商业轨道，以便它们自由买卖。如果这个意图得逞，那么，不仅统一的生产计划，由于没有生产资料计划供应的相应保证，而必然要受到破坏，而且社会主义国家将因此而失去生产资料的统一支配权，为资本主义的复辟活动打开大门。”③

需要说明，认为全民所有制内部调拨的生产资料是商品，不同意只强调物资调拨，把企业权力限制得死死的，是为了强调重视和尊重价值规律的作用，要求承认价值规律对这部分生产资料的生产和流通有调节作用。1959年，王亚南在以讨论社会主义制度下商品生产和价值规律问题为主题的全国经济理论讨论会上发言，强调要充分发挥价值规律调节作用时就说：“以前不敢想象的国营企业间的生产资料的商品性质问题，也被提出来，甚至还有很大一部分同志确认它是商品了。”这种“对于商品生产的认识的改变，就为对价值规律的思想束缚的解放开了方便之门。”④

（二）社会主义商品生产会不会产生资本主义

一种观点认为，社会主义生产资料公有制和无产阶级专政的存在，决定了社会主义商品

---

① 王思华：“我对社会主义制度下商品生产和价值法则的几个问题的一些看法”，《经济研究》，1959年第1期。

② 孙冶方：“社会主义计划经济管理体制中的利润指标”，《社会主义经济的若干理论问题》，人民出版社1979年版，第264页。

③ 雍文远：“社会主义政治经济学中有关阶级和阶级斗争的几个问题”，《学术月刊》，1964年第6期。

④ 王亚南：“在讨论会中学习的心得和体会”，载于《关于社会主义制度下商品生产和价值规律的问题》，中国科学院经济研究所编，科学出版社1959年版，第786页。

制度不是产生资本主义的土壤和条件。“不能把商品生产看做是某种不依赖周围经济条件而独立存在的东西。社会主义的商品生产，是没有资本家参加的商品生产，是特种的商品生产，它所涉及的，基本上都是联合起来的社会主义生产者。社会主义的商品生产，是不会导致资本主义的。”“社会主义的商品生产根本不同于资本主义的商品生产。因此它决不能生产出资本主义和新资产阶级分子”。我们知道，任何一种生产关系的再生产，都是它自身的再生产。说社会主义再生产会再生出资本主义和资产阶级，就像资本主义再生产会生产出原始公社一样荒唐。“社会主义的商品生产不是私人的生产，它不能使私人从这种生产中积累货币，即使某些人有了比较多的货币，我们的社会主义制度也不允许他们随意去购买劳动力和生产资料，因为每个劳动者都是组织在全民的或者集体的经济机构中，而主要的生产资料也不是私人可以自由买卖的。因此，社会主义的商品生产，从本质上说，并不能提供资本主义产生的条件，并不能产生资本主义。”樊弘认为，社会主义商品生产是“在人类发展史上商品生产的新种”①，“这种新的商品生产关系是由现阶段的社会主义生产力的水平决定的。”朱剑农说，社会主义社会存在的“是一种新型的完全摆脱了任何私有制因素的社会主义商品生产。”② 武汉哲学社会科学研究所1960年编的《大众政治经济学》也认为，“社会主义商品交换关系……体现了相互协助、相互支持的同志式的互助合作关系，而这种关系将随着社会主义的不断发展和人们的觉悟水平日益提高，也将不断地发展。这就是共产主义式的人与人的关系。”③

另一种观点认为，社会主义商品生产仍然存在产生资本主义的可能性，而这种可能性是与社会主义商品制度有联系的。但在总体中，说法又不完全一样。有的是从商品的共性进行分析的，认为社会主义商品制度既具有和资本主义商品制度根本不同的本质特征，又具有一般商品制度的共同属性，存在着跟旧社会没有多少差别的一面，还有产生资本主义的可能性。有的是从社会主义商品制度中存在着资本主义进行活动的缝隙进行分析的，认为由于现阶段我国生产力水平比较低，社会主义商品生产和货币交换的计划性还受到较大的限制，价值规律和货币流通规律的作用不容易被人们所掌握，商品的比价和差价，货币流通和商品流通的比例关系，都不容易安排合适，因此，社会主义商品制度还有不够完善、不够健全的方面，存在着许多空隙和漏洞。它就为资本主义的产生“提供了一个可能条件”。余霖认为：“社会主义社会还不能不保留一些资本主义制度的残余，还存在着商品、价值、货币、价格等类资本主义范畴”。“目前还有一些同志……认为社会主义制度下的商品是新型的商品，是社会主义性质的商品，而不是资本主义制度的残余，它同资本主义制度下的商品的性质已经完全不同……我们认为，这样的看法也是错误的。商品原来是私有制度的产物，到资本主义社会发展到最成熟的阶段。社会主义社会的商品，同资本主义社会的商品，它的性质仍然有相同的部分，只有局部的、一定程度上的差别，只产生了局部的、一定程度上的质变。到它原来的性质完全消失的时候，它就不再成为商品。不可能在资本主义商品以外，又出现一种性质完全不同的所谓社会主义商品。”④

---

① 樊弘：“关于在社会主义下商品生产的问题”，《关于社会主义制度下商品生产和价值规律问题》，科学出版社1959年版，第415—416页。

② 朱剑农：“论我国的商品生产及其性质问题”，《理论战线》，1959年第1期。

③ 中国科学院武汉哲学社会科学院研究所编：《大众政治经济学》，1960年版，第292页。

④ 余霖：“社会主义社会的商品”，《新建设》，1956年第6期。

（三）关于社会主义价值规律的讨论

1. 1956—1957年的讨论。1956年三大改革基本完成以后，社会主义经济成分在我国占据了统治地位，价值规律发生作用的条件改变了，因此一系列的问题如价值规律在社会主义计划经济中的作用怎样，是不是还起一定的调节作用，价值规律和计划经济的关系怎样等，引起了我国经济学界的热烈讨论。

首先，关于社会主义计划经济中价值规律的地位和作用的讨论。薛暮桥在1956年10月28日《人民日报》上发表《计划经济与价值规律》一文，不久又在1957年第2期《计划经济》上发表《再论计划经济与价值规律》一文，对这个问题阐述了有代表性的意见。认为：社会主义经济"是受有计划按比例发展的规律支配的，价值规律只可能起辅助作用。"对"国家用直接计划来管理"的产品（生产资料的主要部分和一部分重要消费品）的生产和调拨，"价值规律仅仅被利用来作为经济核算的工具对"国家用间接计划来管理"的产品（合作社生产的重要农产品、大部分消费品和少数不列入生产、调拨计划的生产资料）的生产和流通，"国家还需要在一定的范围内利用价值规律来进行调节"；"在国家计划管理范围以外"的产品（如少数就地生产、就地销售的农副业和手工业产品）的生产和流通，"主要让价值规律去自发地调节，国家只能给予一定程度的影响"。随着国家扩大计划管理的范围，价值规律的作用范围将进一步受到限制。顾准认为，"社会主义经济是计划经济与经济核算的矛盾统一体"，要"由经济核算来补充经济计划"。"如果过分强调计划的一面，达到否定价值和价格之间的关系，价格对生产分配与产品转移的影响，因而达到否定经济核算所能发挥作用的程度时，企图用计划规定一切的弊病就会出现，而这是阻碍社会经济的发展的。"① 而孙冶方提出了把计划和统计放在价值规律基础上的观点，但是他强调计划管理，反对让价值规律通过价格自由起落自发地调节经济过程。他提出，价值规律的基本内容和作用，即通过由社会平均必要劳动量决定价值来推进社会生产力的发展，以及调节社会生产成分配社会生产力等，在社会主义和共产主义社会那是存在的，只是在私有制的"商品经济中，它是通过商品流通，通过市场竞争来起作用，来体现自己的，因而它是带着破坏性的；而在计划经济中，是应该由我们通过计算来主动地去捉摸它的。"在马克思和恩格斯的著作中，"从未说过，作为价值实体的那个社会必要劳动量的计算，以及它的调节作用和支配作用，在共产主义社会中将失去意义。"②

其次，关于价值规律对全民所有制内部调拨的生产资料的生产有无调节作用的讨论。这方面的文章比较多，其中多数人认为不能调节。理由大概有三：第一，社会主义生产目的不是利润，而是社会的需要。特别是全民所有制内部调拨的生产资料并不进入商品流通领域，它的生产和调拨的数量，都是由国家直接计划的，企业不能自由决定。因此，这些产品的生产，只能依靠政治挂帅，根据社会主义基本经济规律和国民经济有计划发展规律进行调节，不可能由价值规律调节。第二，虽然在生产上述产品时，也要核算劳动耗费，比较个别劳动消耗和社会必要劳动消耗，并且在安排国民经济计划时，要注意投资效果和合理分配社会劳动；但是，这都只是说明价值规律核算用来作为经济核算的工具。在社会主义经济中，价值规律的作用是从属于社会主义基本经济规律的。第三，社会主义国家执行优先发展赢利少的

① 顾准："试论社会主义制度下的商品生产和价值规律"，《经济研究》，1957年第3期。

② 孙冶方："把计划和统计放在价值规律的研究基础上"，《经济研究》，1956年第6期。

重工业的方针，证明价值规律对生产资料的生产不起调节作用。[①]

在少数认为能起调节作用的文章中，南冰、索真的文章具有代表性。该文章指出："对于生产企业（指国营企业）来说……赢利乃是意味着荣誉和物质上的利益，赢利和物质利益可以促使调动一些积极因素和力量为社会主义事业服务，刺激企业积极地争取超额完成国家计划，增加生产，降低生产成本。在这里，价值规律的作用还是活生生地存在着。如果认为价值规律的调节作用，只是表现在消费品的流通领域，对于生产领域只是起'影响'，却正是漠视了生活所表明的事实。"[②] 仲津对这个问题是这样论证的："既然承认价值规律对个人消费品的商品交换的范围内有一定的调节作用，也就应该承认价值规律对个人消费品生产的范围内有一定的调节作用。而既然如此，也就应该承认价值规律对生产资料生产的范围内也起一定的调节作用。"[③]

再其次，关于价值规律对集体所有制农业生产有无调节作用的讨论。对于这一问题，基本上分否定和肯定两种意见。主张不起调节作用的如陶继侃说："整个国民经济的发展是有计划的，……不能设想，国民经济计划化可以建立在有计划的工业生产和无政府状态的农业生产这样的基础上，因此，在合作社经济的生产中，国家的计划指导仍然起着决定性的作用"。在另一篇文章中，又说："公社生产的调节，主要靠政治挂帅和计划指导。"[④] 强调能起调节作用的是冯玉忠，他认为："说价值规律对农业生产起调节作用，是指调节（或决定）着农业生产的比例，即生产什么和生产多少，在一定程度上价格水平决定着农业生产的规模和发展速度；农产品间的各种比价决定着农业生产的构成。质量差价决定着农畜产品的质量高低；地区差价决定着全国各地区农畜产品的平衡发展。"[⑤]

2. 1958—1959年的讨论。1959年4月举行的以价值规律问题为主要内容的全国经济理论讨论会，使这个讨论达到高潮。经过这次讨论，大多数人对如下几个问题获得了比较一致的认识：

第一，在现阶段，必须承认和尊重价值规律的作用，坚持等价交换的原则。特别是在处理所有制经济关系时，在国家和公社之间，在公社内部各级之间，必须保持等价交换的原则，尊重价值规律的作用。国家除规定的农业税外，不应当无偿调用公社的产品，公社一般也不应当无偿调用生产队和社营企业的产品，调用时必须计价算账。

第二，应当很好领会毛主席关于价值规律是一个伟大的学校的含义和意义。有的人指出，我的研究社会主义制度下价值规律问题的目的，一是为了学会从经济关系上正确处理人民内部矛盾，二是为了学会经济管理，提高国民经济计划管理水平。在国家和公社、公社和公社、公社内部的交换关系中，等价交换是为了保持和鼓励集体所有制经济生产的积极性；在国家和职工的交换关系中，等价交换是为了正确贯彻按劳分配的原则；在国营企业之间的交换关系中，等价交换是为了保证生产中消耗的活劳动和物化劳动能够得到补偿，进行再生

---

① 陶继侃："论价值规律在我国经济生活中的作用"，《人民日报》，1957年3月8日；杨英杰："对于计划经济和价值规律的研究"，《计划经济》，1957年第6期。

② 南冰、索真："论社会主义制度下生产资料的价值和价值规律的作用问题"，《经济研究》，1957年第1期。

③ 仲津："社会主义制度下价值规律的作用问题"，《我国经济学界关于社会主义制度下商品、价值和价格问题论文集选》，科学出版社1958年版，第256—257页。

④ 陶继侃："政治挂帅、计划指导和价值规律"，《关于社会主义制度下商品生产和价值规律问题》，科学出版社1959年版，第751页。

⑤ 冯玉忠："价值规律在集体所有制农业生产中的调节作用"，《大公报》，1957年2月24日。

产时严格经济核算制度。

第三，必须充分利用价值规律的作用，为社会主义计划经济服务。价值规律可以被国家用来作为制定国民经济计划的依据之一，可以被利用来影响某些产品的生产和销售数量，作为计划调节和达到供需平衡的补充手段；可以被利用来组织经济核算，提高经济活动效果；可以被用来作为分配和再分配国民收入等等。

第四，价值规律和国民经济计划按比例发展规律并不是互相排斥、此消彼长的，国家在组织社会主义经济活动包括制定计划的时候，既要充分考虑有计划规律的作用，也要充分考虑价值规律的作用。因为在实际生活中，这两个规律是同时发生作用的。只要某种经济规律有它赖以存在的经济条件，这个规律总要发生作用，决不会因为其他经济规律存在，它就不发生作用。

第五，既然价值规律是客观经济规律，因此，价值规律本身无所谓积极作用和消极作用，只能说在什么条件下，价值规律发生作用的后果对我们有利，在什么条件下，对我们不利，同时，价值规律本身也无所谓自发起作用和自觉起作用的区别。规律是客观的，它就会还自发地发生作用。区别只在于我们是否认识它以及有没有条件利用它的作用，来达到人们预定的目的。

3. 1961—1964年的讨论。在这期间，关于价值规律问题的讨论，除了对前两阶段提出的一些问题继续进行以外，突出的特点，是在探讨我国社会主义建设包括大跃进中的正反两方面的经验教训的基础上，围绕着价值规律和社会主义经济管理的关系问题展开的。

孙冶方认为，“提出办托拉斯，中心思想我看就是用经济方法管理经济，反对用超经济的行政手段管理经济，这个问题提得深刻，我会拥护。我一直就是主张用经济方法管理经济。”“而采用经济方法就是依照客观经济规律，首先是价值规律办事。”① 由此出发，他主张经济管理应以利润为中心。早在20世纪50年代，他就提出：“把利润作为计划和统计的中心指标。”② 他说：只要掌握了利润，就像牵着牛鼻子，牛腿（其他指标）自然就跟着走。1963年，他在一份《内部研究报告》中说：“应该提高利润指标在计划经济管理体制中的地位……要恢复社会主义利润指标的名誉”，“利润的多少是反映企业技术水平和经营管理好坏的最综合的指标。社会平均资金利润率是每个企业必须达到的水平，超过平均资金利润率水平的就是先进企业，达不到这一水平的就是落后企业。”③

孙冶方同志的上述观点，不久便被斥为修正主义。有的文章写道：孙冶方同志“积极宣扬价值规律，是为了结他的利润挂帅的主张找到一个理论基础”，他“一再要求打开价值规律的‘神圣园地的门’，无非是为他的利润带动一切的主张鸣锣开道。他完全懂得，价值规律调节的门一开，利润就可以挂帅出场了。”“利润挂帅，是孙冶方同志的观点的核心。”在“文化大革命”中，孙冶方同志的上述观点进一步受到批判。例如一篇文章说：“无产阶级夺取政权以来，在经济建设上，是政治统帅经济，还是‘用经济办法管理经济’，是坚持无产阶级政治挂帅，还是实行‘利润挂帅’，这是两条根本对立的路线。……从前苏联赫鲁

① 孙冶方：“在社会主义再生产问题座谈会上关于生产价格问题的发言提纲”，《社会主义经济的若干理论问题》，人民出版社1979年版，第287页。

② 孙冶方：“从‘总产值’谈起”，《统计工作》，1957年第13期。

③ 孙冶方：“社会主义计划经济管理体制中的利润指标”，《社会主义经济的若干理论问题》，人民出版社1979年版，第266页。

晓夫到中国赫鲁晓夫刘少奇，从利别尔到孙冶方，都鼓吹‘用经济办法管理经济’，实行‘利润挂帅’，实际上是资产阶级政治挂帅；用资产阶级政治瓦解社会主义经济基础，这是一条彻头彻尾的复辟资本主义的反革命修正主义路线。”“现代修正主义者在经济上复辟资本主义，有一个共同的特点，就是在理论上尽力夸大价值规律的作用，鼓吹用价值规律调节、支配整个社会生产。这样，就把经济建设从无产阶级政治挂帅的社会主义轨道，牵到‘利润挂帅’的资本主义轨道。”①

进入20世纪80年代，我国相继出版了一批社会主义政治经济学方面的论著。但大体上看，在体系和内容上仍未能摆脱前苏联教科书的影响和框架束缚。1984年9月，中国社会科学院经济研究所组织召开了“社会主义政治经济学体系讨论会”，认真研究了已经出版的教科书的体系结构，探讨了建立社会主义政治经济学理论体系的问题。会上介绍了九部著作，这些著作根据其方法、体系、内容，大体上可分为两类：一类是以揭示社会主义生产关系的本质及其运动规律为主要内容；另一类是将社会主义的经济运行机制、经济增长和发展作为理论分析的主要内容。这些著作与传统理论体系相比有所突破，但由于在社会主义政治经济学研究对象的把握、社会主义经济关系本质的认识，以及运用的研究方法上有较大的差异，所以并未形成完整而严密的理论体系。

20世纪80年代中叶以后，我国关于社会主义政治经济学体系的研究和探索，是与经济改革的深化相联系的。随着经济改革的深化，不断从理论和实践上提出新的问题要求经济学界予以论证和解释，因而社会主义政治经济学必须将这些重大的新问题纳入自己的体系，以全面反映社会主义经济的实际。比如，社会主义有计划商品经济的命题提出以后，理论界普遍认为必须将这一基本观点贯彻到社会主义生产、分配、交换和消费全部经济过程的理论分析中去，彻底抛弃社会主义产品经济论的观点，使社会主义政治经济学体系能够反映社会主义改革实践以及现阶段社会主义经济的特征。

综观20世纪80年代出版的社会主义政治经济学教科书和论著，一个共同的理论基点是社会主义商品经济理论。到了90年代初提出建立社会主义市场经济体制的改革目标后，基本上又以社会主义市场经济作为其理论基点。无论是社会主义商品经济还是社会主义市场经济，实际上主题是一样的，即建设有中国特色的社会主义。要研究这个主题，就必须在马克思主义基本原理的指导下，结合中国社会主义经济发展的实践，在理论范畴、内容结构、分析方法上进行科学的探索、研究和创新，建立起中国的社会主义政治经济学体系。这是一个艰苦的、长期的工作，根本上要以社会主义经济的发展进步作为参照。任何科学体系都不可能在短期内成熟，都有一个长期的发展过程。资本主义政治经济学如从重农学派算起，已有几百年的历史，其间经过多少代人的不断修正、不断补充、不断完善，才发展到现在的水平。从这个意义上说，我国经济学界在社会主义政治经济学的探索和研究上所取得的任何一点成果，都是为这一体系的发展成熟作出了贡献。

① 吉林省革命委员会写作小组：“社会主义建设与经济学领域中的阶级斗争”，《红旗》，1970年第2期。

第二章

经济体制改革与马克思主义经济学理论创新：1979—1991年

1979—1991年是我国推行改革开放政策的探索和试验阶段，改革逐步从农村推进到城市，总体上看，这一时期我国在经济体制改革方面取得了巨大的进展。与此同时，理论界本着实事求是态度，坚持实践是检验真理的唯一标准，在我国经济体制改革中取得了一系列重大理论成果，比如，进一步发展和完善了社会主义政治经济学理论体系，提出了社会主义初级阶段理论和商品经济理论，等等。这些理论创新既能够适应和满足当代中国持续健康稳定发展需要，同时又是对马克思主义经济学的继承和创新。

第一节　社会主义初级阶段理论

经过多年的不懈探索，我国在社会主义建设过程中提出了社会主义初级阶段理论。这一理论是将马克思主义基本原理与中国实际相结合的创新成果，是对马克思主义科学社会主义理论的继承和发展。本节主要论述社会主义初级阶段的含义和基本经济特征以及社会初级阶段理论提出的意义等方面。

一、社会主义初级阶段的含义和基本经济特征

（一）社会主义初级阶段的含义

我国在经历了新民主主义革命和社会主义过渡时期之后，进入了社会主义社会，这里的社会主义社会并不完全是马克思主义经典作家所设想的社会主义社会，而是进入了社会主义初级阶段。真正认识到我国正处于社会主义初级阶段时期并非一帆风顺，当时在理论界，就社会主义发展阶段理论存在很多的争论。1981年在党的决议中第一次提出我国社会主义还处于初级阶段的论断，到1987年党的十三大报告全面阐述社会主义初级阶段和党的基本路线，就经历了6年左右时间。

党的十一届六中全会通过的《关于建国以来党的若干历史问题的决议》中指出："尽管我们的社会主义制度还是处于初级的阶段，但是毫无疑问，我国已经建立了社会主义制度，进入了社会主义，任何否认这个基本事实的观点都是错误的。"这是在党的决议中第一次提出我国社会主义还是处于初级阶段的论断。这里主要是为了与过渡时期划清界限。党的十二

大报告指出："我国的社会主义社会现在还处在初级发展阶段，物质文明还不发达。但是，如同有了一定程度发展的现代经济，有了当代最先进的阶级——工人阶级及其先锋队共产党，社会主义革命就有可能成功一样，在建立起了社会主义制度以后，我们就能够在建设物质文明的同时，建立起高度的社会主义精神文明。"这是在党的文献中第二次提到社会主义初级阶段，旨在论证初级阶段同步建设物质文明和精神文明的重要性、必要性和可能性。①

1986年9月28日党的十二届六中全会通过了《中共中央关于社会主义精神文明建设指导方针的决议》，其中提到"道德是经济基础的反映，而不是脱离历史发展的抽象观念。我国还处在社会主义的初级阶段，不但必须实行按劳分配，发展社会主义的商品经济和竞争，而且在相当长历史时期内，还要在公有制为主体的前提下发展多种经济成分，在共同富裕的目标下鼓励一部分人先富裕起来。"这是在党中央文献中第一次把"我国还处在社会主义初级阶段"这个论断作为我国社会主义事业的指导思想的依据。②

党的十三大报告的第二部分论述了社会主义初级阶段和党的基本路线，明确指出："正确认识我国社会现在所处的历史阶段，是建设有中国特色的社会主义的首要问题，是我们制定和执行正确的路线和政策的根本依据。对这个问题，我们党已经有了明确的回答：我国正处在社会主义的初级阶段。这个论断，包括两层含义。第一，我国社会已经是社会主义社会。我们必须坚持而不能离开社会主义。第二，我国的社会主义社会还处在初级阶段。我们必须从这个实际出发，而不能超越这个阶段。在近代中国的具体历史条件下，不承认中国人民可以不经过资本主义充分发展阶段而走上社会主义道路，是革命发展问题上的机械论，是右倾错误的重要认识根源；以为不经过生产力的巨大发展就可以越过社会主义初级阶段，是革命发展问题上的空想论，是'左'倾错误的重要认识根源。"

"我国原来是一个半殖民地半封建的大国。……也正因为我们的社会主义是脱胎于半殖民地半封建社会，生产力水平远远落后于发达的资本主义国家，这就决定了我们必须经历一个很长的初级阶段，去实现别的许多国家在资本主义条件下实现的工业化和生产的商品化、社会化、现代化。……生产力的落后，决定了在生产关系方面，发展社会主义公有制所必需的生产社会化程度还很低，商品经济和国内市场很不发达，自然经济和半自然经济占相当比重，社会主义经济制度还不成熟不完善；在上层建筑方面，建设高度社会主义民主政治所必需的一系列经济文化条件很不充分，封建主义、资本主义腐朽思想和小生产习惯势力在社会上还有广泛影响，并且经常侵袭党的干部和国家公务员队伍。这种状况说明，我们今天仍然远没有超出社会主义初级阶段。……那么，我国社会主义的初级阶段，是一个什么样的历史阶段呢？它不是泛指任何国家进入社会主义都会经历的起始阶段，而是特指我国在生产力落后、商品经济不发达条件下建设社会主义必然要经历的特定阶段。我国从五十年代生产资料私有制的社会主义改造基本完成，到社会主义现代化的基本实现，至少需要上百年时间，都属于社会主义初级阶段。这个阶段，既不同于社会主义经济基础尚未奠定的过渡时期，又不同于已经实现社会主义现代化的阶段。我们在现阶段所面临的主要矛盾，是人民日益增长的物质文化需要同落后的社会生产之间的矛盾。阶级斗争在一定范围内还会长期存在，但已经不是主要矛盾。为了解决现阶段的主要矛盾，就必须大力发展商品经济，提高劳动生产率，

① 高放："社会主义初级阶段的提出及其历史地位"，《天津社会科学》，1987年第6期。
② 于光远："从'阶段风波'到'社会主义初级阶段'"，《炎黄春秋》，2008年第8期。

逐步实现工业、农业、国防和科学技术的现代化，并且为此而改革生产关系和上层建筑中不适应生产力发展的部分。总起来说，我国社会主义初级阶段，是逐步摆脱贫穷、摆脱落后的阶段；是由农业人口占多数的手工劳动为基础的农业国，逐步变为非农产业人口占多数的现代化的工业国的阶段；是由自然经济半自然经济占很大比重，变为商品经济高度发达的阶段；是通过改革和探索，建立和发展充满活力的社会主义经济、政治、文化体制的阶段；是全民奋起，艰苦创业，实现中华民族伟大复兴的阶段。”

从上面论述可以看出，党的十三大报告对社会初级阶段理论做出了深入的分析，为当代中国的发展进行了准确定位，这有助于我国社会生产力进一步解放和发展，有助于我国能更好更快地实现社会主义现代化。总之，社会主义初级阶段的内涵包括以下几点：

第一，社会主义初级阶段理论表明我国已经进入社会主义社会，并处在社会主义社会发展的初级阶段。因此，在社会主义初级阶段发展过程的一些经济社会特征就具有自身独特的特征。第二，在社会主义初级阶段要大力发展生产力，发展商品经济，实现国家的工业化、城市化以及现代化。第三，建设处于社会主义初级阶段的社会需要较长的历史时期，不能一蹴而就。第四，社会主义初级阶段虽然与社会主义发达阶段不同，但它仍然是社会主义社会的一个发展阶段，而不是资本主义的一个阶段。事物的性质是由主要矛盾的主要方面决定的，只要公有经济占主体地位，旨在实现共同富裕，那它就属于社会主义性质。（杨承训①，2007；程恩富②，2008）

（二）社会主义初级阶段的基本经济特征

针对社会主义初级阶段的基本经济特征，理论界从不同角度进行了研究和探讨，归纳起来有：一是生产力不发达；二是社会主义生产关系的不成熟、不完善；三是分配方式的多样性；四是经济运行表现为在计划指导和约束下的市场调节中的社会经济运行；五是在共同富裕的道路上，人们富裕程度有较大的差异性，等等。③ 从不同的角度能看到社会主义初级阶段具有不同的经济特征，这些经济特征究竟是一种什么样的关系，理论界存在着很多分歧。

第一种观点认为，社会主义初级阶段的经济特征只有一个最为基本，即将生产力不发达视为社会主义初级阶段最基本的经济特征，认为物质生产力是划分同一社会形态内部不同发展阶段的主要标准。还有学者认为，社会主义初级阶段的基本经济特征，是社会主义商品经济尚处于发展、成长的初级阶段。④

第二种观点是两特征说，认为生产关系中生产资料所有制形式和与此相适应的分配形式的特殊性是不同社会形态及同一形态社会中不同阶段的基本经济特征。

第三种观点认为，社会主义初级阶段具有三个基本经济特征，其中一部分人将生产力的不发达、公有制的确立和按劳分配的基本实现视为三大主要经济特征。还有一些学者提出公有制、按劳分配和计划经济不完全性是社会主义初级阶段的三个基本经济特征，根据社会主义建设实践的正反两方面的经验，可以概括为：就公有制而言，表现为以公有制为主，多种

---

① 杨承训：“‘社会主义初级阶段’理论辨析”，《马克思主义研究》，2007年第6期。

② 程恩富：“落实科学发展观要深刻认识社会主义初级阶段的理论”，《河南社会科学》，2008年第3期。

③ 钟亚平：“学习社会主义初级阶段理论，推动经济科学发展——全国高校‘社会主义经济理论与实践研讨会’第二次会议侧记”，《教学与研究》，1988年第1期。

④ 李海林：“社会主义初级阶段基本经济特征辨析”，《北京商学院学报》，1989年第3期。

经济成分同时并存；就按劳分配而言，表现为以按劳分配为主，多种分配形式同时并存；就计划经济而言，表现为以指导性计划为主，计划调节与市场调节相互结合。[①]

第四种观点是四特征说，主张将生产力水平、公有制、按劳分配和计划经济都作为社会主义初级阶段的基本经济特征。有学者认为，我国社会主义初级阶段最根本的特征，是社会生产力比较落后，在地区和部门之间发展不平衡。第二个经济特征是在生产资料所有制结构上，是以公有制为主体的多种所有制经济并存的结构，在以社会主义公有制为主体的前提下，还要发展多种经济成分，包括与外资的合作企业、合资企业和独资企业，包括私人企业、个体经济和家庭经济等等，以促进社会生产力的发展；[②] 第三个经济特征是在经济运行机制上，是社会主义有计划商品经济的体制，也就是计划与市场内在统一的体制；第四个经济特征是在利益分配关系上是以按劳分配为主体，其他分配方式为补充的分配关系。[③]

第五种观点，从社会主义实践的发展上，针对初级阶段的特殊情况，指出社会主义初级阶段是建立在商品经济条件下，充分运用市场机制，以公有制和按劳分配为基础，以计划经济为手段，呈现出不发达状况的社会主义社会，这五个方面是社会主义初级阶段划分的依据，也是初级阶段的基本经济特征。

第六种观点反对将商品经济、市场机制和计划机制作为社会主义初级阶段的基本经济特征。[④]

综合上面的观点，我国社会主义初级阶段的基本经济特征，可以从以下五个方面来分析，这样能够更全面地把握我国社会主义初级阶段的基本经济特征。

第一，生产力方面。从整体上看，我国现阶段的生产力水平在全世界范围看，是处于落后状态的：从整个社会主义时期来看，现在也属于不发达的落后阶段。（刘祖护[⑤]，1989）

第二，生产关系方面。在结构上适应着生产力水平的多层次的结构，生产关系也必然呈现出多层次和不同性质。这种多层次的生产关系也将适应着多层次的生产力长期存在。[⑥] 在我国，以全民所有制经济为主导、以公有制经济为主体的多种经济成分即多种所有制形式同时并存。这一特征一方面是和我国存在不同层次的还比较落后的生产力水平相适应的，另一方面又是和社会主义的不成熟性相联系的。[⑦] 还有学者进一步指出，我国的公有制还是社会主义初级阶段的公有制，是一种尚待完善的公有制。（1）它并不是建立在崭新的现代化大工业基础上的。（2）我国的社会主义公有制还达不到单一的全民所有制，而是全民所有、集体所有等多种所有制形式并存。(3) 我国全民所有制采取的是国家所有制形式。

第四，在各种形式的公有制中，也仍然有着所有权与使用权的不一致，以及由于这种不一致而产生的广泛的利益差别。[⑧]

---

① 王叔云："对社会主义初级阶段经济特征的认识"，《财经科学》，1987年第6期。

② 梁钊："略论我国社会主义初级阶段六个主要特征"，《学术研究》，1988年第1期。

③ 蒋家俊："论社会主义初级阶段的基本经济特征"，《上海经济研究》，1988年第1期。

④ 杨文松、李月金、周荣昌："我国理论界关于社会主义初级阶段经济特征的部分观点"，《财经科学》，1987年第6期。

⑤ 刘祖护："试论我国社会主义初级阶段生产力发展的特征"，《当代经济科学》，1989年第2期。

⑥ 王志伟："试论我国社会主义初级阶段的基本特征"，《经济科学》，1988年第1期。

⑦ 卫兴华、黄泰岩："社会主义初级阶段基本经济特征引论"，《科学社会主义》，1987年第7期。

⑧ 《中国社会主义经济运行机制研究》课题组："紧运行：我国社会主义初级阶段经济运行的基本特征"，《经济研究》，1987年第8期。

第三，在分配关系方面，既有按劳分配的主体关系，也有按资分配和分成分红，也有个人自产自收等其他从属关系，甚至有少量剥削。还有学者把分配关系概括为分配制中的“八承认”，即在社会主义初级阶段，在不同所有制之间，既承认劳动的收入，又承认资产的收入，既承认公有经济资产的收入，又承认私有经济资产的收入；既承认集中劳动的收入，又承认私人雇工的收入；在同一所有制内部，既承认企业的收入，又承认企业家的收入。[①]

第四，在交换关系方面，各种性质的经济实体和个人之间的相互错综交叉的关系，通过市场构成了全社会再生产与流通的有机网络。

第五，在经济管理上，我国需要将计划和市场机制相结合，大力发展商品经济。因为社会主义初级阶段的特点不在于只是存在商品经济，而主要是在于要充分发展商品经济。商品经济将存在于社会主义发展的全过程。在社会主义初级阶段，与较低的社会生产力水平相适应，商品经济的发展也比较落后。而商品经济的充分发展，是社会经济发展的不可逾越的阶段。[②] 要发展商品经济，在国家管理手段上就不能仅仅依靠计划手段，而应该充分发挥市场的调节作用，将计划调节与市场调节联合起来，密切配合，共同规范和促进经济健康发展。

二、社会主义初级阶段理论是科学社会主义理论的发展

马克思恩格斯将共产主义划分为第一阶段和第二阶段，或者说初级阶段和高级阶段。列宁把共产主义的第一阶段称为社会主义，因此，共产主义的第一阶段也可以说是马克思恩格斯等经典作家所设想的社会主义阶段。在马克思恩格斯经典作家所设想的社会主义阶段具备以下特征。一是在社会主义社会这一发展阶段中，其经济社会可能还带有资本主义时代的特征。二是社会主义将实行生产资料公有制，消费资料按劳分配，不存在商品生产。三是在社会主义生产资料公有制的前提下，个人劳动直接就是社会劳动，不需要通过“价值”来实现个人劳动向社会劳动的转化。四是社会主义生产要按照有计划按比例分配劳动来进行，要实现按比例分配社会劳动将不是完全建立在交换价值基础之上的调节方式，而是按照计划来进行调节和分配社会劳动。在社会主义初期，在存在社会生产和交换的条件下，价值规律仍旧起到一种调节的作用，只是计划的调节作用会越来越重要。五是在社会主义阶段这一过渡时期，私有制被消除，但是社会生产的发展还没有达到满足全体成员的需要，阶级关系继续存在。

事实上，中国1956年以后进入的社会主义社会，与马恩列关于社会主义社会确立的标准相差还很远。关于这个问题，1957年1月毛泽东在一次讨论知识分子问题的座谈会上指出：说我们已进入了社会主义，进入是进入了，但尚未完成，不要说已经完成；我国的社会主义制度还刚刚建立，还没有完全建成，还不是完全巩固。[③] 关于社会主义初级阶段的理论，在马列著作中是找不到的，它是在特殊的社会历史条件下，即半殖民地半封建社会进行民主革命后进入社会主义社会的结果，不是每一个国家都要经历的阶段。这个理论的意义，就在于解决了落后的国家、半殖民地半封建国家社会主义革命后如何进行社会主义建设的重大问题，解决了建设有中国特色的社会主义的首要问题。[④] 还有学者指出，无论是在物质基

---

① 苏东斌：“邓小平‘摆脱贫困的社会主义’思想的方法论意义——再论社会主义初级阶段的经济特征”，《科学社会主义》，1987年第12期。

② 卫兴华、黄泰岩：“社会主义初级阶段基本经济特征引论”，《科学社会主义》，1987年第7期。

③ 程恩富：“落实科学发展观要深刻认识社会主义初级阶段的理论”，《河南社会科学》，2008年第3期。

④ 崔云鹏：“浅谈社会主义初级阶段”，《河北大学学报（哲学社会科学版）》，1988年第1期。

础和生产力方面，还是在生产资料所有制方面；无论是在个人消费品分配方面，还是在商品货币关系方面，我国的社会主义初级阶段都与马克思恩格斯设想的社会主义存在着一定的差距，这使得马克思恩格斯的设想未能以纯粹形式来实现。尽管如此，我国社会主义初级阶段在最本质的意义上坚持了公有制和按劳分配等原则，并结合我国的实践丰富和发展了马克思主义的社会主义理论。我们正在建设的有中国特色的社会主义是在沿着马克思恩格斯预测的总方向和总目标前进的。① 有学者还认为，社会主义初级阶段既然是指社会主义社会的初级发展阶段，那么，它就必然地属于科学社会主义的范畴；而且，我们讲社会主义初级阶段理论，前提就是坚持了科学社会主义的基本原则、方法和方向。社会主义初级阶段理论就是在运用科学社会主义的基本原则和方法的基础上结合中国实际所得出的。②

可以看出，虽然我国提出的社会主义初级阶段理论有别于马克思主义经典作家的社会主义理论，但是，这种差异并不违背马克思主义基本原理。相反，我国正是在继承和坚持马克思主义基本原理的基础上，针对我国的实际情况所得出了我国正处于社会主义初级阶段的科学论断，这一理论是对马克思主义理论的继承和发展，是对科学社会主义理论的发展和创新。

社会主义初级阶段理论对科学社会主义有重大贡献，概括起来有以下几点：一是它揭示了中国社会可逾越资本主义，但不能逾越商品生产充分发展阶段的特殊规律。这个理论是我国在社会主义条件下实现许多国家在资本主义条件下已经完成的生产商品化、社会化和现代化的客观规律。显然，这个理论是对马克思主义的贡献。二是它是对马克思主义关于社会主义发展阶段学说的新贡献。它解决了像我国等一些经济比较落后的社会主义国家如何发展社会主义的新课题，丰富和发展了马克思主义关于社会主义发展阶段的理论。③ 社会主义初级阶段理论的基本内容根本就不在于划分社会主义社会的发展阶段，而在于从社会经济文化结构的整体发展中去寻找现实社会主义社会发展的内在机制和动力。正是在这个意义上讲，社会主义初级阶段理论发展了科学社会主义。但是，这种发展并不一定具有普适性，能在我国发挥巨大的作用，但是未必适用于所有社会主义国家的发展。④

三、社会主义初级阶段理论是马克思主义与中国实际相结合的创新

社会主义初级阶段理论是马克思主义与中国实际相结合的创新，是马克思主义中国化的重大成果，理论界对此已经形成共识。

有学者认为，社会主义初级阶段论有特定的含义，既不能超越阶段，更不能放弃社会主义道路。“中国长期处于社会主义初级阶段”，这是中国共产党对我国现阶段社会主义性质的科学判断，是中国特色社会主义的一个重要内容，也是马克思主义中国化的重大建树。⑤ 还有人认为，社会主义初级阶段理论是建设中国特色社会主义的首要问题，它是马克思主义与中国实际高度和科学结合的一个伟大创造。社会主义初级阶段理论的科学论断是以中国国

---

① 杨国昌、赵春明：“从科学社会主义看我国社会主义初级阶段”，《北京师范大学学报（社会科学版）》，1988 年第 1 期。

② 荣长海：“社会主义初级阶段理论：对科学社会主义的坚持与发展”，《社会主义研究》，1988 年第 5 期。

③ 王德孝：“社会主义初级阶段理论的提出及其意义”，《西北师大学报（社会科学版）》，1991 年第 6 期。

④ 荣长海：“社会主义初级阶段理论：对科学社会主义的坚持与发展”，《社会主义研究》，1988 年第 5 期。

⑤ 杨承训：“‘社会主义初级阶段’理论辨析”，《马克思主义研究》，2007 年第 6 期。

情为客观实际依据的。社会主义初级阶段理论作为当代中国马克思主义的重要组成部分，具有伟大的创造性意义。[①] 认清当前我国社会所处的历史阶段，是正确提出和贯彻党的理论和路线、方针、政策的关键，是推进改革和谋划发展的根本依据。在新的发展阶段，贯彻执行党的路线和方针政策，必须对我国仍处于并将长期处于社会主义初级阶段这个基本国情有统一认识和准确把握。[②] 社会主义初级阶段既不是补资本主义的课，又不是过渡时期，而是社会主义发展中的一个阶段。[③] 邓小平也曾经指出，“社会主义本身是共产主义的初级阶段，而我们中国又处在社会主义的初级阶段，就是不发达的阶段。一切都要从这个实际出发，根据这个实际来制订规划。”[④]

综述前面的论述可以看出，社会主义初级阶段理论的提出并非随意提出的一种观点，而是基于马克思主义基本原理和我国基本国情的科学判断。

具体而言，生产力与生产关系之间的联系和相互作用是马克思主义经典理论中最核心的一个理论。一般而言，是生产力的发展推动生产关系的变革和发展，生产力的发展在社会发展中起决定性的作用，生产关系的发展要适应生产力发展水平的要求。如果生产力与生产关系的发展水平能够达到同步是最好的，而事实上，这两者之间是一种动态的关系，能够出现同步的状态仅仅可能是一个相对短时期的过程，大多数情况下，生产力和生产关系的发展往往不同步。

那么，我国的生产力状况是什么样的呢？我国建国以后，国家在“一穷二白”的基础上获得了较快的发展，生产力水平取得了较大的提高。但是，从总体上来看，生产力的发展状况仍然比较落后，与国外发达国家相比，更是远远落后于发达国家的发展水平。与马克思主义经典作家所设想的社会主义社会的生产力状况比较起来，更是相差甚远。生产关系的发展稍快于生产力的发展，在一定程度上能够刺激和激励生产力的解放和发展，但是，如果差距较大的话，反而阻碍生产力的发展。在我国现阶段，如果我国采用社会主义高级发展阶段的情况来制定相关政策，必然会影响我国生产力的发展。社会主义初级阶段理论是比较符合我国当前生产力发展水平的，是马克思主义与中国实际相结合的创新。在当前社会发展状况下，认清社会主义初级阶段的发展定位，坚持社会主义初级阶段理论能够有利于我国经济社会的健康平稳较快发展。

第二节　社会主义商品经济理论

从改革开放至1992年这段时期内，我国逐步确立了社会主义商品经济理论，随后又提出了社会主义市场经济理论。针对社会主义商品经济理论，理论界曾经历了一番激烈的争论。关于我国商品经济的争论经历了“把计划经济与商品经济对立起来的传统观念”、“计划经济为主、市场调节为辅”以及“在公有制基础上的有计划的商品经济”等

① 辛向阳：“社会主义初级阶段理论：马克思主义中国化的典范”，《马克思主义研究》，2006年第6期。

② 王梦奎：“社会主义初级阶段的基本国情和当前发展的阶段性特征”，《中国发展观察》，2007年第11期。

③ 杨国昌、赵春明：“从科学社会主义看我国社会主义初级阶段”，《北京师范大学学报（社会科学版）》，1988年第1期。

④ 《邓小平文选》第3卷，人民出版社1993年版，第252页。

理论和观点到“建立社会主义市场经济体制”，争论的焦点问题主要有：计划与市场关系的争论，社会主义与计划经济、商品经济、市场经济关系的争论，公有制与商品经济兼容性，等等。

一、社会主义商品经济理论的形成过程

（一）社会主义商品经济理论的提出

从历次党的重要会议文件中就可以清晰地看出我国社会主义商品经济理论的提出和形成过程。这一理论的提出背后，曾经存在着激烈的争论。本着实事求是的态度，以实践作为检验真理的唯一标准，人们对社会主义商品经济理论的认识逐渐清晰，认识到在我国当前所处的社会主义初级阶段发展社会主义商品经济的必要性和急迫性。

改革开放之前也有过关于商品经济的争论，早在1961年，卓炯便提出了社会主义经济是计划商品经济的观点。[①] 1978年12月，党的十一届三中全会确立了解放思想、实事求是的思想路线，并且决定把党和国家的工作中心转移到社会主义经济建设上来。从而处理好计划与市场的关系被提到日程上来。但关于计划和市场的关系基本上没有突破“主辅论”的范围，即以“计划经济为主、市场调节为辅”。[②] 1979年，经济学界围绕商品经济问题在理论上取得了成系列的突破性进展，如肯定社会主义经济也是商品经济，社会主义计划经济要以社会主义商品经济为基础，以价值规律为依据，承认商品经济就必须承认价值规律的调节作用，承认市场机制，承认竞争，承认价格必须既反映价值又反映供求；又如肯定社会主义企业的商品生产者地位。[③] 在党十二大提出了“计划经济为主，市场调节为辅”，但是仍然没有提出“商品经济”的概念，但在这以前，理论界对社会主义商品经济已有讨论，甚至有人提出“社会主义市场经济”的概念。[④] 党的十二大报告在计划和市场关系问题上较之拨乱反正以前还是前进了一步，它指出，“由于我国还存在着多种经济形式，由于对社会的各种复杂的需求和大量企业的生产能力难以作出精确计算等原因，除了指令性计划之外，对许多产品和企业要实行主要运用经济杠杆以保证其实现的指导性计划”。实行指导性计划，实际上就是在计划指导下发挥市场调节的作用。因此，在党的十二大后，指令性计划范围逐步缩小，而市场调节范围不断扩大。[⑤]

1984年10月党的十二届三中全会通过的《中共中央关于经济体制改革的决定》，在理论上取得了一些新的突破：突破了把计划经济与商品经济对立起来的传统观念，提出了“社会主义经济是在公有制基础上有计划的商品经济。”特别是阐明了社会主义商品经济与资本主义商品经济的区别在于所有制不同，而不在于价值规律是否发生作用。从而为经济体制改革提供了新的理论指导；比较系统地阐述了社会主义初级阶段理论，为开辟建设有中国特色的社会主义道路奠定了重要的理论基石。[⑥] 在十二届三中全会的关于经济体制改革的决定

---

① 关其学：“卓炯是社会主义商品经济理论的开拓者”，《南方经济》，1985年第6期。

② 杨坚白：“必须有计划地发展商品市场经济”，《经济研究》，1996年第2期。

③ 经济研究编辑部：“中国社会主义经济理论的回顾与展望（学术讨论会综述）”，《经济研究》，1985年第6期。

④ 刘国光：“关于社会主义市场经济理论的几个问题”，《经济研究》，1992年第10期。

⑤ 薛暮桥：“关于社会主义市场经济问题”，《经济研究》，1992年第10期。

⑥ 逄锦聚：“改革开放的伟大历程和基本经验——纪念我国改革开放30周年”，《南开学报（哲学社会科学版）》，2008年第2期。

中专门有一节“建立自觉运用价值规律的计划体制，发展社会主义商品经济”。于光远（1988）认为这一重要论述肯定了社会主义计划经济必须是在公有制基础上的有计划的商品经济，确认了社会主义经济仍然是一种商品经济。这是马克思主义政治经济学上的一个突破。这一重要论述又指出了作这种肯定的根据是只有充分发展商品经济才有利于提高经济效益，其结果当然是有利于发展社会生产力。①

1987年党的十三大报告指出，在社会主义有计划商品经济的体制中，“计划和市场的作用范围都是覆盖全社会的新的经济运行机制，总体上来说，应当是国家调节市场，市场引导企业的机制。国家运用经济手段、法律手段和必要的行政手段，调节市场供求关系，创造适宜的经济和社会环境，以此引导企业正确的经营决策。”党的十三大也进一步论述了社会主义有计划商品经济的体制应该是“计划与市场内在统一的体制。在这个问题上，需要明确几个基本观念：第一，社会主义商品经济同资本主义商品经济的本质区别，在于所有制基础不同。建立在公有制基础上的社会主义商品经济为在全社会自觉保持国民经济的协调发展提供了可能，我们的任务就是要善于运用计划调节和市场调节这两种形式和手段，把这种可能变为现实。社会主义商品经济的发展离不开市场的发育和完善，利用市场调节决不等于搞资本主义。第二，必须把计划工作建立在商品交换和价值规律的基础上。以指令性计划为主的直接管理方式，不能适应社会主义商品经济发展的要求。不能把计划调节和指令性计划等同起来。应当通过国家和企业之间、企业与企业之间按照等价交换原则签订购货合同等多种办法，逐步缩小指令性计划的范围，国家对企业的管理应逐步转向以间接管理为主。第三，计划和市场的作用范围都是覆盖全社会的。新的经济运行机制，总体上来说应当是‘国家调节市场，市场引导企业’的机制。国家运用经济手段、法律手段和必要的行政手段，调节市场供求关系，创造适宜的经济和社会环境，以此引导企业正确地进行经营决策。实现这个目标是一个渐进过程，必须为此积极创造条件。”②

（二）理论界对社会主义商品经济理论的认识

党的十一届三中全会以后，人们对社会主义制度下商品经济的认识逐步地接近于客观真理，人们逐渐认识到我国发展商品经济的必要性和重要性。复旦大学经济系《社会主义商品经济理论模式》课题组总结了以下几个方面的具体表现③：第一，再一次澄清了商品经济与资本主义经济之间的原则区别。第二，肯定了在全民经济内部，在各个国有企业之间，也存在着实质性的商品关系。第三，社会主义经济既然是商品经济，商品经济的基本规律即价值规律以及这一规律赖以发生作用的市场机制，就必然要与公有制基础上社会化大生产相联系的国民经济有计划发展规律和计划机制同时对社会主义商品经济起调节作用。

总之，随着人们对商品经济认识的深入，理论界逐渐认识到，商品经济的充分发展是社会经济发展的不可逾越的阶段。逾越了资本主义社会历史阶段而商品经济发展落后的社会主义国家，必须补上充分发展商品经济这一课。充分发展商品经济也是把社会主义经济真正搞活的必要条件。只有充分发展商品经济，才能促使企业依据商品经济规律办事，也才能更好地满足人们日益增长的物质和文化生活需要。社会主义的商品经济是社会主义生产关系条件

---

① 于光远：“社会主义商品经济体制是新经济体制的基础和中心”，《经济研究》，1988年第1期。

② 《中国共产党第十三次全国代表大会文件汇编》，人民出版社1987年版，第26—27页。

③ 复旦大学经济系《社会主义商品经济理论模式》课题组：“社会主义商品经济理论模式”，《复旦学报（社会科学版）》，1989年第6期。

下的商品经济。[①] 当然，发展社会主义商品经济除了要充分发挥市场的作用之外，还必须同时加强计划的指导、调节和管理，对经济运行进行宏观调控，避免经济在自由市场经济下的大起大落，保持我国经济平稳发展。

二、社会主义与计划经济、商品经济、市场经济关系的争论

（一）商品经济与计划经济的关系

商品经济是社会经济发展不可逾越的阶段，是我国实现现代化的必要条件，那么商品经济与计划经济是什么关系呢？有学者认为，肯定社会主义经济是公有制基础上的有计划的商品经济，就意味着承认社会主义经济从总体上说是商品经济。近年讨论中有人认为有计划的商品经济落脚点在商品经济，有人认为计划经济是落脚点，也有人则把计划经济与商品经济并列。[②] 谷书堂、常修泽、逄锦聚（1987）认为，适应有计划的商品经济的要求，应实行以指导性计划为主的多层次的管理和双重目标的宏观调节。所谓“双重目标”即计划目标和市场目标。这两者之间存在一定的矛盾，因而需要制定宏观调节政策予以协调，以便使商品经济在社会主义条件下，能够沿着提高经济效益、满足人民需要的轨道向前发展。[③] 刘国光（1992）认为资源配置的计划方式和市场方式各有其长短优劣，市场经济和计划经济在不同的历史条件下都有成功亦有失败。但从总体效率的较量来看，现代市场经济与传统计划经济相比已被证明是更为有效的经济运行机制。计划经济有它一定的适用范围，在一定的历史条件下，它是更有效的。我国目前的情况必须及时转向市场配置资源为主的市场经济。建立社会主义市场经济新体制。在这个基础上，把作为调节手段的计划和市场更好地结合起来。现代市场经济不仅不排斥政府干预和计划指导，而且必须借助和依靠它们来弥补市场自身的缺陷。[④]

可以看出，就一般情况而言，商品经济与计划经济两种体制存在着巨大差异，我国正处于社会主义发展的初级阶段，大力发展商品经济符合我国的基本国情，而实行计划经济在我国当前的经济社会发展水平下并不合适。当然，发展商品经济并不等于经济发展中没有计划，市场和计划作为两种调控手段是发展商品经济所不可或缺的。

（二）社会主义商品经济与市场经济的关系

首先，关于社会主义商品经济的提法为什么要改为社会主义市场经济？刘国光（1992）研究指出，商品经济和市场经济这两个概念既有联系，又有区别。商品经济属于比较抽象、本属的内容层次，而市场经济则是更为具体、现象的形式层次。可以说市场经济是商品经济的，一种高度发展了的现象形态。在资源配置的问题上，就必须明确用市场配置为主的方式来取代行政计划配置为主的方式，这也正是我国当前经济改革的实质所在，而这一实质是“有计划的商品经济”概念所不能涵盖和表达的。[⑤] 胡培兆（1992）认为，承认社会主义也要搞市场经济的首要意义，在于终于使我国的商品经济到位，安置在市场这个基础上。市场经济和商品经济作为同质的东西都是逐步发展起来的，社会主义市场经济和有计划的商品经

---

① 卫兴华：“社会主义商品经济存在的原因”，《经济研究》，1985年第6期。
② 经济研究编辑部：“中国社会主义经济理论的回顾与展望（学术讨论会综述）”，《经济研究》，1985年第6期。
③ 谷书堂、常修泽、逄锦聚：“续论社会主义商品经济的几个理论问题”，《财经问题研究》，1987年第2期。
④ 刘国光：“关于社会主义市场经济理论的几个问题”，《经济研究》，1992年第10期。
⑤ 刘国光：“关于社会主义市场经济理论的几个问题”，《经济研究》，1992年第10期。

济实质上是相通的，不要因为提出市场经济就多生疑虑出来。①

其次，关于社会主义市场经济问题，薛暮桥（1992）指出，在社会化大生产条件下的商品经济，也就是市场经济。既然中国经济体制改革的实质，是用以市场机制为基础的资源配置方式取代以行政命令为主的资源配置方式，那么，社会主义经济也可以叫做市场经济。确认社会主义有计划商品经济就是社会主义市场经济，对于进一步明确我们的改革目标具有重要意义。评论任何一种生产关系或经济体制的是非得失，不是根据道德标准，主要标准应看它是否有利于生产力的迅速发展，从而能使人民生活得到迅速改善。我们现在提出要建立社会主义市场经济体制，是由于这样的经济体制最有利于我国生产力的发展和人民生活的迅速改善。② 中国社会科学院经济学科片课题组（1993）认为，"市场经济"的概念与过去所提的"商品经济"或"市场调节"的概念有着重要的区别。"市场经济"更强调"市场主体"的塑造和发挥市场主体在经济运行中的自主作用，强调要有一套完善的市场体系作为调节资源配置的经济机制，更强调国家的宏观调控要通过市场参数来发挥作用。要在产权关系的调整、企业制度的改革、政府职能的转变上有更大的突破同时，在完善市场体系方面，要把改革的步伐延伸到生产要素市场的深层次。③ 董辅礽（1998）认为社会主义市场经济理解为社会主义与市场经济的结合，即社会主义 + 市场经济，进一步说就是社会公平与市场效率的结合。我们从计划经济转向市场经济后，必须使社会公平与市场效率完善地结合起来。④

总之，无论是社会主义市场经济的提法还是有计划的商品经济的提法，这两者之间应该有以下的共同之处：第一，无论是社会主义市场经济还是有计划的商品经济，都应该是在充分发挥市场机制的基础上，大力发展国民经济。第二，这两种提法实际上都强调在经济运行中既要注重市场调节，又要注重计划调节，要将两者有机结合起来。因此，在当前，提出建设有中国特色的社会主义市场经济体制能更好地解放和发展生产力，有利于我国经济体制的改革和创新。

（三）商品经济、市场经济与社会制度之间的关系

关于社会主义与商品经济的关系，谷书堂、常修泽（1990）认为这一问题集中反映在二者能否结合或两者是否具有兼容性的问题上。商品经济是在存在社会分工的条件下，通过市场自动组织起来的一种社会经济组织形式，它存在于出现社会分工之后的几个社会形态中，并与各该社会的所有制联系在一起，它不属于某种经济制度所特有的社会生产组织形式，这一特点表现在既可以和私有制联系在一起，也可以和公有制联系在一起。历史证明，任何一个国家，要摆脱社会生产力不发达的状况，进而实现生产力高度社会化和现代化，都必须经过商品经济这个发展阶段。⑤ 卓炯认为，我们的市场经济是社会主义的计划市场经济，而不是资本主义的市场经济。他针对党的十二届三中全会通过了《关于经济体制改革的决定》所论述的我国是商品经济而不是完全由市场调节的市场经济以及对商品范围的限

① 胡培兆："市场经济与社会主义"，《经济研究》，1992年11期。

② 薛暮桥："关于社会主义市场经济问题"，《经济研究》，1992年第10期。

③ 中国社会科学院经济学科片课题组："建立社会主义市场经济体制的理论思考与政策选择"，《经济研究》，1993年第8期。

④ 董辅礽："对社会主义市场经济还需进一步研究"，《经济研究》，1998年11期。

⑤ 谷书堂、常修泽："社会主义与商品经济论纲"，《经济研究》，1990年第6期。

制时，主张理论上要彻底一些，其实社会主义商品经济也可以叫做社会主义市场经济。①

关于社会主义经济与资本主义经济的本质区别，薛暮桥（1992）认为这在于生产资料所有制不同，而不在于社会经济运行方式和经济调节方式上。刘国光（1992）认为从运行机制上说，市场经济在两种社会制度下没有什么差别，如果说有所不同，那也不是市场本身的问题，而是两种社会制度基本特征不同带来的。社会主义市场经济与资本主义市场经济确实既有共性，也有特殊性。社会主义市场经济不同于资本主义市场经济的特点，是受社会主义制度的本质特征决定的，同社会主义基本经济制度是紧密联系在一起的。② 方兴起（1996）研究认为，市场经济是现代工业生产方式和生活方式的伴生物，与任何基本经济制度没有共生性。市场经济的基本特征在于它在产生出个人同自己和同别人的普遍异化的同时，也产生出个人关系和个人能力的普遍性和全面性。社会主义的最终目标是个人的全面而自由的发展，即每个人在生产力和社会关系方面的全面而自由的发展。而市场经济是实现社会主义最终目标的唯一途径，尽管社会主义最终目标的实现意味着市场经济的消亡。因此，社会主义离不开市场经济，但市场经济不等于社会主义。③ 苏星（1997）认为，市场经济不能脱离社会制度。社会主义市场经济是和社会主义基本制度结合在一起的，其基本标志就是以公有制为主体。④

从以上相关学者的评论可以看出，商品经济、市场经济和社会制度之间存在着一定的联系，资本主义制度和社会主义制度下，尤其是在社会主义发展的初级阶段，两种社会制度下都可以发展商品经济和市场经济。但是，在不同制度下的商品经济和市场经济之间也存在质的差异，在社会主义市场经济体制下，我国是以公有制为主体，多种所有制共同发展，在充分发挥市场配置资源的情况下，注重国家对经济的宏观调控，注重社会和谐发展。

三、计划与市场的关系

首先，针对计划与市场的关系问题，邓小平同志曾指出：计划多一点还是市场多一点，不是社会主义与资本主义的本质区别。计划经济不等于社会主义，资本主义也有计划；市场经济不等于资本主义，社会主义也有市场。计划和市场都是经济手段。1984 年通过的《关于建国以来党的若干历史问题的决议》中就我国的经济体制以及计划和市场问题做出了概括："第一，就总体说，我国实行的是计划经济，即有计划的商品经济，而不是那种完全由市场调节的市场经济；第二，完全由市场调节的生产和交换，主要是部分农副产品、日用小商品和服务修理行业的劳务活动，它们在国民经济中起辅助的但不可缺少的作用；第三，实行计划经济不等于指令性计划为主，指令性计划和指导性计划都是计划经济的具体形式；第四，指导性计划主要依靠运用经济杠杆的作用来实现，指令性计划则是必须执行的，但也必须运用价值规律。按照以上要点改革的计划体制，就要有步骤地适当缩小指令性计划的范围，适当扩大指导性计划的范围。对关系国计民生的重要产品中需要由国家调拨分配的部分，对关系全局的重大经济活动，实行指令性计划；对其他大量产品和经济活动，根据不同情况，分别实行指导性计划或完全由市场调节。计划工作的重点要转到中期和长期计划上

① 李苑："卓炯：社会主义商品经济理论开拓者"，《南方经济》，1996 年第 1 期。

② 刘国光："关于社会主义市场经济理论的几个问题"，《经济研究》，1992 年第 10 期。

③ 方兴起："评形而上学的市场经济观"，《中国社会科学》，1996 年第 6 期。

④ 苏星："社会主义市场经济与公有制为主体"，《中国社会科学》，1997 年第 6 期。

来，适当简化年度计划，并相应改革计划方法，充分重视经济信息和预测，提高计划的科学性。”回顾经济体制改革以来我国关于计划与市场相结合的政策演变过程和与此相伴随的理论论争，自1978—1991年，我国关于计划与市场相结合的政策演变大致经历了五个阶段。①第一阶段（1978年）：重视价值规律的作用；第二阶段（1979—1984年10月）：计划经济为主，市场调节为辅；第三阶段（1984年10月—1987年10月）：缩小指令性计划，扩大指导性计划，加强市场调节的作用；第四阶段（1987年10月—1989年上半年）：国家调节市场，市场引导企业；第五阶段（1989年下半年—1991年）：计划经济与市场调节的有机结合。

其次，理论界针对计划与市场的关系的探讨。刘国光认为，一是我们要坚持市场取向的改革，但不能迷信市场；一是我们要坚持计划调控，但不能迷信计划。1979—1984年，计划与市场互相排斥、不能相容的传统观念，已经破除从1984年党的十二届三中全会到1992年十四大，从确认社会主义经济是有计划的商品经济，到提出建立社会主义市场经济体制，这是关于计划与市场关系认识发展的一个重要阶段。计划和市场都不是万能的。他认为，有几件大事不能完全交给市场、交给价值规律去管：一是经济总量的平衡；二是大的经济结构的及时调整；三是竞争导致垄断问题；四是生态环境问题；五是社会公平问题。这些问题都得由国家的宏观计划调控来干预。② 于祖尧（1984）指出，在社会发展不同阶段的商品经济中，市场和市场机制的作用及其后果，不仅直接依赖于它所在的客观经济条件，而且市场和市场机制本身就有特殊的质的规定性。既然我们承认社会主义商品经济同资本主义商品经济的本质区别，那么，我们就没有理由把社会主义商品经济中的市场和市场机制同资本主义画等号。所以，国家在行使经济调节职能时，不仅有必要而且完全有可能有效地运用市场和市场机制。③ 另外，有学者建议对于计划与市场问题，不要搞什么简单的公式，而以“有计划的商品经济”来表述。具体解释为不是自发的、盲日的无政府状态的市场经济，而是在自觉地、有意识地注意比例关系的宏观调控下，按价值规律和供求规律运行的商品经济。④ 有学者研究指出，社会主义实行商品生产的条件下，计划调节的对象是商品经济，计划调节的基点是商品市场，因此，计划调节必须来自市场，回到市场，反映市场变化。所谓计划调节实质上就是社会自觉的有计划的市场调节，有计划的市场调节的有效结果必然是有计划的商品经济，即现阶段的计划经济。可以说，社会主义商品经济条件下的计划调节就是有计划的市场调节。这与资本主义商品经济条件下的自发的市场调节是相对立的。⑤ 还有学者认为，作为两种调节生产的基本方式，计划与市场首先是作为动力传导机制和利益分配机制发挥作用的，资源配置不过是作为追逐和实现特定利益关系中生产的自然规律强制贯彻自己的结果。在实现社会主义利益关系中计划是起着主导作用。计划是保证国民收入合理分配的根本手段。市场机制的自发作用会加剧贫富悬殊或两极分化的程度。作为资源配置方式的计划和市场，二者不具有根本性的矛盾，在一定条件下是可以互相补充、相得益彰的。⑥

---

① 乔刚、陈共炎：“关于计划与市场相结合的政策演变和理论论争”，《管理世界》，1991年第1期。
② 刘国光：“回顾改革开放30年：计划与市场关系的变革”，《财贸经济》，2008年第11期。
③ 于祖尧：“社会主义商品经济论”，《经济研究》，1984年第11期。
④ 马宾：“关于计划与市场的关系问题”，《管理世界》，1990年第3期。
⑤ 胡培兆：“计划经济是计划与市场合成调节的结果”，《学术月刊》，1990年第9期。
⑥ 胡钧、秦兴方：“社会主义市场经济体制下的计划与市场”，《中国社会科学》，1994年第4期。

可以看出，理论界关于计划与市场关系探讨的结果倾向于将计划与市场结合起来，为发展社会主义商品经济和市场经济服务。其中，有学者指出，应当坚持计划与市场的统一论即结合论。在这种新运行机制中，计划机制已不是原来的计划机制，而是吸纳了市场机制、建立在价值规律基础上的计划机制；市场机制也已不是原来的市场机制，而是吸纳了计划机制、在按比例规律指导下的市场机制。[①] 还有学者认为，在社会主义社会，建立了生产资料的公有制，又保留着商品货币关系，因而社会主义经济中的计划性和市场性是相互渗透的，你中有我，我中有你。在社会主义经济中，有计划发展规律的调节作用和价值规律的调节作用能够相结合的基础是这两个规律的实质都要求社会生产的按比例发展。[②] 计划调节和市场调节的结合，是社会主义基本经济规律、国民经济有计划按比例发展规律和价值规律同时作用于社会主义生产的客观要求。[③]

最后，计划与市场相结合的方式以及相结合中存在的问题。计划和市场相结合，是以社会主义商品经济为前提的。在马克思、恩格斯的社会主义理论中，不存在计划和市场问题。[④] 那么，我国应该如何实现计划与市场的有效结合呢？计划与市场相结合的方式是怎么样的呢？理论界对此也作出了相应的探讨。

关于计划与市场结合的方式概括起来主要有下面几种观点：[⑤] 一种观点认为，两种调节方式就可以并行不悖、相辅相成，这种结合方式通常被称为“板块式结合”。另一种观点认为，它们之间是紧密结合、互相渗透、你中有我、我中有你的关系，是“水乳交融”地结合在一起的。这种结合方式通常被称为“渗透式结合”。[⑥] 第三种观点认为，两种调节紧密结合在一起的胶合体里面，接受非指令性的国家计划指导下的市场调节。这种结合方式通常称为“胶合式结合”。还有一种观点认为，计划与市场的结合方式应是“国家调节市场，市场引导企业”。[⑦] 另外，谷书堂、常修泽（1990）是计划与市场结合的“综合体系论”者。第一，从总体上看，计划与市场不是板块式的结合，而是双重覆盖式的重合。因为社会主义经济既是计划经济又是商品经济，有计划发展规律和价值规律自然都贯穿于社会经济过程的始终，计划机制和市场机制也覆盖一切。第二，无论是国家通过市场调节企业，还是国家直接控制企业，都已经不是纯粹的市场调节或纯粹的计划调节了。[⑧] 杨坚白（1996）是反对“主辅论”的，既不赞成计划为主的旧主辅论，也不赞成市场为主的新主辅论。他认为，我国经济是要通过宏观调控而走向有计划发展的。就其实质来说，仍属于有计划的商品、市场经济。因而计划与市场必须结合，而且是可以结合的。计划与市场有机结合的关键在于正确地把握计划机制与市场机制，善于自觉地运用市场经济规律，其中主要是价值规律，也就是以市场机制为基础配置资源。在社会主义市场经济体制下，国家计划是以中长期计划为主，

① 沈立人：“坚持计划与市场统一论——对当前流行的若干观点的商榷”，《经济学家》，1992年第4期。

② 孙尚清、陈吉元、张耳：“社会主义经济的计划性与市场性相结合的几个理论问题”，《经济研究》，1979年第5期。

③ 蒋学模：“论计划调节与市场调节的结合”，《经济研究》，1979年第8期。

④ 苏星：“关于计划与市场问题——学习邓小平同志重要谈话的体会”，《中国党政干部论坛》，1992年第7期。

⑤ 乔刚、陈共炎：“关于计划与市场相结合的政策演变和理论论争”，《管理世界》，1991年第1期。

⑥ 丁任重：“计划与市场交融结合论——兼评有关的各种论点”，《财经科学》，1990年第6期。

⑦ 王珏：“计划与市场是内在统一的两种调节方式”，《经济理论与经济管理》，1988年第1期。

⑧ 谷书堂、常修泽：“社会主义与商品经济论纲”，《经济研究》，1990年第6期。

指导性计划为主。[①] 有的学者总结了1978年至1985年之间，社会主义经济中计划和市场的关系问题研究的主要进展是突破了把计划和市场看作互不相容的传统观念，承认社会主义经济中计划和市场可以结合，而且从“板块式结合”的认识上升到“渗透式结合”、“胶体式结合”的认识；突破了把指令性计划作为社会主义计划经济的基本标志，认为指令性计划是全民所有制经济关系的内在要求和体现的观念，肯定了实行计划经济不等于指令性计划为主；突破了把国民经济计划管理局限于指令性计划的狭隘眼界，承认有步骤地缩小指令性计划范围和扩大指导性计划范围的趋势，把经济杠杆的运用纳入计划管理，扩大了计划管理的视野。[②]

在社会经济运行过程中，计划机制与市场机制的根本目的是相同的，都是要实现资源的优化配置和经济协调运行。然而计划机制与市场机制的结合，不仅在不同的经济体制下其结合的具体形式不同，而且在同样体制下的不同国度里，其结合的具体实现方式也有明显的差异。[③] 可以说，计划与市场在相结合中充满矛盾，正是在调节这种矛盾中，才实现了计划与市场的动态有机结合。正是从这种意义讲，计划与市场的相结合是动态的相结合。[④] 在社会主义市场经济条件下，计划管理必须以市场机制为基础，实行市场本位的一元调节。计划的职能就不再是取代市场，而是面向市场、反映市场、引导和调控市场。因此，计划必须建立在科学预测宏观经济环境和市场供求变化趋势的基础上。[⑤] 有的学者认为，在我国经济发展的现阶段，指令性计划，指导性计划和市场调节都是不可缺少的，三种计划管理形式并存，是计划与市场结合的总体形态。[⑥] 还有学者将时间和空间纳入视野，我国计划与市场的结合方式具有多元性特征。第一，从时间观的角度来看，我国从传统集中计划体制转向社会主义市场经济体制将是一个渐进的过程。在这个过程中，由于不同时期市场的发育程度不同，以及其他条件不同，市场的功能就会不同，从而计划与市场的具体结合形式就会不同。第二，从空间观的角度来看，我国各个部门、各个地区之间在市场发育程度以及其他条件方面都存在着较大的差异，因而必然要求形成不同的计划与市场的结合方式表现出多元性特征。[⑦]

综上所述，在我国社会主义初级阶段，实现社会主义商品经济和市场经济，在这一经济体制下，计划和市场必须有效结合才能够有效发挥它们的作用。然后，这两者之间的结合也是有条件的，有学者研究指出，在改革开放至1990年的十年间，计划与市场相结合探索的最大成功是市场成为重要的资源配置形式，而最大失误在于没有形成有效的市场，计划与市场的有机结合首先需要有效的市场，那么，今后中国改革的方向，就应是沿着市场取向改革的方向继续前进。另外，强调有效市场的形成是计划与市场有机结合的关键，决不是轻视政府管理的作用，更不是否定计划在资源配置中的作用，而是因为市场效率低是我国目前计划与市场尚不能有机结合的主要矛盾。[⑧] 因此，计划和市场的有效结合依赖与有效市场的形

---

① 杨坚白：“必须有计划地发展商品市场经济”，《经济研究》，1996年第2期。

② 经济研究编辑部：“中国社会主义经济理论的回顾与展望（学术讨论会综述）”，《经济研究》，1985年第6期。

③ 高涤陈、陈乃道：“计划与市场相结合的结构实现问题思考”，《经济研究》，1992年第5期。

④ 魏杰：“计划与市场相结合的特殊性与矛盾性”，《中央财经大学学报》，1991年第3期。

⑤ 白和金、宋群：“我国社会主义市场经济的计划管理方式研究”，《经济研究》，1993年第10期。

⑥ 王积业：“论有计划商品经济条件下计划与市场的结合”，《经济学家》，1990年第4期。

⑦ 卫兴华、黄泰岩：“计划与市场相结合的运行机制探讨”，《经济学家》，1993年第3期。

⑧ 国务院发展研究中心“计划与市场”课题组：“计划与市场：中国改革与发展的关键”，《管理世界》，1990年第6期。

成。当然，计划与市场的有效结合还有很多其他重要的影响因素，比如，政府的效率，所有制的改革以及我国相关经济体制改革的推进和深化等因素。

四、公有制与商品经济兼容性研究

关于公有制与商品经济关系在理论界有很多的讨论，魏杰、张宇（1989）总结了以下几种观点：一种观点认为，商品经济是同私有制相适应的，只有私有制才能促进商品经济的发展。持这种观点的同志，一般都认为改革目标应该是推行私有化，国民经济的大部分活动应以私有制为原则。另一种观点认为，商品经济是存在于不同所有制形式下的一般经济形态，它既可以同私有制相互兼容，也可以与公有制紧密结合，因而公有制与商品经济是可以统一起来的，但是现在这种违背生产力发展水平的公有制是很难同商品经济有效结合的。持这种观点的同志，一般都认为改革目标在于完善公有制的具体形式，以使其同商品经济相结合。还有一种观点认为，纯粹的公有制和纯粹的私有制都不利于商品经济的发展，只有混合经济才能有效地促进商品经济的发展。① 还有意见认为，公有制与商品经济既不相斥，也不相容，而是扬弃。②

商品经济与公有制的关系首先是一种统一关系，它们的统一性在于都具有社会性，因而是可以相容的。另一方面，二者之间又存在一定的矛盾，它们的矛盾性在于商品经济具有私人性，而公有制本质上是与私人性相矛盾的。这种矛盾统一关系具体表现在以下三个方面：一是商品经济和公有制生产都是为满足社会消费而进行的，但其动机是不同的。二是计划调节与市场调节都是为了实现一定的社会生产比例，但实现的方式不同。三是按劳分配与等价交换“通行同一原则”，但是“内容和形式都变了”。③ 要克服传统公有制与商品经济之间存在的矛盾，就必须改革传统的国家所有制形式，确立企业的市场活动的主体地位，是公有制与商品经济的联结点。④ 还有学者进一步研究了社会主义公有制经济能够与商品经济相统一的理论根据。第一，商品经济自身并不具有特定的社会性质，它是一种中性的经济形式，因而可以存在于不同的社会形态中，与不同社会性质的经济相结合。第二，社会主义公有制经济内部存在着产生商品经济的条件。第三，在社会主义公有制基础上发生作用的社会主义特有的经济规律，同一切商品经济中发生作用的共同规律，在其运动的趋势和作用的社会后果上，有着一致的一面。⑤

从上面综合分析可以看出，在现阶段，或者说在社会主义初级阶段的公有制可以和商品经济兼容。现阶段生产力水平决定了所有制结构是公有制为主体，多种所有制共同发展，在此基础上大力发展商品经济有利于发展生产力，有利于提高我国的综合国力，有利于提高我国人民的生活水平。但是，可以兼容并意味着现在已经兼容的很好，要实现完全兼容还有待于我国进一步深化经济体制改革。

---

① 魏杰、张宇：“公有制与商品经济关系的新思考”，《探索》，1989年第1期。

② 饶锋：“公有制与商品经济兼容问题讨论综述”，《中国人民大学学报》，1994年第2期。

③ 朱延福：“商品经济与公有制是矛盾统一关系”，《中南财经大学学报》，1992年第3期。

④ 黄泰岩：“公有制与商品经济的联结思路”，《中国人民大学学报》，1990年第2期。

⑤ 卫兴华：“论社会主义公有制与商品经济统一的理论根据”，《南京社会科学》，1990年第1期。

第三节 社会主义所有制理论与收入分配理论

一、社会主义所有制理论

（一）1979—1991年党的文件中关于社会主义所有制理论的论述

1981年，党的十一届六中全会通过了《关于建国以来党的若干历史问题的决议》明确指出："我们的社会主义制度还是处于初级的阶段"，"社会主义生产关系的变革和完善必须适应于生产力状况，有利于生产的发展。国营经济和集体经济是我国基本的经济形式，一定范围的个体经济是公有制经济的必要补充。必须实行适合于各种经济成分的具体管理和分配制度。"这个决议正式提出了个体经济是公有制经济的必要补充的论点。1982年，党的十二大报告明确提出了"关于坚持国营经济的主导地位和发展多种经济形式的问题"。党的十二届三中全会作出的《中共中央关于经济体制改革的决议》指出，要"积极发展多种经济形式，进一步扩大对外的和国内的经济技术交流"，"要在自愿互利的基础上广泛发展全民、集体、个体经济相互之间灵活多样的合作经营和经济联合，有些小型全民所有制企业还可以租给和包给集体和劳动者个人经营"。还提出了"利用外资、吸引外商来我国举办合资经营企业、合作经营企业和独资企业，也是对我国社会主义经济必要的有益补充"。这样，以公有制为主体，多种所有制经济并存方针基本确立。[①]

1987年党的十三大对我国社会主义初级阶段的所有制结构又做了进一步分析，报告提出："必须以公有制为主体，大力发展有计划的商品经济。在所有制上，社会主义社会并不要求纯而又纯……在初级阶段，尤其要在以公有制为主体的前提下发展多种经济成分。……以公有制为主体发展多种所有制经济，以至允许私营经济的存在和发展，都是由社会主义初级阶段生产力的实际状况所决定的。……社会主义初级阶段的所有制结构应以公有制为主体。目前全民所有制以外的其他经济成分，不是发展得太多了，而是还很不够。对于城乡合作经济、个体经济和私营经济，都要继续鼓励它们发展。公有制经济本身也有多种形式。除了全民所有制、集体所有制以外，还应发展全民所有制和集体所有制联合建立的公有制企业，以及各地区、部门、企业互相参股等形式的公有制企业。在不同的经济领域，不同的地区，各种所有制经济所占的比重应当允许有所不同。"

1992年，党的十四大在确定建立社会主义市场经济体制目标的基础上，进一步阐述了社会主义所有制理论。党的十四大报告指出："社会主义市场经济体制是同社会主义基本制度结合在一起的。在所有制结构上，以公有制包括全民所有制和集体所有制经济为主体，个体经济、私营经济、外资经济为补充，多种经济成分长期共同发展，不同经济成分还可以自愿实行多种形式的联合经营。国有企业、集体企业和其他企业都进入市场，通过平等竞争发挥国有企业的主导作用。"可以看出，在社会主义建设和实践摸索过程中，我国逐步形成了社会主义初级阶段的所有制理论，即以公有制为主体，多种所有制并存。

---

① 戚桂锋、廉晓红："对建国以来我国所有制演变的回顾、思考与展望——兼论必须毫不动摇地坚持中国特色社会主义基本经济制度"，《兰州学刊》，2009年第6期。

（二）理论界关于社会主义所有制理论的探索

关于社会主义所有制理论，理论界有很多的争论和探索。通过这些争论和探索使我们能够更好的改革和健全社会主义经济体制。关于社会主义所有制理论方面的争论很多，下面列举几个方面的争论。

1. 生产资料社会所有制的特征是生产资料归全社会所有，而各式各样的社会所有制形式都只是社会主义社会中的一部分人所有。如何解释这一矛盾？于光远认为，第一，我们知道的各种社会主义所有制形式，不论是基本形式还是非基本形式，它们的生产资料都不是全社会所有的，但都是社会主义的公有制。一切社会主义制度下的公有制都有社会所有制的成分。第二，生产资料社会所有制应该从社会主义所有制的整体来考察和研究，而不应该仅仅分别地从一个一个社会主义所有制形式来考察和研究。一个社会主义社会中具体的社会所有制是适合于这个具体的社会主义社会的复杂性、不平衡性的，由多种多样的社会主义所有制形式，以适当的比重、适当的相互关系结合而成的一种具体的社会所有制。①

2. 社会主义初级阶段的所有制结构为什么不能是单一公有化而必须是多元化？多数学者认为，生产关系必须适合生产力发展要求的客观规律是决定多元化所有制结构存在的最根本的因素。对于多种所有制究竟包括哪些所有制形式的认识，随着经济改革实践的发展而不断深化和完善。开始只是认为除了公有制以外，还应有个体经济、中外合资企业、中外合作企业、外商独资企业；后来又认为包括私营经济、股份经济、混合经济；现在又进一步提出，不仅非公有制有多种类型，而且公有制也有多种形式，不仅只有国家所有制和集体所有制，还包括多种混合经济中的公有制成分。在多元化所有制结构中的多种所有制的相互关系，主要是公有制与非公有制的相互关系，总的来说是对立统一的关系。②

3. 为什么说股份制是贯彻社会主义全民所有制的最恰当形式呢？黄范章认为，根本原因在于，生产资料所有制，决不仅只是一个“归属”问题，它需要一套经济机制来确保其在各主要经济过程中得以贯彻和实现传统的社会主义国家所有制未能提供这套机制，而以发达的商品经济为基础的股份制却能办到。③

4. 关于所有制结构的改革。有学者认为，从根本上说是指生产资料所有制结构的改革。它主要包括两大方面内容：一是生产资料所有制社会结构的改革；二是生产资料全民所有制内部结构的改革。生产资料所有制社会结构的改革，主要是指在实践上较快地实现从传统的、单一的公有制向以公有制为主体，多种所有制关系并存方面转变的过程。全民所有制内部结构的改革，则主要是指在实践上较快地实现从传统的、“统收、统配、统支”、“国家所有、国家经营”为基本特征向所有权与经营权“有分”、“有合”、“分合交融”等多种形式转变的过程。④ 还有学者研究指出，社会主义所有制的结构包含三个层次：一是社会主义公有制经济实体内部劳动者对生产资料的所有关系。二是社会主义公有制经济实体内部劳动者对生产资料的现实占有方式，它表现为劳动者之间的分工。在这种经济关系中，劳动者之间是不完全平等的，其利益关系表现为差别性。三是社会主义公有制经济实体同外部环境的关系，它以经济实体间的财产私有关系和劳动者之间的经济利益差别的形式存在。其中，劳动

---

① 于光远：“对社会主义所有制的再认识”，《哲学研究》，1988 年第 3 期。
② 简新华：“改革以来社会主义所有制结构理论的发展”，《学术月刊》，2000 年第 3 期。
③ 黄范章：“股份制——社会主义全民所有制的好形式”，《经济研究》，1989 年第 4 期。
④ 刘迎秋：“社会主义经济运行机制与所有制结构改革”，《南开经济研究》，1986 年第 4 期。

者对生产资料的现实占有方式，一方面使社会主义公有制在现实经济运动中得以实现；另一方面则直接决定劳动者之间的经济关系，决定社会主义公有制经济的发展状况。它是研究社会主义公有制经济的立脚点，单纯在所有关系和分配关系上做文章，不能找到发展社会主义公有制经济的机制。①

二、社会主义收入分配理论

1. 在这一时期，党的文件中有关社会主义收入分配理论的相关论述。《中共中央关于经济体制改革的决定》指出，"随着利改税的普遍推行和企业多种形式经济责任制的普遍建立，按劳分配的社会主义原则将得到进一步的贯彻落实。这方面已经采取的一个重大步骤，就是企业职工资金由企业根据经营状况自行决定，国家只对企业适当征收超限额奖金税。今后还将采取必要的措施，使企业职工的工资和奖金同企业经济效益的提高更好地挂起钩来。在企业内部，要扩大工资差距，拉开档次，以充分体现奖勤罚懒、奖优罚劣，充分体现多劳多得，少劳少得，充分体现脑力劳动和体力劳动、复杂劳动和简单劳动、熟练劳动和非熟练劳动、繁重劳动和非繁重劳动之间的差别。当前尤其要改变脑力劳动报酬偏低的状况。国家机关、事业单位也要改革工资制度，改革的原则是使职工工资同本人肩负的责任和劳绩密切联系起来。在企业、国家机关和事业单位改革工资制度的同时，还要加快劳动制度的改革。长期以来在消费资料的分配问题上存在一种误解，似乎社会主义就是要平均，如果一部分社会成员的劳动收入比较多，出现了较大的差别，就认为是两极分化，背离社会主义。这种平均主义思想，同马克思主义关于社会主义的科学观点是完全不相容的。历史的教训告诉我们：平均主义思想是贯彻执行按劳分配原则的一个严重障碍，平均主义的泛滥必然破坏社会生产力。当然，社会主义社会要保证社会成员物质、文化生活水平的逐步提高，达到共同富裕的目标。但是，共同富裕决不等于也不可能是完全平均，决不等丁也不可能是所有社会成员在同一时间以同等速度富裕起来。如果把共同富裕理解为完全平均和同步富裕，不但做不到，而且势必导致共同贫穷。只有允许和鼓励一部分地区、一部分企业和一部分人依靠勤奋劳动先富起来，才能对大多数人产生强烈的吸引和鼓舞作用，并带动越来越多的人一浪接一浪地走向富裕。与此同时，我们必须对老弱病残、鳏寡孤独等实行社会救济，对还没有富裕起来的人积极扶持，对经济还很落后的一部分革命老根据地、少数民族地区、边远地区和其他贫困地区实行特殊的优惠政策，并给以必要的物质技术支援。由于一部分人先富起来产生的差别，是全体社会成员在共同富裕道路上有先有后、有快有慢的差别，而绝不是那种极少数人变成剥削者，大多数人陷于贫穷的两极分化。鼓励一部分人先富起来的政策，是符合社会主义发展规律的，是整个社会走向富裕的必由之路。"

党的十三大报告指出，"在初级阶段，尤其要在以公有制为主体的前提下发展多种经济成分，在以按劳分配为主体的前提下实行多种分配方式，在共同富裕的目标下鼓励一部分人通过诚实劳动和合法经营先富起来。……社会主义初级阶段的分配方式不可能是单一的。我们必须坚持的原则是，以按劳分配为主体，其他分配方式为补充。除了按劳分配这种主要方式和个体劳动所得以外，企业发行债券筹集资金，就会出现凭债权取得利息；随着股份经济的产生，就会出现股份分红；企业经营者的收入中，包含部分风险补偿；私营企业雇用一定

---

① 曹荫全："社会主义所有制结构与经济体制改革"，《哲学研究》，1990年第6期。

数量劳动力，会给企业主带来部分非劳动收入。以上这些收入，只要是合法的，就应当允许。我们的分配政策，既要有利于善于经营的企业和诚实劳动的个人先富起来，合理拉开收入差距，又要防止贫富悬殊，坚持共同富裕的方向，在促进效率提高的前提下体现社会公平。对过高的个人收入，要采取有效措施进行调节；对以非法手段牟取暴利的，要依法严厉制裁。当前分配中的主要倾向，仍然是吃大锅饭，搞平均主义，互相攀比，必须继续在思想上和实际工作中加以克服。凡是有条件的，都应当在严格质量管理和定额管理的前提下，积极推行计件工资制和定额工资制。”

2. 理论界关于社会主义分配理论的探索。社会主义初级阶段收入分配制度的重要特征之一是以按劳分配为主体、其他分配形式为补充的分配制度。生产资料的社会主义公有制为主体，决定了我国现阶段在分配制度上，要实行按劳分配为主体，而允许和鼓励其他经济成分发展，与之相适应，就要有其他分配形式为补充的分配制度。这种分配制度的不合理性也表现在两个方面：一是它在一些方面没有完全按劳分配，必然会出现分配不公的问题。二是它允许存在一定的剥削。① 还有学者进一步指出，不仅由于多种经济成分的存在，按劳分配不能成为全社会唯一的分配方式，而且即使在公有制经济中，由于多种经营方式的存在，除了作为主体的按劳分配收入外，也还存在一些非劳动收入。②

按劳分配学说是马克思创立的，但他并没有使用“按劳分配”一词，只是谈到未来社会主义阶段要以劳动为尺度分配个人消费品。后来斯大林把马克思的思想概括为“按劳分配”。马克思设想的按劳分配中的“劳”实质上是社会平均劳动，其计量尺度是社会平均劳动时间；社会主义商品经济条件下按劳分配中的“劳”，在全民所有制企业中是社会平均劳动与企业平均劳动的有机统一，在集体所有制企业中则是企业平均劳动，其计量尺度分别是社会平均劳动时间与企业平均劳动时间的有机统一和企业平均劳动时间。当然，在社会主义商品经济条件下，把全民所有制企业按劳分配的计量尺度归结为社会平均劳动时间与企业平均劳动时间的有机统一，把集体所有制企业中按劳分配的计量尺度归结为企业平均劳动时间，这不过是理论上的一种抽象，在实践中它无疑具有多样化的渐趋完善的表现形式。③ 针对按劳分配，有学者认为，适应目前社会主义经济的主要分配形式不是按劳分配，而是劳动所得。劳动所得是一个含义很广的概念，既可以是指产品，也可以是指价值。它强调多劳多得、多产多得，却又突破了按劳分配所要求的生产组织、经营方式的具体形式，即打破了统一生产、统一经营、统一以劳动为尺度分配的框架。④

3. 在这一时期我国关于社会主义所有制和收入分配理论的探索，为我国进一步深化改革，实现经济健康快速发展奠定了基础。不过，我国有关社会主义所有制理论和收入分配理论还不完善，现实中仍存在很多问题，比如国有企业改革问题、收入差距拉大问题、社会保障问题，等等。这些问题的解决一方面来自实践中的摸索，另一方面也有待于从理论上做出创新和突破。

---

① 郑家亨：“社会主义初级阶段收入分配的几个问题”，《科学社会主义》，1992年第2期。

② 卫兴华：“社会主义初级阶段的个人收入分配方式”，《财经研究》，1988年第1期。

③ 郑飞：“刍议按劳分配中的‘劳’”，《经济研究》，1993年第2期。

④ 张问敏：“关于按劳分配理论的思考”，《经济研究》，1987年第2期。

第三章

马克思主义经济学研究的发展：1992—2008年

第一节　对传统政治经济学研究方法的反思

从1949年新中国成立直到1978年中共十一届三中全会召开之前，前苏联政治经济学的理论体系、即“苏联范式”一直是我国社会主义政治经济学的主流范式；从1978年中共十一届三中全会实行改革开放以后，我国经济理论界的众多学者开始编写自己的政治经济学教材，由此揭开了改革社会主义经济学理论研究的序幕；特别是1992年党的十四大报告明确提出确立社会主义市场经济体制的改革目标后，中国经济明显加快了市场化改革的步伐，从而使我国社会主义政治经济学的理论研究进入一个新的阶段。这一时期，随着我国经济学界束缚理论研究思想禁锢的逐步破除，而对改革实践的迫切需要和改革过程中的丰富实践材料，一代又一代学者立足于中国现实经济条件，对我国改革进程中遇到的一些重大理论问题和改革实践方案展开了系统而深入的研究。例如，对中国社会主义经济体制总体框架、改革目标模式的研究，关于社会主义经济运行机制和宏观调节机制的研究，对所有制理论及所有制结构的研究，对产权理论和产权调整的研究，对企业理论及企业改革实践的研究，对中国经济增长与发展问题的研究，对增长方式转变的研究，关于经济结构调整和合理化的研究等。无疑，相对于传统的社会主义经济理论而言，这些领域的研究及其取得的成果都是具有革命性和创新意义的。这里值得关注的是，这些理论的成功实践是在对传统社会主义经济理论的认识框架和一系列脱离实际的教条性论断进行全面反思的基础上进行的，其中更为重要的是对传统政治经济学研究方法的深刻反思。

一、马克思主义经济学的研究方法

以《资本论》为成果和标志的马克思经济学不仅继承和发展了古典经济学的劳动价值论，而且提出了分析资本主义经济制度的新范式即剩余价值理论，从而深刻揭示了现代资本主义生产方式及其运动规律。而且，马克思经济学的这种开创性贡献，不仅演化出一个不断发展的马克思主义经济学（主要指马克思之后西方国家致力于研究马克思经济学的学者们的相关经济学理论）体系，同时对经济学理论的发展也具有革命性的意义。这不仅在于其理论的重大创新，更是由于它实现了方法论的变革。

可以说，历史唯物主义是马克思主义经济学最一般的方法论；也就是说，马克思的政治经济学是建立在唯物主义历史观的基础之上的。因此，马克思主义经济学首要的或基本的研究方法是历史唯物主义的方法论。对于这一方法论的基本原理，马克思在《〈政治经济学批判〉序言》中作过如下经典表述："人们在自己生活的社会生产中发生一定的、必然的、不以他们的意志为转移的关系，即同他们的物质生产力的一定发展阶段相适合的生产关系。这些生产关系的总和构成社会的经济结构，即有法律的和政治的上层建筑立于其上并有一定的社会意识形式与之相适应的现实基础。物质生活的生产方式制约着整个社会生活、政治生活和精神生活的过程。不是人们的意识决定人们的存在，相反，是人们的社会存在决定人们的意识。社会的物质生产力发展到一定阶段，便同它们一直在其中运动的现存生产关系或财产关系（这只是生产关系的法律用语）发生矛盾。于是这些关系便由生产力的发展形式变成生产力的桎梏。那时社会革命的时代就到来了。随着经济基础的变更，全部庞大的上层建筑也或慢或快地发生变革。"① 在这里，以社会存在决定社会意识为核心，进而体现在生产力决定生产关系、经济基础决定上层建筑两层关系的方法论是马克思主义经济学最具生命力的内容。相应的，自古典经济学开始的西方主流经济学始终贯穿的则是理性主义的基本方法论。虽然历史归纳法和抽象演绎法在古典学者斯密的《国富论》中也曾并列存在，但是斯密之后、特别是到了李嘉图以后，为把经济学建成像牛顿物理学一样更加"精确"的科学，经济学的研究方法开始抛却了历史与社会的研究方法而只局限于演绎的方法，并已作为一种传统而贯穿于此后长居西方经济学主流地位的新古典经济学的理论研究之中。显然，这种研究方法与马克思主义经济学的历史唯物主义、即唯物史观的方法论是背道而驰的。比如首要的一点，马克思主义经济学唯物史观的方法论总是把社会发展看作是一个由客观规律决定的社会经济形态演进的过程，具体地，是物质生活的生产方式包含的生产力与生产关系的矛盾推动了社会经济形态的演进；而任何一种社会经济形态受内部矛盾运动的推动都不可能是长期稳定的，总免不了有所波动、有所曲折。相反，西方主流经济学则是把经典物理学的方法作为自己的方法论基础，从而产生了对社会发展的静止的、确定的看法；当把这种方法论应用到对资本主义制度的分析时，结果就产生了资本主义经济制度永恒、稳定的结论。

当然，唯物史观也并不是马克思主义经济学方法论的全部，其中还有一些属于具体层面上的研究方法。这些研究方法就是作为分析方法和论述方法的具体形式，包括科学抽象的方法、研究方法与叙述方法的统一、逻辑与历史统一的方法。抽象的方法是通过人脑的抽象思维排除各种外在的、非本质的东西，抽取某种共同的、本质的东西，从而认识客观事物发展的本质及其规律。研究方法与叙述方法的统一是马克思主义经济学形成所依据的方法。研究方法是在具体事实或材料中发现一般规律，这种方法的运用需要抽象力发挥作用；叙述方法是一种按照逻辑展开的过程，这一过程的起点是作为研究结果的抽象的、一般的范畴，而它的逻辑进程是一个矛盾发展、解决的演进过程。逻辑与历史统一的方法是把思想逻辑的进程与历史发展的实际进程结合起来的一种方法。因为，历史的起点就是思想进程的开始，思想进程的进一步发展不过是历史过程的抽象的、理论上前后一贯的形式上的反映。实际上，逻辑的方法就是历史的方法，是一种摆脱了历史的形式以及对历史发展起干扰作用的偶然因素的方法。当然，马克思主义经济学的方法除了以上所述的一般方法论和具体的分析与论述方

① 《马克思恩格斯选集》第2卷，人民出版社1995年版，第32—33页。

法外，在它的经济学研究中还贯穿着规范经济分析的方法。比如，马克思经济学对生产方式以及相应的生产关系和分配关系的研究就贯穿着制度分析，并鲜明地提出推翻资本主义制度和建立更高形态的共产主义制度的目标。同时，在对资本主义制度的批判和对共产主义的向往中采用的公平和效率分析，又把规范分析定位在制度的层面上。在此基础上，马克思的经济学研究也注重运用数学知识以表述经济现象包含的数量关系。比如，马克思本人十分重视在经济研究中运用数学方法。他在1873年写给恩格斯的信中说，“你知道那些统计表，在表上，价格、贴现率等在一年内的变动是以上升和下降的曲线来表示的。为了分析危机，我不止一次地想计算这些作为有规则曲线的升和降，并曾想用数学方式从中得出危机的主要规律。”① 由此可以看出，马克思重视的不仅是关于利用数学方法从统计资料中引出经济规律这一思想，而且还有关于为引出经济规律需要充分检验过的原始材料的原理；也就是说，只有可靠的有科学根据的统计材料，才可以进行数学上的加工整理。相反，西方主流经济学对数学的使用则早已发展到无可替代的位置，如一般均衡理论的数学论证，从而使经济学成了一门可与物理学相媲美的“精密科学”。可以说，马克思主义经济学对数学的运用只是把数学当成一种工具而从属于历史唯物主义的研究方法，而西方主流经济学特别是新古典理论的发展则把数学当成一种目的，并以数学化的程度来评价经济学达到的水平，这显然已经背离了经济学作为一门社会科学而谋求社会经济发展的良好初衷。

不过，马克思主义经济学作为经济思想史上的一个重要理论，其成就也离不开方法论的创新。因为作为一门学以致用且时代性很强的科学，政治经济学必须要不断反映和研究新情况、新问题，即使是研究方法也是如此，这也体现出政治经济学的生命力在于它是一个能够不断被推进的开放的理论体系。正如恩格斯所说，“政治经济学本质上是一门历史的科学。它所涉及的是历史性的即经常变化的材料，它首先研究生产和交换的每一个发展阶段的特殊规律，而且只有在完成这种研究以后，它才能确立为数不多的、适合于一切生产和交换的，最普遍的规律”。② 事实上，作为历史科学的马克思主义经济学本来也没有要解决一切社会的一切经济问题，这就要求我们在把马克思主义经济学应用于指导社会主义中国市场经济体制改革的伟大实践时，既要兼顾其理论导向的科学性和先进性，同时也要注重将其经济学理论的基本原理与中国改革中的实际问题紧密相连。马克思主义不是教条，更不是让人们背诵的教义，从而不可能要求它提供我国改革与发展中需要解决的一切问题的现成答案，它所提供的是观察与分析经济现象的基本原理和方法。而且重要的是，马克思主义经济学的理论不是静止的、停滞的，而是不断前进和发展的。相应的，政治经济学在我国的讲授与发展，既要传授马克思主义经济学的基本原理和方法，也要运用马克思主义的立场、观点与方法去研究当代资本主义经济的新现象、新问题和新特点。因此，经济理论工作者必须根据社会主义经济的实践过程来发展和创新马克思主义经济学，比如在政治经济学的教学与研究中充分吸收西方经济学中的合理内容和先进分析工具。但必须注意的是，发展中的马克思主义经济学在中国经济学理论研究领域中的主流地位，却是不可能、也没有理由被西方经济学所取代的。特别是马克思主义经济学的基本研究方法不仅不能放弃，而且还要牢固地坚持。问题是，我们该如何坚持马克思主义经济学的方法论。比如在马克思主义经济学的方法体系中，

---

① 《马克思恩格斯全集》第33卷，人民出版社1973年版，第87页。

② 恩格斯：《反杜林论》，人民出版社1973年版，第144页。

唯物史观和唯物辩证法是这个体系的“硬核”；同时，围绕这个“硬核”还有一些具体的研究方法，比如用来针对具体的经济现象加以分析和解释的具体研究方法，则不仅可以调整或修改、而且还可以增加一些新的方法，从而使马克思主义经济学的理论发展能够跟随时代的进程和社会实践的变化而不断完善。

二、对传统政治经济学研究方法的反思

回顾几十年来社会主义政治经济学理论发展的历程可以看到，马克思主义经济学理论在中国的每一步实践都是由于改革的深化提出了需要解决的新问题。经济理论发展方向的变化往往是由现实的危机促成的，因为一种理论一旦被群众所接受而成为社会观念后是不会轻易改变的，只有在按照原有思路发展的实践已经或几乎走到尽头而无法继续下去时才会转而接受新的理念。事实上，社会主义政治经济学理论的发展包括研究防范的变革在很大程度上都是在与传统理论的斗争和与各种西方经济学观点的争论中实现的。

如前所述，从新中国成立初期到1978年改革开放以前，我国“社会主义政治经济学”的主流范式是20世纪50年代初在斯大林主持下写成的前苏联版《政治经济学教科书》的范式，人们后来把这一范式称为“马克思主义经济学的苏联范式”。可以说，这一时期中国经济学研究的范式主要就是以前苏联范式为主，包括诠释经典著作、以前苏联范式的经济学为框架进行经济学研究，并应用于教学，以这种理论来指导社会主义经济建设的实践。在此影响下，传统政治经济学的体系基本是照搬前苏联范式，比如对马克思主义经济理论教条式地叙述，社会主义部分僵化式地套用等。在研究方法上，20世纪80年代以前我国基于前苏联范式的传统政治经济学研究主要是采用规范分析的方法，侧重于依靠逻辑推理构造抽象的理论和规律，而疏于对现实经济生活的解释和分析；特别是在理论讲授中总是存在泛政治化倾向、学术性不强，从而导致了研究方法与基本学术观点都具有浓厚的教条主义色彩。当然，对马克思主义经济学的研究离不开价值判断，规范分析必不可少，但过多的规范分析会使政治经济学的内容很大程度上成为某种理论和政策的解释和论证，从而使经济学内容脱离现实，缺乏可操作性，造成理论与实际相脱节，更难以起到指导现实的作用。这种倾向实际上已经违背了马克思主义经济学的历史唯物主义和辩证唯物主义的研究方法，因为马克思的科学抽象法是从具体到抽象再到具体的方法，如果舍弃从具体到抽象的过程，而一味地用一些抽象范畴来演绎未知事物，进行所谓的规范研究是不可能得出符合实际情况的理论结论的。

1978年改革开放以后，新一代经济学者在积极投身中国社会主义经济建设与改革的过程中，也在不断反思基于前苏联范式的传统政治经济学的研究主题与研究方法，并在反思中认识到“苏联范式”是僵死的、封闭的、排斥现代经济理论的发展成果的。尤其是社会主义市场经济体制的逐步建立和马克思主义经济学著作被大量翻译、出版，使得经济理论界不断反思前苏联学派的政治经济学和以发展的眼光来借鉴马克思主义经济学的理论，指导中国社会主义建设的实践，并逐步吸收和借鉴外国经济学说，以实现中国经济学理论的新发展。因而进入20世纪80年代以来，随着西方经济学的引进，随着新一代经济学者的成长，经济学的实证分析方法逐渐被推广采用，并与规范分析方法相互交叉、迭代。这方面一个突出的表现是发展经济学的结构分析和新制度经济学的制度分析在中国的迅速传播和被广泛采用。特别是结构分析和制度分析由于其规范与实证相结合的方法论特征，在一定程度上符合中国经济制度变革创新的实践需要，因而具有较强的适用性。实际上，新中国成立以来、特别是

改革开放以来，很多国内学者已普遍认识到，虽然马克思主义经济学的科学抽象法对于揭示经济运动规律的本质是有效的，但是在应用层次上政治经济学的分析方法则需要补充，即使用自然科学的方法来建立经济模型、并进行实证分析，从而使政治经济学更具有时效性、应用性和针对性。因此，马克思主义经济学在方法上除了从历史纬度采用唯物辩证法来分析人类社会的经济规律、从而构建纵向内容的理论体系之外，也要分析特定历史时期经济社会中的现实问题，即借鉴现代西方经济学建立经济模型的方法，从横向角度来构建理论体系，从而最终形成纵横交织的马克思主义经济学理论体系。在此基础上，可以从两个方面拓展马克思主义经济学的研究范围：一是立足我国现阶段的基本国情，以我国社会主义现代化建设的伟大实践和理论成果作为马克思主义经济学理论体系建设的源泉。比如，以我国的基本国情作为马克思主义经济学理论体系构建的基本前提，以我国建立社会主义市场经济体制的目标作为马克思主义经济学分析研究的主要命题，以我国社会主义现代化建设的经验教训、特别是我们党的理论创新成果包括邓小平理论和“三个代表”重要思想、科学发展观等作为马克思主义经济学理论体系构建的理论源泉。二是要不断开拓创新，增强马克思主义经济学在经济全球化和当代资本主义社会发展趋势方面的解释优势，从而使马克思主义经济学的方法论内核能够始终保持活力。

不过，在20世纪80—90年代大量引入西方主流与非主流经济学的各种理论体系后，其研究方法是否真正适用于分析我国社会主义经济改革实践所面对的各种经济问题，则是另一个必须考虑的重要问题。一般来说，经济学总是源于经验事实的观察与在此基础上的推论、并最终应用于经济过程。相应的，经济学家所从事的科学活动主要包括两项内容：一是经济学批判；二是经济理论的构建。其中，经济学批判指的是针对经济学假说甚至早已“公认”的理论进行经验或逻辑上的检验，经济理论的构建则是指新的假说和模型的提出。显然，经济理论的构建与经济学批判之间存在着相互联系的关系。改革开放以来，中国人文及社会科学研究环境的改善为西方现代经济学的引入提供了可能与保证，从而西方主流与非主流经济学的各种理论和方法被直接应用于微观、宏观以及国际、区域经济领域中发生的各种问题，并由此引致政府与公众寻求解决这些经济问题的途径与可供选择的政策主张。于是，一种以经验事实为基础、以现代经济学原理为工具、以政策选择为目标的应用性研究便悄然兴起，并逐渐演化为人们竞相采用的研究形式。应该说，这种形式的采用使中国的经济运行、经济波动、通货膨胀、经济效益等种种问题获得了初步解答，并在此基础上提出了各种经济现象成因的分析及其政策主张。但不容否认，这种应用性研究只是在对原有经济分析的“好”“坏”层面做出价值判断，但在涉及结构变动、体制转轨和制度变迁等深层次问题上却存在着比较明显的缺陷。而且从现实角度看，西方主流经济学只是提供了一种成熟的市场制度运作的理想参照系，对中国来说许多理论前提是不存在的，其理论的解释力也就大打折扣。关键问题是，西方主流经济学如新古典理论的一系列假设和命题都与现实经济相距甚远。一个典型例子是市场经济最突出的特征是竞争，但这种竞争并不是新古典的“完全竞争”，因为新古典竞争表明的是市场参与者在通晓各方面信息基础上的一种合作，即竞争不具有任何个人利益上的冲突；相反，真实经济中的竞争必然要联系到作为其本质特征的社会关系、即人与人之间的利益冲突，比如基于信息技术的垄断、相互之间的竞争博弈等。显然，前提假设的失真必然会导致其理论体系分析框架内部逻辑上的不一致，而新古典理论必须解释又无法解释的主要事实正是这种现实。而且，中国的现实与理论假设之间也存在着一定的差距，如果继续将这种未经重构的西方理论直接应用于正在转轨中的社会主义市场经济改革，则很容易导致结论上的谬误和政策上的误导。例如，20 世纪 80—90 年代发生的严重通货膨胀，就是当时采纳了凯恩斯主义主张刺激有效需求的建议而形成错误决策的不良后果。显然，这种格式化的研究作为对经济学的一种套用，并不能真正使人们在理论上提升对中国经济的认识。

因此在目前情况下，强调在经济分析中坚持历史唯物主义的方法论原则，仍然是十分必要的。应当看到，近 20 多年来，在改革和发展的实践中我国的经济学研究虽然极大地繁荣起来，但马克思主义经济学基础理论的研究却有被削弱的倾向。尤其是面对改革开放浪潮的冲击，传统政治经济学理论更是出现过疲软现象，如在诠释理论与解释现实方面逐渐出现乏力之处；加之新古典经济学等西方主流与非主流经济学理论的大量涌入，使得我国的经济学理论研究工作一度同时面临实践挑战和西方各种流派竞争的双重压力，其突出表现是作为我国主流经济学地位的削弱。事实上，马克思主义经济学是否能够成为众多应用经济学科的理论基础，在一些人的心目中已经成了问题。形成这种局面的表面原因是，在《资本论》以及其他马克思主义经济学经典著作中找不到对许多新问题的现成答案，于是一些人就到现代西方经济学中去寻求答案。这里要强调的是，马克思本人不可能预见到一百多年后的今天发生的问题，而他的理论中确实也包含一些已经为实践证明是过时的东西，但这丝毫不能成为我们放弃马克思主义经济学理论体系的理由。因为马克思主义经济学说的基本理论观点和一些重要分析框架至今仍然具有强大的生命力，只要根据新的历史条件加以适当调整，就可以直接运用于今天我们面对的实际问题的分析。特别是，以新古典技术关系分析的相对价格理论为主要内容的现代西方主流经济学，尽管在微观资源配置方面具有指导作用，但在从总体把握经济发展脉络和结合中国经济体制改革实际来分析经济问题等方面并不尽如人意。相反，以社会关系为分析线索的马克思主义经济学基于劳动价值论和剩余价值理论的基本原理，不但深刻剖析了市场经济或现实资本主义经济中必然存在的资本积累与竞争、社会再生产、利润率下降、经济周期以及经济波动与危机等宏观现实问题，同时也为我们科学地借鉴马克思主义经济学的完整理论体系来分析和探索社会主义中国的市场经济理论提供了平台。而且更为重要的是，马克思给我们留下了历史唯物主义这一重要的经济学方法论，只要认真把握和运用这个方法论，我们就能对不断变化的经济发展实践作出新的理论概括，使马克思主义经济学说不断获得与其辩证法的（即在自我扬弃中发展的）本性相适应的现代形式。

三、政治经济学研究方法的规范化

在我国经济学界，一个不同于现代经济学规范的研究传统就是概念之争，也即对理论的研究不是从现实出发而是强调从所谓马克思主义经典著作出发。于是，理论研究的思路事实上并不能真正遵循学术规范、而只能是引经据典式的哲学思辨，而且这种情况曾经一度占据我国经济学研究的阵地数十年。如今，这种考据式的学风已经逐渐削弱，但却仍未得到根本性的转变；尤其是新制度经济学在中国广泛传播以后，由于缺乏严格的研究规范和评判标准，致使原来引经据典式的研究传统通过制度、产权、契约等概念之争又一度盛行。① 然而，经济体制的变革和社会实践的发展必然要求以实事求是的科学态度来研究中国的经济问题，如果经济学理论体系的构建不能遵循这一根本原则而只是教条式地引用和照搬，那么这

① 陈宗胜、徐刚、刘书祥："以现代经济学的规范研究中国的现实经济问题"，《经济学动态》，1997 年第 7 期。

样的理论毫无疑问是没有生命力的。同时，这也必然涉及如何看待现代经济学的科学性质及其研究方法的问题，这正是今天我国的政治经济学研究走出传统研究范式、实现理论创新的突破点。

那么，究竟什么是学术规范呢？张曙光指出，“所谓学术规范，就是进行科学研究的一套制度规则和传统习惯，包括学术纪律、学术传统、学术道德、学术秩序，诸如学者的独立自由人格，为探求知识的角色定位，尊重知识发明的科学态度，恪守学术创作的基本要素和基本体例等。”① 张军也由此认为，中国经济学研究的整体水平在国际上仍属相当落后的主要原因，正是因为“经济研究”还不被作为一种严格遵循科学程序和规则的寻求知识增长的系统过程，而且研究的程序化也还不被广泛接受。他因而主张，在这种情况下“经济学者们所要努力的不是将经济学重新引回道德的、政治的道路、为经济学引回人类关怀，而是脚踏实地地树立经济研究中的制度规范，提倡并鼓励经济研究中的逻辑经验主义精神，健全经济学家的理论素养。”② 当前，在越来越多的学者将经济学视为一门科学来看待的情况下，遵循学术规范的约束无疑将是科学而客观的研究方法。比如20世纪90年代以来，我国理论界一批中青年学者曾致力于推动中国经济学的现代化，并在倡导经济学研究遵循国际经济学的共同规范方面作出了很大贡献③。当前，这种研究方法的规范性主要应该体现在以下几个方面：

首先，理论假设的科学性。与经济学的基本理论有所不同的是，适应中国实际经济发展环境的经济学理论在事实上应具有更强的假定性，而且这种假定会随着改革的深化与经济的发展而发生变动。因此，对这种经济学的具体理论的构建不仅要在科学假设的条件下完成，而且它的发展也要通过在实证的基础上不断修正假设来进行。也就是说，应当选择能够被证伪的理论构建方法来建立一个理论体系，而不是将中国经济学假设为全面的、完善的、能够解释所有经验事实的理论体系。这是因为，一种不具备可检验与可发展性的理论是无法称之为科学的。所以，必须在科学的方法论指导下逐步扭转片面追求“大框架”、“大体系”等不切实际的倾向，同时克服生搬硬套、东拼西凑等急功近利的实用主义做法，而将学术的重点放在一个个具体问题的求解上，以使这些研究能够构成可供积累与发展的真实的学术成果。由此，在具体理论构建的基础上通过前提假设的进一步梳理、整合以及变量的相应设置和调整，就有可能创立具有基础地位的适应中国需要的经济学。

其次，方法论上的创新。如上所述，传统的政治经济学在利益矛盾分析、揭示事物本质关系和长期演进方面具有明显的优势，但依据现代经济科学的角度则还缺乏公理化的程式、规范化的学术结构和对现实问题的关注。因而有必要从现代社会科学的研究方法中寻找各种可资借鉴的方法，如法学的案例分析法、数学的逻辑演绎方法、史学的归纳法、现代科学哲学（系统论、控制论、信息论）中的有关方法，并将各种方法交互使用、有机结合，从而使政治经济学不仅具有科学的理论结构，而且具有解释现实经济问题的穿透力和精确性。同时在分析方法上，也应当从以文字推理和规范分析为主转向采用规范分析与实证分析相结

① 张曙光：《中国经济学：1994》，上海人民出版社1995年版。

② 张军：“走近《经济研究》——初读《应用经济学研究方法论》”，《中国社会科学季刊》，1999年冬季号。

③ 《经济研究》编辑部和上海三联书店是推动这一潮流的最早和主要的学术阵地。1991年，上海三联书店在其《当代经济学系列》丛书“出版前言”中说：“本丛书致力于推动中国经济学的现代化和国际标准化”。北京大学中国经济研究中心所创办的《经济学季刊》也以推动中国经济学的规范化为号召。见其“发刊词”，2001年10月，第1卷第1期。

合。一般来说，政治经济学强调的是规范分析，如从一个前提、概念出发、经过逻辑推理得到结论；但这种分析带有很强的价值判断性，其结论也较少能够在实际经济生活中得到印证和与现实进行比较，这使得政治经济学的许多理论难以对现实提供有益指导。相反，西方经济学的实证分析则注重模型推导，其前提假设和理论结果都必须得到现实验证，因而其结果具有一定的实用性和可操作性，这恰恰是我国的改革实践所必需的。因此，如果在经济学理论的应用中将实证分析与规范分析恰到好处地结合，将能使规范分析的价值判断建立在更有说服力的基础上。另外，注重案例的研究也有助于经济学分析思路的拓展。经济学与自然科学相比最大的特点在于它是一门非实验科学，在理论正式被用于指导实践之前不可能像自然科学一样通过设立实验室来提前进行合理性检验，而模拟实际的案例研究便是对实验室实验的替代。比如在对案例进行讲解和分析的基础上，通过对理论进行证实或证伪、并逐步修正和完善理论，将能够为理论更好地应用于现实的社会经济生活提供典范。

最后，数学工具的合理运用。唯物史观和唯物辩证法是马克思主义经济学一贯坚持的基本研究方法，放弃了这个方法论基础也就取消了其学科的特色，这一点是不容置疑的。但是，正如马克思本人在创立政治经济学过程中开放地吸收了当时社会科学乃至自然科学的一切先进的、合理的具体分析方法一样，今天政治经济学改革的一个重要内容就是科学而合理的分析工具的采用。我们不必因为边际效用、弹性、交易费用等概念是西方经济学的既有范畴而拒绝合理借用，数理的方法、计量的方法、统计的方法在今天国内的政治经济学中同样也有分析问题的用武之处。现在，政治经济学在研究方法上要解决的是正确处理唯物史观的方法论基础与数学、统计等具体分析工具的关系。既不能因为坚持辩证唯物史观方法论而排斥和影响其他具体分析工具的运用，更不能因为使用数学或统计学方法而取消了辩证唯物论的基础地位。辩证唯物论是人类认识社会本质的最为有效的方法，是经济学深入认识到经济现象最本质层次不可或缺的手段，但它缺乏量的、分析性的范式或工具，在研究精度上有所欠缺；而数学的或统计的方法虽然难以揭示社会现象的本质，但是在描述经济现象的量的特征方面有着特别的功能，对于研究短期的、简单的、静态的现象或提高研究精度非常有力。因此，在运用经济理论分析现实问题时可以在分析方法的采用上有所侧重，如政治经济学在揭示经济社会发展的本质问题、长期问题、动态问题时应该坚持运用以唯物辩证法为核心的马克思主义方法论，但是在描述经济生活的现象形态、短期和静态特征时也可以引进和运用数学和统计学等分析工具。这样既可以保证政治经济学对经济社会本质问题的洞察力，又能够保证其认识的精确性。同时，由于数学学科本身也在迅猛地发展，一些对事物进行综合的、动态的、长期的描述分析的有效手段正在形成，因而政治经济学也应该密切关注数学学科的新进展对政治经济学发展带来的新机遇。

第二节 构建“中国经济学”的理论尝试与争论

进入20世纪90年代以后，随着中国经济改革的深化和社会主义市场经济目标的确立，我国众多经济学者显著增强了重建中国经济学的责任感和自信心。由于传统的政治经济学理论是以计划经济思想为核心的，在大思路上与市场经济理论体系有明显冲突，随着社会主义市场经济的社会实践逐渐展开，从深层对传统政治经济学理论体系对中国经济发展的适用性提出了怀疑。于是，一些学者开始以社会主义市场经济运行为主体进行政治经济学的重构。如果说在20世纪80年代，“中国经济学”还只是一个约定俗成的术语，主要指中国社会主义政治经济学，但中国社会主义政治经济学在20世纪50年代、60年代和80年代初基本上是前苏联范式；尔后主要是运用经典的马克思主义理论，并借鉴一些西方经济学的理论和方法对前苏联范式进行修正，谈不上是一种独立形态的经济学；那么到了20世纪90年代以后，“中国经济学”这一命题则开始真正有了新的含义。这一时期，一批中青年经济学者对中国经济理论的发展进行了冷静思考，并从全新角度提出了一些有关经济理论发展的根本性问题，如中国经济学的现代化、中国经济学寻根、经济学的中国学派、中国的过渡经济学等等。围绕这些问题的讨论，经济学界凸显了有关“中国经济学”这一命题的理论争论和思索。

一、构建“中国经济学”的理论争论

从经济思想史的演进来看，任何一种新的经济学理论都是在既有的理论体系无法解释所面临的经济现象和经济矛盾的情况下产生的，提出中国经济学的重建问题也是如此。然而，重构中国经济学的努力并非只是研究内容的简单置换所能完成的，研究对象的变化是现实经济条件变化的使然。新的经济学理论理所当然地要以中国市场经济的运行和发展作为研究对象，但问题是经济学家采用什么样的理论和何种方法进行分析和解释。比如，在20世纪80—90年代各种西方理论大量引入并不断借鉴的情况下，面对“社会主义市场经济”这样一个新生事物，国内理论界该如何应对呢？由此，对于如何构建我国新的经济学理论体系问题也就出现了不同意见。其中一派观点认为，应将传统的政治经济学吸纳部分西方市场经济理论，并结合我国的基本国情，建立“具有中国特色的经济学理论”①；另一派观点主张，用西方经济学的基本理论取代传统的政治经济学，认为“经济的基本理论本身具有普遍的、一般的科学意义，是无国界、无阶级性的”②；也有的学者认为，“经济学的基础理论是无国界的，如果每个国家都有自己的特殊的经济学，世界上可能就会出现100多种经济学”，不过“在经济学研究领域，人们之间会有内容、方法和观点上的差别，甚至会形成各种流派。但这种差异与国家的不同无关”，因此主张建立“中国经济学”，并将其作为经济学的一个流派。③ 一时间，各种观点不一而足、众说纷纭，于是一场“中国经济学向何处去”的大讨论也陆续展开。

实际上，有关中国经济学或中国政治经济学这个概念并不是新近才出现的名词，它甚至可以追溯到半个世纪以前。我国早期对这一概念比较具有典范意义的解释，当属王亚南先生于1946年出版的《中国经济原论》一书。④ 该书从批判当作舶来品输入的政治经济学的角度出发，认为当时的中国经济落后，使得国人的政治经济学修养程度受到限制，故没有产生以现代资本主义经济为探究对象的政治经济学环境。因此，我国有志于“中国社会经济之科学研究”的人，不应一味照搬模仿作为舶来品的政治经济学的教义和内容，而“应以中国人的资格来研究政治经济学”，意在“创立一种特别具有改造中国社会经济，解除中国思

① 崔之元：“西方经济理论的范式危机”，《中国书评》，1995年第9期。
② 樊纲：“‘苏联范式’批判”，《经济研究》，1995年第10期。
③ 张仁德：“也谈中国经济学向何处去”，《经济学动态》，1999年第3期。
④ 谈敏：“中国经济学的过去与未来”，《经济研究》，2000年第4期。

想束缚的性质与内容的政治经济学”。[①] 半个多世纪过去了，如今这一话题又被重新提起，但其含义则早已有所不同了。具体到20世纪90年代中后期以来，可以看到这一阶段对上述问题争论的一个突出特点是，有关中国社会主义政治经济学理论体系的改革应当何去何从出现了一些不同的声音。当时，面对这场争论的学者们大致有三种看法：第一种，认为中国经济学应扎根本土、以研究中国问题为主要对象，从总结中国经验出发吸收现有经济科学成果，形成一种研究中国经济问题、反映中国经济实践的“中国经济学”。第二种，认为中国经济学是指形成一个经济学的中国学派，这一观点认为讨论面临两种选择：一是重新建立中国经济学体系，二是融合西方经济学理论共同形成一个体系。第三种，主张在评判过去和现有政治经济学教科书弊端的基础上，“建立”或“重建”中国经济学；这实质上是要编撰一本既有别于既有教科书、又具有内在理论逻辑、体系完整、并能够充分解析现实经济问题和得到学术界共同认可的政治经济学教科书。简单来说，也就是应当坚持原有基础上的创新、还是要彻头彻尾的革新？具体而言，这些争论主要体现在对我国社会主义政治经济学与西方主流经济学及其他各流派分支的理论在研究对象、研究方法、及其相互关系的处理上。对此，张卓元的观点具有一定的代表性，即“马克思主义是发展的，是不断吸收各方面的文明成果而丰富自己的。马克思主义经济学也要吸收当代经济学的研究成果，不断丰富和发展自己。应当看到，西方经济学在研究资本主义市场经济的发展规律方面，有许多成果是值得我们吸收和借鉴的。任务就在于努力使这种吸收用来丰富和发展以马克思主义为指导的我国经济科学，增强她的科学性、适用性，更好地为我国的改革开放和现代化建设事业服务”[②]。

其实，任何理论都不可能在没有前人理论研究的基础上构筑起来。所谓“中国的经济学”也是针对其研究对象而言的，它不可能在漠视经济学基本理论的前提下凭空“创新”出来。因此，适应中国需要的经济学应该有自己的理论渊源，而且它不应当仅仅限定在某一学派或者某一学派中的某种流派，因为学派或流派之间理论的差异更多地决定于分析对象、分析角度、分析工具上的差别。所以，理论研究方向的多元化不仅可以避免适应于中国实际的经济学可能发生的局限性与片面性，而且也可以更好地推动经济学理论的发展与创新。因此在这一阶段，各具代表性的经济学著作和教科书的相继出版亦成为这种反映的主要体现。比如在著作方面，一种发展方向是要求强调和恢复马克思主义经济学的传统，即坚持马克思主义经济学理论体系的分析框架。如王向成的《马克思的价值学说与科学的政治经济学体系》(1997)、白光的《现代政治经济学基础理论教程》(1998)、张宇主编的《高级政治经济学》(2000)、戴达远的《马克思主义经济理论》(2000)、孟捷的《马克思主义经济学的创造性转化》(2001) 等。按照林岗教授的说法，其宗旨为“我们愿意在这个意义上（即从实践的角度）坚持马克思主义经济学的正统，按其创始人奠定的方向发展、扩大和深化马克思主义政治经济学，创造出适应时代要求的马克思主义经济学的现代形式。”[③] 另一种发展方向是，把传统的政治经济学与西方经济学新近发展起来的几个分支理论相结合形成的各具特色的经济学体系。其中，与新制度经济学理论相结合的，如张曙光的《制度、主体、行为——传统社会主义经济学反思》 (1999)、樊纲的《渐进改革的政治经济学分析》

① 王亚南：“附论——政治经济学在中国”，《中国经济原论》，广东经济出版社1998年版。

② 张卓元：“改革开放以来我国经济理论研究的回顾与展望”，《经济研究》，1997年第6期。

③ 林岗：“探索马克思主义经济学的现代形式”，《教学与研究》，2000年第5期。

(1996)、林岗和张宇的《马克思主义与制度分析》(2001)、刘元春的《交易费用分析框架的政治经济学批判》(2001)、袁恩桢和张道根的《交易活动与经济关系演进——社会主义政治经济学再探索》(2002)等；与发展经济学理论相结合的，如陈宗胜的《新发展经济学：回顾与展望》(1996)和《改革、发展与收入分配》(1999)等；另外，也有一些同信息经济学和博弈论等新兴学科相结合而形成的经济学理论。第三种发展方向是，把社会主义政治经济学的理论体系与我国现行改革所处的转轨阶段相联系、也称为转型经济学或者过渡经济学，20世纪90年代后期到世纪之交我国经济学界对转型问题的研究突飞猛进，出版和发表了大量以转型或过渡为题目的学术论文和专著。其原因在于，东欧和前苏联的剧变引起了国际经济学界的广泛关注，并形成一个专门研究前计划经济国家向市场经济转型的新领域。在这种背景下，我国一些学者开始从制度和制度变迁的角度对中国经济体制改革作深层次思考，逐渐形成一个新的理论流派——转型经济学。对于其所研究的内容，学者周冰的话具有一定的代表性，即"转型经济提出的问题，对发展到目前为止的经济学理论提出了挑战。传统的社会主义经济学是指导计划经济的理论，向市场经济的转型是时间对传统社会主义经济理论的否定。西方正统经济学是市场经济的理论，但它是在制度既定前提下的资源配置理论，缺少对社会经济体制结构变革的动态研究，而这正是转型经济学所要探讨的问题。"① 如盛洪主编的论文集《中国的过渡经济学》的出版标志着转型经济学在中国的出现，林毅夫等的《中国的奇迹：发展战略与经济改革》和樊纲的《渐进式改革的政治经济学分析》则是这个理论流派或理论分支形成的重要标志。从名称上看，称"转型"或"转轨"的，如厉以宁的《转型发展理论》(1996)、张大军的《转轨中的政治经济学——社会主义由计划经济向市场经济的过渡》(1995)等；而称"过渡"的，如宋承先的《过渡经济学与中国经济》(1996)、张军的《中国过渡经济导论》(1996)、黄文忠的《过渡型市场经济概论》(1996)、张宇的《过渡政治经济学导论》(2001)、陈甬军的《过渡市场论：中国产权交易市场研究》(2001)等。

当然，这些理论著作在研究方向上的各种变革反映在教科书方面，大体上主要有两个发展方向：一个是基本上仍参照传统社会主义政治经济学教材的体系和格式，但在内容上极大地丰富和发展了我国社会主义市场经济体制改革的相关内涵，主要有伍柏麟的《社会主义市场经济学教程》(1998)、王泓远的《中国社会主义政治经济学》(1998)、陆立军和王祖强的《新社会主义政治经济学论纲》(2000)、王守梅和翟留栓的《政治经济学通论》(2000)等；另一个趋向是在体系和结构上均打破传统政治经济学的"二分法"(即将政治经济学分为社会主义部分和资本主义部分)，从而在结合我国不断发展的社会主义实践中对现代政治经济学体系进行新的探索，主要有张维达的《政治经济学》(2000)，逄锦聚、洪银兴、林岗和刘伟的《政治经济学》(2003)以及程恩富的《现代政治经济学》(2006)等。以逄锦聚等主编的《政治经济学》为例，该著作突破了传统政治经济学在体系上分为两部分、内在逻辑不一致的缺陷，在体系上形成三篇结构。第一篇政治经济学的一般理论，重点阐述了政治经济学中具有一般意义和普遍适用性的范畴及其运动；第二篇为资本主义经济；第三篇社会主义经济则主要结合不同社会制度的生产关系阐述了政治经济学中一般范畴的特殊或具体形式，并将经济运行纳入到体系之中。这一体系尝试将两部分有机统一起来，

① 周冰："中国转型期经济改革理论的发展"，《南开学报（哲学社会科学版）》，2004年第2期。

同时从坚持和发展马克思主义经济学的高度界定一般范畴和特殊范畴，并结合当代资本主义最新发展现实和我国建设有中国特色社会主义的伟大实践对政治经济学相关范畴的含义及其运动进行探索，可以说较好地体现了科学性与实践性的统一。

二、有关构建“中国经济学”的理论思索

对于如何理解“中国经济学”的特定含义，我国学术界始终存在着争论。总结起来，不外乎以下几种看法：如一种观点认为，“中国经济学”是在综合了古典经济学、现代经济学、马克思主义经济学和中国传统经济思想的基础上产生的、有独立文化价值和“经世致用”价值的经济学体系；另一种观点则指出，“中国经济学”是立足于中国处于社会主义初级阶段的经济发展实际，将马克思主义经济学、发展经济学和过渡经济学的有益成分相综合的社会主义市场经济理论框架。对于以上观点，有论者提出修正意见，指出不能将几种基本范式不同的理论体系混在一起形成一种“大杂烩”式的理论体系，而是必须以基本范式最为科学、最能适应社会主义市场经济要求的马克思主义经济学作为基础和主体，去对西方经济学的优秀成果进行兼收并蓄。也有学者从过渡经济学的视角来阐释“中国经济学”，主张应当视“中国经济学”为现代经济学的重要组成部分，它是中国学者从中国经济的现实基点出发、在现代经济学的共同语境下、用于解释中国由中央计划经济向市场经济转轨的一种认识工具。此外还有其他一些理解，如将“中国经济学”视为专门研究中国经济问题的经济学、是由中国人所从事的经济学或是中国学派的经济学等等，不一而足。[①]

当然，观点分歧和理论争论不仅是正常的、而且是必要的，只有不同观点的自由讨论和争鸣才能避免实践中的片面和偏颇。其实从近几百年来经济学说发展的历史即可发现，成为主流经济学或指导经济学的重大理论或理论体系都是在解决特定历史时期突出的实际经济问题中产生的。比如，斯密为排除封建地主阶级的阻力推进工业革命和资本主义经济的发展而提出自由竞争学说；马歇尔为解决主要西方国家自由资本主义向垄断资本主义过渡的时代出现的周期性经济危机及其威胁而创立了被后人称为“新古典经济学”的学说；凯恩斯面对20世纪30年代的经济危机主张国家干预经济，用财政政策和货币政策刺激有效需求以实现充分就业和促进经济增长，从而创建了宏观经济学。显然，随着历史的发展，各个国家在各个时期存在的主要经济问题各不相同。从1992年以来，我国经济改革的目标已确立为建立完善的社会主义市场经济体制，而体制转轨时期面临的许多新问题既不同于市场经济发达国家，也有别于其他各体制转轨国家。同时，与中国经济紧密关联的世界经济环境也复杂多变，经济区域集团化和全球一体化互相交织的趋势明显。在这种错综复杂多变的经济环境下，我国的政治经济学要以中国的经济体制转轨和经济发展为主题，全面研究中国以及世界的突出经济问题，从中总结和抽象出一般规律用以指导现时的经济实践并预见今后发展趋势和动向。当然，这对于构建成熟的社会主义政治经济学理论体系是一个艰巨任务，但唯有面对国情不断提高对现实问题的解释力和指导力，才会有强大的生命力和牢固的基础地位。

纵观已有文献，国内研究中国转型期经济问题的范式大致有两种，即以前苏联教科书为蓝本的前苏联范式和新古典范式。对于前一种研究范式对中国理论经济学研究产生的影响及其局限性，人们已经作过许多讨论；其错误并不在于理论本身，而在于其理论前提的假定性

---

① 赵晓雷：“中国现代经济理论史论纲”，《当代中国史研究》，2002年第2期。

和方法论基础的脆弱，如排斥对商品经济和市场的研究、宣称社会主义经济的本质是计划经济以及研究方法的封闭性等。显然，这些错误造成了传统政治经济学缺乏进一步发展的动力和外部激励，从而其理论研究的没落和从中国主流经济学中的退出就成为一种必然趋势。相反，西方主流经济学如新古典经济学在20世纪70年代末期改革开放以来，特别是90年代之后对中国经济学理论所产生的各种影响则是深远的，也是不容忽视的。比如，其对我国政治经济学研究产生的主要影响表现在：一是为国内经济学界提供了新的分析工具和更多的理论选择，有利于学术上的争鸣和不同理论间的相互融合；二是培养了经济理论工作者的科学精神，使更多学者逐步认识和掌握了经济学的科学结构；三是促成一种良好的科学研究习惯和研究规范正在得到认同和逐步推行。在这样的环境和条件下，我国的经济理论研究获得前所未有的进步和发展也就成为另一种必然趋势。

但是，中国经济学理论的研究必须具有中国改革实践自身的特色，而且还要有理论视野、假设前提、方法论基础、研究范围等一系列逻辑体系的支撑，这样理论才能真正起到对实践的指导作用。其实，经济学之所以成为一门科学，正是靠其固有的逻辑体系来保证的，即人们所熟知的由假定推理检验结论构成的公理化体系。然而，有了这套逻辑体系并不意味着经济学一定能够很好地解释现实存在，因为经济学家赖以对现实经济进行抽象和设立假定前提的制度基础并非固定不变而是变化发展的。比如，中国的经济改革目前仍然处于转型时期，因此对中国转型期经济问题的研究首先必须对这种转型期前提下的制度前提的变化及其所导致的研究起点加以讨论。显然，这一制度演进的特征是专注于生产函数的技术关系分析而忽略甚至放弃经济制度与社会关系研究的新古典经济学所遗漏的，而且新古典理论对成熟市场经济体系的分析模式也并不适合于研究处于改革进行中的社会主义市场经济。那么，能否用添加了制度假定的新制度经济学来代替中国的经济学理论呢？回答也是否定的。不可否认，新制度经济学对中国经济学而言是一种有用的分析工具，尤其是它的交易费用分析方法和相对价格变动分析方法曾为中国改革的成本收益分析和对体制改革中利益格局变动分析提供了规范性的分析框架。然而对于中国经济学的理论体系的确立来说，仅有新制度经济学是不够的，这正如只有新古典经济学不能完成中国经济学的重构是一个道理，因为我们并不能从新制度经济学中找到关于中国制度变迁和如何进行改革的现成答案。制度都是具体的制度，每种制度都有自己赖以生存的特定的时间维度和空间维度，它的变革也受非制度因素的影响、如一个国家的文化传统和政治格局。所以，每个国家都有它自己创新性的制度安排或制度结构，而其他国家很难加以模仿和移植、如中国的承包制和价格双轨制。因此，与其说用新制度经济学来代替中国的经济学理论，倒不如说是用新制度经济学的分析工具来研究中国的制度变迁过程及制度转型期中的经济问题。

当然从科学的角度看，经济学是不应该有国别的。现阶段，我国社会主义经济理论的发展需要而且应该借鉴西方经济学既有的分析工具和最新研究成果，以使经济学理论能够在兼容并包的开放性发展中与国际接轨而不是固步自封。但是，中国的社会制度和发展特点也决定了在汲取现代经济学理论思路的基础上必须建立适应中国国情的经济学，这是由研究对象的国度性所决定的。与自然科学不同，任何一种经济理论或经济学都是对特定的、具体的、历史的社会经济实践活动的概括和总结，并为特定的具体的社会经济服务。西方经济学是在西方社会经济制度与历史文化背景下发生和发展起来的，是对西方资本主义经济发展实践的概括和总结，并为资本主义经济制度服务。然而，中国现实的经济制度、基本国情、文化传统等都与西方国家根本不同，并且中国经济将来无论发展到何种程度、何种阶段，都不可能同西方资本主义经济完全一样。这就决定了中国经济学者必须对中国社会经济活动的实践，尤其是中国现阶段经济建设和改革开放的实践进行概括和总结，努力创建具有中国特色的经济学理论体系以指导中国改革开放和经济建设的实践。因此，一方面，我们要积极运用西方经济学理论及其研究方法的平台构建一种适应中国需要的经济学理论，这是在中国构建与发展经济学的希望所在；另一方面，我们也必须明确中国经济学是中国化的经济学，因而中国经济学发展必须植根于中国社会主义经济建设和改革实践，并能很好地解释中国的经济现实。

不可否认，人类社会的经济活动不论从历史发展的纵向看、还是从不同国家的横向看，都有其内在的联系和共同的规律。因此，西方经济学所揭示的资本主义社会化大生产和市场经济的一般规律及其分析问题的方法也都可以为我所用。但西方经济学的理论要真正为我所用，必须结合我们的实际进行消化和吸收以期真正融入中国的经济学理论体系。换句话说，外来理论只能当作肥料，中国的经济学只有扎根于中国土壤才能茁壮成长。实际上，即使是资本主义社会，在其发展的不同阶段及其同一阶段的不同国家也有不同的经济理论。从古典政治经济学大师斯密的《国富论》、新古典经济学集大成者马歇尔的《经济学原理》、以著名经济学家凯恩斯的《通论》为代表的凯恩斯经济学、到当代的萨缪尔森、斯蒂格利茨等学者的种种西方经济学理论，都是为不同发展阶段的资本主义经济制度服务的。相应的，中国经济改革与发展中出现的一系列问题也给我国学者运用现代西方经济学理论分析现实经济提出了一系列难解之谜，从而要求经济学理论必须不断革新以适应新的需要。当前，从中国的经验事实出发建立关于中国经济体制、运行以及发展等方面的经济理论，无疑是中国当代经济学者的首要职责。这种经济理论的构建应当而且必须体现出中国经济问题的特殊性，这就要求我们从这些年来我国改革与发展的实践中总结出带有规律性和普遍性的经验和法则，同时在繁杂的经济现象和问题中剥离出主要的成分并逐步完成针对特定对象的经济理论的构建。这也是中国经济学界实现理论创新、为世界经济学作出贡献的基本途径。然而，现存的经济学理论无论是西方标准的宏微观经济学、发展经济学，还是经典的马克思主义经济学都不可能为我们提供现成答案。因此，中国经济学家的任务就是要在体制转轨的制度背景下对我国经济改革和发展过程中不断涌现的新情况、新问题进行分析、解释和总结，从而推动改革和发展。其实，中国转型经济学的形成就是我国学者进行理论创新的一个很好例子。诚然，转型经济学是在学习和吸收西方新制度经济学和新政治经济学的基础上形成的，但它却不是任何一个西方经济学分支在中国的应用，而是中国学者自觉地将中国的体制改革和转型过程作为自己的研究对象而进行自主理论探索的产物。当然，转型和制度研究并不是社会主义政治经济学理论研究的唯一和全部内容，除此之外中国的经济发展、宏观和微观经济运行等都是中国经济学家需要着力研究的重要问题，而所有有关中国现实经济问题的研究都可以放在中国社会经济转型这个大背景下进行讨论。

当前，中国经济学日益走向国际化，以更广阔的视野和更开放的心态对待各种经济学理论资源，其中比较显著的趋势是把马克思主义经济学与现代西方经济学的各种理论进行结合和融合，并且成功地将矛盾分析方法与西方主流经济学结合起来研究中国经济的现实问题。但是，经济学的国际化带来的效应也是双重的，它既有推动整个中国经济学学科前进的积极作用，同时又有导致中国经济学界在长时间内被消融的消极作用。比如，如果把西方经济学的基本理念和分析工具无限制地推向社会科学的其他领域，则必然会在客观剖析资本主义经济问题的同时损害到社会科学的多样性和基于这种多样性而对现实问题认知的能力。因此，经济理论工作者必须在国际化和本土化之间寻找均衡，即在经济理论体系的发展进程中不断反省经济学一般化和中国现实特殊性之间的矛盾，试图探讨科学化、国际化的经济学与中国本土资源的衔接问题。现在，尤其需要我们在坚持马克思主义基本方法的基础上紧密联系中国转型期的重大现实经济问题，积极探索中国社会主义市场经济体制的发展规律。首先，在坚持经济研究规范化的前提下把中国市场经济体制改革中出现的各种现实问题作为主要研究对象和研究出发点。其次，根据中国独特的国情和发展道路，建立自己独立的理论前提、模型、甚至一些特殊结论等。最后，依据这些模型和结论对如何实现经济发展水平的转变进行实证分析和理论归纳，并提出相应的对策和建议来指导实践。显然，只有对当代包括西方经济学所有成果在内的经济学遗产进行全面、客观和公正的批判与继承，才能完成历史赋予当代中国经济学家创建中国经济学的光荣使命。由此，中国的经济学今后发展的方向主要是在马克思主义的指导下以现代经济学的研究思路和规范方法来探究中国现实中的经济运动。其中，对于吸收借鉴现代经济学研究规范首先要将问题指向中国改革与发展的现实，而这种一切从实际出发的认识主要是源于经济学研究的国度性或民族性。这正如国际经验表明的，一国的经济理论要真正得到国际学术界的认可，就必须始终把其关注的焦点对准本国本民族面临的现实经济问题和特殊经济现象，即要走经济学中国化的道路。

第三节　新的时期有关社会主义政治经济学研究内容的扩展

1978年中共十一届三中全会以后，中国的思想学术界获得了蓬勃发展的生机，经济理论也进入一个全面发展的阶段。一方面，越来越多的中国学者逐步走上了探讨马克思主义经济学的学习研究与中国的经济改革实践相结合以进行理论创新之路；另一方面，现代西方经济学的大量引入、研究和广泛应用也给中国理论经济学的发展补充了新鲜的研究方法与研究成果。可以说，这一时期很多经济改革理论的成功实践都是在马克思主义经济学理论不断吸收与借鉴西方经济学研究成果的基础上完成的，比如计划经济与市场调节的关系、社会主义商品经济理论、社会主义市场经济理论、国有企业改革理论等。20世纪90年代以后，中国经济理论的发展更加趋于实际，更多学者对马克思主义经济学的研究、阐发和某些方面的创新、对现代西方经济学的引进、研究和应用都更加客观、理性。特别是在20世纪80年代发展的基础上，90年代的中国经济理论逐渐深化，比如这一时期讨论和研究的重要理论主要有：邓小平的社会主义市场经济理论、中国特色社会主义经济理论体系、经济体制改革的相关理论（包括所有制理论、分配理论、产权理论等）、宏观经济研究的相关理论（包括经济发展与结构问题、宏观经济稳定、公平与效率等）等。这些理论的发展，既是最近一二十年来我国经济理论工作者对马克思主义经济学与中国经济改革实践相结合而进行艰难探索的努力尝试，同时也是“中国经济学”对马克思主义经济学中国化的成功实践和大胆创新。

一、邓小平的社会主义市场经济理论

从1992年开始，我国的社会主义政治经济学研究进入了一个全新的发展时期。这一时

期，经济理论发展的主要特点是：一是以1992年年初邓小平“南方讲话”为标志，“三个有利于”观点的提出进一步解放了人们的思想，促进了经济理论研究长足的进展。二是党的十四大正式确立了社会主义市场经济理论，宣告计划经济及其理论在我国的终结，为在我国建立市场经济体制扫清了道路。在这一理论指引下，资本及其机制被引入经济运行，企业的股份制改造和证券市场发展成为经济体制改革的突出标志。三是随着经济从“卖方市场”向“买方市场”的转变，相继展开对过剩经济、通货紧缩、有效需求不足等问题的研究。这一切，都标志着中国经济学界开始从经济运行和经济发展的内在要求出发来研究市场经济现象及其运动规律。

可以说，改革开放以来中国最重大的理论创新是以社会主义市场经济理论为重要内容的中国特色社会主义理论体系的创立，这是中共十一届三中全会以来党的三代中央领导集体的努力结出的硕果，而邓小平同志则是这个理论体系的奠基人。邓小平在1992年的“南方讲话”中对社会主义市场经济理论作出了集中阐述。简单地说，邓小平的社会主义市场经济理论可以概括为六条：一是用社会主义市场经济这一命题作为中国的新经济体制的称谓；二是再次指出市场经济存在于多种社会形态；三是强调市场经济是“方法”、“手段”；四是包括多种经济成分的社会主义市场经济；五是体现社会主义关系的市场经济；六是充分发挥市场作用的中国社会主义市场经济。此外，在“南方讲话”中，邓小平将社会主义市场经济论与社会主义本质论纳入中国特色社会主义理论中加以阐述，着眼于构建一个充满活力的、能调动多方面积极性、能更有效实现市场经济与社会主义基本制度相结合的新经济体制。邓小平构想中的社会主义市场经济，完全不同于东欧经济学家或英国工党的市场社会主义，而是崭新的中国特色的社会主义市场经济。在此基础上，1992年党的十四大明确把社会主义市场经济作为改革的目标模式。

其实，从20世纪70年代末到90年代初，邓小平同志就曾多次论述“社会主义的市场经济”问题，形成了有中国特色的社会主义市场经济理论的雏形。应该说，这一理论早已成为中国社会主义市场经济实践的指导思想。① 特别是1992年邓小平同志在“南方讲话”中提出，“计划多一点还是市场多一点，不是社会主义与资本主义的本质区别。”这就从根本上破除了计划经济和市场经济属于社会基本制度范畴的陈旧观念，使多年来关于计划与市场问题的论争摆脱了意识形态的束缚，为形成社会主义市场经济理论扫清了障碍。不久，党的十四大确定，把社会主义市场经济体制作为经济体制改革的目标模式，这更是社会主义经济理论的又一次重大突破，是对马克思主义经济学的重大发展。此后，社会主义市场经济理论围绕我国社会主义市场经济体制的建立和完善而不断充实和发展。主要内容包括以下几点：

（一）“计划和市场都是经济手段”，“计划和市场都是发展生产力的方法”

计划和市场的关系，是邓小平从改革开放之初起就一直在思考的重大问题。他说：“社会主义同资本主义比较，它的优越性就在于能做到全国一盘棋，集中力量，保证重点。缺点在于市场运用得不好，经济搞得不活。计划与市场的关系问题如何解决？解决得好，对经济的发展就很有利，解决不好，就会糟。”邓小平明确指出，计划和市场都是方法，都是发展生产力的方法。也就是说，计划和市场都是资源配置方式，而不是基本经济制度。因此，不应把计划经济等同于社会主义经济，也不应把市场经济等同于资本主义经济。他说：“不要

---

① 吴易风：“历史性理论难题和邓小平‘社会主义市场经济’理论”，《当代中国经济研究》，2004年第8期。

以为，一说计划经济就是社会主义，一说市场经济就是资本主义，不是那么回事，两者都是手段，市场也可以为社会主义服务。”邓小平在1992年“南方讲话”中再次强调：“计划和市场都是经济手段”。

（二）“社会主义和市场经济之间不存在根本矛盾”，“社会主义也可以搞市场经济”

（三）“计划调节和市场调节相结合”

在解决了社会主义也可以搞市场经济这个重大问题之后，另一个重大问题是如何处理计划调节与市场调节的关系。邓小平看到计划经济和市场经济各自的优点，因而主张把二者结合起来。他说：“把计划经济和市场经济结合起来，就更能解放生产力，加速经济发展。”在计划和市场的关系问题上，邓小平的思想既有始终不变的部分，又有不断发展变化的部分。邓小平在计划和市场关系问题上的思想始终不变的部分是，坚持计划经济与市场调节相结合，强调这个不能改，并且强调今后仍要继续坚持。

（四）“计划多一点还是市场多一点，不是社会主义与资本主义的本质区别”

邓小平关于社会主义也可以搞市场经济的理论，在1992年视察南方的谈话中得到了最充分的论述。在谈话中，邓小平阐述了社会主义的本质，指出计划和市场不是社会主义与资本主义的本质区别。他说：“计划多一点还是市场多一点，不是社会主义与资本主义的本质区别。计划经济不等于社会主义，资本主义也有计划；市场经济不等于资本主义，社会主义也有市场。计划和市场都是经济手段。社会主义的本质，是解放生产力，发展生产力，消灭剥削，消除两极分化，最终达到共同富裕。就是要对大家讲这个道理。”

（五）“资本主义的市场经济”和“社会主义的市场经济”的相同点和不同点

邓小平明确地认为，“社会主义的市场经济”与“资本主义的市场经济”有相同之处，也有不同之处。相同之处是方法，不同之处是所有制。他说：社会主义的市场经济“虽然方法上基本上和资本主义社会的相似，但也有不同，是全民所有制之间的关系，当然也有同集体所有制之间的关系，也有同外国资本主义的关系，但是归根到底是社会主义的，是社会主义社会的。”

（六）坚持“公有制经济始终占主体地位”，坚持“走共同富裕的道路，始终避免两极分化”，搞市场经济就不会导致资本主义

可以看到，邓小平同志所阐述的社会主义市场经济理论，作为一种探索中国改革开放路径的理论尝试，其与中国经济改革的社会实践是紧密结合在一起的；而且随着时间的推移，其对中国经济市场化改革的理论指导作用也愈发显现。这是因为：（1）准确地把握国情，从我国现在处于并将长期处于社会主义初级阶段的实际出发，推进中国社会主义现代化建设；（2）正确处理改革、发展、稳定的关系，以此总揽全局，推进中国社会主义现代化建设；（3）提出我国经济体制改革的目标是建设社会主义市场经济体制，用市场经济推进中国社会主义现代化进程；（4）用依法治国方略推进社会主义现代化建设；（5）提出有中国特色社会主义文化建设的战略任务，用精神文明推进现代化建设；（6）第三代领导集体在实施科教兴国战略、坚持计划生育和保护环境的基本国策、制定21世纪发展“三步走”奋斗目标、努力争取稳定的国际和平环境等方面所作出的努力，也都是对邓小平的市场经济理论的延伸和发展。

二、中国特色社会主义经济理论体系

党的十一届三中全会以来，我们党在不断总结社会主义革命和社会主义建设经验教训的基础上，坚持把马克思主义基本理论与中国新的实际相结合，成功地走出了一条有中国特色社会主义经济建设的道路，中国特色的社会主义经济理论也在实践中逐步形成并不断得到丰富和发展。正如党的十七大报告指出的，中国特色社会主义理论体系坚持和发展了马克思列宁主义、毛泽东思想，是马克思主义中国化的最新成果，是马克思主义中国化的集中体现。可以说，中国特色社会主义经济理论是中国特色社会主义理论的重要组成部分，其主要内容是包括邓小平经济理论、"三个代表"重要思想中的经济思想以及科学发展观等重大战略经济思想的科学理论体系。它高度地概括了中国特色社会主义经济的生产、分配和交换等主要环节，以及基本制度、经济体制、经济发展和对外开放等各个方面，系统地回答了经济上相对落后的中国如何进行社会主义经济建设的一系列理论问题和实践问题。

迄今为止，中国特色社会主义经济理论的产生与发展经历了三个主要的阶段：第一阶段，中国特色社会主义经济理论探索的起步。从20世纪50年代后期开始，毛泽东对斯大林的《苏联社会主义经济问题》和前苏联的《政治经济学教科书》进行了认真的研究，提出了要实现马克思主义与中国实际第二次结合、走自己道路的思想，并对前苏联的模式和前苏联的理论提出了一系列不同的见解。同时还发表了《论十大关系》和《正确处理人民内部矛盾》等重要文献，对中国社会主义建设的道路进行了初步的探索，社会主义经济建设在艰难曲折中得到了发展。第二阶段，中国特色社会主义经济理论的形成。中共十一届三中全会以后，以邓小平和江泽民同志为代表的中国共产党人坚持把马克思主义基本理论与中国具体实践相结合，不断推进改革开放的伟大事业，促进了经济社会的持续快速发展，开辟了中国特色社会主义经济建设的道路，确立了包括社会主义初级阶段基本经济制度、社会主义市场经济体制、以按劳分配为主体、多种分配方式并存、新型工业化道路、对外开放的基本国策等在内的中国特色社会主义经济理论体系的基本框架，创立了中国特色社会主义经济理论体系。第三阶段，中国特色社会主义经济理论的完善。中共十六大以来，以胡锦涛同志为总书记的党中央准确分析我国改革和发展所面临的新形势和新任务，创造性地提出了科学发展观、构建社会主义和谐社会、完善社会主义市场经济体制、建设社会主义新农村、建设创新型国家和实现公平正义等重大战略思想，极大地丰富和完善了中国特色社会主义经济理论，开创了中国特色社会主义经济建设事业发展的新境界和新局面。

当前，中国特色社会主义经济理论至少包括以下内容：社会主义经济本质的理论；社会主义初级阶段基本经济制度的理论；社会主义市场经济理论；中国特色的经济发展理论；经济全球化与对外开放的理论；以人为本、全面协调可持续发展的科学发展观。①

（一）社会主义经济本质的理论

马克思主义经典作家曾经从人的自由全面发展、共同富裕、生产资料公有制和计划调节等方面阐述了社会主义经济的基本特征。改革开放以来，我们党从实际出发，发展和创新了对社会主义经济本质的认识，主要表现为三个方面：一是从目的的角度深化了对社会主义的认识。邓小平指出，社会主义的本质，是解放生产力，发展生产力，消灭剥削，消除两极分化，最终达到共同富裕。中共十六大以后，党中央又提出了"以人为本"、"促进人的全面发展"和"使全体人民共享发展的成果"的思想。二是从制度的角度深化了对社会主义的认识，形成了中国特色社会主义经济制度完整的体系，包括以公有制为主体、多种所有制经

① 张宇："与时俱进的中国特色社会主义经济理论"，《光明日报》，2007年8月1日。

济共同发展，建立和完善社会主义市场经济体制，实行按劳分配为主体、多种分配方式并存的分配制度等。三是从属性和要求的角度深化了对社会主义的认识，提出了“社会和谐是中国特色社会主义的本质属性”、“维护和实现公平正义是社会主义的本质要求”以及“又好又快”、“统筹兼顾”等重要论断。

（二）社会主义初级阶段基本经济制度的理论

生产资料公有制是社会主义经济制度的基础，也是科学社会主义的一项基本原则。中共十一届三中全会以来，中国共产党从实际出发调整和改革了我国的所有制结构。党的十五大报告正式明确：“公有制为主体、多种所有制经济共同发展，是我国社会主义初级阶段的一项基本经济制度”。同时提出，“公有制实现形式可以而且应当多样化”、“国有经济控制国民经济命脉，对经济发展起主导作用”。党的十六大报告提出了坚持和完善社会主义基本经济制度的两个基本原则，即“必须毫不动摇地巩固和发展公有制经济”和“必须毫不动摇地鼓励、支持和引导非公有制经济发展”。社会主义初级阶段基本经济制度的确立指明了现阶段中国经济制度的根本性质，为中国特色社会主义的发展奠定了可靠的经济基础。

（三）社会主义分配理论

对于社会主义社会的分配制度，马克思主义经典作家提出过两条基本原则：一是在新的社会制度中，“社会生产力的发展将如此迅速生产将以所有人的富裕为目的。”二是共产主义的高级阶段将实行按需分配原则，低级阶段则要对个人消费品实行按劳分配。改革开放以来形成的中国特色的社会主义分配理论从以下三个方面继承和发展了上述分配原则：一是坚持以按劳分配为主体、多种分配方式并存，劳动、资本、技术和管理等生产要素按贡献参与分配。二是坚持效率与公平的统一，既要反对平均主义，又要防止收入差距过大，鼓励一部分人先富起来，最终实现全社会的共同富裕。三是要在经济发展的基础上更加关注社会公平，着力提高低收入者收入水平，逐步扩大中等收入者比重，有效调节过高收入，坚决取缔非法收入，使全体人民共享发展成果。

（四）社会主义市场经济理论

在社会主义条件下发展市场经济，是前无古人的伟大创举，是中国共产党人在创造性地发展马克思主义理论的进程中作出的历史性贡献。社会主义市场经济体制是同社会主义基本制度结合在一起的，它既要反映和体现市场与市场经济的一般规律，又要反映和体现社会主义基本制度的要求。社会主义市场经济的基本框架包括：坚持以公有制为主体、多种所有制经济共同发展的基本经济制度，建立适应市场经济要求的现代企业制度，建立以按劳分配为主体、兼顾效率与公平的收入分配制度，健全统一、开放、竞争、有序的现代市场体系，完善政府的经济调节、市场监管、社会管理和公共服务的职能，不断提高驾驭社会主义市场经济的能力，建立健全同经济发展水平相适应的社会保障体系，长期稳定并不断完善以家庭承包经营为基础、统分结合的农村双层经营体制等。

（五）中国特色的经济发展理论

发展是当代中国的主题，是中国共产党执政兴国的第一要务，中国特色社会主义经济理论中关于发展的思想和理论非常丰富，主要有：关于社会主义的根本任务是发展生产力和发展是硬道理的理论，关于科学技术是第一生产力和科教兴国的理论，关于做好“三农”工作、建设社会主义新农村的理论，关于加快转变经济增长方式、切实走新型工业化道路的理论，关于推进自主创新、建设创新型国家的理论，关于统筹城乡发展、统筹区域发展、统筹经济社会发展、统筹人与自然和谐发展、统筹国内发展和对外开放的理论，关于建立资源节约型环境友好型社会的理论，关于实现经济发展和人口、资源、环境相协调的理论，关于坚持走生产发展、生活富裕、生态良好的文明发展道路的理论，关于实行工业反哺农业、城市支持农村和"多予少取放活"的理论，等等。特别是科学发展观提出的以人为本、全面协调可持续发展的理论，进一步回答了什么是发展、为什么发展、怎样发展的重大问题，赋予马克思主义关于发展的理论以新的时代内涵和实践要求。

（六）经济全球化与对外开放的理论

实行对外开放和积极参与经济全球化的进程是我国的一项基本国策和中国特色社会主义经济理论的一个重要内容，这一内容包括以下主要的原则：一是坚持"引进来"和"走出去"相结合，充分利用国际国内两个市场，优化资源配置，拓宽发展空间，以开放促改革促发展。二是强调经济全球化作为一个客观进程，具有二重性，可以有两种发展趋势：一方面它促进世界资源的合理配置，促进各国生产力的发展，从而造福各国人民。另一方面它是资本主义经济关系的全球扩张，进一步加剧世界资源配置和经济发展的不平衡，继续扩大南北发展差距，加剧贫富分化和环境恶化。我们应选择并推进前一种趋势，警惕并控制后一种趋势。三是要正确处理对外开放同独立自主、自力更生的关系，维护国家经济安全。在坚持对外开放的同时，把立足点放在依靠自身力量的基础上，大力推进自主创新，实现自主发展。

中国特色社会主义经济理论体系的内容是十分丰富的，除了以上六个方面的内容外，建设社会主义新农村的理论、建立创新型国家的理论、深化国有企业改革的理论、政府职能和政府调节的理论等也都是很重要的。不过，以上六个方面的内容可以说是最基本的，它们涵盖了中国特色社会主义经济的生产、分配和交换等主要环节，以及基本制度、经济体制、经济发展和对外开放等主要方面。同时，我们还要清醒地认识到，我国还处在社会主义初级阶段，我们对社会主义经济运行规律的认识和掌握还很不够，因此中国特色的社会主义经济理论体系的内容不是凝固不变的，是要随着实践的发展而不断发展的。

三、经济体制改革的相关理论

改革开放以来，经济体制改革理论研究基本上是沿着对社会主义经济制度的重新认识这条线索展开的，集中反映在对传统社会主义经济理论关于社会主义经济的三大基本特征——计划与市场关系的认识、生产资料公有制、按劳分配认识的逐步深化和重大突破上。尤其是在1992年以后，更是集中体现在所有制理论、分配理论和产权理论的变革与发展中。

（一）所有制理论

所有制改革是经济体制改革中处于基础层面和居于核心地位的改革。1978年改革开放以来，我国所有制改革不断深化，取得了巨大进展。特别是1997年党的十五大实现了所有制理论的历史突破以后，更是推动了支撑我国国民经济保持一定程度增长的所有制理论体系的基本形成。所有制改革的这些成就，得益于科学的所有制改革理论的指导；而所有制改革理论的一次次突破，则成为一次次关于所有制重大改革实践的先导与动力。

事实上，我们党在20世纪50年代后期、60年代初就开展过对生产资料社会主义所有制问题的讨论，但真正有针对性地探讨社会主义所有制的改革问题是在改革开放以后。改革开放之前，我国的所有制结构是单一的公有制结构，主要表现为全民所有制和集体所有制两种公有制之间的比例关系。从党的十一届三中全会到十五大召开，我们党对所有制形式和所有制结构的认识不断取得新的进展，可概括为四个阶段：第一阶段，从党的十一届三中全会到党的十一届六中全会之前的中央工作会议。在原有“一大二公三纯”的所有制格局内，允许农村个别地区实行包产到户或包干到户，允许少数个体经营者的存在。第二阶段，从党的十一届六中全会之前的中央工作会议到党的十三大之前。突破了单一的所有制结构，在以公有制为主体、国有经济为主导的前提下，确认劳动者个体经济是社会主义经济必要和有益的补充。第三阶段，从党的十三大到党的十四届三中全会之前。社会主义经济的补充成分由个体经济扩大到私营经济和外资经济，同时明确多种经济成分长期共同发展，不同经济成分可以实行联合经营。第四阶段，从党的十四届三中全会到党的十五大之前。党的十四届三中全会报告指出，必须坚持以公有制为主体、多种经济成分共同发展的方针，建立产权清晰、权责明确、政企分开、管理科学的现代企业制度。

1997年，党的十五大在所有制问题上有了新的突破，特别是依据邓小平理论形成了崭新的社会主义所有制理论体系。简单说，所有制理论实现的历史性突破有：（1）认为继续调整和完善所有制结构是经济体制改革的重大任务；（2）指出一切符合“三个有利于”的所有制形式都可以而且应该用来为社会主义服务，公有制实现形式可以而且应当多样化；（3）提出公有制为主体、多种所有制经济共同发展是我国社会主义初级阶段的一项基本经济制度；（4）对公有制为主体的含义作了进一步界定，公有制资产占优势最重要是质的优势，国有经济为主导主要体现在控制力；（5）指出公有制实现形式可以而且应当多样化；（6）指出公有制经济不仅包括国有经济和集体经济，还包括混合所有制经济中的国有成分和集体成分。

党的十六大以后，在所有制问题上又有了一些新的发展。比如，2002年党的十六大报告中明确提出，要根据解放和发展生产力的要求坚持和完善公有制为主体、多种所有制经济共同发展的基本经济制度。提出了两个“毫不动摇”和一个“统一”：毫不动摇地巩固和发展公有制经济；毫不动摇地鼓励、支持和引导非公有制经济发展；坚持公有制为主体、促进非公有制经济发展要统一于社会主义现代化建设的进程中，不能把两者对立起来。此外，明确指出继续调整国有经济布局和结构，改革国有资产管理体制，是深化经济体制改革的重大任务。2003年党的十六届三中全会对所有制问题又有了重大突破：一是提出积极推行公有制的多种有效实现形式，大力发展国有资本、集体资本和非公有制资本等参股的混合所有制经济，实现投资主体多元化，使股份制成为公有制的主要实现形式。以明晰产权为重点深化集体企业改革，发展多种形式的集体经济；二是提出大力发展和积极引导非公有制经济；三是要建立健全归属清晰、权责明确、保护严格、流转顺畅的现代产权制度。而后，2007年党的十七大又重申并强调指出，要“坚持和完善公有制为主体、多种所有制经济共同发展的基本经济制度，毫不动摇地巩固和发展公有制经济，毫不动摇地鼓励、支持、引导非公有制经济发展”。

在上述理论的指导下，我国所有制改革实践不断深化。经过30年所有制改革的理论创新与实践，原有的单一公有制结构最终被多元的所有制结构所取代，从而形成了一个以公有制经济为主体、多种所有制经济共同发展的新格局。当然，在改革开放以后、特别是1992年邓小平“南方讲话”之后，我国对所有制的每一次改革所取得的成果都同我国社会主义经济理论的发展尤其是社会主义所有制理论的创新密不可分。[①] 这些创新包括：

1. 公有制与市场经济能够兼容。我国社会主义市场经济理论的形成大致经历了三个阶段。第一阶段，突破了完全排斥市场调节的大一统的计划经济观念，形成了“计划经济为主，市场调节为辅”的思想；第二阶段，党的十二届三中全会提出社会主义经济是公有制基础上有计划的商品经济，突破了把商品经济同计划经济、同社会主义制度对立起来的传统观点；第三阶段，邓小平1992年初指出，计划和市场都是经济手段，市场经济只是一种资源配置方式，由此我们发现，市场经济本身并不排斥公有制。同时，马克思、恩格斯对社会主义公有制的设想是依据生产关系一定要适合生产力性质的规律立论的。马克思设想的未来社会自主联合劳动只有一个层次，全社会是一个经济主体，劳动、物质生产条件及产品都由它直接支配，商品生产和交换、价值和货币范畴已经消失。这样的自主联合劳动所决定的单一社会所有制当然不存在商品货币关系。而在社会主义初级阶段，自主联合劳动仍具有商品经济的存在条件，全民所有制各企业之间仍是商品货币关系，集体所有制内部及集体所有制和全民所有制之间同样客观存在着商品交换关系。因此在社会主义初级阶段，公有制本身并不排斥市场经济。

2. 公有制实现形式可以而且应当多样化。改革开放前，我国单一的公有制结构至少带来了下列三个不利于生产力发展的后果：一是造成经济运行机制的僵化，资源优化配置的要求被扼制，国有资产处于“粗放”状态，致使经济结构严重不合理而又调整乏力。二是造成无约束的财产组织形式，使国有资产处于无人负责的状态，国有资产浪费与流失现象十分严重。三是严重制约社会财富的增长。由国有国营、人民公社包打天下，不仅违背了不同水平的生产力要求有与之相适应的所有制实现形式的客观规律，而且也使公有制多种实现形式共存时所产生的“激发效应”消失了。这不仅使社会财富增长的众多动力、机遇及途径遭到了扼制，也使国营企业和人民公社本身逐渐失去活力，使得我国综合国力的增长及人民生活水平的提高都没有获得应有的成果。因此，公有制要适应生产力发展的要求，要继续发展壮大，就应当采取多样化的实现形式。

3. 非公有制经济是社会主义市场经济的重要组成部分。党的十一届三中全会之后，我们对非公有制经济地位的认识经历了从默许到承认，从承认到提出非公有制经济可以与公有制经济并存，到非公有制经济是社会主义公有制经济有益的必要的补充，再到非公有制经济是社会主义市场经济的重要组成部分这样一个认识过程。这是我国所有制改革的又一重要理论创新。首先，它突破了“补充论”的局限。我们党提出个体、私营等非公有制经济是社会主义经济有益的必要的补充这一论断，使一些人对非公有制经济的发展重视不够，认为是现阶段公有制经济发展的不够、不足、不充分，因而要利用非公有制经济来“拾遗补缺”。“重要组成部分论”突破了“补充论”的局限，把非公有制经济与公有制经济放到了社会主义市场经济这一平台上平等看待。其次，它揭示了在社会主义初级阶段，非公有制经济在发展社会主义市场经济中的重要作用。

（二）分配理论

收入分配制度作为经济体制改革的一个重要组成部分，经过改革开放30年来的不断探索和创新已渐趋完善。目前，我国已经确立了中国特色社会主义的分配制度，分配方式实现

---

① 国资委课题组：“三十年所有制改革的理论与实践”，《国资研究》，2009年1月21日。

了由单一的按劳分配向按劳分配为主、多种分配方式并存的多元化分配格局的转变。收入分配制度的变革不仅关系到劳动者的切身利益，而且关系到社会的和谐稳定。因此，不断完善收入分配制度是党长期坚持的一项政策，而分配理论的发展与创新则更是关系到我国分配制度的变革是否有利于发展社会主义社会生产力和提高人民生活水平的重要内容。

改革开放前，我国在收入分配上一直实行单一的按劳分配制度，其理论依据是马克思的劳动价值论和按劳分配理论。但事实上，当时中国还是个平均主义盛行的社会，个人收入均等化程度很高，并没有真正贯彻落实马克思的"各尽所能，按劳分配"的分配原则。改革开放后，随着我国经济体制改革的推进，收入分配制度也开始不断突破和创新。这个演变历程大致可以划分为两个阶段：

第一阶段（1979—1991年）：由突破平均主义，贯彻按劳分配原则到按劳分配为主体、其他分配方式为补充的变革。这一阶段最初是以切实有效地贯彻按劳分配原则为特征。但是，由于分配领域遗留的平均主义、大锅饭现象由来已久，多劳不能多得。为了解决收入分配不公问题，中国共产党对我国分配方式进行了新的探索。党的十三大报告提出："社会主义初级阶段的分配方式不可能是单一的，我们必须坚持的原则是以按劳分配为主体，其他分配方式为补充"。这一政策是我国分配制度的第一次重大突破，它使我国公民除了按劳分配获得的收入外，其他一些合法的非劳动收入也得到了允许和保护。在十三大报告政策的指引下，城市国有企业的劳动工资制度进一步进行了改革。

第二阶段（1992年至今）：把按劳分配和按生产要素分配结合起来，实行按劳分配为主体，多种分配方式并存的分配制度。1992年，党的十四大明确提出了建立社会主义市场经济体制的目标，党对我国收入分配制度进行了相应的调整。在1993年中共十四届三中全会通过的《关于建立社会主义市场经济体制若干问题的决定》中，我国的收入分配制度实现了第二次重大理论突破：提出收入分配制度要体现效率优先、兼顾公平的原则。这就将收入分配制度与市场公平原则结合起来，为收入分配的市场化奠定了政策基础。之后随着市场经济的进一步发展，党对分配制度的改革进行了更深入的探索。1997年党的十五大报告提出："坚持按劳分配为主体，各种分配方式并存的制度。把按劳分配和按生产要素分配结合起来。"这是我国收入分配制度的第三次理论突破。1999年宪法修正案确认了这项制度，这就从根本上确立了我国新的收入分配制度。党的十五大报告提出要把按劳分配和按生产要素分配结合起来，但没有明确按什么要素进行分配。2002年党的十六大报告在分配理论上的一个重大突破是提出："确立劳动、资本、技术和管理等生产要素按贡献参与分配的原则，完善按劳分配为主体，各种分配方式并存的分配制度。"另一个重大突破是使效率与公平这两大基本目标的实现方式和程度更加明晰和具体化：它提出"坚持效率优先、兼顾公平。初次分配注重效率，再次分配注重公平"的原则。2007年党的十七大报告则提出要深化收入分配制度改革，强调初次分配和再次分配都要处理好效率和公平的关系。这是收入分配制度改革的又一次重大理论突破，它体现了党关注民生、朝着实现共同富裕目标前进的坚定信念。

如今，我国基本确立了"效率优先、兼顾公平"的分配原则和"按劳分配为主、多种分配方式并存"的分配制度。在这一制度框架下，一部分人凭借对资本、技术、土地等生产要素的占有很快富裕起来，合理地拉开了收入差距。当然由于种种原因，这种差距还在不断扩大，大有两极分化之势，这就需要党和政府共同努力，争取在强有力的宏观调控下，在以人为本、注重社会公平的政策下，使这种局面逐步得到改观。比如本着“效率优先、兼顾公平”的原则，农民弱势群体的增收问题也得到了一定改善，如从2000年起农村开始试行税费改革，直至2006年全国取消农业税，不但从总体上减轻了农民负担，同时也维护了社会的稳定。①

纵观改革开放以来我国收入分配制度的变革历程，可以总结出如下特点：

1. 始终坚持社会主义分配制度的本质特征，保证了分配制度的社会主义基本原则和发展方向。马克思的按劳分配理论指出，实行“各尽所能，按劳分配”是社会主义分配制度的具体形式，社会主义分配方式的本质特征之一就是体现按贡献分配的原则。邓小平同志也反复强调要“坚持按劳分配原则。这在社会主义建设中始终是个很大的问题”，“一定要坚持按劳分配的社会主义原则。”我国分配制度在演变的过程中始终坚持了按劳分配的原则，并在此基础上不断加以完善，而按劳分配实际就是按劳动者对生产的贡献进行的分配。因而坚持了社会主义分配制度的本质特征，从而保证了分配制度改革的社会主义方向。

2. 坚持以生产力和生产方式为基本依据来探索我国各阶段的分配制度。马克思指出，无论何种社会经济发展阶段，可以有不同的分配形式。“消费资料的任何一种分配，都不过是生产条件分配的结果，而生产条件的分配则表现生产方式本身的性质。”生产方式决定分配方式，生产关系决定分配关系。我国分配制度的演变是以各阶段的生产力水平和生产方式为基本依据的，在生产力水平较低和实行计划经济的条件下，主要采取以单一的“按劳分配”方式为主，以“按劳分配为主，其他分配方式为补充”为辅的分配制度。随着生产力水平的逐步提高和市场经济的发展，与其相适应则实行按劳分配和按生产要素分配相结合、按劳分配为主和其他分配方式并存的分配制度。我国分配制度的演变适应了生产力发展和生产方式变革的要求，符合我国国情。

3. 更加注重效率和公平，体现以人为本的分配价值取向。收入分配制度的变革是人们利益关系的大调整，关系到每个人的切身利益。所以变革中既不能搞平均主义，挫伤劳动者的积极性，也不能使个人收入差距过大，导致两极分化。我国收入分配制度在由实行单一的按劳分配方式到按劳分配为主、其他分配方式为补充，再到按劳分配为主、其他分配方式并存的演变过程中，国家加强了收入分配的宏观调控力度，从党的十四届三中全会中提出的“坚持效率优先、兼顾公平”的原则到党的十六大报告中提出的“初次分配注重效率，再分配注重公平。提高低收入者的收入水平，扩大中等收入者的比重”的原则，再到党的十七大报告提出的“初次分配和再分配都要处理好效率和公平的关系”，我们可以看出我国分配制度的变革更加注重效率和公平相结合，更加关注民生，体现了改革中以人为本的分配价值取向和实现共同富裕的目标追求，也表明我们党对社会主义发展规律和分配制度规律认识的不断深化。

（三）产权理论与国企改革

产权制度是影响企业运行效率的一个基础因素。1978年改革开放以前，处于传统计划体制下的我国国有企业都是由国家掌控经济大权，国有制的垄断局面和思想领域的意识形态统治使国有企业产权问题的讨论一直流于形式。改革以后，对于效益的重视使得国有企业改革的理论和实践逐渐深入到产权层次，同时现代西方产权理论也进入到国内学界和政策界的

① 杨庆敏：“改革开放30年我国个人收入分配制度的演变”，《经济研究导刊》，2008年第10期。

视野。这两派相互对立、又互为补充的理论争论，成为我们理解近年来国内产权讨论和产权改革实践的基础，特别是1992年以后围绕产权改革的实践和未来发展的方向等问题更是引起了国内关于国有企业产权改革的热烈争鸣。从理论到政策、再到实践，我国国有企业的产权制度改革在一轮轮的突破、创新、反思和再突破中完成着一次次飞跃。

从1978年起，我国开始调整国家与国有企业权利分配关系。主要分为两个阶段：

1. 以扩权让利、承包经营为主要方式的经营权改革阶段（1978—1992年：从党的十一届三中全会到十四大召开）。这一阶段，在扩大企业自主权改革过程中，国家先后实施了完善经济责任制、利改税、推行承包制、建立现代企业制度等改革，并一直将放权让利作为国有企业改革的重要举措加以完善。由开始扩权让利到后来搞企业承包经营责任制（简称承包制），都试图改善国有企业整体经济效益不佳的状况。这些在特定历史时期推出的不同改革措施，无疑是有相当有效的；但随着改革的深入和经济形势的变化，特别是20世纪90年代建立社会主义市场经济体制的目标确定之后，就需要对国有企业改革作出新的探索。

2. 以建立现代企业制度为目标的产权制度创新阶段（1992—2002年：从党的十四大到十六大）。进入20世纪90年代，中国经济发展进入一个新阶段。一方面，非国有经济发展迅速，另一方面，伴随开放大量国外产品进入中国市场。这种变化一方面为国有经济的发展提供了有利条件，另一方面也使国有企业处于日益严峻的竞争环境中。面对这种挑战，国有企业原有单一的国有这种产权形式已不适应形势，人们认识到国有企业改革的唯一出路就是制度创新，即实行现代企业制度。1992年10月，党的十四大第一次正式提出："我国经济体制改革的目标是建立社会主义市场经济体制。"企业是市场竞争的主体。国有企业要加快公司制改造，这要求国有企业改革沿着这一方向推进，即建立与社会主义市场经济要求相适应的企业制度。1993年11月，党的十四届三中全会提出，国有企业改革要进行制度创新，建立以股份制为主要形式的现代企业制度。1993年12月，《中华人民共和国公司法》颁布。按照"中央股份制是国有企业改革的一种形式"，在随后的几年里，国有企业股份制改造在我国开展起来。尤其是从1994年开始，许多地方开始自发地尝试通过产权重组改革国有小企业的各种途径，并且取得了长足的进展。1995年9月，党的十四届五中全会提出要着眼于搞好整个国有经济，对国有企业实施战略性重组，"抓大放小"。1997年9月，党的十五大在进一步肯定现代企业制度的方向、公有制实现形式可以多样化、"三改一加强"、"抓大放小"等。1999年9月22日，党的十五届四中全会通过的《中共中央关于国有企业改革和发展若干重大问题的决定》明确指出：从战略上调整国有经济布局，推进国有企业的战略性改组，在调整和改组中要坚持有进有退，有所为有所不为。1999年党的十五届四中全会提出对国有企业进行战略性改组的国企改革新战略，此举意味着国有经济将在未来几年中逐步从中国的大部分竞争性行业中退让出来，全面推进国有企业产权制度改革。2002年11月，党的十六大和2003年3月的"两会"又在国有企业产权制度改革上作出一系列重大决策：一是明确要保护一切合法的财产权；二是建立多种所有制共同发展的基本经济制度；三是改革国有资产管理体制；四是探索公有制特别是国有制的实现形式，推进市场主体投资多元化。

可以看到，上述产权制度改革的各项举措和政策实施都极大地调动了国有企业的活力与创造力，有力地推动了社会主义市场经济体制目标的确立。当然，这些改革的实践离不开我国众多理论工作者密切跟随中国市场化改革进程而对马克思产权理论的不断完善所作出的努力。可以说，正是这些理论思想与现代西方产权理论的不断交融，促成了这些改革措施的一步步实践，特别是对国有企业改革和非公有制经济发展等产生了重大影响。比如在马克思有关产权问题的理论阐述中，财产权作为生产关系的一种法律表现，其产权形态会随着分工和生产方式的变化而变化。正如马克思和恩格斯指出的，产权形式具有历史性，即在人类未来的高级社会里私有产权形式将会消亡；但在生产力尚未达到高度发达状态的条件下，财产权将是包含所有权、占有权、使用权、支配权、经营权、索取权、继承权和不可侵犯权等一系列权利的集合体。此外，马克思还考察了劳动力所有权和支配权的统一与分离、土地所有权和经营权的统一与分离等，建立了产权权利统一和分离的理论。虽然囿于时代所限，马克思没有对产权安排及其效应作进一步的分析，但马克思对产权问题的初步探讨及其精辟分析则为我们研究产权理论提供了科学的基础，这就需要我们根据不断发展的马克思产权理论来指导我国的产权改革。同时，在20世纪80—90年代大量引入我国的现代西方产权理论，主要是20世纪30年代以来以美国经济学家科斯为代表的西方学者所创立的理论，主要研究在资本主义私有财产制度下不同产权权利束的配置与效率的关系，探讨如何进行产权制度的设计而让私有制运行得更有效率。显然，西方产权理论分析的出发点是维护和改善私有财产制度，这与马克思所揭示的资本主义私有制必然会被社会主义公有制所替代的客观规律是大相径庭的。因此在产权理论的研究中，我们应该深入研究作为历史范畴的与所有权分离的经济权利集合的产权范畴，努力排除各种误区，比如不能把所有权当作产权，更不能认为国有企业改革的方向就是私有化。相反，对于国有企业需要在坚持生产资料公有制的基础上，通过对产权中各项经济权利的合理配置，建立真正有效的产权制度；而且必须明确的是，国有企业产权制度改革的目标决不是放弃公有制，而是在坚持和完善社会主义公有制的基础上建立现代产权制度。相应的，对于民营企业则需要实现从古典产权制度向现代产权制度的转变。事实上，我国的民营企业在规模不断扩大的过程中，也必然会出现产权结构调整和产权权利分离的状况，这是经济发展的必然，是不以人的意志为转移的。因此，民营企业要取得更高效率和获得长期、稳定的发展，就要充分发挥劳动者的积极性，更多地赋予劳动者在生产中的财产权利，让劳动者参与生产、分配过程的决策，加速向现代企业的产权结构演化。可以说，民营企业建立现代产权制度，不仅是民营企业微观发展的需要，也是宏观经济均衡、稳定和持续发展的要求，更是我国构建和谐社会的要求。

四、宏观经济研究的相关问题

在改革开放之前的传统社会主义政治经济学研究中，宏观经济问题只是作为社会再生产理论和综合平衡理论的既定问题进行讨论。1984年，中共中央《关于经济体制改革的决定》确认了社会主义经济是有计划的商品经济，开始了市场取向的中国改革之路。于是从对传统理论的反思开始，一部分中青年学者立足于从农轻重关系分析到国民经济结构研究的转变，开始了宏观经济基本理论和方法的研究，促成了一批宏观经济学教科书与专著的相继问世，如1986年第一部试图用现代经济学方法研究社会主义宏观经济运行的《社会主义宏观经济分析》和樊纲、张曙光的《公有制宏观经济理论大纲》（1990）。[①] 进入20世纪90年代以来，中国的经济改革和经济发展取得很大进展，经济的市场化和开放度有了很大提高，经济

① 张曙光："宏观经济理论研究的进展和态势"，《财经研究》，2002年第1期。

运行的环境和态势也有很大变化。特别是经过20年的高速经济增长，中国基本上告别了长期的短缺经济，出现相对过剩。90年代初曾经发生过经济过热和严重的通货膨胀；在成功实现“软着陆”以后，90年代末又跌入通货紧缩之中。1994年6月24日，中共中央、国务院联合发布了《关于当前经济情况和加强宏观调控的意见》，开始对国民经济实施宏观调控。在这一背景下，我国经济学界就通货膨胀、失业、经济增长等宏观经济运行的一系列问题，围绕着宏观经济运行而出现的有关发展、稳定以及公平与效率等重要问题都进行了深入研究，取得了在宏观经济理论研究上的一些重要进展。①

（一）经济发展与结构问题

发展与结构同体制转轨都是我国面临的历史性任务。围绕这些问题，改革开放以来经济理论界主要探讨了以下问题：一是党的十一届三中全会作出了党和国家工作中心转移的重大战略部署，强调以经济建设为中心，不断解放和发展生产力。这主要是基于对社会主义本质的认识、对社会主义发展阶段的把握以及对社会主要矛盾的判断。经济学研究为此提供了重要理论支撑。二是随着社会利益格局的深刻变动，随着人口、资源、环境压力的增大，随着伦理原则逐步被纳入发展的视野，越来越多的学者开始关注社会结构与社会问题，关注代际协调问题，关注人的自由发展、人的能力提高和人的潜力发挥问题。这样，由以物为中心到以人为中心，由单一经济发展向包括经济发展、社会发展、人与自然关系协调发展以及人自身全面发展在内的“四位一体”发展拓展，关于发展内涵的认识不断深化。三是主要的研究内容。首先是关于工业化和城镇化的研究。我国理论界注重从国际发展理论和各国发展实践中寻找工业化和城镇化的一般规律，研究产业结构高度化进程，研究劳动力转移和人口集聚过程，积极探索从二元经济结构向现代经济结构转变的路径。尽管中国从二元结构向现代化转变以及中国信息产业的发展和向信息社会过渡，还会出现很多未知情况和不同于其他国家的特点，但这些研究在理论和方法上都突破了20世纪80年代前传统社会主义政治经济学和社会再生产理论的理论范式。其次是关于经济发展方式转变的研究。这是与发展理念的转变相呼应的。在这方面，理论界论证了从“又快又好”到“又好又快”的转变，研究了经济发展方式如何由粗放向集约、由不平衡向平衡、由不可持续向可持续转变，特别是经济增长如何由主要靠生产要素（包括自然资源）的大规模投入转向依靠经济结构和资源配置的优化，以及技术创新和人力资本的积累。再次是科学发展观的提出。2007年，党的十七大报告在总结前四年贯彻落实科学发展观经验的基础上，对科学发展观进行了全面系统论述，指出学习实践科学发展观就是要运用科学发展观提出的关于发展的世界观和方法论，分析和解决发展中的现实矛盾和问题；当前要根据经济运行态势的变化应对国际金融危机的冲击，适时适度地调整宏观调控的方向和力度，着力扩大内需，促进国民经济持续平稳较快发展。五年来的实践也证明，只有贯彻落实科学发展观才能为构建社会主义和谐社会提供物质基础，也才能解决在发展中面临的各种矛盾和问题并实现经济社会的又好又快发展，从而把中国特色的社会主义事业不断推向前进。最后是加强对外开放的研究。20世纪90年代以来，有关如何认识和应对经济全球化趋势，既充分利用国内国际两个市场和两种资源，又注意维护国家经济安全，防范和化解境外金融危机对国内的冲击和影响等问题，逐步成为新的研究课题，尤其是在资本项目开放、服务贸易自由化、汇率制度选择等方面提出了许多有价值的

① 中国社会科学院经济学部课题组：“改革开放30年来中国经济学的发展”，《人民日报》，2009年6月25日。

见解。特别是我国加入世界贸易组织后，进一步融入经济全球化进程，使得我国经济和世界经济的相互联系越来越紧密，相互影响也越来越深，全球经济中的“中国因素”受到越来越多的关注。在此背景下，内外平衡和国际政策协调等问题开始进入研究者的视野，并取得一些阶段性的研究成果。

（二）宏观经济稳定问题

保持稳定特别是宏观经济的稳定，是改革和发展顺利推进的保证。改革开放以来，经济理论界围绕宏观经济运行的稳定问题进行了大量探索，突出反映在以下几个问题的研究上：

1. 经济短缺与过剩问题。20世纪90年代初期及以前的讨论主要集中在短缺的决定问题上。我国学者分别从总需求和总供给的角度提出了“短缺的需求决定论”和“短缺的供给决定论”，并探讨了与短缺的决定密切相关的短缺的制度根源问题，认为应该从公有制经济的制度结构中找原因，然后再用该制度在产权结构、决策控制结构、协调方式、行为约束和交易规则等方面的特征说明投资需求的膨胀与经济的短缺问题。当然，如果说90年代初期的讨论集中于短缺，那么90年代后期的讨论则提出了过剩问题。当时，主要是用“买方市场”的概念和“需求导向型”经济来描述和分析这一问题，以应对“卖方市场”和“供给导向型”经济所概括的传统计划经济条件下的宏观经济态势。改革不仅提高了中国经济的生产力，也改变了经济运行的制度背景和微观机制，加上非国有经济的发展，总需求与总供给的关系和经济波动的性质也就具有了商业周期的某些特征如经济过剩等问题。

2. 通货膨胀和通货紧缩问题。20世纪80年代中后期和90年代初期的两次经济过热都曾使宏观经济失衡，通货膨胀形势严峻，影响了经济稳定。90年代后期，我国经济又出现了通货紧缩趋势。经济理论界围绕通货膨胀和通货紧缩的定义、类型、成因、测度及其与经济增长的关系等问题进行了深入研究，取得较大进展。其中，对通货膨胀问题讨论的范围非常广泛，特别是在借鉴西方主流经济学相关理论的前提下，既包括了结构性通货膨胀的研究，也包含了对通货膨胀预期和通货膨胀效应的研究。1996年，中国的经济运行在基本实现软着陆后，紧接着在亚洲金融危机的推动下又陷入了通货紧缩。于是，理论界又展开了对通货紧缩的讨论和研究，从需求方面到供给方面、从微观机理分析到宏观政策调整，乃至通货紧缩的国际比较和外部冲击方面都有所涉及。

3. 经济周期波动与政策问题。社会主义经济周期问题在很长一段时期属于理论禁区，而现实经济的波浪式发展又迫切需要经济理论界作出阐释。改革开放后，一批中青年理论工作者在这个领域进行了研究探索，在经济周期的含义、社会主义经济周期的性质、中国经济周期的特点、成因和机理，以及如何应对经济周期等方面，形成了一批有影响、有价值的成果。此外，关于完善宏观调控体系特别是财政政策和货币政策问题的研究也取得了重要进展。比如在经济紧缩时期货币政策的作用比较明显，因而20世纪90年代上半期的讨论涉及较多的主要有货币供给的机制、货币供给量的增长、货币化的进程及其分期、货币需求的决定及其稳定性等。相应的，在经济扩张时期财政政策的作用突显出来，因而90年代后半期有关财政政策的讨论相对热烈，其中很大一部分集中在增加国债、扩大政府支出上。

（三）公平与效率问题

公平与效率既是人类社会经济生活中的一对基本矛盾，也是经济学研究和论争的永恒性主题。我国学术界对经济公平与效率关系的争鸣从改革开放之初一直延续至今，这一方面缘于具有客观性的经济公平同时具有历史性和相对性，以及效率也具有多样性、具体性和局限性；另一方面缘于我国经济实践和政策的演变。我国在改革开放之初为迅速打破平均主义导致吃“大锅饭”的低效率局面，优先强调了“效率”。党的十三大明确提出“在促进效率提高的前提下体现社会公平”，党的十四届三中全会进一步明确提出“效率优先，兼顾公平”。但进入新世纪以来，经济在继续保持快速增长的同时，收入分配差距过度拉大，分配不公加剧进而成为人们关注的焦点。于是党的十六届五中全会及时地提出“在经济发展的基础上更加重视公平”。由此在学术界，我国学者对公平与效率关系的认识主要有三种观点。[①] 第一种观点认为，公平与效率具有替代关系，公平必然带来低效率，高效率必然导致不公平，公平与效率不可同时兼得，比较代表性观点是“效率优先论”和“公平优先论”。第二种观点认为，公平与效率具有并重关系。公平与效率都是人类经济活动追求的目标，不可偏废，具有同等重要的地位，典型观点是“公平与效率并重论”。第三种观点认为，公平与效率具有辩证统一关系，越公平就越有效率，越不公平越没有效率，典型观点是“公平与效率交互同向论”。

其实，我国学术界对公平与效率关系的认识出现的分歧主要是由于对公平与效率的定义不同，特别是对公平含义的理解不同。根据近几年来我国学者的相关研究，可以得出以下几点认识：

1. 公平不等于收入均等或收入平均。经济公平的内涵大大超过收入平均的概念。从经济活动的结果来界定的收入分配是否公平只是经济公平的含义之一，结果公平至少也有财富分配和收入分配两个观察角度，并且财富分配的角度更为重要。学术界中一种流行观点把经济公平和结果平等视为收入均等化或收入平均化，并以此分析公平与效率的关系有明显的逻辑起点错误。

2. 微观高效率不一定带来宏观的高效率。效率涉及生产、分配、交换和消费各个领域，涵盖到经济和经济关系各个方面，包括微观效率和宏观效率两大效率问题。市场经济中企业等微观经济主体的高效率也可能会带来宏观经济的低效率。因此，效率总是以一定的经济体制和宏观经济调控为基础的。可以说，只有在制度成本最低和相对最公平的状态中实现高效率，才是坚持和完善社会主义市场经济体制改革方向的终极目标。一方面，收入和财富的差距并不都是效率提高的结果，另一方面，收入和财富差距拉大的刺激效应达到一定程度后便具有递减的趋势，甚至出现负面的效应。其实，我国市场型按劳分配为主体的分配格局所形成的合理收入差距，在一定程度上是能够促使劳动和其他生产要素资源得到优化配置的，关键是如何在国家和政府的积极调控与引导之下早日实现共同富裕，这也是此后一段时期我国宏观经济理论研究需要继续探讨的重要内容。

第四节　对马克思主义经济学与西方经济学关系的论争及探索

近30年来，伴随着社会主义市场经济体制的逐步完善和人民物质文化生活水平的日益提高，我国政治经济学理论的研究走过了一条逐渐形成、不断发展、并日益多元化的渐进之

---

① 程恩富、王中保：“现代政治经济学研究进展述评”，《山东社会科学》，2007年第6期。

路。特别是20世纪80年代末、90年代初以来，各种主流与非主流的西方经济学理论开始大量涌入我国。经济学界不仅翻译出版了大量西方经济学文献和推出了中国学者关于西方经济学研究的不少著述，而且有相当一部分年青学者也逐渐能够成熟运用西方经济学的概念、方法和理论模型来解析和探讨中国经济问题。由此，如何客观而理性地看待我国理论界对西方经济学理论的学习和研究以及如何正确处理马克思主义经济学和西方经济学之间的关系等问题，就成为新的时期我们深入探讨社会主义政治经济学理论体系的一个重要内容。

一、新的时期马克思主义经济学与西方经济学关系的论争

从20世纪80年代中期开始，随着中国经济改革的全面展开，一些学者开始突破传统政治经济学理论体系的限制，逐步把市场运行和经济发展等问题纳入经济学分析中、试图重构中国经济学的理论框架。在这种尝试下，一些与凯恩斯经济学、发展经济学等相关的理论分析与研究方法逐步引入到我国的经济学理论教学中。当时，这些研究也取得了一些成果，但由于研究时日尚短、社会主义市场经济体系一时还难以准确把握，因而逻辑体系上的一些矛盾也在所难免。与此同时，我国学术界对传统政治经济学的初步变革则取得了一些有价值的学术成果。比如，对《资本论》和马克思经济思想的深入研究涌现了一大批有较高质量的研究成果，特别是关于当代资本主义经济方面的研究在理论深度、广度和系统性上都是空前的，出版了大量的政治经济学教材、著作和文章。可以说，改革开放以来中国经济学理论研究的进步，很大程度上得益于西方经济学的引进尤其是现代经济学分析方法的应用。然而，当时中国经济学界有关西方理论研究的表面繁荣大多还只是停留在使用的层次，而并未深入到这些现象背后的更深层面；比如一旦涉及制度和结构等深层次问题时，这些西方理论对于中国实际问题的应用就变得复杂和不全面了。因此在这一时期直到1992年前，在我国经济学界的理论研究中，马克思主义经济学依然是人们瞩目的焦点，但西方经济学的地位也在逐步上升。

1992年，党的十四大报告明确提出确立社会主义市场经济体制的改革目标，并强调市场在国家宏观调控下对资源配置的基础性作用；特别是90年代中后期中国经济加快了市场化改革的步伐，中国经济学界从此把研究的重点放在了经济运行层面，更使得我国社会主义政治经济学的理论研究进入了一个新的改革阶段。这一阶段中，现代西方经济学的地位显著上升，我国出现了一个引进和翻译现代经济学理论著作的热潮。西方经济学的各种理论开始大量进入我国，除了西方主流新古典主义经济学教科书外，具有现实主义精神的新制度经济学、产权经济学和与公共领域相关的西方经济学理论著作，因与中国改革现实相契合而引起中国一些中青年学者的浓厚兴趣，从而使得按照西方经济学的研究思路和研究方法应用于国内经济理论研究工作的学者们不断增多。他们开始翻译和介绍这方面的理论、并用其中一些理论和方法来描述、解释中国改革的历史过程和分析中国的经济现实。同时，中国由计划经济过渡到市场经济的“过渡经济”问题已成为更多学者关注的话题，从而以新制度经济学、产权经济学、公共选择经济学等理论和方法为主导的西方经济学流派被更多地引入现实的理论分析之中，这就使中国经济学的理论分析开始逐步朝多元化的方向发展。例如交易费用理论、寻租理论、公共选择理论、信息经济学、新经济增长理论、新贸易理论、委托代理理论、企业契约理论、激励与机制设计理论、新经济史学、制度变迁理论等都先后被介绍进来。西方经济学的引入，以其不同于马克思主义政治经济学的价值或价格理论和研究方法，

给中国经济学界带来新的理论范式和思维方式。许多学者开始大量借鉴西方经济学来解释中国的现实和提出改革的思路或对策，这也使得中国经济学界对西方经济学的认识和态度发生了转变，从过去的“批判”转为有选择地“吸收”和“借鉴”而涌现一批有影响的学术成果。①

同时，经济改革的实践带来的一些新问题也推动了这种借鉴西方理论的研究之势。比如20世纪80年代中期后，经济增长过快和经济增长中的结构性矛盾突出等宏观问题增多，使得西方经济学有关市场经济宏观调控思想、经济增长理论和发展经济学等方面的理论著作引入增多。这恰恰回应了中国经济发展的现实，因为当时特别是1984年经济过热和需求膨胀导致的经济波动问题迫使人们对宏观问题作出思考。在随后的90年代，更是出现了具有明显“问题导向”的西方经济学理论的应用。如在微观经济学中，1992年以前围绕价格改革对价格机制问题展开了广泛研究，此后围绕国企改革问题展开企业理论的深入探讨；宏观经济学则以1996年为分水岭，1996年以前反通货膨胀和防止经济“过热”以及在“过热”出现后如何“软着陆”是研究的重点；1996年以后，扩大内需促进经济增长、反通货紧缩成了新的焦点，因而无论是微观经济学还是宏观经济学都出现了一批研究西方理论宏观调控思想的高水平研究成果。另外，在借鉴西方经济学分析工具方面，我国理论界也引入了大量国外经济学的研究成果，如在20世纪90年代博弈论方法的引进，张维迎在微观经济学领域和陈学彬在宏观经济学领域都成功运用博弈论方法改写和深化了我国的企业理论。不可否认，西方主流与非主流经济学在分析方法上也存在着一定的缺陷，比如它们都是以完善的市场经济为分析对象，而对于中国不成熟的市场经济来说其理论适用性则受到很大限制。对于这种缺陷，中国的经济学者也作了改进尝试，如《公有制宏观经济理论大纲》中将制度进行变量内生化的做法就是提高西方经济学宏观分析方法在中国适用性的努力。在此基础上，很多现代西方经济学的教材和专著大量翻译出版，从初级教程到中级、高级教程，从主流经济学到非主流经济学，从理论经济学到部门经济学和应用经济学，一些出版社还大量出版了英文版原著，可谓十分丰富。如《当代经济比较研究》丛书、《当代经济学译丛》、《现代经济发展研究》丛书和《诺贝尔经济学奖获奖者著作》丛书等。1998年，教育部将西方经济学列入高等院校经济学类核心课程后，现代西方经济学不仅在高校理论经济学的教学中占据了重要地位，而且在经济学的学术研究中也十分受推崇，从而使得用当代西方经济学的理论和分析方法研究中国经济问题的论文和著作大量涌现。

当然，借鉴并不等于照搬。我们必须牢记的是，我国的经济学研究必须在逐步融入理论背景和市场改革的进程中，在成功借鉴西方经济学各种理论分析和研究方法的基础上，创造性地将马克思主义经济学的理论发扬光大，以期通过政治经济学理论研究的提升真正达到指导社会主义市场经济体制改革实践的作用。其实在最近一二十年的时间里，中国学界对于西方经济学的认识和态度已经发生了重要转变，由先前的全盘否定逐步转变为批判性地吸收和借鉴，而不是简单地照搬照套或主张全盘西化，由此也在一定程度上改变了我国学者先前对马克思主义经济学的研究态度。比如，对马克思主义经济学的研究不再仅仅是对经典著作的

① 樊纲主笔的《公有制宏观经济理论大纲》（上海三联出版社1990年版）是这种探索的开创者，也是一个比较成功的范例；此外，还有刘世锦的“公有制经济内在矛盾及其解决方式比较”（《经济研究》，1990年第12期）则是另一个例子。

解读以及运用标准的马克思主义经济学原理和概念对“苏联范式”进行批判，而主要是力求完整、准确地掌握马克思主义经济学的理论体系，并努力将这一开放性理论体系向前推进，使其对现实经济（包括当代资本主义经济和改革中的社会主义经济）有更强的解释力和指导意义。于是，有关马克思主义经济学的研究也推出了一些理论要素上、概念范畴上乃至分析方法上的创新，从而极大地丰富了我国理论界有关社会主义政治经济学理论体系的研究。同时，对西方经济学的研究和应用也有了更进一步的发展，如对理论的引进不再是零散的，而是整个理论体系、整个学派的引进介绍；对基本理论把握得更准确，对基本分析工具也运用得比较娴熟，而且对现代经济学发展的前沿学科及新学科也有更多的介绍和了解。

这样，到了20世纪90年代中期以后，在中国经济的市场化改革不断深化的态势下，中国的马克思主义经济学与西方经济学在一些理论上的融合出现了一番新气象。特别是随着市场化改革的深入，各种西方经济学理论已在不同程度上逐渐融入了政治经济学理论体系的发展进程，并由此呈现出理论经济学研究方向多元化的发展趋势。比如，既有以马克思主义科学的方法论作为理论指导，也有西方主流经济学的新古典微观资源配置理论和凯恩斯主义宏观经济理论在中国经济运行中的理论应用，同时也有西方非主流经济学的激进政治经济学和西方马克思主义经济学等契合实际问题的精辟分析。此外，西方经济学在研究对象、基本假设、理论框架上力求简洁、力求严密的特点，力图使每一个经济学范畴都可作定量分析，深刻地影响了中国经济学界对现实经济的研究。另一方面，马克思主义经济学的高度抽象力、强大的逻辑力量、以及对社会经济生活中人们之间的经济关系、利益关系的透彻分析又是西方经济学所不及的。从这一层次看，20世纪90年代以来两大理论体系的融合不仅仅是若干范畴、概念上的交叉和吸纳（如在社会主义政治经济学教科书中加进均衡价格、机会成本、效用函数、消费函数、乘数原理、市场均衡等范畴），而且是在基本理论框架、分析方法、基本范畴体系方面的相互借鉴、交叉和融合。① 当然，马克思主义经济学和西方经济学是两种理论体系，虽然都是研究人类社会经济问题，但由于理论视角不同，其研究对象、研究方法、基本范畴体系、理论框架和基本内容都有很大差异。比如，西方经济学在发展中虽然继承和发展了古典政治经济学的自由竞争、自由贸易的经济自由主义思想，但自法国经济学家萨伊开始就完全抛弃了劳动价值论而推崇生产要素理论。因而，两大经济学体系在价值理论上是根本对立的。因此从科学发展的角度来看，这两大理论体系虽然在某些方面会有一定程度的融合，但却并不能整合于同一个理论框架之中。

二、对马克思主义经济学与西方经济学关系的再思索

纵观中国理论经济学的演进，马克思主义经济学和西方经济学都为我国经济学的发展起了推动作用，中国理论经济学也因此在比较高的起点上获得了起步和发展，这些都是值得肯定的。但不可否认，传统的政治经济学理论在中国经济学界主流地位的逐渐弱化确实不争的事实，由此也为西方经济学的大举引入提供了替代的空间；同时，西方经济学在我国的普及和强势对传统政治经济学的研究所产生的冲击和影响也是巨大的。20世纪90年代中期，这种现象曾经引起了我国老一辈经济学家对社会主义政治经济学发展的担忧。从1996年开始，在于光远等著名学者的倡导下，在北京、上海等地召开了多次关于中国经济学向何处去的学

① 赵晓雷：“中国现代经济理论史论纲”，《当代中国史研究》，2002年第2期。

术讨论会。此后多年来，在经济学相关的学术讨论会和学者的文章中，我们仍然可以看到中国经济学人仍在关心这个问题。其中最有代表性的是，2005年7月15日刘国光教授就当前经济学教学和研究中的一些问题发表了一些看法后，在我国学术界引起了强烈而持久的反响。时至今日，这些讨论也并没有结束。不得不承认，近些年来中国理论经济学更进一步的研究似乎迷失了向前发展的方向，而我国经济学界进行了一次又一次的有关“中国经济学向何处去”的理论大讨论似乎也没有给人满意的答案，社会主义政治经济学也仍然不能形成一套令人满意的解释现行经济现象和规范未来发展的完整体系。

实际上，隐藏在“中国经济学向何处去”这一讨论背后的焦点，是有关中国“主流经济学”之争的问题。简单来说，争论中提出的观点可以大致归结为三种：第一种认为马克思主义经济学仍然是中国的主流经济学。这里所说的马克思主义经济学已不限于传统的马克思主义经济学，而是有继承和“超越”的现代马克思主义政治经济学，如程恩富指出的，中国主流经济学是现代马克思主义政治经济学。第二种认为现代西方经济学将成为中国的主流经济学，如有人称钱颖一教授的《理解现代经济学》一文是主流经济学的“霸权宣言”。钱颖一在该文中认为：现代经济学是“最近的半个世纪以来发展起来的在当今世界上被认为主流的经济学”，其“基本原理和分析方法是无地域和国别区分的”，现代经济学范式是“当代在世界范围内唯一被经济学家们广泛接受的经济学范式”。[①]第三种则认为，新构建的中国经济学将是中国主流经济学，如很多学者认为中国经济学就是“21世纪的中国主流经济学”。[②] 当然，有关“中国主流经济学之争”作为一种理论讨论本无可厚非，因为没有争论也就没有理论经济学的发展。然而，这种争论的性质非同一般问题的观点争论，它关系到中国理论经济学进一步发展的方向。究竟哪一个经济学理论可以成为中国的主流经济学，这是社会实践的需要，是由制度、文化、市场发育和经济发展水平决定的。中国的经济体制改革和制度转型是前无古人的事情，国外也没有成功的经验和现成的理论可以直接拿来运用，目前所取得的理论研究成果也是依靠一代又一代中国人在实践中摸索出来的。这就决定了中国经济学也要在实践摸索中求发展，并按照生产力和实践的标准来确定和认可主流经济学及其发展。

我们知道，马克思主义经济学自建国初期开始，长期以来一直处于中国的主流经济学地位，其影响力是有目共睹的；而西方经济学自20世纪90年代中后期以来，则开始逐步处于与日俱增的强势地位，其影响力大有取代马克思主义经济学之势。这反映在我国的学术研究中，即表现为学者们为了使研究成果能引起广泛的关注和重视，文中常常从已有的马克思主义经济学的经典理论或西方经济学的理论或结论出发，似乎不引用马克思主义经济学的经典理论或西方经济学的理论和方法，研究成果就没有理论水平。长此以往，势必导致经济理论僵化，照搬照抄现象严重，从而又一次复归我国传统政治经济学研究中的“教条主义”。因此，结合当代社会经济发展的现实，应构建马克思主义经济学的新范式。对此有学者提出，可以遵循以下基本原则：（1）以马克思经典范式为基础，坚持马克思主义经济学的“硬核”，即基于历史唯物主义世界观的基本信念与价值观，基于唯物辩证法科学方法论的分析方法以及马克思主义经济学的基本假设与基本原理；（2）以现代经济社会问题为导向，构

① 钱颖一：“理解现代经济学”，《经济社会体制比较》，2002年第2期。
② 葛颖培：“理论创新与中国理论经济学发展研究”，《经济经纬》，2007年第6期。

建现代马克思主义经济学；（3）以西方经济学方法、成果为借鉴，构建马克思主义经济学综合范式。但是在方法变革层面，也存在简单照搬西方经济学的范畴和理论、对西方的学术理论和政策决策体制的教条主义理解的现象。比如认为西方经济学运用的方法都是科学的，以致在分析方法、范畴体系和理论框架上作单纯的模仿而缺乏创新精神；甚至认为只要在现代西方经济学的教科书中添加一些中国经济案例或实证资料，即为改革成功的现代社会主义理论经济学。因此，马克思主义及其中国化的理论创新，既要反对传统马克思主义研究的教条主义，也要反对对西方经济学的教条主义理解。相反，正确的态度应该是在明确科学的假设前提和研究起点的基础上，客观地分析两种理论体系各自的特点和长短，兼收并蓄、取长补短。但是，马克思主义经济学基本理论的指导地位不容忽视。

当然，随着社会主义市场经济体制的不断发展和完善，国内越来越多的学者认识到，在实践中通过理论和方法的创新与发展来丰富马克思主义经济学将成为此后理论研究的重点。比如，对传统的马克思主义经典理论缺陷及传统马克思主义研究方法的深刻反思；关于马克思主义经济学创新必要性、创新路径研究；关于马克思主义经济学研究对象、研究方法创新及研究范式重构；马克思主义经济学中国化问题研究等。总的来说，这些研究都是以马克思主义的指导方向为核心线索，在借鉴西方经济学有益成果的基础上，以中国实际问题为研究对象，运用更多的学科如发展经济学、数量经济学、生产力经济学、区域经济学、生态经济学以及信息科学等，力图使社会主义的政治经济学体系成为一个跨学科、多角度、具有超前性的经济学。无疑，这种多元化的理论发展格局不仅可以避免适应于中国的经济学可能出现的局限性与片面性，而且也可以更好地推动科学的经济学批判过程。其实，马克思主义经济学自创立起就是一个兼容并包的开放性经济理论，其劳动价值论、剩余价值论、社会资本再生产理论等无不可在古典经济学中找到相应的思想渊源；即使被马克思称为庸俗经济学的新古典理论，马克思在对其进行激烈批判的同时也从不忽略对其中合理之处的肯定。可以说，马克思主义经济学的生命力就在于开放性，在于不断吸收一切人类优秀科学成果来发展壮大自己。因此，我们在坚持运用马克思主义的分析方法来解释社会主义各种经济现象的同时，也必须借鉴、吸收现有西方经济学理论的合理分析方法和有益成果，为我国社会主义政治经济学理论体系的构筑适时补充新鲜血液。与此同时，作为时代的产物，马克思主义经济学的经典理论也具有历史的局限。由此，马克思主义经济学能否创新也关系到马克思主义的生命力，关系到社会主义的前途命运。所以，要实现马克思主义经济学理论的创新，在当前仍然必须坚持实事求是和一切从实际出发，把马克思主义基本原理与中国的实际问题相结合。因此，坚持马克思主义经济学从根本上来说就是要坚持以历史唯物主义和唯物辩证法为基础的分析范式、理论框架或方法论原则，不断推进马克思主义经济学的创新与发展。事实上，自改革开放以来，特别是20世纪90年代中期以来，中国的马克思主义学者以马克思主义经济学的理论范式为基础，在借鉴西方经济学理论分析与研究方法的基础上，对中国经济改革与经济发展中的重大现实问题进行了深入研究，并取得了许多重要的突破和进展，如关于生产力与生产关系、社会主义生产目的、市场经济的实质与特征、国有经济的地位与作用、现代企业制度的内涵和形式、社会主义条件下深化对劳动和劳动价值理论的认识、按劳分配与按生产要素分配的关系、经济全球化的实质与对外开放的战略和走新型工业化道路等问题。无疑，这些讨论和所取得的成果为中国特色社会主义经济理论体系的发展发挥了重要作用，有力地推动了马克思主义经济学中国化的进程。

这里必须注意要处理好两个关系：（1）引进和创新的关系。改革开放前的几十年，中国的经济学理论体系主要依附于马克思主义经济学，对马克主义思经济学进行引经据典的考据式研究脱离了中国国情。改革开放以来，对西方经济学的学习又一度陷入片面模仿的理论困境，比如我国国有企业公司制改造中存在的种种问题均与简单移植西方现代企业制度有关。因此，无论对待马克思主义经济学还是西方经济学，都必须结合中国现实有所创新和发展。（2）马克思主义经济学与西方经济学的关系。作为性质上根本不同的两种经济理论体系，马克思主义经济学与西方经济学的研究重点差异很大。其中，马克思主义经济学的重点是以劳动价值论为理论基础，以资本主义生产关系为研究对象，运用历史唯物论和辩证法研究资本主义生产方式下的内在矛盾及其发展趋势，其目的在于科学地揭示社会主义必然代替资本主义的社会发展规律，但对社会主义经济及其规律的研究只是提供了科学的理论研究方法。相反，西方经济学在本质上是为成熟的资本主义市场经济服务的，它在既定的资本主义制度框架下撇开资本主义的经济关系，以资源配置为对象来研究如何最大限度地发展资本主义生产。值得肯定的是，它所揭示的市场经济及其运行的基本规律和具体的方法论可以为发展社会主义市场经济所借鉴。但问题是，西方经济学既不能根本解决西方国家的所有具体的经济问题，也不能为解决资本主义的根本矛盾找到真正的出路。因此，发展社会主义市场经济只能以马克思主义经济学为理论基础或指导性理论，而不可能是西方经济学。当然，在加强马克思主义研究的同时可以通过最大限度地吸收和借鉴西方经济学理论的有益经验来丰富和发展马克思主义经济学。比如在中国经济学的教学实践中，可以通过吸收西方经济学理论的有用成分来解决和分析中国的现实经济问题。如对我国现阶段收入差距和两极分化问题的研究，以马克思的有关理论和方法为基础进行分析可以揭示两极分化的实质和深层原因并找出解决问题的制度措施。而借鉴西方经济学的有关理论和方法（如基尼系数），则可以从量上给予证明。但最终目的，还是要在马克思主义的科学指导下，依据中国国情建立有中国特色的社会工义政治经济学埋论体系，因为基于实践的自主创新才是社会主义经济理论发展完善的立足点和原动力。

第四章 新中国成立后的前30年对西方经济学的引进与研究

“西方经济学”是一个以区域概念来对经济学进行划分的名词，这种命名方式是否具有科学性并不在本书的讨论范围之内，但根据现在流行的看法，我们可对“西方经济学”进行如下定义：对西方国家所流行的微观经济学、宏观经济学以及其他如金融学、财政学、国际经济学、发展经济学、数理经济学和计量经济学等学科的统称。其中，微观经济学与宏观经济学可视为西方经济学的主体部分。然而，这样对“西方经济学”进行定义也并不完备。实际上，相对于马克思主义政治经济学，其他任何对西方资本主义市场经济的运行状况进行研究与反映的经济理论学说或流派，都可被广义地置于“西方经济学”的范畴之内。在这样的前提下，高鸿业和吴易风（1997）将西方经济学分为三个层次来看待，即专业性的企业管理技术、对特定经济部门的集中研究以及纯经济理论研究。在本章，我们主要讨论在新中国成立后的前30年间，亦即从1949年至1978年，我国西方经济理论的引进与研究状况，其中，主要涉及对西方经济学所处的地位、对其所开展的教学工作以及对已有的研究成果进行评述。在当时的客观历史背景下，西方经济学的发展受到了不少扭曲与阻滞。通过对这段历史进行回顾，有助于我们对当前西方经济学在中国的发展状况和未来趋势作出更为合理的判断和评价。

第一节 新中国成立后的前30年西方经济学所处的地位与研究状况

一、新中国成立前西方经济学的引进概况

为了能够较好地考察新中国成立后西方经济学在国内的研究与发展，我们有必要对新中国成立前西方经济学在中国的传播和发展状况作一简要评述。

中国引进西方经济学的历史可以追溯至19世纪末的晚清时期（李竞能，1979）。在国家积贫积弱的年代，根本不存在孕育我国独立的经济思想体系的经济基础和历史条件，同时，在晚清“洋务运动”以及“变法改良”的涉外风气影响下，从西方列强国家输入各种经济学说也就成为自然而然之事。根据历史文献记载，大约从1867年起，京师同文馆（总

理各国事务衙门的培训机构）就开始由外籍教员讲授“富国策”一课，所使用的教材乃为当时在英国流行一时的《政治经济学提要》，作者为剑桥大学的经济学教授福塞特，这可被视为中国国内讲授西方经济理论课程的肇始，其目的在于向西方国家学习能够使“民足衣足食，无一夫失所”的“富国养民”之法。

其后，1882年上海美华书馆出版《富国策》，1886年海关总税务司署出版《富国养民册》，成为我国最早介绍西方经济学的书籍。此外，在19世纪90年代还相继出版了英国人麦丁富德力编、美国林乐知译的《列国岁计政要》以及英国傅兰雅用中文写就的《富国需知》等经济学书籍。而一些传教士也依据已有的西方经济理论发表了若干针对中国经济政策的观点性评论，如英国传教士李提摩太的《局外旁观论》、《论中国易于富强》，德国传教士花之安的《自西徂东》等等。然而，由于传教士并非专业的经济学人才，且汉语表达能力又不甚精熟，因此他们的书籍与言论并未引起当时中国学界的重视。

1901年南洋公学译书院出版了由严复所译的《原富》，这是亚当·斯密的《国富论》在中国的第一个译本。严复认为，之所以选择介绍亚当·斯密的著述，乃是因为这本书能够“察究财利之性情，贫富之因果，著国财所由出”，是英国等西方国家得以富强的经济理论基础。该译本一出，就在中国思想界产生了较大反响，并由此引发了西方经济理论在华的进一步传播。这一时期，大批有识之士开始系统地翻译、介绍和研究西方古典经济思想和近代经济思想。比如，1903年出现了系统介绍西方经济学发展史的著述，其中较有影响的为梁启超所著之《生计学学说沿革小史》，该书上溯希腊和罗马的经济思想起源，下至德国的新旧历史学派，比较详细地评介了重商主义、重农主义以及亚当·斯密及其后继者的经济学说。此外，清末还出现了几部较为流行的有关西方经济学的译本，包括1906年由奚若翻译的《计学》（美国罗林氏著）、1908年由朱宝绶翻译的《经济原论》（美国麦喀梵著）以及1910年由熊崇煦与章勤士合译的《经济学概论》（美国伊利著）等等。

辛亥革命胜利之后，随着中国民族资本主义工商业的不断发展，一些先进的资产阶级知识分子力求效法西方列强的富国之路，因而对西方资产阶级经济学说的需求也日益增强。截至1919年“五四”运动前夕，中国大约出版了40余种有关西方经济理论的书籍，其中由中国学者编著的占2/3左右，而译著占1/3左右。但由于受当时政治局势和历史条件的限制，这一时期还谈不上有什么关于经济学的学术研究，国内学者甚至连完整、系统地介绍西方经济理论的工作也无法做到。

进入20世纪30年代后，许多早年前往欧美的留学生逐渐学成返国，于是由中国学者自行编写的西方经济理论著作和讲义也就增多起来。在这一时期，中国比较流行的西方经济学说是奥地利学派，其论著多作为高校的教材使用。除此之外，在很多留美学生的影响下，美国制度学派的经济学理论也广为传播。而爆发于1929年的世界性经济危机又使得凯恩斯的经济学理论在中国得以流传，如1937年6月姚庆三公开发表《凯恩斯货币理论之演变及其最新理论之分析》，介绍和分析了凯恩斯经济思想的演变过程和主要内容。然而，由于当时到国外研习经济学的留学生一般不愿将基础经济理论作为研究方向，而更偏爱应用经济学科，因此使得西方经济理论的传入受到不少影响，故而国内有关西方经济理论的论著质量普遍不高，甚至难以达到出版的水平，更不用说畅销并推广了，直至20世纪40年代末，这种状况才有所改观（赵晓雷，1997）。然而，另一方面，西方应用经济学在中国的发展却不容忽视，其中尤以财政学方面的著述为多，较为著名的包括1935年商务印书馆出版的三部流行的财政学著作:《财政学原理》(李权时著)、《财政学》(何廉、李瑞合著)以及《财政学》(尹文敬著)。这种研究状况与当时财政问题是中国社会较为热门的问题有关。此外,应用经济学中在货币理论应用、国际贸易学以及人口学等方面也有不少发展。

综上所述,自19世纪60年代至20世纪40年代末,是中国知识分子对西方经济学进行接触、引进和初步研究的时期。在这一阶段,正处于民族危亡的紧急关头,西方帝国主义列强正力图瓜分中国和控制中国,因而先进的中国知识分子急于寻找富强和御敌的具体办法。然而,他们绝大多数人只是着眼于效法西方国家的某些具体的经济政策措施,因此对于输入西方经济学的态度仅限于为各种经济政策主张提供理论依据,而对于经济理论本身的研究并未有过多关注,更不用说提出什么独创性的理论了。此外,由于当时有关西方经济学译本的翻译水平参差不齐,人名和术语也不一致,这在一定程度上也限制了西方经济学在中国的传播速度——这就是新中国成立前西方经济理论在中国的发展概况。

二、新中国成立以来至改革开放前西方经济学所处的地位及其原因

新中国成立后,马克思主义政治经济学成为我国的主流经济理论。在最初的30年里,学术界对西方经济学基本持批判的态度,高等院校的西方经济学课程被取消,只讲授马克思主义政治经济学,所使用的教材为《资本论》以及前苏联专家编写的经济学教材等等。而对于西方经济学则按照马克思在《资本论》、《剩余价值学说史》中给定的标准,对配第、斯密、李嘉图、魁奈等古典政治经济学家给予基本的肯定,而对于萨伊、马尔萨斯、穆勒以及后来的经济学理论都冠之以"资产阶级庸俗经济学"之名,认为后者是只注重经济表象的浅薄研究,是伪科学或反科学的,并且是对资本主义市场经济制度的辩护,因此需要进行否定与批判。这种完全摈弃庸俗经济学中合理成分的"左"的指导思想在"文革"期间发展到了顶点,极大影响了西方经济学在中国的教学与科研进展,直至党的十一届三中全会之后才逐渐得以改观。

我们认为,在改革开放前的30年里,我国对西方经济学采取这种批判的态度,是有其深刻的经济、政治原因和需要的。黄范章(2001)曾从三个方面来探讨这个问题:

首先是经济层面的原因。建国之后,我国立即开始推行建设统一的计划经济体制,在这样的要求下,国家基本垄断了对外贸易活动和金融往来,同时对商品流通和自由市场采取了限制与取缔,对私人工商业以及个体手工业实行了全面的社会主义改造,完成了以公有制经济为主体的所有制结构建设,这为在全国范围内实行统一的计划经济制度创造了必要条件。计划经济体制的核心特征是:依靠行政力量来执行国民经济的计划化,亦即由政府决定生产什么、生产多少和为谁生产,用计划取代市场机制作为分配社会资源的基本手段。在这样的体制背景下,任何反映和研究市场经济的学说都被看做是异己性的或破坏性的理论范畴。因此,计划经济制度为了维护自己的统治地位与生存空间,就必然要坚决摈弃一切市场经济元素以及研究市场经济的西方经济学说。

其次是意识形态方面的原因。当时的流行观点是,社会主义只能在计划经济的基础上得以建立,加之前苏联依靠计划经济体制动员了巨大的社会资源和人力,在较短的时期内就实现了工业化,并且在二战中击败了纳粹德国,这为中国树立了一个现成的榜样。因此,计划经济似乎成为社会主义所固有的经济体制模式,而市场经济则被划归为资本主义范畴,这逐渐成为意识形态上的一个"教条",它把市场经济与计划经济的对立性,渲染为市场经济与

社会主义制度的不相容性，并且把与市场经济相关的各种概念范畴都视为危害社会主义制度的“洪水猛兽”，不但在实践中要杜绝，而且在理论上也要不断批判。在这样的思想认识基础上，以描述资本主义市场经济运行状况为主要内容的西方经济学在新中国成立后的30年里鲜能逃脱被批判的命运。

再次是当时的历史环境和政治路线的需要。建国之后，我国坚持以“阶级斗争”为纲，开展了一系列的镇反肃反、剿匪反霸和惩治贪污等运动，这对于当时遭到西方国家敌视和封锁的新中国来说，是维持政治稳定与巩固政权所必需的措施。其后，随着“三大改造”（对农业、手工业和资本主义工商业的社会主义改造）的结束，中共在“八大”决议中指出，今后国内主要矛盾是落后的生产力与先进生产关系之间的矛盾，国家的工作重心应从以阶级斗争为主逐渐转移到经济建设上来。然而，这一正确路线很快被“以阶级斗争为纲”的“左”的思潮所湮灭，并最终导致了“文革”的爆发。在这个过程中，一些党外人士和学者被错划为“资产阶级右派”，其中，在国外受过教育的经济学家及其所研究的西方经济学自然也就成为被批判的对象。

三、西方经济学研究的进展

虽然在“左”的教条主义思潮支配下，我国对待西方经济学，特别是对待被划归为“庸俗”部分的西方经济学，采取了几乎全盘否定和批判的态度，从而在经济理论界和经济教学领域内造成了思想上的僵化闭塞和教条主义日益严重的状况，使得我国经济学研究和教学陷入了危机，但是，在这30年中，对西方经济理论的引进与研究还是取得了一定的进展。例如，在20世纪60年代初情况就稍有不同。当时，“大跃进”等运动的失败使得“左”的思想路线一时受到了挫折，同时由于中苏两党两国的关系破裂，导致前苏联停止对华援助并撤退专家，这意味着“以苏联为师”的道路受到了阻碍，中国需要自谋发展之路，因此也需要更多了解除前苏联之外其他国家的发展思路。正是在这样的形势之下，1961年，中宣部和教育部在组织编写供全国各大专院校文科和法科师生使用的教材时，提出对当代西方国家的经济学及其各种流派的理论也要编写教材，以开拓学校师生的视野，并且指出，对待西方经济学的态度应该是既要批判也要介绍，而且介绍必须“客观”和“系统”。而在此之前，国内各文科和法科都一律采用的是前苏联教材或由在华的前苏联专家编写的教材。可以说，这是自新中国成立后对西方经济学一直采取全面批判态度以来的第一次“松动”。

当时共组织编写了两本有关西方经济学的教材，一本与西方经济学说史有关，名为《经济学说史》；另一本是对当代西方经济学的发展状况进行评述的教材，定名为《当代资产阶级经济学主要流派》。《经济学说史》涉及的时间跨度很大，它从古希腊、古罗马时代的经济思想起源一直论述到当时较新的凯恩斯经济理论，并花费了大量篇幅介绍资产阶级学说史。该书是由中国人民大学的鲁友章、李宗正两位教授主编，参加编写的有中国人民大学、北京大学、南开大学、吉林大学等多位教授。该书的上册于1964年由人民出版社发行，然而由于受到“文革”的影响，其下册直至1982年才得以出版。而《当代资产阶级经济学主要流派》，由北京大学罗志如教授任编写组组长，并由中国科学院经济研究所的巫宝三先生、中国人民大学的高鸿业教授任副组长，此外还有北京大学、中国人民大学和中国科学院经济研究所等单位的多名学者参加编写。该书由五个分册组成，分别论述凯恩斯主义、垄断经济学、福利经济学、经济计量学以及所谓的“人民资本主义”，并陆续于1962年至1965

年由商务印书馆出版。

然而，尽管当时中宣部及教育部作出了介绍西方经济学要“客观、系统”的指示，但在“左”的思潮占支配地位的大环境下，编写者所受到的思想束缚仍然很大，加之这两部教材的编写主要参考的是当时前苏联流行的著作（包括卢森贝和布留明等人的著作），因此编写者基本上仍然采取了对西方经济学进行批判与否定的态度。尽管如此，这两部教材在介绍西方经济学方面还是要比过去充分和系统得多，反映了当时学界对西方经济学的态度存在着一定的转变。但是，随着“文革”的爆发及其对中国思想界的破坏性影响，对西方经济学的进一步研究工作也就不得不停止了。

然而，编写和出版教材并不是介绍西方经济学的唯一办法，另一个重要渠道就是翻译出版西方经济学的原著。在这方面，商务印书馆、三联书店、人民出版社以及上海人民出版社等单位承担了大量的工作。其中，商务印书馆出版的西方经济学系列著作较为齐全也较为系统。从20世纪50年代开始，商务印书馆为了使国内读者可以系统地了解马克思主义的三大来源，就有计划地组织翻译出版了这方面的相关著作，其中就包括英法古典经济学著作。其后，商务印书馆又进一步组织翻译了很多有关近代、现代和当代西方经济学的著作，包括马歇尔和凯恩斯等人的著述等。这些论著的翻译出版，使得人们能够有限地接触到一部分西方经济理论，但“文革”开始后连这种翻译西方学术著作的工作也被迫停止了。

总之，新中国成立以后直到改革开放之前，西方经济理论的引入和研究虽有一定规模，但总体而言是相当有限的。根据统计，1949—1979年，从西方国家译介的经济学论著仅有68部，其中英、美两国有52部（赵晓雷，1997）。在这些译著中，主要为一些西方古典经济学的原著，其原因在上文已有提及，即自李嘉图以后的西方经济学被马克思视为庸俗经济学，因此自然不会翻译和引进多少，这直接导致中国学者过多地将精力置于对古典政治经济学的探讨，而无法系统掌握西方经济学的整体发展状况，更不用说对更新的经济理论的学习和研究了。新中国成立前30年来的这种状况可用胡寄窗教授在其《一八七〇年以来的西方经济学说》中的评论给予描述：基于种种原因，我们对西方经济学的理解，除马克思分析过的古典经济学和早期庸俗经济学尚能基本掌握外，对19世纪末期以来大量涌现的新的西方经济学理论几乎全无所知，即使有少数涉及它们的著作问世，大都语焉不详并持全盘否定态度。

第二节　对西方古典政治经济学的研究与评价

在新中国成立后的前30年里，我国经济学者对西方经济理论所开展的研究主要分为两大部分，其一是针对古典政治经济学所进行的探讨与批判，其二是对资产阶级庸俗经济学所进行的否定与批判。由于古典政治经济学一般被认为是马克思主义政治经济学的重要来源之一，因此学界对这部分经济学说也就相对持有较为客观和中肯的评价，其目的是为了能够更好地理解马克思主义政治经济学的相关论点和原理。在本节，我们主要对这部分研究工作进行评述。我们认为，在这30年中，对古典政治经济学的研究大致可分为两种形式：其一是从古典政治经济学赖以产生和发展的历史根源和经济基础出发，系统地对古典政治经济学的演化脉络进行探讨；其二是从马克思如何对古典政治经济学的合理成分进行批判继承的角度，对古典政治经济学的历史贡献及其不足分为几个方面进行讨论。

下面我们首先来评述第一种研究形式。

一、从历史发展脉络来研究古典政治经济学

这部分研究主要是从社会存在决定社会意识的角度，对古典政治经济学的产生、发展乃至逐渐走向破产的演变过程进行历史的以及经济的分析。由季陶达教授编著并由三联书店于1960年出版的《英国古典政治经济学》是这种研究方式的代表性著作。

（一）这部分研究对古典政治经济学的缘起进行了探讨

一般认为，在15—16世纪，英国开始进入资本的原始积累时期，此时商业资本起着不可忽视的作用。在这一阶段，资本主义所面对的主要问题是如何通过流通而积累巨额的货币财富，这导致最初的经济理论所考察的内容必然是资本主义的流通过程，因此重商主义思想得以产生。但是，进入17世纪后，随着英国的资本主义进入工场手工业阶段，产业资本逐渐取代商业资本而占据统治地位——流通与生产的相对关系发生了改变，流通变成了实现再生产过程的一个要素。因此，经济理论的研究对象自然需要从单纯的流通领域过渡到对生产过程的考察，这时，那种认为流通是财富的源泉、对外贸易是唯一能增加国民财富的手段的重商主义思想就显得不那么适用了。学者们意识到，只有通过考察生产过程，才能够揭示资本主义生产关系的内部联系。在这个基础上，英国于17世纪中叶从威廉·配第开始正式诞生了古典政治经济学。威廉·配第首先提出了劳动价值论的初步基础，并且不自觉地发现了剩余价值的存在，因此在古典政治经济学的发展史上具有重大意义。

（二）这部分研究还分析了古典政治经济学得以全面建立的历史动因

随着英国资本主义生产的不断发展，工场手工业的局限性也逐渐凸现出来，而小农制已被消灭，社会阶级的分化已趋于明显——到了18世纪中期，英国已经处在了“产业革命”的前夜。作为这一时期经济发展的结果和反映，亚当·斯密为古典政治经济学建造了较为完整的理论体系。亚当·斯密继承和发展了威廉·配第的劳动价值论，并且考察了作为独立经济范畴的利润，从而认识到剩余价值的真正起源。但是，在这一时期，一方面资本主义经济的发展导致社会阶级的分化开始明显，另一方面资本主义制度的基本矛盾尚未达到激化的地步，这一历史事实必然会对斯密的经济思想产生影响，致使其理论体系充满了各种矛盾。

（三）这部分研究进一步讨论了古典政治经济学得以充分发展的历史条件

随着时间延续到19世纪初期，英国的产业革命业已完成，产业革命使得资本主义制度相对于封建主义制度的优越性充分表现了出来，资本主义经济的发展进入了蒸蒸日上的时期，资产阶级在一定程度上有其进步性，因此无产阶级虽然逐渐成长起来，但与资产阶级的矛盾仍然处于潜伏时期。另一方面，传统的封建主义势力仍然存在，资产阶级与封建贵族之间的斗争尚未结束，在这样的背景下，大卫·李嘉图作为产业资本的发言人，对地租、利润与工资之间的矛盾以及地主阶级与社会其他阶级之间的利益矛盾进行了深刻的论证，为资产阶级反对封建地主阶级提供了强有力的理论武器，从而将古典政治经济学的发展推向顶点，这以他出版的重要著作《政治经济学及赋税原理》为标志。可以说，在这一时期，古典政治经济学的科学贡献是不容忽视的。

（四）这部分研究还较为中肯地论证了古典政治经济学逐渐走向“破产”的原因和表现

在1830年之后，随着英法等国的资产阶级逐渐夺取国家政权，无产阶级与资产阶级之间的矛盾逐渐激化并上升为社会的主要矛盾，于是古典政治经济学的发展也就不得不走向了终点，取而代之的则是所谓的资产阶级庸俗经济学。

综上所述，这部分研究通过紧紧抓住资本主义经济的发展和社会矛盾的主要变化，为我们描绘出了一副清晰的古典政治经济学的演进脉络图，它试图说明的是，古典政治经济学的演变发展，反映的正是当时资本主义经济的演变与发展（吴忠观，1979）。

然而，这部分研究的可贵之处不仅在于它论证了古典政治经济学得以发展的经济基础与历史条件，还在于它系统阐述了历史上各种经济思想本身的继承关系。一般而言，任何思想或理论学说的提出，都不能不利用前人积累下来的各种思想素材，并以前人所达到的理论高度作为自身学说的起点。因此，对于从威廉·配第到亚当·斯密乃至到李嘉图之间的继承关系，研究者就不得不给予必要的关注。正是基于这样的认识，这部分研究系统论述了这三个古典政治经济学代表人物的理论成就以及他们之间承上启下的相互关系。通过这种论述，我们可以看到，古典政治经济学的发展并不是一条单一的路线，而是迂回曲折地、一步一步地在深度和广度上走向前进。同时，这部分研究还关注并扼要论述了同一时期其他一些重要经济学家的理论学说和观点，包括洛克、诺芝、休谟、魁奈和杜尔阁等，这些人的学说都在不同程度上对亚当·斯密撰写其《国富论》产生过影响。此外，这部分研究还论述了古典政治经济学的后续影响，其中，亚当·斯密的一部分理论内涵被萨伊和马尔萨斯所继承，而李嘉图的学说则被詹姆士·穆勒所继承，从而共同衍生出了所谓的资产阶级庸俗经济学。这样，从15世纪以来直至19世纪上半期止，整个经济学说的发展轮廓和来龙去脉就大致呈现于学者们的眼前了。

二、从马克思的批判继承来研究古典政治经济学

除了对古典政治经济学的发展过程进行考察之外，学者们还十分关注马克思主义政治经济学与古典政治经济学之间的关系，其目的是为了更好地了解马克思是如何对古典政治经济学中的合理成分进行批判地继承的。一般而言，学者们认为古典政治经济学的科学贡献可以分为如下几个方面（王亚南，1962）：其一，它奠定了劳动价值论的根基；其二，它不自觉地发现了剩余价值，亦即在古典政治经济学中虽然已发现了剩余价值，但由于受当时的经济范畴所限而不知道其为剩余价值，只能将其归入地租或利润的范畴；其三，提出了初步的分配理论，亦即初步探讨了如何将社会收入合理分配为利润、利息、地租和工资等形式才能促进社会经济的发展；其四，对资本主义社会中地主、资本家和工人三大阶级的相互关系和利益冲突进行了初步的描述，提出了有关各阶级之间经济对立的理论。

下面我们将分别论述我国学者对这四个方面问题的研究。

（一）劳动价值理论

学者们认为，古典政治经济学家与先前的重商主义者的根本区别在于，前者不是单纯从流通过程而是试图从现实生产过程的内部关系中，去探求有关生产与交换的一些合理说明，而对生产过程的考察使得古典政治经济学家逐渐意识到劳动在创造财富方面的重要作用，于是最终把由劳动所决定的商品价值看做是联系一切经济活动的枢纽和基础，这就是所谓的劳动价值论。一般而论，古典政治经济学的各位学者，都不同程度地努力把商品的价值还原为

劳动，承认劳动是财富得以产生的源泉，但是，对于究竟是什么样的劳动决定了商品价值，却需要等到商品生产发展到较高程度才能得以透彻的理解和研究。从英国的威廉·配第以及法国的布瓦歧尔培尔开始，学者们就一直在探讨是什么劳动决定了价值而又是决定了什么价值的问题，最后到了李嘉图和西斯蒙第时代才得到较为明确和科学的结论，亦即认识到商品的使用价值可归结为实在劳动或合目的的生产劳动，商品的交换价值可归结为一般劳动时间。而古典政治经济学家之所以如此重视商品的价值问题，是由于他们试图解决商品价值中包含的剩余价值问题，其最终目的则是为了探讨剩余价值如何才能合理分配，从而更好地促进商品生产和社会财富的积累。然而，学者们同时也指出，虽然古典政治经济学家完成了对使用价值和交换价值的区分，但他们却未能合理地将这两个概念结合起来考察，直至马克思将创造使用价值的具体劳动和创造价值的抽象劳动统一在商品生产过程之中来进行说明，才真正建立起了完整的劳动价值论。

（二）剩余价值理论

学者们指出，剩余价值理论得以形成的前提条件是劳动价值论，但剩余价值的概念却是由马克思正式提出的，古典政治经济学家主要是从货币价值或产品的“超额”、“余额”一类的名词上对财富增殖的来源予以探讨。然而，重商主义者的观点却对最初探讨剩余价值的来源问题制造了不少障碍，他们认为那种所谓的“超额”或“余额”是在流通领域被创造出来的。因此，古典政治经济学家为了突破这种观点的束缚，就必须重新对商品流通过程进行透彻地考察。他们最终指出，无论是从商品到货币的转换还是从货币到商品的转换，遵循的都是等价交换的原则，并不增加任何价值，因此流通只不过是纯粹形态上的变化，财富或价值的增殖应从生产过程中去考察，这成为探索剩余价值来源的关键出发点，亦即剩余价值产生于生产过程，流通过程只不过是剩余价值得以实现的手段。因此，马克思将古典政治经济学在这方面的理论突破看做是它的最为重要的历史功绩之一，也被马克思认为是与后来的资产阶级庸俗经济学的根本区别之一。但是，学者们提醒到，古典政治经济学家们虽然正确地从生产过程去考察剩余价值的产生和利润的来源，但是他们对这个问题的解决却是不完全的。一方面，这些古典政治经济学家没有把建立在自身劳动基础上的小商品生产与建立在他人劳动基础上的资本主义商品生产区分开来，因此也就无法区分为买而卖的流通过程与为卖而买的流通过程有何不同之处，这进一步意味着他们无法分清作为货币的货币与作为资本的货币的差别，于是对于价值形成过程与价值增殖过程也就自然无法区分了。另一方面，这些古典政治经济学家也没有将剩余价值的外在表现形式与剩余价值本身区别开来，例如，早期的古典政治经济学家常把地租视为剩余价值，而后来又逐渐将利润视为剩余价值，而如果不将剩余价值本身与它的表现形式区分开来，就容易将剩余价值的生产过程与实现过程混为一谈，因为剩余价值是在生产过程中产生的，但剩余价值的利润化却是在流通过程中完成的。当然，尽管古典政治经济学家的研究是很初步和不完全的，但是他们在财富增殖方面所做的积极探讨为后来马克思提出完整的剩余价值理论创造了先决条件。

（三）社会分配理论

一般认为，分配理论是与剩余价值理论密切相关的。在资本主义社会当中，主要存在两种性质不同的分配关系，其一是资产者阶级与劳动者阶级之间的分配关系，另一类是资产者阶级内部的分配。学者们指出，古典政治经济学家普遍意识到了这样两重性质的分配体系，并指出，劳动者在一般情形下只能获取勉强维持其生存的生活资料的那部分价值，而其他部分亦即剩余价值部分则分别以利润、利息和地租等形式在资产者阶级之间进行分配，这是古典政治经济学家的理论贡献之处。然而，学者们指出，对于为什么会出现这样的分配，古典政治经济学家却未给出令人信服的解释，其原因在于，他们并未完全认清劳动价值与工资之间的差别。劳动者的所得一般称为工资，而古典政治经济学家却又普遍将工资解释为劳动的价值或价格，这样一来，就无异于认定了全部劳动都取得了报酬，从而剩余价值也就无从产生了。直至马克思才将劳动力价值与劳动所创造的价值进行了科学区分，从而正确解决了工资由什么决定的问题，这又进一步成为分配理论的基础之一。虽然古典政治经济学家的研究有如上局限性，但他们能够做到从劳动价值论乃至剩余价值论的某些角度来探讨分配理论问题却又是有其进步意义的。

（四）社会各阶级之间的经济对立理论

学者们意识到，古典政治经济学最突出的伟大成就之一就是他们由劳动价值论和剩余价值论得出了初步的分配理论，并又在此基础上进一步得出了社会各阶级之间的经济对立理论。例如，亚当·斯密通过提出生产的三要素和收入的三个来源，而把整个社会区分为三大阶级，并且在一定程度上看到了这三个阶级在利益方面的对立关系，但亚当·斯密对地租的态度却始终无法完全杜绝重农主义者的观点影响，因此他把地租视为对土地自然力的报酬，直至李嘉图时代这个问题才被进一步合理地解决。李嘉图认为，地租的发生，不是由于土地，也不是由于土地的生产物，而是由于土地生产物的价格，进一步说，地租不是构成价格的原因，而是土地生产物价格腾贵的结果。如果在不同性质的土地上耕种同一种农产品，那么若该农产品的价格必须要求低产的低等土地的耕作者也能收回成本加平均利润，则高产的优等土地的耕作者就会获得额外利润，这部分额外利润将转化为地租。因此，如果出现对某种农产品更大的需要使得更加劣等的土地也加入耕种，那么价格就会进一步提高，于是地租就会进一步增多，这意味着地主阶级的地租收入将与一切需要谷物原料的阶级的利益相抵触，于是，利润的多少将由工资的多少决定，工资的多少将由必需品价格的涨落决定，而必需品价格的涨落又由食物价格的涨落决定。正是基于这样的逻辑演绎，李嘉图将地主、资本家和工人之间的利益冲突明白无误地揭露出来了。然而，李嘉图没有明确辨别出由利润和工资所体现的资产阶级与工人阶级的矛盾，是与由利润与地租所体现的资本家与地主的矛盾，存在本质区别的。此外，虽然李嘉图从某些方面看出地主阶级的存在对资产阶级与工人阶级都是不利的，但是他却将资产阶级与工人阶级之间的利益矛盾看做是自然存在的，这主要是受当时历史条件的限制以及他的理论体系的不完备，使得他无法看出资本主义社会的阶级矛盾会导致怎样的后果。西斯蒙第在这方面要比李嘉图更深刻一些，但是他却寄希望于社会财富的分散化以使得阶级矛盾得以缓和，这并没有触及资本主义社会及其生产方式的本质。但无论怎样，学者们普遍相信，古典政治经济学家对阶级对立的讨论是对当时资本主义上升期所暗含危机的一种客观反映，因而其理论是有其先进性和科学性的。

第三节　对西方资产阶级庸俗经济学的研究与评价

在本节，我们将评述新中国成立后的前30年间学术界对西方资产阶级庸俗经济学的批判和否定。我们在前文中已有提及，在中国之所以古典政治经济学与资产阶级庸俗经济学受到了如此不同的对待，乃是因为前者一般被认为是马克思主义政治经济学的重要来源之一，有其一定的进步性与科学性，而后者一般被认为是对古典政治经济学庸俗部分的继承，其理论是缺乏科学性的和肤浅的研究，并没有什么可取之处，因此遭受苛刻的批判也就在所难免了。我们试图指出的是，在新中国成立后的前30年里，学术界立足于马克思主义的基本观点和方法，对庸俗经济学进行了不少有益的探索和批判，但是由于受当时历史环境等因素的影响，一些学者有意无意地曲解了马克思最初对资产阶级庸俗经济学所涵盖内容的讨论，从而把庸俗经济学与辩护论经济学混为一谈，导致一些本可以被批判吸收的理论成果也被舍弃了，从而形成了对庸俗经济学的全盘否定——这是我们对这段历史时期有关庸俗经济学方面研究状况的总体评价。在下文中，我们首先来考察当时的学者是怎样曲解庸俗经济学与辩护论经济学之间的关系的，之后，我们将分别评述当时学者们是如何对庸俗经济学的方法论及其主要理论学说进行批判与否定的。

一、对庸俗经济学与辩护论经济学之间关系的曲解

根据马克思主义政治经济学的观点，当代西方经济学理论仍可划归为庸俗经济学范畴，因此，能否对资产阶级庸俗经济学作出正确的界定，关系到我们能否对西方经济学整体作出客观的评价和研究。然而，在新中国成立后的相当长时期内，学术界一直没有清楚地认识到庸俗经济学的本质到底是什么。在当时流行的教科书中一般这样描述资产阶级庸俗经济学："资产阶级庸俗经济学家，为了资本家阶级的狭隘的阶级利益而替资本主义辩护，蓄意抹杀资本主义的矛盾，捏造出形形色色的无稽谰言来粉饰资本主义的剥削关系……庸俗政治经济学不去研究经济现象的内在联系，而只限于描述从经济现象表面所见到的似是而非的外在联系。"① 这种说法固然正确地提出"庸俗"具有只重表面而忽视本质的特性，但是却将庸俗经济学与辩护论经济学等同起来。又如，吴传启（1962）曾认为，随着1830年之后资本主义日益走向腐朽没落，阶级斗争日益尖锐化，使得资产阶级政治经济学也日益成为单纯的辩护论，其理论学说已经蜕变为毫无科学性可言的诡辩术了。基于这样的看法，吴传启总结道："在古典经济学中，如果说他们……还反映了新兴的资产阶级同过时的封建主义及其思想体系的斗争的话，那么，在庸俗经济学中，特别是在现代的资产阶级的经济学中，则仅仅是作为日益腐朽的垄断资本的辩护士……来反对社会经济发展的客观要求。"② 于是，庸俗经济学被视为辩护论且经济学上的辩护论被视为庸俗经济学的观点就被明确地提出来了，但这实际上并非马克思的本意。

马克思曾明确地提到："我断然指出，我所说的古典政治经济学，是指从威廉·配第以来的一切这样的经济学，这种经济学与庸俗经济学相反，研究了资产阶级生产关系的内部联系。而庸俗经济学却只是在表面的联系内兜圈子，它为了对可以说是最粗浅的现象作出似是而非的解释，为了适应资产阶级的日常需要，一再反复咀嚼科学的经济学早就提供的材料。在其他方面，庸俗经济学则只限于把资产阶级生产当事人关于他们自己最美好的世界的陈腐而自负的看法加以系统化，赋以学究气味，并且宣布为永恒的真理。"③ 从中我们可以看到，

---

① 转引自沈志求："论马克思对古典经济学、庸俗经济学和辩护论经济学的区分"，《经济研究》，1988年第8期。

② 吴传启："马克思对庸俗经济学方法论的批判及其现实意义"，《经济研究》，1962年第11期。

③ 马克思《资本论》第一卷，人民出版社1975年版，第98页。

马克思所使用的“庸俗”一词，是指某些资产阶级政治经济学的研究是粗浅的、表面的和非科学化的，亦即主要以日常经验为依据，对事物外在的一些现象进行就事论事般的分析，这意味着马克思眼中的庸俗经济学，并不单纯是对事实的蓄意抹杀和捏造，因此庸俗经济学自然不能与辩护论经济学等同起来。诚然，庸俗经济学中固然有辩护的成分，很多庸俗化的研究方法本身就是有其辩护目的的，但是我们并不能武断地认为辩护论是整个庸俗经济学的特点。换句话说，辩护论经济学都属于庸俗经济学，但庸俗经济学却并不全是辩护性质的。对此，沈志求（1988）以约翰·穆勒的例子来进行了说明，我们将之简述如下。

约翰·穆勒一般被视为资产阶级庸俗经济学家的著名代表，然而，马克思却把他称为“不愿单纯充当统治阶级的诡辩家和献媚者的人”，并认为“穆勒之流由于他们的陈旧的经济学教条和他们的现代倾向发生矛盾，固然应当受到谴责，但是，如果把他们和庸俗经济学的一帮辩护士混为一谈，也是很不公平的。”例如，穆勒并不讳言资本主义社会存在着资本家和工人之间的矛盾，并且提出应该对资本主义的分配关系进行适当改良，以使得工人阶级的生活境况和不平等地位得以改观。虽然穆勒的建议并不能解决资本主义社会的固有矛盾，但是却恰好说明他不是一个蓄意抹杀资本主义矛盾的辩护士。

除此之外，马克思还在多处地方表明了他并不把庸俗经济学与辩护论等同起来的观点。例如，他曾在写给恩格斯的一封信中提到李嘉图之后的经济学家“在个别的常常是极其精巧的研究方面做了不少事情”，并在《资本论》中承认1830年以来英国经济学家关于通货、信用和危机的一些观点还是值得注意的，等等。

我们认为，马克思的评论是较为客观和符合事实的，如果将庸俗经济学与辩护论相等同，则意味着自古典政治经济学之后的各种经济理论学说都一无是处，这种观点势必造成对西方经济学整个发展历史的主观片面化理解，而庸俗经济学中所存在的一些较为合理的对资本主义市场经济运行状况的细致分析将无从得到继承，此外，庸俗经济学中还有一些一般性的对经济现象的考察成果也被忽略了，这些对于我国开展社会主义经济建设也是存在参考和借鉴价值的。然而，新中国成立后的前30年里，将庸俗经济学等同于辩护论经济学似乎是当时学术界的一种较为流行的观点，并且被作为研究各种西方经济理论的一个基本出发点，这对我国西方经济学的教学与科研工作造成了巨大的阻滞。直至改革开放之后，这种局面才有所改观，并使得对待庸俗经济学的态度又回归到客观理性的道路上来。

二、对资产阶级庸俗经济学方法论的批判

虽然在新中国成立后的前30年里，我国经济学研究者对庸俗经济学与辩护论经济学之间的关系存在一定曲解，但他们对于庸俗经济学的批判却不能认为是全部错误的。为了能够深刻考察我国学者对各派庸俗经济学说的批判研究，就不得不首先考察他们对庸俗经济学的方法论的研究。总体说来，当时的学者主要从两个方面展开了对庸俗经济学方法论的批判，其一是针对所谓的庸俗经验主义，其二是针对所谓的折中主义方法论。下面我们将分而论之。

1. 对于庸俗经验主义而言，主要是指资产阶级庸俗经济学家所普遍使用的表象研究法。在资本主义社会中存在着形形色色的矛盾，对于这些矛盾的认识，必须通过现象到本质，从事物的内部联系来理解其外在表现。如果忽视了事物的本质而只满足于对外在表现的分析，则无法揭示事物变化发展的真正原因。学者们普遍认为，古典政治经济学家试图从资本主义

生产关系的内在联系入手来建立一个能够解释资本主义社会如何运转的统一理论，因此他们能够提出较为科学的劳动价值论，甚至从资产阶级的视角承认了剩余价值的客观存在，这是难能可贵的科学精神。然而，庸俗经济学家却主要是将现实过程所表现出来的形态翻译成学究式的语言，亦即只是将经济生活中那些最浮于表面的现象给予说明，或者说是从外观上来把握资本主义的生产形态。一个形象的比拟是，庸俗经济学家对于经济现实的表象研究法，与天文学家最初根据太阳围绕地球旋转的假象而提出"地心说"是一样的——庸俗经济学家只满足于将各种问题按最接近普通观念的方式予以解释。正是基于这样的方法论，庸俗经济学家提出了诸如"劳动生产工资，资本生产利润，土地生产地租"这样"三位一体"的公式，从而使人们无法透过这种外在的现象看到内部的劳动和资本的对立等关系。学者们指出，一旦我们认识到庸俗经济学家所使用的这种表象研究法，我们就能够更加深刻地考察和看出他们的各种经济理论中的浅薄部分。从这一点上说，学者们的认识是中肯的。

2. 我国学者还对所谓的折中主义方法论进行了批判。折中主义方法论是指一部分庸俗经济学家的观点，他们认为，在不触动资本主义基本所有制的前提下，对资本主义社会的固有矛盾是可以调和的，因此，经济学家应当从折中主义的视角将资产阶级的政治经济学理论同无产阶级的要求协调起来。前文已述，古典政治经济学家初步建立了资本主义社会各阶级之间利益对立的学说，并且对这种对立采取直面的态度。例如李嘉图，他有意识地将阶级利害关系的对立、工资与利润的对立以及利润与地租的对立，当作他开展研究的出发点，并且把这种对立看做是社会的自然法则来理解。古典政治经济学发展到这一阶段，可以说是到达了它的顶点，其后，只有通过马克思的进一步努力，才完成了无产阶级革命的理论。而对于资产阶级经济学家而言，他们无法再逾越李嘉图的阶级对立理论了，他们中的一部分学者于是认为，虽然阶级对立的现实无法改变，但是在资本主义基本制度内实现阶级之间的调和却是可行的，这以约翰·穆勒的观点最具代表性，他指出：虽然支配生产领域的规律是永恒不变的自然法则，但支配分配领域的却是人类的意志，因此，资本主义社会有可能通过适当调整分配关系，消除劳动者的痛苦与不平等的处境。学者们认为，这种折中主义的观点有其坦率的一面，即不否认资本主义社会内部存在阶级对立的事实，但是折中主义的方法最终是无法完全解决资本主义社会的固有矛盾及其所隐含的危机的。

上述有关我国学者对庸俗经济学方法论的两种批判，是值得肯定的。学者们正确地认识到，基于表面化的经验主义是无法揭示资本主义社会内在的深刻矛盾的，而使用折中主义的方法也并不能完全规避和消除资本主义社会的固有矛盾。除此之外，学者们还认识到，庸俗化的表象分析法对于掩盖资本主义生产关系的内在联系大有用处，而折中主义方法可通过采用诡辩论的形式来帮助论证资本主义社会的和谐完美，因此，这两类研究方法很容易被辩护论主义者所借用，从而满足他们为资产阶级利益实施辩护的目的。我们认为，我国学者在这一点上的认识是正确的，但是，由于受国内当时各种历史因素的影响，学者们更倾向于将所有的庸俗经济学都理解为辩护论经济学，因而与庸俗经济学相关的任何方法论也就被自然认为是完全为辩护服务的，这一观点却是值得商榷的，对此我们已在前文中具体探讨了庸俗化与辩护论之间的关系。

三、对资产阶级庸俗经济学说的批判

从本部分开始直至本章结束，我们将具体评论我国学者对资产阶级庸俗经济学的主要理论观点的批判。对于这些批判我们又可分为两大部分：第一部分是对马克思认定的庸俗经济学家及其学说所进行的批判，主要以萨伊、马尔萨斯和约翰·穆勒等人为代表，他们的生卒年代与马克思活动的年代基本一致，其理论学说受到了马克思本人的评论与批判，这自然构成了我国学者对他们的学说进行研究的基础。第二部分是对马克思晚年及其身后出现的庸俗经济学说所进行的批判，主要包括近代以来对西方经济学的发展演化具有重要影响的边际效用价值论和凯恩斯的经济理论等。由于这些经济理论的出现时间较晚，马克思可能对这些理论学说进行评论，因而我国学者的相关研究也就具有了一定的原创性，亦即是在马克思主义经济学基本理论观点下对这些学说所开展的批判性研究。我们从对萨伊的批判性研究开始顺次展开评论。

（一）对萨伊经济思想的批判

萨伊被认为是第一位重要的庸俗经济学家，他将亚当·斯密理论体系中的庸俗部分剥离出来单独进行阐述，并据此出版了三部重要的著作：《政治经济学概论》（1803 年）、《政治经济学问答》（1817 年）和《政治经济学教程》（1828—1830 年）。我国学者对萨伊理论的考察与批判也主要是从这三部著作入手的（季陶达，1960）。

1. 我国学者批判了萨伊的生产抽象论。萨伊认为，生产不依存于任何社会经济条件，生产是一般的抽象化的生产，它在任何社会里都具有共同性。对此，我国学者根据马克思的相关论点指出，生产总有具体的内容，而内容又为社会经济状态所决定，如果生产具有一般的抽象性，那么资本主义社会中的生产与其他社会中的生产将没有任何差别，这意味着资本主义生产将具有某种永恒性，这个观点十分适用于对资本主义社会制度进行辩护。

2. 我国学者批判了萨伊的生产三要素论。他们指出，萨伊基于他的生产抽象论，把生产要素与社会经济制度之间的关系也抹杀了，这便于他用一般劳动代替雇佣劳动而作为决定工资的要素，用生产资料代替资本而作为决定利润的要素，并用土地代替土地所有权而作为决定地租的要素，这样一来，资本主义社会所普遍存在的剥削关系就无从察觉了。

3. 我国学者批判了萨伊的效用论。萨伊认为，生产不创造物质，而是效用，价值不取决于劳动而取决于效用，并且效用是由上述三个生产要素共同生产出来的。我国学者指出，这样的观点相当于将本来存在于亚当·斯密理论体系中的较为进步的劳动价值论完全否定了，萨伊在价值论方面的观点可以说是与亚当·斯密体系最为核心的差异之一。

4. 我国学者批判了萨伊的供给决定需求论。萨伊认为，每个卖者就是买者，而每个买者同时又是卖者，因此商品流通的趋势最终只能是供求之间的平衡，这意味着生产过剩和经济危机是不可能存在的。我国学者根据马克思已有的批判指出，萨伊实质上是将资本主义的商品生产和商品流通还原为物物直接交换的原始经济形态，因而不能解释资本主义社会的运转及其经济危机的真实根源。

（二）对马尔萨斯经济思想的批判

马尔萨斯是另一位早期重要的庸俗经济学家，他以《人口论》（1798 年）而知名，但在经济学方面的重要著作却是出版于 1820 年的《政治经济学原理》。我国学者对马尔萨斯经济思想的批判仍然是在马克思的观点框架下展开的。

一般给予马尔萨斯的评价有两点：一是他继承了亚当·斯密劳动价值论中的庸俗部分，并又将之进一步庸俗化；二是他试图论证“第三种人”即牧师与官吏对于资本主义生产方式的维持是必要的。对马尔萨斯的批判也主要是围绕这两点而展开。

首先来看马尔萨斯对亚当·斯密劳动价值论的继承。亚当·斯密的劳动价值论所存在的一个核心问题是，他将耗费劳动和购得劳动混为一谈，有时认为价值尺度是耗费劳动，有时又认为是购得劳动。其中，前者经由李嘉图的继承并最终进入了马克思的理论体系，而后者却被马尔萨斯所继承，亦即认为一个商品所能支配的劳动，乃是它的价值尺度。然而，马尔萨斯却又认为一个商品与它所能支配的劳动之间的交换比例，由该商品的生产费用所决定。问题在于，生产费用本身就包含有一定的价值量，因此用生产费用来说明商品的价值，无异于用价值来说明价值，这就陷入了某种循环论。

其次来看马尔萨斯有关“第三种人”的理论。这个理论的初衷是为了解决利润由谁来实现的问题。马尔萨斯认为，利润无法经由资本家之间的商品买卖而实现，因为每个资本家在出卖时所实现的利润，又会在他购买时失去。此外，利润也无法在资本家与工人之间的买卖中实现，因为工人的购买要受其工资额所限。因此，如果没有“第三种人”的存在来协助利润的实现，那么生产过剩的危机将必然发生。马尔萨斯认为，在只购买而不出卖的“第三种人”（牧师和官僚等人）存在的条件下，利润将得以实现，这意味着“第三种人”是使资本主义社会得以维持的关键。学者们基于马克思的观点指出，马尔萨斯的积极一面在于他承认了资本主义生产方式的内在矛盾，即当利润无法实现时，必然导致生产过剩的危机，但是他用“第三种人”的存在来作为解决矛盾的出路却是错误的。实际上，“第三种人”的购买工具也正是由地租和税收等构成，而这些又是由资本家所支付的，是资本家所实现的利润的一部分。如果有待实现的利润大于地租和税收之和，那么超出的部分将仍然无法实现；如果这二者在量上恰好相等，则意味着资本家把全部利润都用于支付地租和税收了，于是资本主义积累也就无从谈起。因而说，依靠“第三种人”的存在来解决资本主义的生产矛盾是不可能的。

（三）对穆勒经济思想的批判

穆勒是又一位早期较为重要的庸俗经济学者，他的主要著作是出版于1821年的《政治经济学要义》。马克思对其给予的评价是，他对李嘉图学说作了进一步的庸俗化，从而导致古典政治经济学逐渐走向破产。一般认为，穆勒对李嘉图学说的庸俗化主要表现在他对李嘉图理论的辩护上，这主要体现在他的如下几个观点：

1. 穆勒认为，资本和劳动相交换的关系，亦即劳动（实则为劳动力）的买卖关系与一般的商品出卖者和商品购买者的关系没有什么不同，这样一来，穆勒实际上是将资本主义的雇佣关系归结为普通商品的买卖关系，但实际上，李嘉图的工资论和利润论都是以承认雇佣关系为前提的，这种观点在穆勒的论述中却完全消失了。学者们认为，这是穆勒庸俗化李嘉图理论的第一步。

2. 穆勒认为，生产物是按照一定的比例分配于工资劳动者和资本家之间的，在现实中之所以全部生产物在形式上都归资本家所有，乃是因为资本家已经向劳动者垫付了工资。那么，工资率是由什么决定的呢？穆勒认为，这是资本家和劳动者之间的商业问题，是他们之间的交易，而一切自由交易，都由竞争所决定，并随供求关系的变动而变动。学者们指出，穆勒把工资率的决定完全归结为市场的供求关系，这完全抛弃了李嘉图关于工资基本上由劳动的自然价格决定的原理，其实质是否定了劳动价值论，因而是对李嘉图学说的进一步庸俗化。

3. 学者们还指出，李嘉图理论的一大贡献是，认为生产资料属于积累劳动，它只是生产新价值的条件，本身并不能创造新价值。然而，穆勒却认为，不但直接劳动创造价值，积累劳动也能创造价值，并用这一观点去解释为何消耗直接劳动差不多的商品却有不同的价值，这实际上是对劳动价值论的另一种背弃。

（四）对边际效用价值论的批判

边际效用价值论是19世纪70年代到20世纪初期流行于西方经济学界的一种价值理论，以该价值论为核心形成了所谓的“边际效用学派”，其思想对于当代西方经济学理论体系的构建十分重要。由于边际效用价值论提出了一个完全不同于劳动价值论的价值决定体系，因而成为我国学者着重批判的理论学说之一（肖步才，1961），对此我们进行简要评述。

所谓边际效用价值论是指，商品的价值是由消费该商品的边际效用来决定的。由于它从消费者的主观效用的角度来探讨价值的决定因素，因而被归为主观价值论范畴。实际上，早在萨伊就已经开始从主观效用的角度来说明商品的价值问题了，近代的边际效用价值论的主要代表人物有英国的耶方斯、法国的华尔拉士和奥地利的门格尔，庞巴维克可视为边际效用价值论学说的集大成者，并以奥地利的维也纳大学为中心向世界各地传播，因而“边际效用学派”有时也被称为“奥地利学派”。我国学者对边际效用价值论的批判主要分为如下几个部分：

一是对边际效用价值论的辩护性质的批判。我国学者认为，在19世纪70年代，随着欧洲各国工人革命运动的不断高涨，资产阶级既有的庸俗经济学说已不足以抵挡来自马克思主义政治经济学的各种批驳，因此急需一个新的能够为资本主义制度进行辩护的经济学工具。边际效用价值论正是在这样的历史背景下产生的，并迅速得以流传，成为庸俗经济学的主流学说。因此，我国学者将边际效用价值论视为完全的辩护论经济学，并认为它表面上反对亚当·斯密和李嘉图的劳动价值论，但实际上是为了反对马克思主义政治经济学，并力图将经济学的研究重点从生产过程扭转到消费过程上来，这样就把经济学从研究人与人之间生产关系的科学转变为研究人与物之间关系的科学。

二是对边际效用价值论的内容的批判。边际效用价值论的核心命题是，商品的价值是由它的边际效用决定的，亦即该商品被消费到最后一个时在消费者主观心理上所感受的效用，消费者对商品边际效用的估价，决定了商品的交换价值。我国学者指出，边际效用只可归入使用价值的范畴，这是与交换价值不能混淆的两个概念，并且使用价值只是商品所以具有价值的前提条件，并不是商品具有价值的原因和尺度。因此，学者们认为，边际效用价值论的根本错误之一就在于将价值与使用价值混为一谈，并且把价值的形成条件和价值的形成原因及其尺度混为一谈，之所以会出现这样的错误，乃是因为它认为价值不是在物掩盖下的人与人之间的关系，而是物对人的欲望满足的重要性，这是边际效用价值论与马克思的劳动价值论的核心差别。

三是对20世纪后出现的马歇尔的“折衷价值论”的批判。边际效用价值论的一个显著特征是，它仅从主观的需求角度来解释价值和价格的形成。而马歇尔则认为，只从需求角度的边际效用来解释价值和价格的形成是不够的，还必须考虑商品供给方面的因素。马歇尔的这种新价值学说被称为“折衷价值论”，亦即力图将需求方面的边际效用价值论和供给方面的庸俗的生产费用论结合起来。然而，马歇尔由于将供给方面的生产费用看做是劳动者主观上的负效用，因此实际上是用边际效用价值论所依赖的主观心理因素改造了生产费用论，我国学者据此指出，马歇尔“折衷价值论”的基石仍然是主观唯心主义的边际效用价值论。

四是对“基数效用论”和“序数效用论”的批判。边际效用价值论所面临的一个问题是，如何对产生于人类主观心理的边际效用进行测度。马歇尔认为边际效用是可以测度的，并提出了所谓的“基础效用论”，而希克斯却认为，效用这样的心理因素是无法直接测量的，我们只能推测某人偏好甲类物品甚于乙类物品而已，因此我们无需考虑效用的数量，只需把对每种物品的偏好排出次序就可以了，这就是所谓的“序数效用论”。然而我国学者却指出，无论是“基数效用论”还是“序数效用论”，实际上都是为了探讨如何决定商品之间的交换比例，但是这些探讨却一直是在效用的范畴内展开的，这不得不涉及对使用价值的讨论，而对于不同的商品来说，使用价值作为不同商品的异质性特点是无法进行量上的比较的，并且对于一个人来说，某一商品的使用价值也是随条件而变化的，故而“基数效用论”和“序数效用论”的存在基础是不牢固的。

（五）对凯恩斯经济思想的批判

凯恩斯是西方近现代最重要的经济学家之一，他的主要经济思想体现在其1936年出版的《就业、利息与货币通论》（以下简称《通论》）一书之中。我国学者一般将凯恩斯归入庸俗经济学家之列，其原因是，凯恩斯学术活动最为活跃的年代恰逢1929年世界性经济危机以及第二次世界大战前期，这一时期一般被视为西方垄断资本主义高度发展的时期，因而凯恩斯的经济思想也就被理解为垄断资本主义的辩护理论。在这样的认识下，我国学者对凯恩斯的理论观点展开了全方位的批判研究（刘天怡，1957），对此，我们将简要论述我国学者的主要观点，但在这之前，有必要对凯恩斯的主要经济思想作一简单介绍。

在凯恩斯生活的年代，大量的失业现象是西方资本主义社会不可忽视的问题，因而凯恩斯在其《通论》一书中着力强调和研究了这一问题，并区分了自愿失业、摩擦性失业和非自愿失业三个概念。凯恩斯认为，在短期内，一个社会的总产量、国民收入和就业量实质上是大致等价的概念，因此提高国民收入有助于促使社会达到充分就业状态，以便解决资本主义的失业问题。而国民收入又是由消费和投资两个部分组成，其中消费量取决于消费倾向，投资量取决于资本的边际效率和利息率，在这里，资本的边际效率又取决于资本的预期收益与资本资产的重置成本，而利息率则取决于货币数量和流动性偏好。凯恩斯认为，资本主义制度并不能保证消费倾向、资本的边际效率以及利息率这几个变量恰好维持在能使社会处于充分就业的状态，因此危机和失业将是资本主义社会中经常出现的现象。为了减少失业，国家应当鼓励消费和投资，而当消费倾向一定时，增加新投资将是唯一的方法，而这又取决于投资的预期利润率与利息的相对关系，这就为国家对经济实施控制和调节提供了可能性，凯恩斯据此提出了若干国家干预经济的政策措施。

我国学者对凯恩斯经济思想的批判是基于马克思主义政治经济学的理论观点而展开的，主要体现在两个方面，一是对凯恩斯经济理论本身的批判，二是对凯恩斯理论的辩护性质进行批判。

首先，对于凯恩斯的经济理论而言，我国学者认为，它是基于消费倾向、资本的边际效率和利息率这样三个“基本心理规律”之上的，因此带有主观唯心主义色彩。其一，消费倾向是指消费支出与总所得之比，并且当总所得增加时，用于消费的那一部分就相对减少，而用于储蓄的那一部分就相对增多。然而，我国学者指出，在资本主义社会内部存在着资产阶级和工人阶级的对立，这两大阶级的所得和消费情况是不可相提并论的，其中资产阶级的消费在一定程度上可能符合消费倾向递减的规律，但工人阶级的工资是仅够其维持自身和家庭成员生存的生活资料价值，根本谈不上消费倾向的问题。其二，资本的边际效率是指最后追加的投资单位的预期利润率，当预期利润率高于利息率时，资本家将增加投资，反之则反是。对此，我国学者的看法是，决定资本家是否投资的并不取决于主观的预期利润率，而是取决于由剩余价值和全部预付资本之比所决定的客观利润率。其三，利息率是被凯恩斯定义为放弃持有现金的报酬，亦即放弃流动性的报酬，因此它由流动性偏好和现金总量所决定。我国学者指出，利息并不是这样一种“高度的心理现象”，而是产业资本家支付给借贷资本家的一定数量的货币，用于报酬借贷资本家贷出的那笔款项，因而利息是对暂时转让货币资本所有权的报酬，而不是对放弃流动性的报酬。这样，我国学者利用马克思主义政治经济学的相关观点、概念和范畴，一一批判了凯恩斯理论所依赖的三大心理因素。我国学者认为，当这三大心理因素被证明是不合理时，凯恩斯的理论框架也就无法成立了。

其次，对于凯恩斯理论的辩护性质，我国学者认为，由于凯恩斯理论将生产过剩和经济危机的起因归结为几个心理因素的作用，这就意味着国家可以通过采取一定的政策措施手段，来干预国民的各种社会心理和行为方式，从而达到避免危机的目的，这实质上是在为资本主义国家能够调节经济进行论证和辩护，并将资本主义经济包装为有调节的和有计划的资本主义。此外，学者们还指出，资本主义经济危机的爆发和失业等问题是由资本主义生产所固有的矛盾所导致的，凯恩斯不是在揭露失业与危机的内在依存关系的基础上寻求失业的根本原因，而是在不触动资本主义制度的前提下探讨如何避免大规模失业，因此他只是对失业问题进行了一般性的阐述，抹杀了失业乃是资本主义生产方式不可避免的产物，这样，凯恩斯的就业理论从一开始就带有明显的为资产阶级辩护的色彩。

第五章

改革开放以来西方经济学的引进与研究

1978年，党的十一届三中全会召开，开启了我国改革开放的新时期。伴随着改革开放的不断深入和经济的日益发展，我国理论经济学的研究空前活跃起来。西方经济学被大量引入和介绍到我国，并对我国的经济学研究产生了一定的影响。改革开放以来，随着西方经济学在我国的研究与发展，西方经济学与马克思主义经济学之间的关系成为我国经济学界广泛关注的问题，在深入分析两者关系的基础上，以中国经济学向何处去为主题的有关中国经济学发展方向的大讨论几经展开，充分反映了我国经济学工作者对中国经济学未来的关注与期望。

本章主要介绍两方面的内容，一是改革开放以来西方经济学在我国的引入和研究；二是西方经济学对我国理论经济学所产生的影响以及我国经济学界关于马克思主义经济学与西方经济学的关系问题和中国经济学发展方向问题所进行的讨论与思考。

第一节　改革开放以来西方经济学的引进和研究概况

“所谓西方经济学，是指西方国家所流行的宏观经济学、微观经济学以及其他经济学分支（如货币金融学、财政学、国际经济学、发展经济学、计量经济学等）的统称。其实，用地区概念来区分经济学并不合适，也不科学。西方经济学，就其本质讲，就是研究市场经济的经济学。”①

1776年，亚当·斯密的著作《国民财富的性质和原因的研究》（通常简称《国富论》）出版，标志着古典政治经济学体系的建立。在此后两个多世纪的发展历程中，西方经济学经历了几次重大的变革。19世纪70年代，以三个不同国家的经济学家分别提出边际效用价值论为契机，“边际革命”爆发。西方经济学由研究财富的增长与分配的总量体系转向了稀缺资源最优配置的微观领域。在给定技术和最大化行为的假设前提下，通过确定产品和生产要素的相对价格来表示偏好和稀缺性，进而实现资源的有效配置。西方经济学因而成为定价理

① 张卓元主编：《中国经济学30年（1978—2008）》，中国社会科学出版社2008年版。

论。在这套理论中，生产体系之外的社会的、历史的等因素被抽象掉，资源配置只与生产上的技术关系相关，市场具有调节供求、自动实现充分就业均衡的强大力量。20 世纪 30 年代，普遍爆发于西方资本主义国家的大危机打破了市场万能的神话，并催生了凯恩斯主义。1936 年，凯恩斯的《就业、利息和货币通论》（一般简称《通论》）提出有效需求不足理论，认为在三大心理因素，即“消费倾向”、“对资本未来收益的预期”和对货币的“灵活偏好”的作用下，有效需求会小于充分就业的水平，而这是单纯依靠市场所无法解决的，要通过国家的干预、政府的政策来调节。以“有效需求不足”为核心的凯恩斯的理论体系颠覆了传统的经济理论，是经济学发展史上的一场革命，把西方经济学的研究引向宏观。理论的发展总是需要实践的检验。在凯恩斯理论不断面临挑战和争论的过程中，20 世纪 70 年代西方主要资本主义国家出现“滞胀”，经济停滞，失业与通货膨胀并存。传统的凯恩斯理论无法解释和有效解决这一问题，其关于国家干预经济的观点遭受质疑。在这种背景下，西方经济理论中主张自由市场经济，反对国家干预的呼声高涨，以现代货币主义、供给学派、理性预期学派等等诸学派为代表的新自由主义思潮盛行。然而一些国家的经济实践表明，新自由主义的政策也并非灵丹妙药，其理论体系与资本主义市场经济运行的实际还存在着差距。以此为契机，主张国家干预经济的新凯恩斯主义应运而生，并与崇尚经济自由的新古典宏观经济学成为对立的两大思想流派。20 世纪 60—70 年代，西方经济学中还有一个引起人们广泛注意的理论体系，就是新制度经济学。以科斯为代表的新制度经济学派在运用新古典方法的基础上进行制度分析，拓展了西方经济学的研究领域。随着市场经济运行的不断发展和社会分工的日益细化，西方经济学也逐渐发展成为门类齐全、学科交叉的庞大理论体系。此外，西方经济学还演化出了若干新的分支：行为经济学、实验经济学、演化经济学、新经济地理学、法经济学等等，在一定程度上弥补了原有体系的不足，为西方经济学的发展开辟了新的路径。

以上是对两个多世纪以来西方经济学发展脉络的极为简化的概括。改革开放以后，西方经济学被引入并在我国广泛传播，对我国的理论经济学产生了一定的影响，本节主要介绍改革开放以来西方经济学在我国的引进和研究情况。

一、20 世纪 80 年代

改革开放如一缕春风给我国经济理论的研究带来了生机，人们解放了思想，“闭关的局面打开了，对外交流的渠道多了，对于外国经济学的观感、态度也开始变了。”① 在这种背景下，西方经济学在我国获得了发展的空间。1979 年，由我国老一辈经济学家发起，“中华外国经济学说研究会”成立，“1980—1981 年间该学会举办了大型‘国外经济学讲座’，每周一次，共 60 讲，分专题、全面系统地介绍和评价国外经济学说。这些讲稿后来由中国社会科学出版社出版，书名为《国外经济学讲座》（共分 4 册）”②。为西方经济学在我国的传播和发展起了重要的推动作用。20 世纪 80 年代初，我国著名经济学家陈岱孙教授在谈论西方经济学与我国社会主义现代化建设的关系时指出：“在对待西方经济学对于我们经济现代

① 陈岱孙：“现代西方经济学的研究和我国社会主义经济现代化”，《北京大学学报（哲学社会科学版）》，1983 年第 3 期。

② 宋涛主编：《20 世纪中国学术大典　经济学（上册）》，福建教育出版社 2005 年版。

化的作用上，我们既要认识到，这些国家的经济制度和我国的社会经济制度根本不同，从而，现代西方经济学作为一个体系，不能成为我国经济发展的指导理论。同时，我们又要认识到，在若干具体经济问题的分析方面，它确有可供我们参考、借鉴之处”①。

“在整个80年代上半期，西方经济学的引进和研究主要是以古典和新古典经济理论为主，尤其是凯恩斯理论和后凯恩斯主流学派。”② 1982年，商务印书馆成立85周年之际，《汉译世界学术名著》丛书第一辑推出，翻译出版了包括经济学著作在内的50种世界名著。在此后陆续推出的书目中，该套丛书将国外著名的经济学著作翻译并介绍到我国，为西方经济学在中国的传播发挥了重要作用。书目包括斯密的《国民财富的性质和原因的研究》、李嘉图的《政治经济学及赋税原理》、克拉克的《财富的分配》、康芒斯的《制度经济学》、凯恩斯的《就业、利息和货币通论》等等。在80年代上半期，翻译出版或再版的西方经济学著作还包括：萨伊的《政治经济学概论》、维塞尔的《自然价值》、魏克赛尔的《利息与价格》、罗宾逊的《现代经济学导论》、杰文斯的《政治经济学理论》、里昂惕夫的《投入产出经济学》、拉姆赛的《论财富的分配》等等。

除了翻译西方经济学的名著以外，这一时期，我国经济学工作者们通过对西方经济理论的研究，也出版了不少的著作，如：胡代光和厉以宁编著的《当代资产阶级经济学主要流派》、刘涤源和谭崇台主编的《当代西方经济学说》、厉以宁著的《简明西方经济学》、梁小民著的《西方经济学导论》、尹伯成和石士钧编著的《简明资产阶级政治经济学史》等等。这些著作有的是以西方经济学说的发展为线索，从学说史的角度介绍西方经济理论；有的是以当代西方经济理论为主体，按照西方主流的框架体系介绍现代主流西方经济学；还有一些是对西方经济理论的评论和比较研究。

此外，我国学者关于西方经济学的研究成果还以论文的形式发表在一些期刊上，如陈岱孙教授的“规范经济学、实证经济学和西方资产阶级经济学说的发展”、钱荣堃教授的“西方宏观经济学中的新流派——合理预期学派评介”、高鸿业教授的“评西方微观经济学的完全竞争模型”、黄范章教授的“对西方经济学的正确认识与态度”、厉以宁教授的“西方消费经济学持久收入假定与生命周期假定说评述”，等等。从1983年开始《经济理论与经济管理》连续刊登高鸿业先生的10篇书评，以评论萨缪尔森《经济学》为契机从不同角度对西方经济学进行探讨。随着西方经济学的不断引进和对西方经济理论的不断学习，我国学者对西方经济学的了解更加全面，研究更为深入。

“在20世纪80年代下半期，西方经济学的引入和研究转变为以经济增长理论和发展经济学为主，同时对经济管理、企业管理理论的介绍和研究亦成为一个重点。”③ 这个转变是必然的，它是我国改革开放、经济发展的需要，体现了我国对西方经济学的引入和研究不仅关注理论本身还注重其实践意义。这一时期翻译过来的著作包括钱纳里等著的《工业化和经济增长的比较研究》、贝纳西著的《市场非均衡经济学》、阿罗著的《信息经济学》、吉利斯等著的《发展经济学》、索洛著的《经济增长理论：一种解说》、瓦尔拉斯著的《纯粹经济学要义或社会财富理论》、库兹涅茨著的《现代经济增长：速度、结构与扩展》、麦金农

---

① 陈岱孙：“现代西方经济学的研究和我国社会主义经济现代化”，《北京大学学报（哲学社会科学版）》，1983年第3期。

② 赵春明主编：《二十世纪中国的经济学》，党建读物出版社2000年版。

③ 赵晓雷：《新中国经济理论史》，上海财经大学出版社1999年版。

著的《经济发展中的货币与资本》、格利和肖著的《金融理论中的货币》、肖著的《经济发展中的金融深化》、罗斯托著的《从起飞进入持续增长的经济学》等等。

国内学者对于西方经济学的研究除了延续学说史的角度，如胡寄窗著的《1870年以来的西方经济学说》、蒋自强主编的《当代西方经济学流派》、方崇桂和尹伯成主编的《经济学说史教程》等等。还包括像罗节礼编著的《当代西方经济学原理》、高鸿业和吴易风著的《现代西方经济学》、刘厚俊编著的《现代西方经济学原理》等西方经济学教材。此外，对于发展经济学、计量经济学、数理经济学、劳动经济学、卫生经济学等西方经济学的各个分支亦有所涉及。

对西方经济理论的学习和研究引发了我国学者对西方经济学的全面思考。张彦的"西方经济学基础的重构——对经济规律的若干思考"、蒋学模的"社会主义宏观经济学的特点——与西方宏观经济学的比较"、傅殷才的"当代西方经济学主要学派的经济政策主张——孰优孰劣?"、张培刚的"当代西方经济学的特点发展趋势及其借鉴和利用"、陈岱孙和杨德明的"当代西方经济学的借鉴意义"、胡代光的"西方经济学理论危机及其演变趋势"、罗节礼的"试论马克思主义政治经济学与当代西方经济学的比较研究"等等，一批反思西方经济学的文章不仅分析深入而且角度独特，将我国对西方经济学的研究推向了新的高度。

20世纪80年代，在改革开放政策的指引下，人们冲破思想上的束缚，对于西方经济学的态度较之改革开放前有所转变，这段时期中，西方经济学在我国获得了较大的发展。我国对于西方经济学的引进和研究不仅体现在译著、专著和论文上，还通过学科建设反映出来。"值得特别提及的是，如果说在20世纪80年代上半期许多高校自发地各自设置了介绍西方经济学的一般课程，而自20世纪80年代下半期以来，教育部允许高等院校正式开设宏观经济学、微观经济学之类的属于西方经济学的基础理论课程。"① 我国各大专院校对于西方经济学的教学工作也成为传播和学习西方经济学的重要途径。我国对于西方经济学的引进和研究以更为全面的视角、更为深入的层次、更为多样的渠道全面、系统地展开。

二、20世纪90年代

1992年，党的十四大确立社会主义市场经济体制的改革目标，我国的改革开放事业掀开了新的篇章。在这样的历史背景下，20世纪90年代，我国"对西方经济学的研究和应用也有了更进一步的发展，对理论的引进不再是零散的，而是整个理论体系、整个学派的引进介绍；对基本理论把握得更准确，对基本分析工具也运用得比较娴熟，而且对现代经济学发展的前沿学科及新学科也有更多的介绍和了解；对现代西方经济学的借鉴应用也更理性、更求实效。在中国经济的市场化改革不断深化的态势下，西方经济学对现实经济运行的解释力、预测力等应用价值愈益明显。"②

20世纪90年代，西方经济学在我国的研究和发展突出地表现在新制度经济学上。新制度经济学将制度因素引入主流经济学，弥补了其缺陷，对现实的解释力大大增强。1937年，科斯的论文《企业的性质》公开发表，将交易成本引入经济分析，开创了新制度经济学的先河。60年代，"随着科斯（1960）关于社会成本的论文，斯蒂格勒（1961）关于信息经

① 张卓元主编：《中国经济学30年（1978—2008）》，中国社会科学出版社2008年版。

② 赵晓雷："中国现代经济理论史论纲"，《当代中国史研究》，2002年第2期。

济学的论文，以及阿罗（1962）关于适度报酬的论文相继发表，新制度经济学才开始破壳而出，成为解释现实世界的重要工具，并被威廉姆森（1975）正式命名为‘新制度经济学’。”① 在其后的发展中，新制度经济学逐渐形成了包括交易费用理论、产权理论、委托－代理理论、公共选择理论、企业理论和制度变迁理论等等在内较为完整的理论体系，所研究的内容也由历史学扩展到了法学、社会学、政治学等诸多领域。1991 年，美国芝加哥大学教授罗纳德·科斯凭借在交易费用和产权理论方面的杰出贡献获得诺贝尔经济学奖。1993 年，美国经济学家道格拉斯·C. 诺思因其在制度变迁理论和新经济史方面的研究获得诺贝尔经济学奖，两位新制度经济学的代表人物在同一时代摘得经济学研究领域的最高奖，这无疑对新制度经济学的发展产生了巨大的推动作用。新制度经济学在西方经济学中扮演着愈加重要的角色。

随着我国市场化改革的日渐推进，传统的计划经济向现代的市场经济转轨，在体制转轨的过程中，我国的经济运行为新制度经济学的研究、发展和应用提供了广阔的空间。新制度经济学的分析方法被广泛应用于我国改革的宏观及微观层面的分析。这一时期，大量的新制度经济学的著作被引入我国。20 世纪 90 年代末和 21 世纪初，经济科学出版社推出了《新制度经济学名著译丛》，包括杨小凯和黄有光著的《专业化与经济组织：一种新兴古典微观经济学框架》、德姆塞茨著的《所有权、控制与企业：论经济活动的组织》、迪屈奇著的《交易成本经济学：关于公司的新的经济意义》、平乔维奇著的《产权经济学：一种关于比较体制的理论》、威廉姆森著的《反托拉斯经济学：兼并、协约和策略行为》、斯蒂格利茨等著的《契约经济学》、科斯等著的《制度、契约与组织：从新制度经济学角度的透视》、德勒巴克等编的《新制度经济学前沿》、弗罗门著的《经济演化：探究新制度经济学的理论基础》、诺思等著的《制度变革的经验研究》。此外，诺思著的《经济史中的结构与变迁》、科斯著的《企业、市场与法律》、科斯等著的《财产权利与制度变迁：产权学派与新制度学派译文集》、卢瑟福著的《经济学中的制度：老制度主义和新制度主义》、德姆塞茨著的《竞争的经济、法律和政治维度》、霍奇逊著的《现代制度主义经济学宣言》等，也都是 20 世纪 90 年代翻译介绍过来的新制度经济学的名著。

在学习并了解新制度经济学的体系和方法的同时，我国学者借鉴应用新制度经济学研究我国体制转轨过程中出现的经济现象和经济问题也取得了成果。20 世纪 80—90 年代开始推出的《当代经济学系列》丛书集中反映了我国学者在这一领域的研究成果。丛书的主编陈昕先生曾这样评价，《当代经济学系列》丛书是中国 20 世纪 80—90 年代出版的最成功的一套经济学丛书，它的最大价值在于，改变了中国经济学家长期以来的纯思辨的研究方法，开始尝试用实证的、计量的方法来分析现实中的重大问题。”② 20 世纪 90 年代，《当代经济学系列》丛书出版的新制度经济学领域的著作包括：林毅夫著的《制度、技术与中国农业发展》，从制度变迁和技术变动的角度研究我国农村和农业的发展问题，将新制度经济学与我国经济运行的现实有机结合；盛洪著的《分工与交易：一个一般理论及其对中国非专业化问题的应用分析》，用生产费用与交易费用理论分析了我国经济体制改革过程中的非

① 欧阳日辉、徐光东：“新制度经济学：发展历程、方法论和研究纲领”，《南开经济研究》，2004 年第 6 期。

② 陈昕：“中国经济学曾经有过一个‘三联学派’——写在三联书店成立六十周年之际”，《编辑学刊》，2008 年第 6 期。

专业化问题，是新制度经济学在我国经济实践中的积极尝试；张维迎著的《企业的企业家：契约理论》，“它以一个特定的企业理论为题目，为我国青年一代经济学者提供了一个方法论典范”①；刘世锦著的《经济体制效率分析导论》“在广泛吸取前人成果的基础上，形成了自己的理论体系，提出了一个以体制效率为中心进行制度分析的理论框架和分析方法”②；等等。

“中国学者在80年代后期引入这种理论（新制度经济学），便迅速地和自身的感性认识有机地结合起来，成为研究中国改革问题的最重要的理论源泉。从1990年开始，国内的学者们就改革过程本身展开了深入的研究，并取得了丰硕的成果，‘中国的过渡经济学’的概念被明确提出。1994年以后，学者们又进一步跳出改革过程的狭隘视野，把目光投向企业、市场、国家及其他经济组织，不仅研究改革过程，而且还着重探讨制度的性质和起源等新制度经济学的基本问题；不仅沿用过去的规范分析，而且更重视正式的理论模型和计量模型。这些成果虽然谈不上在基本理论问题上的突破，但就解释中国近五十年的制度演变史来说，还是有其特色的”③。

20世纪90年代，以新制度经济学为代表，西方经济理论在我国蓬勃发展。这有着深刻的历史和现实背景：首先，中国的市场化改革为西方经济学的发展提供了广阔的历史舞台。我国的社会主义市场经济建设是前无古人的伟大事业，没有现成的蓝本，在摸索中前进，需要博采众长。西方经济学经过两个多世纪的发展，已形成比较成熟和完整的理论体系，它以市场经济为研究对象，其关于市场经济运行的一般规律为我们提供了可供借鉴的科学成分。对西方经济学进行广泛而深入的研究，吸收西方经济学中的有用成果，有利于丰富我国的社会主义市场经济理论。其次，改革开放以来中国经济的发展令世人瞩目，中国经济成为国内外学者关注的焦点。国内外学者运用不同的经济理论、从不同角度分析和研究中国经济问题，也有助于推动西方经济学的发展。再有，大量的海外学成回国的经济学工作者们将最新的理论和先进的分析工具介绍过来，为西方经济学在我国的传播和发展作出了重要贡献。在这样的背景下，我国学者对西方经济学的了解更加全面和深入，科学借鉴西方经济学解决我国现实问题的能力更加提高，并取得了丰硕的成果。

尽管在20世纪90年代，西方经济学在我国获得了广阔的发展空间并取得了成果，但是对于它的研究和应用还存在着某些不足，正如著名经济学家林毅夫所言，“改革开放以后，特别是90年代以来，现代经济学在中国大陆重新开始普及，并在青年一代取得主流地位，出现了迅速弥补与国际先进水平差距的趋势。然而，由于长期封闭落后，在短短10年、20年的时间里既要消化国际经济学界过去几十年、几百年积累的研究成果，又要努力追踪其发展前沿，艰难程度可想而知，难免不走弯路。比如照抄照搬国外理论，而忽视了任何理论的分析都以特定的制度和发展阶段为前提；或以概念代替逻辑分析和经验实证，理论争论常成为一种新的意识形态的争论等。”④ 如何正确有效地借鉴和利用现代西方经济学解决我国经

---

① 汪丁丁：“企业家的形成与财产制度——评张维迎《企业的企业家——契约理论》”，《经济研究》，1996年第1期。

② 张曙光：“中国的制度分析：三个理论框架的比较——简评刘世锦新著《经济体制效率分析导论》”，《经济研究》，1994年第12期。

③ 周业安：“90年代中国的新制度经济学研究评介”，《教学与研究》，2000年第12期。

④ 林毅夫、胡书东：“中国经济学百年回顾”，《经济学（季刊）》，2001年第1期。

济实践中的具体问题还需要我国经济学工作者不懈的探索和实践。

三、21 世纪的开端

20 世纪中后期，西方经济学演化出了若干新的分支，这些分支在一定程度上弥补了原有主流经济学的不足，对西方经济理论起到了完善和发展的作用。随着我国学者对西方经济理论学习和研究的不断深入，进入新世纪，我国学者在西方经济学发展的前沿和最新分支方面均有所研究并取得了一定的成果。

2002 年，美国普林斯顿大学的丹尼尔·卡尼曼（Daniel Kahneman）教授和乔治·梅森大学的弗农·史密斯（Vernon Smith）教授获得了该年度的诺贝尔经济学奖，行为经济学和实验经济学作为西方经济学重要分支的地位得到充分肯定。"行为经济学又称为'心理学的经济学'或'心理学和经济学'，它是在心理学的基础上研究经济行为和经济现象的经济学分支学科。……行为经济学是 20 世纪 70 年代才出现的新鲜事物，特别是近十年才被经济学界广泛关注"① 新世纪以来，我国学者在行为经济学方面的研究取得了一定进展，其成果多以学术论文或著（译）作的形式出现，如：薛求知等著的《行为经济学：理论与应用》、刘凤良等著的《行为经济学：理论与扩展》、贺京同著译的《行为经济学与中国经济行为》、董志勇编著的《行为经济学》等等。行为经济学以心理学为基础，这与西方主流经济学中理性行为人的假设存在着根本性的不同，是对主流经济学的挑战和修正。与之相似，实验经济学也对西方主流经济学发起了挑战，将实验室实验的方法引入经济学，否定了传统经济学从经济现象出发进行研究的思路，使经济学的研究更加依赖于实验和各种数据。具体地说，"实验经济学研究如何在可控制的实验环境下，对某一经济现象或经济决策，通过改变实验条件，观察实验对象在模拟的、更简化的经济环境中的特定经济行为，以检验、比较和完善经济理论或提供决策依据。"② 在这方面，我国学者的研究成果包括：周星编著的《发展中的实验经济学》、董志勇编著的《实验经济学》、葛新权和王国成著的《实验经济学引论：原理·方法·应用》、金雪军和杨晓兰主编的《实验经济学》、杜宁华著的《实验经济学》等等。

演化经济学也是 20 世纪 80 年代兴起的西方经济学中的一个重要分支。与主流经济学的静态均衡分析不同，演化经济学强调动态分析，用动态的观点看待和研究经济的演化与发展。"国内学者对演化经济学的引入和研究较晚，一般认为，贾根良的《进化经济学：开创新的研究程序》是国内第一篇系统介绍评价演化经济学的论文；盛昭瀚等人所著的《演化经济学》是国内第一部有关演化经济学的著作；国内第一个演化经济学的专门研究机构是成立于 2004 年 6 月的南京大学'中德演化经济学与中国经济发展问题研究中心'；国内第一套演化经济学系列丛书是 2004 年出版的《演化经济学译丛》；国内第一个专门开辟演化经济学栏目的经济学杂志是《南开经济研究》。"③ 此外，我国学者研究演化经济学的著作还包括：宋胜洲著的《基于知识的演化经济学：对基于理性的主流经济学的挑战》、贾根良著的《演化经济学：经济学革命的策源地》、陈劲和王焕祥编著的《演化经济学》等等。

---

① 周业安："行为经济学是对西方主流经济学的革命吗"，《中国人民大学学报》，2004 年第 2 期。

② 朱静："西方实验经济学研究综述"，《经济纵横》，2005 年第 11 期。

③ 杨宏力："解读演化经济学的兴起——兼论演化经济学的现状与未来发展"，《经济学家》，2008 年第 1 期。

20世纪中后期兴起的法经济学将经济学的研究与法学的研究结合起来，是经济学与法学交叉互动的一门新兴学科。该学科在国外发展已比较成熟。但是，对于国内的研究而言，“直到20世纪80年代后期新制度经济学在中国兴起后，法经济学才引起学术界的重视”①。进入新世纪以来，我国学者对于法经济学的研究获得了一定的成果，如：卢现祥和刘大洪主编的《法经济学》、陈国富著的《法经济学》、史晋川主编的《法经济学》、魏建著的《法经济学：分析基础与分析范式》、冯玉军著的《法经济学范式》、曲振涛著的《法经济学》、李省龙著的《法经济学分析范式研究》等等。这些研究成果拓宽了理论研究的视野，推进了法经济学理论的发展，然而，“就国内法经济学的研究而言，学科的基本范畴还有待进一步梳理澄清，理论体系有待逐步完善，研究内容有待大量充实，研究方法上有待更好地改进，研究水平则有待大幅度的提高”②。

20世纪80—90年代，以克鲁格曼为代表的新经济地理学兴起。“新经济地理学建立在传统贸易理论、增长理论及区位理论等基础上，以报酬递增和不完全竞争理论为理论前提，将反映区域经济发展和集聚机理的经济科学理论与空间研究相结合，形成新经济地理学的相关理论，如规模经济和运输成本理论、外部经济和产业集中理论、经济和货币一体化理论、复杂性理论等。”③ 新经济地理学将空间因素引入经济学分析，弥补了传统理论的不足，大大增强了对现实的解释能力。2008年，克鲁格曼获得诺贝尔经济学奖，新经济地理学再度引起关注。进入21世纪以来，我国学者在新经济地理学领域也取得了成果，安虎森等编著的《新经济地理学原理》、彭飞著的《新经济地理学论纲：原理、方法及应用》、谢燮和杨开忠著的《劳动力流动与区域经济差异：新经济地理学透视》等等，都反映了我国学者在这一新兴领域的积极探索。

20世纪中后期，西方经济理论发展和演化出现了一些新的分支，它们或者修改了主流经济学的前提假设，或者引入了新的分析方法，或者将某些外生因素内生化……这些新的理论分支为传统的西方经济学带来了生机，并试图为西方经济学开辟更广阔的发展空间，提高对现实的解释能力以增强其生命力。随着我国对西方经济学的不断引进和研究，这些新兴的理论分支在我国也产生了一定的影响，我国学者对于这些西方经济学中的新兴学科进行了不懈的追踪与探索并取得了相当的成果。这使得我们对于现代西方经济学的了解和把握更为全面，有助于在改革开放过程中更好地借鉴西方经济理论。

新世纪的开端，我国对于西方经济理论的引入和研究呈现出多样化的格局，在掌握传统的主流经济学体系的同时追踪和了解最新的发展动态和新兴学科分支；对西方经济学的探索由理论层面向应用层面倾斜，从对西方经济理论本身的介绍和学习逐步发展为通过对西方经济学的合理借鉴研究我国改革中的现实问题；看待西方经济学的态度更加客观化和科学化，从全盘否定和盲目崇拜的禁锢中解放出来，对其合理成分加以吸收利用，丰富和发展我国的理论经济学。

回顾改革开放以来我国引进和发展西方经济学的历程，西方经济学在我国的发展无不是与中国改革开放的伟大实践紧密相连。中国的市场化改革是经济理论发展的沃土，中国的奇

---

① 黄立君：“国内法经济学研究述评”，《经济评论》，2004年第6期。

② 黄立君：“国内法经济学研究述评”，《经济评论》，2004年第6期。

③ 朱华友、丁四保、高斌：“新经济地理学及其对经济地理学范式的修正”，《地域研究与开发》，2003年第6期。

迹吸引着无数经济学工作者运用各种经济理论研究中国问题。“诺贝尔经济学奖获得者米尔顿·弗里德曼甚至断言，谁能成功地解释中国经济改革和发展，谁就能够获得诺贝尔奖。”[①]经济学理论在发展，中国的改革开放事业在前进，进入新世纪，中国的经济学工作者任重而道远。

第二节 西方经济学的引入和研究对我国理论经济学的影响

在建国后相当长的一段时间里，我国的理论经济学主要是围绕学习和研究马克思主义经济学展开的，“这一时期，对西方经济学的引进、研究大抵限于对资产阶级古典经济学的介绍和对资产阶级‘庸俗’经济学的批判。这种介绍和批判在当时较难构成一条明晰的线索，对主流发展线索的影响也相当微弱”[②]。改革开放后，随着人们思想的进一步解放和我国市场化改革的不断推进，西方经济学在我国全面引进并获得了发展。改革开放30年来，西方经济学的引进既包括传统的主流经济理论，又涉及新兴的学科分支；既引进经济理论，又介绍分析工具；既关注理论发展，又重视实践应用。西方经济学已经渗入我国的经济学研究。我国的经济学也因此而受到了一定的影响。西方经济学在我国的引入和发展引发了我国学者的深深思考：如何正确对待西方经济学？怎样借鉴其科学成分为我国经济发展服务？西方经济学与马克思主义经济学的关系是怎样的？中国经济学向何处去？……对这些问题的探讨反映了我国经济学工作者对中国理论经济学未来的关注与憧憬。

回首新中国60年来的发展，中国经济学在服务对象和研究目的、经济学研究内容、经济学研究方法和武器以及经济学的研究氛围与经济学的教学等方面都发生了巨大的变化。[③]伴随着中国经济的发展，中国经济学也必将繁荣。本节首先讨论西方经济学的引入对我国理论经济学研究产生的影响，然后对我国学者关于西方经济学与马克思主义经济学的关系以及中国经济学向何处去的大讨论进行回顾与总结，最后是本章内容的小结。

一、西方经济学的引入和研究对我国理论经济学的一些影响

改革开放后，西方经济学的引入和研究对我国理论经济学产生了一定的影响。与改革开放前相比，改革开放以来我国的经济学研究发生了翻天覆地的变化。

改革开放前，我国传统的经济理论研究大都运用规范的分析方法且分析工具单一。改革开放后，随着西方经济学的引进，西方经济学的研究方法和分析工具也在我国传播开来。实证的、结构的、制度的等研究方法以及数学的、计量的等分析工具被我国学者迅速掌握并加以运用，为我国经济学的研究提供了便利的手段。需要指出的是，这些方法和工具只是经济学的辅助手段，它们并不是经济学的实质。在经济学的研究中夸大分析工具的作用，将其等同于经济学本身，这终将使经济学的发展误入歧途。下面以近年来经济学研究中出现的数学

---

① 林毅夫、胡书东：《中国经济学百年回顾》，《经济学（季刊）》，2001年第1期。

② 赵晓雷：《中国现代经济理论1949—2000》，上海人民出版社2001年版。

③ 李义平：“新中国60年中国经济学发展评析”，《光明日报》，2009年9月15日。

化倾向为例谈谈如何看待经济学的分析工具。

西方经济学者在研究中大量使用数学语言和数理模型描述经济现象和进行机制分析。我国在引进西方经济学的同时，数学的分析方法引起我国学者的重视并得到应用。著名经济学家钱颖一在谈到数学在经济研究中的作用时指出，“从理论研究角度看，借助数学模型至少有三个优势：其一是前提假定用数学语言描述得一清二楚。其二是逻辑推理严密精确，可以防止漏洞和谬误。其三是可以应用已有的数学模型或数学定理推导新的结果，得到仅凭直觉无法或不易得出的结论……从实证研究角度看，使用数学和统计方法的优势也至少有三：其一是以经济理论的数学模型为基础发展出可用于定性和定量分析的计量经济模型。其二是证据的数量化使得实证研究具有一般性和系统性。三是使用精致复杂的统计方法让研究者从已有的数据中最大程度地汲取有用的信息。”① 作为西方经济学主要分析工具之一，数学的确发挥了不可替代的作用，而且这种工具迅速被我国学者所掌握并运用，对我国经济理论的研究产生了方法论上的影响。然而，需要指出的是，数学本身并不是经济学。如海克斯所言“数学像磨盘一样，把撒在它下面的东西磨碎，撒下蒺藜，就不能得到面粉，同样地，写下整页整页的公式，也不能从错误前提中得到真理”②。科学地、理性地看待研究方法和分析工具在经济学研究中的作用，并能够正确使用它们，才能真正推动经济学的发展。

改革开放前，在高度集中的计划经济体制下，我国经济学以传统的计划经济为主要研究对象。改革开放以后，特别是我国确立社会主义市场经济体制的改革目标以后，我国经济学的研究对象转向了社会主义市场经济。在这种背景下，西方经济学在我国的引进和研究成为必然。西方经济学以资本主义市场经济为研究主体，但其关于市场经济运行的一般规律和机制为我们提供了可供借鉴的成分。在西方经济学的影响下，“宏观经济、微观经济这两范畴的区别与联系，已为我国广大经济学界所接受；对市场经济的三大主体（企业、政府、居民户）的职能与行为规范的研究，对宏观经济和微观经济的规律的研究，已充斥我国报刊和出版物。这一切使我国经济学研究的面貌发生了重大变化，而且这一发展还将向广度与深度推进。”③ 以新古典为代表的西方主流经济学以理性行为人作为假设前提，以稀缺资源的最优配置为核心，关注生产上的技术关系。经过上百年的发展，西方经济学已具有较为完整的理论体系和比较成熟的分析方法。尽管西方经济学的理论体系因存在缺陷而遭到种种质疑，其对现实的解释能力还有待提高，但它作为市场经济的理论体系为我国经济学的研究拓宽了视野。

“新中国初期到改革开放前，经济学（主要是政治经济学）研究的内容充分反映了那个时代的特点，主要是证明向公有制过渡的必然性和正确性。政治经济学的社会主义部分主要阐述有计划按比例规律、按劳分配规律及社会主义基本经济规律。在学术层面则讨论生产劳动和非生产劳动、价值理论、如何自觉利用价值规律和贯彻按劳分配原则等。”④ 改革开放以后，在我国由计划经济体制向市场经济体制转轨的过程中，改革渗透到了我国经济领域的各个方面，国有企业改革、产业结构调整、社会保障体系建设、农村经济建设、金融体制改

---

① 钱颖一：“理解现代经济学”，《财经科学》，2002（增刊）。

② 转引自刘明国：“对经济学数学化的反思——兼论数学在经济学中的应用边界”，《特区经济》，2009 年第 3 期。

③ 黄范章：“西方经济学在中国（二）——兼论中国经济科学在借鉴西方经济学成果中发展”，《经济纵横》，1999 年第 8 期。

④ 李义平：“新中国 60 年中国经济学发展评析”，《光明日报》，2009 年 9 月 15 日。

革、对外经贸体制改革等等，无论微观层面还是宏观层面都成为我国经济学研究的内容。中国经济学在与中国经济的互动中发展得更为丰富。

二、中国经济学的发展方向

改革开放以来，西方经济学的大量引入并在我国迅速传播对我国的经济学研究产生了一定的影响。作为两大独立的理论体系，西方经济学与马克思主义经济学之间存在着巨大的差异。而这两大理论体系并存于我国，一方面有利于经济理论的百家争鸣；另一方面也给我国学者带来了不少困惑：如何处理马克思主义经济学与西方经济学之间的关系？怎样构建中国经济学的理论体系？中国经济学未来的发展方向是什么？等等。这些成为我们在引进西方经济学、发展马克思主义经济学、构建中国经济学过程中我国学者不得不面对和深思的问题。

事实上，从我国改革开放初期，西方经济学开始在我国日渐传播的时候，我国经济学工作者就开始思考西方经济学与马克思主义经济学之间的关系问题。一般认为，“马克思主义经济学是一门开放型的科学”①，而西方经济学既有资产阶级的庸俗性，又有一定的科学性，对西方经济学批判地加以吸收和利用才能真正地发展马克思主义经济学。这一时期，对马克思主义经济学与西方经济学之间的比较研究也是我国学者探讨的一项重要内容。比如有的学者从劳动价值论与效用价值论的比较；价值、价格、供求与均衡价格论的比较；成本价格、生产价格与厂商理论的比较；社会再生产理论与宏观经济理论的比较②等角度进行比较研究；还有学者对比较研究的理论和实践意义以及进行比较研究中应遵循的原则进行了分析。③ 马克思主义经济学与西方经济学在产生的背景、研究视角、理论内容以及分析方法等诸多方面存在差异，通过对两大理论体系进行全面系统、深入实际地比较研究，可以科学地发展马克思主义经济学、合理地借鉴西方经济学、同时为更好地构建和发展中国经济学服务。20 世纪 80 年代，在深入研究马克思主义经济学与西方经济学的关系的基础上，我国学者对中国经济学的构建和发展也进行了探讨。对于中国经济学的内涵，有的学者认为，“中国经济学是以中国社会主义经济运行为研究对象，揭示社会主义经济运行的客观规律的经济学。它既不同于西方经济学，又跳出了前苏联经济学的传统框框，也有别于东欧经济学，但同时又吸纳了其他三个学派的合理的内核，在理论体系，政策主张和研究方法上完全独树一帜，是当代世界经济学的一个新体系”④。对中国经济学发展的现状，有的学者认为，“与整个人类经济学的命运相类似，中国经济学也在痛苦地经历着一场突变，孕育着危机与希望。现代化的进程和改革的深化产生并持续地产生着对经济学变革的要求，迫切需要种种适合中国国情的经济理论，这就是中国经济学的现实。”⑤ 总之，改革开放后的 80 年代，我国学者在深入研究马克思主义经济学，并在中国改革实践中不断对其进行丰富和发展的同时，积极引进西方经济学并在全面学习的基础上批判地加以吸收和借鉴。我国的理论研究出现了繁荣的局面。而在繁荣的背后，我国学者对于如何发展中国经济学进行了充分的探讨。

---

① 郑炎潮：“马克思主义经济学与西方经济学”，《社会科学》，1985 年第 7 期。

② 刘骏民：“马克思主义经济学与西方经济学基本理论比较”，《南开经济研究》，1987 年第 1 期。

③ 罗节礼：“试论马克思主义政治经济学与当代西方经济学的比较研究”，《四川大学学报（哲学社会科学版）》，1987 年第 2 期。

④ 林其屏：“浅谈中国经济学的发展”，《经济问题》，1988 年第 5 期。

⑤ 罗必良、王玉蓉：“中国经济学的困境”，《贵州社会科学》，1988 年第 9 期。

随着改革开放的继续推进和我国社会主义市场经济体制改革目标的确立，20世纪90年代西方经济学在我国的引进和研究更加全面而深入。我国学者在分析西方经济学与马克思主义经济学之间关系的基础上，以中国经济学向何处去为中心的关于中国经济学未来发展的讨论更加热烈。与20世纪80年代相比，这次讨论的内容更为深入，范围更加广泛。从理论体系到研究方法，从发展途径到发展方向，我国学者们从各个角度阐述中国经济学应如何发展的问题，反映了对中国经济学发展前途的高度关注与深刻思索。晓亮研究员指出，“中国经济学的重建和发展，必须深深地扎根于中国的实际，能够解决中国改革和发展的问题。”① 高鸿业认为“中国经济学必须走发展马克思主义的道路，特别是走在经济管理和操作上发展马克思主义的道路。”② 魏埙认为，经济学的发展要在坚持和发展马克思主义过程中做到“一要紧密结合我国和世界经济的实际，二要充分地吸收当代西方经济学的合理成分”。③ 对于中国经济学的发展方向问题，陈宗胜等在总结现代经济学研究规范的基础上，指出，“中国的经济学今后发展的方向可能主要是以现代经济学的研究思路规范研究中国现实中的经济运动。”④ 改革开放以来，中国经济学虽然取得了重大进展，然而理论经济学的“缺位”使中国经济学面临尴尬。针对中国经济学的这种困境，谷书堂指出，“中国理论经济学要想尽快走出困境，加速发展步伐，适应实践发展和学科建设需要的最现实选择，就在于理论经济学研究的重心的转变和新的理论生长点的培植和发展”⑤。此外，俞品根从逻辑起点、研究规范、理论体系和发展演变几个方面对西方经济学进行探讨和分析，对中国经济学的发展提出了建设性的意见和看法。⑥ 程恩富等则从理论经济学的研究对象和范围、人文性、数量方法、假设等角度探讨中国经济学的重建。⑦ 林义从方法论的角度指出，“构建中国经济学，应当而且必须把方法论原则作为一个关键性链条而贯穿始终。如果没有方法论的创新，中国经济学新体系的构建很难有实质性的突破。”⑧ 等等。

由西方经济学的引入及其与马克思主义经济学的关系问题所引发的我国学者关于中国经济学向何处去的大讨论在中国的经济学界产生了强烈反响。老一辈经济学家们和年轻学者们纷纷参与到讨论中来，从不同视角和不同角度阐述中国经济学的发展问题，为推动我国理论经济学的建设作出了积极贡献。改革开放的实践推动着中国经济理论的发展，中国的经济理论也要能够为改革开放更好地服务。中国经济学的发展方向和前途对于中国的改革开放事业的顺利进行意义重大。我国经济学工作者在构建中国经济理论体系，发展中国经济学的同时肩负着历史的使命。

进入21世纪，中国的改革开放事业已经走过了一段历史时期，我们相继迎来了改革开放30周年和新中国成立60周年的历史性时刻。在这些特殊的历史时刻，回顾中国经济和中国经济学的发展历程，总结成绩和经验，展望未来具有特别的意义。因此，对改革开放以来中国经济和中国经济学发展历程的回顾与总结成为这一时期我国经济学界的主题之一。吴敬

---

① 晓亮：“困惑中的思考——谈中国经济学向何处去”，《理论前沿》，1997年第1期。
② 高鸿业：“中国经济学的发展途径（上）”，《甘肃社会科学》，1997年第6期。
③ 魏埙：“中国经济学向何处去”，《当代经济研究》，1997年第6期。
④ 陈宗胜、徐刚、刘书祥：“中国经济学未来可能的发展方向”，《经济学动态》，1997年第7期。
⑤ 谷书堂：“再谈面向21世纪的中国经济学的发展”，《经济经纬》，1999年第1期。
⑥ 俞品根：“西方经济学研究与中国经济学的发展”，《经济研究》，1998年第1期。
⑦ 程恩富、齐新宇：“重建中国经济学的若干基本问题”，《财经研究》，1999年第7期。
⑧ 林义：“方法论创新与中国经济学的构建”，《学术月刊》，1999年第1期。

琏等主编的《中国经济50人看三十年：回顾与分析》、张维迎主编的《中国改革30年：10位经济学家的思考》、张宇主编的《中国模式：改革开放三十年以来的中国经济》、柳欣、刘刚主编的《中国经济学三十年》、杨瑞龙主编的《改革开放的实践与经济学创新》、张卓元主编的《中国经济学30年（1978—2008）》、白永秀和任保平主编的《新中国经济学60年（1949—2009）》、刘仲藜主编的《新中国经济60年》等等一系列著作以及发表于各种学术期刊的论文都详细回顾并清晰梳理了中国经济和中国经济学的发展过程和发展脉络。值得一提的是，适逢改革开放30周年之际，中国经济理论创新奖推出，旨在奖励对中国经济改革和发展产生重大推动作用的经济理论。农村家庭联产承包责任制理论获得首届此殊荣。这一奖项是中国经济理论发展的阶段性总结，并将促进和推动中国经济理论的创新与发展。

除了回顾中国经济及中国经济学的发展历程和辉煌成就以外，在21世纪的开端，关于中国经济学向何处去的讨论再次掀起热潮。2005年7月，刘国光就理论经济学教学和研究中的一些问题谈了看法，后来谈话被整理后以"经济学教学和研究中的一些问题"为题发表在2005年第10期的《经济研究》上。针对"在理论经济学教学与研究中，西方经济学的影响上升，马克思主义经济学的指导地位被削弱和被边缘化"① 的现象，刘国光分析了马克思主义政治经济学与西方经济学的关系以及中国经济改革和发展的指导理论等一系列经济学研究与教学中的问题。围绕刘的这一文章，我国经济学界展开了热烈讨论。何炼成表示基本赞成刘国光的观点，对于中国的经济学研究与教学中出现的问题从制度上和认识上找出原因并提出相关建议，并对于刘国光的某些观点进行了商榷。② 关于中国经济学的范式构建问题，于金富认为"无论是传统的前苏联范式、主流的西方范式，还是试图把二者调和起来的折中范式，都不能成为当代中国经济学范式。在全面建设中国特色社会主义的新的历史条件下，我们应当根据科学性、适应性和综合性的基本原则，以马克思主义经济学为基础、以中国问题为向导，广泛吸收现代西方经济学的合理成分，努力构建现代中国经济学的科学范式。"③程恩富认为中国经济学传统的和现有的理论模式存在着缺陷，中国经济学需要"以中外经济实践为思想源泉，以马克思经济学和新创的主要假设为基点，积极吸纳古今中外各种经济思想的合理成分，广泛借鉴相关社会科学和自然科学的可用方法，构造既超越马克思经济学范式，又超越西方经济学范式的新范式，即新建在世界经济大环境中主要反映中国初级社会主义市场经济独特性的经济学范式。"④ 林毅夫则从另一个角度关注中国经济学，指出现代经济学关于改革和发展的很多理论并非能够直接解释和指导我国的改革和发展，随着中国经济的发展，时代呼唤理论创新，这是中国经济学面临的机遇与挑战。⑤ 改革开放30周年之际，纪宝成在回顾改革开放巨大成就和中国经济学快速发展的同时，总结中国经济学学科建设情况，针对目前经济学学科建设过程中存在的问题，指出中国经济学的学科建设应该"1. 坚持马克思主义为指导；……2. 正确借鉴西方经济学理论；……3. 紧密联系中国的实际；……4. 解放思想，不断创新。"⑥ 新中国成立60周年之际，颜鹏飞教授等以"中国经

---

① 刘国光："经济学教学和研究中的一些问题"，《经济研究》，2005年第10期。

② 何炼成："中国经济学向何处去"，《学术界》，2006年第5期。

③ 于金富："构建现代中国经济学的科学范式"，《经济纵横》，2008年第1期。

④ 程恩富："中国经济学理论模式的缺陷与全面重建"，《红旗文稿》，2008年第18期。

⑤ 林毅夫："中国经济学的机遇和挑战"，《当代经济》，2007年第7期。

⑥ 纪宝成："中国经济学的发展方向"，《教学与研究》，2008年第11期。

济学60年的反思与展望：再论中国经济学究竟向何处去”为题鲜明地指出，中国经济学体系的方法论基础是马克思经济学逻辑体系构筑学说，核心主题是发展，特征是转轨型经济学，中国经济学的范畴定位和结构布局是重中之重①等等。

21世纪的开端，随着西方经济学在我国的继续引入以及对我国经济学研究和教学所产生的影响，马克思主义经济学与西方经济学的关系问题依然是我国经济学界关注和谈论的重点问题。适逢改革开放30周年和新中国成立60周年这样具有历史意义的特殊时刻，我国经济学界对中国经济学的发展历程进行了全面反思和深刻总结，学者们从不同角度对中国经济学发展的方向、性质、原则、范式构建、指导思想等重大问题的探讨和研究为中国经济学未来的发展起到了促进和推动的作用。

总之，改革开放以来，在解放思想、实事求是思想路线的指引下，中国的经济学领域出现了繁荣的局面。马克思主义经济学的研究呈现出鲜明的时代特征，改革开放的伟大实践大大丰富了马克思主义经济学的研究内容，促进了马克思主义经济学的理论创新。在我国经济学工作者的努力下，马克思主义经济学与中国实际相结合的程度大大提高，推动了马克思主义经济学由理论走向实践。所有这些都赋予了马克思主义经济学以新的活力和生命力。

在马克思主义经济学深入发展的同时，西方经济学作为一个独立的理论体系被大量引入到我国并获得了快速的发展。西方经济学在我国的介绍与传播对我国经济学的研究和教学产生了一定的影响。我国学者在学习和掌握西方经济学的同时进行了借鉴应用的大胆尝试，使西方经济学在实践中得到了发展。在引进和借鉴西方经济学的同时，我国学者逐渐形成了对西方经济学的科学和客观的认识与态度，在正确借鉴和合理利用西方经济学方面有了很大进展。

由于历史背景、分析方法、研究视角、理论内容等诸多方面的巨大差异，马克思主义经济学与西方经济学作为两大对立的理论体系并存于我国的经济学领域，这使得中国经济学的研究面临困惑，如何处理马克思主义经济学与西方经济学之间的关系成为我国经济学界不得不面对的问题。在改革开放以来三十余年的发展过程中，对于这一问题的讨论曾几经掀起高潮，并且伴随着中国经济学今后的发展，对这一问题的讨论将会更加深入。与这一问题相联系的是关于中国经济学体系的构建和未来发展方向的问题。中国经济学向何处去？在中国经济的繁荣与发展日益受到世界瞩目的同时，中国的经济学研究也被广泛关注。作为中国的经济学工作者，我国经济学界对中国经济学的发展问题进行了深刻的思考。尤其是20世纪90年代和21世纪的开端，关于中国经济学的讨论更是集中而热烈。从中国经济学的科学内涵、研究现状、发展历程到研究方法、理论体系、范式构建再到中国经济学面临的历史机遇以及未来的发展方向等等，我国经济学界从不同角度和不同侧面对中国经济学的发展进行探讨和研究，这必将对中国经济学未来的发展产生积极的推动和促进作用。

改革开放以来，中国的经济理论在与中国改革开放实践的互动中获得了很大发展。改革开放的伟大实践为中国的经济学研究提供了丰富的内容，促使中国的理论经济学不断创新和发展。社会主义市场经济理论、所有制理论和分配理论上的重大突破、农村家庭联产承包责任制理论、国有企业股份制改革理论等等都是理论创新的丰硕成果。伴随着中国改革开放的历史进程，中国的理论经济学将迎来更大的发展和更加辉煌的成就。中国经济学充满着希望！

---

① 颜鹏飞、戴盛：“中国经济学60年的反思与展望：再论中国经济学究竟向何处去”，《西北大学学报（哲学社会科学版）》，2009年第3期。

第六章

中国的经济改革与转型经济学的发展

第一节　中国转型经济学的发展沿革

中国的转型经济学是伴随着改革开放逐渐兴起的，至今已经走过了31个年头。回顾中国转型经济学的发展历程，我们可以将其简单地划分为三个阶段。1978—2002年，是中国转型经济学的起步阶段，这一时期我们普遍将转型理解为经济体制的变革。2002—2008年，中国的转型经济学研究开始不断地走向成熟，伴随着改革的深入，我们开始发现若要实现经济持续稳定的增长，必须在经济、政治、社会、文化等领域进行全面的转型，于是“大转型”的理念开始主导转型经济学的研究。2008年，当中国的改革开放之路走过了30个年头，恰逢由美国次贷危机引发的全球金融海啸愈演愈烈，此时我们开始反思中国未来的转型方向，探索发展中国家通过制度创新，追求社会进步、实现经济发展的道路，成为了转型经济学新的研究主题。

一、中国转型经济学的起步阶段：1978—2002年

从改革开放之后到2002年之前，中国的转型经济学处于起步阶段。在这一时期内，国内转型经济学研究的一个显著特征是对于“转型”的理解基本停留在体制转型的层面上。

中国转型经济学的兴起及发展与中国的经济改革的逐步深化是密不可分的。让我们简单回顾一下，2003年之前我国经济改革的进程。1978年党的十一届三中全会提出以经济建设为中心，从此中国踏上了改革开放的伟大历程。1982年党的十二大提出“计划经济为主，市场调节为辅”。1984年10月党的十二届三中全会通过的《中共中央关于经济体制改革的决定》提出了商品经济是社会经济发展不可逾越的阶段，明确了“社会主义经济是建立在公有制基础上的有计划商品经济”，推动了城市经济体制改革的全面展开。1987年党的十三大提出了社会主义初级阶段理论。1992年春邓小平南方讲话提出了“计划经济不等于社会主义，资本主义也有计划；市场经济不等于资本主义，社会主义也有市场。计划和市场都是经济手段，计划多一点还是市场多一点，不是社会主义与资本主义的本质区别”[①] 的重要思

① 《邓小平文选》第3卷，人民出版社1993年版，第73页。

想。1992年召开的党的十四大正式提出我国经济体制改革的目标是建立社会主义市场经济体制。1993年11月召开的党的十四届三中全会作出了《中共中央关于建立社会主义市场经济体制若干问题的决定》，提出了建立社会主义市场经济体制的基本框架和基本要求。1997年10月召开的党的十五大确立了以公有制为主体、多种所有制经济共同发展的社会主义初级阶段的基本经济制度。2002年党的十六大进一步提出了全面建设小康社会、走新型工业化道路以及坚持和完善社会主义基本经济制度等战略思想。对于转型经济学而言，党的十四大的召开具有里程碑的意义。正是因为明确提出了我国经济体制改革的目标是建立社会主义市场经济体制，所以国内的转型经济学研究也随之明确了自己的研究对象，就是要探索如何实现经济体制从计划经济到市场经济的转变。盛洪就曾指出："所谓过渡经济学，是指一种研究如何从计划经济向市场经济过渡的经济学理论。"①

具体来看，这一阶段我国转型经济学的研究以党的十四大作为标志，划分为前后两个时期。前一个时期的研究多以"改革"（Reform）命名，其中的代表作包括樊纲的《论改革过程》和《两种改革成本与两种改革方式》、盛洪的《寻求改革的稳定形式》、胡汝银的《中国改革的政治经济学》以及林毅夫等人的《论中国经济改革的渐进式道路》等。在后一个时期中，"转轨"或"过渡"（Transition）② 的使用愈发频繁，代表作包括盛洪的《中国的过渡经济学》、厉以宁的《转轨发展理论》、景维民的《过渡经济论》、张宇的《过渡政治经济学导论》、陈宗胜的《中国经济运行的大背景——双重过渡》以及江春泽的《转轨经济学与中国经济体制转轨的特色》等。虽然前后两个时期的关键词有些差异，但是如果我们仔细研读，就会发现所谓的"改革经济学"研究的同样是与经济体制转变的密切相关的问题。因此，本文将其划为一个发展阶段之中，而不分别进行探讨。

这一时期国内学界对于"转型"的认识理解虽然还不够全面、深入，但是对经济转型问题的开创性研究却为中国转型经济学的进一步发展奠定了坚实的基础。根据陈文科的研究，"改革经济学"与"转轨（过渡）经济学"的基础性作用可以从以下四个方面表现出来。第一，明确了中国的转轨（过渡）是一种双重转轨（过渡），即体制转轨与经济发展并重，以体制转轨促进经济发展，在经济发展中实现体制转轨。第二，丰富了转轨（过渡）经济学的理论基础，特别是新制度经济学的引入，运用交易成本的概念，从制度变迁的角度认识体制转轨，极大地促进了转轨（过渡）经济学的发展。第三，初步探讨了转轨（过渡）经济学的理论框架，基本明确了目标、方式、路径、时序、绩效等研究课题。第四，比较研究了转轨（过渡）经济学的各种模式，特别是中国与前苏联东欧国家转轨的特点。③

二、中国转型经济学的成熟阶段：2002—2008年

随着研究的深入，国内学界在20世纪90年代末开始关注"改革"、"转轨（过渡）"与"转型"的区别。特别是在对外文文献中"Transition"和"Transformation"的翻译上，甚至出现过争论。张帆等人在翻译Roland的著作Transition and Economics时，就主张将"Transi-

---

① 盛洪：《中国的过渡经济学》，上海三联书店1994年版，第2页。

② 当然，这一时期对于"Transition"的翻译也存在着混乱。例如，由北京大学出版社翻译出版的Roland的著作Transition and Economics就被译为《转型与经济学》。

③ 陈文科："中国转轨经济学论纲"，《改革》，2001年第3期。

tion”译为“转型”，对于“Transformation”则主张译为“改革”。[①] 剧锦文于 1997 年在《经济学消息报》上则最早将“Reform”译为“改革”、“Transition”译为“转轨”、“Transformation”译为“转型”。并且，主张“转型”与“转轨”的区别在于前者较之后者在制度转换的速度方面更快。[②] 如今看来，虽然他对于“转型”与“转轨”内涵的把握还不够清晰，但是至少反映出学界对于“转型”认识深化的探索过程。

进入新世纪以来，全国人民经过 20 多年的艰苦努力，基本建立起了社会主义市场经济体制，并且得到了世界上一些国家的认可。2003 年 10 月党的十六届三中全会通过的《中共中央关于完善社会主义市场经济体制若干问题的决定》指出：我国经济体制改革在理论和实践上取得重大进展。我国的社会主义市场经济体制初步建立，公有制为主体、多种所有制经济共同发展的基本经济制度已经确立，全方位、宽领域、多层次的对外开放格局基本形成。然而，我们却惊讶地发现，伴随着经济的高速增长，医疗、教育、资源、环境等问题却日益突出。这些问题的暴露清晰地告诫我们，“转型”的过程比当初的想象要复杂得多，中国的改革之路依然任重道远。

在这样的背景下，国内学界对于“转型”的认识也发生了深刻的变化。根据张建君的综述，这种变化集中体现在两个标志性的事件上。[③]

首先是 2002 年美国普林斯顿大学著名华裔经济学家邹至庄（Gregory C. Chow）在由美国 Blackwell Publishers 公司出版的《中国经济转型》（China's Economic Transformation）一书中正式对转轨（Transition）和转型（Transformation）进行了严格的区分和界定。他认为，二者的相似之处在于都描述了经济体制的变化，而区别表现为前者强调的是包括特定起点和终点，有明确目标的转变，而后者则不包括特定的终极目标，并且更为关注转变的过程。邹至庄进一步指出“转型”比“转轨”能更好地描述中国经济的变化。其中的原因在于中国的改革并不能简单地理解为从计划经济到市场经济，“摸着石头过河”的改革思路实际说明转型的结果具有很大的未知性，而事先并没有一个确定清晰的目标。

其次是由吴敬琏主编的《比较》杂志在 2002 年第 1 辑中刊登的科尔奈“制度范式”一文，其中，“Transition”被译为“过渡”，而“Transformation”被译为“转轨”。而《比较》杂志 2005 年第 17 辑刊登的科尔奈《大转型》一文，对与《制度范式》一文基本相同的一段话中的“Transition”改译为“转轨”，“Transformation”改译为“转型”。这一变化绝不是译法的简单改变，而是反映了国内学界对于“转型”理解的一次重大变革。我们逐渐发现所谓的“转型”不仅仅是从计划经济到市场经济体制上的变化，而且还包括与之配套并且同步推进的政治、社会、文化等领域的全方位的变化。在这一过程中，各种各样的正式制度与非正式制度相互交织，彼此影响。任何一个环节的问题都无法实现经济社会的稳定高效运转。因此，转型绝不是经济体制转轨，而应该从“大转型”的角度去理解把握。

自 2002 年以后，虽然还有一些学者惯性地使用“转轨”一词，例如吴敬琏在 2002 年出版的《转轨中国》、吕炜在 2003 年出版的《转轨的实践模式与理论范式》等，但是更多的学者开始用转型经济学来定位自己的研究。胡家勇在 2003 年出版了以《转型经济学》命名

① 罗兰：《转型与经济学》，北京大学出版社 2002 年版。

② 剧锦文：“世界经济大转中的转轨经济学”，《经济学消息报》，1997 年第 1 期。

③ 张建君：“经济转型与中国的转型经济学”，《甘肃理论学刊》，2009 年第 9 期。

的著作。王振中在2002年出版了《中国转型经济的政治经济学分析》。周冰2007年主编了“转型经济学理论前沿”丛书。以前出版过《过渡经济论》的景维民在2003年和2008年先后编著了两部《转型经济学》教材，并且出版了《经济转型的阶段性演化与相对市场化进程研究》、《经济转型中的市场社会主义》、《经济转型的阶段性演进与评估》等著作。以前出版过《过渡政治经济学导论》的张宇则在2006年和2008年分别出版了《中国的转型模式：反思与创新》和《转型政治经济学——中国经济改革模式的理论阐释》。在译著方面，将“Transformation”译为“转型”的方式也相对确定。例如，著名学者波拉尼（Polanyi）的著作 The Great Transformation 在被浙江人民出版社引进到国内的时候就被译为《大转型》。由此可见，转轨（过渡）经济学研究已经发展为转型经济学研究。毛增余甚至直截了当地指出转轨经济学已死。[①] 在这一时期，虽然有些学者还是对转型经济学充满质疑[②]，但是更多的学者主张推动转型经济学的发展。例如著名学者谷书堂就认为，无论从理论角度，还是从实践角度，我们都需要一部中国的转型经济学。[③] 因此，我们可以认为从2002年到2008年，中国的转型经济学快速发展，逐步走向成熟，伴随着中国改革的深化，不断创新。

三、中国转型经济学的转型阶段：2008年至今

2008年恰逢中国经济改革30周年，中国的改革取得了举世瞩目的成就。自改革开放以来，中国经济30年持续高速增长，年均经济增长率达9.16%，是世界上增长最快的国家。我们在总结成绩的时候，也应思考中国未来应该如何继续走好改革之路。特别2005年党的十六届六中全会提出构建社会主义和谐社会。2007年党的十七大全面系统阐释了科学发展观，首次提出转变经济发展方式等新理论。这些新的目标为中国的转型经济学提出了新的课题。全面转型的理念是否还能够继续深化？转型经济学的研究主题是否需要重新界定？国内的一些学者作出了敏锐的判断。

何自力等人在“中国模式与未来道路探索”一文中指出，纵观中国市场取向改革的历程，可以发现一个鲜明的特点，这就是通过对发达国家成熟市场体制的移植和模仿，中国的体制转型获得了显著的制度后发优势。虽然这种模仿不是简单地照搬照抄，而在很大程度上具有改良的性质，但是我们依然无法否认由制度学习所带来的后发优势。制度是一种公共产品，一旦形成并行之有效，后来者就可以避免制度形成过程中试错的高额成本，通过制度的移植、模仿和创新，以较小的成本取得较大的发展收益。中国在适应经济全球化的过程中，通过模仿、移植发达国家的制度，进行了制度创新，以最低的成本建立起符合世界经济发展要求的制度，促进了改革开放的进程。今天，经过30年的改革开放，一个独特的实现现代化的中国模式已经形成。此时，有一个问题必须回答，这就是未来的中国是继续以美国、英国抑或亚洲新兴国家和地区为目标，进行经济、政治、文化、社会的全方位模仿和移植，还是以我为主，走制度创新之路？

毫无疑问，中国模式的进一步完善需要依靠创新而不能依靠模仿。理由包括以下三个方面：其一，作为中国模式核心的社会主义市场经济体制的基本框架已经形成，具有鲜明的中

---

① 毛增余：《斯蒂格利茨与转轨经济学》，中国经济出版社2005年版。

② 冒天启：“转型经济研究的现状和理论问题”，《开放导报》，2004年第12期。

③ 谷书堂：“政治经济学的困境与出路——我们需要一部《中国转型经济学》”，《南开学报（哲学社会科学版）》，2004年第2期。

国特色，并成为世界多样化的市场经济体制模式中的一种，引起了人们的极大关注，许多发展中国家都把中国市场经济模式看作成功的典范加以学习和模仿。中国市场经济体制应当走创新之路而不能继续走模仿道路，否则市场经济体制的中国特色势必淡化并丧失优势。其二，以美国为代表的发达资本主义国家正在遭受一场由次贷危机引发的金融风暴的猛烈冲击，自由资本主义处于深刻的危机之中。它再一次充分表明，以弱化政府地位和作用，片面强调市场自发平衡为主要内容的新自由主义理论已经破产，中国不能也不应该照搬新自由主义的主张完善社会主义市场经济体制。其三，制度模仿和移植往往对于正式制度是有效的，非正式制度由于内在的传统性和历史积淀，其可移植性往往较差。改革开放以来，我们大量移植了发达市场经济国家的正式制度，再继续进行移植和模仿，就涉及非正式制度的模仿和移植了，而非正式制度本身的性质规定了它的移植效果取决于所移植国家的文化遗产对移植对象的相容程度。中国的传统文化与西方传统文化存在着重大差别，在全球化背景下，不同文化之间可以交流和相互学习，但不能简单照搬和模仿，否则会引发文化冲突，提高制度变迁的成本。因此，经济转型需要从模仿走向创新。① 正如中国模式的出路在于从经济、政治、社会、文化等方面进行一次新的构建一样，中国的转型经济学也必然要通过创新，构筑一个崭新的理论框架。

孙景宇于2008年在《经济社会体制比较》杂志上发表了“论转型经济学的转型”一文。他认为转型经济学的迅速崛起缘于经济转型的特殊性，即经济转型作为以往社会发展史上少有的大规模的体制转变，它的出现对已有经济理论构成了重大挑战。但是这场转变既不可重复又不可逆转，因而，研究对象的历史性决定了转型经济学本身的过渡性质。所以，为了使转型经济学方面的研究能够得到进一步的深化，有必要对转型经济学的研究主题作出重新定位。事实上，经济转型更一般的意义在于，它是后发国家追求社会进步、经济发展的道路的一种探索。只有从经济转型的一般性上来重新定位转型经济学的研究主题，实现转型经济学的转型，才能进一步延续转型经济学的生命力。当把“转型”定位于后发国家谋取发展的一种探索之后，孙景宇进一步指出转型经济学的研究方向与任务是在所有影响经济发展与转型的因素中区分出主要因素与次要因素、必然因素与偶然因素，进而在整合现有相关研究成果的基础上，建立一个更为系统的分析框架以反映转型过程的全貌。②

综上所述，中国转型经济学的发展面临着“转型”的考验。虽然未来转型经济学的理论框架到底应该如何构建，如今还不甚清晰，但是至少我们可以判断中国的转型经济学未来的发展需要以创新作为导向，以经济社会的和谐发展、科学发展作为目标，以揭示经济转型发展规律为任务，力争探索一种适合发展中国家并且具有一般性的发展模式。

第二节　中国转型经济学的研究范式

转型经济学是20世纪末迅速发展起来的一个经济学研究领域。它主要以包括中国在内的一些国家的经济转型实践作为研究对象。由于这些国家的经济转型出现了一系列与新古典

---

① 何自力、乔晓楠、李菁：“中国模式与未来道路的探索”，《社会科学研究》，2009年第2期。

② 孙景宇：“论转型经济学的转型”，《经济社会体制比较》，2008年第5期。

经济学理论相背离的现象，因此为了解决这些理论问题，指导转型国家政策，很多学者投入到转型经济学这一新兴的研究领域之中。于是，为了深入理解转型国家的转型目标、初始条件、转型方式、转型路径以及所建立的各不相同的多样化的制度安排和转型绩效，经济学家广泛运用政治经济学、发展经济学、新制度经济学、比较经济学与演化经济学等经济学流派的理论成果，从不同侧面对在经济转型过程中所出现的一系列问题展开了深入的分析。也正是基于上述原因，转型经济学的研究范式具有明显的多样性特征。因此，本节试图从研究范式的角度，对中国转型经济学的研究进行一个简单地梳理，目的在于厘清中国转型经济研究的理论渊源，进而提供一个全面认识中国转型经济研究的框架。当然，以研究法范式作为分类标准需要澄清以下两个问题。其一，对于转型经济学而言，无论是国内还是国外，尚未形成一套自己的研究范式，并且未来是否会形成一个独特的研究范式也存在着争论。有些学者甚至认为从发展趋势来看，转型经济既不可逆转也不可重复，因而单纯在理论上构建转型经济学所特有的理论框架是没有意义的，转型经济学并不是一个有着长久生命力的学科，和其他相关学科的融合是其必然选择。其二，同样的学者可能会在不同理论范式内开展研究，这种拿来主义的方式也从一个侧面证明了转型经济学的研究方法，甚至是研究主题均在探索与完善的过程之中。

一、政治经济学的研究范式

对于转型经济学的研究，国内的一些学者沿用了政治经济学的研究范式。按照政治经济学的观点，一个社会的经济结构就是生产关系的总和，换言之，应当包括政治的、法律的、文化的上层建筑及其赖以建立的现实经济基础。恩格斯就曾指出："生产以及随生产而来的产品交换是一切社会制度的基础；在每个历史地出现的社会中，产品分配以及和它相伴随的社会之划分为阶级或等级，是由生产什么、怎样生产以及怎样交换产品来决定的。所以，一切社会变迁和政治变革的终极原因，不应当在人们的头脑中，在人们对永恒的真理日益增进的认识中去寻找，而应当在生产方式和交换方式的变更中去寻找，不应当到有关时代的哲学中去寻找，而应当到有关时代的经济中去寻找"。[①] 因此，包括经济转型在内的任何社会变革的过程都应该遵循如下逻辑：首先是生产力的发展而引起的生产方式的变革，然后是生产关系随着生产方式的变革而发生相应的变革，最后是随着经济基础的变革而引起上层建筑的变革。在此基础上，于金富从生产方式、生产关系以及上层建筑三个层面来分析中国的改革实践，给出了社会主义经济转轨的系统解释，参见表6－1。

此外，张宇在坚持政治经济学的基础上，系统辩证地分析了社会主义市场经济的基本规律。[②] 具体讲包括以下9个方面的内容：（1）市场经济既是资源配置方式，也是特殊的社会形态。其中的改革逻辑就是，向市场经济的过渡不仅仅涉及资源配置方式的转变，而是包括了经济、社会、政治、文化等各个方面深刻变化的长期而复杂的整体性过程。（2）市场经济既是一般的中性概念，也具有明显的制度属性。对于社会主义来说，市场机制既是中立的，又是非中立的。如何在市场化过程中实现社会主义经济关系的从旧体制向新体制的转轨，把社会主义与市场经济结合起来，这正是中国经济转型的实质和难点所在。（3）公有

① 《马克思恩格斯选集》第三卷，人民出版社1995年版，第617—618页。

② 张宇：《中国的转型模式：反思与创新》，经济科学出版社2006年版。

表 6－1 社会主义经济转轨的系统解释

社会结构（经济基础与上层建筑）		转轨起点——计划经济为核心的传统社会主义模式	转轨过程——市场化转轨过程中过渡性的社会主义模式	转轨目标——市场经济为核心的现代社会主义模式
生产方式	劳动方式	手工劳动和传统机械劳动为特征的落后的生产技术条件，行政化的生产组织形式	逐步实现工业化、信息化的生产技术；形成自组化生产组织，农户与企业成为基本生产组织形式	信息化为主体的生产技术条件；社会化的农场、公司与企业集团成为现代生产组织形式
	生产形式	直接的全民产品生产形式，高度集中的计划经济体制	发展商品经济，不断冲击与削弱计划经济体制，不断扩大市场调节的范围，逐步形成市场经济体制	商品生产成为普遍的生产形式，市场机制对资源配置发挥基础性作用，建立健全国家宏观调控体系
	生产社会形式	单一的所有制结构、二元的公有制形式，行政化的集中劳动形式	大力发展非公有制，广泛发展股份制；发展个体劳动、雇佣劳动等多种劳动的社会形式	公有制为主体的多种所有制结构，劳动者股份制为主体的现代公有制形式；局部联合劳动为主体的多种劳动形式
劳动方式	管理制度	高度集中的经济管理制度，行政隶属的社会经济地位与不平等关系	形成自主化、民主化、社会化、家族化和行政化等多种管理制度与多种社会经济关系	民主管理制度为主体的多种管理制度，平等关系为主体的多种社会经济关系
	分配制度	理论上的按劳分配，实践中的平均分配	按劳分配为主体的多种分配方式；按劳分配与按生产要素分配相结合	确立按生产要素分配制度，形成形式上平等而事实上不平等的分配关系
上层建筑	权力主体	在高度集中计划经济体制的基础上，各种国家机构及官员实际成为国家权力主体	逐步落实公民权利，发挥利益集团作用，转变政府职能，实行政府科学化、民主化与规范化决策	确立公民政治权利，各种利益集团为参政主体。政府主要为市场主体服务和创造良好发展环境
	权力运行	缺乏权力制约与监督机制，权力过分集中	逐步形成权力制约因素，逐步加大权力监督力度	建立健全权力制约机制与权力监督机制

资料来源：于金富："社会主义经济转型的马克思主义分析方法"，《经济研究》，2006 年第 12 期，第 32 页。

制与市场经济既是统一的，也存在一定矛盾。中国的经验证明，公有制与非公有制、国有制与非国有制等各种所有制之间的关系并不完全是对立和排斥的，而是可以需要相互补充、相互促进和相互融合的，以公有制为主体、多种所有制经济的共同发展是中国的经济转型获得成功的一个根本经验。（4）市场经济既是自由经济，也需要政府的调节。纯粹的自由市场经济是不可持续的，市场机制必然要以非市场的因素来保证，任何制度都是由国家来创造和推动的，充分发挥政府在经济转型和经济发展中的作用也是举足轻重的。（5）市场经济既是自发秩序的产物，也是社会建构的结果。市场秩序是一种典型的自发秩序，自发性是市场关系的本质所在。中国改革开放中实行过的自下而上、分步推进、双轨过渡、先实验后推广等做法，都体现了制度变迁的演进性质，无不是由国家构建和推动的。（6）市场经济既是全球性的，也是国家性的。保持经济开放与经济自主之间的平衡，在全球化的过程中维护民族国家的利益，追求国家的自主性发展应当是中国的一项基本国策。（7）市场经济既是契约经济，也是生产体系。中国目前的经济发展还处在工业化中期阶段，这决定了中国现阶段已经形成的市场经济只能是一种初级的不完善的市场经济，这是现阶段中国市场经济的一个基本特点。（8）市场经济既追求效率，也需要公平。社会主义市场经济应当付出更大的努力，在更高的程度上实现公平与效率的统一。（9）市场经济既是民主的动力，也可能成为民主的障碍。虽然民主化与市场化、市场经济与民主政治存在着密切的联系，但二者不能等同。因此，在市场化改革的过程中必须稳步推进政治体制改革，完善社会主义民主与法制，把经济体制改革与政治体制改革结合起来，这样才能保证经济改革的顺利进行。

并且，张宇还在对比激进改革模式的基础上，归纳了渐进改革的10个特点。其内容包括：（1）坚持公有制主体性和国有经济主导性的同时，积极发展非公有制和非国有制经济；（2）普遍实行双轨制，并以双轨制为经济转型的中介形式；（3）自上而下的改革与自下而上的改革相结合；（4）地方政府在改革与发展中的发挥着特别重要的作用；（5）整体协调、重点突破，从分部推进到整体转换；（6）强调以经济建设为中心，兼顾改革、发展与稳定；（7）在经济转型过程中保持政治体制的相对集中和稳定；（8）实行自主的有控制的对外开放政策，以开放促改革促发展；（9）经济运行以市场调节为基础、以政府调节为主导；（10）根据实践的需要不断调整改革的目标和思路。

二、发展经济学的研究范式

美国经济学家瑞在其《发展经济学》一书中指出，发展经济学的研究对象是发展中国家的经济转型问题（Economic transformation），即贫困落后的农业国家或发展中国家如何实现工业化的问题。① 发展经济学的兴起源于对拉美国家的研究，早期的发展经济学更为重视计划的作用。后来，东亚国家的快速发展改变了发展经济学的一些基本认识，人们逐渐认识到体制转型对于经济发展的重要作用。于是，“转型”与“改革”就自然成为了发展经济学研究的重要内容。

以发展经济学范式开展转型问题研究，最具代表性的国内学者就是林毅夫。他以比较优势理论作为基础，从发展中国家的发展战略入手，开展的系列研究目前已经得到了国际学术界认可，影响极大。早在1994年，林毅夫等人在《中国的奇迹：发展战略与经济改革》一书中，就围绕着以下四个问题进行了深入讨论：首先，为什么中国在改革开放以前经济发展缓慢，而改革之后得到了迅速的发展。其中的原因在于改革前中国推行了不符合中国比较优势的重工业优先发展战略，而改革以来中国经济得以迅速发展的关键则在于改革三位一体的传统经济体制，使中国所有具有的资源比较优势能够得到充分释放。其次，为什么中国改革的某些方面进展迟缓，甚至在过程中会出现瓶颈对速度的制约、通货膨胀压力、腐败滋生和体制周期复归为内容的“活—乱”循环问题。根源在于改革进程中一部分环节的改革先行造成了经济体制内部的制度不配套，而走出“活—乱”循环和解决其他诸多转型过程中问题的关键在于尽快把改革深入到宏观政策环境的层次，使三位一体的经济体制在比较优势战略下形成新的内部一致性。再其次，中国的改革和发展势头能否得以持续。当时林毅夫等人给出的判断是只要沿着正确的方向坚持改革，就能克服前进过程中的困难，而不断获得成功的改革又将有力地支持持续、快速、健康的经济增长。事实上，之后的中国改革实践也证明了这一论断。最后，为什么中国的改革取得了巨大的成功，而前苏联和东欧国家的改革却步履维艰。他们认为中国改革的一种重要保障是采取了一条代价低、风险小，又能及时带来收

---

① Ray, D. 1998. *Development Economics.* New Jersey: Princeton University Press.

益的渐进道路。①

之后，林毅夫又将比较优势的理论逻辑延伸至自生能力，进一步系统化、规范化了自己的研究。2007 年，他应邀在英国剑桥大学“马歇尔讲座”进行演讲，更为清晰地阐释了自己的观点。他认为“休克疗法”失败的原因在于忽视了存在于原先计划经济体制内或发展中国家内部的扭曲并不是随机形成的这一重要问题。这些经济体优先发展的产业并不具备比较优势。因此，这些产业中的企业由于缺乏自生能力，在开放和竞争的市场中若不能得到保护和补贴就必将无法生存。而这些经济体之所以会制定这样的发展战略主要是受到了内部利益集团的影响。由此可见，“休克疗法”因为忽略了制度扭曲的内生性，所以不可能同时实现价格自由化、私有化、财政平衡与宏观经济稳定这三个目标，必将以失败告终。

相反，渐进式、双轨制的转型方式具有以下三个特征：（1）并没有推翻原有的社会主义制度；（2）在转型开始的时候，微观主体效率低下，缺乏积极性，为了提高积极性，在市场实行利润留成，在农村实行家庭联产承包责任制；（3）要体现干好干坏的差异，就必须给微观主体以一定的自主权，使其生产靠近生产可能边界，创造新的物质财富。在这样的改革模式下，一方面没有自生能力的企业在转型过程中继续得到保护，保证经济不会崩溃，另一方面微观主体的积极性提高后，资源越来越多地流动到符合比较优势的部门，经济实现了动态发展。

基于上述分析，林毅夫对发展中国家给出了 7 条建议。（1）技术是现代经济长期增长最重要的动力，必须要重视技术升级和技术创新；（2）正确认识国家落后的真正原因（要素禀赋结构），进而制定出能够充分利用后发优势的政策；（3）政府是最重要的制度安排，政府拥有强制力，其政策正确与否决定了该国的制度安排是否有效率；（4）一国的要素禀赋结构决定了该国资本、劳动的相对价格，从而决定了该国在竞争开放的市场中最有效率的产业和技术选择；（5）只有按照比较优势原则发展，发展中国家才能形成竞争优势；（6）必须深入地从企业自生能力的角度研究国内的制度扭曲；（7）在转型过程中，要实事求是、解放思想、与时俱进，必须根据实际情况选择转型路径。②

三、新制度经济学的研究范式

“休克疗法”的失败已经证明了新古典经济理论的缺陷。对此，新制度经济学的解释是由于存在着交易成本，经济系统不可能像在真空状态中一样，进行无摩擦的运动，相反如果承认了交易成本的存在，就必须重视制度的作用，而这一点恰恰被新古典经济学所忽视。对于经济转型而言，从本质上看就是一场制度的变革。因此，以产权理论、交易成本理论为基础的制度变迁理论盛极一时，成为国内研究转型问题的主流范式。正如盛洪所讲：“这一理论（过渡经济学）可以被视为制度变迁理论的一个分支。它与一般的制度变迁理论的区别是：（1）制度变迁理论主要讨论两个问题：一是制度创新问题，即新的制度安排如何产生的问题；一是如何从旧的制度安排过渡到新的制度安排。过渡经济学则假定第一个问题已经解决，只讨论第二个问题。（2）过渡经济学只研究特定的制度变迁，即从计划经济向市场

---

① 林毅夫、蔡昉、李周：《中国的奇迹：发展战略与经济改革》，上海三联书店 1994 年版。

② 参见林毅夫于 2007 年 10 月 31 日至 11 月 1 日在英国剑桥大学“马歇尔讲座”上的讲演。

经济转变的过程。”①

国内的许多学者都利用制度变迁理论来研究体制转型的问题。樊纲就认为经济体制改革本质上就是一种利益关系的变革，所以改革的动力和阻力无不来自社会经济中的各种利益关系。改革中最难的问题不在于表面上的“体制摩擦”，而在于这种摩擦背后的“利益摩擦”。因此，经济体制变迁中的交易成本——“实施成本”和“摩擦成本”，将决定改革方式的选择。② 胡汝银将中国的改革视为一个政治过程，试图在制度变迁理论的框架内，从理性政治行为的角度对其加以分析。他认为无论是强制性制度变迁，还是诱致性制度变迁，成功的前提都依赖于是否与特定时空中具有力量优势的社会群体对制度安排的需求相一致，否则再好的制度安排，在政治层面都将缺乏实际的可行性。因此，改革路径的选择，必须深刻把握改革过程的机制，把握具有优势力量的社会行为主体集合对特定制度安排的需求，把握实际力量对比关系及其变动的方向、规模和范围，根据实际的和潜在的社会需求来决定改革方案与改革思路的供给。③ 苗壮借助制度变迁理论，在联系中国改革实践的基础上，分析了改革的约束条件和改革的战略选择。他认为由于非正式约束的强制性较弱，制度变迁往往是从非正式约束的边际的和局部的演化开始。非正式约束的来源是文化，其演化只能是渐进的，从而改革也必然是一个渐进的过程。如果渐进的制度变迁不可能实行，虽然激进的制度变迁可以迅速改变正式规则，但是在约束条件下，正式制度的改变仍会具有一定的渐进性。④ 张军利用产权和外部性的概念，对制度变迁的路径加以研究，并且概括了五个中央计划经济的产权理论：（1）计划体制下普遍存在着由禁止谈判导致的外部性；（2）计划体制下计划权利与义务的界定具有非完全性；（3）计划经济中在计划义务的履行中存在隐含合同；（4）计划经济下存在化私为公的普遍恐惧与预期；（5）计划体制给国民财富带来总和为负的影响。⑤

此外，还有一些学者在研究中国转型问题的过程中进一步发展了制度变迁理论。杨瑞龙与杨其静在分析中国放权让利改革过程的基础上，认为当自上而下的改革面临障碍时，可以分享剩余索取权和拥有资源配置权的地方政府在一定阶段扮演着制度变迁“第一行动集团”的角色，并且对突破约束，推进我国市场化改革起到了特殊的作用。换言之，中央政府、地方政府与微观主体之间的三方博弈使得中国的经济体制制度变迁过程呈现出阶梯式渐进过渡的特征。基于以上分析，我们可以得到一个突破了制度经济学中“国家悖论”的一般性命题，即一个中央集权型的计划经济国家有可能成功地向市场经济体制渐进过渡的现实路径是，改革之初的供给主导型制度变迁方式逐步向中间扩散型制度变迁方式转变，并随着排他性产权的逐步建立，最终过渡到与市场经济内在要求相一致的需求诱导型制度变迁方式，从而完成体制模式的转变。⑥ 黄少安则在对中国经济体制转型制度变迁的事实进行提炼和总结的基础上，提出并论证了以下三个关于制度变迁理论的新假说，即同一轨迹上制度变迁的边

---

① 盛洪：《中国的过渡经济学》，上海三联书店1994年，第2页。

② 樊纲：《论改革过程》，《改革、开放与增长》，上海三联书店1991年；樊纲：“两种改革成本与两种改革方式”，《经济研究》，1993年第1期。

③ 胡汝银：“中国改革的政治经济学”，《经济发展研究》，1992年第4期。

④ 苗壮：“制度变迁中的改革战略选择问题”，《经济研究》，1992年第10期。

⑤ 张军：“中央计划经济下的产权和制度变迁理论”，《经济研究》，1993年第5期。

⑥ 杨瑞龙：“我国制度变迁方式转换的三阶段论——兼论地方政府的制度创新行为”，《经济研究》，1998年第1期；杨瑞龙、杨其静：“阶梯式的渐进制度变迁模型——再论地方政府在我国制度变迁中的作用”，《经济研究》，2000年第3期。

际效益先增后减，政府以行政手段推进市场化进程以及制度变迁主体角色定位与角色转换。①

四、比较经济学的研究范式

诺贝尔经济学奖获得者诺斯曾指出：转型经济的研究，涉及马克思生产关系的变革理论、新制度经济学的制度变迁理论和发展经济学，以及如何评价新古典经济学等经济学中最基本的理论，但最直接的是有关比较经济学的理论。② 由此可见，比较经济学在研究转型问题方面的天然优势。比较经济学起源于20世纪30年代的社会主义大论战，二战之后社会主义与资本主义两大阵营的对峙进一步推动了比较经济学的发展。因此，早期的比较经济学一直以“主义”和“体制”作为主要的研究对象。在我国改革开放的初期，一方面经济体制改革的实践已经全面展开，改革的实践对于体制变迁理论的要求日益强烈，另一方面正统的西方经济学和传统的社会主义政治经济学理论又没有关于市场经济体制演化过程的系统理论，因此正如张宇所言，比较经济学的理论成为了20世纪80年代中国改革经济学的一个重要理论来源。③

需要注意的是，虽然在改革初期，比较经济学一度成为支撑转型经济研究的主流范式，然而伴随着改革的深入，比较经济学却反而遇到了危机。④ 这是因为如果社会主义也能搞市场经济，那么原本以“主义”和“体制”作为研究对象的比较经济学就将失去比较的对象，进而丧失存在的基础。面对这样的危机，比较经济学开始吸收接受比较制度分析（CIA）以及历史制度分析（HIA）等国外新近的研究成果，学习运用博弈论等现代经济学分析工具，逐渐开始又以“主义”作为比较对象的比较经济学向以“多样性制度”为比较对象的新比较经济学发展。对于新比较经济而言，制度是影响经济增长的内生变量，比较的目的在于找到有利于经济发展的制度安排和制度组合。因此，我们可以毫不夸张地说，在某种意义上，转型经济的研究推动国内比较经济学的发展，促成了比较经济学的复兴。而新比较经济学对于多样性制度的研究又恰好与“大转型”、“全面转型”的理念不谋而合，有利于推动转型过程中包括正式制度和非正式制度在内的系统性制度变迁研究，进而为国家在制度设计和制度移植方面提供理论支持。

目前，国内以比较经济学讨论、研究改革问题的理论平台主要有两个，即由中央编译局主办的《经济社会体制比较》杂志与由吴敬琏主编的《比较》杂志。这两本杂志一方面注重对国外最新转型经济学研究成果的引进，另一方面也结合中国改革进程中的热点问题开展研究，并探讨具有科学性和可行性的政策建议。

五、演化经济学的研究范式

在众多经济理论流派中，演化经济学是既古老又年轻的一支。说它古老是因为这一思想的起源非常早，早在1898年凡勃伦就在其经典论文“经济学为什么不是一门演化的科学”

---

① 黄少安：“关于制度变迁的三个新假说及其验证”，《中国社会科学》，2000年第4期。

② 诺斯：《制度、制度变迁与经济绩效》，上海三联书店1994年版。

③ 张宇：《过渡政治经济学导论》，经济科学出版社2001年版。

④ 张仁德：“比较经济学的危机与创新”，《经济社会体制比较》，2004年第3期。

中主张运用演化的方法来研究经济问题。[1] 说它年轻则是因为演化经济学是从20世纪80年代初开始才逐渐被西方经济学界认可。温特和纳尔逊在其著作《经济变迁的演化理论》中，以满意为假说，提出了遗传选择——变异创新的分析框架，恢复了老制度主义、奥地利学派和熊彼特创新理论的传统，彻底地改变了新古典经济学范式一统天下的局面。[2] 与上述二人同期的研究还包括博尔丁和史密斯，虽然他们关注的角度和采用的方法各不相同，但是都可以视为演化经济思想复兴的标志。[3] 由于演化经济学借鉴了生物学中进化的思想，更为重视解决系统中的复杂性与渐进性，所以一些学者敏锐地意识到演化经济学对于转型方式研究方面的重要价值。于是，自2000年以后国外学界兴起了一股运用演化经济学方法来研究经济转型问题的热潮。乔晓楠的综述文章最早地全面介绍了这方面研究成果，并将结论归纳为以下7个方面：（1）转型的本质是从计划经济到市场经济；（2）微观参与者是转型的主体；（3）初始条件的差异决定了转型结果的多样性；（4）演化形成的混合经济必然长期存在；（5）转型成功的关键在于市场能否创新；（6）转型的绩效受到国际互动关系的影响；（7）转型国家的经济与社会必须协调发展。[4] 由此可见，演化经济学范式同样认为所谓的"大转型"才是所有转型国家的必经之路。

目前，国内从演化经济学角度开展转型经济学研究的学者还不多。其中比较有代表性的是陈平的研究。他的研究以对新古典经济学的批判作为开始，认为"华盛顿共识"和"休克疗法"是新古典宏观经济学派反凯恩斯革命的新浪潮。正是因为否认大萧条的基本教训，无视历史的多样性和经济的复杂性，所以自上而下设计的自由化与私有化政策，才导致了前苏联和东欧经济经历了十余年的大幅下跌。具体讲，"华盛顿共识"虽然为转型经济和发展经济提供了一张完整的政策清单，但是在实践中微观政策目标与宏观政策目标之间却存在着严重冲突，因而必然导致转型失败的结果。换言之，新古典经济学的均衡思想忽视了市场不稳性和经济复杂性的两大根源，而非线性相互作用的多样性（即数理经济学的多均衡态）和社会风潮影响下的集体行为恰恰是理解经济转型的关键。通过对中国和东欧转型实验的比较研究，陈平得到以下四个结论：（1）新古典经济学的一般均衡理论，其本质是缺乏技术革新的静态原子模型。要理解复杂劳动分工和技术进步条件下市场竞争的动态机制，可以借鉴理论生物学的非线性竞争模型，去研究非均衡的系统变迁。（2）经济周期的历史经验和转型经济的严重教训表明，不应将微观行为视为宏观经济波动的基础，而应该从微观行为的宏观经济环境角度认识转型的动力，其中的原因在于技术革新的创造性毁灭是产生经济周期的根源。（3）开放经济中的社会演化和制度变迁是像生物演化一样的分岔过程，不是交易成本和产权学派所描述的封闭系统中的收敛过程。在复杂劳动分工的条件下，不能只靠看不见的手，必须培育对市场和政府的"纪律之手"。现代科学和世界市场产生发展的历史，揭示出混合经济中市场部门、公共部门及非营利非政府的民间部门之间，合作制衡的重要性。不能片面发展私有经济或国有经济，混合经济的发展规律应当成为新政治经济学和演化制度

---

① Veblen, T. 1998. Why is economics not an evolutionary science?, *Cambridge Journal of Economics*, Vol. 22, No. 4. pp. 411.

② Nelson, R. and Winter, S. 1982. *An Evolutionary Theory of Economic Change.* Cambridge MA: Harvard University Press.

③ Boulding, K. 1981. Evolutionary Economics, *Beverly Hills, Ca: Sage Publications.* Smith, J., Maynard, 1982. *Evolution and the Theory of Games.*, Cambridge University Press.

④ 乔晓楠："演化经济理论视角下转型经济研究轨迹"，《改革》，2007年第4期。

经济学的中心课题。(4) 均衡趋同的世界观难以理解转型经济的分岔和大国的兴衰。从复杂科学的角度观察历史，社会演化的动力学存在复杂性和稳定性之间的消长权衡关系。①

此外，景维民对于经济转型阶段性演进的研究也渗透着演化经济学的思想。他认为经济转型是量变与质变的统一体，制度安排的量变与社会经济环境形成一种累积因果关系，从而使转型进程表现出不断演进的特征，而量变累积到一定程度就会使经济体制出现质的飞跃，正是这种质的飞跃使得经济转型呈现出阶段性特征。在这一认识的基础上可以确定划分阶段性的四个标准：(1) 体制转型目标的确立与演变；(2) 制度环境的变化，包括政治体制与意识形态；(3) 基础性制度变迁，包括产权制度、交易制度和宏观管理制度；(4) 经济发展状况的变化，包括经济结构调整、经济运行机制变化、经济增长方式转变和经济开放程度提高等。依据这些划分转型经济阶段性的标准，可以把转型国家整体的经济转型进程大致划分为三个历史阶段：(1) 经济转型的准备阶段，即社会主义国家的经济改革阶段；(2) 经济转型的启动和正式推进阶段，包括旧体制瓦解与新体制初创、转型战略调整与转型路径分化；(3) 经济转型的深化与完善阶段。在经济转型的每一个阶段，转型国家的制度变迁与经济发展既存在着共性特征又存在着个性差异，从而使经济转型成为一个兼具一般性与特殊性、普遍性与多样性的统一体。②

第三节　中国改革实践对转型经济学发展的贡献

历时31年，影响13亿人口，经济连续30年以年均9%以上的高速增长……毫无疑问，伟大的中国改革为全世界讲述了一个传奇般的故事。因此，本节试图总结中国改革实践对于转型经济学，乃至经济学发展的贡献。实际上，中国的改革经验在许多方面都具有独到之处，而这些不仅颠覆了一些经济学的常识，而且形成了许多崭新的经济学知识。例如，预算软约束理论对于改善市场主体治理结构的作用。③ 又如，“两个大局”思想对于发展中国区域发展战略的一般性意义。④ …… 这里，我们显然无法穷尽中国改革实践对转型经济学发展的全部贡献。所以，我们只能主观地选择了双轨制与增量改革、产权保护与分权竞争以及政府的职能与国家治理三个我们认为最为重要的理论贡献来加以介绍。

一、双轨制与增量改革

国内外的很多学者都认为中国改革的一个重要特征就是实行了双轨制。例如，Mark 和 Yang 就认为中国经济改革的特点不是一步到位式的完全开放价格并且实行全面的私有化，而是逐步地、有计划地放开价格，鼓励非国有经济部门的发展。这样，就可以促使国有经济与非国有经济进行良性的竞争，在保证充足市场供应的前提下，逐步硬化国有经济的预算约束，进而推动经济稳定的增长。相反，如果快速地进行价格改革和私有化，由于受到资源约

① 陈平：“新古典经济学在中国转型实验中的作用有限”，《经济研究》，2006 年第 10 期。
② 景维民等：《经济转型的阶段性演化与相对市场化进程研究》，中国财政经济出版社 2006 年版。
③ 马斯金、许成钢：“软预算约束理论：从中央计划到市场”，《经济社会体制比较》，2000 年第 4 期。
④ 才国伟、舒元：“对‘两个大局’战略思想的经济学解释”，《经济研究》，2008 年第 9 期。

束的限制，将导致短缺的出现。① Naughton 认为中国改革实行的双轨制使得原有的国家经济部门的垄断局面有所放松，这为新兴的非国有经济部门的迅速进入提供了机会，新部门的进入创造了竞争的环境，而竞争的压力又迫使国有经济部门不断进行自我改进，因此双轨制使得中国的经济改革能够进入一个良性循环的路径中。这种体制上的双轨制不仅使中国获得了“计划外的增长”，而且是中国转型绩效优于东欧国家的一个根本原因。② 吴敬琏指出，中国改革能够取得成功，并且可以顺利过渡到市场经济的原因在于中国是从原有的计划经济体制外开始，大力培育发展非国有经济，一旦非国有经济的规模超越了市场取向不可能逆转的临界点之后，那么经济的转型与发展就不再困难。③ 张曙光也指出，中国的成功并不是原有的国有经济有什么引人注目的变化，而是由于在国有经济的旁边生出了一种新的非国有经济，它的高速发展不仅弥补了国有经济缓慢发展甚至下降的缺陷与不足，而且形成了中国今日的繁荣局面，使得绝大多数人从改革中受益，不仅瓦解着原有的计划经济体制，而且形成了私人产权制度，建立了市场经济的基础结构。④ 樊纲也把体制转轨中经济分为国有和非国有两大部门。他认为，经过 1978 年以来的改革开放，中国的经济体制中，从原有的国有经济部门旁边逐渐成长起来一块具有相当规模的非国有经济。这部分非国有经济的意义在于改变了原先国有经济一统天下的局面，因此所谓的经济转轨从本质上讲就是在经济结构中国有部门比重缩小，非国有部门比重加大的过程。中国经济之所以能够保持高速增长的原因不在于国有部门的经济改革取得了突破性进展，相反，恰恰先不对旧体制进行根本性的改造，进而避免触动许多既得利益者，提高改革成本，而是在经济体制和所有制两个层面上通过“双轨制过渡”来推进并完成改革的。⑤ 由此可见，中国转型最为独特的一点就是在双轨制下，在旧体制的边际上推动了增量改革。因此，有时双轨制以及增量改革也被称为“体制外改革”或“计划外增长”。如果观察中国的改革历程，我们也不难发现双轨制最早在价格改革领域中被使用，后来包括利率、企业、汇率等许多领域也都通过双轨制推进改革。

那么，到底为什么双轨制和增量改革能够成功地推进经济转轨呢？对此，张军运用现代经济学的分析方法给出了最为严格的证明。张军认为中国工业改革的路径是从力图改善国有经济部门的绩效开始的，而改革被视为一个在计划体制和国有部门内引入市场作用的过程。因此，中国经济改革的过程就是一条连续的时间路径。从产业组织的角度来看，中国的局部改革方式很容易导致一个明显的两部门经济结构，即一个居于主导地位的大规模的传统（国有）部门和一个迅速成长的新兴（非国有）部门。所以，对中国经济转轨的研究，必须在这样一个二元的市场结构下对国有部门与非国有部门的生产行为进行深入地分析。虽然传统国有部门的效率可能低下，但是由于它在经济总量中的绝对规模，使得其事实上处于垄断

---

① Mark and Wenyan Yang. 1992. *Lessons from China on a Strategy for the Socialist Economies in Transition, in Mark Knell and Christine Rider eds, Socialist Economies in Transition: Apprisals of the Market to Mechanis.*, Edward Elgar Press.

② Naughton, B. 1994. Chinese Institutional Innovation and Privatization from Belo. *American Economic Reviews.* Vol. 84, No. 2. Naughton, B., Reforming Planned Economy; Is China Unigue?, in Lee, c., and Reisen, H., eds, From Refrom to Growth: China and other Countries in Transition, Development centre, OECD, paris, Farnce.

③ 吴敬琏：《通向市场经济之路》，北京工业大学出版社 1992 年。

④ 张曙光：《国家能力与制度变革和社会转型》，《集权与分权》，经济科学出版社 1996 年版。

⑤ 樊纲：《双轨制过渡——中国渐进式市场化改革的成就与问题》，《走向市场（1978—1993）》，上海人民出版社 1994 年版；樊纲：《渐进式改革的政治经济学分析》，上海远东出版社 1997 年版；樊纲：《金融发展与企业改革》，经济科学出版社 1999 年版。

地位。根据经济学的基本原理，在市场经济中，垄断企业为了最大化自己的收益，可以通过限制产量的方式来提高价格。因此，如果在改革之初就实行完全的价格自由化，就相当于付与国有企业控制市场，操纵定价权的机会，进而导致价格上升，产量下降。而这正是转型国家容易出现产品短缺、通货膨胀和经济衰退的原因所在。相反，如果在维持国有部门稳定的基础上，通过双轨制下推行渐进改革，则更容易控制物价水平，并且保证社会总产出相对充裕。更为重要的是在保证市场稳定有序的条件下，通过两个部门的竞争，更容易培养各种市场参与主体对价格变动的敏感性，进而捕捉到准确的市场信息。如果在一个由于短缺而已经陷入混乱的市场中，失真的价格信号将带来更为滞后的反应、扭曲的生产以及长期的无序。①

中国转型经济学对于增量改革的研究，实际上是在双轨制改革的逻辑上，构建了一个关于体制转型国家的产业组织理论。这不仅可以解释为什么中国的改革方式更有助于促进市场的竞争性从而避免使原有的国有部门成为市场垄断者的风险，而且还可以进一步说明有计划配额的价格双轨制和增量改革为什么能够导致渐进式改革最终成功的原因。这些开创性的理论成果无疑应该成为转型经济学中的理论基石。

二、产权保护与分权竞争

众所周知，新制度经济学的一个基本观点就是对私有产权的有效保护对于提高效率、促进经济增长是至关重要的。因此，基于“华盛顿共识”的“休克疗法”才会将私有化作为所有转型国家进行改革的当务之急。然而，令人奇怪的是中国的改革却没有进行全面的私有化，并且保护私有产权的《物权法》历经13年的波折，直到2006年才正式出台，而就在这样的经济环境中，中国却实现了经济的持续高速增长。

那么，到底是一种什么样机制造就了中国奇迹呢？对此，钱颖一与Weingast的系列研究给出了一种理论解释。中国的财政体制改革实际上经历了“分灶吃饭”、“分级包干”、“财政包干”到“分税制”四个阶段，最终确立了按照中央与地方的事权分工和调动两个积极性的原则，按税种重新划分中央财政、地方财政的固定收入和共享收入，核定支出基数，合理确定上限和补助数额的财政体系。通过上述过程，我们可以发现，在企业中实行的分权让利以改善激励的思路同样渗透到财政体制改革的过程中。而更为重要的是一旦财政分权与基于政绩考核的公务人员选拔机制结合起来，那么地方政府之间的有效竞争将会模拟达到市场竞争的效果，从而有效地缓解单一制政府作为暴力潜能的垄断者对经济资源进行掠夺，同时也有利于流动性生产要素采用“用脚投票”的方式跨区域转移，提高配置效率。这也正是Weingast所提出的“保护市场的联邦主义”（market preserving federalism）。该体制应该具有以下五个特征：（1）政府至少有两个层级，每级政府都有明确的权力范围或者自治权；（2）下级政府对其辖区内的经济事务具有管理责任；（3）中央政府负责保证国内市场的统一；（4）地方政府硬化预算约束；（5）每级政府的权威与责任的划分能够自我实施。②

钱颖一等人的研究，则将中国的财政分权改革概括为“中国式联邦主义”。他认为，中

---

① 张军：《“双轨制”经济学：中国的经济改革（1978—1992）》，上海三联书店1997年版。

② Weingast, B. 1995. The Economic Role of Political Institutions: Market - Preserving Federalism and Economic Development. *Journal Law, Economics and Organization*. Vol. 1, No. 1.

国所实行的以财政分权和政绩竞争为基础的保护市场的联邦主义对于经济发展至少具有以下三个方面的积极作用。(1) 财政分权使得地方政府拥有了地方税收的剩余索取权，并且这种剩余索取权具有可置信承诺的性质，因此激励地方政府更为努力地发展本辖区内的经济。(2) 由于地方政府之间的竞争和对剩余地方税收的追求，所以地方政府有动机减少对辖区内无效率国有企业的补贴与救助，转而加速企业改制和基础设施投资，从而避免了经济转型国家的通病——预算软约束。(3) 地方政府之间的竞争可以有效地降低中央政府对于地方官员的考核难度，将隐性信息显性化，通过激励机制的改革节约了监督成本。由此可见，因为地方政府之间的分权竞争将地方政府所追求的目标与人民福利和改革推进中的利益关系一致化，所以保护市场的联邦主义这种政治制度安排有效推动了中国的市场化进程，促进了经济发展。[①] 随后，周黎安进一步将行政分权和财政包干下的地方官员行为概括为“晋升博弈”，并且以此讨论晋升激励对于区域经济增长，区域之间的竞争与合作关系。[②]

虽然，“保护市场的联邦主义”与“中国式联邦主义”理论还存在着诸多弊端[③]，但是它却为我们提供一种中国之谜的理论解释。更为重要的是，对于经济学本身而言，“保护市场的联邦主义”与“中国式联邦主义”理论激发我们必须重新审视并思考“产权”与“竞争”之间的关系，对于经济增长来讲，到底哪个更为重要。从这个意义上来看，“保护市场的联邦主义”与“中国式联邦主义”的理论价值是无可估量的。

三、政府的作用与国家治理

“休克疗法”的做法在于，转型国家的政府只需要在保护产权的基础上，控制好财政赤字，并维持物价水平稳定，其他的事情则统统不用去管，充分交由市场这只看不见的手去调节。然而，东欧国家的教训却证明在体制转型的过程中，如果不充分发挥政府的作用，必将带来混乱无序的局面。那么，到底政府应该在转型过程中行使哪些职能？市场与政府的边界应该如何确定？中国的经济学家对此作出了开创性的研究。

朱光华在1995年主编了《政府经济职能和体制改革》一书。书中将经济体制界定为社会经济制度的历史的运动方式，是为有效配置资源而确立的一系列组织管理制度和经济调节机制，其基本内容包括宏观经济调控、微观经济运行和联结宏观经济与微观经济于一体的经济调节机制。而政府经济职能则是指政府机构行为主体从社会生活总体的角度，对国民经济进行全局性的规划、协调、服务和监督的功能。社会主义市场经济条件下有中国特色的政府经济职能应该包括以下六个方面：(1) 国有资产的所有者和产权界定的维护者职能；(2) 制定经济社会发展战略、规划和计划的职能；(3) 促进市场发育、规范市场行为和建立市场竞争秩序的职能；(4) 促使潜在比较优势发挥的职能；(5) 用财政、货币等经济杠杆对宏观经济进行总量调节的职能；(6) 治理市场失灵的职能。概括而言，具有中国特色

---

① Qian, Y. and R. Weingast. 1996. China's Transition to Markets: Market - Preserving Federalism, Chinese Style, *Journal Policy Reform*. Qian, Y. and R. Weingast. 1997. Federalism as a Commitment to Preserving Market Incentive. *Journal Economic Perspectives*. Vol. 11, No. 4. Qian, Y. and G. Roland. 1998. Federalism and the Soft Budget Constraint, *American Economic Review*. Vol. 88, No. 5.

② 周黎安：“晋升博弈中政府官员的激励与合作——兼论我国地方保护主义和重复建设问题长期存在的原因”，《经济研究》，2004年第6期。

③ 杨其静、聂辉华：“保护市场的联邦主义及其批判”，《经济研究》，2008年第3期。

的政府经济职能应该既充分发挥社会主义优越性，又有利于市场机制的运作。此外，该书另一大特色是将政治体制与政府职能联系起来进行考察。他们认为我国党和政府选择了一条通过经济体制改革推动和促进政治体制改革，政治体制改革与经济体制改革相适应的道路。一个现代意义上的政府，其政治职能应当包括运用各种必要的措施维护国家的存在和通过立法为社会生活制定行为规则。因此，必须从现代政府理论的高度上，综合考虑政治职能与经济职能，切实可行地推进政府机构改革。并且，要充分注意政府经济职能与政治体制的一个重要的、基本的结合点就是要由政府来处理好效率与公平的关系。最终通过加强我国的社会主义民主和法制，逐步转变政府的经济职能和进行政治体制改革。①

正如钱颖一所指出的那样，法治一方面可以限制个人的行为，另一方面也可以限制国家的行为，因此它对经济增长的影响是至关重要的。在转轨的过程中，市场经济并不是成功的彼岸，所谓的“好的市场经济”与“坏的市场经济”的区别就在于法治。② 因此，伴随着对转型理解的深化，其研究更加强调从趋利弊害的角度，将政府职能与国家治理结合进行综合的考察。例如，景维民就认为产权制度变革、市场竞争体制构建以及国家治理模式重构是支持现代市场经济体制运行的制度基础。三者相互配合、相互支持，并且它们之间互补性关系的差异决定了形成的市场经济模式之间的差异。因此，从公民行为和政府行为之间的博弈去分析转型国家的治理模式，可以突破以往研究只分析政府职能转变在经济转型中作用的局限。③ 孙景宇则在总结中国国家治理模式取得进展的基础上，分析了未来国家治理模式的构建方向。具体讲，转型进程中我国国家治理模式发生的变化包括以下三个方面：（1）政府的作用范围明显收缩，除了军工、电网电力、石油石化、电信、煤炭、民航、航运等七个关系国家安全和国民经济命脉的行业外，其他行业的国有资本都已经实行非国有化。国家对经济活动的直接控制也转变为间接管理，市场机制已经在资源配置过程中发挥基础性的作用。（2）初步建立起社会主义市场经济体制的基本框架。大部分商品的价格均由市场决定。成功加入了世界贸易组织，全方位、多层次与世界各地开展经贸往来。（3）社会自主性明显增强，传统国家治理模式下国家替代社会的现象有所缓解。这方面的主要表现是：社会价值观、生活方式和道德观等等都在迅速多元化；非政府组织不断涌现；公民既获得了法律的手段来监督制衡国家权力，并逐渐获得了更直接的政治参与渠道等。中国的国家治理模式虽然在市场发育方面呈现出来积极的变化，但是有关政府、社会方面的改革仍比较滞后。没有建立起规范的对政府权力运用的有效制约机制，政府越位、缺位、错位现象时有发生。在一些公共领域，政府和社会之间的关系依然存在着不协调的现象。这些都会对市场机制的正常运转造成影响。虽然进入到新世纪以来，中国实行了一系列关注民生和转变政府职能的举措，但依然没有形成政府、市场与社会三者的协调互动。因此，在经济转型新阶段，如何协调好政府与社会的关系是构建现代国家治理模式的最大挑战，其关键在于如何实现国家能力的重构，建立“法治化的公共服务型政府”，正确使用国家权力。为此要深化社会管理体制改革，培育出有利于社会经济发展，能够发挥社会利益整合功能的民间组织、非政府组织，从而规范社会对政府的制约。④

---

① 朱光华：《政府经济职能和体制改革》，天津人民出版社 1995 年版。

② 钱颖一：“市场与法治”，《经济社会体制比较》，2000 年第 3 期。

③ 景维民：《经济转型的阶段性演化与相对市场化进程研究》，中国财政经济出版社 2006 年版。

④ 孙景宇：“中国的经济转型与国家治理模式演变”，《江苏社会科学》，2009 年第 1 期。

中国转型经济学对于政府作用与国家治理的研究，无论从理论角度来看，还是从实践角度来看，都具有重大的意义。它不仅为广大发展中国家在转型过程中设计政府职能，推进政府改革提供了一个实践蓝本，更为重要是从理论上突破长期以来“国家悖论”下两分法的一般认识，为构建一种全新的“国家经济学”奠定了坚实的理论基础。特别是在全球金融海啸肆虐的今天，许多发达的资本主义国家为了应对危机都采取了国有化的手段。为了实现经济长期稳定的发展，当世界在反思到底是应该坚持自由放任的盎格鲁—萨克逊传统，抑或建立一种新的模式的时候，中国的实践和中国的转型经济学都绝对不会被忽视。

第四节　中国的转型绩效与中国未来改革方向

在本节，我们首先剖析了关于中国转型绩效的争论，认为“中国奇迹”是毋庸置疑的，所谓的宪政改革以及后发劣势的批判明显缺乏理论基础和现实依据。也正是因为如此，国际社会才会出现从“华盛顿共识”到“北京共识”的理论转向。而这也为中国的转型经济学研究提出了新的要求，即需要我们系统全面地归纳提炼中国改革的特点，并深入分析中国模式成功的原因。最后，我们梳理了近年来国内学术界对中国未来改革方向的讨论，在此基础上指出中国未来的转型道路应该从模仿转向创新，以创新为导向对中国模式进行一个新的构建。

一、关于中国转型绩效的争论

虽然中国的经济改革取得了举世瞩目的成就，但是仍然有些学者对所谓的“中国奇迹”表示怀疑。例如，孟连、王小鲁以及 Rawski 等学者就曾质疑中国经济增长统计数据的真实性。[①] 然而，影响更大的一种质疑则来自于 Sachs、胡永泰以及杨小凯对中国宪政改革的诘问。[②] 他们认为如果要作出中国的渐进式转轨模式比前苏联“大爆炸”式转轨模式更有利于提高人民福利这一判断，至少将会面临三个方面的困难。

首先，从法国大革命、美国的独立战争和南北战争对经济的影响可以看出，宪政规则改变对经济绩效的长期效应与短期效应并不总是一致的，通常短期内将带来负面影响，长期则会带来正面的影响。进一步讲，至少有两个原因，将使得从旧体制到新宪政秩序的转轨对经济发展可能产生显著的短期负面影响。第一是用来保护所有人的权利的强有力的国家暴力和此暴力合法性之间的两难冲突，由于产权的保护需要从能够有效地执行对盗窃的惩罚的警察部门的强有力和合法的暴力中产生，而这样强有力的国家暴力通常又倾向于侵犯而不是保护个人权利，因此这个两难冲突容易造成宪政规则的改变对于经济发展的短期负面影响。第二是建立起参与者对游戏规则的信任要花很长时间。在转轨期间，当游戏规则的改变发生时，新规则的缺乏可信性会造成社会的无序，对经济发展有负面影响。

其次，渐进主义提供的平稳收买既得利益者的权力将会与相伴随的渐进主义双轨制制度

---

① 孟连、王小鲁：“对中国经济增长统计数据可信度的估计”，《经济研究》，2000 年第 10 期。Rawski，T. 2001. What's Happening to China's GDP Statistcs?, *China Economic Review.*, Vol. 12, No. 4.

② Sachs、胡永泰、杨小凯：“经济改革和宪政转轨”，《经济学（季刊）》，2003 年第 2 卷第 4 期。

化国家机会主义（腐败）构成一组难以调和的两难冲突。一个公正、透明、稳定和确定的宪政规则转轨与双轨制是必然不兼容的。双轨制以任意决定的政府权力和不公正、不稳定、不确定、不透明的游戏规则为特征。前者要求政府对游戏规则的可信承诺，而后者却以政府对游戏规则的承诺不可信为特征。双轨制下，政府官员同时是规则的制定者、执行者、仲裁者和参与者。这与必须使它们分离的宪政原则不兼容。因此，在双轨制下，以国家权力为基础的各种寻租和腐败等机会主义行为将影响渐进式转型国家的经济效率。更为麻烦的是利益集团通常不会自觉放弃既得利益，反而会尽可能地将这样的游戏规则制度化，这必将造成长期不利的负面影响。

再其次，对不同代人之间的总贴现福利进行比较是十分困难的。"大爆炸"式转轨模式可能使得一代人或者两代人的福利水平受到非常大的影响，但是一旦宪政制度确立，以此作为基础的制度和文化可以延续并自由发展，将会极大地提高子孙后代的福利。但学术界对于如何在不同代人之间进行福利权衡没有达成共识。换言之，如果将转轨视为一个阶段性的过程，那么对于不同国家在某一个阶段的经济绩效进行比较则是没有意义的。

因此，虽然中国改革交出的成绩单要远远好于东欧国家，但是也不能就此判断中国的改革是成功的，渐进式转轨模式优于"休克疗法"。相反，Sachs 等人认为前苏联和东欧国家采取的是与宪政规则的转轨相结合的改革，中国与越南进行的是缺乏宪政秩序条件下市场化取向的改革。后者在改革之后片面地以技术模仿来推动经济增长，而忽视对宪政制度的建立，长期将会被后发劣势锁定。① 因而，转轨是后社会主义国家的制度与全球资本主义制度及 WTO 规则趋同的过程，而不是创造一个本质上不同于资本主义的制度创新过程。经济转轨只是转轨的一部分，而转轨的核心是宪政规则的大规模改变。忽视了宪政制度的构建，在执政党的政治垄断下，经济转轨将被国家机会主义所挟持。经济转轨双轨制产生了非常高的长期代价，也许大大超过它赎买既得利益者平滑转型的短期好处。

对于 Sachs 等人的观点，林毅夫进行了全面批判和有力的回应。② 首先，技术是推动经济增长最为重要的因素，但是技术创新往往需要付出巨大的研发成本。后发国家通过技术模仿，可以极大地降低获取新技术的成本，因此具有明显的后发优势。其次，通过对比继承了英国宪政体制的印度、没有进行彻底宪政体制改革的日本以及基本上是独裁政治的新加坡，林毅夫认为共和宪政体制对于经济长期发展而言，既不是充分条件，也不是必要条件。进一步讲共和宪政体制与国家机会主义并没有必然的联系。即使共和宪政体制真的非常重要，从立宪开始到建立一套行政权、立法权和司法权相互制衡的宪政制度也不可能在一、两代人之间快速完成，而往往需要经历一个漫长曲折的过程。综合以上两点可以发现，从宪政改革的角度，利用后发劣势的观点，为前苏联、东欧进行"休克疗法"进行的辩护是站不住脚的。从理论和经验的角度来看，后发国家并非要先实现英美式的宪政体制改革才可以避免后发劣势。正如马克思主义政治经济学的观点一样，经济发展了，经济基础变了，市场交易的密度和复杂程度提高了，上层建筑必须随着经济基础的变动而不断进行制度创新，这样上层建筑才不会成为经济发展的制约因素。

此外，还有些学者更为深入地研究了两种转型方式出现的原因，并且指出了渐进式改革

---

① 杨小凯："经济改革和宪政转轨：回应"，《经济学（季刊）》，2003 年第 2 卷第 4 期。

② 林毅夫："后发优势与后发劣势——与杨小凯教授商榷"，《经济学（季刊）》，2003 年第 2 卷第 4 期。

可能出现的问题。例如，周冰和靳涛就从改革风险的角度研究转型方式的决定问题，以宪法性秩序是否崩溃为线索，将中俄为代表的两种转型方式概括为转型的“平滑模式”和“突变模式”，提出了转型方式综合因素决定理论，具体指出了转型的初始条件和改革策略各自在转型方式决定中的作用。他们认为制约着改革策略选择的初始条件包括原计划体制的结构、外部环境、改革时机三个因素，三者的交集决定着改革的策略空间。能够直接决定转型方式的改革策略，包括寻求改革“合法性”的处理方式、改革时序安排、掌握改革主导权、对社会利益分化的调控四个方面。中国在前三个方面都采取了正确的策略并且已经取得成功，但是第四个方面的风险正在积聚和加大。①

通过分析中国转型绩效的争论，我们可以发现“中国奇迹”是毋庸置疑的，所谓的宪政改革以及后发劣势的批判明显缺乏理论基础和现实依据。然而，我们也应该冷静地面对成绩，客观地对待改革中出现的问题，在实事求是的基础上解放思想，不断探索并完善有中国特色的社会主义市场经济体制。

二、从“华盛顿共识”到“北京共识”

东欧国家的经济转型多采用“休克疗法”，其理论基础就是著名的“华盛顿共识”（Washington Consensus）。“华盛顿共识”的提出源于西方国家对于拉美债务危机的解决，是继贝克计划、布雷迪计划之后的又一行动方案。

拉美国家在20世纪30年代后国内储蓄十分匮乏，加之又采取了进口替代工业化的发展战略，因此外债规模不断增加，最终引发了数十年的债务危机。1989年，美国国际经济研究所资深研究员John Willianmson把包括世界银行、国际货币基金组织、美国财政部以及部分经济学家的观点按照自己的理解系统地归纳成为10条建议，即“华盛顿共识”。这10条建议包括：（1）降低预算赤字到非通货膨胀水平；（2）公共支出改变投入方向，应投入到教育、基础设施等有较高的经济回报率并且潜在地有助于改善收入分配的领域；（3）税收改革实行更低的边际税率，扩大税基；（4）转向利率市场化，即实现金融自由化；（5）完全具有竞争力的汇率，从而促进使非传统性产品出口得以迅速增长；（6）取消对外贸易的数量限制，关税转让；（7）取消国外直接投资壁垒；（8）国有企业的私有化；（9）对新企业放松管制，取缔对竞争的限制；（10）更好的保护产权，尤其是非正规部门的产权。总体而言，“华盛顿共识”的初衷是通过在稳定宏观经济的基础上希望通过市场化、自由化和私有化来快速建立一套符合新古典经济理论的经济秩序。②

虽然“华盛顿共识”在玻利维亚等国取得过成功，但是却使得采取这一战略的东欧国家陷入了近十年的衰退。那么，为什么“华盛顿共识”无法支撑前社会主义国家转型成功呢？Kolodko（2000）认为，其中的关键因素在于“华盛顿共识”忽视了一些极其重要的问题：（1）转轨经济缺乏自由市场经济所必需的组织架构和基础制度；（2）转轨经济中金融中介较弱，难以有效配置私人资产；（3）转轨经济在私有化之前缺乏对国有企业的商业化；（4）企业管理不善，在放松管制的过程中不能实施有效的公司治理；（5）缺乏竞争政策有

---

① 周冰、靳涛：“经济体制转型方式及其决定”，《中国社会科学》，2005年第1期。

② Willianmson, J. 1990. *What Washington Means by Policy Reform*, in John Willianmson, ed., Latin America Adjustment How Much has Happened? Washington. D. C.: Institute for International Economics, 1990.

效实施所必需的制度设施；（6）转轨经济的法律框架和司法体系不完善，不能有效实施税收征管和企业合同；（7）地方政府效率低下，难以承担和处理地区发展所面临的挑战；（8）转轨经济国家缺乏支持新兴市场经济和市民社会运作的非政府组织。[①]

匈牙利经济学家科尔奈（2003）则认为当转型国家原有的旧制度被废除之后，而以市场机制为基础的协调功能又无法发挥的时候，整个社会就会出现“制度混乱”，或称为“制度荒原”，而正是这种制度混乱状态导致了经济长期的停滞与衰退。[②] Roland（2000）则进一步指出，无论“华盛顿共识”中政策多么正确，在一个制度真空的环境中也不可能发挥作用，因此必须反思政府在转型中的作用。[③] 后来，始于2007年春季的美国次贷危机引发了全球的金融动荡和经济衰退，而危机的起因则是在市场机制作用下，肆无忌惮地金融创新所导致的系统性风险。为了携手应对危机，2009年4月在英国伦敦召开了20国金融峰会，会上英国首相布朗公开宣称“‘华盛顿共识’的终结”。

与东欧国家的经济停滞不同，中国通过“摸着石头过河”的渐进改革道路，取得了举世瞩目的经济成就。2004年5月，英国伦敦外交政策中心发表了美国高盛公司政治经济问题资深顾问 Jashua Cooper Ramo 的论文《北京共识》（The Beijing Consensus）。论文对中国20多年来经济改革的成功经验进行了理性的思考与分析，概括了“北京共识”的三个基本定理：第一，创新是中国经济发展的发动机和持续进步的手段；第二，集中改善人民生活质量，化解和处理发展过程中的社会矛盾；第三，自主发展，不依赖外国。其中，创新和试验是北京共识的灵魂，强调解决问题应因事而异，灵活应对，不求统一标准。[④] 并且，Ramo 还进一步指出与“华盛顿共识”迥然不同的中国经济发展模式不仅适合中国，而且也是发展中国家追求经济增长和改善人民福利状况可以效仿的成功模板。随后，美国《国际先驱论坛报》网络版在2004年5月20日刊登的题为《中国将以自己的方式改变》的文章，称赞中国以循序渐进的方式推进政治改革果断明智。墨西哥《每日报》在2004年5月24日刊登的题为《中国：亚洲的地平线》的文章，更认为中国奇迹是依照自身情况理智制定社会经济政策的结果。英国《卫报》在2004年5月27日刊登题为《中国解决亿万人民温饱问题的经验》的文章，认为中国的崛起为其他国家提供了除西方发展模式之外的一个强有力的选择。[⑤] 从上述国际主流媒体报道的态度和动向上可以看出，“北京共识”已经逐步得到了世界的认可。

那么，到底应该如何总结中国改革的特点呢？成思危认为中国的改革具有以下四个特点，既自上而下、量力而行、循序渐进以及路径依赖。[⑥] 张维迎认为中国改革之所以成功是做到了以下5个关键性的转变：（1）资源配置信号由计划指标转变为市场价格；（2）经济决策的主体由政府官员转变为企业家；（3）个人利益的基础由政府职位转变为私人财产；（4）经济发展的推动力由中央动员转向为地方竞争；（5）经济运行系统由封闭转变为开

---

① Kolodko, G., W. 2000. *Post – Communist Transition*: *The Thorny*. Road University of Rochester Press. p. 65.

② 科尔奈：《后社会主义转轨的思索》，吉林人民出版社2003年。

③ Roland, R. 2000. Transition and Economics. *Massachusetts Institute of Technology*. p. 6.

④ 乔舒亚·库珀·雷默：《北京共识》，摘自东亚经济评论网站，http://www.e – economic.com。

⑤ 转引自靳涛：“经济转型研究的新观点——从‘华盛顿共识’、‘后华盛顿共识’到‘北京共识’的演变”，《天津社会科学》，2006年第1期。

⑥ 成思危：“改革核心是制度创新”，载《中国改革30年》，上海人民出版社2008年版。

放。[①] 姚洋则将“中国模式”概括为以下四点：（1）中国是一个以社会长远利益为追求目标的中性政府；（2）中国作为一个单一制的国家，通过财政分权充分地调动了地方政府的积极性；（3）中国探索了一条新的民主化道路，为发展中国家的国家治理，开创了一个新的模式；（4）中国共产党对待意识形态和对待现实变化的务实态度以及与时俱进的品格是中国改革成功的关键。[②] 而我们认为从比较制度分析的方法来看，中国模式可以概括为以下5个方面：（1）经济域的特征为公有制居主体地位与有调节的市场经济；（2）政治域的特征为强化政府的制度供给功能和经济功能；（3）文化域的特征为儒家文化与马克思主义意识形态组成的社会资本塑造和谐社会；（4）社会域的特征为收入分配多元化与惠及全民的社会保障；（5）循序渐进的中国模式形成路径。[③]

三、中国未来改革方向的讨论

对于中国未来改革的方向的问题，近年来也出现了一些争论。特别是在2004—2006年的“第三次改革辩论”中提出了一种完全相反的观点。一些改革开放前旧体制和极“左”路线的捍卫者认为，中国改革的大方向是错误的，中国遇到的各种社会经济问题都是由市场化改革和对外开放造成的，应当摒弃党的十一届三中全会以来的路线和方针，回到1978年以前的旧路线和旧体制中去。[④] 中共十七大拒绝了这种主张，胡锦涛总书记指出，改革开放是决定当代中国命运的关键抉择，是发展中国特色社会主义、实现中华民族伟大复兴的必由之路。改革开放符合党心民心，顺应时代潮流，方向和道路是完全正确的，成效和功绩不容否定，停顿和倒退没有出路。实现未来经济发展目标，关键要在加快转变经济发展方式、完善社会主义市场经济体制方面取得重大进展。要深化对社会主义市场经济规律的认识，从制度上更好发挥市场在资源配置中的基础性作用，形成有利于科学发展的宏观调控体系。[⑤]

那么，中国到底应该如何进一步深化改革，使得使我们中国特色的社会主义道路越走越宽广呢？成思危认为，中国的改革已经进入了深化和攻坚阶段，未来必须处理好以下四个关系，即法治与人治的关系、公平与效率的关系、政府与市场的关系以及集权与分权的关系。[⑥] 吴敬琏认为，应该坚定不移地推进改革，消除旧体制遗留的弊端，建立起法治基础上的市场经济，让市场充分发挥它在资源配置中的基础性作用。[⑦] 樊纲认为，一方面中国的改革还仍然处于初级阶段，即使在经济体制领域里面，也仍然有许多内容需要进一步改革，仍然可以释放出大量的效率，仍然可以通过制度的改革去改变各种各样的激励机制，改变我们的经济结构，来消除各种各样的扭曲，进一步提高经济增长的效率；另一方面中国的改革也已经进入了一个新阶段，由于改革集中到了深层权利关系调整和关键性制度建设层面，因此需要改变单兵突进的模式，协调各种主体，进行综合性、配套性的改革，同时为了保证改革

---

① 张维迎：“理解中国经济改革”，载《中国改革30年》，上海人民出版社2008年版。
② 姚洋：“是否存在一个中国模式?”，《北大讲座（第十九辑）》，北京大学出版社2008年版。
③ 何自力、乔晓楠、李菁：“中国模式与未来道路的探索”，《社会科学研究》，2009年第2期。
④ 吴敬琏：“中国经济的高速成长怎样才能够持续”，载《中国改革30年》，上海人民出版社2008年版。
⑤ 胡锦涛：《胡锦涛在中国共产党第十七次全国代表大会上的报告》，新华网。
⑥ 成思危：“改革核心是制度创新”，载《中国改革30年》，上海人民出版社2008年版。
⑦ 吴敬琏：“中国经济的高速成长怎样才能够持续”，载《中国改革30年》，上海人民出版社2008年版。

得以有效推进，需要在新规则、新机制以及新的组织架构等方面多进行思考。[①] 钱颖一指出，中国经济未来应该继续围绕着发展、改革、开放这三条主线扎实推进各方面的工作，中国的市场经济要建立在法治的基础之上，经济改革不能倒退或停滞，制度水平要与经济发展同步，同时中国作为一个开放的大国，应该进一步思考如何更好更快地融入全球经济。[②] 我们认为中国未来的转型道路应该从模仿转向创新，以创新为导向对中国模式进行一个新的构建。具体讲，包括以下四个方面：(1) 经济领域的创新要突出中国特色的基本经济制度和经济体制的创新；(2) 政治领域的创新要不断发展社会主义民主政治，加强法治建设；(3) 文化领域要在改革的伟大实践中进行文化创造，推动文化大发展、大繁荣；(4) 社会领域的创新要坚持以人为本，全面推进和谐社会的建设。[③] 而对于转型经济学而言，如果可以成功解决上述一系列的重大理论问题，那么则有可能成为“中国特色经济学”的基础和主干。[④]

---

① 樊纲：“经济改革仍需‘挖潜’”，“对体制改革若干问题的思考”，载《中国改革30年》，上海人民出版社2008年版。

② 钱颖一：“从国际比较看中国经济”，载《中国改革30年》，上海人民出版社2008年版。

③ 何自力、乔晓楠、李菁：“中国模式与未来道路的探索”，《社会科学研究》，2009年第2期。

④ 黄范章：“制度创新、理论创新的30年——兼论创立有中国特色的转轨经济学和社会主义市场经济学”，《经济学家》，2008年第6期。颜鹏飞、戴盛：“中国经济学60年的反思与展望：再论中国经济学究竟向何处去”，《西北大学学报（哲学社会科学版）》，2009年第5期。

第七章

中国经济增长60年：发展战略、制度变迁与增长绩效

作为创造过灿烂文明的古老帝国，中国在政治、经济、军事、文化等领域曾经长期全面领先于世界其他国家，但最终被以英美为代表的西方国家所超越。虽然理论界对于中西方出现历史分流的具体时间和主要成因存在着巨大的分歧，但是，毫无疑问的是，在19世纪中期，当中西方文明直接遭遇时，中国在政治、经济、军事和文化等领域已经全面落后了。此后一百年，救亡图存的民族解放运动成为历史的主旋律，此间各种主义和主张纷至沓来，在历史舞台上粉墨登场，中国俨然成为各种文化、思潮、制度交锋、交汇、交融的试验场，但是，动荡不安的国内外环境决定了任何一种意识形态和制度安排都不可能轻易地取得成功。新中国成立之前，虽然经济社会发展并非完全停滞不前，甚至在某些时期的某些地区还曾出现过显著的增长，但是，这种增长终因战乱而不可持续，严酷的局势决定了经济增长并不是这一时期社会各阶层最为关注的主题。

1949年新中国成立以后，秉承马克思主义的中国共产党建立政权，国内政治与社会保持相对稳定。正如中共七届二中全会通过的决议和中国人民政治协商会议通过的《共同纲领》表明的那样，如何尽快实现国富民强已经成为社会各阶层共同关注的主要议题①。但是，何种发展战略和经济制度能够成功地实现中国长期的经济增长，却没有现成的经验可以遵循。中国在当时国内外经济政治制度的现实约束下，进行了大量的实践和探索，经历过曲折的道路，并付出了惨痛的代价。总体而言，60年来中国经济增长无疑取得了巨大的成功，无论经济总量还是人均水平，都有巨大的飞跃。尤其是1978年改革开放以后，经济体制由计划经济逐步转轨为市场经济，释放出巨大的经济活力，中国成为世界上经济增长速度最快国家，经济规模很有可能在2009年或2010年超过日本，成为仅次于美国的世界第二大经济体。在改革开放之前的30年中，虽然日趋僵化的计划经济体制束缚了经济发展，使其远低于可能实现的增长速度，而且经济结构失衡，农轻重比例失调，难以实现经济快速增长的持续性。然而，不能忽视的是，这一时期经济社会的发展也有很大进展，如医疗卫生事业的发展提高了人口的预期寿命，极大地降低了婴儿的死亡率；教育事业的发展大幅减少了文盲比率，提高了劳动者的受教育程度，积累了大量的人力资本；建立了较为完善的工业体系，这

---

① 毛泽东1949年6月在新政治协商会议筹备委员会上的讲话，明确指出经济社会恢复和发展是民主联合政府成立以后的两个主要工作重点之一，另一个重点是肃清残余的反动势力（参见《毛泽东选集》第四卷，第1466页），而后者显然是更为短期的目标，并且最终的目的也是为了前者的实现。

些发展为改革开放以后的经济增长奠定了重要的基础。

如何理解中国60年来的经济增长，尤其是前30年和后30年经济增长绩效的巨大差异以及前后两个时期的联系，对于经济理论的发展与经济增长的实践都是非常重要的。由于篇幅所限，本文仅从总体上按照不同时期对60年来中国的经济增长提出一些尝试性的解释，这样的总体性解释显然难以穷尽经济增长的各个方面和各种因素，只能勾勒出一个粗线条的框架，以说明与增长有关的经济思想的发展轨迹。根据以上思路，本章分为三部分，第一节简要介绍分析经济增长所依据的理论框架，第二节和第三节以1978年为分界点，将新中国成立以来的60年分为两个时期，按照有关理论对这两个时期的经济增长进行总体性的分析。

第一节　一个简单的理论分析框架

一、要素投入、技术进步与经济增长

长期以来，国家和社会财富的增长一直是经济理论研究的核心问题。经济增长最直接的原因在于要素投入数量的增加、质量的提高和技术进步。在规模报酬不变的情况下，生产要素增加可以带来经济规模的等比例的扩张。因此，人口扩张与资本积累都是促进经济增长的重要因素。但是，古典政治经济学家很早就注意到有些要素投入受自然资源的约束而不能无限的扩张，例如土地，当对粮食的需求不断增加，以至于更贫瘠的土地不得不被利用起来的时候，农业边际产出将会下降，这将导致农业以及其他所有行业报酬率的下降，制约人口的扩张，并最终导致经济增长的停滞。马尔萨斯、李嘉图、马克思和穆勒等都明确指出或暗示了这种增长所具有的局限，由于这些理论所明确指出或隐含的经济社会发展的阴暗前景，经济学一度被称为沉闷的科学。

能够改变这一令人沮丧的结果的主要因素是技术进步，如果技术进步的速度足够快，就可以抵消某些要素投入受限所带来的影响，从而实现经济持续增长。斯密本来描述的是一幅更为乐观的景象，自利的个人为追逐利润而不断扩大市场规模，促进专业化分工，由此带来技术进步和持续的经济增长。然而其他古典经济学家并非不重视技术进步的作用，只是在他们看来，技术进步可以推迟经济增长停滞到来的时间，但是不能从根本上阻止经济停滞的发生。但是，这些古典经济学家毋庸受到责备，因为现代意义上持续的经济增长直到19世纪才刚刚出现，而这还仅限于以英格兰为代表的西欧少数国家。在此之前，标志长期经济增长的人均收入水平的持续提高不仅极为罕见，而且也是极为缓慢的。

在欧美现代经济增长已经悄然进行了一百年以后，经济增长理论才逐渐成为经济学的核心理论。20世纪30年代现代宏观经济学的建立为经济增长理论的发展开辟了道路，哈罗德和多马将凯恩斯的静态均衡分析加以动态化，从而得出经济增长的决定因素，即均衡的经济率取决于储蓄率和资本产出比的比值，这一结论成为50年代兴起的发展经济学的重要依据。如果用于分析长期的经济增长，哈罗德—多马模型的一个致命缺陷是忽略了技术进步的重要作用，而对为一缺陷的弥补正是索洛的开创性贡献。他将要素投入和技术进步纳入到正式的分析框架中，从而建立了新古典增长理论。根据这一理论，从长期来看，人均收入水平的提高取决于外生的技术进步。20世纪80年代兴起的新经济增长理论，认为技术进步不是外

生变量，而是由经济体系内生决定的，从而进一步发展了新古典增长理论。技术进步是推动经济增长的重要因素，但是绝对不是唯一重要的因素。例如，美国在过去的100多年中，技术进步的速度绝非平稳，但是经济增长速度却一直保持在3%左右。

二、意识形态、制度变迁与经济增长的长期绩效

对于世界各国千差万别的经济增长绩效，现代经济增长理论只能提供有限的解释，为了让理论与实证更加吻合，一些重要的变量被纳入更为广泛的分析框架中，例如人口增长、资本积累、工业化、城市化，等等，但是，这些因素与其说是经济增长的原因，毋宁说这就是增长本身。要素投入和技术进步是决定总量增长和人均收入水平提高的直接原因，但更为关键的是理解哪些因素会影响要素投入和技术进步。在诺斯等新制度经济学家看来，制度对于经济增长是更为根本的决定因素。在不同的制度下，要素投入和技术创新会产生不同的收益，投入和创新所产生的社会收益与私人收益越接近，就越能激励人们从事各种生产性活动，从而促进经济增长。长期经济增长的绩效是由经济制度的绩效所决定的。

制度总是处于变化之中的，并对经济增长的绩效产生长期影响。诺斯和托马斯①通过对西欧经济兴起的分析，提出了较为完整的制度变迁的理论框架。战争、人口增长或科学发现等因素会使不同生产要素的相对价格发生变动，因此，新的生产组织形式将会带来更高的收益，由此产生制度变迁的需求。但是，制度变迁对不同人群的成本收益将会产生不同的影响，因此，制度变迁是否实现取决于不同行动集团的力量对比。如果制度变迁对于某些集团产生比较大的不利影响，这些集团就会阻碍制度变迁的发生，因此，有利于经济发展的制度变迁不一定能够成为现实，而不利于经济发展的制度可能会长期存在。由此，不同经济体之间的长期经济绩效将会出现巨大的差异。

为什么不同经济体制度变迁的速度和路径有如此大的差异？这经常归因于由不同文化传统所决定的意识形态和价值观念的差别。例如韦伯认为资本主义的兴起是由于新教徒秉承了节俭、理性和崇尚物质财富积累的精神，而东方的道教和儒家文化则不适于产生资本主义制度②。诺斯也非常强调意识形态对制度变迁和经济发展产生的作用。随着市场规模的扩大，专业化分工水平不断提高，促进了经济发展和经济效率的提高，但是也会相应的增加交易费用。依靠正式的制度安排无法有效率的解决广泛的交易中出现的问题，只有通过适当的意识形态才可以有效地降低交易费用，使经济得以不断发展③。意识形态来自于人类对于外部自然和社会环境的理解，因此，由于最初面临的自然环境的不同，形成了不同的意识形态，并对经济社会制度的变迁产生广泛而深远的影响。当然，意识形态除了通过影响制度变迁而对经济增长产生间接作用以外，还可以通过直接影响要素投入而对经济增长产生直接影响。与经济增长和制度变迁相比，意识形态更为稳定。

以上关于意识形态、制度和经济发展的分析框架，可以概括到Ruttan和Hayami提出了

---

① 参见诺斯、托马斯：《西方世界的兴起》，华夏出版社1999年版。

② 参见韦伯：《儒教和道教》，江苏人民出版社1993年版。韦伯，1991：《新教伦理与资本主义精神》，陕西师范大学出版社2002年版。

③ 参见诺斯：《经济史上的结构与变迁》，商务印书馆1992年版。

诱致性制度变迁理论，速水佑次郎和神门善久进一步完善了这一分析框架①。速水及其合作者将经济社会体系分为四个子系统：由文化或意识形态所决定的价值系统，在不同的社会中，对于同样的事物可能会有不同的评价，从而激励或约束人们的各种行为；由制度所制定并为人们所认同的规则系统，包括正式的制度安排和非正式的习俗，对人们的行为具有程度不同的约束力；由各种资源构成的生产要素系统，包括自然资源、劳动和资本等，决定了生产系统所能达到的最高的产出水平；表现为生产函数的广义的技术系统，决定了在既定要素投入的情况下，所能够实现的实际产出。这四个子系统相互作用，共同决定了经济增长的长期绩效。

文化价值、经济制度、生产要素以及生产技术之间有着复杂的相互关系。例如，诺斯和托马斯强调由于技术进步导致了生产要素相对价格的变化，进而引发了制度变迁的需求，而适应这一技术变动的制度之所以创造出来并得以实施，是西方文化价值观念的长期演变的结果，而且，通过持续的制度创新来降低交易成本，使市场规模的扩大和专业化分工的深化不断进行，这使得人均收入水平不断提高，出现了现代意义上的经济增长。彭慕兰则认为导致中西方历史分流的主要是由于偶然性的原因，一是英格兰经济发达地区临近产煤区，使得煤炭成为新的能源，这直接导致了蒸汽机技术的发展，并应用于其他生产领域，由此推动了工业革命的产生和发展；二是英格兰从新大陆地区可以持续的以较低的成本获得大量的资源性产品，从而改变了劳动与其他资源禀赋的比例，使得生产方式由劳动密集型转变为劳动节约型，促进了相关技术的发展，提高了劳动生产率和人均收入水平的提高，出现了现代意义上的经济增长②。张宇燕和高程③将两者的分析联系在一起，认为偶然性的变化与内在的政治经济制度结合在一起，共同导致了中西方的历史分流。新大陆的发展使得大量金银财富涌入欧洲，使新兴资产阶级的力量得到空前发展，改变了不同阶层之间的政治力量对比，使制度变迁向有利于资产阶级的方向发展，由此建立和完善了资木主义制度，出现了持续的经济增长。实际上，由于与中国长期存在贸易逆差，欧洲的贵金属大量流向了中国，但中国却没有发展出与原有统治阶级相对抗的、具有相对独立利益的资产阶级，这是由于通过科举制度以及与官僚阶级联姻，商人阶级与官僚体系的利益相互融合，使原有的政治经济制度保持了相对稳定。中西方面对相似的外部冲击，产生的结果却大相径庭，价值观念与意识形态在其中发挥了巨大的作用。中国强调等级观念和集体主义，重视通过进入官僚体系实现“治国平天下”的政治理想，而商业活动经常被人所轻视。可能正因为如此，商人阶级更多地选择了融入和依附于官僚体系，而不是通过独立的政治经济力量控制和影响官僚体系的发展和演变。然而，文化具有多样性，它对经济增长与制度变迁所产生的作用是复杂的，并非唯一的决定因素。不仅儒家文化，甚至伊斯兰文化中也包含着自由和宽容的因素，而不仅仅是强调权威和服从。也正因为如此，只要遇到适当的环境和机遇，并实施正

---

① 参见 Ruttan and Hayami, 1984. Toward to a Theory of Induced Institutional Innovation, The Journal of Development studies, Vol. 20, pp. 203—223；速水佑次郎和神门善久，2005：《发展经济学：从贫困到富裕》（第三版），社会科学文献出版社，2009 年版，第 8—25 页。

② Pomeranz, 2000. The Great Divergence. China, Europe and the making of the Modern World Economy Princeton: Princeton University Press.

③ 张宇燕和高程称之为“非中性”的制度变迁，参见张宇燕、高程：《美洲金银和西方世界的兴起》，中信出版社 2004 年版。

确的政策，出于不同文化传统的各国经济都可以获得长足的发展，现代经济增长并非西方所特有的现象。

三、发展战略与制度变迁

林毅夫等强调了发展战略对经济增长绩效的影响①。发展战略实际上是联系制度因素与要素投入和技术进步的中间变量。要素禀赋与技术水平内生的决定最为适宜的发展道路和发展模式，这表现为具体的发展战略。但是，实际采取何种发展战略不仅取决于经济体系中这些内生因素，也取决于政府领导者对发展战略的认识以及既定的政治经济制度和国内国际环境等外生因素。但是，如果外生决定发展战略与资源禀赋和技术水平不一致，那么，从长期来看就会出现经济绩效的下降，在国内外横向和纵向的比较中，政府将受承受越来越大的压力，从而促使发展战略发生转变。不同的发展战略不仅决定要素禀赋的配置方向，也会影响要素禀赋的配置方式，从而与经济制度联系在一起。当发展战略改变时，要素投向会发生变化，资源配置方式也会相应改变，导致一系列的制度变迁，进而决定和改变经济增长的绩效。如果专业化分工程度比较低，落后的经济体可以通过模仿先进经济体的分工模式获得快速的增长，但是，在专业化分工程度较高时，如果没有制度的改善，模仿的潜力将会很快被用尽。这意味着正确的发展战略与制度变迁有着内在的联系，并且以一定的制度安排为基础。

即使政府领导者已经认识到正确的经济发展战略，组织与实施这一战略也会遇到重重阻碍。首先，领导者的利益与社会的利益并非总是一致的，领导者的利益越具广泛，即越具有包容性，就越有可能推动有利于经济增长的制度变迁。而且，设计新的制度安排是有成本的，需要付出时间、思想和努力，但是，由于人们可以模仿新的制度形式而不补偿设计新的制度措施的那些个人，因而在私人和社会的收益和成本方面会有重大差距。只有在政治家的预期收益高于所需付出的成本时，才会去改变原来不恰当的制度安排，实施正确的发展战略。出于同样的逻辑，政治家也会由于自身的狭隘利益而去阻碍促进经济增长的制度安排，或者推行反生产性的政策。

其次，作为一个庞大的组织，政府并不是利益完全一致的共同体，各级政府以及政府不同部门有着不同的利益。中国幅员辽阔、人口众多，政府具有多层和复杂的结构，这一问题更加突出，因此，各级政府之间的权利分配对于经济增长与制度变迁有着重要的影响。中央政府和地方政府在中国制度变迁中都发挥了重要的作用，而且，随着经济发展水平的提高和财政分权的进行，地方政府有可能会在制度变迁中扮演主要角色。

概括而言，要素禀赋投入增加与技术进步是决定经济增长的直接因素，而具体的制度安排决定了要素投入与技术进步的私人收益与社会收益的差异，从而提供相应的激励和约束。给定的要素禀赋与技术水平决定了恰当的发展战略，这以一定的制度安排为基础，同时也会促进制度的变迁。能否实现有利于经济增长的制度变迁，一方面取决于政府对经济发展规律的正确认识，另一方面也取决于各级政府及政府各部门之间的权力分布。

---

① 参见林毅夫、蔡昉、李周：《中国奇迹：发展战略与经济改革》，上海人民出版社 1999 年版。

第二节 激进式变革下的经济增长：1949—1977年

以马克思主义为指导思想的中国共产党自建党以来就有明确的政治目标，即建立社会主义社会，并最终实现共产主义。虽然在不同历史时期，由于国内外政治经济环境的制约，具体的政策有所区别，但是，最终的政治目标并未改变，这体现在各个时期党的重要文件和决议中。因此，新中国成立以后，发展战略与经济制度的选择具有强烈的意识形态特征，经济增长也屡屡受到由意识形态所主导的各种社会运动的影响和冲击。

领导者对适合中国国情的经济社会发展模式的探索，引发了剧烈的经济社会变革，这为改革开放以后制度的巨大转变积累了经验和教训。因此，改革开放以后一系列的制度变迁应该视为在此之前各种探索和尝试的继续，而不是历史的断裂。

总体而言，虽然在很多时候有所偏离，但是国家经济、社会、文化建设仍是政府关注的重点问题，由意识形态所决定的经济组织形式的变革，其根本的出发点和最终的目的仍是尽快提高生产力水平，缩小人们生活水平提高与落后的生产状况之间的巨大差距，缩小与世界先进国家的差距。因此，虽然不同时期各种大规模的社会运动在不同程度上扰乱了正常的社会秩序，但是，国内一直保持和平局势，劳动与资本等要素投入数量和质量都有大幅提高，技术水平也得到提升，保持了较快的经济增长速度。但是，经济增长的绩效很低，经济结构不平衡，微观的激励机制被扭曲，新中国成立以后逐步建立起来的高度集中的计划经济体制的增长潜力已经被耗尽，这为1978年以后经济体制的转型准备了条件。

一、意识形态

新中国成立以前，在波澜壮阔的民族救亡图存运动中，一部分革命者自觉自愿地接受马克思主义，并将其作为革命的信仰，是因为马克思主义具有一些鲜明的观点和方法，尤其是历史唯物主义、阶级分析方法和道德主义，而这些特点不仅可以指导救亡图存运动，而且与中国传统的文化心理结构不乏契合之处。

（一）历史唯物主义为救亡图存运动指明了光辉的前景

随着对西方社会的接触和西方思想的传播，循环的历史论已经被抛弃，社会进化论被更多人所接受，而马克思关于社会发展的历史唯物论比社会进化论更具有理论性，更符合中国人实践理性的文化心理特征。历史唯物主义认为，不同社会具有相同的发展规律和发展模式，这意味着当时处于内忧外困的中国社会有可能达到与其他西方国家一样的发展水平，甚至有可能比西方国家更早建立更优越的社会主义制度，从而实现超越西方的强国理想。社会主义和共产主义描绘了未来理想社会的特征，这与中国不同文化传统所宣扬的各种乌托邦式的理想世界或近代洪秀全、康有为和孙中山所宣扬的大同社会在精神实质上具有相同之处。因此，新中国成立以后，对制度形式的强烈偏好有着悠远的历史思想渊源。

（二）阶级分析方法为救亡图存运动提供了具体指导

马克思将阶级斗争作为社会发展的根本动力，因此，中国共产党优秀的领导者特别注重分析不同阶级的政治倾向和政治力量，这为中国革命的成功提供了重要的保证，成为中国革命斗争的宝贵经验①。阶级分析方法至少在形式上与中国传统文化中对等级制度和等级观念的强调具有某种程度的相似之处。在新中国成立以后，这种思维方式仍然或多或少地延续下来②，但是，随着需要解决的主要矛盾由政治斗争向经济发展的转变，如果错误的分析了不同阶级在新的形势下的特征，就有可能制定不利于经济发展的发展战略和经济政策，导致严重的后果。

（三）以道德因素作为事物评判标准形成了强大的舆论力量和精神号召力

由历史唯物论所决定的社会发展规律自然而然地将各种因素区分为进步因素和落后因素，这种明显的带有意识形态和价值判断的方法可以用于分析阶级和制度等各类事物以及人们的各种行为。根据这一道德标准，任何事物都可以鲜明地区分为对与错、是与非，从而具有极强的感召力，在战争动员中起到了鼓舞士气、团结民众的重要作用。这与中国传统文化中的强调的自我修养以及重义轻利的思想具有相同之处。在计划经济形成的过程中，对道德因素的强调在一定程度上有助于克服微观激励机制的缺陷，但是，这种激励方式无法长期持续的发挥作用，因此，只能延缓经济增长绩效的下降，而不能从根本上解决这一问题。

在革命时期形成的意识形态不可避免地在新中国成立以后的相当长时期处于主导地位，从而决定了这一时期的发展战略、制度安排和具体的经济政策。由于缺乏经济建设方面的实践经验，建国初期在理论上主要依据马克思和列宁等经典作家的论著，在经验上主要借鉴前苏联模式，因此，采取的政策具有明显的意识形态的特征。

二、发展战略与制度变迁

新中国成立前后，领导者根据国内经济社会发展的现状，正确地认识到由国营经济、合作社经济、私人资本主义、个体经济和国家资本主义等多种经济成分构成的新民主主义经济形态将会在一个较长时期存在，允许私人资本主义在一定范围内存在和发展③，保护民族工商业是新民主主义革命的三大经济纲领之一④。正是考虑到由新民主主义向社会主义过渡需要一个较长的时期，在新政治协商会议上通过的《共同纲领》并没有明确指出将社会主义作为未来的发展方向，新民主主义经济的指导方针是"发展生产、繁荣经济、公私兼顾、劳资两利"，这是以生产力发展而不是以生产关系作为判断标准。

在国民经济恢复时期（1949—1952年），政府较好地贯彻了新民主主义经济的指导方针，国民经济得到快速发展，主要工业品产量与旧中国最高年份相比，平均提高了37.12%⑤，粮食产量提高了18.18%，棉花产量提高了53.53%。这一时期官僚资本主义企

---

① 参见毛泽东在不同时期运用阶级分析方法对中国政治与社会局势的分析，例如"中国社会各阶级的分析"（《毛泽东选集》第1卷，第3—11页）、"新民主主义论"对新民主主义的政治的分析（《毛泽东选集》第2卷，第672—678页）、"论联合政府"（《毛泽东选集》第3卷，第1029—1100页）、"论人民民主专政"（《毛泽东选集》第4卷，第1468—1482页）。

② 参见毛泽东"新中国成立以后对国内局势的分析"，例如"工人阶级与资产阶级的矛盾是国内主要矛盾"（《毛泽东选集》第5卷，第53页）。

③ 参见毛泽东："在中国共产党第七届中央委员会第二次全体会议上的报告"，《毛泽东选集》第4卷，第1424—1439页。

④ 参见毛泽东："目前形势与我们的任务"，载《毛泽东选集》第4卷，第1253页。

⑤ 不包括烧碱。烧碱产量提高了558.3%。

业和外国在华企业被没收并改造为国营企业，对民族资本主义采取了一定的限制措施，如反对行贿、反对偷税漏税、反对盗窃国家财产、反对偷工减料和反对盗窃经济情报的“五反”运动，对手工业个体经济采取了一定的引导和扶持措施，促使其走向合作社的组织形式。在这一时期，私营企业和个体企业的产值都有大幅增加，但是在工业总产值中的比重由1949年的71.2%下降到1952年的51.2%。参见表7-1。

表7-1　工业总产值中各类经济类型企业的产值与比重　单位：亿元；%

年份	全民所有制		集体所有制		公私合营		私营		个体	
	绝对值	比重	绝对值	比重	绝对值	比重	绝对值	比重	绝对值	比重
1949	36.8	26.2	0.7	0.5	2.2	1.6	68.3	48.2	32.2	23.0
1950	62.5	32.7	1.5	0.8	4.1	2.1	72.8	38.1	50.3	26.3
1951	90.8	34.5	3.4	1.3	8	3.0	101.2	38.4	60.1	22.8
1952	142.6	41.5	11.2	3.3	13.7	4.0	105.2	30.6	70.6	20.6

数据来源：转引自孙健：《中国经济通史》（下卷），中国人民大学出版社，2000年版，根据表43.4整理。

国民经济恢复时期最大的经济变革是土地改革。全国性的土地改革运动从1950年开始，到1952年底基本完成，使3亿多无地或少地的农民无偿获得了7亿亩土地以及其他生产资料，但是并没有改变土地私有制。在如此短的时间内，相对平稳地完成了涉及如此众多人口的土地改革，反映了政府已经在农村地区建立起力量强大的政权，这在以往任何时代都是不曾有过的。① 土地的平均分配使绝大部分农民的生活得到改善，这进一步巩固了政府在农村地区的统治。正因为如此，以后的历次运动可以深入到中国广大的农村地区，动员了占人口绝大多数的数以亿计的农民，这极大地改变了中国的社会面貌。

从总体上来看，国民经济恢复时期延续了解放区原有的经济政策，没有推动经济体制的根本性的变动，土地改革更像是财富的再分配政策而不是制度变革，多种经济成分并存，使得经济保持了较大的活力。经过多年战乱以后，民众建设国家的热情高涨，这也是推动生产的重要因素。对国内经济形势的正确认识是采取适当的经济政策的根本原因，严峻的国内外局势，如朝鲜战争的爆发和国内肃清反革命需要保持稳定的社会环境，因此，“不要四面出击”，通过调整工商业，调整税收，改善与民族资本主义的关系。这一时期主要采取经济政策调整国有经济与私营经济的关系，例如扩大加工订货和产品收购的范围，调整价格和经营范围，调整税收和劳资关系等，虽然直接目的是保护和促进私营经济的发展，并在短期内取得了一定的实效，但从长期来看，增强了政府对经济的管制，而且明确了最终的目的是消灭民族资产阶级，逐渐走向计划经济。因此，在这一时期私营经济虽然也有所发展，但是在经济中的比重已经大幅下降，国营经济比重大幅上升，尤其在批发商业中已经占到绝对优势。政府通过国营经济的扩张与经济管制政策，对经济的整体控制能力大为增强，这为以后进行的社会主义改造奠定了基础。

在国内外局势相对稳定以后，1953—1957年进行了社会主义改造，这是政府加强对经济进行控制和管理这一趋势的延续，但是改造的速度加快，改造的范围扩大。1953年毛泽东批判了刘少奇确立“新民主主义社会秩序”的观点，提出过渡时期的总路线，计划用十

① 1954年取消了大区一级党政机关，将权力上交中央，也是增强中央政府权力的重要措施。

到十五年或者更多一些时间基本实现工业化和对农业、手工业和资本主义工商业的改造，这实际上明确了新民主主义向社会主义的过渡并非在新民主主义经济之后进行，当前所处的新民主主义本身就是向社会主义过渡的时期。这一总路线被第一届中国人民代表大会，并写入1954年的《宪法》中，这使社会主义改造的步伐迅速加快。

实现工业化是为了改变极端落后的生产状况，而优先发展重工业被作为工业化的中心环节；向社会主义过渡的核心是将生产资料私有制改造为社会主义公有制。根据毛泽东的观点，社会主义改造就是要解决所有制问题，将私有制经济改造为公有制经济可以解决私有制与大量供应之间的矛盾，从而提高生产力，完成工业化，解决生产力落后与人民生活水平提高之间的供求矛盾。这与马克思对资本主义的批判的基本原理是相同的，但是，将公有制作为更高级形态的社会主义的本质特征，具有明显的意识形态的特征。通过社会主义改造形成了高度集中的计划经济体制，这不仅是由于重工业优先发展的战略，也是由于意识形态偏好，即领导者更偏好以公有制和计划经济为特征的社会主义制度。囿于当时的理论水平和实践经验，人们并没有意识到公有制和计划经济体制作为经济发展模式具有内在的不可持续性，因而也不是更高级的社会形态的本质特征。只有在计划经济体制的增长潜力被耗尽后，人们才从实践中得出正确的认识，但是，此时国家和人民已经付出了惨重的代价。

社会主义改造的重点在占人口90%的农村地区。1952年土地改革基本结束以后，全国参加农业生产互助组的农户仅占全部农户的39.9%，参加农业生产合作社的农户仅占0.1%。1953年底，毛泽东关于农业互助合作的两次谈话强调政府依靠组织行政力量积极推动农民合作社，而且合作社的规模越大越好。互助组是以农民私有制和家庭经营为基础，于农忙时临时组成的三到五户的生产互助形式，初级农民合作社是半私人所有制半社会主义性质的，大部分土地、牲口和农具折价入股，合作社相应的付给股金，而高级农民合作社则是完全社会主义性质的，几乎所有农业生产资料全部归合作社所有。由于当时主流的意识形态认为社会主义的本质特征就是公有制，因此，推动农民由互助组向初级合作社转变，并最终改造为高级合作社，就成为农村社会主义改造的核心问题。虽然无论在发展战略上还是具体策略上都存在分歧，例如，1951年7月3日刘少奇在中共山西省委一份报告上批示，批评劳动互助和供销合作社是一种错误的、危险的、空想的农业社会主义思想。农村工作部部长邓子恢认为农村工作的基本任务是发展农业生产，一切的组织和制度都应该看它是否有利于生产，互助合作应该根据自愿互利的原则，采取教育说服的方式，不能操之过急。但是，毛泽东尽快推动农民合作化运动的意见成为主导，农村合作化运动实际上只用了4年时间，比预定的计划提前了大约3/4的时间。

由于农业合作化运动过快发展，并且在一些地区采取了简单粗暴的方法强迫农民入社，违背了农民意愿，1954年出现了农业生产情绪低落，生产积极性不高的问题。1955年2月中共中央和国务院发布了《紧急指示》，要求把农业合作化的步骤放慢一些，毛泽东确定了“停”、“缩”、“发”的方针。但是，这仅是合作化运动中具体方针的暂时调整，1955年7月毛泽东批评了合作化运动中的保守思想，指出农村合作化运动的高潮就要到来，计划用15年的时间完成农村的社会主义改造。这使得农业合作化运动再次加快，实际上仅用了一年半时间，高级农业合作社已经成为农业合作组织的主要形式，到1956年年底全国参加高级农业合作社的农户比重已经达到了87.8%（参见表7-2）。

表 7-2　　1955—1956 年农业合作社的发展

时间	农业生产合作社数量（千个）	参加合作社的农户数量（千户）	占总农户的比重（%）	每社平均户数（户）
1955 年农业生产合作社的发展				
6 月底	634	16921	14.2	26.7
10 月底	1277	38133	32.0	29.9
11 月底	1583	49396	41.4	31.2
12 月底	1905	75452	63.3	39.6
1956 年农业高级生产合作社的发展				
1 月底	136	36519	30.7	268.5
3 月底	263	65818	54.9	250.1
6 月底	312	76874	63.2	246.8
9 月底	380	88269	72.7	232.0
12 月底	540	107422	87.8	199.0

数据来源：苏星：《新中国经济史》，中共中央党校出版社 1999 年版，第 286、287 页。

工商业的社会主义改造进程与农村合作化运动相似，至 1956 年底基本完成，通过没收官僚资本企业和赎买民族资本主义企业等形式形成的社会主义工业企业在工业总产值中的比重已经达到了 67.5%，以公私合营和加工订货形式存在的国家资本主义企业比重为 32.5%，自产自销的资本主义工业几乎完全消除。1956 年社会主义商业在商品零售额中所占比重达到 65.7%，国家资本主义及合作化商业比重为 31.6%，私营商业所占仅为 4.2%。

虽然从 1952—1956 年短短的 5 年间中国所有制形式出现了翻天覆地的变化，但是，产业结构的变化相对较小，说明经济发展仍处于较低的水平。至 1957 年，农业在国民经济中的比重仍超过 40%，第二、三产业各占 30%。如果从就业来看，仍有超过 80% 的劳动人口在第一产业就业，第二、三产业的比重不足 20%。我国属于劳动资源相对丰富的国家，必然的选择是劳动密集型的技术，而不是技术节约型的技术。农业合作化的出发点是通过集体化生产，使用大型农业机械，提高农业生产力，但是这违背了我国当时的资源禀赋的特征，如果不发展非农产业，减少农业就业人口，而是仅仅改变所有制和生产形式，则不可能摆脱农业生产的过密化趋势（参见表 7-3）。

表 7-3　　1952—1957 年我国三次产业比重的变化　　单位：%

年份	第一产业		第二产业		第三产业	
	就业	产值	就业	产值	就业	产值
1952	83.54	50.5	7.39	20.88	9.07	28.62
1953	83.07	45.87	8.03	23.36	8.9	30.76
1954	83.14	45.63	8.62	24.64	8.24	29.72
1955	83.27	46.26	8.57	24.42	8.16	29.32
1956	80.56	43.18	10.72	27.31	8.71	29.51
1957	81.23	40.26	9.01	29.68	9.76	30.06

数据来源：国家统计局：《中国统计年鉴 2000》，中国统计出版社 2000 年版，根据表 1-2、表 1-3 整理。

重工业优先发展的战略不利于利用我国丰富的劳动力资源，从而也就不利于剩余的产生和资本积累。虽然毛泽东等领导者在不同时期都曾强调要重视产业之间和产业内部的结构，但是对意识形态的偏好和重工业优先发展的战略使其通过激进式的社会主义改造形成了高度集中的计划经济体制。试图通过改变生产关系来促进生产力水平的快速发展，这与毛泽东强调人的意志和主观能动性的哲学观点有着密切的联系。由于毛泽东当时在国内和党内具有绝对的权威，这种发展战略通过革命时期和建国以后建立和完善的组织体系成为推动经济制度变迁的主要因素。这种强有力的组织形式作为一种遗产被以后的各届政府所继承，在推动体制转型与经济发展中再次发挥了巨大的作用。

1953—1957 年实行第一个国民经济五年计划期间，我国经济保持了年均 9.36% 的较快增长，这使得毛泽东相信 1956 年周恩来等人反冒进是错误的，于是从 1957 年开始对反冒进不断进行批评，并提出了“超英赶美”的发展战略。为了完成赶超目标，1958 年提出了“大跃进”的口号，并制定了一系列高指标。1958 年 5 月中共八大二次会议将 1956 年制定的国民经济第二个五年计划的主要经济指标提高了一倍，1958 年 6 月中央批准了国家计委提出的“二五”计划意见书，将工业和农业增长速度分别提高了大约 2 倍和 4 倍，主要工农业产品的产量目标也大幅提高（参见表 7-4）。

表 7-4　　国民经济第二个五年计划经济指标的变化

主要经济指标	二五计划（1956 年）	新五年计划（1958 年 5 月）	二五计划意见（1958 年 8 月）
工业总产值年均增长（%）	14.87	26—32	53
农业总产值年均增长（%）	6.16%	13—16	30
1962 年钢产量（万吨）	1050—1200	2500—3000	8000
1962 年煤产量（亿吨）	1.9—2.1	3.8—4.2	9
1962 年粮食产量（亿吨）	2.5	3—3.5	7.5
1962 年棉花产量（亿担）	240	325—375	750

数据来源：孙健：《中国经济通史》（下卷），中国人民大学出版社 2000 年版，根据第 1667—1668 页整理。

为了便于发动农村群众，1958 年 9 月开始在农村地区推行人民公社，仅用了 3 个月时间，全国就成立了 26.5 万个人民公社，参加人民公社的农户比重达到了 99.1%。人民公社的规模一般在 4000 户以上。由于农业生产存在监督成本较高，劳动绩效难以准确考核等问题，这种大规模的集体化生产不利于调动农民劳动积极性，但是由于采取政社合一的制度，便于指挥农民从事各项集体化劳动。人民公社是“大跃进”运动的制度基础，“大跃进”直接导致了浮夸风盛行，各地纷纷虚报产量。由于盲目追求钢铁产量，出现了大量达不到要求的产品，浪费了各种资源和劳动力，影响了农业生产，1958 年农业产值仅比去年提高了 0.4%，远低于“一五”期间 3.8% 的平均水平。更为严重的是，由于同时受到自然灾害的影响，1959—1961 年农业生产连续大幅下降，与 1958 年相比，1961 年粮食产量下降了 30%。这导致了灾难性的后果，爆发了空前的大饥荒，非正常死亡的人数数以千万计。

严峻的经济形势迫使政府对原来激进的经济目标和经济政策进行调整。1961 年 1 月中共八届九中全会确定了“调整、巩固、充实、提高”的工作方针，大幅减少基本建设投资，但主要工农业产品的计划产量仍保持不变甚至略有提高，这表明决策层不能完全准确的把握实际生产状况。但是，在新的方针指导下，原来一些激进的经济政策得以调整。首先在农业方面，缩小社队规模，允许保留自留地和家庭副业，开放集市贸易，提高粮食收购价格，减少粮食征购比重等，这虽然不能从根本上解决农业集体生产的激励问题，但与原来“一大二公”生产方式相比，仍有效地增强了农民从事农业生产的积极性。其次，减少城镇人口，缓解粮食供给压力。这明确地反映了经济发展与工业化和城市化程度有自身的规律，违反了这一规律，凭借计划手段，人为地提高工业化和城市化水平就会起到适得其反的作用。再次，适当的发挥市场的调节作用。为了解决粮食问题，开展进出口贸易；扩大城市商店的经营范围，满足人们的部分需要。1961 年 12 月召开的“七千人大会”总结了 1958 年以来经济政策的缺点和错误，毛泽东作了自我批评，放弃了经济发展和社会制度“大跃进”的激进思想。经济调整政策使国民经济逐渐恢复，农业生产增加，产业结构得到改善，城乡人民生活得到提高。1961—1965 年，农业产值年均增长 8%，居民消费水平年均提高 2.8%。至 1965 年，农业总产值占工农业总产值的比重上升到 37.3%，比 1961 年提高了 2.8 个百分点；轻工业占工业总产值的比重上升到 51.6%，比 1961 年提高了 9.1 个百分点。

在这一时期，虽然经济政策有所调整，但是，从 1962 年北戴河会议开始，在国际局势的影响下，毛泽东不断强调阶级斗争将长期存在，意图在全国范围开展社会主义教育运动，意识形态对政府政策的影响逐渐占据主导地位。例如批判农村自留地、自由市场、自负盈亏和包产到户，对集市贸易越管越紧，将企业强调物质激励和利润核算方法作为资本主义进行批判。1966 年“文化大革命”将这一席卷全国的社会运动推向了高潮，社会秩序受到严重破坏，1967 年和 1968 年国民经济不但没有增长，而且还分别下降了 5.7% 和 4.1%。1969 年国内政治局势逐渐趋于稳定，工农业生产有所恢复。

1970 年以后逐步进行经济分权的尝试，例如允许农民经营少量的自留地和家庭副业，允许生产队因地制宜的选择农业种植品种；扶持地方发展小型企业；将中央企业和事业单位大规模下放。这有助于调动各方从事生产活动的积极性，工农业生产有了大幅增长。1971 年尝试进一步扩大地方政府的权力，实行财政收支包干、物资分配包干、基本建设投资包干和简化税收，扩大地方管理权限等政策，这为以后的财政体制改革积累的经验。1971 年林彪集团覆灭以后，引起了全党对极“左”思潮的反思，工作重心重新转移到经济建设上来，原来极“左”的经济政策得到部分纠正。但是，毛泽东担心“文化大革命”被否定，因此，通过中央会议和发动政治运动，不断强调社会主义与资本主义两条路线的斗争。1974 年的“批林批孔”运动使国民经济再次陷入混乱。毛泽东不愿重新出现社会动乱，强调社会要保持安定团结，支持邓小平主持党中央和国务院的日常工作，对国民经济进行整顿。1976 年毛泽东逝世以后，党中央很快肃清了“四人帮”的错误。但是，华国锋作为主要领导人坚持“无产阶级革命理论”，难以纠正毛泽东晚年左的错误，在经济政策上倾向于制定过高的经济目标，存在出现新的“大跃进”的危险。

1978 年十一届三中全会的召开，开始彻底纠正党内“左”倾思潮，提出要解放思想，坚持实践是检验真理的唯一标准，反对“两个凡是”，停止“以阶级斗争为纲”，作出了将工作重点转移到以社会主义现代化建设上来的战略决策，由此开始了持续至今的改革开放，我国经济社会面貌发生了重大的转变。

第三节 渐进式改革的经济奇迹：1978—2009年

世界银行等国际机构以及众多的学者曾将以“四小龙”为代表的亚洲部分国家和地区经济的高速增长称为“东亚奇迹”（World Bank，1993）。按照这一标准，在改革开放以来的30年中，中国经济以平均10%增长率实现了持续的快速增长，被称为“中国奇迹”是当之无愧的。在东亚金融危机以后，亚洲新兴经济体增长速度有所回落，而中国继续保持了强劲的增长势头①。经济增长绩效的国际比较表明，中国的国别特征非常显著，说明了中国经济增长的非同寻常之处。中国经济以其快速的成长、庞大的规模和巨大的市场潜力吸引了全世界的目光，越来越多的学者致力于研究中国奇迹是如何发生的。

长期的经济增长取决于要素投入、技术进步与制度因素，对中国奇迹的解释主要从这三方面展开②。要素投入是实现经济增长的直接因素，在经济发展的过程中，要素投入的特点与发达国家有着显著的区别，一是由于劳动参与率的提高，劳动投入增长迅速；二是由于资本深化和资本广化，资本积累率较高，投资增长迅速。要素投入的迅速增加是实现经济赶超与持续快速增长的重要因素。但是，随着经济发展水平的提高，要素投入的增长速度将会减缓，而且随着要素数量的增加，边际收益递减规律将会发挥作用，为了实现经济持续较快增长，必须依靠技术进步提高要素投入的生产效率。技术进步体现为生产可能性边界的向外移动，并且具有规模收益递增的特点，是经济实现长期持续增长的根源。与经济运行密切相关的具体制度形成了要素投入与技术创新的激励与约束机制，决定了经济增长的长期绩效。具体的制度安排涵盖的内容较为宽泛，包括基本的产权制度、资源配置方式与宏观经济政策等，它既可能是由经济社会发展状况内生决定的，也可能是由主要的政治力量外生决定。

一、经济发展战略：比较优势、市场竞争与经济开放

林毅夫等（1999）以比较优势理论为基础，分析了我国经济发展战略对经济增长绩效的影响，解释了中国奇迹是如何形成和发展的。1978年以来的改革开放政策遵循了比较优势战略，即主导产业在发展过程中一般性的符合比较优势原则，使得人均收入水平随着资本积累和人均资本数量的增加而不断提高，资源禀赋结构得到提升，逐渐使主导产业从劳动密集型转向资本密集型、技术密集型和信息密集型。这是因为微观经营机制的改革改善了经营者与劳动者的激励机制，解决了激励不足的问题；资源配置方式的改革解决了信息搜集和传递的问题，提高了微观经济决策的效率；宏观政策环境的改革矫正了扭曲的价格，改善了微观主体的外部环境。传统三位一体的计划体制被打破，市场机制不断建立和完善，各种微观主体在自身利益驱动下，将遵循比较优势原则，从而实现整体经济效率的提高。当限制市场

① 1991—2000年亚洲新兴工业化国家（地区）GDP年均增长率为6.2%，2001—2006年下降至4.3%，而中国同期的年均增长速度分别为10.4%和9.8%（《中国统计年鉴2008》，表4-6）。

② 世界银行一系列的研究表明，亚洲奇迹包含以下基本因素：稳定的宏观经济环境、高储蓄率和投资率、高质量的人力资本、任人唯贤的官僚体制、收入不公平程度的降低与减少贫困、促进出口、成功的工业化以及外商直接投资及相关实用技术的转让。由于中国经济增长具有典型的东亚模式的特征，因此，对于亚洲奇迹的解释在很大程度上也适用于解释中国的经济增长，而这些基本因素大都包含在要素投入、技术进步和制度变迁中。

自发扩张的布罗代尔钟罩消失后，斯密动力机制发挥了主导作用，市场规模的扩大引发了劳动分工的深化和专业化水平的提高，由此带动经济持续增长。

在中国渐进式转型过程中，政府对经济的干预不断减弱，市场自发力量不断增强，在激烈的市场竞争中，整体经济效率得到不断提高。从就业人员和创造的产值来看，国有单位所占的比重持续下降，政府的干预力量和对市场的影响日益减弱。2007 年，城镇国有单位就业人员在城镇就业人员中的比重由 1978 年的 78.32% 下降至 21.89%，在全部就业人员中的比重仅为 8.34%。在 1995 年以前，城镇国有单位就业人数呈上升趋势。这反映了经济发展使得城市化水平不断提高，城镇国有单位相应的有所扩展，但增长的速度远低于非国有经济。在 1995 年以后，城镇国有单位就业的绝对数量持续下降，国有单位规模逐渐萎缩（参见表 7－5）。

表 7－5　　城镇国有单位就业人员比重

年份	城镇国有单位就业人数（万人）	占全部就业人员比重（%）	占城镇就业人员比重（%）
1978	7451	18.56	78.32
1980	8019	18.93	76.19
1985	8990	18.03	70.19
1990	10346	15.98	60.71
1995	11261	16.54	59.14
2000	8101.9	11.24	35
2005	6488.2	8.56	23.74
2007	6424	8.34	21.89

资料来源：国家统计局：《中国统计年鉴 2008》，中国统计出版社 2008 年版，根据表 4－1 整理。

国有企业在工业中所占的比重同样呈下降的趋势。在改革开放的初期，国有企业在工业生产中占据绝对的主导地位。至 2007 年，在国有及规模以上非国有工业企业中，国有及国有控股工业企业虽然仍占有 44.81% 的总资产，但企业数量仅占 6.14%，工业总产值仅占 29.54%，工业增加值仅占 34.15%，从业人员仅占 22.13%。这样，一方面我们观察到国有经济比重的下降，另一方面也观察到国有企业资金运营效率较低，在使用同样财产的情况下，创造的产值和就业机会更少（参见表 7－6、表 7－7）。

表 7－6　　国有及国有控股工业企业占工业总产值比重

年　份	比重（%）	年　份	比重（%）
1978	77.6	2002	40.78
1980	76.5	2003	37.54
1985	64.9	2004	34.81
1990	54.6	2005	33.28
1995	33.97	2006	31.24
1998	31.62	2007	29.54
2000	47.33		

资料来源：1978—1998 年数据来自于国家统计局：《中国统计年鉴》，中国统计出版社 2003 年，表 1－5；2000—2006 年数据来自于国家统计局：《中国统计年鉴》，中国统计出版社 2008 年，表 13－1、表 13－6。前者包括工业总产值包括乡及乡以上工业企业数据，后者仅包括国有及规模以上非国有企业数据。

表7-7　国有及国有控股工业企业主要指标比重　单位:%

年　份	企业数量	工业增加值	总资产	从业人员
1998	39.22	57.03	68.84	60.49
1999	37.83	56.26	68.8	58.48
2000	32.84	54.25	66.57	53.88
2001	27.31	51.72	64.92	49.16
2002	22.65	48.3	60.93	43.9
2003	17.47	44.86	55.99	37.62
2004	12.88	42.36	50.94	29.8
2005	10.11	37.65	48.05	27.19
2006	8.27	35.78	46.41	24.52

资料来源：国家统计局：《中国统计年鉴2007》，中国统计出版社2007年版，根据表14-4和表14-8计算而得，以全部国有及规模以上非国有工业企业相关指标为100。

1992年中共十四大明确了改革的目标是建立社会主义市场经济体制。学者们试图建立指标体系以较为全面和客观的测度市场化进程。由于使用的指标和方法不同，常常会得出不同的结论，但是，可以观察到总体上市场化程度不断加深的趋势。顾海兵分析了20世纪90年代中期劳动力、资金、生产和价格形成的市场化程度，认为劳动力与资金市场化程度不足40%，生产与价格市场化程度约为55%—60%，再考虑到庞大的政府机构对经济生活的干预，总体市场化程度不会超过40%①。陈宗胜等（1999）在对市场化进行理论分析的基础上，构建指标体系，从经济行为主体的独立化、经济决策的分散化、所有制结构和所有制实现形式的多元化、产品和要素价格的市场化、经济行为规范化、法制化、秩序化、信誉化等方面对我国市场化进程进行综合测度。研究的结果表明，从市场体系上看，我国的商品市场已经接近充分市场化，市场化程度已达85%以上，而要素市场体系的发育则不是很健全，发展程度参差不齐，比如金融市场的市场化程度只有大约10%左右。从政府行为来看，政府部门适应市场化的程度在60%左右。从不同的产业来看，三次产业市场化程度分别为65%、50%和80%。从不同区域来看，东部地区约为60%，中部和西部地区分别为53%和52%。北京师范大学经济与资源管理研究所参考了国外经济自由度测度的相关指标，对我国经济市场化程度进行了测度，研究表明市场化测度总指数由2001年的69%上升到2002年和2003年的72.3%和73.8%，说明中国市场化程度稳步提高，并且强调中国已经是市场经济国家②。

樊纲等从另一个角度对我国市场化程度进行了测度③。与以往的研究不同，樊纲等并没有以完善的市场经济为标准，而是测度了不同地区市场化程度的差距。对我国各地区相对市场化程度的测度表明，各地区"市场化指数"值与当地的人均GDP之间存在明显的正相关关系。显然，市场化与经济发展有着密切的联系（参见表7-8）。

① 参见顾海兵："中国经济市场化程度的最新估计和预测"，《管理世界》，1997年第2期，第52—55页。
② 北京师范大学经济与资源管理研究所，"2005年中国市场经济发展报告"，商务印书馆2005年版。
③ 樊纲等："中国各地区市场化相对进程报告"，《经济研究》，2003年第3期，第4—18页。

表7-8　　2000年我国各省市区市场化总指数据排序与评分

地区	排序	评分	地区	排序	评分
广东	1	8.41	河南	16	5.64
浙江	2	8.32	湖北	17	5.61
福建	3	8.1	吉林	18	5.51
江苏	4	7.9	湖南	19	5.48
山东	5	7.15	江西	20	5.46
上海	6	7.04	黑龙江	21	5.16
天津	7	6.89	云南	22	4.89
海南	8	6.41	甘肃	23	4.86
安徽	9	6.4	内蒙古	24	4.76
辽宁	10	6.4	贵州	25	4.62
河北	11	6.39	山西	26	4.53
重庆	12	6.33	陕西	27	4.15
广西	13	5.95	宁夏	28	4.02
北京	14	5.74	青海	29	3.4
四川	15	5.7	新疆	30	3.15
全国平均		5.81			

资料来源：樊纲等："中国各地区市场化相对进程报告"，《经济研究》，2003年第3期，第9—18页。

以经济分权为特征的行政管理体制的变革为经济发展和经济转型提供了政治上的支持。财政分权为地方政府发展经济提供了激励，当地经济的发展意味着地方政府可以获得更多财政收入。在经济分权的同时，政治集权减轻了利益集团的发展可能造成的危害，这对于经济发展的初始阶段是非常重要的。而且，在经济分权和政治集权的结构下，以GDP为主的绩效考核机制产生的晋升激励，使地方政府官员有很强的动力促进本地经济的快速发展，从而促进了各地的经济竞争。

对外开放是我国经济发展战略的重要组成部分。对外开放主要通过以下机制促进经济增长：出口导向战略有效利用国际市场，缓解了经济发展初期国内市场需求有限的困境，出口导向型企业创造了大量产值和就业机会；降低关税和减少非关税壁垒，逐步开放国内市场，增强了市场竞争的激励程度；吸引外资流入缓解了我国经济发展过程中的资本短缺，加快了经济工业化进程；外商直接投资通过技术外溢效应，促进我国技术水平和组织效率不断提高，从而提高了经济的整体效率。

中国对外贸易发展非常迅速，自20世纪90年代以来，以年均23.59%的速度快速增长，始终保持较大的顺差，成为经济增长的主要驱动因素之一。与整体经济规模相比，我国对外贸易比重不断增加，说明经济开放不断深化，与世界经济的联系更为紧密。我国还是吸引外资最多的发展中国家，80年代中期以来，实际利用的外资年均增长率为16.51%。外资的大量流入反映了外国企业对我国经济增长前景有着良好的预期，同时也说明我国在利用外资促进经济增长方面形成了良性的循环（参见表7-9）。

表 7-9　　我国贸易依存度与利用外资情况

年　份	进出口总额（亿元）	贸易依存度（%）	实际利用外资额（亿美元）
1978	355.0	5.1	—
1980	570.0	6.6	—
1985	2066.7	14	47.6
1990	5560.1	13.8	102.89
1995	23499.9	18.2	481.33
2000	39273.2	18.8	593.56
2005	116921.8	29.5	638.05
2006	140971.4	30.1	735.23

资料来源：国家统计局：《中国统计年鉴》，中国统计出版社 2008 年版，根据表 3-1、表 18-3、表 18-14 计算整理。

二、劳动投入、资本积累与技术进步

劳动投入对中国经济增长的贡献主要包括三个方面：即劳动数量的增加、人力资本积累与劳动配置效率的提高。根据蔡昉和王德文①的测算，在改革开放的前 20 年中，上述三种因素对 GDP 增长率的贡献份额分别为 23.71%、23.7% 和 20.23%，劳动投入对经济增长的贡献合计达到 67.64%，因此，是实现我国经济快速增长的最主要因素。从就业人口的绝对数量来看，2006 年我国就业人口为 7.64 亿，与 1978 年相比增长了 90%。我国的经济增长还受到人口结构变化的有利影响。由于计划生育政策和经济社会发展，我国用了 30 年左右的时间，完成了人口增长模式由高出生率、低死亡率、高增长率向低出生率、低死亡率、低增长率的转变。在这一过程中，就业人口增长速度快于总人口的增长速度，总扶养比下降，这被称为人口红利。就业人口在总人口所占比重由 1978 年的 41.71% 提高到 58.12%（参见表 7-10）。

表 7-10　　我国总人口与就业人口

年　份	就业人口（万人）	总人口（万人）	就业人口比重（%）
1978	40152	96259	41.71
1980	42361	98705	42.92
1985	49873	105851	47.12
1990	64749	114333	56.63
1995	68065	121121	56.2
2000	72085	126743	56.87
2005	75825	130756	57.99
2006	76400	131448	58.12

资料来源：国家统计局：《中国统计年鉴》，中国统计出版社 2008 年版，根据表 1、表 5-2 计算整理。

① 蔡昉、王德文："中国经济增长可持续性与劳动贡献"，《经济研究》，1999 年第 10 期，第 62—68 页。

从人口年龄结构的长期变化来看，14岁以下的少儿比重在20世纪60年代中期达到高峰，此后比重逐渐下降，而适龄劳动人口的比重在60年代中期以后逐渐增加，目前接近于最高峰，而老年人口比重此后也会相应上升。总扶养比由1964年的0.79和1982年的0.63上升至2006年的0.34。总扶养比的下降推动人均GDP增长率提高2.3个百分点，贡献了同期人均GDP增长的1/4左右（参见表7-11）。

表7-11 我国人口的年龄结构

	1953	1964	1982	1990	2000	2006
0—14岁	36.28	40.69	33.59	27.69	22.89	19.11
15—64岁	59.31	55.75	61.50	66.74	70.15	74.84
65岁及以上	4.41	3.56	4.91	5.57	6.96	6.05
总扶养比	0.69	0.79	0.63	0.5	0.43	0.34

资料来源：国家统计局：《中国统计年鉴2008年》，中国统计出版社2008年版，根据表5、表4-7计算整理。

人口红利更多的体现为劳动数量的优势，作为经济增长的源泉最终会消失，而人力资本的积累具有报酬递增的性质，可以作为经济持续增长的源泉。人力资本积累通过提高劳动者受教育程度、职业技能、技术熟练程度以及劳动生产率而直接增加产出水平，还通过增强本国技术吸收能力和研发水平而间接促进经济增长。人力资本积累的形式包括正规的教育、“干中学”所获得经验以及健康水平的提高。中国像其他具有儒家文化价值观的亚洲邻国一样，具有重视教育的优良传统，能够在维持一定程度教育质量的同时，尽量扩大教育体系的规模，但是，改革开放之前，人力资本并没有得到充分的利用。在改革开放以后，教育水平有了长足的发展，学龄儿童入学率和各级普通学校毕业生升学率逐年提高，人力资本的平均水平得到提高（参见图7-1）。

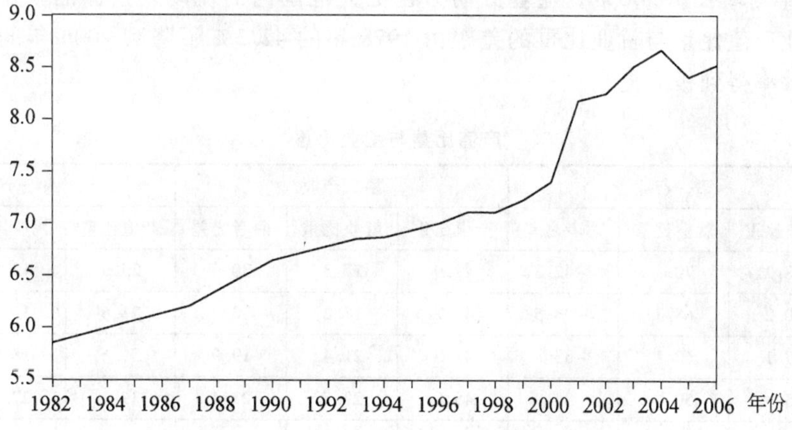

图7-1 就业人口的平均教育年限

资料来源：根据国家统计局各年《中国统计年鉴》计算整理。平均教育年限=小学毕业生比例*6+初中毕业生比例*9+高中毕业生比例*12+大专及以上毕业生比例*16。

从不同教育程度人群占全部人口的比重来看，文盲率由改革开放初期的23%下降到2000年的7%以下，受过高等教育的人群由不足1%提高到3.61%。到2002年，虽然总人口的45%只有小学教育水平甚至更低，但是12%的人口完成了高中教育，还有5%的人口完成了大学教育。作为全部人口平均健康水平的重要指标，预期寿命由1981年的67.77岁上升到2000年的71.4岁。从不同的指标来看，我国人力资本存量有了极大的提升。参见表7-12。

表7-12　教育程度和预期寿命

教育程度	1964年	1982年	1990年	2000年
大专及以上	0.42	0.62	1.42	3.61
高中和中专	1.32	6.78	8.04	11.15
初中	4.68	17.89	23.34	33.96
文盲	33.58	22.81	15.88	6.72
预期寿命		67.77*	68.55	71.4

资料来源：国家统计局：《中国统计年鉴2008》，中国统计出版社2008年版，根据表5计算整理。

劳动投入的另一个重要方面是劳动配置的效率。与其他发展中国家一样，我国在传统经济部门存在着大量不充分就业的人口，劳动人口由低效率的传统部门向效率较高的现代部门的流动和转移，带来了整体经济效率的提高。在城乡分割的传统体制下，劳动力的转移受到了极大限制，经济体制改革逐步放松了相关的制度约束，使劳动人口能够较为自由的在不同区域和不同行业之间流动，这是促进经济增长的一个重要因素。

在改革开放初期，第一产业在GDP中的比重为28.2%，却吸收了70.5%的就业人口，就业结构被严重扭曲。乡镇企业的兴起和发展为剩余劳动力创造了更多的就业机会，通过离土不离乡的形式，劳动力得到更充分的利用，总体上提高了劳动力参与率。20世纪80年代以后，随着城镇体制改革的深入，城镇部门逐渐产生了更多的就业机会，为劳动力流动进一步创造了有利条件，跨地区流动成为就业非农化的主要渠道。农村外出劳动力由1997年的3900万人增加到2004年的1.03亿，平均每年增长14.9%，其中出省的农村劳动力增加到4300万人，年均增长18.66%。随着劳动力在更大范围内的流动，扭曲的就业结构得到调整，第一产业产值比重与就业比重的差距由1978年的42.3%下降到2006年的30.9%，劳动力配置的效率得到极大提高。

表7-13　产值比重与就业比重　　单位:%

年份	第一产业			第二产业			第三产业		
	产值比重	就业比重	两者之差	产值比重	就业比重	两者之差	产值比重	就业比重	两者之差
1978	28.2	70.5	-42.3	47.9	17.3	30.6	23.9	12.2	11.7
1980	30.2	68.7	-38.5	48.2	18.2	30	21.6	13.1	8.5
1990	27.1	60.1	-33	41.3	21.4	19.9	31.6	18.5	13.1
2000	15.1	50	-34.9	45.9	22.5	23.4	39	27.5	11.5
2005	12.5	44.8	-32.3	47.5	23.8	23.7	40	31.4	8.6
2006	11.7	42.6	-30.9	48.9	25.2	23.7	39.4	32.2	7.2

资料来源：国家统计局：《中国统计年鉴2008》，中国统计出版社2008年版，根据表3-2、表5-3计算整理。

按照早期经济发展理论，资本积累是经济发展成功的关键，落后国家与发达国家的根本差距在于人均物质资本量的不同。为了实现自我增强的经济增长，投资占收入的比重必须从5%提到12%或者更高的水平。高储蓄与高投资是中国经济增长的特点，投资是带动经济增长的“双引擎”之一。在工业化、城市化和市场化的过程中，劳动力由农业向工业、由农村向城市、由国有部门向非国有部门的持续转移是我国经济能够长期、高速增长的关键，高储蓄率和高投资率既是这种增长模式的必然结果，也是劳动力得以持续转移乃至这种增长模式得以维持的关键原因。1978—1991年，我国固定资产投资率平均为28.85%，在1992—1996年经济高涨时期上涨到35.4%，此后逐渐回落。在2002年以来的新一轮经济周期中，这一比率逐年上升，2006年达到42.75%的历史高峰。中国投资率不仅高于经合组织国家（OECD），也高于日本和韩国、马来西亚、新加坡等新兴工业化国家高增长时期（参见图7-2）。

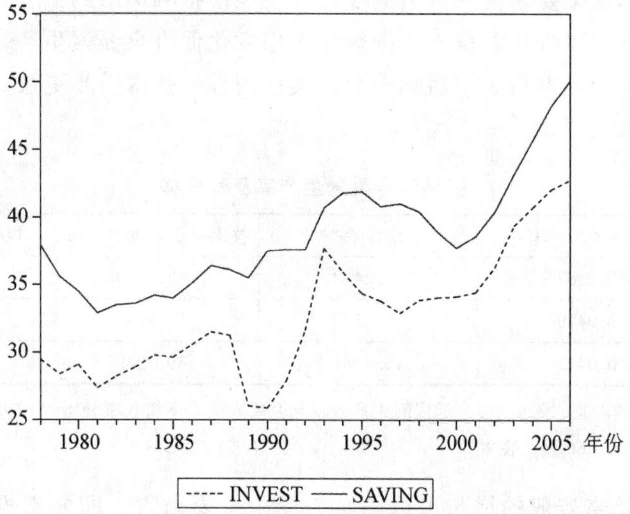

图7-2　固定资产投资率与储蓄率

资料来源：国家统计局：《中国统计年鉴》，中国统计出版社2008年版，根据表3-1、表3-15、表3-16计算整理。固定资产投资率为按当年价格计算的固定资产形成总额与当年GDP的比值，储蓄率为（1-最终消费率）。

伴随着高速经济增长，中国保持了很高的储蓄率，这也符合东亚经济模式的一般规律。日本、韩国、泰国、马来西亚、新加坡、香港等东亚国家和地区在二战以后获得了高速经济增长，高储蓄率是重要因素之一。在经济起飞阶段，这些国家和地区的储蓄率显著高于全球平均水平，也高于发达国家的储蓄率。例如，日本经济起飞时储蓄率达到了35%以上，韩国、泰国、马来西亚、中国香港等国家和地区在经济起飞时储蓄率在30%、甚至在40%以上。与之类似的是，1978年以来，我国储蓄率平均为38.7%；2002年以来，我国储蓄率持续上升，至2006年已经达到50.1%，这一比重同样高于发达国家和新兴工业化国家。高储蓄率可以使中国在不依赖于外国的资本流入的情况下，实现高速的经济增长。但是，由于金融部门改革相对滞后，国内金融市场资金配置效率较低，影响了储蓄向投资的转化。就此而言，外商直接投资更多的是金融意义上的资金流入，而不是实物资本的流入，外资流入促进了国内劳动力与资本的结合，弥补了国内资金转化效率的不足。

无论劳动投入还是资本积累，依靠增加要素投入促进经济增长最终都要受到资源的限制，因此，无论是古典增长理论还是新古典增长理论，尤其是20世纪80年代以来兴起的新经济增长理论都非常重视技术进步的作用。包括中国在内的东亚模式在实现快速经济增长的过程中，要素投入迅速增加。以克鲁格曼为代表的一些学者认为东亚经济增长来自于汗水而不是灵感，来自于更努力的工作而不是更聪明的工作，因此，这种增长仅是一次性的、不可重复的。克鲁格曼批评的问题之一在于技术进步并不是可以直接观察的变量，需要在各种假设条件下利用要素投入和实际产出的数据进行间接的测度，如果使用的数据或测度方法的不同，计算的结果往往有很大差异。考察使用同一口径的数据和相同的测量方法计算的生产率的变化，才有可能部分的避免这一比较的困难。

王志刚等考察了1978年以来我国不同地区全要素生产率的变化①。他们进一步将全要素生产率分解为生产效率的变化、技术进步和规模效率的变化。生产效率用来衡量要素投入不变条件下实际产出与生产前沿的距离。技术进步表明了生产可能性边界随时间变化的轨迹。规模效率变化体现出要素投入产出的变化，在规模报酬递增的条件下增加要素投入，或是规模报酬递减条件下减少要素投入，则规模效率变化促进全要素生产率提高。从测算的结果来看，东部地区生产效率高于中西部地区，而中西部的技术进步更快，技术进步对于全要素生产率的贡献最大（见表7－14）。

表7－14　　各地区全要素生产率及其分解

	全要素生产率	生产效率贡献率（%）	技术进步贡献率（%）	规模效率变化贡献率（%）
东　部	0.0367	27.2450	67.8939	4.8611
中　部	0.0470	12.4307	82.9795	4.5898
西　部	0.0472	15.4467	79.3340	5.2193

资料来源：王志刚、龚六堂、陈玉宇："地区间生产效率与全要素生产率增长率分解（1978—2003）"，《中国社会科学》，2006年第2期，第55—66页，表4。

30年来中国经济奇迹般的增长可以归结为三个主要因素，即要素投入的增加、技术进步与制度变迁。改革开放以后，中国经济发展战略发生了重大的转变，放弃了违背资源禀赋比较优势的重工业优先发展的目标，逐步进入市场机制，使资源配置符合比较优势原则，扭曲的经济结构得到调整。市场竞争与经济开放进一步促进了资源配置效率的提高。宏观政策环境、资源配置方式与微观经营机制的一系列基础性的制度变迁改变了要素投入和技术创新的激励机制。我国要素投入具有发展中经济的特点。劳动投入的增加不仅是因为劳动人口的自然增长，而且，由不充分就业向充分就业的转变提高了劳动力配置效率，人口结构的变动提高了劳动参与率。由于资本深化与资本广化，投资保持高速增长，储蓄率和投资率均高于发达国家平均水平。多数的经验研究表明，技术进步对我国经济增长发挥了积极的作用。中国经济奇迹不仅是因为积累了更多的"汗水"，也是因为迸发了更多的"灵感"。

第四节　经济增长的比较

国内外有大量的研究对改革开放前后中国经济增长的绩效进行比较。帕金斯考察了我国长期以来资本、劳动与生产率提高对经济增长的贡献。他将中国经济分为三个阶段，在1953—1957年生产率的提高对经济增长的贡献最大，但在此后的20年里生产率不仅没有提

① 参见王志刚、龚六堂、陈玉宇："地区间生产效率与全要素生产率增长率分解（1978—2003）"，《中国社会科学》，2006年第2期，第55—66页。

高，反而有所下降，改革开放以后，从家庭联产承包责任制到乡镇企业，再到大规模的外商直接投资，这些基础性的创新提高了整体经济效率，带来了生产率的提高，为GDP增长贡献了2.7个百分点（参见表7-15）。

表7-15 中国国内生产总值增长的来源 单位：%

年份	资本的贡献	劳动的贡献	生产率的贡献	GDP增长率
1953—1957	1.412	2.016	2.972	6.4
1958—1978	2.340	2.142	-0.582	3.9
1979—2003	4.108	2.316	2.676	9.1

资料来源：帕金斯："从历史和国际的视角看中国的经济增长"，载林毅夫、姚洋：《中国奇迹：回顾与展望》，北京大学出版社2005年版，第3—30页，表4。

为了更全面了解我国长期经济增长的绩效，我们选择了具有代表性的主要国家与中国进行比较。美国是典型的发达国家，从长期来看，各项经济指标表现非常稳定。日本和韩国与中国经济增长模式类似。日本经济高速增长始于20世纪50年代中期，70年代受到两次石油危机冲击以后增长速度逐渐放缓。韩国经济起飞时间晚于日本，同日本相比经济规模也较小。1978年以前，我国劳动投入和资本积累均增长较快，劳均资本数量迅速增加，但经济效率较低，全要素生产率为负值，因而GDP总量和人均GDP增长虽略快于美国，但增速远低于处于经济赶超中的韩国和日本。1978年后，改革开放政策提高了整体经济效率，出口增长大幅增长，在生产性资本增速相同，劳动投入增速下降的情况下，GDP总量和人均GDP实现了快速增长，增速快于同处于高速增长期的韩国，并远高于日本和美国。这一时期，我国全要素生产率远超过韩国、日本和美国，对经济高速增长提高起到了关键性的作用（参见表7-16）。

表7-16 宏观经济绩效国际比较 单位：%

	1952—1978年				1978—2003年			
	中国	韩国	日本	美国	中国	韩国	日本	美国
GDP增长率	4.39	8.63	7.86	3.61	7.85	6.68	2.53	2.94
人均GDP增长率	2.33	6.28	6.69	2.24	6.57	5.56	2.11	1.85
劳动投入	4.87	5.02	1.72	1.69	3.23	2.15	0.63	1.61
非住宅资本	7.72	10.24	9.57	3.39	7.73	10.24	5.03	3.23
劳动生产率	1.78	5.05	6.67	2.47	5.85	4.85	2.46	1.82
资本生产率	-3.09	-2.05	-1.56	0.22	0.11	-3.22	-2.39	-0.38
劳均资本	5.02	8.77	7.97	1.85	5.73	8.05	4.38	1.81
全要素生产率	-1.37	1.48	3.32	1.28	2.95	0.93	0.36	0.69
出口增长率	2.6	26.1	13.17	5.19	14.42	11.2	4.09	5.91

资料来源：Maddison，Angus：*Chinese Economic Performance in the Long Run*. Paris：Development Centre of OECD. 2nd ed，2007，Table 3.9。表中数据均为年均增长率，其中劳动投入按受教育程度进行了调整。

以十年为一期，可以对改革开放前后各20年的情况进行比较。在改革开放之前的20年中，虽然总产出也保持了较快的增长，但是人均产出增长较慢，真正快速的增长是在20世纪80年代以后，人均产出的增长速度不仅快于世界平均水平，也快于工业化国家，说明我国与发达国家的差距在逐步的缩小。这一时期，我国经济增长的速度还明显的快于其他东亚地区。中国已经成为带动区域经济增长和世界经济增长的重要动力（参见表7-17)。

表7-17　不同区域经济增长的表现　单位:%

地区/时期（年份）	产出	人均产出	贡献率		
			资本	教育	生产率
世界					
1960—1970	5.1	3.5	1.2	0.3	1.9
1970—1980	3.9	1.9	1.1	0.5	0.3
1980—1990	3.5	1.8	0.9	0.3	0.8
1990—2000	3.3	1.9	0.8	0.3	0.8
工业化国家					
1960—1970	5.2	3.9	1.3	0.3	2.2
1970—1980	3.3	1.7	0.9	0.5	0.3
1980—1990	2.9	1.8	0.7	0.2	0.9
1990—2000	2.5	1.5	0.8	0.2	0.5
中国					
1960—1970	2.8	0.9	0.0	0.3	0.5
1970—1980	5.3	2.8	1.6	0.4	0.7
1980—1990	9.2	6.8	2.1	0.4	4.2
1990—2000	10.1	8.8	3.2	0.3	5.1
除中国以外的东亚地区					
1960—1970	6.4	3.7	1.7	0.4	1.5
1970—1980	7.6	4.3	2.7	0.6	0.9
1980—1990	7.2	4.3	2.4	0.6	1.3
1990—2000	5.7	3.4	2.3	0.5	0.5

资料来源：罗德瑞克："增长策略"，载《制度经济学研究》，2005年第1期，表1。

从经济增长的绩效来看，改革开放前后的对比更加明显。改革开放之前，生产率提高对经济增长的贡献相对较小，而在改革开放以后，生产率提高是经济增长的重要源泉。另外，值得注意的是，教育在改革开放前后对于经济增长都有着稳定的贡献，这提示我们不能割裂的看待我国长期的经济增长。在改革开放之前，一些重要的支持经济增长的因素已经在逐渐储备，如劳动者健康水平和受教育程度的不断提高，一些重要的基础设施和工业体系的建立，农村社队企业的建立，对中央政府与地方政府之间经济分权与集中的探索，计划与市场的关系，只是由于意识形态的禁锢使得这些因素难以发挥出应有的作用。改革开放以后思想的解放使得这些因素开始对经济增长发挥重要的作用，并为以后中国经济的持续增长提供动力和经验借鉴。

第八章
经济史学60年

回顾60年来经济史学在中国的发展，从新中国建立后到“文革”前，全国史学界的“五朵金花”中有四朵（中国古代史分期问题、封建土地所有制形式问题、农民战争问题、资本主义萌芽问题讨论）都属于经济史研究，或者是与经济史研究有密切关系的研究领域。[①] 改革开放后，近代经济史学研究冲破意识形态的束缚，开始向客观的、独立的科学研究回归，不仅对资本主义萌芽一类的重大研究问题进行了反思，而且研究领域不断地拓宽、深化，体现了伴随着改革开放和经济体制改革对经济史研究的需求，以及经济史学工作者对经济体制改革的现实所面临问题的历史思考。进入20世纪80年代中叶，“由于中华人民共和国经济史与经济改革和发展关系密切，加上中共党史研究的重心转移到建国后”[②]，新中国经济史开始取得进展。由此，古代经济史、近代经济史和新中国经济史构成了一个较为完整的体系。与此同时，外国经济史学科也相应地创建和发展起来，在借鉴国外经济发展的历史经验、外国经济史研究的理论和方法推介、比较经济史研究等方面，对中国经济史学的建设和发展发挥着不可或缺的作用。

第一节　关于古代经济史的主要学术论争回顾

新中国成立60年来，经济史学界围绕一系列重大的理论和史实问题展开了多次学术讨论，先后发表了大量的论文和著作。本书以古代史分期和资本主义萌芽这两个问题为代表，对这些学术论争作一个简要的介绍。其中古史分期问题涉及了中国古代的奴隶社会和封建社会的有无和时间划分问题，与之相关的还包括古代土地制度问题的学术讨论和一些经济通史的研究；而资本主义萌芽问题的学术讨论则是关于中国历史上资本主义社会是否存在和发展程度问题的一个部分，与之相关的还有资本原始积累问题和对近代洋务运动和买办资本的评价等问题。

一、中国古史分期问题论争

关于中国古代史分期问题的大讨论，从1951年开始，到1957年达到高潮，是对20世

① 李伯重：《理论、方法、发展趋势——中国经济史研究新探》，清华大学出版社2002年版。

② 武力、朱莉：“1988年以来中华人民共和国经济史研究综述”，载《中国经济史研究》，1994年第2期。

纪30年代“中国社会史论战”的深化和拓展，形成了关于中国奴隶社会和封建社会各种观点争鸣的局面[①]。

关于奴隶社会问题，主要有殷商说、西周说和无奴说三种主要观点。

其中，吕振羽（1934）和翦伯赞（1936）[②] 提出我国殷商时代为奴隶社会。在这一观点的基础上，嵇文甫（1951）、束世澂（1956）、斯维至（1956）、徐中舒（1957）、王玉哲（1957）、侯外庐（1963）[③] 等进一步指出殷代的奴隶社会仍保留着浓厚的氏族和公社性质，是一种尚未彻底奴隶化或处于低级阶段的奴隶社会，或者是东方的奴隶社会。

而以郭沫若（1930、1954）[④] 为代表的学者则认为，中国的奴隶社会应该是西周时代，持类似观点的学者还有日知（林志纯，1952）、吴大琨（1954）、尚钺（1956）、曾庸（1956）[⑤] 等。此外，叶玉华（1956）和黄子通、夏甄陶（1956）[⑥] 认为春秋战国时期仍属于奴隶社会，而王思治、杜文凯、王汝丰（1955、1956）[⑦] 则认为两汉的经济和社会仍属于奴隶制度。

另一派重要的观点则认为中国历史上没有奴隶社会，童书业（1956）[⑧] 认为，中国是直接由原始社会进入了封建社会，没有经历奴隶社会；雷海宗（1957）[⑨]、李鸿哲（1957）[⑩] 也都认为奴隶社会只是人类社会的个别地区的现象，而不是所有社会发展的必经阶段。事实上，早在20世纪30年代社会史论战中就已经有学者如李季、杜畏之、胡秋原、陶希圣、陈邦国、王礼锡、陈独秀等对中国的奴隶社会提出过质疑，到了改革开放以后，又有了更多的学者指出中国古代没有经历奴隶社会，包括黄现璠（1979）、张广志（1980、1988）、胡钟达（1981、1986）、沈长云（1989）和张信（1995）[⑪] 等。

---

① 关于这一问题较为详尽的专门综述可以参见李祖德：“中国古史分期问题讨论综述”，载朱绍侯主编：《中国古代史研究入门》，河南人民出版社1989年版；罗新慧：《二十世纪中国古史分期问题论辩》，百花洲文艺出版社2004年版。

② 吕振羽：“中国社会经济之史的发展阶段”，《文史》，1934年第1卷第1期；翦伯赞：“关于历史发展中之‘奴隶所有者社会’问题”，《中山文化教育馆季刊》，1936年第3卷第3期。

③ 嵇文甫：“中国古代社会的早熟性”，《新建设》，1951年第4卷第1期；束世澂：“夏代和商代的奴隶制”，《历史研究》，1956年第1期；斯维至：“关于殷周土地所有制的问题”，载《历史研究》，1956年第4期；徐中舒：“论西周时封建社会——兼论殷代社会性质”，《历史研究》，1957年第5期；王玉哲：“有关西周社会性质的几个问题”，《历史研究》，1957年第5期；侯外庐：“中国古代社会与亚细亚生产方式”，《中国古代社会史论》，人民出版社1963年版。

④ 郭沫若：《中国古代社会研究》，上海联合书店1930年版；郭沫若：《奴隶制时代》，人民出版社1954年版。

⑤ 日知：“与童书业先生论亚细亚生产方式问题”，《文史哲》，1952年第3期；吴大琨：“与范文澜同志论划分中国奴隶社会与封建社会的标准问题”，《历史研究》，1954年第6期；尚钺：“先秦生产形态之探讨”，《历史研究》，1956年第7期；曾庸：“读《关于西周社会性质的几个问题》后的意见”，《历史研究》，1956年第8期。

⑥ 叶玉华：“战国社会封建化过程”，《历史研究》，1956年第1期；黄子通、夏甄陶：“春秋战国时代的奴隶制”，《历史研究》，1956年第6期。

⑦ 王思治、杜文凯、王汝丰：“关于两汉社会性质问题的探讨——兼评翦伯赞先生的《关于两汉的官私奴婢问题》”，《历史研究》，1955年第1期；王思治：“再论两汉是奴隶社会”，《历史研究》，1956年第1期。

⑧ 童书业：“从租佃制度与隶属农民的身份探讨古巴比伦社会的性质”，《历史研究》，1956年第5期。

⑨ 雷海宗：“世界史分期与上古中古史中的一些问题”，《历史教学》，1957年第7期。

⑩ 李鸿哲：“‘奴隶社会’是否是社会发展阶段”，《文史哲》，1957年第10期。

⑪ 黄现璠：“我国民族历史没有奴隶社会的探讨”，《广西师范学院学报》，1979年第2、第3期；张广志：“论奴隶制的历史地位”，《四川大学学报》，1980年第1期；张广志：《奴隶社会并非人类历史发展必经阶段研究》，青海人民出版社1988年版；胡钟达：“试论亚细亚生产方式兼评五种生产方式说”，载《中国史研究》，1981年第3期；胡钟达：“再评五种生产方式说”，《历史研究》，1986年第1期；沈长云：“关于奴隶制几个基本理论问题的商讨”，《历史研究》，1989年第1期；张信：“殷商社会形态新论”，《内蒙古大学学报》，1995年第2期。

关于中国的封建社会问题，学术界则主要形成了“三论五说”等观点。

其中影响较大的三个学派分别是，以吕振羽（1934）、范文澜（1964）① 为代表的西周封建论，持相同意见的还有杨向奎（1953）、徐中舒（1957）和王玉哲（1957）②；以郭沫若（1930、1954）、吴大琨（1953）、林甘泉（1963）、白寿彝（1978）③ 为代表的战国封建论；还有以尚钺（1954）、王仲荦（1956）、何兹全（1956）、日知（1957）和赵俪生（1957）等为④代表的魏晋封建论。

在“三论”以外，还有五说。即以李亚农（1962）和唐兰（1963）⑤ 为代表的春秋封建说；以黄子通、夏甄陶（1956）和金景芳（1962）⑥ 为代表的秦统一封建说；以侯外庐（1956）和赵锡元（1979）⑦ 为代表的西汉封建说；以周谷城（1950）、郑昌淦（1979）⑧ 为代表的东汉封建说；以梁作干（1982）⑨ 为代表的东晋封建说。

“三论五说”的相同点在于他们都主张中国社会发展经历过奴隶社会阶段，而反对中国历史上存在奴隶社会的童书业（1957）⑩ 还在胡厚宣（1944）⑪ 的基础上提出了殷商封建社会说。对中国是否存在欧洲式封建社会的质疑也长期存在，20 世纪二三十年代的学者陶希圣、胡秋原、刘胤、王礼锡、王亚南、李季和陈邦国均曾著文评论过这一问题；近年来，冯天瑜（2007）⑫ 对中国封建社会的质疑又再次引发了关于封建社会名实问题与马列主义封建观的学术大讨论。

与古代社会性质和分期问题相关的中国古代土地制度也是经济史学者们所关注的一个重要方面。对这一方面的研究⑬所涉及的范围从秦汉到明清，其主要见解大致可以分为四类：

---

① 范文澜：《中国通史简编》，人民出版社 1964 年版。

② 杨向奎：“中国历史分期问题”，《文史哲》，1953 年第 1 期；徐中舒：“论西周是封建制社会——兼论殷代的社会性质”，《历史研究》，1957 年第 5 期；王玉哲：“有关西周社会性质的几个问题”，《历史研究》，1957 年第 5 期。

③ 吴大琨：“论地租与中国历史分期及封建社会的长期阻滞性问题”，《文史哲》，1953 年第 2 期；林甘泉：“中国封建土地所有制的形成”，《历史研究》，1963 年第 1 期；白寿彝：“中国历史年代：一百七十万年和三千七百年”，《北京师范大学学报》（社会科学版），1978 年第 6 期。

④ 尚钺：《中国历史纲要》，人民出版社 1954 年版；王仲荦：“关于中国奴隶社会的瓦解及封建关系的形成问题”，《文史哲》，1956 年第 3、第 4 期；何兹全：“关于中国古代社会的几个问题”，《文史哲》，1956 年第 8 期；日知：“中国古代史分期问题的关键何在”，《历史研究》，1957 年第 8 期；赵俪生：“从阶级关系和阶级斗争角度来看我国古史的分期”，《兰州大学学报》，1957 年第 1 期。

⑤ 李亚农：《李亚农史论集》，上海人民出版社 1964 年版；唐兰：“春秋战国是封建割据时代”，载《中华文史论丛》，1963 年第 3 辑；祝瑞开：“春秋初中期齐晋楚的封建主革命”，《西北大学学报》，1979 年第 1 期。

⑥ 黄子通、夏甄陶：“春秋战国时代的奴隶制”，《历史研究》，1956 年第 6 期；金景芳：《中国奴隶社会的几个问题》，中华书局 1962 年版。

⑦ 侯外庐：“论中国封建制的形成及其法典化”，《历史研究》，1956 年第 8 期；赵锡元：“试论中国奴隶制形成和消亡的具体途径”，《吉林大学学报》，1979 年第 1、第 2 期。

⑧ 周谷城：“中国奴隶社会论”，《文汇报》，1950 年 7 月 27 日；郑昌淦：“井田制的破坏和农民的分化”，《历史研究》，1979 年第 7 期。

⑨ 梁作干：“世界历史的重大转折点：西晋帝国与西罗马帝国的灭亡”，《暨南大学学报》（哲学社会科学版），1982 年第 2 期。

⑩ 童书业：“与前苏联专家乌·安·约瑟夫维奇商榷中国古史分期问题”，《文史哲》，1957 年第 3 期。

⑪ 胡厚宣：“殷代封建制度考”，《甲骨学商史论丛（初集）》，齐鲁大学国学研究所专刊，1944 年。

⑫ 冯天瑜：《“封建”考论》，武汉大学出版社 2007 年版。

⑬ 对相关论文的汇编可以参见《历史研究》编辑部：《中国历代土地制度问题讨论集》，三联书店 1957 年版；南开大学历史系中国古代史教研组：《中国封建社会土地所有制形式问题讨论集》，三联书店 1962 年版。

以侯外庐（1954）、郑天挺、白寿彝（1960）、贺昌群（1960）和王毓铨（1983）[①] 为代表的国有土地制主导论；胡如雷（1956）、江泉（1957）、田泽滨（1960）、杨志玖（1960）、张传玺（1961）和陈守实（1984）[②] 等学者所主张的地主私有土地制论；以侯绍庄（1957）、刘毓璜（1960）和傅筑夫[③]为代表的自耕农小土地私有制主导论；以李埏（1956）[④] 为代表的多种所有制共存论。

此外，在这一时期，一些著名经济史学家王亚南、傅筑夫、李剑农和胡如雷[⑤]等还相继完成了各自关于中国经济通史研究的著作，这些研究一方面与中国古代奴隶社会和封建社会分期问题相关；另一方面也各自形成了作者关于长时段中中国经济发展变迁轨迹与特点的一家之言，对后来的学者产生了深远的影响。

二、资本主义萌芽问题论争

与古代史分期问题同样重要而且吸引了大量学者参与的另一个讨论是中国的资本主义萌芽问题[⑥]。关于这一问题的学术争论，大致可以分为三类：第一类是关于中国历史上资本主义萌芽产生时间的争论；第二类是关于中国资本主义萌芽产生行业的争论；第三类是关于中国资本主义萌芽发展程度的争论。

以资本主义萌芽产生的时期而论，学界大致有以下四种观点：以胡寄窗（1981）和傅筑夫（1981）[⑦] 为代表的战国出现说；以饶会林（1980）[⑧] 为代表的两汉出现说；束世澂（1956）、吴海若（1956）、韩大成（1956）、柯昌基（1957）、郭正忠（1981、1984）[⑨] 为代

---

① 侯外庐："中国封建社会土地所有制形式的问题"，《历史研究》，1954 年第 1 期；郑天挺和白寿彝的观点见"关于中国封建土地所有制问题的讨论——记南开大学第三届科学讨论会"，《历史研究》，1960 年第 1 期；贺昌群："关于封建的土地国有制问题的一些意见"，载《新建设》，1960 年 2 月号；王毓铨："中国历史上农民的身份"，《莱芜集》，中华书局 1983 年版。

② 胡如雷："试论中国封建社会土地所有制形式"，《光明日报》，1956 年 9 月 13 日；江泉："试论汉代的土地所有制形式"，《文史哲》，1957 年第 9 期；田泽滨："关于封建土地所有制问题的商榷——对贺昌群先生'关于封建的土地国有制问题的一些意见'一文的意见"，载《历史研究》，1960 年第 6 期；杨志玖观点参见《关于中国封建土地所有制问题的讨论——记南开大学第三届科学讨论会》；张传玺："两汉地主土地所有制的发展"，《北京大学学报》（哲学社会科学版），1961 年第 3 期；陈守实：《中国古代土地关系史稿》，上海人民出版社 1984 年版。

③ 侯绍庄："试论我国封建主义时期自耕农与国家佃农的区别——和胡如雷先生商榷"，《光明日报》，1957 年 1 月 3 日；刘毓璜："试论西汉时代的小自耕农经济"，《江海学刊》，1960 年第 1 期；傅筑夫：《中国封建社会经济史》第一卷。

④ 李埏："论我国的'封建土地国有制'"，《历史研究》，1956 年第 8 期。

⑤ 王亚南：《中国地主经济封建制度论纲》，华东人民出版社 1954 年版；傅筑夫：《中国封建社会经济史》一至四卷，人民出版社 1981—1986 年版；李剑农：《中国古代经济史稿》，武汉大学出版社 1990—1991 年版；胡如雷：《中国封建社会形态研究》，上海三联书店 1979 年版。

⑥ 关于资本主义萌芽问题，较为详尽的综述和文献汇编可以参见中国人民大学中国历史教研室：《中国资本主义萌芽问题讨论集》，三联书店 1957 年版；南京大学历史系中国历史教研室：《中国资本主义萌芽问题讨论集》，三联书店 1960 年版；南京大学历史系：《明清资本主义萌芽研究论文集》，上海人民出版社 1981 年版；南京大学历史系：《中国资本主义萌芽问题论文集》，江苏人民出版社 1983 年版；田居俭、宋元强：《中国资本主义萌芽》，巴蜀书社 1987 年版；赵晓华：《中国资本主义萌芽的学术研究与论争》，百花洲文艺出版社 2004 年版。

⑦ 胡寄窗："论中国封建经济成熟甚久瓦解特慢的原因"，《经济研究》，1981 年第 6 期；傅筑夫：《中国古代经济史概论》，中国社会科学出版社 1981 年版。

⑧ 饶会林："我国封建社会内资本主义萌芽的上限问题"，《辽宁师范学院学报》（社会科学版），1980 年第 1 期。

⑨ 束世澂："论北宋时资本主义关系的产生"，《华东师范大学学报》（哲学社会科学版），1956 年第 3 期；吴海若："中国资本主义生产的萌芽"，《经济研究》，1956 年第 4 期；韩大成："对黎澍同志《关于中国资本主义萌芽问题的考察》一文的几点意见"，《历史研究》，1956 年第 7 期；柯昌基："宋代雇佣关系的初步探索"，《历史研究》，1957 年第 2 期；郭正忠："宋代四川盐业生产中的资本主义萌芽"，《社会科学研究》，1981 年第 6 期；郭正忠："宋代纺织业中的包买商"，载《光明日报》，1984 年 7 月 18 日。

表的宋代说和大部分学者所认同的明清说。其中占学术界主导地位的明清说内部又有所差别：吴晗（1955）和洪焕椿（1958）[①] 认为资本主义萌芽产生于明代初期；翦伯赞（1955）、许大龄（1956）、侯外庐（1956）、傅衣凌（1964）[②] 则主要采取明中叶说；李之勤（1956）和吴承明（1981）[③] 采取明代后期说；黎澍（1956）[④] 则认为资本主义萌芽迟至清代才产生。

关于各个产业中的资本主义萌芽发生情况，主要有丝织业、棉布业、盐业、制瓷业、矿冶业和农业这六大类研究。其中，翦伯赞（1955）、王仲荦（1951）、李光壁（1954）和尚钺（1955）[⑤] 提出丝织业存在着资本主义的萌芽。在棉布业说内部，钱宏（1955）和傅衣凌（1957）[⑥] 则认为棉布业的包买商制度等因素是资本主义萌芽产生的标志；许大龄（1956）和徐新吾（1981）[⑦] 则认为只有棉布的染踹加工业产生了资本主义的萌芽；从翰香（1963）[⑧] 则认为资本主义萌芽产生于加工缝制暑袜业。在盐业说内部，柯昌基（1957）和郭正忠（1981）支持宋代盐业说；李龙潜（1981）支持明代盐业说[⑨]；翦伯赞（1955）、李之勤（1956）、冉光荣、张学君（1981）和王方中（1982）[⑩] 则主张清代盐业说。翦伯赞（1955）、钱宏（1955）、徐文、江思清（1956）、梁淼泰（1981）和胡铁文（1983）[⑪] 还主张制瓷业产生了资本主义萌芽。钱宏（1955）、白寿彝（1956）、王明伦（1956）、李龙潜（1959）、王宏钧、刘如仲（1980）、陈梧桐（1980）和韦庆远、鲁素（1982）则研究了矿冶业的资本主义萌芽问题[⑫]。关于农业的资本主义萌芽问题，吴海若（1956）和张洞明、杨

---

① 吴晗："明初社会生产力的发展"，《历史研究》，1955 年第 3 期；洪焕椿："论十五一十六世纪江南地区资本主义生产关系的萌芽"，《历史教学问题》，1958 年第 4 号。

② 翦伯赞："论十八世纪上半期中国社会经济的性质——兼论〈红楼梦〉中所反映的社会经济情况"，《北京大学学报》（哲学社会科学版），1955 年第 2 期；许大龄："十六世纪、十七世纪初期中国封建社会内部资本主义的萌芽"，《北京大学学报》（哲学社会科学版），1956 年第 3 期；侯外庐："十七世纪的中国社会和启蒙思潮的特点"，《中国早期启蒙思想史》，人民出版社 1956 年版；傅衣凌："有关中国资本主义萌芽的几个问题"，《江海学刊》，1964 年第 1 期。

③ 李之勤："关于中国清初资本主义生产萌芽的发展水平问题"，《教学与研究》，1956 年第 2 期；吴承明："关于中国资本主义萌芽的几个问题"，《文史哲》，1981 年第 5 期。

④ 黎澍："关于资本主义萌芽问题的考察"，《历史研究》，1956 年第 4 期。

⑤ 王仲荦："明代苏松嘉湖四府的租额和江南纺织业"，《文史哲》，1951 年第 2 期；李光壁："明代手工业的发展"，《历史教学》，1954 年 7 月号；尚钺："清代前期中国社会的停滞、变化和发展"，《教学与研究》，1955 年第 7 期。

⑥ 钱宏：《鸦片战争以前中国若干手工业部门中的资本主义萌芽》，上海人民出版社 1955 年版；傅衣凌："论明清时代的棉布字号"，《明代江南市民经济试探》，上海人民出版社 1957 年版。

⑦ 徐新吾：《鸦片战争前中国纺织手工业的商品生产与资本主义萌芽问题》，江苏人民出版社 1981 年版。

⑧ 从翰香："中国封建社会内资本主义萌芽诸问题"，《历史研究》，1963 年第 6 期。

⑨ "明代盐的开中制度与盐商资本的发展"，载南京大学历史系明清史研究室：《明清资本主义萌芽研究论文集》，上海人民出版社 1981 年版。

⑩ 冉光荣、张学君："四川井盐业资本主义萌芽问题研究"，南京大学历史系明清史研究室：《明清资本主义萌芽研究论文集》，上海人民出版社 1981 年版；王方中："清代前期的盐法、盐商与盐业生产"，《清史论丛》第 4 辑，中华书局 1982 年版。

⑪ 徐文、江思清："从明代景德镇瓷业看资本主义因素的萌芽"，《光明日报》，1956 年 3 月 29 日；梁淼泰："明代后期景德镇制瓷业中的资本主义萌芽"，载南京大学历史系明清史研究室：《明清资本主义萌芽研究论文集》，上海人民出版社 1981 年版；胡铁文："试论清前期景德镇制瓷业中官窑行会同资本主义萌芽的关系"，《中国社会科学院经济研究所集刊》第 5 集，中国社会科学出版社 1983 年版。

⑫ 白寿彝："明代矿业的发展"，《北京师范大学学报》，1956 年第 1 期；王明伦："鸦片战争前云南通矿业中的资本主义萌芽"，《历史研究》，1956 年第 3 期；李龙潜："试论明代矿业中资本主义因素的萌芽及特点"，《理论与实践》，1959 年第 6 期；王宏钧、刘如仲："广东佛山资本主义萌芽的几点探讨"，《中国历史博物馆馆刊》，1980 年第 2 期；陈梧桐："略论明代矿业政策及其对资本主义萌芽的影响"，《光明日报》，1980 年 10 月 28 日；韦庆远、鲁素："清代前期的商办矿业和资本主义萌芽"，《清史论丛》第 4 辑，中华书局 1982 年版。

康蕤、宣斯文（1982）[①] 认为其产生于唐宋时期；尚钺（1955）、陈诗启（1955）、韩大成（1956）、杨生民（1979）、田培栋（1982）和李文治（1983）[②] 主张农业资本主义萌芽产生于明代；傅衣凌（1954、1982）、翦伯赞（1955）、李之勤（1956）、景甦、罗崙（1959）、黎民（1979）、黄冕堂（1981）、刘永成（1982）[③] 则认为迟至清代，资本主义萌芽才在农业中产生；此外，还有一些学者如许大龄（1956）、朱宗宙（1965）、尹进（1981）和曹树基（1998）[④] 则认为鸦片战争前的中国不存在农业资本主义萌芽。

有关中国资本主义萌芽的第三个争论的焦点是其发展程度问题，学界大致有两类观点。以侯外庐（1955）、尚钺（1955）、李之勤（1956）和陈湛若（1956）[⑤] 为代表的一派学者认为，中国历史上的资本主义萌芽已经发展到了手工工场阶段，作为资本主义经济代表的市民阶级正在形成，封建社会开始瓦解。而吴大琨（1955）、翦伯赞（1955）、许大龄（1956）、黎澍（1956）、黄逸峰（1962）、秦佩珩（1962）、从翰香（1963）[⑥] 等则认为中国历史上虽然存在资本主义萌芽，并在一些地区和行业获得了进一步的发展，但没有达到手工工场阶段，没有也不可能瓦解封建经济基础。

进入20世纪90年代中期，学者们开始对资本主义萌芽问题所引发的讨论进行反思。有学者从这一问题产生的原因着手进行了分析，如李伯重（1996）[⑦] 把资本主义萌芽问题研究归结为“情结”，是“别人有，我们也有”的“争气”心态引起了“资本主义萌芽情结”。“资本主义萌芽情结”坚信资本主义是中国历史发展的必经阶段，是“单一直线进化”史观的产物。孟彦弘（2002）[⑧] 则认为“资本主义萌芽”并不是研究者从史料中发现的历史现象，而是要用史料或历史现象来证明，中国历史也符合马克思主义者对人类历史发展的认识。也有学者从对该问题的分析方法进行了反思，如李伯重（1996）认为，首先是“资本主义”的定义不清，其次，尽管大多数学者坚信中国历史上确实有过资本主义萌芽，但各

---

① 张洞明、杨康蕤、宣斯文：“试论中国封建社会非身份性地主经济的性质”，《学术月刊》，1982年第10期。

② 陈诗启：“明代的工匠制度”，《历史研究》，1955年第6期；杨生民：“从《补农书》看明末清初浙江嘉湖地区的农业资本主义萌芽问题”，《北京师范学院学报》，1979年第2期；田培栋：“关于明代后期‘长工’的身份地位问题”，《北京师范学院学报》，1982年第3期；李文治：“明清时代中国农业资本主义萌芽”，载李文治、魏金玉、经君健：《明清时代的农业资本主义萌芽》，中国社会科学出版社1983年版。

③ 傅衣凌：“明代江南地主经济新发展的初步研究”，《厦门大学学报》，1954年第5期；傅衣凌：“略论我国农业资本主义萌芽的发展规律”，《明清社会经济史论文集》，人民出版社1982年版；景甦、罗崙：“清代山东经营地主的社会性质”，山东人民出版社1959年版；黎民：“乾隆刑科题本中有关农业资本主义萌芽的材料”，《文物》，1979年第5期；黄冕堂：“论清代前期的苏州、松江、嘉兴、湖州四府的农业经济发展与资本主义萌芽”，载南京大学历史系明清史研究室：《明清资本主义萌芽研究论文集》，上海人民出版社1981年版；刘永成：《清代前期农业资本主义萌芽初探》，福建人民出版社1982年版。

④ 朱宗宙：“明末清初太湖地区的农业雇佣劳动”，《南京大学学报》，1965年第2期；尹进：“中国封建社会后期农业中已有资本主义萌芽吗?”，《武汉大学学报》，1981年第5期；曹树基：“清代台湾拓垦过程中股份制经营：兼论中国农业资本主义萌芽理论不成立”，《中国社会科学》，1998年第2期。

⑤ 侯外庐：“十七世纪的中国社会和启蒙思潮的特点”，《新建设》，1955年第5号；陈湛若：“略论《红楼梦》社会背景——评吴大琨先生的几个论点”，《文史哲》，1956年第4期。

⑥ 吴大琨：“略论《红楼梦》社会背景”，《文史哲》，1955年第1期；黄逸峰：“中国资本原始积累的形式及其特点”，《江海学刊》，1962年第3期；秦佩珩：“论十六、十七世纪初期中国封建社会内部资本主义的萌芽”，《郑州大学学报》，1962年第1期。

⑦ 李伯重：“‘资本主义萌芽’情结”，《读书》，1996年第8期。

⑧ 孟彦弘：“中国从农业文明向工业文明的过渡——对中国资本主义萌芽及相关诸问题研究的反思”，《史学理论研究》，2002年第4期。

人心目中的“资本主义萌芽”，实际含义相差很大。李伯重（2001）认为，作为资本主义萌芽理论核心的历史发展观，是建立在一种对英国模式的过时认识的基础之上的。如果以工业革命为开端的近代工业化对英国也并不一定是一种历史必然的话，那么说中国资本主义萌芽一定会发展成为资本主义近代工业化，当然就更没有说服力了。仲伟民（2003）[①]认为，研究的缺陷在于没有弄清“资本主义”概念的情况下就直接讨论资本主义萌芽。“资本主义”概念不清楚，“萌芽”的标准自然也无法明确。

还有学者对此提出彻底否定的观点，如张分田（2002）[②]认为“中国资本主义萌芽”问题是“假问题”。杨师群（2005）[③]论证了明清时期的中国城镇与西欧中世纪城市，在“自由城市与雇佣劳动者”、“城市政治制度与市民斗争”、“商品经济与市场的开拓”三个方面所存在的差异，尤其是资本主义萌芽得以产生所需要的核心条件之间的差异，最终得出中国明清时期不存在资本主义萌芽的结论。在曹守亮[④]（2006）对杨师群的观点提出质疑后，杨师群（2006）[⑤]进一步从王权统治、私有产权诸方面的中西比较中论证明清资本主义萌芽属于伪问题。

在此基础上，学者们对该问题进一步研究的方向也展开了反思，如刘重日（1994）[⑥]认为，研究资本主义萌芽，要着重于探讨资本主义生产关系新因素，即不同于封建生产关系的部分。吴承明（1995）[⑦]提出，在历史研究上不要提研究资本主义萌芽了，与其说资本主义萌芽不如叫近代化萌芽，即“市场经济的萌芽”。

与此同时，有学者对资本主义萌芽的研究提出肯定的意见，譬如何顺果（1998）[⑧]认为，资本主义萌芽是社会经济生活商品化的产物，在社会经济发展的一定历史阶段，只要哪个地方出现了商品化的趋势，也就造成了资本主义萌芽的温床，“萌芽”不可能仅是西方某国才发生的现象。也有学者对该问题的积极方面进行了反思，如胡成（1999）[⑨]指出“资本主义萌芽”问题在20世纪中国史学研究中具有中国/西方、外来/本土的思想内涵，具有重建中国历史理论和解释架构的意义。李伯重（2000）将资本主义萌芽研究的作用归结为四点，包括促使中国史学摆脱了封闭状态以及从中国内部去发现推动近代中国历史发展的动力，并且促使学者们对于与“资本主义萌芽”相关的商品经济、雇佣劳动、早期工业化等重要问题，进行了深入的探讨，此外，在对资本主义萌芽本身的研究上，方法和理论也有明显的改进[⑩]。孟彦弘（2002）认为，中西的差异使得我们对中国社会发展的认识，从是否能从封建社会向资本主义社会的过渡以及何时过渡、如何过渡，变成了中国能否从农业文明向工业文明的过渡以及怎样实现过渡的问题。而后一种“过渡”，其实质就是中国能否工业化以及如何完成工业化。徐晓望（2003）也认为“中国资本主义萌芽论”的提法虽然不妥当，

---

① 仲伟民：“资本主义萌芽问题研究的学术史回顾与反思”，《学术界》，2003年第4期。

② 张分田：“中国社会形态及相关理论问题学术研讨会述评”，《历史研究》，2000年第2期。

③ 杨师群：“明清城镇不存在资本主义萌芽——欧中世纪城市的比较研究”，《浙江社会科学》，2005年第1期。

④ 曹守亮：“比较方法与中国资本主义萌芽问题研究——师群先生商榷”，《浙江社会科学》，2006年第1期。

⑤ 杨师群：“再论明清资本主义萌芽是伪问题——答曹守亮先生”，《浙江社会科学》，2006年第4期。

⑥ 刘重日：“明代农业资本主义萌芽”，《求是学刊》，1994年第3期。

⑦ 吴承明：“要着重商品流通在传统经济向市场转换中的作用”，《中国经济史研究》，1995年第2期。

⑧ 何顺果：“资本主义萌芽问题新论”，《北京大学学报》（哲社版），1998年第3期。

⑨ 胡成：“‘资本主义萌芽’与本土化研究的思考”，《史学理论研究》，1999年第2期。

⑩ 李伯重：“资本主义萌芽研究与现代中国史学”，《历史研究》，2000年第2期。

但也有其合理的内核，这就是对中国早期资本主义的研究①。

正如古代史分期问题涉及的是中国奴隶社会和封建社会存无和时间问题一样，关于资本主义萌芽的学术讨论实际上也是中国古代的资本主义社会存在与否及其发展情况问题的一个部分；与之相关的还有关于中国的资本原始积累问题和关于近代洋务运动和买办资产阶级的评价问题的学术讨论，这些虽然大都属于近代经济史研究的范畴，但基于这些问题本身的相关性和逻辑一致性考虑，本节在此对他们一并作一个简要的介绍。

关于中国的资本原始积累问题，学术界大体有四类观点：关梦觉（1958）、陈乃圣（1961）② 则认为资本原始积累的过程就是资本主义萌芽产生的过程，两者同时发生；尚钺（1955）和邓拓（1956）③ 认为中国的资本原始积累产生于清代的乾嘉时期；吴大琨（1956）、吴海若（1956）、傅筑夫、谷书堂（1956）、朱伯康（1961）和黄逸峰（1962）④ 认为中国资本主义原始积累开始于鸦片战争之后；伍纯武（1961）⑤ 则认为中国历史上没有发生过资本原始积累。

关于洋务运动的评价问题，曾经在20世纪60年代和改革开放后发生过两次学术讨论。建国初期的学术界以胡绳（1948）、范文澜（1955）和牟安世（1956）⑥ 为代表对洋务运动采取全面否定的态度，而姜铎于1961年年底至1962年年初先后发表的三篇文章⑦，强调了洋务企业因仿效西方而对民族资本产生了促进作用，从而引发了第一次关于洋务运动的学术争论，牟安世（1962）、邵循正（1963）和张国辉（1964）⑧ 等从否定洋务派的角度对姜铎的文章提出了反驳，而李运远（1957）、夏东元（1958）和汪敬虞（1963）⑨ 关于洋务运动的资本主义性质和及其近代工业推动作用的研究则与姜铎的观点较为接近。

改革开放以后，学术界又掀起了关于洋务运动问题的第二次大讨论，其中姜铎、黄逸峰（1979）和罗耀九、郑剑顺（1981）⑩ 仍然坚持两点论的观点，认为洋务运动同时存在进步和反动的两个方面，而反动的一面是主要的；与之相对的是，彭英明（1979）、李时岳

---

① 徐晓望：“‘中国资本主义萌芽论’的合理内核与中国近代化问题”，《学术研究》，2003年第1期。

② 关梦觉：“中国原始资本积累的初步探索”，上海人民出版社1958年版；陈乃圣：《论资本原始积累与暴力的关系——和伍纯武先生商榷》，《学术月刊》，1961年第6期。

③ 邓拓：“从万历到乾隆——关于中国资本主义萌芽时期的一个论证”，《历史研究》，1956年第10期。

④ 吴大琨：“关于《略论〈红楼梦〉社会背景》及其它——答陈湛若先生”，《文史哲》，1956年第4期；吴海若：“中国资本主义生产的萌芽”，《经济研究》，1956年第4期；傅筑夫、谷书堂：“中国原始资本积累问题”，《南开大学学报》（哲学社会科学版），1956年第1期；朱伯康：“论中国资本的原始积累问题——与伍纯武先生商榷”，《学术月刊》1961年第4期；黄逸峰：“中国资本原始积累的形式及其特点”，《江海学刊》，1962年第3期。

⑤ 伍纯武：“中国的资本原始积累问题”，《学术月刊》，1961年第3期。

⑥ 胡绳：《帝国主义与中国政治》，生活书店1948年版；范文澜：《中国近代史》，人民出版社1955年版；牟安世：《洋务运动》，上海人民出版社1956年版。

⑦ 姜铎：“试论洋务运动对早期民族资本的促进作用”，“试论洋务运动的经济活动和外国侵略资本的矛盾”、“试论洋务运动中洋务、顽固两派论争的性质”，《文汇报》，1961年12月28日、1962年1月12日和21日。

⑧ 牟安世：“关于洋务运动对中国早期民族资本的作用问题”，《文汇报》，1962年5月17日；邵循正：“洋务运动和资本主义发展关系问题”，《新建设》，1963年第3期；张国辉：“中国近代煤矿企业中的官商关系与资本主义发生问题”，《历史研究》，1964年第3期。

⑨ 李运远：“中国民族资本主义近代工业的产生”，《财经科学》，1957年第3期；夏东元：“论清政府所办近代军用工业的性质”，《华东师范大学学报》，1958年第1期；汪敬虞：“从上海机器织布局看洋务运动和资本主义发展关系问题”，《新建设》，1963年第8期。

⑩ 姜铎、黄逸峰：“重评洋务运动”，《历史研究》，1979年第2期；罗耀九、郑剑顺：“洋务派与洋务运动”，《光明日报》，1981年4月13日。

(1980、1981)、徐泰来（1980）、胡滨（1980）、夏东元（1980、1981）、汪敬虞（1983）和丁日初、沈祖炜（1983）[①] 等则主要从正面来强调洋务运动的民族性和进步性，推动了近代工业化和民族资本的发展。

与洋务运动问题相似的，还有对于近代中国买办资产阶级的评价问题，黄逸峰（1964、1982)[②]、伍丹戈（1964）、聂宝璋（1979）和张国辉（1979）等[③]基本持否定意见，主要强调买办阶级与帝国主义势力和封建势力的勾结；而汪熙（1980）、汪敬虞（1983）、王水（1984）和丁日初（1984）[④] 等则采取相对肯定的态度，指出买办资本虽然有着落后和反动性的一面，但也有着走向民族资本和客观上推动中国近代化的一面。

第二节　近代经济史研究的进展

国内学者关于近代经济史的大部分研究主要是围绕新兴工业部门的发展而展开的。随着研究水平的深入和领域的扩大，也逐渐涉及相关的其他产业部门和国民经济的各个组成部门，作者认为，这些研究大体上可以分成两大门类，即：近代中国资本主义部门发展的水平与程度问题和近代中国国民经济整体的发展状况与结构问题，而这两类问题又都是围绕着一个线索而展开的，这就是关于中国经济发展的中心线索问题。

一、关于近代资本主义经济部门发展水平与程度的研究

（一）对于近代资本主义经济总体发展状况的研究

早在20世纪40年代，中国学术界对中国近代经济史的研究就形成了一种定型的看法，即认为中国半殖民地半封建社会是一个向下沉沦的社会，“九一八”事变以后变成殖民地、半殖民地社会，“七七”以后更是半个中国沦陷，国亡无日。在这种情况下，中国的经济也是日益凋敝，谈不上发展。有发展的，如建立新式工厂、修筑铁路等，只是反映半殖民地化的加深，商业、银行的繁荣则是属于“畸形发展”，民族工业虽有初步发展和进一步发展，

---

① 彭英明：“‘洋务与卖国’小议”，《光明日报》，1979年8月12日；李时岳：“从洋务、维新到资产阶级革命”，《历史研究》，1980年第1期；徐泰来：“也评洋务运动”，《历史研究》，1980年第4期；李时岳、胡滨：“论洋务运动”，《人民日报》，1981年3月12日；胡滨、李时岳：“洋务与洋务派简论”，《东岳论丛》，1980年第3期；夏东元：“洋务运动发展论”，《社会科学战线》，1980年第3期；夏东元：“略论洋务运动”，《历史教学问题》，1981年第2期；汪敬虞：“论中国资本主义两个部分的产生”，《近代史研究》，1983年第3期；丁日初、沈祖炜：“论晚清的国家资本主义”，《历史研究》，1983年第6期。

② 黄逸峰：“关于旧中国买办资产阶级的研究”，《历史研究》，1964年第3期；黄逸峰等：“旧中国的买办阶级”，上海人民出版社1982年版；伍丹戈：“论旧中国买办资本的落后性和反动性”，《光明日报》，1964年8月12日；聂宝璋：“中国买办资产阶级的发生”，中国社会科学出版社1979年版；张国辉：“洋务运动与中国近代企业”，中国社会科学出版社1979年版。

③ 黄逸峰：“关于旧中国买办资产阶级的研究”，《历史研究》，1964年第3期；黄逸峰等：“旧中国的买办阶级”，上海人民出版社1982年版；伍丹戈：“论旧中国买办资本的落后性和反动性”，《光明日报》，1964年8月12日；聂宝璋：“中国买办资产阶级的发生”，中国社会科学出版社1979年版；张国辉：“洋务运动与中国近代企业”，中国社会科学出版社1979年版。

④ 汪熙：“买办和买办制度”，《近代史研究》，1980年第2期；汪敬虞：《唐廷枢研究》，中国社会科学出版社1983年版；王水：“买办的经济地位和政治倾向”，《中国社会科学院经济所集刊（7）》，中国社会科学出版社1984年版；丁日初、杜恂诚：“买办与洋务企业”，《历史研究》，1984年第5期。

亦必迅即陷入“破产或半破产”的境地。直到20世纪70年代，在中国近代经济史的著述，大都给人以一片凄凉、每况愈下的感觉。形成著名的沉沦史观①。

到了20世纪80年代以后，由许涤新和吴承明主持的三卷本巨著《中国资本主义发展史》② 相继出版。《中国资本主义发展史》的编写集合了当时北京、上海和天津等地的数十位著名经济史学者，基本可以代表中国经济史学界的最高水平，其中第一卷回顾了明清时期中国各个行业的资本主义萌芽情况，第二和第三卷则从工业、农业、商业和金融业等各个产业全面研究了近代各个时期中国资本主义的发展情况。与传统的沉沦观不同，该项研究表明近代以来中国资本主义经济基本是处在缓慢的发展过程中的。

此外，张国辉、张仲礼和王方中等学者也撰文对这一问题进行了讨论。张国辉(1982)③ 指出，中国资本主义是在国家陷于半殖民地的社会条件下发生并作为资本帝国主义和封建主义的对立物而存在的。张仲礼（1983）④ 则批评了以往学者在中国近代经济史研究中所持有的观点，即认为“第一次世界大战时期，是中国民族资本主义工业的所谓‘黄金时代’”而“战后各帝国主义‘卷土重来’就立刻造成民族资本主义工业的萧条状态。”并用一些经济史资料证明中国民族资本在20世纪20年代还是有所发展的，而且就某些重要行业而言，其发展速度超过了过去，只是到了30年代，民族资本才逐渐陷入危机，发展停滞。王方中（1990）⑤则对1927—1937年间中国民族工业发展的大致过程进行了考察，认为这一时期中国民族工业经历了一个马鞍形，两头形势稍好，中间是深刻的危机，第二个较好的势头由于1937年日本帝国主义发动了全面的侵华战争，只维持一年多就结束了。

如果说吴承明先生等人的研究对于沉沦观的批评主要着眼于理论层面，那么王玉茹⑥则通过对历史经济统计资料的发掘，通过统计分析的实证研究，对中国近代经济发展作出了与传统观点不同的评价。以往国内出版的中国近代经济史著述中，虽然对两次世界大战之间的中国经济状况缺乏总体上的分析，但对各种经济成分及其相互作用的看法大致相同，并且指出这些论述给人的印象是这一时期的中国经济即便不是趋向衰落，也是处于停滞不前的状态，这种持续停滞的观点，在国外研究中国近代经济史的学者中，一度也是颇为流行。但是，根据许多亲身经过那一时期生活的人的印象和回忆，抗战前的经济状况与旧中国相比几乎属于最好的时期，这就不能不使人对上述经济史著作中的结论产生怀疑。王玉茹在《论两次世界大战之间中国经济的发展》一文中，通过可以找到的各种历史统计资料，在前人研究的基础上⑦，选择1887年、1920年、1936年和1949年四个时点，分别计算各个时点上的工农业总产值、国民收入和人均国民收入等经济发展指标，勾勒出中国经济发展的总体趋势，与此同时考察了工矿交通业及产业结构，从整体的“量”和整体的“结构”这两者的变动来认识两次世界大战期间中国的经济发展。作者慎重地指出，从总体上看，对两次大战之间中国经济发展的成绩只能实事求是地予以肯定，不能有过高的估价。这一研究成果无论

---

① 吴承明：“中国近代经济史若干问题的思考”，《中国经济史研究》，1988年第2期。

② 许涤新、吴承明主编：《中国资本主义发展史》1—3卷，人民出版社1985—1993年版。

③ 张国辉：“辛亥革命前中国资本主义的发展”，《近代史研究》，1982年第2期。

④ 严中平：“关于中国民族资本在二十年代的发展问题”，《社会科学》，1983年第10期。

⑤ 王方中：“1927—1937年间的中国民族工业”，《近代史研究》，1990年第1期。

⑥ 王玉茹：“论两次世界大战之间中国经济的发展”，《中国经济史研究》，1987年第2期。

⑦ 在许涤新和吴承明主持的“中国资本主义发展史”课题的研究中，唐传泗、丁世洵等学者曾经对1920年和1949年的国民生产总值进行估计。

从研究的视野还是从研究方法以及得出的结论等方面，在改革开放初期的中国经济史研究领域产生了广泛的影响。

（二）关于近代中国资本主义工商企业发展的研究

孙健（1979）[①] 首先指出，研究中国民族资本主义的产生这个问题时有两种方法：一种是就整个民族资本近代工业产生的历史过程进行全面的、综合的分析，从中找出其产生的规律性和特点；一种是就一些典型企业产生的社会经济条件和过程进行具体的分析，从一个个侧面来考察资本主义的产生，接着作者运用后一种方法对中国第一家使用机器的民族资本近代企业——陈启源于1872年在广东南海县西樵简村创办的继昌隆缫丝厂进行了考察，认为继昌隆机器缫丝厂创立的经济条件是鸦片战争后广州、南海地区对外贸易特别是生丝出口贸易的发展；继昌隆机器缫丝厂并不是在资本主义工场手工业有了充分发展的基础上产生的，而是在国外市场高额利润刺激下，利用当地丰富的原料，由国外运进机器创办起来的；在中国半殖民地半封建社会中，民族资本近代工业是一种进步的经济形式，对于中国社会经济的发展，起着促进的作用。张国辉（1989）[②] 则指出中国民族缫丝工业兴起于19世纪的70年代，初创时期受到封建清政府的压抑其历程曲折而艰难，认为其基本状况大体上以长江以南的上海、江浙两省和华南的珠江三角洲两大地区所兴办的机器缫丝厂最具声势；进入20世纪后，依靠外销的江南缫丝工业在上海对外贸易有利地位日益发展的状况下，在生产经营上有了新的突破；同时起步最早的华南民族缫丝工业在已有的基础上，也一直保持着向前发展的势头。对这两大地区缫丝业的发展和变化基本可以说明近代中国机器缫丝工业的盛衰历程。

近代企业发展水平是衡量近代资本主义工业发展水平的一项重要内容，因此要深入研究中国近代工业生产的发展水平，必然要对近代中国的重要企业进行研究。在这方面，中国社会科学院、上海社会科学院和南开大学等单位还组织发掘和整理了大量近代的企业史资料[③]，并在此基础上展开一系列有关企业经营、企业制度的研究，这和天津、上海分别是近

---

① 孙健：“中国第一家民族资本近代工业的出现——继昌隆机器缫丝厂产生的社会经济条件考察”，《学术研究》，1979年第3期。

② “甲午战后四十年间中国现代缫丝工业的发展和不发展”，《中国经济史研究》，1989年第1期。

③ 这些成果主要包括由中国社会科学院经济研究所联合其他单位合作编写的《上海民族机器工业》（中华书局1979年版）、《上海市棉布商业》（中华书局1979年版）、《上海民族橡胶工业》（中华书局1979年版）；上海社会科学院经济研究所联合其他单位组织编写的《南洋兄弟烟草公司史料》（上海人民出版社1958年版）、《恒丰纱厂的发生发展与改造》（上海人民出版社1958年版）、《荣家企业史料》（上海人民出版社1980年版）、《大隆机器厂的产生、发展和改造》（上海人民出版社1980年版）、《上海永安公司的产生、发展和改造》（上海人民出版社1981年版）、《刘鸿生企业史料》（上海人民出版社1981年版）、《英美烟公司在华企业资料汇编》（中华书局1983年版）、《中国近代面粉工业史》（中华书局1987年版）、《上海近代五金商业史》（上海社会科学院出版社1990年版）；上海市档案馆编辑的《吴蕴初企业史料·天原化工厂卷》（档案出版社1989年版）、《吴蕴初企业史料·天厨味精厂卷》（档案出版社1992年版）、《旧中国的股份制（1872—1949年）》（中国档案出版社1996年版）；南开大学经济学院联合其他单位组织编写的《启新洋灰公司史料》（三联书店1962年版）、《旧中国开滦煤矿的工资制度和包工制度》（天津人民出版社1983年版）、《旧中国开滦煤矿工人状况》（郭士浩主编，人民出版社1985年版）、《中国近代盐务史资料选辑》（南开大学出版社1985年版）、《开滦煤矿矿权史料》（熊性美、阎光华主编，南开大学出版社2004年版）和《范旭东企业集团史料汇编丛书》（赵津主编，天津人民出版社2006年版）；其他各银行和单位组织编写的《金城银行史料》（上海人民出版社1983年版）、《裕大华纺织资本集团史料》（湖北人民出版社1984年版）、《近代上海地区方志经济史料选辑》（上海人民出版社1984年版）、《大生系统企业史》（江苏古籍出版社1990年版）、《交通银行史料1907—1949）》（中国金融出版社1995年版）、《美国花旗银行在华史料》（中国金融出版社1990年版）。

代中国的北、南经济中心，企业集中不无关系。

在这些近代企业资料整理出版的基础上，一些学者也从各个方面对近代的民族企业进行了深入的研究，主要成果包括徐鼎新、杜恂诚（1979）对永安公司的研究，杜恂诚（1982）关于近代中日合办企业的研究，丁长清（1986、1987、1988）关于开滦煤矿经营的研究，徐鼎新（1990、1995）对近代企业文化和科技的研究，张忠民（1996）关于近代中国公司制度的研究等，而王玉茹（1988）对开滦煤矿的资本集成和经营效益的分析则在中国经济史学界首开运用现代经济学理论研究企业史的先河。①

与近代工商业发展紧密相关的另一个问题是近代商会的崛起，20 世纪 80 年代以来，国内学者对近代中国商会进行了大量的资料整理和学术研究。相关的资料出版包括上海市档案馆编辑的《一九二七年的上海商业联合会》（上海人民出版社 1983 年版）、华中师范大学历史研究所和苏州市档案馆合编的《苏州商会档案丛编》（华中师范大学出版社 1991 年版）、天津市档案馆、天津社会科学院历史研究所和天津市工商业联合会合编的《天津商会档案汇编》（天津人民出版社 1989—1998 年版）；主要的专著包括朱英（1991、2004、2008）、徐鼎新、钱小明（1991）；虞和平（1993）、宋美云（2002）、冯筱才（2004）、应莉雅（2006）等②，此外还有大量的研究论文涉及了近代商会的源起、成立、性质、政治参与、组织结构和中外交流等各个方面。

与传统的观点强调商会对封建制度的革命性和与国民政府的勾结性不同，王笛（1987）和邱澎生（1995）等学者的研究表明，近代中国商会的产生主要是清政府作用的结果，商会与晚清政府的关系主要是在振兴实业基础上的相互依赖与合作，在北洋政府时期更多与地方政府合作并在很大程度上自行其是，在国民党统治时期则因受制于南京政府的政策干预而在功能上有所减弱；虞和平（1993）则把商会与政府的关系概括为“控制与反控制”以及商会的超越法规活动；张东刚（2000）从近代中国转型社会中的制度供给与需求的角度分析了商会产生的历史原因、特征和历史作用；朱英（2000）强调了商人在政治参与中的“在商言商”心态，冯筱才（2004）也提出了“近世中国商会的常态与变态”分析框架③。

---

① 徐鼎新、杜恂诚：“从永安企业的境遇看旧中国民族资本的历史命运”，《社会科学》，1979 年第 2 期；杜恂诚：“旧中国的中日合办企业”，《学术月刊》，1982 年第 7 期；丁长清：“开滦煤矿人事管理的历史考察”，《南开经济研究》，1986 年第 4 期；“从开滦看旧中国煤矿业中的竞争和垄断”，《近代史研究》，1987 年第 2 期；“开滦煤在旧中国市场上的运销初析”，《中国经济史研究》，1988 年第 3 期；徐鼎新：“近代中国企业文化剖析”，《上海经济研究》，1990 年第 3 期；“中国近代企业的科技力量与科技效应”，上海社会科学院出版社 1995 年版；张忠民：“近代中国公司制度的逻辑演进及其历史启示”，《改革》，1996 年第 5 期；王玉茹的硕士学位论文题目为：“开滦煤矿的资本集成和经营效益分析”，1988 年 5 月美国匹斯堡大学的 Thomas Rawski 教授应邀参加了这篇硕士论文的答辩，他认为这篇硕士学位论文如果作为博士学位论文水平也是很高的。论文的主要内容分别以：“开滦煤矿的资本集成和利润水平的变动”（《近代史研究》，1989 年第 4 期）和“开滦煤矿的经营效益分析（1903/04—1936/37）”（《中国经济史研究》，1993 年第 4 期）为题发表，论文的英文译文 Capital Formation and Operating Profits of Kailuan Mining Administration 发表在英国剑桥大学 1994 年 2 月出版的 *Modern Asian Studies* 28 卷第 1 部。

② 朱英：《辛亥革命时期新式商人社团研究》，中国人民大学出版社 1991 年版；朱英：《中国近代同业公会与当代行业协会》，中国人民大学出版社 2004 年版；朱英：《近代中国商会、行会及商团新论》，中国人民大学出版社 2008 年版；徐鼎新、钱小明：《上海总商会史 1902—1929》，上海社会科学院出版社 1991 年版；虞和平：《商会与中国早期现代化》，上海人民出版社 1993 年版；宋美云：《近代天津商会》，天津社会科学院出版社 2002 年版；冯筱才：《在商言商：政治变局中的江浙商人》，上海社会科学院出版社 2004 年版；应莉雅：《天津商会组织网络研究 1903—1928》，厦门大学出版社 2006 年版。

③ 王笛：“试论清末商会的设立与官商关系”，《史学月刊》，1987 年第 4 期；邱澎生：“商人团体与社会变迁：清代苏州的会馆公所与商会”，博士论文；张东刚：“商会与近代中国的制度安排与变迁”，《南开经济研究》，2000 年第 1 期；朱英：“‘在商言商’与近代中国商人的政治参与”，《江苏社会科学》，2000 年第 5 期。

这些研究从另一个角度探讨了近代中国资本主义工商业的发展及其对于近代中国社会的影响，与关于近代工商业发展实绩的研究相为呼应，构成了近代经济史研究中的一个新领域。

二、关于近代经济发展水平和国民经济结构的研究

要对近代中国的经济发展水平进行全面的考察和深入的研究，首先有赖于对历史资料的全面把握。针对这一需要，中国社会科学院经济研究所的经济史研究团队编撰出版了一系列的近代经济史料①，大大便利了后来学者们的科研工作，为中国近代经济史和资本主义发展史的研究提供了资料的基础。在这些资料的基础上，1989 年，严中平先生最早主持编写了《中国近代经济史 1840—1894》。十年之后，汪敬虞先生又主编《中国近代经济史 1895—1927》，以中国资本主义的发展和不发展为中心线索，从历史条件、时代大环境上考察我国半殖民地半封建经济的发展演变过程，阐明中国不能走资本主义道路，而最终选择社会主义道路的历史必然性。1997 年由刘佛丁、王玉茹、于建玮合著的《近代中国的经济发展》一书，估计了 1850 年、1887 年、1914 年的国民收入，分析中国近代的产业结构，并运用物价、贸易等长时序统计数据对近代中国经济的经济发展趋势作中长周期波动分析，提出了在 19 世纪 60 年代至 20 世纪 30 年代中国经济存在明显的中长周期波动的观点，并按照周期波动的状况对中国近代经济发展的阶段进行了重新划分②。在此基础上，1999 年刘佛丁主编的《中国近代经济发展史》教材，运用经济统计资料和估算的数据，科学的计量方法来勾勒近代中国的整体经济走势，然后解构近代中国的经济成分，将该走势与各种经济成分的状况以及相互作用结合在一起来描述中国近代经济发展史。

在农业领域，吴承明、章有义两位前辈学者的成果颇具代表性。吴氏③分别对人口与耕地面积、农业生产、人口压力与中国近代农业等方面进行了考察，认为总的看来，我国近代农业生产力是有一定的发展的，生产方法也有所变化；发展甚慢，但基本上还能适应人口增长的需要；变化极微，但也不完全是老样子。章氏则对此持保留意见，他首先从研究方法上对卜凯和张仲礼等人的统计和估计提出质疑，认为如果把实际不可比的材料，硬凑在一起，拼成一个时间数列，那么得出新鲜结论也并不可靠。进而以东北为例，指出从人口持续增长和耕地面积扩大这个确凿的事实来看，近代农业总产量有所增长的结论也许是可信的，而在人口对土地的相对压力明显增长的前提下，人均产量增加的论断则难以令人信服。在对海关报告中的相关资料进行研究之后，章氏（1990、1991）④ 进一步认为，即使在通商口岸地

---

① 代表性的史料，如由严中平主编的《中国近代经济史统计资料选辑》（科学出版社 1955 年版）；孙毓棠、汪敬虞编写的《中国近代工业史资料》（两卷本，科学出版社 1957 年版）；陈真、姚洛、逄先知编写的《中国近代工业史资料》（四卷本，三联书店 1957 —1961 年版）；李文治、章有义编写的《中国近代农业史资料》（三卷，三联书店出版 1957 年版）；彭泽益编写的《中国近代手工业史资料》（四卷，三联书店 1957 年版），姚贤镐编写的《中国近代对外贸易史资料（1840—1895）》（三卷，中华书局 1962 年版）；徐义生编的《中国近代外债史统计资料 1853—1927》（中华书局 1962 年版），聂宝璋编写的《中国近代航运史资料》第一辑（上海人民出版社 1983 年版），聂宝璋、朱荫贵编写的《中国近代航运史资料》第二辑（社会科学出版社 2002 年版），宓汝成编写的《中国近代铁路史资料，1863—1911》（中华书局 1963 年版）和《中华民国铁路史资料，1912—1949》（社会科学文献出版社 2002 年版）等。

② 刘佛丁、王玉茹、于建玮：《近代中国的经济发展》，山东人民出版社 1997 年版。

③ 吴氏："中国近代农业生产力的考察"，《中国经济史研究》，1989 年第 2 期。

④ 章氏："关于中国近代农业生产计量研究的几则根据"，《中国社会经济史研究》，1990 年第 2 期；"近代东北地区农田单位面积产量下降的一个实证"，《中国经济史研究》，1990 年第 3 期；"海关报告中的近代中国农业生产力状况"，《中国农史》，1991 年第 2 期。

区，古老的农耕方法依然占支配地位，复种轮作没有什么创新，农氏普遍使用的仍然是浪费体力的古老农具，农民依旧依靠传统农家肥，改良种子和新品种的引进有名无实，因此，过高估计我国近代农业生产力新因素的作用是没有根据的。

改革开放以前的经济史研究大都集中于生产关系，对生产力发展涉及不多，对分配、流通、消费等领域的研究涉及更少。改革开放以后至20世纪90年代初期，学者们加大了对相关领域的研究力度，取得了一些重要成果。在分配领域，刘佛丁和王玉茹在《中国近代化过程中国民收入分配问题考略》[①] 率先进行了尝试，他们在当时可以找到的历史统计资料基础上进行估算和统计分析，得出了与传统的意见相悖的结论。该文的主要论点是，在中国近代经济发展最有代表性的1887—1933年，国民收入分配有三个主要变动趋势，即富有阶层的收入在全部国民收入中所占的份额明显缩小，普通居民的收入在国民收入中所占的份额略有扩大；高收入阶层与中低收入阶层的收入差距显著缩小；富有阶层人均年收入的绝对值明显下降，普通居民的年均收入显著上升。对收入变化的原因提出的解释是，经济增长是中低收入阶层生活水平改善的基本前提条件；封建特权的丧失，使高收入阶层的构成发生变化，从而导致这一阶层的收入下降；近代工矿交通事业的发展，由传统经济向近代经济转变，使国民收入在富有阶层和普通居民之间分配的差距缩小；从20世纪20年代开始，蓬勃兴起的工农革命运动和日益增长的社会舆论的压力，也是提高劳动者收入、缩小分配不平等的一个不可忽视的因素。在流通领域，吴承明、杜恂诚、王玉茹等人的研究成果，大致反映了这一时期的新进展。吴氏[②]首先利用厘金、土产国内贸易、出口值变化论证了国内市场的扩大趋势，进而洋务运动时期的交易量和近代国内商品总量作了估计。他批评了以往学者关于国内市场发展只是洋货泛滥，或把全部进口都看作消极因素的观点，认为从长时期看，进口的增长并不妨碍市场上国产商品的增长。他还通过估计近代国内市场商品的流通量，考察了国内市场扩大的速度，认为在我国创建近代产业的初期，市场的扩大是非常缓慢的，19世纪后期，商品量增长年率仅1%（可比价格），进入20世纪，市场扩大加速了。杜恂诚(1989)[③] 则认为，以厘金来测算国内市场商品量也好，以埠际贸易量来测算国内市场商品量也好，都是把国内市场理解为商品的长途贩运，理论上的合理性还值得研究的，应以国内工矿等生产、运输部门的产值和进出口贸易量来测算国内市场商品量。王玉茹[④]则另辟蹊径，对近代中国资本、劳动和土地等生产要素的价格作了初步分析，认为三种生产要素在近代的变动趋势可以概括为：在19世纪后半期至20世纪30年代，资本的价格在周期性的波动中下降，但利息率仍明显高于发达国家水平；货币工资，尤其是近代生产部门劳动者的货币工资在周期性波动中上涨，但实际工资增长有限，传统生产部门（农业、手工业）劳动者的实际工资变化不大，甚至有所减少，与西方工业化国家相比，中国劳动力的价格是便宜的（主要是就计时工资而言，而不是就单位产品中所含的工资成本而言）；土地价格，无论是农村还是城市均有程度不等的上涨，但城市地价上涨的速率和幅度远落后于工业化国家。

---

① 刘佛丁、王玉茹："中国近代化过程中国民收入分配问题考略"，《中国经济史研究》，1989年第4期。

② 吴承明："论我国半殖民地半封建国内市场"，《历史研究》，1984年第2期；"洋务运动与国内市场"，《文史哲》，1994年第6期；"近代国内市场商品量的估计"，《中国经济史研究》，1994年第4期。

③ 杜恂诚："二十世纪三十年代中国国内市场商品流通量的一个估计"，《中国经济史研究》，1989年第4期。

④ 王玉茹："近代中国生产要素市场价格初探"，《中国经济史研究》，1994年第4期。参见王玉茹的博士学位论文：《相对价格变动与近代中国的经济发展》（1997年陕西人民出版社以《近代中国价格结构研究》为题出版）。

与生产、分配、流通等领域相比，关于消费和需求的研究起步更晚，直到20世纪90年代中期以后才有学者涉足，这一领域的研究首推张东刚，他的博士论文《总需求的变动与近代中国的经济发展》① 对中国经济近代化，即由自然经济转变为商品经济，亦即由一种依靠习惯或指令分配资源的经济转交为一种依靠市场配置资源的自由市场经济这一历史转换过程中的总需求变动趋势及其特征展开实证性分析，揭示中国近代总需求变动的内在规律性，阐明总需求变动的宏观经济效应。

三、近代中国经济发展的中心线索问题

近代经济史研究中的另一个核心问题是近代中国经济发展的中心线索，对于这一问题，学术界大致有四种主要观点。

第一种观点认为，中国资本主义的发展和不发展是中国近代经济史的中心线索。据汪敬虞先生回忆，此观点系严中平先生首创。而汪氏本人则在20世纪80年代末90年代初先后发表了两篇论文（1989，1990）②，对此观点进行了申论。汪氏首先批评了把资本主义的发展作为中国近代史的中心线索的观点，认为虽然这是一个符合本质的提法，也是一个富有指导意义的提法，但单纯地提资本主义的发展，则又没有概括事物本质的全部。接着明确提出一个完全符合中国资本主义的发展和不发展这一中国近代经济史的中心线索。在具体论证中，汪氏着重强调了三点：其一，我们的审视点，应该放在这样一个高度，即通过中国资本主义的发展和不发展，研究中国近代经济的半殖民地性和半封建性，研究中国近代经济的内在症结和它的历史走向。由此可见，研究中国的近代经济必须通过中国资本主义的发展和不发展，而研究中国资本主义的发展和不发展，又必须通过中国资本主义产生的历史条件。如果说中国资本主义的发展和不发展，是探索中国近代经济史的中心线索，那么，中国资本主义产生的历史条件，就是探索中国资本主义发展和不发展的中心线索。这就要求我们有一个广角镜。也就是说，作为历史的中心线索，局限于资本主义发展和不发展的过程本身是不够的，我们的视野应该放在面临外国资本主义入侵的整个中国封建社会向资本主义过渡的无准备状态上。其二，中国资本主义的发展和不发展，既有历史进程上的同时出现，即有所发展而又不能充分发展的同时出现，又有点面之间的并存，即城乡之间以及经济部门和领域之间的发展和不发展的并存。而在诸多部门和领域之中，占国民经济绝大比重的农业和城乡广泛存在的商业，也就是在生产和流通领域中反映中国封建势力严重存在的方面，亦即资本主义不发展的方面，需要我们付出更多的努力，对之进行深入的研究。而这些方面，特别是流通领域的方面，恰恰是过去的研究中相对薄弱的环节。这对当前中国近代经济史研究的需要而言，是亟待充实的。其三，中国资本主义的发展和不发展是中国近代经济史研究的重要课题。毫无疑问，它又是研究当前现实经济所必须重视的一个课题。这就是说，以中国资本主义的发展不发展贯穿整个中国近代史，不但能够提高我们对过去历史的理解，也能启迪我们对当前现实的反思。

汪敬虞的观点得到了王方中、杜恂诚等人的赞同和支持。王方中（1989）③ 认为，如果

① 张东刚：《总需求的变动趋势与近代中国经济发展》，高等教育出版社1997年版。

② 汪敬虞："论中国近代经济史的中心线索"，《中国经济史研究》，1989年第2期；"中国近代经济史中心线索问题的再思考"，《中国经济史研究》，1990年第2期。

③ 王方中："贯彻始终的中心线索——资本主义的发展和不发展"，《中国经济史研究》，1989年第3期。

把洋务运动中建立的企业也列为官僚资本主义经济的话，那么官僚资本主义经济在中国近代史上是发挥过重大历史作用的。但它毕竟是凭借政权建立起来的，对帝国主义势力也有程度不同的依赖。它是半殖民地半封建社会的典型产物，半殖民地半封建社会的全部病态都可在它身上找到反映。它缺乏活力，更谈不上为半殖民地半封建社会指引前进方向。只有那植根于本国经济机体、完全依靠本民族内部力量发展起来的民族资本主义经济的发展与不发展才能明确表示经济发展的历史走向，才能构成中国近代经济史的中心线索。杜恂诚（1989，1990）① 也对汪氏观点予以支持。在前一篇文章中，他认为汪氏所提关于研究中国近代史的主体构想是“中国资本主义的发展和不发展”的意见表面看来似乎有点矛盾，却是把握了中国近代经济史的脉搏，因而具有深邃的理论性。强调研究中国资本主义的发展和不发展，就要研究中国的二元经济结构；中国资本主义发展与不发展的研究不能成为“纯经济”的研究，特别像中国这样一个半殖民地半封建的国家，政治对经济的影响往往是关键的，因而研究政治状况和政府政策同中国资本主义发展与不发展之间的相互关系，显得十分重要。在第二篇文章中，他重申完全赞同汪氏意见，并认为中国近代经济史的中心线索就是中国近代史的中心线索。如果仅以资本主义的发展作为中国近代史的中心线索，那就不能解释何以这一中心线索没有导向资本主义的终点，而是导向了社会主义。决定近代中国历史的主要因素或内在因素，不是一个，而是两个。

第二种观点以凌耀伦（1989）② 为代表，认为中国资本主义经济的缓慢发展是中国近代经济史的中心线索，其含义有三：一是“中国资本主义”应包括国家资本主义（旧中国国家资本主义的科学定义是“买办的封建的国家垄断资本主义”，官僚资本主义是其通俗名称。）与民族资本主义两个部分；二是中国资本主义的总趋势是“发展”，以“发展”观来处理和分析中国近代社会经济现象是符合客观事实的；三是发展“缓慢”，是中国资本主义发展道路上最重要的特征。

第三种观点认为，以外国资本—帝国主义的入侵作为中轴线，再辅以本国资本主义发展与不发展和封建制的破坏与保持，构成了中国近代经济史的全部发展线索，以代鲁（1989）③ 为代表。其主要理由有：其一，近代旧中国是半殖民地半封建社会，其经济形态的主体结构，即为侵入的外国资本—帝国主义生产方式与原有的封建制生产方式的结合或混合。其二，中国近代经济史即是外国资本—帝国主义入侵及在其入侵下中国社会经济演变为半殖民地半封建的历史；而本国社会经济的演变，一方面是本国资本主义的产生发展与不发展，另一方面是封建制度的部分破坏与基本保持；这是同一演变过程的不同侧面，不可截然分开。其三，近代旧中国的半殖民地半封建经济是种特殊过渡形态，在其中起主导的决定作用的因素只能是侵入的外国资本—帝国主义生产方式。

第四种观点的代表为丁日初（1989）④，仍然坚持以资本主义经济的发展作为中国近代经济史研究的中心线索的观点，认为近代中国既有消极、腐朽的力量，又有积极、进步的力量，它们既互相对立，又互相联结。其存在使中国经济、政治、文化生活中同时存在旧的方

① 杜恂诚：“研究‘不发展’比研究‘发展’更为重要”，《中国经济史研究》，1989 年第 3 期；“二元社会和中国近代经济史的中心线索问题”，《中国经济史研究》，1990 年第 4 期。

② 凌耀伦：“主线：中国资本主义的缓慢发展”，《中国经济史研究》，1989 年第 3 期。

③ 代鲁：“外国资本的入侵是中国近代经济史的中轴线”，《中国经济史研究》，1989 年第 3 期。

④ 丁日初：“资本主义经济的发展才是主流”，《中国经济史研究》，1989 年第 3 期。

式和新的方式。但进步力量与新的方式逐渐发展，而腐朽力量与旧的方式则逐渐衰微。作为研究的中心线索，它应当指引人们去探索进步力量如何发展、新旧方式如何兴衰。在近代中国，资本主义经济是新兴的、先进的生产方式，它显著地发展了社会生产力，初步奠定了国家现代化的经济基础，并促进政治和文化方面现代化的进展。

第三节　新中国经济史研究的基本特点与发展状况

进入20世纪80年代中叶，“由于中华人民共和国经济史与经济改革和发展关系密切，加上中共党史研究的重心转移到建国后”①，新中国经济史开始取得进展，与古代经济史和近代经济史研究共同构成了一个较为完整的体系。

相比古代经济史和近代经济史研究，从事新中国经济史研究的人员学科分布领域更为广泛，除却前两者一般意义上的历史学领域和经济学领域的研究工作者之外，从事“党史”研究的工作者也是一支重要力量。而且，从事近代经济史研究的工作者将研究的时间跨度也延伸到20世纪50年代，且有进一步延伸的趋势。可以说，新中国经济史研究经历了一个由短、少、窄到长、多、宽的过程，即阶段放长、问题多、视野放宽。

新中国经济史的研究贴近中国当代经济的脉搏跳动，专题涉及中国共产党基本经济理论和方针政策、经济体制变革、工业化和经济发展、部门经济专题等。其研究方法也经历了大的变革，可以说新中国经济史研究的发展既符合学科发展的性质，也反映了思想解放。

一、新中国经济史研究的基本特点

经济史的研究离不开史料的挖掘和编纂，如同中国近代经济史的研究首先从对各种资料的整理开始一样，关于新中国经济史的相关资料的编纂亦是首当其冲，对问题认识的深入离不开对历史遗物的辨识。但是，新中国经济史的研究有与近代经济史研究的不同特点——当代人做当代史。当代人做当代史，其优势在于置身于现实，能马上感受到生活的旋律；其劣势来自于现实之洪流的裹挟。对于这种危险的警醒度有赖于两个条件：研究者的科学素养和资料的开放度。囿于相关档案法规的限制，在历史研究中最为看重的档案的公开需要一定的时限。目前，在档案资料方面，中国社会科学院和中央档案馆合编的《中华人民共和国经济档案资料选编》（1949—1952）多卷本最为权威。另有中央财经领导小组办公室编《陈云年谱》、《周恩来年谱》（中央文献出版社）等的刊行，都丰富了新中国经济史研究所需的资料。可以说，新中国经济史的研究紧随时代的脉搏，改革开放的推进和深化要求对1978年前的社会主义经济有所全面、客观的认识，新中国经济史的研究正是伴随着实践而成长起来。

二、新中国经济史研究的发展状况

经济史无论如何脱离不了历史的时间感而存在，新中国经济史的研究首先面临的也是关于历史分期的问题。在纪念改革开放20年和建国50年期间，主流新中国经济史研究者反对

① “1988年以来中华人民共和国经济史研究综述”，《中国经济史研究》，1994年第2期。

简单地将中华人民共和国经济史两分，认为经济发展过程明显呈现出1949—1956年、1957—1978年、1979年以后三个发展阶段，许多经济史研究工作者又将1949—1952年作为一个独立的新民主主义经济时期，董志凯等则在《中华人民共和国经济史》第一卷中进行了全面阐述。

自1994年后，《中国经济史研究》每年第2期刊发的有关中国经济史研究的综述里包含了现代经济史的综述内容，此类综述可以看作是一个学科脉络最为清晰、详尽的综述。笔者梳理了1994—2008年刊发的有关现代经济史的综述，发现在其行文中有关时期表述的变化：1994—2001年的综述将现代经济史的研究内容分为三个时间段（1949—1957年，1958—1978年，1978年以后），2002年后的综述则基本改变为二个时间段（1949—1978年，1978年以后），其中2004年、2006年、2007年的综述则是依据专题行文，而未按时间段行文。这样的变化反映了学科研究的客观发展：研究的阶段由短到长、研究的问题由少到多、研究方法由单一到多样。

（一）研究的阶段由短到长

新中国经济史的研究阶段如前所述，基本划分为三个阶段：1949—1956年、1957—1978年、1979年以后。从20世纪80年代中期到90年代中叶，"研究工作的重心是改革开放以来的新时期，其次为建国前7年历史，而对于1957年至1978年间的历史，投入的研究力量不多"[①]。且在此时期，对于1957—1978年间这段所谓的传统计划经济时期的研究侧重于批判研究，有失客观与全面。这无疑割裂了历史的关联性。随着改革的深入，步入20世纪90年代后期，关于传统计划经济时期的研究走向全面和客观。这种全面、客观的走向反映出研究者正逐渐以一种谨慎的、理性的态度来探索现实。此时，基于各个阶段的研究成果，关于新中国经济史的研究阶段也从"短"拉"长"，形成跨阶段综合性研究的趋势，前可跨至近代。主要有三条脉络：其一，以先期关于我党革命根据地的经济研究为起点，注重新中国经济建设与旧中国的经济遗产之间的革命和继承的双重关系，其中，中国社会科学院和中南财经政法大学为主要阵地；[②] 其二，近代经济史研究者将时段拉长至新民主主义经济阶段；其三，政治经济学、西方经济学领域内的研究者分别以"五年计划"和改革开放为主轴进行研究，苏星、刘国光、卫兴华、吴敬琏、林毅夫、周其仁等为代表。[③]

（二）研究的问题由浅到深

研究的问题由浅到深，也是一个由少到多的过程，充分体现着新中国经济史研究的时代需求。新中国经济史的研究最初主要是关于中国共产党基本经济理论和方针政策的研究，这方面是中共党史、经济史、经济思想史、现实经济研究人员共同的研究领域；其次，经济体制变革的研究一直是改革开放后新中国经济史研究的热点，主要涉及新民主主义经济体制、社会主义"三大改造"、农业合作化、人民公社等，涉及了主要的部门经济——工业、农

---

① "1988年以来中华人民共和国经济史研究综述"，《中国经济史研究》，1994年第2期。

② 董志凯："旧中国遗产与50年代经济发展的四个特征"，"1949年的中国"国际学术讨论会论文集。赵凌云：《中国共产党经济工作史》，湖北人民出版社2005年版。

③ 苏星：《新中国经济史》，中共中央党校出版社1999年版。刘国光主编：《中国十个五年计划研究报告》，人民出版社2006年版。蔡昉、林毅夫：《中国经济：改革与发展》，中国财政经济出版社2003年版。周其仁：《产权与制度变迁——中国改革的经验研究》，北京大学出版社2004年版。吴敬琏："中国应当走一条什么样的工业化道路?"，《管理世界》，2006年第8期。

业、商业；最后，工业化和经济发展问题也是研究的关注点。但是，受限于研究方法和手段，这些研究有其局限性。现代经济学理论在中国的传播以及改革开放的深入共同促使新中国经济史的研究点增多，并且内容不断深化。政府管理经济行为的历史演变的、社会保障、信用、收入分配、就业、农民土地产权、城乡关系等方面的研究获得关注，也即新中国经济史的研究在注重体制研究的基础上对于经济增长和发展的研究日益突出。

（三）研究方法的多样化

经济史学本身是一门交叉学科，但在早期新中国经济史的研究中，经济史的研究和党史研究、思想史的研究结合紧密。在此，欲重点勾勒新中国经济史研究与经济学理论的关系。由于历史的原因，新中国经济史研究与“庸俗经济学”的关系疏远，与政治经济学的发展如同搭档，经济学者“著史”，经济史学者“论理”。如苏星（经济学家）四十年磨一剑所著的《新中国经济史》，董志凯等也“以史论理”的方式探索社会主义市场经济理论等。随着现代经济学的传播和引入，现代经济学的研究手段和方法在新中国经济史研究中得以运用，自20世纪90年代末期开始，制度方法、规范的计量分析方法在越来越多的成果中体现出来，与此同时，“对于制度经济学中关于‘路径依赖’的兴趣使现代经济史在经济学中的位置得到提升；路径依赖不仅把‘时间’带回了新经济史学，而且把历史的分析方法重新引入经济学”①。现代经济学在国内的代表人物林毅夫、钱颖一均强调直接套用现代经济学已有理论的结论很难或不能完全解释由计划向市场转轨过程中的一些重大问题，如果不懂得中国的经济、政治和社会的环境条件的历史和现状，研究就很容易产生困难②。虽然，时至今日，学科之间的割裂以及浮躁的研究抑制了学科的融合和发展，但是，仍要看到经济学与经济史呈现有机结合的趋势。与此同时，新中国经济史的研究充分吸收诸如社会学、心理学、政治学等学科的精华，拓宽对以往重大历史事件的研究视角，从社会心理角度分析对资本主义工商业的改造，从社会和谐角度分析新民主主义经济方针，从计划经济与政治的辩证关系角度研究计划经济等③，这些都促使新中国经济史的研究内容深化。

第四节 建国后经济史研究方法的发展

经济史学科是一个跨越历史学和经济学的交叉学科，这也就决定了经济史研究方法的多样性和复杂性，中国学者对于经济史研究方法的探索大致可以包括三个方面：对传统研究方法和思路的批判、对新研究方法的引进和推广以及对历史学和经济学研究方法在经济史研究中平衡的把握。

一、对“西方中心论”的反思

自20世纪80—90年代，学者们开始对西方中心论展开反思，中国经济史研究逐渐发

---

① “2002年中国经济史研究述评”，《中国经济史研究》，2003年第2期。

② 林毅夫：“自生能力、经济转型与新古典经济学的反思”，《经济研究》，2001年第12期。钱颖一：“现代经济学视野中的中国经济改革”，《中国经济时报》，2000年第5期。

③ “2006年中国现代经济史研究述评”，《中国经济史研究》，2007年第2期。

展起一种反西方中心论的趋势。针对部分学者提出的历史无中心的观点，叶洵灶（1985）[①]认为这种主张降低了处在历史中心的地区、国家和民族的作用，结果必然导致否认历史发展的规律性，这无助于对历史规律性的理解和掌握。作者认为不能否认近代欧洲是世界历史的中心，但不能把世界历史仅仅理解为处在世界历史中心地区的国家所创造的，而“欧洲中心论”这就是把世界历史理解为欧洲人所创造。复旦大学俞吾金（1995）[②]指出，长期以来，“欧洲中心论”统治着西方人的观念，也对中国思想界产生了重大影响，只有深入批评“欧洲中心论”，现代化问题和比较研究才可能上升为科学。江丹林（1996）[③]则把冲破“欧洲中心论”的思维框架作为一个中心的议题提了出来，贯穿的主线，正是对东、西方流行的“欧洲中心论”思维框架的突破和超越。

部分国外的中国史学者如柯文（1989）[④]不仅对“西方中心主义”进行了深刻的批判，而且提出中国史学的研究中应该树立“中国中心观”，这种史观强调了从中国而非西方出发来研究中国的历史，并强调尽量采用中国的而非西方的准绳来判断中国历史现象的重要性。贡德·弗兰克（2000）[⑤]认为，虽然不能简单地用“中国中心论”来取代“欧洲中心论”，但是他指出，直到19世纪之前“中央之国”实际上是世界经济的某种中心，其把中国作为全球化历史进程中的世界经济中心之一，不仅论证了中国在历史上的世界经济中的中心地位和角色，而且认为中国在未来也许还会具有这种地位和角色。“中国中心论”虽然顺应了批判“西方中心论”的潮流，但是也引起了众多学者的反思，如江丹林（1996）认为，冲破“欧洲中心论”思维框架并不意味着去倡导“中国中心论”，而只是强调，不同地区、国家和民族的发展虽然存在某些类似的地方，但也各有其特殊性。中国人民大学教授夏明方（2007）[⑥]认为，“中国中心观”固然是对教条化的马克思主义历史观的进一步反动，虽然极大地拓展和丰富了相关的研究领域和研究内容，但其最终结果既非唯物史观的复原，亦非真正中国气派和本土特色的新范式的确立，而是逐渐走上了另一种新教条主义的道路。

自20世纪90年代末以来，国外学者破除“西方中心主义”的工作取得重要进展。王国斌（1998）[⑦]一改以往在中国寻找欧洲的影子这一西方中心论的视角，不仅从欧洲的立场出发看中国，而且也从中国的立场看欧洲，为比较经济史学提供了典范。彭慕兰（2003）[⑧]则认为，1800年以前是一个多元的世界，没有一个经济中心，只是到19世纪欧洲工业化充分发展以后，一个占支配地位的西欧中心才具有实际意义。随着上述几部著作的出版，国内学者也开始对西方中心论的视角展开了进一步的反思。吴承明先生（2003）[⑨]认为，中心论应区别两种含义：一是世界经济中心，一是所谓历史中心。世界经济中心是客观存在的，不能否定；历史中心认为人类文化或文明历来都是由一个中心传播或主宰，应当摒弃。我们所

---

① 叶洵灶：“对破除‘欧洲中心论’，必须作具体分析”，《浙江师范大学学报》（社会科学版），1985年第2期。

② 俞吾金：“突破‘欧洲中心论’的思维框架”，《学术月刊》，1995年第5期。

③ 江丹林：《东方复兴之路：非西方社会发展理论与建设又有中国特色社会主义》，广东教育出版社1996年版。

④ 林同齐译：《在中国发现历史——中国中心观在美国的兴起》，中华书局1989年版。

⑤ 刘北成译：《白银资本——重视经济全球化中的东方》，中央编译出版社2000年版。

⑥ 夏明方：“一部没有‘近代’的中国近代史——从‘柯文三论’看‘中国中心观’的内在逻辑及其困境”，《近代史研究》，2007年第1期。

⑦ 李伯重、连玲玲译：《转变的中国——历史变迁与欧洲经验的局限》，江苏人民出版社1998年版。

⑧ 史建云译：《大分流：欧洲、中国及现代世界经济的发展》，江苏人民出版社2003年版。

⑨ 吴承明：“西方史学界关于中西比较研究的新思维”，《中国经济史研究》，2003年第3期。

讨论的19世纪流行的“欧洲中心论”，不仅是指世界经济的中心，而且包含了西方历史中心和西方优越论的思想，因而是需要辨清的。

二、新研究方法的引入与推广

社会科学与自然科学的一个不同之处在于，自然科学的研究过程可以不受研究者本人的世界观、价值观的影响，而在社会科学的研究过程中，即使最为小心翼翼的研究者也难以规避这个问题。但是，无论如何“理性”是研究者所应当具备的首要素质，只有秉承“理性”，研究者方可最大限度地忠实于研究对象。从建国到改革开放中国经济史的历程恰恰这样一个“理性”回归的过程。

新中国成立后的中国经济史研究是在马克思主义经济学和历史唯物主义的指导下进行，研究理论性浓厚，但也有“历史决定论和重视生产关系而忽视生产力、重生产而轻流通的缺点”①。改革开放初期，再次强调“经济史科学必须以马克思主义理论为指导，所有的经济史研究工作和教师都要进一步加强马克思主义经济理论的学习与运用”②，这是在历经文革动荡之后的中国经济史研究的一种回归。然而，此时研究者所面临的国际环境已不同于建国伊始，国外丰硕的经济理论成果和此起彼伏的经济发展奇迹震撼着中国经济史研究工作者，学科的领军人物，如傅筑夫、严中平、吴承明、彭泽益、张仲礼等都撰文强调改进研究方法③，坚持科学研究方法，除了要运用统计学知识和方法进行定量分析之外，还要学习基本经济理论，在掌握马克思主义经济学的基础上，熟知外国经济思想史。随着改革开放的深入，有关增长与经济发展的理论（突出的两个学科：发展经济学、新制度经济学）与实证方法（如计量经济学）相继被介绍和引入。在如何将经济学及其他相关学科的研究方法应用到经济史研究这个问题上，从理论探讨方面贡献最大者乃吴承明先生④，而刘佛丁先生则可视为理论方法实践的先行者⑤。同时，由于中国经济史学界和西方中国经济学界恢复交流，国外的研究成果引起中国经济史学界的极大反响，并在介绍、论战中借鉴吸收其研究成果，如费正清的“冲击—反应”模式、黄宗智的“过密化”观点、“施坚雅模式”等。利用“中国知识资源总库”搜索一些关键词，诸如“计量经济史”、“黄宗智”、“施坚雅”、“经济史学”，显而易见。如果简单地以十年为一个时期，新理论和方法的引入速度在20世纪90年代快于80年代，而且关于理论方法的评论和争论90年代都胜于80年代。在新方法和理论的引入过程中，不得不提的是厉以宁先生，他密切关注国际学术界经济学理论和经济史研究结合的新进展，于1988年介绍了长周期理论与现代西方经济史研究，1993年又以

---

① 吴承明：《经济史：历史观与方法论》，上海财经大学出版社2006年版。

② 傅筑夫：“进一步加强经济史研究”，《天津社会科学》，1982年第6期。

③ 严中平：《科学研究方法十讲》，人民出版社1986年版；彭泽益：“中国经济史研究中的计量问题”，《历史研究》，1985年第3期；张仲礼：“经济史研究的回顾与展望（笔谈）”，《经济史评论》；吴承明：“关于研究中国近代经济史的意见”，《晋阳学刊》，1982年第1期。

④ 吴承明先生从20世纪80年代初即撰文探讨经济史研究当中的方法论问题，其分别出版于1996年、2006年的两本著作集中反映了吴先生在方法论方面的成果，并反映了一个学者的思想的成熟，分别是《市场近代化经济史论》和《经济史：历史观与方法论》。

⑤ 刘佛丁先生亦在20世纪80年代和90年代撰文探讨经济史学的理论，在论述方法论方面其最不能忽视的一篇文章是1997年发表于《经济研究》的《新时期中国经济史学理论的探索》，该文明确提出中国经济史学者需要以独立思考之精神创造自己特殊的分析概念和体系，构筑新的理论框架。而刘佛丁先生恰是身体力行地带领他的学生努力构建一个理论框架（其标志是《中国近代经济发展史》的出版），然而尚未成功却士先亡。

《比较经济史的研究与中国的现代化》一文介绍了西方比较经济史学形成的背景和主要方法。可以说，新方法和理论的引进速度与我国改革开放的程度密切相关，这是改革开放、解放思想在学术领域的具体反映。

新理论方法的应用程度可以广度和深度来看，总体上说，呈现扁平的形状，即新理论方法的应用领域非常广，但是运用的深度不够。在众多的理论方法中，对中国经济史研究，尤其是近代经济史研究影响最大的是“计量经济史学”和“新制度经济史学”，本部分就着重围绕它们展开，其他的理论方法的应用简单介绍。

改革开放初期中国经济史学研究的理性回归表现在两个基本点上：对定量研究的重视、突破单一生产关系研究的约束而开始重视生产力的研究。在这个转变过程中，计量经济学方法、发展经济学理论在经济史不同领域的研究中得到重视。经济史学工作者利用统计和数据处理方法对历史统计数据进行整理，并在经济理论的指导下测算产出、生产率、资本报酬率等。经济学理论和计量方法结合运用的研究层面大致可分为两类：第一，宏观层面上关于近代中国经济发展的整体趋势研究；第二，宏微观层面上关于近代中国经济发展的各部门历史研究以及关于近代中国区域经济发展历史的研究。在改革开放后，关于中国资本主义发展水平的问题成为中国近代经济史研究的热点问题，由此关于近代中国宏观经济运行的数据（包括国民所得、工业生产力、商品流通量、农业生产力等）的搜集和估算不可避免地成为研究者的工作热点，唐传泗、丁世洵、吴承明等先生推算了1920年、1936年、1947年、1949年的中国国民生产总值，汪敬虞先生就中国工业生产力作出估算，王水、吴承明等先生就商品流通量作出估计，这些研究工作不仅竭力揭示近代中国的资本主义发展水平，而且估算工作也为研究者进行近代中国宏观经济研究奠定了数据基础。在20世纪80年代，王玉茹的《论两次世界大战之间中国经济的发展》（1987年）在学术界引起极大关注，其中的一个重要原因即是该文运用经济学理论，借助计量的方法，从生产力发展的视角论证了两次世界大战之间中国经济的发展状况。随后，于建玮、陈争平、王玉茹、张东刚、赵津、张俐俐、刘巍等人分别从中国经济发展的中长期波动、国际收支、价格结构和物价水平、消费需求和经济增长、房地产市场的发展、旅游市场的发展、货币需求等侧面研究近代中国经济发展，在经济史学界初步完成了具有南开特色的理论框架特点和研究模式。

这一时期，在部门经济史和区域经济史研究领域中，具有历史传统和学术优势的学术团队，在不同的研究领域各领风骚。如中国社会科学院经济研究所、上海社会科学院经济研究所、南京农业大学等在传统手工业问题、外资问题、金融问题、企业经营问题、农村经济、区域经济等方面，在经济学理论和数理统计方法的结合应用方面取得卓越的成绩。中国社会科学院和上海社会科学院的众位先生的研究贡献在此即不赘述，如彭泽益先生关于中国传统手工业的研究、汪敬虞先生关于外资、金融的研究、郑友揆先生关于外贸史的研究、张仲礼先生关于外资企业史、城市史的研究等，凡是从事中国近代经济史研究的研究者均耳熟能详。在此，笔者认为有必要强调突出南京农业大学有关农村经济研究的团队，在卜凯、乔启民等的先后领导下，该单位长期从事中国农村经济研究，并取得丰硕的成果，如曹幸穗关于旧中国苏南农家经济的研究涉及农村经济领域和区域经济领域，在其研究中体现了多学科研究方法的交叉。

但是，需要注意的是，当我们谈论计量经济史学时，对其概念的界定出现了偏差，尤其对什么是“计量经济学”方法出现了混淆，有的很多人将其等同于统计学方法。不可否认，统计是计量经济学的基础，然而计量经济学不等于统计学。如果采用吴承明先生的界定，统计学方法、计量经济学方法、计量史学方法都是经济史的计量分析方法，目前国内学者往往把统计学方法作为计量经济史的主要方法，到目前为止中国经济史的研究中，计量经济学方法在近代经济史的研究中主要集中在能够获得连续数据的和贸易、价格有关的领域内，还有学者利用已有的测算数据和统计数据打通两个时期进行长时段的对比分析①。但是，可以说实际成功利用了计量经济学方法理论的研究非常有限，计量经济学方法和宏观经济理论的运用的成长过程可以从刘巍关于近代中国货币供求和经济发展的一系列论文中得以体现。总体说来，和国外经济史学同行相比，运用计量方法来研究中国经济发展中的宏观经济现象和微观经济现象的面很广，却深度有限，在研究的过程中，经济史学工作者如能掌握、熟悉除却统计学、经典数学方法之外的科学定量研究方法，如模糊数学、计算机模拟系统，也许会对于突破中国经济史研究中连续数据的缺失限制大有裨益。

如果说计量经济学在经济史研究中的应用受到限制，数据的残缺是一个致命因素的话，那么新制度经济史学派的理论和方法在经济史研究中的应用相比起来就好得多，但同时又陷入了另一个困境。根据郑启东研究员的《1999年中国近代经济史研究述评》、刘佛丁撰写的《制度变迁与中国近代的工业化》一文“将制度经济学引入近代经济史研究，带有开创性的意义”。随着新制度经济学引入中国的速度越来越快，新制度经济学中的产权理论、交易费用理论等被应用到经济史的研究中，给中国经济史的研究带来了新鲜的空气，张忠民、王玉茹、赵津、张东刚、杜恂诚等通过对企业、产业市场、政府政策、金融等的研究在制度变迁、制度效率研究等方面作出了杰出的成绩，他们分别代表不同的研究层面，反映了运用新制度经济学进行研究的三个方向，若要理解近代中国制度变迁的路径和特征则需要将这三个维度有机结合。刘佛丁先生与王玉茹、张东刚、赵津的研究共同构成了有关近代中国制度变迁全貌的宏观框架；而张忠民的研究集中在企业制度方面，这可以归入微观领域；杜恂诚的研究则从把握特定领域的宏观层面来理解近代中国制度变迁的特征和路径，集中在金融领域。在他们的研究中，也呈现出三个维度跨越的趋势。以王玉茹、赵津等为中坚力量的南开团队在已建构的宏观框架下丰富各类型市场和相关制度的研究；以张忠民、陆兴龙等为骨干的上海社会科学院的研究则从微观领域向宏观层面渗透，研究领域涉及企业制度、同业公会等，从多个层面的制度互动架构起一个企业史研究的立体视角；杜恂诚关于制度的研究从金融领域的宏观层面向金融领域的微观层面发展，这从其两本著作《金融制度变迁史的中外比较》、《近代中国钱业习惯法——以上海钱业为例》的先后出版即显见这种跨越，是宏微观研究结合的典范。另外，不得不提的是前书可以说是少有的将新制度经济学和经济史研究结合的佳作，在对理论经过深思熟虑之后，以谨慎的态度把握既有制度变迁理论中的概念和体系，不仅避免了陷入“套用理论”的尴尬，而且适时地阐述了研究者自身对于制度变迁理论的认识，很好地体现了吴承明先生所主张的“经济史是经济学的源，而不是流”。随着经济学理论和其他方法理论的引入，博弈论、新经济社会学理论（如网络嵌入理论）、中心地理论等被运用到中国经济史的研究中，不仅开阔了研究的视角，有利于认识中国历史上的

① 梁华的《1840—1936年外国在华直接投资挤出效应研究》一文，利用自回归分布滞后模型检验了1840—1939年与1985—1999年的FDI的挤出效应，且探寻了挤出效应不用的成因。

市场、组织，而且推动了研究的领域以及各学科的整合，尤为显著的是经济史和社会史的融合。[①] 然而，在我们取得诸多成果之时，却也陷入了研究的困境，即对新制度经济学等概念的滥用和套用，这些个术语成为装点文章门面的字眼，毕竟套用一个术语比起套用计量方法要容易得多。这是值得研究工作者所警醒的。

总体说来，新理论方法的应用呈现扁平状，即应用范围广，但深度有限，这种状况的出现和研究者的知识结构、学科取向有着莫大的关系，但是这种来自于个人意识上的学科限制并不利于中国经济史的研究，这是由该学科的学科特点所决定，“经济史首先还是史”，但它又是“研究历史上各时期的经济是怎样运行的以及它运行的机制和绩效”，这就决定“我们研究的视野不能限于经济本身”[②]，也就从客观上要求在经济史的研究中掌握多学科的方法，这就涉及实际研究中方法论的平衡问题，这一问题在位于经济学科的经济史和位于历史学科的经济史之间更为突出。

三、经济史研究中历史学和经济学研究方法的互补

经济史学科的学科属性决定了中国经济史的研究主要在两大学科内：经济学科和历史学科。在改革开放30年间，新的理论和方法在两个学科的学者借鉴和评判中被引入，以至于有时对同一方法双方各执己见争执不下，但是最终的结果是彼此借鉴取得了相应的成绩，为学科的繁荣和发展作出了贡献。李伯重关于江南地区早期工业化的研究、李金铮关于民国时期华北地区的乡村借贷的研究、彭南生关于乡村手工业的研究、许檀关于明清时期市场的研究等都或多或少有意识地吸收、借鉴了经济学理论、社会学理论、中心地理论等，并运用了数量分析的方法来进行定量研究以支撑其观点。马敏、宋美云、虞和平、朱英、朱荫贵等对商会、契约、官利等制度的研究中不仅吸收了新制度经济学理论的成果，而且他们艰苦卓绝的工作为新制度经济学理论的发展积累了微观案例。戴一峰则在华侨和南中国经济的研究中运用了网络理论、新制度经济学理论，并在研究中检讨了学术界在中国近代企业制度变迁研究中的若干理论偏颇[③]。尤其需要注意的是，在历史学界，形成了团队研究，从个案做起，掌握了微观，再看全局。例如复旦大学历史地理所开展的港口研究，复旦大学历史系开展的银行业研究，这样的研究不仅系统地梳理了基本的历史资料，而且研究者力图令研究在理论的指导下进行。另外，值得注意的是进入21世纪以来，经济史和社会史的融合趋势似乎越来越强，从经济史的角度研究社会或者从社会史的角度研究经济。

在不同学科领域的研究者为中国经济史研究作出贡献的同时，也出现了学科领域间的樊篱。处于经济学科领域内的工作者疏于史料的考证和把握，在研究中频频采用二手资料，虽然这不失为一条获得资料的途径，但是“如果一个人不掌握历史事实，不具备适当的历史感或历史经验，他就不可能理解任何时代（包括当前）的经济现象”，这对于把握研究对象

---

① 韩毅详细解读了格雷夫的比较历史制度研究；龙登高把制度变迁理论和有关市场网络的理论有机的应用于关于明清市场的研究中（《内涵式发展与边际式变革——以传统市场为中心的中西比较》、《市场网络或企业组织：明清纺织业经营形式的制度选择》）；施坚雅模式、中心地理论的引入推动了关于市镇、区域经济的研究，关于施坚雅模式在中国经济史研究中的位置评介参看史建云《对施坚雅理论的若干思考》、任放《施坚雅模式与中国近代史研究》。社会学理论中的结构主义和解构主义在不知不觉中渗透在研究者的研究思路中。

② 吴承明：《经济史：历史观与方法论》，上海财经大学出版社2006年版。

③ 戴一峰：“传统与现代：近代中国企业制度变迁的再思考”，《中国社会经济史研究》，2004年第1期。

的真实性和客观性无疑是不利的。更有甚者，出现了为了运用某个理论而削足适履的现象。处于历史学科领域内的工作者则在理论的把握上较为容易出现偏差，由于经济学理论和一些模式（如施坚雅模式）有其严格的逻辑体系，因此研究者在应用的时候容易陷入误区，甚至出现错误应用理论的情况。情况严重者，“也有把新理论与新方法都视为无稽之谈，不屑一顾”，施坚雅模式的遭遇即是一典型例子①。无论是历史学方法还是经济学方法，或是其他方法，正如李伯重所说，“这些理论与方法孰对孰错，孰优孰劣，须根据具体情况作具体分析，不可一概而论，只有时间和实践才能做出最后的结论”②。我们在实践中要做的是，秉承开放的心态，忠实于研究对象，谨慎的、积极的、以批判的态度应用新理论和方法。

不管是马克思主义经济学，还是古典经济学、现代经济学都关注分工，分工贯穿着整个人类历史，随着知识存量和从事研究的人员的增加，学术界的“分工”也似乎不可避免，分工虽然提高了个体的技能，却也提出了个体间协作的要求，在中国经济史学的发展中莫不如此。在扩大个人学科知识结构的同时，打破学科的樊篱，形成学科间的合作关系必将促进中国经济史研究的精进。可以说，到目前为止，中国经济史学的发展得益于改革开放，我们知道任何的改变当其在既定现行的制度条件所蕴藏的能量释放完之后，若要继续发展，会提出变革的要求，这是对制度变革的需求，中国经济史学的进一步发展有赖于学术评估制度的变革，以鼓励学科之间的合作。

方法论的争鸣，这是从研究方法上突破教条化向多元化的转变，是在碰撞中冲破意识形态限制的中国经济史学发展的必然结果，也是科学研究的客观要求。而进入20世纪90年代中后期以后出现的“中心论”争论，涉及的是关于历史视角的反思，这是中国经济史研究工作者在外国中国经济史学界有关“中心论”争论的冲击下关于资本主义社会理论和中国间的关系的再思考，反映了知识分子对中国本身历史取向的思考。

第五节　外国经济史研究的60年

一、外国经济史学科的创建与初步发展：1949—1978年

从1949年新中国成立直到1978年改革开放这30年，是新中国的学术研究在中国共产党领导下迎来历史性变革，在民国时期学术研究业已展开基础上迎接新局面、开创新时代的重要时期。当然，正如新中国的建设在这30年中经历了错综复杂和跌宕起伏的种种局面一样，经济史研究和外国经济史研究也经历了相似的轨迹，总的来看，我们可以大致将这30年分为三个阶段：1949—1966年，是实现了初步发展和奠基的阶段；1966—1976年，是由于“文化大革命”的展开而陷入停滞的阶段；1976—1978年，随着“文革”的结束和新的改革开放时代的来临，外国经济史研究开始呈现出复苏的阶段。

具体地讲，新中国成立以后，在20世纪50年代初，外国经济史学科首先在高等学校里建立起来，以后直到1966年，始终处于初创阶段。这一阶段的成就，概括地说，包括研究

① 李伯重：《理论、方法、发展趋势：中国经济史研究新探》，清华大学出版社2001年版。
② 李伯重：《理论、方法、发展趋势：中国经济史研究新探》，清华大学出版社2001年版。

和教学队伍的初步形成，研究机构的初步建立，研究成果、人才培养、学科建设、图书积累等都处于开始阶段。谈到这一阶段的成就，首先是确立了马克思主义对外国经济史学科的指导地位。其次，外国经济史学科的发展较快，专门研究外国史的中央研究机构（1964 年成立中国社会科学院世界历史研究所）成立，并受到侯外庐、陈翰笙教授的指导。第三，我国的外国经济史学科，从一开始没有受到欧洲中心论的束缚，努力把世界经济的发展作为一个整体考察。当然，问题也存在许多。譬如由于受当时国内外政治环境的影响，“左”倾思想盛行，由此造成严重的教条主义和思想僵化。经济史学界总体上处于与外界闭塞隔绝的状态，不仅不能积极地学习、吸收国际上优秀的相关研究，并与其展开交流，甚至对西方史学一直采取否定、批判和排斥的态度。另外，不重视理论和方法论的建设，而是单调地、机械地运用历史唯物主义来代替。

第二阶段是“文化大革命”和“十年动乱”时期，史学工作者不可能潜心研究，他们在广阔天地里“斗批改”，而同期国际史学研究已经进入了一个发展阶段，两者差距拉大了。第三阶段是即将迎来改革开放的重要时期。这一时期，外国经济史在教学科研方面都有所发展。在教学和人才培养方面，教材、课程设置、本科生、硕士生、博士生培养都有所发展，在学术研究方面，学术刊物逐渐增加，研究领域不断拓展。同时，打破了同国际史学界封闭隔绝的状态，开始学习、吸收国外史学理论和研究方法。更重要的是，明确了历史唯物主义与学术研究的关系，即不能以一种哲学理论（历史唯物主义）来替代史学理论，但可以其作为指导思想。

下面，分别从经济史理论、比较经济史和国别经济史三个部分概述建国三十年的外国经济史研究。

（一）理论、方法及外国史学史的研究概述

建国 30 年来，我国学者以马克思主义相关理论为指导，对世界经济史理论和外国经济史理论进行了卓有成效地探讨，其中对“欧洲中心论”的批判和对社会形态发展与“亚细亚生产方式”研究是十分可贵的并具有开创性，在该时期，学者们还不拘泥于我国的史学研究传统和马克思主义理论和研究方法，对西方历史哲学和史学理论进行了批判性的学习和吸收。

在批判欧洲中心论，建立世界史体系方面，周谷城在 1961 年就提出要改变世界史研究中的欧洲中心论[①]。1961 年，周谷城又在《历史研究》（1961 年第 2 期）上发表《论世界历史发展的形势》，文中指出，世界历史经历了两大转折时期：一是 15 世纪，15 世纪为世界历史发展形势的大转变时期；另一次转折是在第一次世界大战过程中产生的十月革命，由此资本主义统治着的世界分裂为二，一方面是资本主义世界，另一方面是社会主义世界。与此同时，吴廷璆也提出要按照马克思关于五种社会经济形态发展的理论来重新构造世界经济发展的历史[②]。

在社会形态发展与“亚细亚生产方式”的研究方面，1951 年，童书业发表了建国以后第一篇专门讨论亚细亚生产方式的文章，指出马克思所言亚细亚生产是“原始共产制”[③]，

---

① 周谷城：“评‘没有世界性的世界史’”，《文汇报》，1961 年 2 月 7 日。

② 吴廷璆：“建立世界史的新体系”，《光明日报》，1961 年 4 月 6 日。

③ 童书业：“论亚细亚生产方式”，《文史哲》，1951 年第 1 期。

日知则认为不是共产制度，而是古代东方的奴隶制度，得到了王亚南、吴泽等认同，田昌五则认为马克思指的是原始社会①。

在对西方历史哲学和史学理论的吸收和学习方面，20 世纪五六十年代，我国学者翻译了黑格尔的《历史哲学》、施本格勒的《西方的没落》、汤因比的《历史研究》等重要的史学著作。对一些新兴史学流派如计量史学、心理史学、社会史学等方法进行了学习和引进。对一些主要史学流派进行了介绍和研究②，如英国的剑桥、牛津史学派，法国的年鉴学派③、美国的特纳和“边疆学派”、“新左派”④，德国的“兰克学派”、日本的近代化论、数量经济史、社会史等等。

（二）求异和求同的中西经济史比较研究

在世界各个国家经济发展的历史当中，是否只存在着一个普遍的规律，还是呈现了多样性和差异性，这个问题吸引着中国的外国经济史学者从比较的视角出发对中外经济发展的历史过程进行考察，并形成了许多重要的观点，一些结论甚至从今天看来也非常有价值，同时，这也是 20 世纪 90 年代以后“中西分流”大讨论的先声。这一个时期学者们考察的领域主要集中在古代和中世纪，着重考察马克思主义历史学派下的奴隶社会和封建社会，并且根据主要考察的领域和观点的不同分成了求同和求异两派，其中，求异的经济史学者占了大多数，他们着重考察了封建土地所有制问题、经济结构问题，封建城市和封建化等问题，形成了一系列重要的研究成果。

在封建土地所有制的比较研究方面，代表性人物有胡如雷、吴泰、熊家利等史学名家。胡如雷认为，在中世纪的绝大部分时期，西方占支配地位的是封建土地所有制形式，是基本上不能买卖的世袭领地和采邑。领主获得这种土地的主要途径是封受，而不是买卖。这种有条件的封建土地占有制形成了领地占有的等级结构，是等级制度的基础。在市民与土地所有权之间存在难以逾越的鸿沟。西方中世纪普遍流行的领地经营形式是庄园制，大庄园本身不仅是一块大地产，而且内部具有一整套生产体系和经济制度。中国封建社会中占支配地位的是地主土地所有制，土地买卖与土地兼并的盛行，没有形成封建土地所有制的等级结构，自耕农的大量存在及利润、利息向地租的转化，没有形成庄园制经济体系，这些就是中国封建土地所有制的基本特征⑤。

熊家利认为，西欧农奴没有像处于中国封建农民的地位，它们几乎没有丧失耕地的危险，这种较牢固的土地占有权无疑有利于农奴的生产活动，而在封建地主所有制下的中国农民，随时有丧失土地的危险，地主、特别是缙绅地主阶级可以用各种方式和手段对农民的土地巧取豪夺，随着阶级矛盾的尖锐化和土地兼并趋势的恶性发展，对农业生产的正常发展造成周期性破坏。在西欧庄园经济中，农奴隶属于特定的主人，由于这种利害关系，领主对农

---

① 日知：“与童书业先生论亚细亚生产方式问题”，《文史哲》，1952 年 3 月。

② 孙秉英：“欧洲近代史学的发展和马克思主义历史科学的诞生”，《湖南师范学院学报》，1983 年增刊；“牛津学派与约翰·格林”，《史学史研究》，1984 年第 2 期。

③ 张芝联：“漫谈当代法国史学与历史学家”，《内蒙古社会科学》，1981 年第 3 期。

④ 杨生茂：《美国历史学家特纳及其学派》，商务印书馆 1983 年版。丁则民：“美国的‘自由土地’与特纳的边疆学说”，《吉林师范大学学报》，1978 年第 3 期；“特纳的‘地域理论’评价”，《吉林师范大学学报》，1979 年第 3 期；“‘边疆学说’与美国对外扩张政策”，《世界历史》，1980 年第 3、第 4 期。罗荣渠：“当前美国历史学的状况和动向”，《世界历史》，1982 年第 5 期。

⑤ 胡如雷：《中国封建社会形态研究》，三联书店 1979 年版。

民的压榨受到了一定的制约。在一般情况下，领主的剥削超不出剩余劳动的范围，在中国封建社会，土地的拥有量是地主拥有财产多寡的标志，就单个的地主而言，经济利益不受影响，故地主都尽可能多地压榨农民。再次，西欧农奴隶属于一定的领主而不隶属于封建国家，所以农民一般没有远离家乡脱离农业生产为国家服役，中国农民既要为国家服劳役，又要为国家服兵役，对农业生产影响很大。尽管西欧封建社会经济起点低，但农民能在比较有利的条件下进行生产，经济发展较快①。

在对经济结构的比较方面，陈平等学者作了重要研究。陈平认为，在技术革命前古代的游牧业、农业和农牧业三种经济结构，只有农牧混合的经济结构具有适当的稳定性和进化度，给分工和交换的发展提供了可能，中国古代是一种单一的农业经济，原因一是多山少地、交通阻隔的自然条件，二是土地战争产生的征兵积谷的经济政策又强化了以粮食为主义的农业经济。结果造成自然生态破坏、农业劳动生差率递减，人口不断膨胀，以至导致周期性的土地危机、阻碍分工，抑制交流的超稳定结构。整个社会缺乏内外横向的联系，不是一个网络而是一个垂直结构，虽然政治极不稳定，但经济结构却超稳定②。

在对封建城市的比较方面，傅筑夫、赵建民、沈定平等学者进行了大量研究。傅筑夫认为，中国传统社会下的城市与西欧一个重要不同之处在于两者在整个经济结构中所处的地位及其对经济发展所起的作用不同，西欧的城市是一个工商业中心，独立于封建领主直接控制之外的自由城市，其兴起是封建经济结构分解的开始，所有否定封建制度的一切条件，主要都是在城市经济中孕育出来的。中国的城市处于封建体系内部，不是独立的经济中心，而是封建统治的神经中枢。城市与农村不相分离，不存在脱离农村的自由城市，社会经济结构是一元的。没有独立发展出来的工商业，使得商品经济的发展有很大局限性，资本主义萌芽产生和成长受到束缚③。

在封建化过程的比较研究方面，金观涛、庞卓恒等学者的研究堪称代表。关于中国封建社会长期延续的历史原因问题，金观涛提出系统控制论，他认为中国封建社会的鉴别机构就是御史大夫的官吏的监督职能，一般来说很不完善，是整个反馈调节系统的薄弱环节，调节机构主要是皇帝机器助手，决策机构缺少决策力，中国封建社会执行机构层次多，反应迟缓，在整个反馈系统中是最有惰性的一个环节，这样的封建政治结构由僵化引起振荡，导致崩溃和瓦解，在重新构建新结构，但他仍然是一个僵化的结构，如此循环，使中国封建社会长期延续④。庞卓恒认为，归根到底是农业和手工业劳动者生产生活状况及其物质力量、精神力量的发展条件和状况的差别引起经济政治文化诸方面结构、体制的差异和封建解体早晚的不同。劳动者获得新物质和精神力量的过程越快，社会由旧形态向新形态演进的过程也越快，反之就慢。公元9世纪到13世纪西欧，在英国，一个农奴的净剩余较中国农民的多，

---

① 熊家利：“试论西欧封建社会发展的动力——兼谈与中国封建社会的区别和特点”，《湖南师范学院学报》，1979年第4期。

② 陈平：“单一小农经济结构是我国两千年来的动乱、贫困、闭关自守的病根”，《学习与探索》，1979年第4期。

③ 傅筑夫：“中国古代城市在国民经济的地位和作用”，《中国经济史论丛》，三联书店1980年版。赵建民：“试论中国与西欧的封建城市问题——剖析中国封建社会解体缓慢的原因”，《社会科学》，1983年第4期。沈定平：“试论中国与西欧的封建城市问题”，《社会科学》，1983年第4期。

④ 金观涛：“中国历史上封建社会的结构：一个超稳定系统”，《贵阳师范学院学报》，1980年第1期；《兴盛与危机——论中国封建社会的超稳定结构》，湖南人民出版社1984年版；《西方社会结构的演变》，四川人民出版社1984年版。

从而推动了西欧封建社会在11世纪到15世纪之间发生一系列重大变迁，从11世纪到13世纪的垦荒高潮，人口和产量的增长，商品货币经济发展和城市的兴起，庄园农奴制度解体，封建贵族没落和自耕农阶级力量增强。中国的劳动者所受的剥削比西欧的劳动者沉重，净剩余很少，因此，他们不能像西欧封建社会的劳动者那样推动历史变革，中国封建社会得以长期延续下来①。

另外，还有一些学者从求同的角度对中西历史进行比较研究，这在当时大多数学者都支持求异角度的环境下是非常难能可贵的。譬如马克垚就曾认为中国与罗马奴隶制度的相同或相似之处较多，没有呈现出很大差异②。在从奴隶制向封建制度过渡的问题上，傅筑夫认为，从商到西周初年，中国出现了与罗马帝国大致相同的情况，都是由一个在经济和文化上都落后的蛮族入侵，奴隶制度陷入危机，中国形成了与西欧中世纪庄园制度大致相似的井田制度，从而实现了向封建制度的过渡③。梁作干认为，应把西晋末年少数民族内迁与罗马帝国末年的日尔曼人入侵进行比较，中国历史上的“五胡乱华”时期是古代中国历史的转折点，由此进入了封建社会。在关于城邦制的比较方面，中国早期也曾经出现过城邦，最早发生的国家都是小邦小国，东方和西方都是一样的④。

（三）世界经济史和国别经济史研究

这一时期，世界经济史研究和外国经济史研究也逐渐展开，这里首先概览世界古代经济史和中世纪史的研究，最后以国别经济史的方式介绍世界近代经济史的研究状况。

在新中国成立30年的世界古代经济史研究中，形成了许多争论和研究成果，其中，关于亚细亚生产方式和古代城邦的争论很具代表性。亚细亚生产方式争论的一个核心问题是，马克思所言的亚细亚生产方式究竟何指。围绕着这一争论大致形成了以下几种观点。童书业、田昌五都认为是原始社会，因为马克思将其排在五种社会形态的最前面⑤。另一种是奴隶社会说。日知、吴泽认为马克思在摩尔根发表《古代社会》之前，并不了解有一个原始社会，因此只能是奴隶社会的初级阶段⑥。此外还有封建社会说，胡仲达就认为，亚细亚、古代、封建的生产方式可以认为是统一封建社会的不同类型⑦。郭圣铭、庞卓恒则坚持多种社会形态说⑧。

另一个重要研究是关于古代城邦的问题。关于城邦的特征与范围，有人认为城邦早期奴隶制国家的普遍形式和必经阶段，即一个城市为中心，与周围的农村公社或较小的城市公社相结合的过程。另一种看法认为，城邦在古代历史上并不是普遍规律，也不是必经阶段，顾

---

① 庞卓恒：“中国封建社会延续时间较长的根本原因”，《天津师范大学学报》，1983年第3期。

② 马克垚：“罗马和汉代奴隶制比较研究”，《历史研究》，1981年第3期。

③ 傅筑夫：《中国古代经济史概论》，中国社会科学出版社1981年版。

④ 梁作干：“世界历史上的重大转折点：西晋帝国与西罗马”，《暨南大学学报（哲学社会科学版）》，1982年第2期。

⑤ 童书业：“论亚细亚生产方式”，《文史哲》，1951年第1卷第4期。田昌五：“马克思恩格斯论亚洲古代社会问题”，《历史论丛》，1964年第1集；“谈亚细亚生产方式”，《光明日报》，1982年4月26日。

⑥ 日知：“与童书业先生论亚细亚生产方式问题”，《文史哲》，1952年第3期。吴泽：“亚细亚生产方式问题研究”，《华东师范大学学报（哲学社会科学版）》，1955年第1期；“古代东方社会的基本特点问题”，《华东师范大学学报（哲学社会科学版）》，1956年第4期。

⑦ 胡仲达：“论亚细亚生产方式是东方诸国奴隶公有制形态”，《中国史研究》，1981年第3期。

⑧ 郭圣铭：《亚细亚生产方式学术讨论会纪要》；高仲君、庞卓恒：“有关亚细亚生产方式几个问题的商榷”，《中国史研究》，1981年第3期。

准认为："所谓城邦就是一个城市连同其周围不大的一片乡村区域，就是一个独立的主权国家"①。左文华认为："古代城邦是在比较特殊的地理环境、生产力水平和国际分工的条件下产生的，世界绝大多数地区和民族未曾有过城邦"②。陈隆波认为古代城邦最本质的特征是建立在古典所有制基础上的联合起来反抗外界的公民集体。第三种看法是，小国寡民、以城为邦仅是城邦的外在特征，本质上是作为阶级统治的暴力机关。奴隶制城邦的经济基础是奴隶主所有制和贵族土地所有制，同时存在城市公社的公有经济和公民身份为前提的公民小土地所有制③。

关于中世纪史的研究主要集中在欧洲部分，并形成了以下几个主要的争论点：对马克思经典著作有关中世纪史论述的考证；封建社会的基本经济规律；中世纪经济发展的历史分期；从奴隶制社会向封建社会过渡的问题；封建社会的形成和发展；封建社会的解体和资本主义萌芽问题；封建社会的土地所有制形态等等。这里仅列举一些主要的代表学者的作品和内容。

马克垚对西欧中世纪封建经济形态一系列重大问题进行了研究④，这些论文和著作对西欧封建社会进行了重新考察、重新认识，站在世界史高度把西欧与西欧以外的封建社会进行比较，又联系法律经济方面的知识，详细占有原始资料，以得出自身的结论。在其代表作《西欧封建社会形态》探讨了从奴隶制向封建社会的过渡、论封建化、封建土地所有制、封建庄园、农奴与农民、农村公社、城市、手工业与商业、中世纪的人口等问题。论述了从公元3—9世纪罗马帝国内部和日耳曼人中封建起源的日耳曼说、罗马说、奴隶革命说、前封建社会说，对封建社会发展过程中奴隶、农村公社成员、农奴、自由农民地位的变化做了具体论述。

此外，我国史学名家吴于廑认为，亚欧大陆东西方的封建农本经济都重农抑商，是耕织结合的自给自足经济，但西方农本经济有契约主义的特点，由农本而重商的变化最初发生在西欧，变化起因于农本经济的内部，商业和城市经济由封建农本经济的附庸发展为它的对立面，促使它转向商品经济，重商主义是资本主义工业世界涌现的前奏。欧洲耕织结合的农本经济一直重视畜牧是一个重要特点，中世纪晚期毛织物的商品化带动了农本经济的商品化，从16世纪尼德兰和英国开始了农本经济的突破，国家开始实行重商主义政策，使资本主义市场向外扩张，最终形成了资本主义世界市场和工业革命。在《15、16世纪东西方历史初学集》（吴于廑，武汉大学出版社1985年版）中，通过对中国、日本、英国这段时期各方面的比较研究，探讨了由封建经济社会状况过渡到资本主义工商业社会的一些基本规律，对英国资本主义关系的产生、手工业、海上政策、移民政策、宗教改革各方面与资本主义工商业发展的关系进行了论述。

关于世界近代经济史部分的研究，新中国成立30年来也取得了重大进展，并形成了按

---

① 顾准：《希腊城邦制度》，中国社会科学出版社1982年版。

② 左文华："论古代城邦产生与存在的条件"，《思想战线》，1982年第1期；"也评希腊城邦制度"，《思想战线》，1985年第6期。

③ 陈隆波："城市、城邦和古代西亚、北非的早期国家"，《世界历史》，1985年第6期。

④ 马克垚的代表性论文如"如何认识封建生产方式的共同规律"，《历史研究》，1979年第9期；"应如何理解西欧'封建化'问题"，《历史研究》，1982年第4期；"关于中世纪英国农民生活状况的估算"，《历史研究》，1983年第4期；"西欧封建城市初探"，《历史研究》，1985年第1期；"西欧农奴制初探"，《世界历史》，1980年第3期；"关于劳役地租的考察"，《世界历史》，1984年第1期。专著《西欧封建社会形态研究》，人民出版社1985年版。

照国别进行研究的体系，按照顺序介绍如下：

1. 英国近代经济史。英国近代经济史研究的一个重要问题是工业革命和农业变革问题。20世纪五六十年代出版了一些著作，但论文不多，其中以林举岱的影响较大，如《英国工业革命时期的阶级斗争》（《华东师范大学学报》，1957年）、《英国工业革命的后果》（《历史教学》，1964年第7期）。

20世纪七八十年代以后，关于英国工业革命和农业革命的研究逐渐增多。有关以工业革命为前提的，如刘淑敏的《工业革命为什么首先发生在英国》（《齐鲁学刊》，1984年第5期），分析了工业革命的三个原因，即：英国制订了有利于资本主义工商业发展的政治法律制度、英国最先完成了资本的原始积累、具备先进的科学技术条件。

陈紫华的《英国工业革命的特点和历史意义》（《西南师范学院学报》，1980年第3期），论述了英国工业革命的特点。如从棉纺织业开始、以解决动力问题为关键和重要标准、以机器的发明、使用和制造为中心、以本国的发明创造为主同时也尽量吸收其他国家技术等等。

关于工业革命的影响，潘润含、张执中曾撰文《工业革命与英国社会的近代化》（《历史研究》，1983年第6期），认为工业革命的意义在于对英国社会近代化的意义，在大工业的基础上，资产阶级最后得以实现它的革命作用，把分散的小生产资料集中起来，变成强有力的杠杆，是资本主义制度真正得以占据统治地位。

钱乘旦的论文《论工业革命造成的英国社会结构变化》（《英国史论文集》），探讨了工业革命给英国带来的社会结构变化，如工农业比例、手工业和大工业比例以及城乡比例的变化，工业压倒了农业，农业国成为工业国。

关于英国农业革命问题，王章辉的论文《圈地运动——工业革命劳动力的主要来源》（《世界历史》，1984年第4期），针对英国现代的一些史学家否认圈地运动使大批农民失去土地的看法指出，英国迅速增长的工业和城镇人口主要来自农村，而圈地与运动加速了农民的无产阶级化，它是英国工业革命劳动力的重要来源。

满永谦在《论英国农民阶级的消灭》（《社会科学》，1984年第11期）一文中，认为英国的工业革命为圈地运动提供了最牢固的前提条件，为资本主义剥夺农民提供了可靠的保障，英国的海外殖民地也是保证国家消灭农民的重要条件，如果没有大量的对外移民，英国农民阶级的历史，也不会在19世纪30年代与工业革命同时结束。

2. 法国近代经济史。关于法国近代经济史，代表性论文有陈崇武的《关于法国资本主义近代化的特征问题》（《华东师范大学学报》，1985年第1期），文中对法国资本主义发展的特征进行了探讨，认为法国有如下特征：资本原始积累主要通过收税，因而资本主义发展的先天条件是不足的；农业中存在着大量的小农经济，它在一定阶段、一定程度上促进了资本主义发展，但后来则成为资本主义经济发展的阻碍；法国在整个近代一直存在着小企业与大企业长期并存、共同繁荣的奇特现象，其结果造成了生产分散、浪费了劳动力的现象，但也弥补了大生产的许多不足；法国农业在国民经济体系中占据着相当重要的位置，轻工业在整个工业体系中一直有优势；金融资本发达，但它是通过借贷资本形式出现的，因而严重影响法国工业的发展和竞争能力。

3. 德国近代经济史。林进成在《德国工业化道路的一些特点》（《世界历史》，1982年第5期）中，探讨了德国近代工业的主要特征，认为德国工业化是同全部国民经济的军事化紧密联系在一起的，德国工业化道路是奴役他国人民，较快地把发展工业的重心从轻工业转移到重工业领域，同时，重视教育事业、抓紧人才培养，广泛采用科学知识，是其又一特点。

此外，王志乐的论文《用系统方法对19世纪后半期德国经济迅速发展原因的再探讨》（《世界历史》，1984年第3期），用系统论的方法考察了德国经济迅速发展的原因。作者认为，德国在产业革命中，逐步形成了适合本国的新兴产业结构，工业、农业和交通运输业协调发展，这是德国经济迅速发展的基本原因。此外，从系统论的角度出发，把经济系统作为整个社会的子系统，分析科技、教育、政治等因素对经济发展的推动作用。

邸文在论文《德国工业革命发展的原因及其特征》（《历史教学》，1984年第10期）中，认为德国的特点是，重工业优先发展，形成了适合与工业飞速发展的新兴结构，在此基础上，德国出现了财政寡头和垄断组织开始向垄断资本主义的过渡。不断引进外国先进机械和技术，是德国工业革命初期发展的决定性因素，而实行一套严密的企业科学管理制度，是工业革命发展迅速的保证。

程广中(《德国工业革命的前提和特点》,《求是学刊》1985年）认为，德国工业革命的前提是，19世纪30年代中期，已经具备了自由劳动力、一定的资金、初步统一的国内市场和技术，其特点主要是：以铁路建设为主要内容的运输业革命，带动了其他工业部门的变革；生产资料生产的增长超过消费资料生产的增长；国家资本主义和垄断组织发展早、程度高；教育、科研和生产密切结合。

4. 日本史近代经济史研究。相比于欧洲近代经济史，我国的日本经济史研究不仅开展的较早，而且取得了较为丰硕的成果。以20世纪50年代中期为线，这一阶段又可分为两个时期：第一时期，老一辈国际问题专家和日本史学者开始对日本历史特别是对日本现状进行了分析和探讨，出版了一批论著，代表性学者有刘思慕、郑森禹、张香山、李纯青、陈桥一等；20世纪50年代后期，一批教材陆续出版，同时，吴廷璆、周一良、邹有恒等发表了一批有分量的学术论文。“文革”时期是日本经济史研究的低潮期，1976年以后，我国的日本经济史由开始蓬勃展开。

在日本古代经济史方面，关于日本封建社会的特点。刘毅曾作《试论日本早期封建制的几个特点》（《历史研究》，1983年），认为日本中世纪是一个较为独特的封建社会形态，它是东方因素和西方因素的结合体，大体上属于东方和西欧的综合类型，日本早期封建制具有国家封建土地庄园化和班田农民第二度农奴化，政治多元化与东方专制主义长期延续等特点，到镰仓时期，这些特点最终形成公武二重政权。王家骅的论文《半欧洲半亚细亚型的日本晚期封建社会》（《世界历史》，1982年第9期），不同意外国学者认为日本封建社会属于“欧洲型”、“亚细亚生产方式形态”或“特殊日本型”等各种观点，从日本的封建土地占有制度、日本小农、德川幕府时代城市的特点及国家权力机构等四个方面进行论证后，首次在我国提出日本晚期封建社会是半欧洲半亚洲型的社会的观点。

在日本近代经济史方面，幕末和明治维新时期始终是学者们关注的重要时期。其中，马家骏的论文《幕府末期日本的资产阶级和下级武士》（《历史学》，1979年第3期）和《幕末日本经济的发展与农民阶级状况》（《北京师范大学史学论文集》，1982年），从理论上论证了幕末已经达到了“真正工场手工业阶段”，资产阶级十分软弱，下级武士在向资产阶级转化等观点。关于明治维新是否是资产阶级革命，周一良在《关于明治维新的几个问题》

(《北京大学学报》，1962 年第 4 期）和朱守仁的论著《亚洲各国史讲义》（山东人民出版社 1959 年版），以及王辑五的《亚洲各国纲要》（高等教育出版社 1957 年版）中，都提出明治维新是一次不彻底的资产阶级革命。针对这些观点，1964 年，吴廷璆在《明治维新和维新政权》（《南开大学学报》，1964 年）中提出了新的观点，认为明治维新是“一场资产阶级革命和改革说”。

5. 美国近代经济史。美国近代经济史的研究大致可分为以下几个方面：

首先，关于美国经济迅速发展的原因，张友伦在 1979 年发表的《19 世纪美国经济高速发展的几点原因》（《美国史论文选》，天津人民出版社）中，认为两次资产阶级革命消除了封建残余，确立了资本主义制度，交通运输业先行，资本主义的农业为工业化创造了基础，引进先进技术和外资，开展科技活动，是其经济迅速发展的原因。黄安年认为自然资源的优势，消除封建影响的结果，国家长期的和平环境，领土扩张和对印第安人及黑人的掠夺，两次世界大战和侵入朝鲜、侵入越南和外来移民等对其经济发展作用很大①。武文军认为美国历届政府制定的开发性政策是美国现代化的重要推动力②，李其荣在《美国工业化、城市与外来移民》（《兰州学刊》，1986 年第 7 期）认为，是外来移民促进了美国工业制度的兴起，推动了运输业的发展，加速了农业资本主义化，从而实现了美国的工业化。

关于美国近代的农业发展道路问题，张友伦在《美国农业革命》（天津人民出版社 1983 年版）中系统地阐述了自殖民地时期至 19 世纪美国农业发展的历史，着重分析了列宁所说的“美国式道路”的形成、发展和完成。指出农业发展的“美国式道路”应该包括生产力和生产关系两个方面，两者相辅相成，缺一不可。它形成的条件是美国没有经历封建社会，也没有形成真正的封建土地所有制，而且一些封建残余又被独立革命用暴力手段铲除。起初，独立战争扩大了领土，从而出现更多处女地等待开发。由于广大农民的斗争，促使政府将国有土地转变为自由农场主的自由土地。作者认为，国有土地的存在和分配标志着“美国式道路”的开始，而他的形成则以内战时期《宅地法》的颁布为标志，因为这时实现了无偿分配西部国有土地的原则，加强了自由农民在自由土地的自由经济，奠定了资本主义农业的基础。

何顺果在《近代农业资本主义发展的“美国式道路”》（《世界历史》，1981 年第 1 期）中指出，美国式道路形成的决定性原因是美国的民主力量强大，这条道路是通过斗争，包括革命战争才取得胜利的。不同意这一道路的形成过程开始于殖民地时期，认为独立战争的胜利应该是真正为这一道路的产生开辟道路，到 1900 年美国农业的资本主义改造才得以确立。

关于美国的工业革命问题，学者们比较一致的是同意马克思所说的“工作机是 18 世纪工业革命的起点”。一种观点认为，美国工业革命开始于 18 世纪 90 年代，标志是美国用仿制的办法引进英国新式纺纱机，它的使用引起美国从工场手工业生产向机器生产的过渡。工业革命完成的标志是机器制造工业的机械化，在美国北方 19 世纪 50 年代开始用机器制造机器，工业革命基本完成。而南方这一变化是在“重建”之后才发生的，所以就全国而言，工业革命完成于 19 世纪 80 年代③。

---

① 黄安年：“美国经济发展的历史条件”，《美国史论文集》，三联书店 1980 年版；“美国经济的发展和封建影响的消除”，《北京师范大学学报（社会科学版）》，1981 年第 1 期。

② 武文军：“美国的开发政策与美国的现代化”，《兰州学刊》，1986 年第 7 期。

③ 张友伦等：《美国工业革命》，天津人民出版社 1981 年版。

另一种观点指出，美国工业革命开始于19世纪30年代和40年代，陆镜生认为，其标志包括：手工劳动开始由机器操作和蒸汽动力所代替，工场制度的出现，新动力蒸汽机的使用，生产关系发生变化，产业工人阶级初步产生。认为19世纪30年代以前美国不具备进行工业革命的条件，因为美国建国后，一直以来从欧洲，特别是从英国输入制造品，发展制造业缺乏资本①。

冯承柏不同意传统认为的：内战前美国北部工业革命基本完成，工场制度已经确立，现代社会的两大阶级已经形成，内战后即开始从自由资本主义向垄断资本主义过渡。他认为，美国工业革命即工厂制度的开始是在19世纪40年代，在全国范围内取得胜利是19世纪90年代。认为19世纪后半叶美国实现了几个交叉，即从农业国转变为工业国与自由资本主义向垄断资本主义过渡的交叉，第一次产业革命与第二次产业革命的交叉。南部的工业化刚刚进行，北部的垄断阶级就已经出现，工厂制度刚刚确立，托拉斯就开始流行②。

如果简要回顾新中国成立后30年的外国经济史研究的话，他就如同在战争废墟上建设一个全新的社会主义国家一样，既有挑战又充满希望。解放以前，在我国的高等学府中虽然也有学者讲授外国史，但真正坚持进行外国史研究的学者堪称凤毛麟角，一些学者从国外回来后，本想在外国史方面一显身手，但由于资料匮乏等限制，不得不改攻中国史。因此，作为一门学科，外国史（包括经济史）实际上是在新中国成立后建立起来的。它虽然基础薄弱，在成长中又屡经挫折，特别是“十年动乱”几乎把它的前途断送，但综观新中国成立30年的外国经济史研究，还是取得了长足的进步和令人瞩目的成就。从而为改革开放30年外国经济史研究的蓬勃发展打下了很好的基础。

二、外国经济发展经验的借鉴、吸收与外国经济史研究：1978—2009年

改革开放30年以来，我国的外国经济史研究也取得了重要的进展。虽然中国的改革开放就像邓小平同志曾经形容过的那样像“摸着石头过河”——没有现成的经验，但人类的发展还是有着一些共同或相似的规律。最先在欧洲产生的市场经济在气象全球的扩展中显示出其共同的规律，对后发展国家是有启发和借鉴意义的。中国作为后发展国家之一，其他国家经济发展的成功经验和教训都是值得我们参考和借鉴的。因此，20世纪70年代末、80年代初，我国的外国经济史研究迎来发展的新时期。其中，在外国经济史学科的研究内容、理论体系、研究定位等重大问题上，刘天怡、翟宁武、樊亢、宋则行等学者作了许多有益的探讨，在研究过程中逐渐明确了以吸收、借鉴外国经济发展的成功经验为主要任务的“世界经济史”研究体系③。理论问题的突破带动了外国经济史研究，其中，罗志如、厉以宁重点研究了20世纪以来英国的经济发展状况，对其兴衰成败的历史经验进行了探讨；樊亢、宋则行、王会存等学者对前苏联社会主义经济的发展历程进行了研究和总结，以对我国正在进行的社会主义建设有所借鉴；万峰、吴廷璆、池元吉等学者则在日本经济史研究方面作了许

① 陆镜生：“美国工业革命开始年代问题”，《南开学报（哲学社会科学版）》，1985年第6期。

② 冯承柏：“美国工厂制确立年代质疑”，《历史研究》，1984年第5期。

③ 关于外国经济史研究的主要内容、理论体系和研究定位问题的主要文章有：刘天怡：“外国经济史的研究对象和体系结构问题”，《兰州大学学报》，1979年；翟宁武：“关于世界经济史研究的几个问题”，《南开经济研究所季刊》，1984年第4期；樊亢、钟成勋：“世界经济史学的若干理论性问题”，《世界历史》，1985年第6期。

多开创性工作①。

进入20世纪90年代以后，随着我国改革开放事业的深入发展，尤其是伴随着经济体制从计划经济向市场经济的转型以及世界经济一体化、全球化的蓬勃兴起，外国经济史研究进入了一个新的发展阶段。在研究内容方面，既包括对市场经济发达国家历史成功经验的吸收和借鉴，也包括对发展中国家经济长期停滞问题的关注；在理论和方法上，既坚持马克思主义经济学的优点和长处，也注重吸收现代西方经济学发展的最新成果；在研究人员的结构上，既包括以历史研究见长的学者，也包括在经济理论研究方面有较高素养的学者。应该说，在我国改革开放向深化发展之时，我国的外国经济史研究者作出了他们应有的努力和贡献。

（一）对国外经济发展成功经验的总结、吸取和借鉴：从市场到制度

20世纪90年代以后，我国经济体制转型的速度开始加快，市场经济的发展给国家和政府提出了许多亟待解决的问题，作为一个后发展国家，中国政府应该采取怎样的方法和手段为市场经济的发展准备条件，应该怎样应对后发国家市场经济发展中出现的问题呢？面对这些现实问题，我国的外国经济史学者踏上了从发达国家和成功的后发展国家吸收和借鉴成功经验的研究之路，并形成了许多对改革开放具有启发意义的成果。

美国是世界上经济最为发达的国家，其经济发展的历程和成功经验历来为经济史研究者所重视。南开大学韩铁教授从产权、契约制度、法律等因素在美国经济增长中的作用的视角，系统地研究了美国经济从内战、工业革命到第二次世界大战的增长，从实证研究的角度准确地阐释了美国近代以来经济增长的真实过程，澄清了许多传统研究中的错误认识，以期为我国市场经济的发展提供借鉴②。此外，该时期还有许多涉及产业、企业、城市化、农业等美国经济史研究的优秀成果③。

日本和中国同处于东亚，都是从19世纪中叶以后走上近代经济发展道路的后发展国家，因此，对日本经济发展成功经验的总结和比较研究一直是我国对关于外国经济史学关注的重

① 主要代表作有：罗志如、厉以宁：《二十世纪英国经济》，人民出版社1981年版；樊亢编：《资本主义兴衰史》，北京出版社1984年版；樊亢、宋则行编：《苏联经济史》，人民出版社1988年版；王会存：《苏联经济结构的调整》，中国财政经济出版社1981年版；樊亢、钟成勋：《世界经济史学的若干理论性问题》，《世界历史》，1985年第6期；戎殿新、司马军主编：《世界各国劳动力转移问题》，经济日报出版社1989年版；万峰：《日本资本主义史研究》，湖南人民出版社1986年版；吴廷璆：《日本史》，南开大学出版社1994年版；池元吉、张贤淳：《日本经济》，人民出版社1989年版。在教材方面有刘淑兰主编的《主要资本主义国家近现代外国经济史》，人民大学出版社1988年版；樊亢、宋则行：《世界经济史》三卷本，经济科学出版社1996年版。

② 代表作有："现代资本主义经济机制比较刍议"，《世界历史》，1990年第4期；"略论美国内战在经济上的代价和影响"，《世界历史》，2002年第2期；"关于'美国制造业体系'和'劳动力稀缺论'的讨论"，《世界历史》，2003年第3期；"美国法律史研究中有关私人产权的几个问题"，《美国研究》，2003年第1期；"美国资本主义经济发展中的契约自由与合同法"，《武汉大学学报（哲学社会科学版）》，2003年第6期；"试论美国公司法向民主化和自由化方向的历史性演变"，《美国研究》，2003年第4期；"美国反托拉斯法目标多重性形成原因的历史探讨"，《史学月刊》，2004年第6期；"1929年股市大崩溃以前的美国证券管制"，《世界历史》，2004年第6期。

③ 代表作有：胡国成："美国三十年代经济大危机及其持续的原因"，《世界历史》，1990年第4期；李剑鸣："本世纪初美国政府对经济的干预"，《世界历史》，1994年第2期；黄柯可："人口流动与美国城市化"，《世界历史》，1996年第6期；孟海泉："内战后美国南部植棉业中的借贷制度"，《世界历史》，1999年第1期；王锦瑭："钱德勒与美国企业史研究"，《世界历史》，1996年第5期；孙群郎："美国大都市区生态组织结构的形成及其成因"，《世界历史》，2000年第2期；陈明："美国早期银行纷争及其深远影响"，《世界历史》，2002年第4期；顾宁："美国铁路与经济现代化"，《世界历史》，2003年第6期。

点领域，可以推荐南开大学日本研究院的杨栋梁教授和中国社会科学院的李毅、周见、复旦大学朱荫贵教授为代表。南开大学日本研究院作为日本国际交流基金重点支持的研究机构之一，在日本经济政策史研究方面取得了较为突出的成果。杨栋梁从经济政策角度研究国家和市场经济发展之间的关系，在其所著《日本战后复兴期经济政策研究》（南开大学出版社1994年版）中，总结了战后初期日本政府在发展“日本型市场经济”上的成功经验，并认为造成日本战后经济高速增长的体制实际上在日本战后复兴期已经形成，同时，他提出了从1945—1955年均处于战后经济体制改革的“十年改革说”，此说在日本和中国日本研究界引起了不小的反响。随后，他又沿着该视角对近代以来日本政府推行发展市场经济政策的过程作了系统梳理，出版了《近代以来日本经济体制变革研究》（人民出版社2003年版），使其体系更趋完整和深化①。

中国社会科学院的李毅研究员重点研究了日本制造业的产业政策和大型企业的变革以及产业结构的调整问题②，周见研究员重点研究了近代中日两国企业家从思想意识到行为方式的比较问题③，朱荫贵教授则从国家干预的角度寻找中日两国近代以来经济发展差距形成的原因，代表作有：《国家干预与中日近代化》（东方出版社1994年版）、《论国家政权在中日近代化过程中的作用——十九世纪中日两国海运自立的比较研究》（《中国经济史研究》，1994年第2期）等。此外，该时期日本经济史的其他研究也是很值得称道的④。

英国作为工业革命和市场经济的诞生地，其在经济发展方面的经验和教训也是学界探讨的重要领域。中国人民大学的高德步教授可作为其代表对英国近代以来市场经济的发展、工业化和城市化、劳动力转移和培养、技术进步、私有产权的确立等问题进行了系统的研究，论证了英国最早发生工业革命的动因⑤。此外，还有许多相关的英国经济史研究，分别从农

---

① 其代表性论文包括：“试论日本明治初期的海运政策”，《日本研究》，1986年第4期；“论战后日本经济的起点”，《日本学论坛》，1993年第1期；“论日本战后经济复兴时期的产业合理化”，《日本学刊》，1992年第3期；“道奇计划与日本经济”，《南开学报（哲学社会科学版）》，1995年第4期；“日本的金融自由化与‘住专’问题”，《南开管理评论》，1997年第2期；“战后日本经济赶超期的外资政策”，《世界经济》，1997年第12期；“中日两国外资政策比较研究”，《南开学报（哲学社会科学版）》，1997年第6期；“日本社会保障体系的特点及现存问题探析”，《日本研究》，2002年第3期；“论日本战后型经济体制的形成——兼评‘1940年体制’”，《南开学报（哲学社会科学版）》，2004年第5期等。

② 主要论文有：“当前日本制造业的产业政策动向与制造企业的调整和变革”，《日本学刊》，2005年第6期；“大企业的变革与日本型新经济的探索”，《世界经济与政治》，2002年第11期；“产业结构调整与日本型新经济的探索”，《世界经济与政治》，2002年第3期。

③ 周见：《近代中日两国企业家比较研究》，中国社会科院出版社2004年版。

④ 如何芳川：“近代英国的沉沦和日本的崛起”，《世界历史》，1988年第3期；王新生：“传统在日本现代化中作用”，《世界历史》，1991年第4期；“论日本地主制与早期资本主义的发展”，《世界历史》，1998年第5期；李卓：“日本近代财阀家族式结构剖析”，《世界历史》，1992年第5期；“家督继承制与近代日本经济的发展”，《世界历史》，1996年第4期；管宁：“日本幕末开国前的棉纺织业”，《世界历史》，1990年第4期；张经纬：“中日两国现代化变动特征的比较”，《世界历史》，2003年第3期；田毅鹏：“中日现代比较研究一百年”，《世界历史》，2001年第3期等。

⑤ 代表作包括：“竞争有序化：市场向成熟阶段的推进——英国经济史实例考察”，《经济理论与经济管理》，1989年第3期；“16—17世纪英国流民问题”，《中国人民大学学报》，1992年第1期；“工业化与城市化的协调发展——英国经济史实例考察”，《社会科学战线》，1994年第4期；“从传统经济向市场经济的过渡——论近代英国的经济革命”，《学习与探索》，1997年第4期；“论近代英国的经济革命”，《兰州大学学报（社会科学版）》，1997年第2期；“英国工业革命的技术创新机制”，《华中师范大学学报（人文社会科学版）》，2000年第4期；“西方市场经济三维结构的起源与确立——英国经济史实例考察”，《中国人民大学学报》，1997年第3期等。

业发展、技术进步、产权制度变迁等角度对英国经济史进行了探讨①。

拉丁美洲国家虽然不是发达国家，但他们作为后发展国家，目前正在经历着经济发展的探索和转型，因此，拉美国家的经验和教训对中国经济发展具有直接借鉴的意义。南开大学拉美研究中心作为拉美史研究的阵地，在拉美经济史方面取得了突出的成绩。韩琦教授从以出口导向为主到以内向发展为主的经济发展战略的转变、拉美地区经济发展迟滞的原因以及拉美地区与东亚地区的经济发展差异比较等问题，系统研究了拉美地区的早期工业化。分析、揭示了拉美地区一百多年来经济发展停滞的国际、国内因素，从发展模式、政府政策、文化背景等方面阐释了拉美地区经济发展落后的原因②，王萍教授则在拉丁美洲经济思想及其发展问题、拉美地区一体化（包括次地区一体化）理论和实践、美洲自由贸易区与拉美一体化关系以及古巴经济问题等方面进行了较为系统的研究③。

在我国学者积极开展对外国市场经济发展成功经验研究的同时，国外的经济理论研究者和经济史研究者对经济增长和经济发展的研究和认识也在不断深化，一个普遍的观点认为，过去的那种认为市场是经济发展和增长的最主要推动力的认识还有待深化，在市场背后，还有一种更重要的力量在起作用，这就是“制度”和“体制”。从20世纪60—70年代开始兴起的“新经济史”学派深入研究制度、体制与经济发展和增长之间的关系，同时涉及制度的发生、演化等问题④。八九十年代以后，从福格尔到诺斯再到格雷夫，从计量经济史到新制

---

① 主要有：王章辉：“英国工业革命时期的国内外市场”，《世界历史》，1992年第1期；徐永璋：“英国工业化时期的农业技术革新”，《史学月刊》，1992年第3期；张廷茂：“英国铁路运输与工业革命进程”，《世界历史》，1992年第4期；杨杰：“英国农业革命与家庭农场的崛起”，《世界历史》，1993年第5期；徐洁明：“工业革命为什么起源于英国”，《世界历史》，1993年第2期；徐浩：“论中世纪晚期英格兰农村生产要素市场”，《历史研究》，1994年第3期；毕道村：“英国农业近代的主要动因”，《世界历史》，1994年第5期；李维：“论英国工业革命和初等教育之间的关系”，《世界历史》，1995年第1期；杨豫：“技术发明的转型是英国工业革命的触发机制”，《世界历史》，1996年第4期；赵文洪：“中世纪英国议会与私人有财产神圣不可侵犯原则的起源”，《世界历史》，1998年第1期；侯建新：“工业革命前英国农民的生活与消费水平”，《世界历史》，2001年第1期；黄光耀：“论16世纪英国经济一体化发展及其影响”，《安徽史学》，2002年第3期；于民、郑先武：“如何界说16世纪英国经济发展程度——与‘论16世纪英国经济一体化发展及其影响’商榷”，《世界历史》，2004年第3期；张乃和：“论近代英国版权制度的形成”，《世界历史》，2004年第4期；张亚东、陈祖洲：“英国制度创新及其对世界的意义”，《世界历史》，2004年第6期等。

② 其代表作有：专著《拉丁美洲经济制度史论》，中国社会科学出版社1996年版；论文“独立后至20世纪初拉丁美洲的大地产制”，《山东师范大学学报》，1992年第5期；“1870—1930年拉丁美洲的经济增长”，《世界历史》，1995年第3期；“对东亚与拉美经济发展成败原因的分析与比较”，《世界经济与政治》，1996年第7期；“试探拉美经济发展落后于北美的根源”，《世界历史》，1997年第3期；“19世纪拉美的自由派改革和土地结构的变动”，《山东师范大学学报》，1999年第6期；“辩证评析拉美的百年经济发展”，《世界经济与政治》，2005年第8期；“独立后至20世纪初阿根廷、乌拉圭和巴西土地结构的变动——兼论农业资本主义发展道路”，《拉丁美洲研究》，2000年第6期；“拉丁美洲的早期工业化”，《拉丁美洲研究》，2002年第6期；“论拉丁美洲殖民制度的遗产”，《历史研究》，2000年第6期；“一致性和多样性——拉美现代化模式研究中的两种视角”，《史学理论研究》，2007年第2期。

③ 代表作有：专著“走向开放的地区主义——拉美地区一体化研究”，人民出版社2005年版；“南方共同市场的形成及其对中国的影响”，《拉丁美洲研究》，1995年第1期；“南方共同市场的发展、作用及面临的挑战”，《拉丁美洲研究》，1998年第1期；“结构主义与拉美的发展”，《拉丁美洲研究》，1999年第4期；“全球化对拉丁美洲经济的影响”，《拉丁美洲研究》，2000年第4期；“拉美‘开放的地区主义’与中国”，《拉丁美洲研究》，2002年第5期。

④ 所谓“新经济史”理论，主要包括以下几个内容和代表人物：首先，以福格尔、诺斯等人的研究为代表，运用计量模型、“间接度量”和“反事实假设”方法研究经济史，较传统历史研究更加注重统计资料的运用，更加注重经济史与经济学的关系。其次，以诺斯《经济史中的结构与变迁》、《西方世界的兴起：新经济史》、《制度、制度变迁与经济绩效》、《理解经济变迁过程》等著述中阐明的以新制度经济学为理论和研究方法的新经济史学。再次，以格雷夫、青木昌彦等学者为代表的以古典博弈和演化博弈为主要研究手段，从文化、习俗、惯例等与制度形成之间的关系入手分析制度的本质、形成和变迁的“历史的比较制度分析理论”。

度经济学再到历史的比较制度分析，“新经济史学”也逐步经历了一个不断发展、演进的过程。由于新经济史学有明晰的分析框架，同时又将此前的经济理论所不能够纳入其分析框架的大量政治、经济、社会、文化现象作为主要的研究对象，因此它扩展了经济史研究的内容，丰富了经济史研究的手段，同时作为面临经济体制转型的中国引起了积极的响应。随着世界经济的发展和理论研究的深化，紧紧地跟随着理论和实证研究的最新进展，不断地学习、介绍新经济史理论的最新动态①。

较早对发达国家的经济体制、制度问题进行系统研究的经济史学者是当时兰州大学任教的赵伟教授，他重点研究了美国、英国、日本、德国等发达国家在20世纪八九十年代以来推行的财政、货币、金融、法律制度，讨论制度创新和体制改革对经济增长所起的促进作用②。1994年出版了《现代工业社会与经济体制选择——当代六大工业国的经济增长与体制演进》（中国社会科学出版社），系统地探讨了主要工业国家的制度演进与经济增长之间的关系，为我国的改革开放事业提供了重要的历史借鉴。20世纪90年代中期，由邹东涛主编的一套世界市场经济模式丛书亦由兰州大学出版，其中涉及美国、日本、德国、英国、法国、加拿大、澳大利亚、韩国、印度、中国的港台澳、非洲、拉美、东盟国家、东欧和独联体国家的经济体制和发展模式，共15本。

辽宁大学的韩毅教授在系统地介绍历史的制度分析理论和方法方面做了大量工作，并运用该方法展开对外国经济史的研究，使我国的外国经济史研究保持了与世界理论研究前沿的对接。“新经济史学”的进展又引发了我国学者对制度、体制研究的热潮，他们纷纷从世界各国的历史和现实当中寻找制度、制度变迁与经济发展之间的联系，以期对我国的体制改革和转轨有所借鉴。

在以诺斯为代表的新经济史研究框架中，产权制度由于被认为对经济增长有重要的激励作用而占有重要地位，赵文洪就探讨了历史上欧洲产权制度的发展，从产权制度的发展情况论证了近代前后欧洲经济发展和不发展的主要原因，他认为，中世纪欧洲正是由于封建制度、行会制度、农奴制度和法律制度制约了私人产权的发展，因此导致经济发展的停滞，而近代以后上述制约均不存在，私人产权的发展有效地刺激了欧洲的经济增长③。沿着同一个角度，侯建新从法律对私有产权的有效保护出发，论证西欧传统社会下的法律传统对私人收益权利的保护，并以此解释欧洲近代经济增长的原因④。应该说，赵文洪和侯建新的研究有效地支撑了诺斯的产权理论。

---

① 在新经济史理论的介绍和传播方面，主要的代表论文有：翟宁武：“计量经济史学评介”，《中国经济史研究》，1992年第2期；荣颂安：“国外数量史学的发展与现状”；赵凌云：“新经济史革命的路径、内容与借鉴”，《南开经济研究》，2000年第6期；韩毅：“西方制度经济史学的历史演进：评价与思考”，《中国经济史研究》，2002年第3期；韩毅：“历史制度分析：从经济史视角研究制度问题的新进展，阿弗纳·格雷夫”，《经济社会体制比较》，2003年第5期；韩毅：“经验归纳方法、历史主义传统与制度经济史研究”，《中国经济史研究》，2007年第2期；孙涛、张蕴萍：“历史计量学：经济史学研究的进展”，《文史哲》，2005年第5期等。

② 主要论文有：“美、日、德三国市场竞争法规的比较”，《外国经济与管理》，1992年第9期；“90年代美国私有化的困境与前景”，《外国经济与管理》，1995年第8期；“从东亚模式看中国金融体制改革的模式选择”，《亚太经济》，1995年第6期；“制度创新：转变外贸增长方式的关键环节”，《国际贸易问题》，1996年第10期；“凯恩斯主义抑或货币主义——90年代美英日经济政策比较研究”，《世界经济研究》，1997年第2期；“美国现代中央银行体制溯源”，《杭州大学学报》，1998年第4期。

③ 赵文洪：“中世纪西欧对私人财产权利的制度性制约”，《世界历史》，1996年第5期。

④ 侯建新：“西欧法律传统与资本主义的兴起”，《历史研究》，1999年第2期。

在制度变迁的动力问题上，新经济史是比较注重利益集团在其过程中发挥的作用的，他们认为正是利益集团对预期利益的追逐诱发了制度变迁，而在欧洲从传统向近代社会转型的重要时刻，承担制度变革任务的主要是商人集团以及与商人集团亲近的贵族，这一点在希克斯的研究中体现得尤为突出①。但是，在这个问题上，我国学者的研究却证明了商人集团在欧洲经济转型过程中并未发挥主导性作用。刘景化认为，在欧洲经济向近代转型时期，商人集团事实上发挥了消极作用，他列举了威尼斯、热那亚、荷兰、法国、德国甚至英国的商人发挥作用的例子，认为商人对近代的工业发展没有起到促进作用，而且其积累的财富还有流向工业领域以外的趋势，商人集团在改变欧洲的传统封建秩序方面发挥的作用也不大②。无独有偶，沈汉对欧洲近代经济转型时期的社会集团作了系统的归纳和整理，他认为，在该时期，欧洲社会中存在着以贵族、早期资产者、容克地主、商人等多种社会集团，他们的来源和成分很复杂，其思想和意识形态也有很大不同，并没有出现新经济史理论中描述的以商人为代表的有着明确行动目标的社会集团及其领导下的制度变迁③。

新制度经济史和演化博弈论者都注重文化和政治制度对经济制度形成的影响，沿着这个角度，刘军、向荣在吸收借鉴韦伯理论的基础上，探讨了新教伦理对欧洲近代资本主义和工业革命发展的重要作用④。而拓夫则从政治市场对经济市场的影响出发，通过归纳从霍布斯到洛克到孟德斯鸠的政治理论发展历程，论证了以天赋人权、权力制衡、三权分立等政治理念为代表的近代欧洲政治制度对经济发展的影响⑤。

（二）经济发展全球化、多元化与外国经济史研究的进展

该时期外国经济史研究的另一重要动向，是随着20世纪90年代冷战格局解体之后经济全球化的蓬勃发展，世界各国经济发展呈现出了多元化发展趋势，这一趋势对社会科学研究产生了强烈的冲击。在经济史领域，经济全球化的发展对传统上一直占据主流地位的“西方中心论”产生了强烈的冲击，引发了一场重新审视西方近代经济发展模式的普遍性和重视东方传统社会经济发展程度的研究，上述趋势主要表现在由黄宗智、彭慕兰之争引发的对外国经济史相关领域的再研究和再探讨。

首先，一些学者直接参与了黄彭二人的争论，对于黄、彭二人的争论⑥，中国著名的欧洲史专家马克垚亦加入战团，发表了《困境与反思：欧洲中心论的破除与世界史的创立》（《历史研究》，2006年第3期），其中，提出此前的世界经济史体系是由西方人提出并建立的，是基于欧洲经验得出的，其中有着浓厚的“欧洲中心论”痕迹，因此，现在的世界经济史体系还不是成熟的体系，而是一种“准世界史”，要想真正构筑世界史体系，首先就需要学者们通过理论和实证研究破除“欧洲中心论。”而早在1994年，马克垚就曾在《历史研究》上发表论文——《资本主义起源理论问题的检讨》，通过对布伦纳、希尔顿、布罗代

① 主要内容见希克斯：《经济史理论》，商务印书馆2005年版。

② 刘景化：“转型时期西欧商人资本的独立发展和消极作用”，《世界历史》，2001年第2期。

③ 沈汉：“论欧洲前工业化时期的过渡型社会集团”，《世界历史》，1991年第5期。

④ 刘军：“韦伯资本主义起源理论评析”，《世界历史》，1989年第3期；向荣：“文化变革与西方资本主义的兴起——读韦伯‘新教伦理与资本主义精神’”，《世界历史》，2000年第3期。

⑤ 拓夫：“近代资产阶级国家分权论的逻辑行程”，《世界历史》，1988年第1期。

⑥ 黄宗智：“发展还是内卷，18世纪英国与中国——评彭慕兰‘大分叉：欧洲、中国及现代世界经济的发展’”，《历史研究》，2002年第4期；彭慕兰：“世界经济史中的近世江南：比较与综合观察——回应黄宗智先生”，《历史研究》，2003年第4期。

尔，到韦伯、诺斯等研究的归纳和总结，分析、评价了从不同理论和研究视角出发的形形色色的“欧洲中心论”。

其次，由中、西大分流问题引发了从不同理论和视角出发进行的中西比较史研究，许多经济史学者沿着各种不同的角度对近代以来中西大分流的产生进行了思考和探讨，对传统经济史研究中的“西方中心论”进行反思。其中代表性研究有厉以宁著《资本主义的起源——比较经济史研究》（商务印书馆2004年版），书中通过“刚性体制”和“弹性体制”这两个核心概念构建了一个中西比较经济史体系，并按照资本主义发生的背景和先后顺序，将世界资本主义国家区分为原生型和非原生型，探讨了西方国家和中国在政治、经济、社会、文化结构上的不同，以及资本主义发展在两个不同地区呈现不同轨迹的原因。

除厉以宁外，许多历史学家还分别从政治、经济、文化、社会等角度出发，对中西近代出现大分叉问题进行直接或间接的探讨。其中，启良从商人集团的命运出发探讨了中西古代国家在抑商问题上表现的不同之处，进而导致中西大分流的出现。他认为尽管中国和西欧在古代都采取了抑商的做法，但有着本质不同，西欧主要是在道义上和伦理上谴责，但在实际生活中却离不开商业；中国统治者出于大一统和稳定政治的需要，不仅在道义上谴责商人，而且还定期对商人实施打击，导致中国商人力量的弱小和对政权的依附，因此没有形成一个强大的可以推翻封建结构的革命阶层①。

满永谦从制度变迁对经济发展制约的角度出发，探讨了中西方古代到近代继承制度的不同，认为西方在特有的封建等级秩序、国家政策和文化意识形态的制约下，形成了以长子继承制为核心的继承制度，进而确保了大地产、大资产的延续，并在近代迅速地向资产阶级转型。而中国封建政府在维持国家统一、财政收入来源和社会稳定以及传统儒家意识形态的作用下，采取了以诸子析产为主要特征的继承制度，导致中国大地主、大商人集团阶层的脆弱和不稳定，也是导致中国古代封建社会长期延续和资本主义不发展的主要原因②。

钱乘旦通过考察古代中国和西方在政治制度、经济制度、社会制度和文化制度等方面的异同，构建了一个宏大的历史比较框架，找寻近代以来中西经济发展出现大分流的历史原因。他认为，古代中国和西方在许多制度方面是比较相似的，但也存在着一些不同，主要体现在西方的个人主义、分权主义、理性主义等方面上，而中国则表现出了集权主义、一统思想，这些最终导致了制度变迁轨迹方面中西所表现出的重大差异，进而形成了不同的经济绩效③。

毕道村通过考察中国和西方农村剩余的流向问题，来对中西分流问题进行解析。他认为西方封建社会下由于出现了城市和农村、货币和商品的分离，致使农村剩余流向了城市，封建贵族日益没落，城市商人和资产阶级则迅速发展，为近代的经济增长准备了条件。而中国由于地、官、商三位一体，封建统治阶层控制了所有的农村剩余，因此城市和商人阶层始终没有获得独立的发展④。

顾銮斋从中国和西方古代的赋税制度的变迁入手，分析了两者从古代源到近代的演化变迁趋势，他将该过程分为三个阶段，认为在古代，两者都已农业作为主要税，到第二阶段，

---

① 启良：“古代中西方‘抑商’问题比较研究”，《世界历史》，1988年第3期。

② 满永谦：“中西继承制的比较研究——兼论中国封建社会长期延续的原因”，《世界历史》，1988年第3期。

③ 钱乘旦：“前资本主义世界发展：东方普遍性与西方特殊性”，《世界历史》，1991年第2期。

④ 毕道村：“中西封建社会农村剩余流向初探”，《世界历史》，1998年第1期。

西方开始向以工商业为主过渡，而中国仍然以农业作为主要税源。西方国家税源的变化反映了工业和商业在该时期的发展以及政府的支持，而中国却继续巩固了以农业为主要税收来源的做法①。

纵观近30年来外国经济史研究，可以简要归纳出以下几个方面的进步和发展：首先，随着改革开放30年来中国社会科学事业的发展，外国经济史研究队伍在不断扩大，研究机构在不断增加，研究人员的学历、外语水平在提高，外国经济史研究的总体环境在逐渐改善。其次，在研究理论方面实现了继承和创新。早期的外国经济史学者主要是以马克思主义作为主要指导思想，加上历史研究中的实证主义方法，理论和方法较为单一，进入20世纪90年代以后，外国经济史研究者在继承、发展马克思主义理论和研究方法的同时，注重吸收国外最新的理论、方法和研究成果，使外国经济史研究无论在理论上还是在实证方面都提高了层次，并逐步与世界其他国家的经济史研究相对接。再次，研究领域在不断扩展，同一领域的研究在不断深化。如今，外国经济史已经发展成为包括世界经济史、地区经济史、国别经济史、比较经济史的多个领域的学科，同时，随着其研究方法和研究范围的扩展，又逐渐与其他学科如经济学、政治学、社会学、文化人类学等形成交叉，由此又产生了许多新的交叉研究领域，这些都是外国经济史研究的重大进展。

在总结30年来成绩的同时，我们也不能忽视其中还存在一些问题，这是今后外国经济史研究者需要重视并改善的。首先，与中国经济史研究相比，我国的外国经济史研究开展得还不充分，有份量的研究成果相对较少，在每年《中国经济史研究》刊载的经济史研究综述中，均较少提及外国经济史研究。其次，目前，外国经济史研究力量还主要集中在一些传统历史学科较强的老牌高校当中，除此以外的其他院校很少有研究外国经济史的人员，而在目前发展较为充分的经济学科当中，研究外国经济史的人员却少之又少，许多学者虽然关注或有兴趣，但事实上很少涉足。再次，在外国经济史的人才培养体系上还存在问题，历史学出身的研究者在历史功底和外语方面较有素养，但缺乏经济学理论，而经济学科出身的研究者历史感又有一定的缺乏，因此，外国经济史研究若想实现进一步发展，需要在研究力量的壮大和人才培养体系的改革上下工夫。最后，一些外国经济史领域发展不够平衡。有些领域（如日本经济史）开创较早，有很好的基础，但进入20世纪90年代以后，发展却呈现萧条，另一些领域（如美国经济史和拉美经济史等），虽然发展较快，但主要研究只是集中在几个学者身上，而一些领域（如非洲经济史、东南亚经济史、中东经济史等）则很少有人涉足。

---

① 顾銮斋："中西中古社会赋税结构演变的比较研究"，《世界历史》，2003年第4期。

第九章

中国发展观的演进及其发展策略的理论与实践

在中国经济60年发展过程中，不仅有前30年不断探索的曲折道路，也有后30年快速发展的成功历程。对中国经济60年发展过程中的发展观演进、发展策略演进，系统地加以归纳总结，对发展经济学的理论实证、理论创新，都具有独特的价值。60年来的发展实践，如能升华为理论创新，不仅对中国经济学的发展有所贡献，也可使欠发达国家（尤其是转型国家）的发展有所借鉴。中国经济正跨入一个新的发展阶段，正面对着快速发展后的地区发展差距、城乡发展差距、贫富差距扩大等障碍，面对资源、环境、生态等不可持续的发展制约，面对复杂多变的国际社会经济环境，需要提出新的发展方略。对60年来的经验和教训加以发展经济学视角的总结，适当改进与完善，就是未来发展最好的镜鉴，对于发展过程遗留或伴生的问题，理清其来龙去脉，有利于新发展阶段找寻到有效的突破途径。

第一节 中国发展观的演进

中国的发展观，是在全球工业化的大背景下，把马克思主义基本原理同中国发展条件、中国工业化实践探索相结合的产物，是对发展问题由片面逐渐走向全面的认识过程。60年来的发展观，大致可以提炼为：从“社会主义建设”到“发展是硬道理”，再到“科学发展观”的演进过程。中国发展观的演进，反映了“为什么要发展”、“什么是发展”、“怎样发展”、“如何发展”等有关发展的重大问题的认识不断得到深化和日趋走向成熟的历史过程。

一、“社会主义建设”发展观的理论与实践

1949年中华人民共和国成立，确立了社会主义的制度体系。当时面临的最大而又最紧迫的问题是经济的发展。要摆脱一穷二白的落后状态，要巩固新兴的社会主义制度，要把中国建设成一个工业化强国和社会主义强国，必须把经济增长放到高于一切、压倒一切的地位。毛泽东深切感受到旧中国工业落后就挨打的历史经验，认为：发展工业是一个国家立于世界民族之林的条件之一，是实现现代化的基础。毛泽东指出，我们的根本任务已经由解放

生产力变为在新的生产关系下保护和发展生产力，要把全党的工作重点转到社会主义建设上来。[①] 但由于对社会主义的认识尚处在探索过程中，有关“社会主义建设”的发展观也在不同的政治背景下不断演变。

（一）“四个现代化”

新中国成立后，特别是社会主义改造基本完成后，毛泽东多次提出要把全国工作重点转移到经济建设和技术革命方面。1952 年，毛泽东提出了以“一化三改”为基本内容的党在过渡时期总路线：基本实现对农业、手工业、资本主义工商业的社会主义改造；要在一个相当长的历史时期内，逐步实现国家的工业化。这是毛泽东的社会主义工业化和社会主义改造同时并举的思想。

1954 年 9 月，毛泽东在第一届全国人民代表大会开幕词中提出：“准备在几个五年计划之内，将我们现在这样一个经济上文化上落后的国家，建成一个工业化的具有高度现代文明程度的伟大的国家。”[②] 在这次会议上，周恩来代表中共中央第一次正式宣布了实现四个现代化的发展战略目标：“我国的经济原来是很落后的，如果我们不建立起强大的现代化的工业、现代化的农业、现代化的交通运输和现代化的国防，我们就不能摆脱落后和贫困，我们的革命就不能达到目的”[③]。1956 年中共八大决定把党的工作重点转到社会主义上来。

1957 年，毛泽东在《正确处理人民内部矛盾》的著作中提出，要将我国建设成为一个具有现代化工业、现代化农业和现代化科学文化的社会主义国家。1960 年初，毛泽东又提出，建设社会主义，原来要求走工业现代化、农业现代化、科学文化现代化，现在要加上国防现代化。[④] 四个现代化的目标逐步清晰。至此，毛泽东关于社会主义发展的战略目标概括为，把我国建设成为一个社会主义的现代化的强国。[⑤]

社会主义改造的制度变迁、社会主义建设目标的确立、社会主义工业化的初步推行，使得中国经济、中国工业在 20 世纪 50 年代得到了快速发展。

（二）“超英赶美”

刚刚成立的新中国处在东西方“冷战”和两种社会制度对抗的国际背景之下，以美国为首的西方国家对中国采取了敌视和封锁政策，前苏联等社会主义国家则对新中国给予了大力的支持。而当时国内的社会生产力水平极其低下，物资匮乏，百废待兴，是世界上经济最落后的国家之一。迅速改变中国的落后面貌、赶上世界发达国家、巩固社会主义制度成为当时最迫切的愿望，而这只能靠通过自己的艰苦奋斗并使中国得到快速发展才有可能实现。这就促使中国形成了“超英赶美”的超速发展思路。

随着中国社会主义改造的完成，毛泽东开始关注如何加快社会主义建设的问题，他指出：“中国的工业化规模和速度，科学、文化、教育、卫生等事业的发展规模和速度，已经不能按照原来所想的那个样子去做了，这些都应适当地扩大和加快。”[⑥] 毛泽东曾多次提出社会主义建设要又多又快又好，后来发展成为“多、快、好、省”的社会主义建设方针。

---

① 《毛泽东文集》第 5 卷，人民出版社 1997 年版，第 373 页。

② 《毛泽东著作选读》（下），人民出版社 1986 年版，第 715 页。

③ 《周恩来选集》下卷，人民出版社 1984 年版，第 144 页。

④ 《毛泽东文集》第 8 卷，人民出版社 1991 年版，第 116 页。

⑤ 《毛泽东文集》第 8 卷，人民出版社 1991 年版，第 116 页。

⑥ 《建国以来毛泽东文稿》第 5 册，中央文献出版社 1992 年版，第 485 页。

“大跃进”，集中地反映了这种追求高速、高效地发展社会主义生产力的主观愿望。为加快发展速度，毛泽东提出了与之相适应的发展步骤。1955年10月，在中共七届六中全会上，毛泽东提出，要用10个到15个五年计划左右的时间争取赶上和超过美国。1956年8月，毛泽东在八大预备会议上再次提到，我们要用15年左右的时间在主要工业的产量方面赶上英国，并设想用20年到30年时间在经济上赶上并超过美国，以逐步实现由社会主义过渡到共产主义社会。中共八届二次全会提出科学和技术在实现12年科学发展规划的基础上，尽快地赶上世界先进水平。

社会主义改造完成后，特别是1958年大跃进之后，毛泽东片面强调发展的高速度，希望在国外敌对势力包围之中，迅速奠定自己的国防工业，迅速发展作为国防工业基础的重工业，从而形成了一种偏重求快的、赶超式的发展模式。这种脱离实际的超速发展思路，并没有给中国经济带来真正的高速增长，反而导致了此后相当一段时期（1958—1978年）经济发展的困难。

（三）“抓革命、促生产”

1958年“反右”运动之后，特别是进入“文化大革命”时期，毛泽东的发展观转变为“抓革命、促生产”。在怎样发展生产力的问题上，毛泽东偏重于强调通过阶级斗争或群众运动来达到促进生产力发展的目的。一方面强调根本任务是发展生产力，另一方面又无法摆脱阶级革命的政治理念。主要表现为：将社会主义阶段的主要矛盾依然定位为两个阶级、两条道路的矛盾上，忽视了物质利益需要对社会发展的推动作用，忽视了对不断增长的人民群众物质文化生活需要的相应满足。夸大了生产关系对生产力、上层建筑对经济基础的反作用。毛泽东在探索发展的过程中，他的现代化发展理念最终为阶级斗争所代替，经济发展被政治运动所替代。

“抓革命、促生产”的理论与实践，最终走向了“社会主义建设”的反面，既违反生产力发展和社会发展的规律，也与人类共同的发展趋势相违背，主要表现在以下几个方面：（1）不以生产力水平的提高为社会运行的首要目标，使得中国的生产力水平长期处于落后状态；（2）不承认先进生产力和先进生产要素对社会发展的极大推动作用，极端地限制先进生产方式的应用和发展，不承认资本、知识、管理等生产要素在社会发展中的重要作用；（3）与落后的生产力相适应的是落后的传统体制和僵化思想。这些与人类自身发展所共同追求的民主、法制、自由平等、个性解放是背道而驰的，既阻碍了先进生产力的发展、又阻碍了社会成员自身的发展、更阻碍了经济和社会的发展。[①] 邓小平曾说过：“从一九五八年到一九七八年这二十年的经验告诉我们：贫穷不是社会主义，社会主义要消灭贫穷。不发展生产力，不提高人民的生活水平，不能说是符合社会主义要求的。”[②] 到20世纪70年代末，中国经济依然处于极端落后、极端贫困的状态。

二、“发展是硬道理”发展观的理论与实践

“文革”结束后的20世纪70年代末，中国经济处于极端落后状态，与世界发达国家的

---

① 钟茂初：“邓小平理论的构成及其对极左思想的否定——纪念十一届三中全会召开20周年”，《江苏社会科学》，1998年第5期。

② 《邓小平文选》第三卷，人民出版社1993年版，第116页。

生产力水平存在着巨大的差距，且与世界经济处在相对独立的封闭状态，那时中国社会经济尚处在努力摆脱贫困的发展阶段。与社会主义的根本目标转变为“以经济建设为中心”相适应，中国树立了“发展是硬道理”[①] 的发展理念，并提出“社会主义初级阶段”、“社会主义市场经济”等理论并制定实施相应的政策，其根本目标就是要尽快地使中国摆脱经济极端落后而国力衰弱的状态、使中国人民尽快地摆脱贫困而走向小康生活、使中国经济尽快地缩小与发达国家水平的差距进而以较快的速度先进生产力的发展步伐、以开放取代封闭使中国经济尽快纳入世界经济的发展之中，这些是当时发展所要解决的最迫切的问题。邓小平把中国发展问题的认识提高到了一个全新的前所未有的战略高度，邓小平理论的科学体系的核心和主题就是中国的社会发展问题，即加快发展，实现社会主义现代化。高速度地发展生产力是社会主义的主轴，解放和发展生产力，是社会主义第一位的本质。

（一）“发展是硬道理”

中共十一届三中全会以来，邓小平从中国的实际出发，明确提出了改革是社会主义社会发展的直接动力的论断。邓小平认为社会基本矛盾在当前的主要表现是发展生产力与僵化的经济体制、政治体制、文化体制、科教体制等的矛盾。只有通过改革才能解决这一矛盾，推动生产力的发展和社会的进步。提出“要发展生产力，经济体制改革是必由之路。”[②] 此一阶段的发展观的主要内容包括：（1）“以经济建设为中心”，确立并长期坚持实施的“改革、开放”政策，适应了所处发展阶段的要求、符合广大人民的利益，因而才使得中国的社会经济得以高速的发展、综合国力和人民生活水平得到迅速的提高；（2）社会主义初级阶段理论，针对当时中国社会、经济的发展现状以及人类社会发展阶段性和生产力发展阶段性而提出的，这是中国社会、经济在较落后水平条件下得以正常发展的基本认识；（3）“三个有利于”的事物判断标准：判断事物正确与否主要看：是否有利于发展社会主义生产力、是否有利于增强社会主义国家的综合国力、是否有利于提高人民的生活水平。这一事物判断标准符合该阶段社会公众的共同意愿，以经济发展带动社会变革。

（二）“社会主义市场经济”

邓小平深化了对社会主义本质的认识，提出了“社会主义市场经济”的发展模式。他说：“计划和市场都是方法。只要对发展生产力有好处，就可以利用。它为社会主义服务，就是社会主义的。”[③] 社会主义市场经济理论，是邓小平对传统社会主义理论最重大的突破。邓小平明确提出，计划经济和市场经济不是社会主义与资本主义本质的区别，市场经济是反映社会化生产规律的先进经营管理方式，是社会主义与资本主义共有的特征。社会主义市场经济理论的提出，承认了市场经济制度及其相关的制度和政策手段，在社会发展的一定阶段是代表着先进的生产方式的、是促进和保障先进生产力发展的必要工具。在这种思想指导下，中国着力建立社会主义市场经济体制。实践表明，建立社会主义市场经济体制为社会主义经济注入了活力。凡是市场作用发挥得比较充分的地方，经济的活力就比较强，经济增长就比较快，经济效益就比较好，人民生活改善的幅度就比较大。社会主义市场经济体制使社会主义生产关系更加适应生产力，最大程度地调动了一切积极因素，解放和发展了生产力，

---

① 《邓小平文选》第三卷，人民出版社 1993 年版，第 377 页。

② 《邓小平文选》第三卷，人民出版社 1993 年版，第 345 页。

③ 《邓小平文选》第三卷，人民出版社 1993 年版，第 203 页。

进而推动了经济社会的发展。因而，在中国的发展实践过程中、在改革开放过程中，有效地利用了市场经济制度在发展过程中的积极因素、有效地借鉴了发达国家的发展经验[①]。

与社会主义市场经济理论相关联，“科学技术是第一生产力”是邓小平理论的一个重要组成部分，是邓小平对社会生产力发展本质的认识，对生产力形成中最先进的生产要素——科学技术以及掌握这一生产要素的知识分子在社会生产力发展过程中的作用有了充分的认识。这和“极左”思想下不尊重科学技术、歧视知识分子进而造成生产力水平的落后和社会成员的愚昧形成了极其鲜明的对比。“科学技术是第一生产力”是中国发展过程中努力把握先进生产力发展方向的理论基础。

（三）“翻两番”

邓小平非常重视改革开放中的发展速度和效益问题，认为发展太慢不利于增强综合国力，不利于实现人民的共同富裕，难以体现社会主义对于资本主义的优越性，因而不符合社会主义本质要求。同时，邓小平吸取了毛泽东在发展速度上的失误，注意发展的节奏性，既要搞得快点，又不重犯1958年的错误。[②] 为此，他提出了中国发展的“三步走”战略：第一步在1990年比1980年经济总量翻一番，国民生产总值人均达500美元，为中国国民经济发展打基础、创造条件；第二步2000年再翻一番，人均国民收入达到1000美元，实现小康社会，使中国经济再上一个台阶，为21世纪经济起飞奠定较雄厚的物质技术基础和良好的社会条件；第三步是21世纪中叶，人均国民收入达到4000美元，达到中等发达国家水平，把中国建设成一个富强、民主、文明三位一体的现代化强国。

（四）“发展是第一要务”

20世纪90年代，中国一直以“发展是第一要务”作为指导中国经济社会发展的根本原则。江泽民在中共十六大报告中指出：“党要承担起推动中国社会进步的历史责任，必须始终紧紧抓住发展这个执政兴国的第一要务。”[③] 中国共产党是代表最广大人民根本利益的执政党，努力发展以实现富民强国、长治久安是其义不容辞的责任。东欧社会主义国家发生的社会制度的巨变就在于他们没有抓住这第一要务。而且，江泽民还强调，必须坚持用发展的办法解决前进中的问题。

江泽民对发展进行了深刻的论述，认为：发展就是“把坚持党的先进性和发挥社会主义制度的优越性，落实到发展先进生产力、发展先进文化、实现最广大人民的根本利益上，推动社会全面进步，促进人的全面发展”[④]；随着信息化时代的到来，发展应是实现工业化、信息化的过程以及在工业化、信息化基础上所发生的社会转型。江泽民在中共十六大报告中强调21世纪前20年经济建设和改革的目标就是“基本实现工业化，大力推进信息化，加快建设现代化，要坚持以信息化带动工业化，以工业化促进信息化，走出一条科技含量高、经济效益好、资源消耗低、环境污染少、人力资源优势得到充分发挥的新兴工业化路子。”[⑤] 可见，“发展”被确定为是实现工业化、信息化的过程以及在此基础上所发生的社会转型。

---

① 钟茂初：“邓小平理论的构成及其对极左思想的否定——纪念十一届三中全会召开20周年”，《江苏社会科学》，1998年第5期；钟茂初：“南方谈话与三个代表——纪念邓小平南方谈话10周年”，《社会科学》，2002年第4期。

② 《邓小平文选》第三卷，人民出版社1993年版，第368页。

③ 《江泽民论有中国特色社会主义（专题摘编）》，中央文献出版社2002年版。

④ 《中共十三届四中全会以来历次全国代表大会中央全会重要文献选编》，中央文献出版社2002年版，第109页。

⑤ 《中共十三届四中全会以来历次全国代表大会中央全会重要文献选编》，中央文献出版社2002年版，第661页。

在“发展是硬道理”的发展观带动下，中国经济已经彻底地摆脱了极端落后状态，中国已经形成了较为完整的国民经济体系、中国的经济实力得到了极大的提高，中国人民的生活已经从贫困状态转向了小康水平，中国经济也由比较落后的发展阶段开始走向中等发达程度的发展阶段，中国经济逐步与世界经济接轨，中国生产力水平与世界先进水平的差距已经大大缩小、在某些方面中国经济已经进入了世界先进水平的行列。

三、“科学发展观”的理论与实践

进入到21世纪之后，中国经过改革开放30多年的发展，也进入了一个新的发展阶段。在这个新的发展阶段，中国经济既有继续追赶世界先进发达水平的任务，更有解决高速发展所累积的各种问题、促进社会发展与社会和谐的要求，同时也有全球协同实现人类社会可持续发展、共建和谐世界的责任，这是形成新的发展观的客观要求。“科学发展观”，正是适应这一新的发展阶段而提出的。2003年10月，胡锦涛在中共十六届三中全会上明确系统完整地提出了“坚持以人为本，树立全面、协调、可持续的发展观，促进经济社会和人的全面发展，坚持五个统筹”① 为主要内容的新的科学发展观。

（一）“以人为本”

以人为本，就是从社会公众的根本需求出发确定发展方向和发展目标，让发展成果惠及全体人民。保障社会公众的财富权益、社会权益和精神文化权益。其发展经济学含义即是：追求人的全面发展是“发展”的重要内含。

（二）“全面、协调、可持续发展”

全面发展，即不仅追求物质财富方面的发展，而且追求精神文化方面的发展、追求社会事业的发展，同时还要追求生态环境的发展。其发展经济学含义即是：要彻底改变经济增长即为“发展”的传统观念，要改变以GDP增长为纲的发展理念。

协调发展，即是统筹城乡发展、统筹区域发展、统筹经济社会发展、统筹人与自然和谐发展、统筹国内发展和对外开放，推进经济社会发展过程中的各环节、各方面相协调。其发展经济学含义即是：二元经济的协调、区域发展的平衡、经济社会联系的协调等问题在“发展”中的重要性。

可持续发展，就是促进人与自然的和谐，实现经济发展和人口、资源、环境相协调，保证人类世代永续发展的生态与资源条件。其发展经济学含义即是：维护人类生存环境的完好是与经济增长、社会发展并重的“发展”内含之一，而且是保证长期永续地“发展”的前提。改变增长方式、提高发展质量、优化结构、降低消耗、减少污染等是其重要内容。

（三）“和谐社会”

和谐社会，就是在社会物质财富积累达到一定程度之后，着力追求社会事业的加速发展和社会成员对发展成果的共享，着力追求社会公平正义，着力形成社会各阶层之间、社会成员之间安定有序、相互协调、共同发展的稳定环境。简言之，和谐社会的基本目标就是：防止社会失调、平衡社会利益、处理社会冲突、调动社会各阶层的积极性。其发展经济学含义即是：社会群体、社会阶层、社会成员间的关系协调与否是“发展”的重要内含。

概括起来，中国发展道路上有三大主题：改革、增长、和谐。改革主题，就是要充分实

---

① 《中共中央关于完善社会主义市场经济体制若干问题的决议》，人民出版社2003年版，第13页。

现中国经济的效率化、市场化、全球化。增长主题就是要逐步实现从贫困落后走向小康社会，实现经济强国崛起，夯实和谐发展的经济基础。和谐主题就是要有效地解决贫富和谐、城乡和谐、区域和谐、经济—生态和谐以及与国际社会经济秩序的和谐。

第二节 中国发展策略的演进

中国的工业化进程中，在不同时期发展观的指导下，制定并执行了不同的发展战略或发展策略。在1949—1978年，一直推行的是“重工业优先”的战略；从1978年以来，一直推行的是“改革开放带动发展”的战略。在各个时期，都推行“政府主导型”战略。

一、“重工业优先战略”的理论与实践

1949年中华人民共和国成立之时，中国经济面临严重困难，经济水平非常低下，全国工农业总产值只有466亿元，人均国民收入为66.1元，在工农业总产值中，农业总产值比重为70%，工业总产值比重为30%，而重工业产值占工农业总产值的比重仅为7.9%。中国面临如何选择发展道路以促进社会经济发展，从而实现强国富民的最终目标。

毛泽东在实践中对社会主义工业化道路进行探索，不断深化其工业化思想。1953年毛泽东提出了到社会主义改造基本完成的过渡时期的总路线和总任务：在一个相当长的时期内，逐步实现国家的社会主义工业化，并逐步实现国家对农业、手工业和资本主义工商业的社会主义改造。[①] 实际上就是把优先发展重工业以奠定国家社会主义工业化初步基础作为目前经济发展的主要战略目标。1954年毛泽东在第一届全国人大第一次会议的开幕词中指出：“……准备在几个五年计划之内，将我们现在这样一个经济上文化上落后的国家，建设成为一个工业化的具有高度现代文明程度的伟大国家。”[②] 1957年，毛泽东在《关于正确处理人民内部矛盾的问题》的讲话中明确指出：工业化道路问题，主要是指重工业、轻工业和农业的关系问题。就重工业和轻工业之间的关系来说，工业化道路包含两个问题，一是工业化道路是从重工业开始还是轻工业开始？二是优先发展重工业还是轻工业？[③] 1956年毛泽东在《论十大关系》一文中谈到如何发展重工业，“我们现在发展重工业可以有两种办法，一种是少发展一些农业轻工业，一种是多发展一些农业轻工业。即提出可供选择的两种战略发展次序，一是重、轻、农的次序，一是农、轻、重的次序”。在国民经济的第一个五年计划中，国家基本建设投资用于工业的占总量的58.2%，而其中分配给重工业、燃料工业、机械工业等部门的投资占整个工业基本建设投资的比重高达75.9%。[④] 从总产值来看，5年间，工业总产值平均增长18%，而农业年均增长只有4.5%，二者之间速度之比4:1；5年

① 转引自刘国光：《中国经济发展战略问题研究》，上海人民出版社1984年版。

② 《毛泽东文集》第6卷，人民出版社1999年版，第350页。

③ 理论上对于这两个问题的讨论，列宁根据技术进步第一阶段情况指出，增长最快的是制造生产资料的生产资料生产，其次是制造消费资料的生产资料生产，最慢的是消费资料生产。到技术进步第二阶段，生产资料生产快于消费资料生产，但从长时间来看，生产资料发展优先增长仍是经济发展中的一个客观趋势。

④ 剧锦文：《中国经济路径与政策（1949—1999）》，社会科学出版社2001年版，第64页。

间，工业内部，重工业产值增长了210.7%，轻工业产值增长了83.3%；① 前苏联援建的有156项工程②，其中90%以上是重工业项目。从“一五计划”以后的20年间，中国基本上走的是以重、轻、农为序的工业化道路。

之所以没有根据中国的经济基础和资本、劳动力、资源禀赋等状况来选择发展道路，而选择了“重工业优先”发展战略，是由于当时中国在经济和政治上面临巨大挑战③，一是从国际竞争角度考虑，霍夫曼等的研究表明，工业化的发展程度是与重工业在工业结构中的比重相关的。研究发现，工业化水平越高的国家重工业比重也越高。因此，较高的重工业比重代表着国家经济发展水平和经济实力。二是国际政治、经济环境的约束。1950年朝鲜战争爆发，以及以美国为代表的西方国家对中国采取了政治上孤立、经济上封锁和制裁等措施。这种国家政治、经济、军事格局，使中国迫切需要迅速建立比较完备、自成体系的工业结构，而重工业则是其中的关键。三是工业化积累方式的约束。当时中国农村人口占总人口比重达80%—90%，且大多数农村人口处于贫困状态的二元经济中，以轻工业或消费品工业为优先发展部门，会遇到市场狭小、需求不足，从而无法取得工业化所必需的资本积累。而根据前苏联的发展经验，发展重工业可以克服当时农民占人口绝对优势导致无法为工业化发展提供有效需求这一条件的约束。对中国这个经济落后国家而言，在极其薄弱的农业经济基础之上，面对着内忧外患的形势，要想尽快地确立自己在国际政治舞台上的地位，彻底摆脱帝国主义的压迫，就必然选择重工业优先发展的赶超战略。

在“一五”计划期间，前苏联为中国提供了156个项目的援助，因为有前苏联作为外部技术和装备供应基地，中国初步具备了实施重工业优先发展战略的外部条件。重工业优先意味着中国工业化的第一步就是从搞“大项目”开始，这必然就意味着有限的剩余要集中使用（老田，2005）。新中国成立初期，我们选择了重工业优先的赶超战略。为实施这一战略，中国建立起了高度集权的计划经济体制，最大限度地提供生产积累（特别是农业积累）来发展重工业。这种重工业优先发展的赶超战略形成并严重加剧了城乡二元经济结构，即在相当程度上强化了自给自足的农村经济和高度依靠中央计划体制的城市经济，从而造成了中国城市化进程的严重滞后和农村经济发展的严重停滞不前。

重工业优先的强制性赶超战略导致结构性失衡。中国实行赶超型工业化战略，仿效前苏联，采取高积累、高投资、高速度，优先发展重工业的战略。在资金奇缺而劳动力资源丰富的国情下，把有限资金集中于资本密集型的重工业，在经济上看不合理，但从历史上看有其必然性。国家向重工业投资比重，除了“一五”时期和1963—1965年调整时期外，都占50%以上（比前苏联还要高，前苏联重工业投资比重最高时期不超过40%），轻工业投资比重只在3%—6%，1952年至1978年，重工业投资高达3500亿元，轻工业投资不过320亿元，形成了一个典型的重型化产业结构。④ 由此出现了产业结构与就业结构严重扭曲的经济增长结果。中国城市工业结构重型化，大大限制了就业容量和吸收劳动力的潜力，阻碍了农村剩余劳动力伴随工业化发展转移出来的进程。由于重工业的资本密集程度，即人均资金装备率远远高于轻工业，一定数额的投资所创造的就业机会和对劳动力的吸收能力大大低于轻

---

① 剧锦文：《中国经济路径与政策（1949—1999）》，社会科学出版社2001年版，第67页。

② 凤凰网，http://news.ifeng.com/history/2/200709/0903_336_211300.shtml。

③ 林毅夫、蔡昉、李周：《中国的奇迹：发展战略与经济改革（增订版）》，上海人民出版社2008年版。

④ 肖冬连：“中国二元社会结构形成的历史考察”，《中共党史研究》，2005年第1期。

工业。据统计分析，每亿元投资，用在轻工业能容纳劳动力1.6万人，用在重工业只能容纳5000人。轻工业容纳劳动力的能力是重工业的3.2倍。为了集中财力于工业化特别是重工业化，尽量抑制非直接生产部门的投资。非生产性投资“一五”时期还占28.3%，以后几个五年计划期间都只在13%—17%，最低的“三五”计划时期只占10.6%。在“把消费城市变成生产城市”的口号下，对原有城市功能进行改造，第三产业发展严重滞后甚至萎缩。重工业优先的赶超战略导致就业结构性失衡。在工业劳动力中，重工业所占比重1952年为29.9%，1958年曾一度达到80.4%，1976年为61%。同期工业总产值中重工业所占比重从35.5%上升到55.8%，轻工业比重从64.5%下降到44.2%，形成了一个典型的重型化就业结构。1952年，全国每万人口中，有零售商业、饮食业、服务业网点95.7个，1978年已下降到13个，同期每万人口拥有的服务人员从165.8人下降到63.1人。服务业呈现相对萎缩状态。实施重工业优先发展战略，对农业抽取过多投入过少，导致农业生产率低下，农副产品长期供不应求，饥荒频繁出现，也增加了政策制定者们对城市化的恐惧感和“反城市化”的倾向，强制性的户籍制度也就自然成为了防止农村劳动力流出的手段，使城乡隔离式二元经济日益加剧（肖冬连，2005）。

基于马克思生产资料生产优先增长理论①和列宁的相关认识②，毛泽东在《论十大关系》一文中论述中国工业化道路的基本思想，指出：“重工业是我国建设的重点，必须优先发展生产资料的生产，这是已经定了的，但是决不可以因此忽视生活资料尤其是粮食的生产。”③毛泽东还指出，国家实现工业和农业技术改造所需的资金，其大部分要从农业方面积累起来，而要积累大量的资本，一是靠农业税；二是靠发展轻工业满足农民对生活资料的需要，并借此为国家积累资金。④ 由于不顾资源的约束而推行超越发展阶段的重工业优先发展战略，是一种“赶超”战略（林毅夫，1994），决定了国家采取高度集中的计划配置资源方式，人为地扭曲生产要素和产品的相对价格，人为地降低发展重工业的成本，为重工业提供廉价的劳动力、资金、原材料等，加快重工业的发展，即生产资料优先发展，压制农业发展，农民所创造的剩余产品相当大部分转移到工业及其他非农业部门。此外，国家还建立起一套完整的制度，来限制生产者的自由流动，如禁止自由择业、迁徙和户口变动。为解决粮食购销严重不平衡问题，平稳市场物价，对粮食实行计划收购和计划供应即统购统销制度，对棉花、纱布、食油等几种人们生活必需的农产品和轻工业产品也实行了统购统销。消费品市场得到极大的压制，国家采取对各类消费品实行定量或凭票供应的办法来解决社会供需不平衡的矛盾，特别是粮、棉、油、糖、蛋、布等生活必需品，均是按指令性计划生产，由行政机关统一、凭票、定量供应。因此，改革开放前，中国是一个重生产资料优先发展、生活资料压制的阶段。

以价格剪刀差方式实现工业资金的积累、实行城乡分治的户籍制度，就是“重工业优

① 马克思将社会总生产分成生产资料（I）和消费资料（Ⅱ）两大部类，全面地论述了二者的平衡关系，并且在此基础上揭示了在技术进步的条件下生产资料生产比消费资料生产增长更快的趋势。

② 列宁在《论所谓市场问题》中分析这一问题时，则把技术进步和有机构成的提高假设条件纳入了马克思再生产模型中，并得出了扩大再生产过程中“增长最快的是制造生产资料的生产资料生产，其次是制造消费资料的生产资料生产，最慢的是消费资料生产”，及“生产资料的生产比消费资料生产增长得快”的结论。参见：《列宁全集》第1卷，人民出版社1984年版，第66页。

③ 《毛泽东文集》（第5卷），人民出版社1997年版，第268页。

④ 马爱杰：《论农业合作经济在我国发展的历程及启示》，陕西师范大学学位论文，2002年。

先”战略下的具体政策。

（一）以价格剪刀差实现工业积累

新中国成立之初，国民经济处于贫穷落后的状态，迅速发展经济增强国家的经济实力是关乎国家生死存亡的头等大事。确立的优先发展重工业战略，要求国家具有相当高的资本积累和资本动员能力，然而当时中国工业资本来源渠道很少：百废待兴而国家财力极其有限；受当时的国际环境制约，工业化建设资金来源的国际渠道很窄；土地改革以后，民间的农业资本向工业资本转化不复存在。在这种背景下，让农业为重工业优先发展提供积累，成了必然的选择。

从历史成因的角度来看，中国工业化初期以工农产品价格“剪刀差”[①]的方式积累工业化资金的发展策略。中国的工农产品价格剪刀差是由农产品统购统销制度实施为起始的，标志着计划经济体制在农村的形成，也标志着牺牲农村、农民利益而加速工业化资本积累的不公平分配制度的开始。这一制度的实施，使农民承受了由于产品统购价格低于自由市场价格而形成的价格损失，使农民应获得的利益向城市居民发生了转移，也使农村社会经济发展所需的资本不断地向城市地区转移。尽管，在当时的历史条件下，这种转移是建立工业化体制、积累经济发展所需资本的最有效方式，但这种资本积累的社会不公平性也是显而易见、毋庸置疑。同时，这一歧视性[②]的价格体制——工农业产品价格剪刀差，强加于农村和农民，成为变相掠夺农业和农民的一种资本积累方式。对农民来讲，这种不公平的分配制度，损害了他们的经济利益，更进一步损害了农村经济长远发展的后劲。对全社会来说，这一制度极其严重地损害了工农之间、城乡之间的社会公平，且不断地加剧和强化这一不公平。据估算，这一制度实施以来，政府财政集中的农业剩余高达数千亿元，可见，中国农村、农民为国民经济的起步作出了巨大的贡献和巨大的牺牲。时至今日，这一制度的后遗症依然影响着中国社会经济差异的方方面面。

中国各个时期的剪刀差到底有多大？中国农村和农民到底为中国工业的初始积累作出了多大的贡献、付出了多大的代价？中国理论界对剪刀差及其计算方法有着不同的认识，武力[③]等学者对此有较全面的综述。由于对剪刀差的认识不同、测度方法不同，所以不同的研究者对于中国各时期剪刀差的程度有不同的判断。综述如下：中共中央政策研究室、国务院发展研究中心的“农业投入”课题组估算：1950—1978年，政府通过工农产品价格剪刀差大约取得了5100亿元，扣除同期财政对农业的收支差，政府提取的农业剩余净额为4500亿元，平均每年农业部门资金流出净额155亿元；1979—1994年，政府通过工农产品价格剪刀差大约取得了15000亿元，扣除同期财政对农业的收支差，政府提取的农业剩余净额为12986亿元，平均每年农业部门资金流出净额811亿元[④]。李炳坤对工农业产品剪刀差问题的研究得出：1952年，农产品价格低于价值22.6%、工业品价格高于价值42.0%，剪刀差

---

① “剪刀差”通常是指计划体制下工农产品价格剪刀差，即农产品价格低于价值（或低于市场价格）、工业品价格高于价值（或高于市场价格）的购销政策。形成工农产品价格剪刀差的目的，是使资金从农业流入工业，以积累工业发展资金、加速工业发展。

② 此处使用“歧视”、“歧视性”等用语，并不包含作者的价值判断，只是沿用经济学固有的“区别性对策”的含义，类同微观经济学中的“价格歧视”的用法。

③ 武力：“1949—1978年中国剪刀差差额辨证”，《中国经济史研究》，2001年第4期。

④ 中共中央政策研究室、国务院发展研究中心“农业投入”课题组：《中国农业的支持与保护》，中国农业出版社1997年版。

差额为141.2亿元；1957年，农产品价格低于价值38.8%、工业品价格高于价值53.9%，剪刀差差额为339.19亿元；1977年，农产品价格低于价值14.1%、工业品价格高于价值28.15%，剪刀差差额为934.8亿元①。严瑞珍等的测算结果为：1978年剪刀差绝对额364亿元、1982年为288亿元、1986年为292亿元。从1953年到1985年全国预算内固定资产投资总额共7878亿元，平均每年240亿元，大体相当于每年的剪刀差绝对额，可以说30多年来国家的工业化投资主要是通过剪刀差取得的，是剪刀差奠定了中国工业化的初步基础②。李微的测算方法与此类似，结论为：1953—1978年，农民出售农产品少获得2612.6亿元、农民购买工业品多付出763亿元，剪刀差差额为3375.6亿元。1952—1990年间，中国农业通过剪刀差方式为工业化提供了高达8708亿元的资金积累，平均每年223亿元。③ 王耕今等的测算结果为：1960—1978年间，农副产品市场价格与计划价格的价格差额累计达到1958.71亿元，平均每年103.09亿元，粮食一项的价格差累计就达到644.6亿元，平均每年33.93亿元④。崔晓黎采用类似的方法，得出：1953—1984年间统购统销政策使得农民无偿贡献总额达到3282.97亿元⑤。上述分析，由于视角不同、方法不同的原因，得出中国各个时期的剪刀差程度不尽相同。但至少都反映了一个共同的事实：中国农村和农民为中国工业的初始积累作出了巨大的贡献，通过"剪刀差"这一被动的方式所贡献的资金几乎是1952—1978年间全国固定资产投资的全部；同时，他们所付出了的代价也是整个时期农业剩余的全部。

剪刀差并不完全是一种非理性的政策制度，而是针对特定时期经济基础与经济发展目标而选择的一种发展道路。站在事后评论的角度，不应以当今的价值观和思维方式来评判，而应从历史的角度来分析当时采取这一政策体制的逻辑出发点。中国经济当时的状况是，一个落后的农业国家，在国民经济产值中现代工业所占比重不到10%，90%以上是落后的农业和手工业，生产力水平极低。在这种情况下，要迅速发展起来，无疑要大力发展工业，实现由农业国向工业国的转变。因此，在一定时期和一定程度上，在工农产品交换中，有意识地使农产品的价格低于价值，工业品的价格高于价值，形成工农产品价格剪刀差，以使资金从农业流入工业，以加速工业的发展。这是当时唯一可以选择的工业化资金积累路径，否则工业化就无从谈起。这是中国经济发展当年所面对的条件，这也不仅是中国的特殊状况，大多数欠发达国家也都面对类似的情形。

从理论角度和历史来看，通过剪刀差的方式适当地把农业剩余转为工业资本积累，是符合一般发展规律的。从中国1952—1978年的现实来看，工业化方略的出发点未尝不是正确的，关键在于农业剩余转移的程度与效果的把握。工农业产品价格剪刀差政策实施的幅度过大、时间过长，从而给我国农业乃至整个国民经济的发展带来了严重不良后果。几乎把全部的农业剩余都转移了，并且是以一种无偿剥夺的方式进行的，使得农业和农民并没有在这一工业化进程中有明显的受益——农民收入没有得到增长、农业剩余劳动力也没有得到吸收。

① 李炳坤：《工农业产品剪刀差问题》，农业出版社1981年版。转引自：武力："1949—1978年中国剪刀差差额辨证"，《中国经济史研究》，2001年第4期。

② 严瑞珍等："中国工农业产品剪刀差的现状、发展趋势及对策"，《经济研究》，1990年第2期。

③ 李微：《农业剩余与工业化资本积累》，云南人民出版社1996年版。转引自武力："1949—1978年中国剪刀差差额辨证"，《中国经济史研究》，2001年第4期。

④ 王耕今等：《我国农业现代化与积累问题研究》，山西人民出版社1993年版。转引自武力："1949—1978年中国剪刀差差额辨证"，《中国经济史研究》，2001年第4期。

⑤ 崔晓黎："统购统销与工业积累"，《中国经济史研究》，1988年第4期。

重工业的优先发展在资本从农业部门大量流出的同时，却没有相应带来农业剩余劳动力的非农转移。随着农业人口和劳动力的自然增长，必然造成农业劳动生产率增长长期停滞，剩余产品率趋于下降。恶性循环的结果是农业发展缓慢、国家通过农业部门提供更多积累的希望落空。长期的剪刀差政策也对工业发展带来负面影响。由于农产品价格过低影响农民的生产积极性，从而造成轻工业原材料短缺。剪刀差过大，农业自我积累能力差，农民对工业品有支付能力的需求不旺，从而极大地限制了工业产品的市场扩大。

总之，中国工业化初期以工农产品价格“剪刀差”方式积累工业化资金的发展策略，是造成改革开放之前中国二元经济结构得不到改进、城市化步伐缓慢的重要原因。

（二）城乡分治的二元体制

中国的城乡二元结构体制，不同于某些国家在现代化过程中自然形成的自然经济和商品经济并存的过渡状态，而是人为形成了一种城乡分治的户籍制度。

任何经济现象的形成，都可以从其形成过程中的制度安排方面找到其根由。任何的制度安排都必然会在该制度实施效果显现后形成一定的经济现象。形成中国的二元经济结构及城乡差别的重要制度安排，是中国长期实施的歧视性户口与就业制度，即城乡分治的户籍制。中国开始走向工业化的初期，制定了以限制人口流动为特征的城乡分治的户籍制度。这种制度明显体现了决策者“先城市，后农村”、“先工业，后农业”、“重工人，轻农民”的歧视性或倾斜式工业化策略，即强化二元结构的战略。

新中国户籍制度是服务于建国初期的政治经济形势而形成和确立的，其演变过程之每一步骤，都与国家所面临的政治经济形势和中心任务密切相关。一般认为，新中国户籍制度是以1958年颁布的《中华人民共和国户口登记条例》为核心，以定量商品粮油供给制度、劳动就业制度、医疗保险制度等辅助制度为补充，另外在接受教育、转业安置、通婚、子女落户等方面又衍生出许多具体规定的、在利益上向城市居民倾斜的、包含社会生活多个领域的系统性政策。政府的许多部门都围绕这一制度行使职能。同高度集中的计划经济体制相对应，户籍制度则是广泛涉及社会生活各个领域最具典型性的一种集中控制制度。正是这一制度的实施，使城乡彻底分治、隔离开来，形成了城镇与农村完全按不同规则各自运行的二元经济体制。

城乡分治的户籍制制度安排，对国民经济发展最直接的影响是：（1）限制了中国城市化的进程，造成农村剩余劳动力流动无法实现，必然形成剩余劳动力的大量累积，同时造成农业劳动生产率难以得到显著的改进，农业在国民经济中比重下降，工业化、城市化进程得不到推进，违背了经济发展的规律。（2）限制了农业劳动力素质的提高。长期推行的严格限制人口迁移的户籍政策，也是导致农业人口素质低下的一个重要原因。人口迁移是一国提高整体人口素质非常重要的途径，人口在迁移的过程中和迁移结束后，开阔了视野，接受新的思想和观念，受教育的环境得到改善，择业竞争使他们努力提高自身的知识水平和职业技术能力，如此等等。现行的政策将农业过剩劳动力人口引导在其原来居住的狭小空间范围内转移，实际上妨碍和抑制着人力素质的提高。（3）制约了农业土地的规模经营。城乡分治的户籍制度限制了人口的迁移，使得土地难以向高效率农户转移，从而农村的土地规模化经营无法实现。①

---

① 参见陈宗胜、钟茂初、周云波：《中国二元经济结构与农村经济增长和发展》，经济科学出版社2008年版，第76—81页。

二、"以改革开放带动发展"战略的理论与实践

以1978年12月召开的中共十一届三中全会为标志，中国走上了以"改革开放"带到发展的时期。在不同阶段、不同领域，以各种改革开放方式带动着局部或整体的发展。

(一) 农村经济改革带动农村经济发展

1978年之前，在"一大二公"的人民公社体制下，农村长期实行统一经营、集中劳动、平均主义分配的体制。其结果是农产品总供给绝对不足，农业生产长期低水平徘徊，1978年人均粮食占有量还停留在1957年的水平。

1978年12月，安徽凤阳县梨园公社小岗村决定将集体耕地承包到户，搞大包干，开创了中国农村经济体制改革之路。1980年5月，邓小平谈农村政策问题的讲话，肯定了安徽农村改革的经验。1980年9月，中共中央印发了《关于进一步加强和完善农业生产责任制的几个问题》的通知，正式认可了"包产到户"的合法性。从1982年至1985年，中央陆续出台了四个一号文件，最终确定了家庭承包经营为基础、统分结合的双层经营体制，从而取代了"三级所有、队为基础的人民公社制度。"① 实践的结果，1978—1984年，按可比价计算，农业总增长率和年均增长率分别为42.23%和6.05%，是新中国成立以来农业增长最快的时期，这其中最主要的原因就是家庭承包责任制。制度改革诱发了农民生产更多产品的积极性，极大地解放了农业生产力，打破了农业生产长期停滞的局面。粮食总产量从1978年的3.05亿吨增加到1984年的4.07亿吨，农村社会总产值年均增长16.4%，农民实际收入年均增长15.1%，大于同期城镇居民人均收入年均增长7.93%，城乡收入差距在这一时期呈现缩小趋势。② 1984年，中央提出土地承包期限15年不变。1993年，中共中央、国务院在《关于当前农业和农村经济发展的若干政策措施》中，为了稳定土地承包关系，鼓励农民增加投入，提高土地的生产率，在原定的耕地承包期到期之后，再延长30年不变。

乡镇企业是中国农民的第二个伟大创造③。它的发展不仅带动了非国有经济的恢复和发展，而且在很大程度上了解决了农村大量剩余劳动力的转移问题，提高了农民的收入。1984年中共中央一号和四号文件肯定乡镇企业是"国民经济的一支重要力量"。1983—1988年的五年间，乡镇企业总产值由1016亿元增长到6495亿元，年平均递增44.9%，占农村社会总产值的比重由24.3%提高到58.1%；乡镇企业职工人数由3234万人增加到9545万人，平均每年增加1262万人，占农村劳动力总人数的比重由9.3%提高到23.8%。乡镇企业的大发展较大幅度地提高了农民的收入。1985年，全国每个农业人口从乡镇企业中得到的收入已经由1978年的20.1元增加到了133.79元，增长了5.7倍；其占农民人均纯收入的比重从1978年的15%增加到了1985年的34%。在经济比较发达的东南沿海地区，这一比重甚至高达70%—80%。④ 1992年邓小平同志南方讲话、中共十四大确立了建立社会主义市场经济体制之后，乡镇企业率先活跃起来，进入高速增长的轨道，在1992—1995年，乡镇企业总产值年均增长56.5%，1995年，乡镇企业增加值分别占到了全国国民生产总值和国内

---

① 国家发展改革委经济体制综合改革司，国家发展改革委经济体制与管理研究所："改革开放三十年：从历史走向未来"，人民出版社2008年版。

② 根据《新中国五十年统计资料汇编》有关数据计算而得。

③ 吕政、史忠良：《从贫困走向小康——中国经济五十年》，经济管理出版社1999年版。

④ 张正义："乡镇企业的发展历程"，三农资讯网。

生产总值的 25.5% 和 25.1%。[①]

（二）经济特区的改革开放示范和带动效应

“经济特区”，是中国实行改革开放的产物，是中国经济发展中具有特色的尝试，并在带动区域发展和整体发展、推动市场经济体制的建立等方面取得了巨大的成功。

改革开放以后，邓小平形成了有中国特色的全面对外开放理论，其主要思想内容包括：对外开放是一项长期的基本国策，要全方位、多层次、宽领域的开放。所谓全方位就是对世界所有国家的开放，对各种类型的国家的开放，不论是资本主义国家还是社会主义国家，不论是发达国家还是发展中国家。多层次是不同程度开放形式，其中包括建立经济特区、开放沿海城市、经济技术开发区、沿海经济开放区。宽领域是指立足于我国国情，从对国际商品、资本、技术、劳务等市场的开放，拓展到能源、交通等基础工业以及金融、保险、科技教育、服务业等各领域。

1979 年 7 月，中央决定在深圳、珠海、汕头、厦门建立“经济特区”。经济特区充分利用地理优势和政策优势，重点发展“三来一补”，获得了特区发展的“原始积累”，为特区的进一步发展奠定了基础。从 20 世纪 80 年代中期，国家从政策上引导“三来一补”企业向“三资”企业过渡。而“三资”企业拥有先进的技术和管理经验，从而为特区发展带来了新的活力和希望。以深圳为例，1990 年底“三资”企业达 3269 家，“三资”企业自产产品的进出口额占全市进出口总额的 63.8%[②]。经过前期的发展和积累，经济特区的经济实力得到较大提高，并积极扩大出口，实行“走出去”的战略，参与国际分工与竞争。经济特区不仅带动了区域经济发展，而且是改革开放的窗口、试验田，发挥着对全国的示范效应。珠江三角洲充分运用中央政府给予的优惠政策和灵活措施，利用毗邻港澳、华侨众多的地缘优势和人缘优势，抓住机遇，通过引进国外的资金、技术和先进的管理经验，形成了以珠江三角洲以广州为中心，以深圳、珠海两个经济特区为窗口，探索出一套具有珠江三角洲特色的经济发展模式：一是以外向型经济为主的市场导向型经济发展模式。珠三角及时抓住香港制造业和电脑产业内迁的机遇，推动贸易加工和制造业的大力发展，使外贸出口额迅速增长。二是点域发展梯度推进的空间组合经济发展模式。该模式中的增长极，既具有极化效应，又具有扩散效应。通过发展创新能力很强的重点产业，再通过产业关联带动相关产业形成产业链，产业链拉动资金、技术、人才等生产要素源源不断地流向增长极。三是引进创新为主的技术创新经济发展模式。珠江三角洲在经济建设方面所取得的成功，为我国内地改革开放的发展提供了多方面的信息、技术和先进经验，进而推动了全国改革开放的进程，促进了全国经济的振兴和繁荣。

1990 年国务院宣布对外开放和开发的浦东开发区，长三角地区利用地理位置优越、经济实力基础雄厚、投资环境良好、人才资源充足等优势，克服产业结构趋同化、区域内经济发展不平衡和能源短缺不足，积极发展高新技术产业、先进制造业和现代服务业，勾画了一极三轴的发展战略：一极即以浦东作为发展中心，三轴分别指在长江三角洲沿铁路、长江和海岸线构筑三条经济“增长轴”。由浦东“发展极”沿“增长轴”扩散，带动长江三角洲经济一体化外向型发展，形成了独具特色的苏南模式和温州模式。乡镇企业是“苏南模式”

---

① 数据来源：张正义：“乡镇企业的发展历程”，三农资讯网。

② 王关义：《中国五大经济特区可持续发展战略研究》，西北农林科技大学学位论文，2003 年。

的主要特征，“温州模式”的本质特征在于市场化和民营化。在浦东新区的龙头带动作用，在“苏南模式”和“温州模式”的引领下，长三角创造了全国国内生产总值的18.5%，贡献了全国财政收入的22%和全国出口总额的28.4%。无论在经济总量上，还是在发展速度上，长三角已经成为中国经济发展的领航者。

（三）国有企业改革推动经济制度的全面转型

中国国有企业的改革已经经历了30年的时间，主要经历了几个阶段[①]：1978—1984年，“放权让利”。即改变没有自主权的微观经营机制，给予企业拥有新增收益的所有权，激励企业为获得更多的收益或收入而努力提高工作积极性。1984—1986年，围绕增强企业活力这个中心而展开，主要措施包括改革税制和实行厂长（经理）负责制。1986—1993年，主要围绕重建企业经营机制这个中心而展开，实行多种形式的承包责任制[②]：上缴利润递增包干；上缴利润递增包干，超收分成；上缴利润定额包干；亏损企业减亏（或补贴）包干；投入产出包干；租赁承包和资产经营责任制等。1993—2003年，主要围绕国有企业的制度创新这个中心而展开[③]，将全民所有制企业由过去的“国营企业”改为“国有企业”，由过去的国有国营，转变为国家所有、企业自主经营。1993年11月召开的中共十四届三中全会提出建立适应市场经济要求的“产权明晰、权责明确、政企分开、管理科学”现代企业制度的国有企业改革目标。2003年以后，国有企业的制度完善时期[④]，先后经历了完善国有资产监督管理体制和国有企业股权多元化两个阶段。

林毅夫（1994）认为，国有企业改革，是围绕实现资产经营的竞争性、资产形式的流动性和资产所有者对资产经营的约束和监督三大任务进行的。在时间序列上，是遵循“调整国家和企业的利益关系”、“赋予企业更大的经营自主权”、“构造适应市场经济体制的企业制度”这样一条线索展开的。在改革的进程中，国有企业参与市场的程度、自身优化资源培植的意识和能力都在逐步提高。

（四）引进外资带动中国外向型经济的发展

引进外资，一直是中国经济发展过程中的一个重要战略。改革开放以来，由于经济政策优惠和经济快速发展的吸引，外资大量流入中国，2003年中国接受的外商直接投资达到530亿美元，首次成为全球接受外商直接投资最多的国家。1979—2007年，我国实际使用外资额达9545.65亿美元[⑤]。

大量引进外资，可弥补国内资金不足，扩大市场总需求，对经济增长起着有力的劳动作用。还有利于加快经济制度的改革和促进国有企业改革步伐。对我国产业技术水平的提高和研发能力的增强具有明显促进作用：引进先进的R&D经营管理经验；便于国内企业得到先进技术，降低技术引进成本；弥补了我国R&D投资的不足，促使企业成为研发主体；推动了我国高技术产业发展；有利于营造高水平的科研人才；发挥技术溢出的示范模仿效应、竞争效应、关联效应、人才流动效应；促进产业结构升级（谷莹，2005）。

---

① 主要参考：林毅夫、蔡昉、李周：《中国的奇迹：发展战略与经济改革（增订版）》，上海人民出版社2008年版；陈佳贵、金碚、黄速建：《中国国有企业改革与发展研究》，经济管理出版社2000年版。

② 冯中越：《走出困境—中国国有企业改革的思路与对策》，广西师范大学出版社1998版。

③ 章迪诚：“国有企业改革30年回顾”，《中国信息报》，2008年6月23日。

④ 章迪诚：“国有企业改革30年回顾”，《中国信息报》，2008年6月23日。

⑤ 国家统计局：《中国统计年鉴2008年》，中国统计出版社2009年版。

引进外资，对于实施外向型经济战略有着积极的作用，一是在制度创新方面发挥了重要作用，在改革初期，由于我国急需外汇和先进管理经验，创立了经济特区，开放沿海城市，制定引进外资的法规、政策等。这些制度的成功为今后的经济发展奠定了基础。二是提高了我国利用两个市场、两种资源的水平。三是推动了我国经济与产业结构升级。四是推动我国向世界贸易大国和吸收外资大国迈进。五是带动我国国民经济的持续发展、增加就业机会。（金远，2005）。

三、政府主导型发展策略的理论与实践

“政府主导型发展”，在各个时期，一直是中国发展的一个基本原则和基本特征。政府主导型是指由政府出面充当经济活动的主体。其特征是：政府运用国家的影响和力量制定经济发展战略和一系列政策、措施、干预、指导国民经济各个部门和市场活动，以便控制和诱导社会经济发展方面及资源配置，把经济纳入到政府的计划轨道。中国工业化过程，也是其经济体制由计划向市场化转换的过程，资源配置的市场机制尚未完善与完全，这就注定了工业化过程中政府起主导作用，加之“发展是硬道理”的发展理念，政府对经济增长倾注了主要的力量[①]。如招商引资、产业资本形成、基础产业建设、出口促进等方面都由政府所主导，对经济高速增长基础条件的形成起到了重要的作用。而在市场化改革的目标下，也使得民营经济得到不断壮大、逐步成为中国经济增长的主导力量。这就使得政府主导的负面作用得到了一定的抑制。这一发展模式，具有其发展经济学意义，尤其是对于计划向市场转换的经济体而言。

中国的政府主导型发展策略体现在诸多方面，如：区域非平衡发展策略、技术发展策略的演变等。

（一）政府主导的非平衡区域发展战略

中国非平衡区域发展战略以及促进平衡发展政策，都具有发展经济学的一般意义。有学者对此进行分析总结。如，白永秀、雷宏振（2002）提出，中国在改革开放的过程中，把发展经济学的基本理论与自身的实践相结合，形成了一个具有中国特色的发展经济学实践模式，即从不平衡发展的要求出发，通过首先发展东部增长极形成一个自主化的产业增长链，然后，打破传统的梯度发展的限制，实施西部飞雁式跨越梯度的扩散，有效地缩短了地区结构差异和经济发展周期，为社会主义市场经济理论的发展作出了贡献。[②] 笔者认为，中国非平衡区域发展战略及其发展经济学意义主要体现为：（1）中国的增长极梯次推进改革与发展的战略。根据中国各发展时期的特性及各区域的基础条件，中国先后推行了以增长极梯次推进改革发展的战略，20 世纪 80 年代以深圳为增长极推进珠江三角洲区域率先改革与发展、进而带动全国改革发展，90 年代以上海浦东为增长极推进长江三角洲区域改革与发展、进而带动全国进一步的改革发展，20 世纪末、21 世纪初拟以天津滨海新区为增长极推进环渤海区域新的改革与发展、进而带动全国更加深入的改革发展。（2）中国非平衡区域发展战略之下，各地适应自身条件创造性地形成了各具特色的增长模式，如：深圳模式、开发开放园区模式、东莞模式、浦东模式、温州模式、苏州及苏南模式、山东半岛模式等。对这些

---

① 各级财政支出中经济建设支出所占的高比重就反映了这一问题。

② 白永秀、雷宏振：“跨越梯度的扩散：构建中国发展经济学实践模式”，《西安政治学院学报》，2002 年第 1 期。

增长模式进行归纳总结，具有发展经济学的价值。（3）在非平衡区域发展战略实施之后，中国区域间的发展差距在拉大，在此状况下，为缩小区域发展差距，分别实施了西部大开发战略、振兴东北等老工业基地战略、中部崛起战略。非平衡区域发展战略之下的平衡发展政策，也具有发展经济学价值。

笔者认为，中国的非平衡区域发展战略主要体现在：（1）发展策略的不均衡。20世纪80年代以来，我国各项改革开放政策的出台基本上都采取了由沿海向内地逐步展开的梯度推进方式。这种推进方式给东部沿海地区带来了明显的先发优势。东部地区利用一系列倾斜发展的优惠政策，在短短10多年的时间内，就建起了一些国际级都市，发展带动了多个沿海城市和一大批沿江、沿边中心城市。东部优先发展战略的实施极大地促进了东部地区的快速发展，但同时也拉大了与发展相对滞后的内陆地区的差距。（2）制度和结构变革的不均衡。东部地区在所有制结构和就业结构方面明显优于中西部，一是东部非公有经济发展迅速，市场经济的活力较强；二是东部实现了农村劳动力就业结构的合理调整。东部沿海地区的非国有经济的比重、发展速度和经济市场化程度都明显高于内地。从劳动力就业结构来看，东部大批农业劳动力实现了向二三产业转移，而中、西部农业劳动力的非农转移还处在较低水平，中、西部地区农业劳动力向二三产业转移的程度远远落后于东部地区。（3）投资布局的不均衡。改革开放以来直至西部大开发战略实施之前，国家的投资更倾向于东部沿海地区，由于政策的倾斜性，导致吸引外来投资以及民间投资也主要集中于东部沿海地区。投资的巨大差异直接导致了经济发展差距的拉大。

（二）政府主导的城市化问题

中国工业化过程中不断强化的二元结构及其伴生的农业、农村与农民发展的“三农”问题，是中国发展中的一个重大问题。有部分学者对此进行了研究。[①] 如，谭崇台认为，按照发展经济学的观点，发展中国家的农业一直是一个“问题部门”，以此认识为基础，“唯工业化论”、“唯资本论”以及“唯计划论”和重内向发展轻对外开放的思想，共同构成第一阶段发展经济学的结构主义思路。作为发展中国家，我国农业在结构主义思想这一思路上走得更远，从而带来令人忧虑的“三农”问题。中国的城市化不是自然发展的过程，而在相当程度上可以说是由政府主导，由政策决定其走向的。

其一，工业化以来有关工农业发展、城乡发展的歧视性政策体系（包括：二元财政政策、二元人口与劳动力政策、二元社会保障政策、城乡分隔管理体制等），这些制度与政策对农业发展、农村发展、农民发展的直接影响，同时对工业发展、城市发展、城市居民发展的间接影响乃至对全国全面发展都有着直接或间接影响。

其二，改革开放以来有关工农业发展、城乡发展的制度变迁（包括：农村土地使用权的变化、农村剩余劳动力流动限制的放松、农业税取消、新农村建设的相关制度与政策等），这些制度变化对农业发展、农村发展、农民发展的积极意义，但仍有诸多持续障碍三农发展的因素。

其三，三农对工业化积累的路径变化（包括：从工农产品价格的剪刀差获取工业积累，

---

① 谭崇台：从发展经济学看我国农业问题，当代经济研究2002年第1期。王佳菲：“我国新农业：在经济结构升级中走向繁荣——一个发展经济学的视角”，《理论导刊》，2006年第6期；路斌、刘勇、董清风、王军辉：“从发展经济学看我国农业问题”，《中国市场》，2006年第35期；徐清、刘义圣：“中国农业技术进步问题新探——基于发展经济学视角”，《福建行政学院福建经济管理干部学院学报》，2006年第3期。

到乡镇企业的兴起为改革开放初期工业企业的起步积累资金，到农民工大量进入城市、为工业企业提供大量低工资的人力资源等），“三农”对中国工业化起到了极其重要的历史贡献和现实作用，这也是工业发展城市发展成果反哺“三农”的理据。

笔者认为，城乡差距起因于经济发展过程中的二元经济，对发展中国家而言，城乡差距的存在具有普遍性，但从国际比较的角度来看，中国的城乡差距是非常巨大的。中国城乡差距巨大并持续存在，最根本的原因是中国城乡分割的二元经济与长期推行的城乡分治的制度。城乡差距对社会公平和社会福利造成了重大的损害，成为中国和谐发展的严重障碍。缩小城乡差距，政府通过收入再分配、税收、社会保障、消除城乡二元体制等政策和制度的改进与完善，是可以有所作为的。

（三）政府主导的产业技术发展战略

中国工业化过程的不同阶段，对于产业技术发展，在政府主导下，分别采取了技术引进策略、以市场换技术战略、促进自主创新战略。中国产业技术战略所导致的主要问题是：(1) 自主创新缺乏、民族品牌逐渐消亡、知识产权处于弱势、面对知识产权的非关税壁垒等。自主创新的主体是企业，必须强化以拥有自主核心技术的民族企业来打造强势技术创新主体；(2) 创新研究和创新产业，缺乏系统性，既没有形成创新的技术链、也没有形成创新的产业链。推进自主创新战略的过程中必须要有整体谋略，既要形成创新技术的全局观念，也要形成产业发展和区域发展的总体意识。现代产业经济中，单一技术和单一产业的创新很难取得收益，需要技术链条和产业链条的整体突破。只有形成企业集聚和产业集群才有条件完成；(3) 利用外资促进产业技术发展的策略难以取得关键性技术。以往过于强调通过利用外资以弥补建设资金不足的目的，而引进技术则成为利用外资的主要目标和立足点。既缺乏营造政策环境来推动和诱导外商主动转让技术，也缺乏鼓励跨国公司首先在中国形成创新性产业的机制。

因此，通过自主创新推动优势企业优势产业的形成与发展、推进产业结构优化升级，是中国经济在新的历史阶段的发展策略，也就是各地区各部门需要着力发展的方向①。强化自主创新对民族企业民族产业的带动作用，是中国经济发展阶段以及国际经济发展趋势所决定的。面对激烈的国际竞争，归根结底就是经济实力和创新能力的竞争，创新能力特别是自主创新能力成为国家竞争力的决定性因素。在新的竞争格局中，发达国家及其跨国公司利用自身的技术和资本优势保持领先地位，用技术优势和知识产权形成垄断或贸易壁垒，专利、技术标准等知识产权问题极有可能成为影响中国现代化进程中的风险因素。中国如果不能提高自主创新能力、不能形成自己的优势产业，就可能丧失发展的机遇和主动权，难以从经济大国转变为真正的经济强国。随着中国经济参与国际竞争的深度和广度不断增加，发达国家及其跨国企业对我国的技术压力不断加剧，我国产业创新能力弱、关键技术依赖他人等问题日益突出，国家竞争力受到严重影响。在涉及国家经济安全的关键领域，核心技术受制于人。知识产权、技术标准等已成为中国企业和产业参与国际竞争的巨大障碍。因此，中国必须强化自主创新能力，集中力量突破影响产业竞争力的关键技术，开发具有自主知识产权的核心技术并形成自我的战略性优势产业，以此增强我国产业的国际竞争力、维护国家经济安全。

新的发展阶段，应以自主创新和产业创新为手段，来推动产业技术发展。在未来阶段的

① 钟茂初等：“产业技术发展如何应对入世过渡期结束的影响”，《中国科技论坛》，2007年第4期。

努力方向包括：大力提高自主创新能力，不断提升优势产业的核心竞争力；应用先进适用技术，促进优势产业不断升级；大力发展高新技术，培育未来优势产业；充分发挥资源聚集能力，促进优势产业集聚发展以及优势产业集群的形成；同时，要充分发挥沿海发达地区在产业等各方面的辐射和带动作用，促进全国各地区的经济结构调整和经济增长方式的转变，带动全国优势产业以及优势产业集群的形成与发展。为此，应进行大胆的探索和实践。（1）在促进自主创新方面，应借鉴美国、日本等发达国家对研究开发的支持政策。（2）在集成创新的协作方面，政府应通过利益机制和协调机制促成多部门、多机构、多地区的协作创新。（3）在创新体制上，要以建立企业为主体、产学研结合的技术创新体系为突破口。促进以大企业为主导的技术创新链，使中小企业、大学、研究机构都成为龙头企业创新链当中的一个环节，整体提升我们的技术创新水平。（4）在技术扩散周期越来越短的时代，技术专有已经不可能作为企业垄断市场的重要手段。只有抢先制订新技术产品的技术标准并使之迅速成为全球公认的“国际标准”，才能有效地占有该产品的市场[①]。所以，新技术产品的国际标准化已经成为了国际竞争的一种重要战略。政府应当在协同本国企业形成国际标准方面发挥更大更积极的作用。

（四）政府主导的和谐发展战略

中国发展取得了举世瞩目的成就，但也导致了可能影响未来发展的诸多问题，加之随着进入新的阶段，正在出现或将要出现许多新的问题。这些都是新的发展阶段中，必须需要通过政府主导型发展战略着力解决的。中国必须利用其政府主导型策略，制定出新时期的发展目标和发展政策，而“和谐社会”、“协调发展”正是发展新阶段目标与政策的主基调。

其一，必须面对的是高速发展过程中导致的问题，主要有：“三农”问题（农业之于工业化、农村之于城镇化、农民之于城镇居民的发展差距问题，农村土地占用问题，国家粮食安全问题，农民工及农村剩余劳动力转移问题，广大农村消费市场需求潜力的促进问题）；区域发展差距问题（东中西部收入差距、发展差距、开放差距、制度差距，西部大开发、中部崛起、振兴东北老工业基地政策的成效问题）；资源危机问题（大规模、高速度的中国经济的自然资源承载力问题，石油、水资源、矿产资源国际争夺和国内矿难问题）；生态环境破坏问题（中国经济高速发展过程中，所导致的江河湖泊的污染、森林资源的破坏、土地资源的减少和质量下降、环境质量普遍恶化等问题）；中国经济所面对的技术发展与创新问题（自主创新缺乏问题，民族品牌逐渐消亡问题，知识产权弱势问题，非关税壁垒问题等）；中国经济崛起过程中的国际关系问题（资源问题，贸易壁垒和贸易摩擦问题，中国经济规模和增长速度对国际经济的影响问题，粮食和石油等对国际稳定的问题，国际合作与竞争等经济秩序问题）。

其二，必须面对的是社会发展滞后于经济发展的问题，主要包括：社会阶层收入差距扩大以及阶层分化引发职工失业、下岗等的社会问题；中国的贫困地区与贫困人口问题、扶贫问题；社会保障制度落后于经济发展水平、社会保障覆盖率低等问题；人口老龄化到来导致的社会经济问题（特别是独生子女政策导致的人口结构、劳动力结构问题）；经济发展使得人文发展与中国传统文化之间缺乏有机的传承，影响到对未来发展方向的把握。例如，信息产业的高速发展（互联网、移动电话、电视、媒体）与文化产业、人文发展之间如何有机

---

① 钟茂初：“国际标准化：重要的企业竞争战略”，《中外管理导报》，2002年第1期。

结合的问题。

其三，必须应对新发展阶段可能出现的新问题。如，中国人均GDP跨越1000美元、2000美元、3000美元后的转型（经济结构、社会结构、消费结构、投资结构）问题；中国经济的超大规模和高速度的资源承载力问题将日益显现；由小规模、快速追赶型经济转向大国经济，在国际经济中进入全面竞争阶段，在国际经济中的地位和影响都会发生根本性的变化；中国新的发展阶段，与传统的工业化过程不尽相同，正经历着向以信息化和生物产业革命为主要特征的新经济的转变，其经济组织、经济结构以及其他发展特征都可能发生深刻的变化，无发达国家历史经验可借鉴；全球正面临着可持续发展思潮与生态环境不断恶化的现实背景，中国也不例外，且中国前期粗放式发展带来的影响需要更加着力的治理。

政府主导型发展策略有其优势，体现为：第一，政府对制度变迁路线的确定，使制度的演进可以在一个相对稳定的环境下进行，避免出现大的波动。政府制定的法律法规和所倡导的意识形态是社会稳定和经济发展的基础，可以避免出现类似于东欧国家的社会动荡，使得组织摩擦或整个社会的摩擦降到最小。第二，解决制度短缺，快速提供变迁过程中所需的制度安排。在建国初期，制度作为一种稀缺资源广泛存在于社会经济领域，在这种情况下，就需要以政府的强制性制度安排代替个人自愿合作性安排，实施制度供给，实现制度均衡。由于政府拥有强制力，可以在很短的时间内完成一项制度安排，减少了个人之间漫长的组织和谈判时间，并凭借其强制力以及通过税收等手段克服制度变迁过程中存在的外部性和“搭便车”的现象，保证制度供给的顺利进行。第三，降低制度安排的成本。个人之间自愿合作的诱致性制度变迁中，一项新制度的产生需要花费较多的时间和精力去组织和谈判，以达到一致性意见，而“国家具有使其内部结构有序化的相应规则，并具有实施规则的……的强制力”①（孙伯强，2004）。政府主导经济也有其不可忽视的弊端：一是决策民主的缺失造成决策失误，二是投资绩效无保证，三是腐败和“政绩”指向，加重民众负担（邓瑞普，2007）。

转变“政府主导型发展策略”是必然的趋势，但也是一个长期的、渐进式的过程。孙伯强（2004）认为，制度变迁方式的转变是建立有效产权制度、适应市场经济分权原则、克服试点推广方式有限性的必然要求，政府主导型的策略已不再适应制度变迁的目标，提出了中国政府主导型制度变迁方式转变的战略选择：“一元引导、三元并存”。“一元引导”即中央政府（或权力中心）引导，“三元并存”即中央政府、地方政府和市场微观主体并存，各自在法定空间内进行制度创新。陈永昌（2006）和邓瑞普（2007）认为，选取市场导向型经济模式必然是历史的最佳选择，要求加快由政府主导型经济向市场主导型经济转变，可以从以下几个方面入手：减少行政审批，让市场在资源配置中更广泛发挥基础性作用；加快金融体制、税收体制、财政体制和社会保障体制等配套改革；减少垄断行业和产业，放开市场，鼓励竞争；提高经济的自由度，提升市场化率。

第三节　从发展经济学视角对中国60年发展思路的评述

中国经过60年的发展，经济总量取得了巨大成就，我国经济总量上升到世界第三。以

① 道格拉斯·诺思：《经济史中的结构与变迁》，上海三联书店、上海人民出版社1994年版。

1978年不变价格计算，从1952年到2007年间，年均实际经济增长率为8%，年均实际资本增长率为8.6%。其中1952年到1972年间的年均经济增长率仅为5.7%，同期年均实际资本增长率为7.3%。1978年改革开放以来，中国的年均实际经济增长率为9.8%，实际资本增长率为9.6%。[①] 可以从发展经济学的视角对其发展观、发展战略和发展过程进行评析。

一、中国工业化的发展阶段及其特点

关于中国工业化的发展阶段，国内有诸多分析。如，薛伟贤、孟娟（2006年）认为，1978年以来，中国的工业化加速发展，处于工业化成长阶段，今后5年内中国工业化仍处于加速发展阶段。2008年前后中国的工业化发展将出现拐点，工业化发展趋势将开始下降。[②] 本章作者认为，中国工业化大致可以划分为以下三个发展阶段，各阶段具有各自的发展特点。

（一）欠发达经济阶段（1949—1978年）

低下的生活水平、低下的生产率、高人口增长率、严重的劳动力不得其用状态（大量待业和隐性失业人口）、对农业和初级产品的高度依赖（二元经济的社会结构特征显著）、在国际经济秩序中处于受支配和脆弱的地位（国际竞争力弱）。同时还存在自身的特点：制度上的僵化和对经济发展的重重禁锢，体制上的全民所有制与集体所有制，计划经济及其对市场的完全排斥；自我封闭的经济结构——非效率、非市场、非开放的经济体系；城乡分割的二元体制与歧视性的二元政策体系；人口大国（农业人口占70%以上），农村和城市中都存在大量的隐性失业。

（二）经济高速增长阶段（1979—2006年）

在这一阶段，中国经济发展中的充分利用了以下特点：（1）中国居民的高储蓄率；（2）教育程度较高和低工资的农民工源源不断地向城市工业和服务业转移；（3）土地属于国家、集体所有，使得基础建设、工业和服务业所需土地征用便利、低价；（4）对于外来资本的强吸引力（劳动力高素质低工资、资源价格低廉、市场规模和市场潜力巨大、社会环境稳定），并充分利用了发达经济对资源型产业转移的机遇；（5）区域发展差异，使得农业产品供给、低价格的资源供给主要由低发展程度的中西部地区承担；（6）消费市场的层级（从大城市——中小城市——农村的梯次推进）导致经济结构的多元化、产业随消费品迅速推广、普及（如：家用电器、移动电话、汽车、住房，高档消费层次与国际市场基本同步）而快速发展。

（三）新的发展阶段（2007年以后）

2001年中国人均GDP超过1000美元，2008年已经达到3000美元，在10年左右将达到5000美元。正处于一个经济结构、社会结构、消费结构、投资结构迅速转型的时期。（1）人口与市场规模庞大等条件依旧，但低工资劳动力[③]、低廉价格的资源、低价的土地等条件不再拥有；（2）对于资本的吸引力将面对其他欠发达经济的有力竞争，部分产业的转移将不可避免；（3）由于资源和环境承载力的制约，不可能持续维持10%这种水平的高速

---

① 盛欣："中国1952—2007经济增长与就业增长的关系分析"，《理论导刊》，2009年第5期。

② 薛伟贤、孟娟："中国工业化阶段性评价实证研究"，《经济理论与经济管理》，2006年第1期。

③ 中国社会科学院《中国就业增长与结构变化》报告预测，2009年中国劳动力将由过剩转向短缺，这个转变会带来城乡劳动者工资的上涨。

增长，尤其是制造业不可能维持长期的高速增长，否则将带来难以估量的后遗影响。可以预计，在新的发展阶段，经济增长率将大幅放缓、第三产业的比重将有较大幅度的提升；(4) 区域发展差距，短时期内还将维持，甚至可能有所扩大。但从中长期来看，在国家倾斜政策的影响下，中西部通过后起优势，将逐步缩小与东部地区的发展差距；(5) 由于农村人口的庞大，中国在此阶段迅速地实现城市化是不可设想的，因此在此阶段的农村发展必须走出一条具有中国特色的全新道路。

李晓西（2007）等学者对中国发展新阶段进行了研究，在其分析中将经济发展研究分成收入、城市化、产业、消费和科技五个方面，运用多种参数指标，立足世界经济的未来与过去，得出我国经济发展的阶段、特点和规律。根据国内外关于一国经济发展阶段和中国发展阶段的现实，选择工业化和城市化作为核心指标，对比美国经济发展历程，得出我国经济发展处于“工业化和城市化‘双中期’区间”的判断；并在此基础上分析了“‘双中期’区间”最新时点的关键特征；概括出我国经济发展的双重性规律，提出了中国经济发展战略思路及政策建议。① 赵伟（2007）认为，判断当前中国社会经济发展阶段，有三个视点，分别为人均收入与关键发展指标视点、工业化进程视点和经济增长阶段视点。按照人均收入与关键发展指标判断，目前中国接近上中等收入国家；按照工业化进程判断，中国的工业化虽然接近完成，但社会经济结构一些关键转折尚未完成；按照经济增长阶段论分析，中国似乎正在迎来大众高消费时代。综合三个视点，可认为中国目前社会经济发展处在发达经济门槛边缘，比照美国等先行大国的经历，没有理由怀疑大众高消费时代的来临。但作为转型经济，制度改革的未完成则潜伏着很大的不确定性。② 吴敬琏（2005、2006、2007）认为，现代经济增长和早期经济增长的区别在于，经济增长主要已经不是靠资本积累，而是靠效率提高实现，这种增长模式体现出“新型工业化道路”的特征。中国片面追求经济结构的重型化，已经造成国民经济整体效率的下降、技术创新的滞后、服务业发展的缓慢、生态环境的破坏、就业难度的增加以及金融风险的隐患。因此，中国必须采取注重效率的增长模式，走新型的工业化道路，这就需要转变思维定势，建立一个有利于技术进步和效率提高的体制，加快服务业发展，用信息化带动工业化。③

二、从发展经济学视角来看中国发展过程中增长机制

中国发展过程中增长机制的变迁有以下特征，在一定程度上对发展经济学和经济增长理论作出了印证，主要体现在以下方面：

（一）工业化过程中的资本形成

初始累积（农业剩余与乡镇企业的发展、个体私营企业的起步、国有及集体企业的民营化或股份制转型），外资的引入（中外合资企业、对原有企业的并购/参股、独资跨国企业的大举进入），民营企业的崛起，资本市场和产业金融的逐步兴盛，对中国发展过程中资本形成机制的变迁的分析，既有发展经济学的一般意义，也有其特色或创新。

---

① 李晓西：“中国经济的发展阶段研究”，《中央财经大学学报》，2007 年第 3 期。

② 赵伟：“当前中国社会经济发展阶段：三个视点的判断”，《社会科学战线》，2007 年第 5 期。

③ 吴敬琏：“思考与回应：中国工业化道路的抉择（上）”，《学术月刊》，2005 年第 12 期；吴敬琏：“思考与回应：中国工业化道路的抉择（下）”，《学术月刊》，2006 年第 1 期；吴敬琏：“中国应当走一条什么样的工业化道路?”，《管理世界》，2006 年第 8 期；吴敬琏：“中国发展新阶段需要研究的若干重大问题”，《中国改革》，2007 年第 9 期。

（二）工业化过程中的人力资本和劳动力问题

中国人口众多且接受了基本的教育，加之原有的国有企业形成了大量技术工人，因而形成了适应高速增长需要的劳动力供给能力，并形成了人力资源高质量、低成本的状况。中国工业化过程中所缺乏的是经营管理方面、技术方面的人力资本，初期是通过中外合资方式引进人力资本并促进自身人力资本的逐步形成，这一需要也使得中国接受高等教育人口比例快速提高。中国发展中劳动力方面存在的问题是：大批的城市下岗工人、农村剩余劳动力源源不断地流入、农民工报酬低下、失业人口不断增加（包括部分高教育程度人口的失业）。中国工业化过程中的人力资本和劳动力问题，对于人口大国的发展具有借鉴意义。

（三）工业化过程中的技术发展战略

中国工业化过程的不同阶段，对于产业技术发展，分别采取了技术引进策略、以市场换技术战略、促进自主创新战略。对于知识产权问题，也经历了不重视、无保护制度，到受制于人、保护制度逐步完善，到逐步注重自主知识产权的历程。中国工业化过程中的技术发展战略，既是不同阶段发展条件下的合理选择，但在对技术发展战略的长期影响未有充分的考量。

（四）工业化过程中的产业发展战略

中国工业化过程的不同阶段，产业发展适应其要素条件和国外需求而采取了相应的战略。一直是以制造业为主轴，资本密集和劳动密集并重，且适应新技术发展和新的需求能够迅速地提升产业规模和产业水平。制造业的规模扩大和技术水平的提高，由前向联系带动了基础产业（铁路、高速公路、电力、能源开采、原材料等）的规模发展，由后向联系带动了国内消费市场的规模和结构升级、也带动了外向型经济的规模化发展（外贸经历了由资源出口获取制造品进口、到制造业出口、到制造业高竞争力出口、到制造业跨国生产的不同阶段）。中国工业化过程中以制造业为主轴的产业发展战略，对中国长期的高速增长起到了极为关键的作用，值得进行发展经济学的分析。

（五）中国发展过程中增长机制对经济增长理论模型的印证价值①

中国工业化过程中独特的资本形成机制：居民的高储蓄率、各级政府对招商引资的不遗

---

① 发展经济学结构主义观点：关注发展中国家经济结构的刚性、落后性等特征，资源配置难以自动达到均衡，认为结构问题是阻碍发展中国家全面发展的根本原因。发展中国家应采取大规模的经济变革和重大的经济结构改进。发展中国家低收入者的根本原因不在于低工资，而在于能够得到资本等要素。发展经济学新古典主义观点：发展中国家的经济发展与发达国家的发展过程是一致的，经济发展的结果会使所有阶层普遍受益，随着经济发展，纵向的涓滴效应和横向的扩散效应可以遍及经济发展的利益；现有的资源配置决定了增量资源的配置，因此市场机制有效解决静态问题的同时、也随之促进了动态问题的解决；自由贸易对发展中国家的经济发展有益，可以通过发达国家的投资、技术转移、管理方式中获益；发展中国家经济贫穷落后的根本原因在于市场机制的不完善，政府干预受到信息传递和交易成本的制约、会造成政策性市场扭曲。劳动力质量的提高、技术进步乃至报酬递增等将促进发展中国家贫穷落后状况的改变。发展经济学激进主义观点：如“依附论”认为，世界经济体系可分为中心—外围，发达国家是中心、发展中国家是外围，中心国家利用不平等的国际经济秩序以不平等交换的国际贸易等方式掠夺资源、不平等分工。他们主张：发展中国家应走自我主导型发展道路，工业化必须在强有力的国家保护下推行、自由贸易只会将民族工业扼杀在摇篮里；但发展中国家的经济发展也离不开与发达国家的合作，只有积极参与国际分工才能获得更广泛的发展空间；发展中国家往往存在严重的制度性障碍，只有消除了这些障碍才具有迅速发展的前提；制度变革的实质是经济利益在各阶层的再分配，要妥善处理既得利益者与新兴利益者之间的关系，以获得更广泛的支持。发展经济学制度学派观点：发展中国家政府过度的干预导致资源配置低效和经济增长迟缓，非市场的力量决定了公共政策的制定、增大了资源无效配置的可能性、公共部门的无效率影响着经济发展，发展中国家政府的经济职能是帮助确定、分配和实施产权清晰进而实现产权拥有者利用资源的权利。中国的发展过程，在一定程度上或在某些方面可以印证上述理论认识，而又相当程度存在自身的特殊性。

余力、民间资本的逐步壮大、资本市场和产业金融的逐步完善，对中国高速增长起到至关重要的作用。首先印证了工业化阶段资本对经济增长核心作用的一般经济增长理论。中国大量高素质、低工资的农村劳动力的流入，也为中国高速增长起到了重要的作用。基本符合Lewis二元经济增长模型的论述。中国工业化初期缺乏经营管理和技术方面的人力资本，是通过中外合资方式引进人力资本并促进自身人力资本的逐步形成，这一过程具有“从干中学”的意义，某种程度上符合Lucas人力资本增长理论。中国工业化进程以制造业为主轴，在适应新技术发展和新的需求而迅速地提升产业生产规模的同时，也相应地提高了产业技术水平、进而在国际市场中拥有竞争力。这一过程符合Romer内生技术进步增长理论。中国工业化进程中，由于制度变迁和政府作用对经济高速增长所起的作用，在一定程度上印证了“制度”作为一个增长要素的理论认识。

三、中国发展模式可升华为发展经济学理论

国内外众多学者认为，中国的经济发展，对发展经济学的发展创新提供了丰富的实践素材，应加以总结进而上升为理论体系，并对中国的进一步发展提供理论支持，同时也是消除发展经济学危机的一个重要方向。

简新华（2006）提出，应从发展经济学的基本任务出发，总结中国发展经验并上升为理论体系，必要且可行。他认为，发展经济学专门研究发展中国家的经济，中国是世界上最大、经济发展最快的发展中国家，面临的发展问题最多，实践经验和可供研究的资料最丰富，是发展经济学研究条件最好、最有利的地方。在此背景下，世界发展经济学的研究中心必将由西方发达国家转向中国。现在，发展经济学研究者最重要的任务，就是要科学地总结中国经济发展的成功经验和失败教训，上升为基本理论，形成科学范式和逻辑体系。大多数国家的工业化和城市化之路之所以走得不成功，一个重要原因是没有得到发展经济学的正确指导。而发展经济学之所以未能正确指导发展中国家实现工业化和城市化的实践，则是由于以往发展经济学存在的种种缺陷，有学者甚至认为发展经济学到现在为止还是一种没有形成科学体系的理论拼盘，认为发展经济学面临困境、走向消亡或没有存在的必要。这说明发展经济学必须创新、深化、完善，真正揭示发展中国家经济发展的规律，特别是工业化和城市化的规律和正确途径。发展经济学还需要深入探讨发展中国家如何在新的历史条件下有效推进工业化和城市化的正确道路。人类社会已进入信息化、知识化、全球化时代，面临资源短缺、环境污染、人口爆炸等严重问题，发达国家控制着世界市场、资本、技术，因此，发展中国家实现工业化和城市化受到了更多制约，面临更大的困难。怎样在这种新情况下实现工业化和城市化是现代发展经济学最大的前沿问题，如果发展经济学能够正确解决这个问题，必将取得突破性进展，最终形成完整的科学体系。而最有希望完成这个任务或作出最大贡献的，将会是中国的发展经济学家。①

马颖（2004）认为，中国经济发展为发展经济学的研究和创新提供了广阔舞台，在现代经济学理论体系中，发展经济学是一门主要以发展中国家的经济发展问题为研究对象的综合性、边缘性分支学科。就现代经济学的所有分支学科同发展中国家的关联而言，发展经济学最紧密。发展经济学于20世纪70年代末被引进我国，在很长时期内，对中国的经济改革

① 简新华：“中国将是发展经济学研究的重要基地”，《光明日报》，2006年6月19日。

与发展产生了深刻影响。实行改革开放以来，中国20多年持续保持高速经济增长，综合国力得以加强，人民生活水平有很大幅度的提高。中国经济发展战略的根本性转变，除了在长期实践中人们逐渐意识到传统计划管理体制的严重弊病，而普遍提出了要求改革开放的内在要求之外，在外部因素方面，还与发展经济学内部所发生的理论与政策上的改弦更张，以及整个东亚地区经济发展取得成功所带来的强烈的激励效应有关。如果说发展经济学是因为对发展中国家更为贴近，所以中国需要发展经济学，那么可以更进一步地说，正因为中国实现了成功的改革与发展，因此发展经济学更需要中国。中国的经济发展经历为发展经济学的新发展提供了一个广阔的舞台。中国从总体来看仍然保持着作为发展中国家主要特征的二元经济结构。中国的经济发展问题始终同经济转轨紧密地联系在一起，“改革”、“发展”、“稳定”成为贯穿整个过程的不可分离的三大目标。而中国加入WTO又是在市场体制仍未完善的前提下迈出这一步的，这就使得中国的经济发展问题呈现出空前的复杂性。中国的案例是发展经济学家们未曾遇到过的。因此，中国作为一个发展中大国，由于市场经济体制远未达到完善程度，经济转轨过程也远未完成，其经济发展过程中的许多特征都表现出对西方主流经济学在分析中所依赖的范畴、命题以及基本假设条件在某种程度上的偏离，因此，在探讨中国的经济发展问题时，必须修正原有的假设条件，提出新的假设条件或增加附设条件，使之与中国的现实相适应。总之，对于推进发展经济学的研究来说，中国的案例不仅具有重要的典型意义，而且具有理论上的挑战意义。国内外不少学者在探讨中国经济发展问题时提出了不少新的范畴和命题，并且以中国为背景修正了某些西方主流经济学的假设条件，为发展经济学的进步作出了重要贡献。

刘义圣等（2006）认为，20世纪70至80年代，西方发展经济学的发展遇到了前所未有的危机。中国改革的模式与经验对发展经济学主流理论提出了巨大挑战，并反衬出其理论模式的凝滞和贫乏。中国独特的改革模式对新古典发展经济学的挑战迫使新古典发展经济学失势的，不仅是拉美国家经济发展的受挫，还有中国改革实践的成功。中国改革的成功与经济的强劲发展不论在理论上还是实践上均对当代西方发展经济学理论提出了鲜明的反论。中国经济的强势发展对发展经济学不再仅仅具有被动的检验和支持理论的功能，而是成为推动发展经济学深入发展的一股重要力量。西方发展经济学不能作为中国改革开放伟大实践的指导理论。建立中国发展经济学，可以系统深入地研究中国的经济发展问题，把握中国经济发展的特点和规律，为中国的改革和经济建设提供正确的理论依据。①

叶初升（2001）认为，应将发展经济学理论的逻辑演变和中国的经济发展历程相互照应贯穿于时序分析之中，在发展经济学的理论视野中去透视中国经济的实践，并从中国经济实践中去反思发展经济学理论，揭示出理论发展与实践进程基本一致的取向及其理论蕴涵和实践启示，从而为我们正确地把握发展经济学的学科性质和发展方向，认识发展中国家特别是中国这个发展中大国的经济发展规律，提供一种分析框架。中国作为发展中大国其经济实践需要发展经济学的理论指导，发展经济学也需要中国经济实践为其提供发展的动力。②

在不少学者提出把中国经济发展实践总结升华为发展经济学理论主张的同时，一些学者

---

① 刘义圣、陈燕：“发展经济学贫困阙疑与中国经济发展强势”，《经济评论》，2006年第1期；刘义圣、许彩玲：“中国经济强势发展对发展经济学的回应”，《发展研究》，2006年第1期。

② 叶初升：“发展经济学的逻辑演变与中国经济发展的实践进程”，《中州学刊》，2001年第1期。

已经进行了“中国发展经济学”的探索。洪银兴（2001）编著了《发展经济学与中国经济发展》，他认为，中国经济的不发达性除了具有发展中国家的一般性特征外，还有自己的特殊性：一方面中国处于社会主义初级阶段；中国经济的不发达性除了具有发展中国家的一般性特征外，还有自己的特殊性：一方面中国处于社会主义初级阶段；另一方面人口多、耕地少、底子薄。一个制度特征，一个自然特征决定了中国现代化的起点。应综合发展经济学理论和实践的新进展而来构建发展经济学。一要有选择地吸收西方发展经济学中带有普遍性的原理，不是一般地介绍，而是结合中国实际研究这些原理的适用度。二要总结我国已有的经济发展实践的经验和教训，从中寻求经济发展的规律。三要依据发展经济学原理及经济建设的经验教训，对我国今后的长期发展提出一些理论和对策性意见。[①] 何炼成等（2006）提出要创建中国发展经济学。何炼成在其《中国发展经济学》教程中已经纳入了相关内容：西方发展经济学困境与创立新发展经济学、创建中国发展经济学，中国的工业化道路与模式，中国工业化过程中的城市化问题，中国的商品化与市场化，经济全球化与中国经济发展，中国的现代化，中国产业发展，中国区域经济发展，中国外向型经济发展，中国金融发展，中国人力资本形成，中国经济的可持续发展，经济发展中的货币政策、财政政策、收入分配与反贫困政策等内容。[②]

部分学者认为，要建立中国发展经济学来分析和指导中国新阶段的发展。西方发展经济学对我国发展起到了一定的借鉴作用，但它不能作为中国新发展阶段的指导理论、必须以中国发展经济学体系、要用发展经济学创新成果来分析指导中国新发展阶段的发展。必须研究中国的发展阶段、发展战略、发展道路、发展目标、发展动力、发展主体和发展方式。以此关注中国的经济问题，总结中国的改革经验，预测中国的发展趋势。目的是建立和完善当代中国发展经济学体系。

---

① 洪银兴：《发展经济学与中国经济发展》，高等教育出版社 2001 年版；徐长生：“《发展经济学与中国经济发展》评析”，《经济学家》，2003 年第 1 期。

② 何炼成：《创建中国发展经济学，编写面向 21 世纪课程教材》，西北大学资料。

第十章

中国国有企业60年：理论探索与实践推进

国有企业是中国社会主义经济的重要基础，新中国成立60年来，国有企业经历了风风雨雨，但始终在中国特色社会主义建设中发挥着主导作用。60年来，国有企业从建立到发展再到改革，一路走来，浓缩着中国人对建设有种特色社会主义的探索历程。国有企业的60年，是马克思主义同中国企业实际相结合发展的60年，这绝不是一种抽象的概括，而是一个事实。本章将结合国有企业理论探索过程、国有企业实践和中央政策演变来探讨这一历史进程①。

第一节 国有企业的建立与改革萌芽

从1949年新中国的成立到1978年改革开放之前的30年里，国有经济经历了初步建立、发展壮大乃至一统天下的发展过程。这一时期我国的经济体制深受前苏联模式的影响，我们对社会主义经济的管理经验非常有限，在意识形态领域受“左”的思潮影响比较大，因此，国有企业②发展和改革显得步履维艰，但我们的理论和政策仍然在夹缝中有所推进。

一、国有企业建立的理论基础

1949年10月新中国成立，中国共产党领导全国人民揭开了奔向新型社会主义生产关系的历史新篇章。但那时的生产关系还十分复杂，个体经济、私营经济、官僚资本主义经济、买办经济等构成主要经济成分。从1949年到1956年，新中国进入了社会主义改造时期。到1956年，正式确立了国有企业在国民经济中居于基础性地位。

按照西方新制度主义企业理论的观点，企业的起源和发展，取决于“交易费用”。他们认为企业是市场的替代物，企业和市场都是契约形式，什么时候选择市场交易，什么时候选择企业组织形式，要看哪种契约形式更有利于节约交易费用。这一理论在解释市场和企业替

---

① 限于篇幅和文献可得性，本文所用文献仅以列举方式且以论文为主，但尽量突出“大众脸谱”。

② 1993年2月，中共中央向第七届全国人民代表大会常务委员会提出了《关于修改宪法部分内容的建议》，把“国营企业”改为“国有企业”。为了行文方便，本文不对国营企业和国有企业做严格区别，把全民所有制企业统称为“国有企业”。

代关系和边际改进时有一定的说服力，但用来解释一种经济制度的根本性变迁时，却无能为力。对于中国国有企业的起源而言，交易费用理论显然无法解释。一个最明显的事实是，中国国有企业不是在市场中自发形成的，而是一种强制性变迁的结果。

那么这种强制性变迁的理论基础是什么？有人将其归结为意识形态，这显然是片面的，不符合马克思主义分析方法。实践表明，中国国有企业的建立是新中国生产力、生产关系和意识形态共同作用的产物。

（一）生产力落后导致国家对经济的强大干预

近代经济发展的实践表明，生产力落后的国家往往主张政府的强干预，相反，生产力发达的国家，往往主张自由贸易。这是因为落后国家通过政府的强干预，可以迅速集中力量发展生产力，提高本国企业的竞争力和经济、技术实力，以免被沦为殖民地和附属国。

新中国成立之初，可谓是“一穷二白”，社会生产力水平低下，1949 年，全国只有 100 多亿元的固定资产，到 1950 年工业总产值只有 349 亿元，工业结构畸形，部门单一，实力薄弱。新中国诞生后，通过多种途径的国有化，到 1952 年，国有经济的比重有明显提高，到 1956 年，社会主义改造全面完成，工业总产值中，国有经济已经达到 80%。随后，国家又集中大量人力、物力、财力，建立和发展了一大批国有企业，国有经济历史性地成为中国工业化的主力军。经过 30 年的艰苦奋斗，到改革开放前夕，已经建立了比较完整的国民经济体系。

应该说，在当时生产力低下且西方国家对我国实行全面经济封锁、中国民族资本先天软弱、外国资本强大压力下，如果不是通过建立强大的国有经济，而是依靠外国资本和弱小的国内私人资本进行建设，很难迅速形成完整的工业体系。因此，建立国有经济是我国当时生产力发展的必然要求。

（二）社会主义物质利益关系要求强大的国有经济作保证

新中国成立，意味着我们要建立一种新型的物质利益关系。在旧中国半封建半殖民地生产关系中，广大劳动人民成为受剥削、受压迫的阶级，他们的物质利益根本得不到保证。新中国建立的新型物质利益关系，就是要使劳动人民当家做主，使他们从生产资料的奴隶变为生产资料的主人，不仅要成为社会剩余的创造者，还要成为社会剩余的分享者。这就要求有相应的所有制作为经济基础，因此，社会主义改造是改变旧的生产关系，建立新型物质利益关系，保证人民大众获得和分享经济剩余的必经之路。这种物质利益关系的调整，不是单个“经济人”理性选择的结果，而社会生产力和生产关系相互作用的必然结果。

（三）“制度模仿”使国有经济高度集中化

新中国成立，要建立一种全新的社会制度，但我们对这种制度还没有管理经验，在探索过程中，“制度模仿”往往成为新制度建立的主要途径。在当时的历史条件下，新中国要模仿的制度模式只能是前苏联。所以，新中国成立的前八年我们照抄前苏联的经验，尤其是社会主义建设方面我们自己创造的比较少，“工业（特别是重工业）、计划管理、金融、统计等方面，基本上照搬前苏联的。这在当时是不可避免的。因为我们没有管理现代经济的经验，知识不足，经济技术落后，以美国为首的资本主义国家又对我们进行了全面封锁和禁运。而前苏联有了近 20 年管理社会主义经济的经验和技术，相对来说已达到了较高水平。”[①] 因此，我国无论是从新民主主义向社会主义过渡制度，还是重工业优先发展战略，都深受前苏联制度模式的影响。在经济理论上，制度模仿与理论照搬是相辅相成的，所以当时我国基本上是前苏联范式的经济学占统治地位，而这一理论指导下的经济体制就是高度集中的计划经济体制。应该说在当时条件下对前苏联的“制度模仿”确实推进了我国国民经济的发展，但另一方面，我们也付出了高额的“学费”，那就是“左”的思想长期阻碍了我们对中国社会主义制度的探索。

二、传统国有企业的制度特征

对国有企业的制度特征，我们可以从企业与政府、企业与市场和企业内部关系三个方面进行考察。

（一）企业与政府的关系

在高度集中的计划经济体制下，国有（营）企业实际上是政府的附属物，它们按照上级主管部门的计划指令从事生产活动，政府既是所有者，又是经营者，企业只是作为国家的生产单位而已，它们没有自主的经营决策权，从要素投入、产品生产和销售，到人事制度、生产计划，都是通过计划部门或主管部门的指令性计划来实现的。由于国家对企业实行统收统支，企业收入全部上缴财政，支出全部由财政拨款，企业收入多少，能否完成任务，同自己本身的支出没有关系。比如当时的制度规定：国有企业的厂长、经理，视企业规模大小和性质不同，只有开支200—500元的机动权，公私合营企业更少。超出规定数字就要报批；价值在200元以上的购置，都要算作固定资产，列入基本建设。这既妨碍了企业积极性，又助长了上级机关的官僚主义[②]。企业和政府之间也存在委托代理关系，但这种委托代理是在行政权力的金字塔模式下运行的。作为决策层的“塔尖”不是在企业内部，而是行政主管部门（见图10－1）。

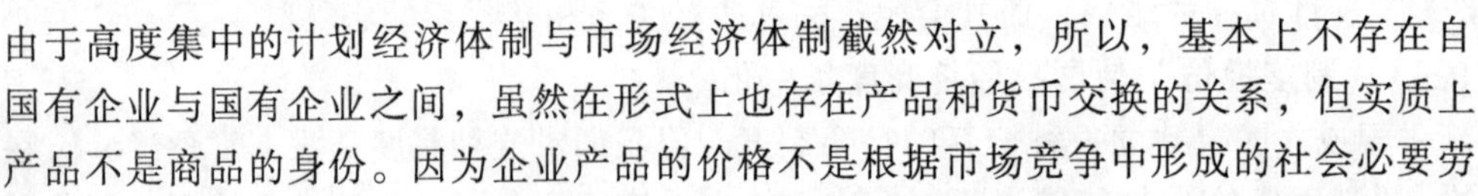

图10－1 传统国有企业委托代理关系

资料来源：马建堂、刘海泉：《中国国有企业的回顾与展望》，首都经贸大学出版社2000年版，第16页。

（二）企业与市场的关系

由于高度集中的计划经济体制与市场经济体制截然对立，所以，基本上不存在自由市场。国有企业与国有企业之间，虽然在形式上也存在产品和货币交换的关系，但实质上，这里的产品不是商品的身份。因为企业产品的价格不是根据市场竞争中形成的社会必要劳动时间决定的，也不受供求等市场因素的影响，而是由国家计划机关统一制定的价格来交换，这个价格不论是否合理，企业之间都必须相互接受。在不存在真正意义的市场的情况下，价值规律自然无法发挥作用，也就不存在真正意义上的国有企业与市场之间的交换关系。

（三）企业内部的关系

传统国有企业也是科层制度，但这种科层制度与市场经济条件下的科层制度是不同的，

① 薄一波：《若干重大决策与事件的回顾》，中共中央党校出版社1991年版，第471—472页。
② 薄一波：《若干重大决策与事件的回顾》，中共中央党校出版社1991年版，第478页。

具体体现在经营决策权、激励机制和约束机制三个方面。在传统国有企业内部，企业管理者与员工之间，不是市场中权威与服从的关系，更像行政管理关系。企业领导是政府官员，企业员工则是国家分配的公职人员，他们不能被企业辞退。企业管理的内容不是面对市场进行各种决策，而是执行国家计划下达的任务。企业员工的劳动数量和质量，缺乏客观的衡量标准，工资基本是平均分配，所以，企业缺乏适当的物质激励和约束机制。自觉性、道德准则和政治信仰，成为最主要的激励和约束制度。企业内部这种关系特点，导致国有企业内部效率不高。

三、国有企业改革的理论萌芽

1956—1965 年期间，我国过渡期完成后，经济学界开始了对社会主义建设基本经济规律进行探索。从国有企业的视角来看，这种探索包括了企业与政府、企业与市场以及企业内部经济关系的内容。

（一）关于企业与政府的关系探讨

在 20 世纪 50—60 年代，在高度集中的计划经济体制下，对全民所有制企业与政府之间的基本关系是命令与服从、计划与执行的关系。但企业应该不应该有自主权，也成为理论界探讨的问题。早在 1953 年 6 月，孙玉琮在《教学与研究》上发表了一篇题为“对外贸易国营企业与经济核算问题”的论文，文中指出：社会主义国营企业生产基本上遵循社会主义经济基本法则，国民经济有计划按比例发展法则和反映这些法则的国家计划来调节，但是，价值法则对国营企业的生产有一定影响，在计算成本、价格、经济核算时，不能不考虑价值法则。这不仅是因为消费品是按商品生产和销售的，而企业还因为我国存在私营企业，在同一市场上，国营企业的商品价格就不能不受价值法则的制约。在流通领域，国有企业生产的消费资料和小部分生产资料的价格也受价值法则的制约。作者认为价值法则已经成为影响我国国营企业生产及经营的积极因素。作者指出，经济核算制就是在国家统一计划前提下，在企业生产中确定成本、价格等，提高企业的积极性、创造性，使国家统一管理和企业的独立性、积极性相结合。论文甚至提出国营企业在国家统一政策领导下独立经营的思想①。

1961 年，孙冶方针对当时经济一放就乱，一抓就死的现象，提交了一份题为《关于全民所有制经济内部的财政体制问题》的研究报告，报告指出：“财经管理体制的中心问题是作为独立经济核算单位的企业的权、责、利和它们同国家的关系问题。至于体制中的其他问题，如中央和地方的关系、条条与块块的关系等等，在企业的职权问题解决以后，是容易解决的。”显然孙冶方把企业与政府的关系问题上升为经济体制核心问题。孙冶方还把经济决策权划分为应由国家掌握的“大权”和应由企业自行掌握的“小权”，他认为，属于扩大再生产范围的事是国家“大权”，国家必须严格管理，否则就会乱；属于简单再生产的事是企业的“小权”，国家干涉就会管死。所以，他提出国家对企业应实行“大权独揽，小权分散”、“管而不死、活而不乱”的原则②。

吴敬琏和陈吉元在 1962 年发表文章指出：全民所有制的本质特征是按统一的政策、统一的计划、统一的法规来进行生产；按统一的计划、统一的尺度来分配产品。但管理权经常是所有权的属性，所有者可以将管理权给代理人行使管理职能，这并不改变问题的性质，这

---

① 孙玉琮：“对外贸易国营企业与经济核算问题”，《教学与研究》，1953 年第 6 期。

② 郑海航：《中国企业理论五十年》，经济科学出版社 1999 年版，第 32—33 页。

就是说所有权与管理权可以分开。全民所有制可以在国家统一领导下分级管理，由职能部门、行业组织等管理。国家应该把自己的管理权力授予局部组织。局部组织接受委托，完成国家任务。全民所有制的管理体制在具体形式上可以变化[①]。苏绍智在1962年撰文分析了生产资料的所有权、占有权、支配权和使用权关系的文章，他认为：第一，考察生产资料所有制，既不应该把它的外延不适当地扩大到全部社会生产关系，也不应该窄到仅仅归结为一个归谁所有的问题，而应该从生产资料的所有权、占有权、支配权和使用权来综合加以考察。第二，生产资料的所有权、占有权、支配权和使用权是相互联系的，但又不是不可分割的。在私有制的条件下，几个"权"可以分属于不同的阶级或个人，在公有制的条件下，可以分属于不同的单位或个人。第三，在"四权"中，所有权是最根本的，其他几个"权"都是由所有权决定的。而不论起决定作用的所有权或占有权、支配权、使用权，最终都要体现在产品分配权上[②]。朱剑农认为：研究生产资料所有制问题，应该具体地考察、分析生产资料所有制关系中的所有权、占有权、支配权和使用权的实际内容及其相互关系。应该区别法律上法权概念和作为生产关系的经济学概念[③]。应该说这些思想在当时是难能可贵的，可以算作"两权分离"思想的最早萌芽。由于当时是高度集中的计划经济体制，所以，这些探讨受到了很大的局限性，但他们还是为改革开放初期提出国有企业是自主经营、自负盈亏的市场主体提供了理论上的准备。

（二）关于企业与市场经济关系的探讨

在20世纪50—60年代，企业与市场关系是理论界讨论核心主题，主要围绕国有企业的生产经营要不要引入价值规律，国有企业之间的关系是不是商品交换关系，国有企业的经济核算是什么性质等问题展开的。

1953年斯大林的"苏联社会主义经济问题"出版，我国经济学界对价值规律问题进行了探讨，当时处于改造时期，"一五"计划刚刚开始，理论界对价值规律的认识不一致，占主流的观点认为价值规律在公有制范围内不起作用，在非公有制范围内起作用；在计划经济范围内不起作用，在计划范围之外起作用。然而，薛暮桥1953年5月在《学习》杂志第9期发表了《价值规律在中国经济中的作用》一文，认为国家计划不能无限制地支配整个国民经济，只能在一定范围程度上起调节作用。他认为，社会主义经济中，价值规律的自发作用受到限制，但不能否定其作用，国营工业在计算成本、规定价格、实行经济核算时，仍要考虑价值规律[④]。

1956年，社会主义改造完成，公有制和计划经济彻底建立起来，又一次掀起关于价值规律的讨论。理论界的主流观点认为价值规律是商品经济规律，主要是资本主义性质的东西。但也有一些理论工作者提出社会主义经济应该利用价值规律。比如1956年，孙冶方提出社会主义全民所有制企业必须利用价值规律的主张，他针对当时国有企业的状况指出：企业不盈利主要两方面的原因：一是经营管理不善；二是价格不合理。他认为当时轻工业比重工业盈利多，不是因为重工业管理更差，而是因为重工业价格不合理，而价格不合理的原因就是国营企业之间没有利用价值规律。因此，应发挥价值规律在整个社会主义经济中的调节

---

① 吴敬琏、陈吉元："关于社会主义全民所有制的几个问题"，《经济研究》，1962年第7期。

② 苏绍智："试论生产资料的所有权、占有权、支配权和使用权"，《学术月刊》，1962年第6期。

③ 朱剑农："论社会主义时期生产资料的四权问题"，《学术月刊》，1962年第12期。

④ 赵晓雷：《中国现代经济理论1949—2000》，上海人民出版社2001年版，第497—498页。

作用[①]。1957年，顾准发表了《试论社会主义制度下的商品生产和价值规律》一文，指出计划经济体制的弊端根源于政府直接经营企业，应该让价格成为调节生产的主要工具[②]。1959年，柴诚在《价值规律在国营企业中的作用》一文中反对那种认为价值规律与国民经济按比例发展规律对立的观点，她认为二者的关系并不是完全对立的关系，价值规律可以促进企业改善经营管理，技术创新，提高劳动生产率。价值规律对国营企业的调节具有对计划的补充作用。国营企业作为独立的核算单位，要考虑成本，有自己局部利益，因此，价值规律起到调节作用。依据价值规律调整价格，更好地制定经济计划[③]。

关于国有企业之间的关系是否是商品交换关系，理论界也存在很大争论。一种观点认为不是商品，因为商品交换必须有所有权转移，而国营企业之间则没有发生所有权转移，只是具有商品"外壳"；另一种观点则认为是商品，凡是按等价交换原则进行物质补偿的调拨或出卖的产品就是商品交换。比如于光远指出：商品交换就是双方处于平等地位、在交换中遵循社会必要劳动时间，实行等量劳动与等量劳动互换的都是商品交换。国营企业之间的生产资料交换是商品交换；劳动者用货币购买国营企业的消费品也是商品交换。认为国有企业是相对独立的经济单位，企业都独立核算，因此是商品交换[④]。王学文则认为社会主义条件下，国营企业之间的关系是部分商品交换的关系，从企业产品是国家计划生产，计划调拨的角度看，国有企业产品不是商品；但从国营企业的局部利益来看，分级管理、分别核算、各记盈亏，企业之间产品占有权、使用权随之转移，所以具有商品性质。因此是从商品形式向共产主义过渡的过渡形式[⑤]。卓炯鲜明地提出社会分工决定商品生产的论断，他认为社会分工是决定商品存在的一般条件，而所有制则决定商品的社会性质，他认为社会主义条件下的商品生产具有社会主义性质，计划经济与商品经济不矛盾，他进而提出社会主义经济是"计划商品经济"的论断[⑥]，卓炯这一思想可以说是20世纪80年代我国提出"有计划商品经济"的最早萌芽。

许廷星则认为国营企业之间的产品交换关系既是商品关系，又是分配关系。这种交换的前提是国家计划，国家计划决定了企业之间是产品分配关系。在这个意义上，没有发生所有权转移。同时，企业之间按照成本、利润的原则进行商品货币交换，在这个意义上，国营企业之间又是商品交换关系。所以，作者认为，国营企业之间的关系是二重性的，既有分配关系，又是商品交换关系，是国民经济按比例发展规律和价值规律的统一[⑦]。

尽管这一时期主张引入市场和价值规律的观点，还基本停留在"板块结合"层面上，也就是认为计划经济是主体，市场只是辅助和补充，但这些讨论对突破传统理论，为我们在计划经济体制夹缝中引入价值规律有重要意义。

（三）关于国有企业内部关系的探讨

正如吴敬琏、陈吉元当时撰文指出的：全民所有制既简单，又复杂，说它简单是因为它

① 孙冶方："把计划和统计放在价值规律的基础上"，《经济研究》，1956年第6期。
② 郑海航：《中国企业理论五十年》，经济科学出版社1999年版。
③ 柴诚："价值规律在国营企业中的作用"，《财经科学》，1959年第4期。
④ 于光远："关于社会主义制度下的商品生产问题的讨论"，《经济研究》，1959年第7期。
⑤ 王学文："社会主义制度下的商品关系与价值规律"，《经济研究》，1959年第9期。
⑥ 赵晓雷：《中国现代经济理论1949—2000》，上海人民出版社2001年版，第497页。
⑦ 许廷星："关于全面所有制企业间交换的调拨物资是否是商品的问题"，《财经科学》，1965年第5期。

是指生产资料归全体劳动人民所有；说它复杂是因为其中包含的经济关系复杂，各个劳动者之间、劳动人民各局部之间以及全民整体和它们各部分之间，有着错综复杂的关系，不弄清这些关系，就不能透彻认识全民所有制。

全民所有制不可分割，劳动者的整体不能和个人或集团分享所有权，否则就不称其为全民所有制了。劳动者中间的个别人根据整体意志，按着国家（社会）的委托，可以在一定范围内作为所有者的代表出现，但他们取得的只能是代理人的资格，而不是所有者的资格。这就决定了企业内部的制度是民主集中制原则。使千千万万劳动者参与生产，必须有广泛的民主，同时又必须有集中，把社会千千万万劳动者的意志统一到为社会谋福利而使用生产资料上来。在全民所有制内部，每一个劳动者之间都是平等关系，没有经济特权。他们获得收入是由国家统一尺度，即劳动量分配的，不承认生产资料的差别。分配的标准和标准的变动由国家统一制定①。

在当时理论界对国有企业内部关系的讨论还不是针对委托代理问题，而主要是与国有企业的“经济核算”问题联系在一起。在高度集中的计划经济体制下，经济核算究竟是什么性质，经济核算的客观基础究竟是什么，在理论界争论都很大，比如，许耀钧认为企业经济核算，不仅有利于企业生产节约劳动时间，增加劳动成果，而且还能够充分发挥企业和职工的积极性，让他们从物质利益方面关心自己的劳动成果。所以，经济核算的客观基础是社会主义公有制，目的是节约劳动，调动企业和职工的劳动积极性②。而薛暮桥则认为，社会主义国有企业的经济核算，是建立在按劳分配制度基础上的③。也有人认为社会主义经济核算是由于社会主义条件下还存在商品货币关系，经济核算就是利用价值、货币形式建立的管理社会主义企业的方法，它是由价值规律决定的④。尽管这种观点当时不占主流，但却对后来的国有企业改革的理论创新有很强的意义，它昭示着社会主义企业要运用价值规律来加强管理、提高资源配置效率这一发展方向。对经济核算问题的争论，实质上是社会主义经济要不要发展商品经济和运用价值规律问题在国有企业内部关系中的反映。

四、国有企业的政策调整

1956 年社会主义改造完成后，如何发展全民所有制企业，壮大社会主义经济，中央在政策上进行了探索。1956 年年初，毛泽东在对南方调研基础上，历时两个多月，听取 34 个部委汇报的基础上，写出了著名的《论十大关系》一文。在文中，毛泽东指出：“国家和工厂、合作社的关系，工厂、合作社和生产者个人的关系，这两种关系都要处理好。为此，就不能只顾一头，必须兼顾国家、集体和个人三个方面……鉴于前苏联和我们自己的经验，今后务必更好地解决这个问题。”他还讲了工厂在统一领导下的独立性问题，“把什么东西统统都集中在中央或省市，不给工厂一点权力，一点机动的余地，一点利益，恐怕不妥……从原则上说，统一性和独立性是对立的统一，要有统一性，也要有独立性……各个生产单位都要有一个与统一性相联系的独立性，才会发展得更加活泼。”⑤ 毛泽东不仅强调思想上重视

---

① 吴敬琏、陈吉元：“关于社会主义全民所有制的几个问题”，《经济研究》，1962 年第 7 期。

② 许耀钧：“关于经济核算的实质问题”，《经济研究》，1959 年第 8 期。

③ 薛暮桥：“社会主义制度下的商品生产和价值规律”，《红旗》，1959 年第 10 期。

④ 金里：“关于社会主义制度下经济核算问题讨论中的不同论点简介”，《经济研究》，1962 年第 4 期。

⑤ 《毛泽东著作选读》（下册），人民出版社 1986 年版，第 726、第 727 页。

给企业自主权，更强调制度的重要性，他指出：“人是生活在制度中的，同样是那些人，实行这种制度，人们就不积极，敲锣打鼓，积极性也提不起来；实行另外一种制度，人们就积极起来了。”“思想问题常常是在一定情况和制度下产生的，制度搞对头了，思想问题也容易解决了。”① 毛泽东关于意识与制度关系的阐释，深刻体现了唯物辩证法思想。

1956年9月召开的党的“八大”，陈云提出了著名的“三个主体三个补充”的方针，即国营经济和集体经济为主体，一定数量的个体经济是补充；计划生产是主体，在计划许可的范围内按市场变化的自由生产是补充；国家市场是主体，一定范围内的自由市场是补充。陈云关于我国经济体制的新概括，已经与传统的前苏联模式有一定的区别，具有适合中国国情的新经济体制特征。毛泽东、陈云等中央领导的讲话，为理论界探索商品经济和价值规律问题、国有企业的发展问题提供了指导思想。

（一）国有企业管理体制的两次调整

在高度集中的计划经济体制下，国有企业管理体制问题越来越突出，在理论界和中央领导探索的基础上，1958年和1970年，中央两次进行国有企业管理体制的调整。

国务院于1957年先后制定了《关于改进工业管理体制的规定》、《关于改进商业管理体制的规定》、《关于改进财政管理体制和划分中央和地方财政管理权限的规定》三个文件，并于1958年开始实施。这次调整的内容很多，但总体上是围绕着中央和地方关于国有企业管理权限和利润分成的关系进行的调整，而不是对国有企业本身进行改革。比如，在国有企业管理权限上，中央把直属的一部分企业下放给省一级领导，转变为地方国有企业。从1957年年底开始到1958年6月，大部分中央企业陆续下放，中央各工业部门所属的企业、事业单位的80%左右交给了地方管理。1958年，中央直属企业的工业产值占整个工业总产值的比重由1957年的39.7%下降到13.8%。在利润分成方面，下放到地方的工业企业全部利润的20%归地方所得，80%归中央所得，分成比例3年不变。扩大地方税收的管理权限，各省、市、自治区可以在一定范围内，根据实际情况对某些收税采取减税、免税或加税措施②。

国有企业这次调整实质是在计划经济体制下的行政权力调整，一方面，调动了各方面发展国有企业的积极性；另一方面，也出现了一些问题。由于这种调整是在高度集中计划经济体制内的调整，加之“大跃进”的历史背景，在国有企业管理权力下放的情况下，各地方在利益驱动下，利用手中的权力盲目进行资源配置，在没有市场约束的条件下，出现了重复建设、国民经济比例失调，通货膨胀等严重问题，经济秩序陷入了混乱。1961年1月，中共中央作出《关于调整管理体制的若干暂行规定》，提出经济管理的大权集中到中央、中央局和省一级，在两三年内，要更多地集中到中央和中央局。这样，国有企业管埋体制又回到了原有体制框架内。

1958年的体制下放导致经济秩序混乱，但权力集中有导致原有体制弊端的重现。于是，1970年中央在制定《第四个五年计划纲要（草案）》中，再次提出权力下放，提出国有企业管理体制要以“块块”管理为主，中央直属企业可分为地方管理、中央管理和中央和地方双重管理三种形式。以此相适应，要求扩大地方的生产计划权、投资安排权、物资分配权

---

① 薄一波：《若干重大决策与事件的回顾》，中共中央党校出版社1991年版，第783页。

② 马建堂、刘海泉：《中国国有企业的回顾与展望》，首都经贸大学出版社2000年版，第27—29页。

等。从1970年开始的工业管理体制变革，同1958年的变革极为相似，而且由于1970年的改革正值“文化大革命”，所以权力下放导致管理混乱，基本建设规模膨胀，财政赤字增加，最后中央不得不再次集中权力①。

两次国有企业管理体制调整的失败表明：国有企业改革是一个系统工程，国有企业改革既要有适当的外部环境，又要有企业自身的变化，是企业与政府的关系、企业与市场的关系和企业内部关系相互作用的过程。前文指出，事实上，当时的理论界诸如孙冶方等经济学家已经认识到，国有企业的发展必须借助商品经济和价值规律，国有企业问题的症结不在于中央和地方管理权力的划分，而在于企业缺乏自主权问题，但在当时的历史背景下，这种声音还不能成为主流，所以，国有企业的调整还不能算是真正的改革，只能算作改革的萌芽。1958年和1970年的两次管理体制调整，仅仅是中央政府与地方政府之间关系调整，没有触及企业与市场和企业内部关系的调整，所以，很难取得突破性进展。正如薄一波在回忆录中指出的：“当时改进经济管理体制的工作，并没有真正解放思想、实事求是，掌握规律，只是局限于在行政管理权限上做文章，要么中央管，要么地方管，要么双重管，没有抓住如何搞活企业，使生产、流通、消费三大领域畅通，使经营单位取得良好经济效益的问题。”②薄一波认为1958年国有企业管理体制改革一个根本性的教训，“就是当年的经济管理体制的改进，只是看到了权利高度集中存在的弊端，因而采取的办法就是给地方下放权力；下放多了，又往上收权，而没有认识到在社会主义制度下，只强调实行计划经济体制（而且是以国家指令性计划为主体的体制），而完全忽视、否定市场机制的作用。”所以“只是在计划经济体制的模式内做改进、调整的文章，只是围绕着‘放权’与‘收权’打圈子，而‘放权’也主要是放给地方，并未放给企业，因为在计划经济体制下，企业不是进入市场的独立商品生产者，而是隶属于中央部门或地方行政指挥和管理下的主要按指令性计划生产的单位。因而，直到党的十一届三中全会以前，我们的经济管理体制的改进，始终没有找到问题的真正症结所在，始终没有找到正确的改革道路。”③

（二）“鞍钢宪法”与《工业七十条（草案）》：国有企业内部关系的有益探索

“鞍钢宪法”是毛泽东1959年结合鞍钢经验，探索社会主义企业管理模式过程中提出的概念。1959年12月至1960年2月，他在读前苏联《政治经济学（教科书）》时，较深入地探讨了社会主义公有制建立后的管理问题。他认为：“私有制问题基本解决以后，最重要的问题是管理问题”；“对企业的管理，采取集中领导和群众运动相结合，干部参加劳动，工人参加管理，不断改革不合理的规章制度，工人群众、领导干部和技术人员三结合。”④比较明确地形成了“两参一改三结合”的企业管理思想。1960年3月11日，中共鞍山市委经辽宁省委向党中央递交了一份《鞍山市委关于工业战线上的技术革新和技术革命运动开展情况的报告》，毛泽东针对鞍钢的企业管理模式，指出前苏联模式中的“马钢宪法”主张的一长制，反对党委领导下的厂长负责制是值得怀疑的，鞍钢报告不是“马钢宪法”那一套，而是创造了一个“鞍钢宪法”。

毛泽东关于“鞍钢宪法”的批示实际上包括了三个方面的内容：一是政治挂帅，群众

① 马建堂、刘海泉：《中国国有企业的回顾与展望》，首都经贸大学出版社2000年版，第33、第35页。

② 薄一波：《若干重大决策与事件的回顾》，中共中央党校出版社1991年版，第780—781页。

③ 薄一波：《若干重大决策与事件的回顾》，中共中央党校出版社1991年版，第803—804页。

④ “毛泽东读苏联〈政治经济学（教科书）〉谈话记录选载”（五），《党的文献》，1994年第3期。

性技术革命，这是企业的指导思想；二是不同于一长制的党委领导下的厂长负责制，这是企业的领导体制；三是“两参一改三结合”，这是企业的管理制度。时隔一个月后，由刘少奇亲自批示而推出的被称为“新型的社会主义企业管理制度”的成都量具刃具厂的管理经验，为“鞍钢宪法”的主要内容作了统一说明，公开确立了“两参一改三结合”在社会主义企业管理中的“宪法”地位，即工人参加管理，干部参加劳动，改革不合理的规章制度，实行工人群众、技术人员、领导干部三结合。

“鞍钢宪法”可以说是我国有企业实践经验与马克思主义管理思想相碰撞的产物。它作为诞生于“大跃进”背景下的社会主义企业管理模式，不可避免带地带有历史局限性，比如强调政治挂帅等，但其中也不乏渗透着现代企业管理的闪光思想，如“两参一改三结合”，与现代企业管理中的人本观念、全员参与和权变管理等都有相通之处[①]。

“鞍钢宪法”一年半后，中共中央于1961年9月16日颁发了《国营工业企业工作条例(草案)》即《工业七十条（草案)》。这是中共中央为纠正工业战线因“大跃进”造成的混乱，整顿工业企业的一个重要文件，也是我国第一部关于企业管理方面的章程。

该条例在国家与企业的关系、企业内部关系做了制度性的探索。条例强调企业是社会主义经济组织，根本任务是生产，淡化政治挂帅；强调厂长负责制；强调按劳分配，反对平均主义；强调经济核算，重视企业盈利；明确责任制度，严格规章制度，学习外国先进管理经验，等等。应该说条例对规范政府与企业的关系及企业内部关系起到了积极作用。但在高度集中的计划经济体制下，给企业自主权，重视企业经济效益，反对平均主义等管理内容很难落到实处。

第二节　企业主体论：从“放权让利”到“两权分离”

党的十一届三中全会明确提出了以扩大企业自主权为核心的国有企业改革方向，并强调应该坚决实行按经济规律办事，重视价值规律的作用。于是，理论界掀起了如何在社会主义公有制企业引入商品经济、在不改变国有企业性质的前提下扩大企业自主权的问题的讨论。

一、正确认识计划与市场的关系：扩大国有企业自主权的前提

国有企业作为经济组织，其运行方式受经济体制的制约，换句话说，经济体制为国有企业运行提供了宏观环境，有什么样的经济体制，相应就有什么样的企业运行方式。改革开放前传统国有企业之所以实行高度集中的管理体制，与当时的计划经济体制是相适应的。党的十一届三中全会提出要改革国有企业管理体制，首先要明确社会主义制度下计划与市场的关系问题，这是国有企业能否真正拥有自主权的前提。

前文指出，早在20世纪50—60年代，我国理论界已经提出发展商品经济的必然性和必要性问题，但当时没有相应的政治气候，所以理论谈论也不深入。“文化大革命”的结束迎来了理论的春天。1977年4月、6月、10月、11月，中国经济学界连续举行了4次全国性

---

① 戴茂林：“鞍钢宪法研究”，《中共党史研究》，1999年第11期。

的按劳分配理论讨论会，掀起了国有企业分配制度研讨高潮。多数经济学家认为，“文化大革命”期间否定职工物质利益和奖励制度是错误的，不利于调动国有企业生产的积极性，不利于经济建设；平均主义的分配方式严重束缚了社会主义生产力的发展，因此，企业不应吃“大锅饭”，生产越多，得到的经济利益就应该越多；职工也不应该吃企业的“大锅饭”，职工劳动得越多，得到的经济利益也应该越多。中国经济学界当时还对计划与市场的关系进行讨论，孙冶方、薛暮桥、许涤新等老一辈经济学家参与讨论尊重价值规律、引入价格信号，发挥市场作用等问题。1978 年 7 月到 9 月，国务院召开了有许多经济学家参加的理论务虚会，与会的经济学家们强烈呼吁，我国经济工作要尊重价值规律，引入市场机制。老一辈经济学家的代表孙冶方明确提出“千规律、万规律，价值规律是第一条”。并进一步提出给国有企业下放自主权，才是走出过去收放行政权力怪圈的关键①。

薛暮桥在《关于经济体制改革问题的探讨》一文中指出：因为我们和资本主义社会一样是社会化的大生产，不是自给自足的自然经济。在社会化大生产中，各行各业、各企业间的相互关系非常复杂，不进行市场调节是不行的。当然资本主义的市场调节是搞自由竞争，我们是在计划指导下的市场调节。他指出，对体制改革总的来讲有三种设想：第一种设想就是基本上保持现在的境况，还是中央集中管理，把部分权力下放到地方，特别是扩大企业的自主权，还是小改。第二种设想是把权力大部分下放给地方，以地方为主，同时也适当扩大企业的权力。第三种设想主要采取经济办法，通过经济组织管理经济，在国家计划指导下把权力的相当大一部分下放给企业。他认为第三种设想是符合改革方向的②。薛暮桥还在另一篇文章中专门论述了如何利用价值规律改革国有企业的思路，他认为改革国有企业管理体制，第一，必须建立企业基金，改变统收统支办法，坚决进行利润提成制度；第二，提出企业资金又无偿划拨转向银行贷款的思想；第三，提出指令性计划和指导性计划相结合；第四，提出企业改革要建立经济责任制，贯穿物质利益原则③。这些想法就是后来中央政策中的“扩权让利”、“拨改贷”、“经济责任制”的内容。

孙冶方在关于计划与市场的关系中明确指出，计划与市场的关系，实际上是说计划调节与市场调节的关系，他认为在社会主义社会，要以计划经济（或计划调节）为主，以市场调节为辅。因为如果我们是完全根据市场供求和物价的摆动来安排生产指标，那么我们的经济和资本主义经济就没有什么两样了④。许涤新指出，过去若干年，我们忽视以至否定价值规律的市场调节作用。现在改革经济体制，其重要内容之一，就是要在国家计划的指导下，逐步扩大市场的作用。他认为计划与市场调节的结合就是在宏观经济（主要指整个国民经济的发展方向）方面必须实行国家计划管理的综合平衡；在微观经济（主要指各基层企业的经济活动）方面必须在国家计划的指导下发挥市场调节作用⑤。

刘国光针对当时一些人对市场调节心存疑虑的现象，明确指出计划经济条件下的市场调节明显比传统计划经济优越，市场调节不是权宜之计，对市场调节的种种疑虑是不必要的。他认为计划调节与市场调节的关系不应当是“板块式”的结合而应当是互相渗透的关系。

① 张文魁、袁东明：《中国经济改革 30 年——国有企业卷 1978—2008》，重庆大学出版社 2008 年版，第 5、第 7 页。
② 薛暮桥：“关于经济体制改革问题的探讨”，《经济研究》，1980 年第 6 期。
③ 薛暮桥：“谈谈经济管理体制问题”，《金融研究》，1979 年第 1 期。
④ 孙冶方：“坚持以计划经济为主，市场调节为辅”，《财贸经济》，1982 年第 5 期。
⑤ 许涤新：“国民经济综合平衡和市场调节问题”，《财贸经济》，1980 年第 4 期。

也就是国家应当加强非指令性的计划指导，自觉地利用各种经济手段进行调节，就是说要把计划调节的因素渗透到市场调节那一块去，使市场调节能够符合国家宏观计划的要求。另一方面，对于目前仍然由国家指令性计划安排的那一块中存在的产销脱节等弊病，也要通过加强利用价格、税收、信贷等价值杠杆的办法进行调节，逐步把市场调节的因素渗透到计划调节那一块去，并且逐步改指令性计划为指导性或参考性计划，以扩大计划调节内部结合市场调节的成分。所以，国民经济整体都是计划与市场有机结合的调节①。这种认识在当时是非常深刻的，它为党的十四大提出我国建立“社会主义市场经济体制”目标奠定了理论基础。

二、国有企业内部权利关系的探讨：“两权分离”理论形成的基础

国有企业改革的第一步是扩大企业自主权，但扩大企业自主权的理论基础是什么，国有企业作为全民所有制企业，其内部的权利关系是怎样的，这些是国有企业权利关系变化首先要面对的理论问题。

1979年，胡钧从全民所有制企业之间需要等量劳动互换这一视角论证了全民所有制企业之间是商品交换关系的根源。他认为全民所有制企业之间的商品关系是企业内部人与人之间客观经济关系的体现，是社会主义制度下劳动者同公有的生产资料的特殊结合方式决定的，如此，企业要作为交换的主体，必须有一定的自主权。他特别提出要区别法律意义上的所有权与经济意义上的所有权的关系，并指出混淆两者关系是我们不能分析全民所有制内部丰富的财产权利关系的症结所在②。胡钧提出的这一问题，对后来进一步研究全民所有制产权关系产生了重要影响。随后，苏星在《关于全民所有制生产资料是否是商品》一文，也从法律意义上的所有权与经济意义上的所有权相互区别的角度，指出全民所有制企业之间的关系就是商品交换关系。他指出商品交换（不管是在生产资料私有制还是生产资料公有制条件下），当事人需要彼此承认是商品所有者（法律上称所有权），但是并不会发生所有权（经济意义上的所有权）的转移。在交换过程中，双方按照价值用对自己没有使用价值的商品，换回对自己有使用价值的商品。作为使用价值，他们是放弃了一种使用价值，取得了另一种使用价值。作为价值，他们谁都没有失去什么（当然是在等价交换的情况下），相反的，他们是牢牢地保持着所有权的。果真失去商品的所有权，那就不是交换，而是赠送或者被抢劫了③。

表面看来，对国有企业之间的交换关系是不是商品货币关系的讨论，似乎与国有企业改革理论没有太大关系，但实际上，这是能否承认国有企业成为独立市场主体的理论前提。如果国有企业之间的关系不是商品交换关系，那么每一个国有企业自然不能以独立市场主体的身份存在，而不是市场主体，也就谈不上企业自主权的问题。这正是为什么在20世纪50—60年代研究国有企业问题时就争论这一问题的原因所在。

这一次理论讨论与以前相比还是取得了新突破，通过区别生产资料的经济上的所有权与法律上的所有权，就不再单纯把生产资料法律上的所有权看作所有制的全部内容，这对我们进一步讨论企业内部的权利关系奠定了理论基础。正如董辅礽指出的：以前我们对所有制问

① 刘国光：“略论计划调节和市场调节的几个问题”，《经济研究》，1980年第10期。

② 胡钧：“商品生产价值规律与扩大企业自主权”，《人民大学校内科学研讨会论文集》，1979年11月。也可参见《胡钧自选集》，中国人民大学出版社2007年版，第578页。

③ 苏星：“关于全民所有制经济内部的交换”，《社会科学研究》，1980年第2期。

题的研究过于简单，把生产资料归属问题的解决看作所有制问题的全面解决。他提出国有企业改革必须改革所有制，不能把国有企业改革仅仅看作管理问题的改革，即运用行政手段还是经济手段管理的问题。过去20多年来，我国虽然进行过多次经济管理体制的改革，改来改去，无非是在中央集权和地方分权的关系上考虑，不论是强调集权还是强调分权，都没有触及国家所有制形式问题，都没有去注意解决企业在统一领导下的独立性问题。社会主义全民所有制又要求实行广泛的民主，使各个生产单位具有必要的权力和独立性，具有自身的利益，并能够考虑自身的利益，使各生产单位的劳动者享有经营管理权。生产资料经营管理上的与统一性相联系的独立性并不改变它的全民所有制的性质，生产资料并不因此就属于各生产单位所有，而只归它们占有、支配和使用。因为各生产单位是在统一计划的领导下，独立地运用这些生产资料，生产的剩余产品也不归各个生产单位所有，而是归全体劳动者所共有，并且根据全体劳动者的共同利益进行分配①。以上思想为国有企业两权分离理论奠定了基础。

李宗茂也撰文指出国营企业的所有制应该改变，他甚至提出大胆设想，对全民所有制进行“大改大革”，除了少数企业如银行、邮电、铁路、外贸、远洋运输等，其他许多企业的国家所有制或者说全民所有制的形式不见了，呈现在我们面前的，将是一个个类似我们现在的集体所有制企业那样的单位②。当然，他所说的把国有企业也变为集体企业，并不是彻底改变企业所有权，在他看来给国营企业生产资料占有权、支配权、使用权就使国有企业的性质改为集体企业了。如果说当时作者的想法不是要彻底消灭国有企业，那么这应该算做国有经济战略调整的思想萌芽吧。

这一时期，对国有企业内部权利关系的研究还触及到法人财产权这一深层次的问题。康德瑄、江平、田建华从马克思的所有权与占有权理论出发，认为国家和企业两权分离，企业并不单纯是拥有经营管理权，因为经营管理作为一种权利，必须以一定的财产权利作为基础，它是从财产权利中派生出来的。如果经营管理者完全没有财产权利，财产权完全属于别人，他进行的经营管理就只是一种责任。只有具备财产权利时，作为财产权的派生物，经营管理才能成为一种权利。所以，作者认为两权分离应该是所有权与占有权的分离，这种分离意味着企业具有相对独立性，进行自主经营、自负盈亏，真正成为商品生产者和具有发展生产改善经营的强大经济动力，从而使劳动者不同利益得到体现。论文甚至指出：既然要尊重企业的占有权，因此在与其他企业和单位发生商品交换关系或发生经济纠纷时，企业就应以“所有者”的面目出现，享有和真正所有者很接近的权利，也可以以法人的资格提起民事诉讼。现在大家都在谈企业经营管理的自主权和企业是相对独立的商品生产者，但是不承认和保障企业对生产资料和资金的上述财产权利，这一切都失去了基础③。这种观点已经触及到企业法人财产权问题，尽管当时并没有明确提出这个概念。

以上观点表明，我国理论家从马克思主义所有制理论出发，结合企业实践，逐渐对企业理论研究向纵深发展。他们不仅认识到在实践上两权分离的必要性，更是从深层次上运用马克思主义基本方法和原理，论证了两权分离的具体内容，甚至包括法人财产权这样的重要内

---

① 董辅礽：“关于我国社会主义所有制问题”，《经济研究》，1979年第1期。

② 李宗茂：“国营企业的所有制应该改变”，《江汉论坛》，1979年第4期。

③ 康德瑄、江平、田建华：“企业占有权试论”，《社会科学战线》，1980年第3期。

容。这一点在 1984 年党的十二届三中全会《中共中央关于经济体制改革的决定》得到了肯定，《决定》指出："根据马克思主义的理论和社会主义的实践，所有权同经营权是可以适当分开的。"

三、企业本位论：社会主义企业理论基本框架的形成

这一时期，我国理论界不仅从马克思主义基本原理出发，讨论了全民所有制企业所包含的复杂经济关系，而且还探讨研究了国有企业的一般理论框架，这一成就的代表性人物就是蒋一苇。1979 年和 1980 年，蒋一苇撰写了多篇文章，运用马克思主义基本方法和原理，提出研究社会主义国有企业的一个一般理论框架，这个框架的核心被概括为"企业本位论"。

蒋一苇首先从马克思主义的"管理二重性"出发，论证了研究社会主义企业的基本框架。他说马克思早就指出企业管理具有二重性：既具有与生产力、与社会化大生产相联系的自然性，又具有与生产关系、与社会制度相联系的社会性。这种二重性，归根到底是由于商品具有二重性而引起的。认识这个二重性，对于我们正确处理社会主义企业与资本主义企业之间的共性与个性问题，有重大的指导意义。

在企业管理中，属于合理组织生产力、组织社会化大生产的管理职能，社会主义企业和资本主义企业有共性，没有什么根本的区别。当然，由于生产力和劳动社会化发展的程度与规模的不同，环境与历史条件的不同，等等，也会有差别。但是这种差别不是根本的区别。企业管理中，属于处理生产关系、经济利益方面的职能，则完全不一样，在社会主义企业管理与资本主义企业管理之间是有根本区别的。由于社会主义仍然要进行商品生产，由商品生产而形成的某些特征还会继续存在，如市场经济的运用，价值规律的作用，用经济手段管理经济，等等，这些经济机能在形式上和资本主义企业很相似，而且也应该从资本主义吸取某些有益的经验。但形式上的类似，不等于本质上相同。因为社会主义的商品生产毕竟不同于资本主义的商品生产，与商品生产相联系的某些管理的方式和方法，也就有着完全不同的性质和意义。

他指出从生产关系的角度来看，企业的管理涉及三个方面的关系，即企业与国家的关系、企业与企业的关系和企业内部的关系。这三个方面的关系，在两种不同的社会制度下，都表现出截然不同的区别。

1. 企业与国家的关系。社会主义国家不仅有政治的职能，而且有经济的职能。在经济上，国家代表了社会的总体劳动者，企业则代表着局部劳动者。企业与国家之间的关系，本质上是局部劳动者与总体劳动者的关系。这种关系的实质，是经济利益关系，是局部利益与整体利益的关系。企业作为国民经济的基本单位而存在，不论是集体所有还是全民所有的企业，它都仍然是一个商品生产者，必然具有商品生产者的独立性和独立的经济利益。但是它不同于私有制企业，它的独立性不能是绝对的独立，只能是在国家统一领导下的相对独立，在经济利益上，也只能在局部利益服从整体利益的原则下，去争取提高和发展企业自身的利益。这是社会主义企业和资本主义企业的一个根本的不同点。

2. 企业与企业的关系。社会主义企业与企业之间的关系，也完全不同于资本主义社会。因为尽管每一个企业是相对独立的经济体，但它们首先是社会主义经济整体中的平等成员，有着共同的利益。这种利益的一致性，决定它们之间的关系，首先是相互协作、互相支援以及在必要时联合为一体的合作关系。发展这种协作关系，有助于提高生产的社会化程度，从

而加速生产力的发展，这对企业自身，对整个国民经济的发展都是有利的。但是，社会主义企业之间，也必然存在一定的利益矛盾，企业之间也应当有适当的竞争，允许由于生产经营成果的好坏而存在利益上的差别。但这种差别只是共同利益基础上的一种人民内部矛盾，在国家的统一领导和协调之下，不但不致形成像资本主义企业之间那样你死我活的对抗，相反，适当的差别却是促进生产力发展的重要动力。

3. 企业内部的关系。在企业内部，由于社会主义的公有制消灭了剥削，从而消除了企业内部的阶级对抗。企业职工不再是劳动力的出卖者，而是企业的主人。劳动者与生产资料直接结合。他们的劳动成果，不论体现为国家收益，或者企业收益，或者个人收益，但归根到底都是为自己的利益而劳动。职工的个人利益与个人贡献大小相联系，与企业经营好坏相联系，也与国家经济发展快慢相联系。只要使广大劳动者看到这种联系，并从中得到实际的利益，就必然会焕发出高度的劳动积极性与创造性，这正是社会主义优越于资本主义的力量源泉。实现经济民主是社会主义企业管理的重要特征①。

应该说蒋一苇在当时能够提出这样一个国有企业研究的理论框架，是对马克思主义关于企业研究的重大创新，它为我们的国有企业改革提供理论基础，这一分析框架显然没有受以科斯为代表的西方现代企业理论的启发和影响，但却比西方现代企业理论更为深刻，对我们的国有企业改革更具指导意义。可以说，这一理论框架贯穿于我们国有企业改革的方方面面，国有企业改革的深化和发展的过程，就是这一框架理论内容不断丰富和延展的过程。如果要评价20世纪90年代引入的西方企业理论与我国经济学家建立的企业分析框架的关系，我认为它们之间是形式与内容、指导思想与具体方法的关系。西方企业理论给我们提供了一些概念，马克思主义经济学家则把这些概念融入了中国特色的实际内容；西方企业理论提供了一些具体方法，如静态比较、成本收益等，马克思主义经济学家则提供了根本方法，如对生产关系的分析等。离开了马克思主义根本方法和指导思想，国有企业改革就会偏离方向；盲目排斥西方经济学理论，国有企业改革也会停滞不前。这些已经被国有企业改革的实践所证明。

蒋一苇运用这一分析框架，研究了国有企业的性质、国有企业的内部关系、治理特点等，并提出了国有企业改革的目标模式。他指出经济体制改革千头万绪，应当从确定社会主义制度下企业的性质入手，以此为基准，再进而研究整个国民经济的组织与管理，这样，才能由此及彼，顺理成章，使经济体制的改革有一个牢靠的基础和依据，这就是“企业本位论”的基本含义。

他指出：社会主义的统一经济，是否就意味着应当取消企业的独立性，而把整个国民经济变成一个庞大无比的经济整体，把整个国家变成一个大“企业”呢？显然不是，这只能是一种“乌托邦”式的幻想，而我们现行的经济体制，事实上正是按照这种“乌托邦”式的幻想而行事的。由全国几万个全民所有制企业所构成的“大企业”，国务院就像总经理，计划委员会就像这个大企业的计划科，经济委员会是生产科，基建委员会是基建科，物资总局是供应科，劳动总局是劳资科，各业务主管部类似以产品为对象的车间。

基于此，蒋一苇提出了他的“企业本位论”思想：第一，由于社会分工和商品经济的客观存在，社会主义经济必然还要以现代企业作为基本经济单位而组成。第二，在社会主义

① 蒋一苇：“论社会主义企业管理的特征”，《经济管理》，1980年第1期。

制度下的企业，应当是一个能动的有机体，并且具有独立的经济利益。它和资本主义企业的不同，只在于它的所有制不同，利益的归属不同。第三，社会主义的经济民主是社会主义制度优越性的重要方面。这种民主性表现为两个方面：一方面，国民经济是具有独立性的企业联合组成；另一方面，企业由共产党领导下的全体职工直接管理。第四，社会主义国家与企业之间是一种经济关系，国家主要应用经济手段的管理方式来领导企业。第五，社会主义的经济体制，要以企业为本位来建设，必须适应企业作为具有独立经济利益、能自我运动、自我发展的经济体的客观要求，要把发挥企业的能动作用作为体制建设的出发点。本着以上原则，经济体制所采取的方式可以在实践中不断探索，不断改进与完善，逐步形成一个适合我国国情的，中国式的社会主义经济体制①。

企业本位论的最重要贡献就是提出了国有企业是独立的市场主体这一思想，这就找到了推进国有企业改革的关键和核心。

四、国有企业扩大自主权的政策演进

（一）两步“利改税”：扩权让利的初级形式

1978 年 12 月，四川省率先进行了以扩大企业自主权的国有企业改革试点工作。随后试点省份逐渐扩大。1979 年 7 月，国务院颁发了《关于扩大国营工业企业经营管理自主权的若干规定》、《关于国营工业企业实行利润留成的规定》等 5 个文件，正式在全国推广扩大企业自主权的改革。改革的核心是扩大企业自主权和利润留成，这无疑对调动企业积极性有重要作用。正如理论界所讨论的那样，由于对企业自主权的权力边界在理论上没有搞清楚，所以这种制度安排出现的负面后果就是企业为了自身利益，设法增加留成，减少利润上缴，结果，1979 年和 1980 年出现了历史上前所未有的财政赤字。

为了建立与扩权计利相适应的约束机制，1981 年 11 月和 1982 年 11 月，国务院分别批转了国家经委等单位拟定的《关于实行工业生产经济责任制若干问题的意见》和《关于当前完善工业经济责任制的几个问题》等文件，开始在国有企业推行经济责任制度。试图以此来约束企业经营行为，增加财政收入。然而由于国家与企业之间的权力边界不清，对企业的经营状况、经营能力和水平，找不到客观的衡量标准，所以，经济责任制中的“责任”很难精确量化确定。

为了解决这些问题，1983 年开始，国务院批准了财政部制定的《关于国营企业利改税试行办法》，开始了两次利改税的制度创新。利改税是调整国家与企业利益关系的一种制度，这一制度针对不同规模、不同盈利水平的国有企业，采用不同税率的办法，试图克服企业留成与政府讨价还价的问题。但实践中，由于国有企业不是真正的市场主体，所以，政府对他们的约束仍然是软性的，没有解决政府与企业的利益关系。

由于企业经营自主权在理论上是一个含混的概念，所以，在实践中也必然出现混乱。1984 年，国务院颁发了《关于进一步扩大国营企业自主权的暂行规定》，明确了国营企业具有生产经营计划权、产品销售权、产品价格定价权等 10 项自主权。这些权力下放，扩大了市场调节范围，触动了国有企业的经营体制和所有制，调动了企业积极性，促进了经济效益

---

① 蒋一苇：“‘企业本位论’刍议——试论社会主义制度下企业的性质及国家与企业的关系”，《经济管理》，1979 年第 6 期；“企业本位论”，《中国社会科学》，1980 年第 1 期。

提高。然而也出现了政府对国有企业约束机制不健全的问题。乡镇企业、私营企业和外资经济的迅速发展，国有企业面临越来越激烈的竞争，从而遇到严峻挑战。

（二）承包制：扩权让利的高级形式

承包制作为国有企业改革的一种模式，并没有触及企业产权关系，它实际上是扩权让利思路的一种延伸，所以，这里称之为“扩权让利高级形式”，也是“两权分离”的一种实践。

20世纪80年代初期，我国在首钢等部分国有企业进行了承包制的试点。1986年12月，国务院在《关于深化企业改革，增强企业活力的若干规定》中提出“推行多种形式的承包经营责任制，给企业经营者以充分的经营自主权。”1987年3月，全国人大六届五次会议通过的《政府工作报告》强调，要把改革的重点放到完善企业经营机制上，实行多种形式的承包经营责任制，承包制作为一种主要企业制度创新形式得以推广。1988年2月，国务院颁发了《全民所有制工业企业承包经营责任制暂行条例》，对国有企业实行承包制的责任、内容作了制度性规定。到1988年，实行承包制的企业已占到全国预算内工业企业的90%，占大中型企业总数的95%①。

承包制在国家与企业关系上，实行“包死基数，确保上交，超收多留，欠收自补”的原则。这一制度试图通过国家与企业的契约关系，确定权利与责任的边界，通过两权分离，使企业自主经营、自负盈亏，改变企业吃国家“大锅饭”、职工吃企业“大锅饭”的局面。

但作为国有企业制度创新的形式，承包制存在的主要问题是：承包制指标难以科学合理化，导致企业与政府之间的讨价还价。承包当事人双方不是平等的商品生产者的关系，而是行政上下级的关系。由于信息不对称，国有企业经营者利用信息优势，想方设法压低承包基数，而企业主管部门作为国有资产的代理人，激励不足，在讨价还价过程中，往往以国有资产的流失为代价。结果产生了国有企业经营者与主管者合谋、国有企业领导对国有企业形成“内部人控制”等腐败问题。由于国有企业没有成为真正独立的法人，企业在契约中所获得财产使用权和收益权没有硬约束，不能以法人财产承担民事责任，这样造成的后果是：一方面，企业作为市场主体的真正权利并不完善；另一方面，企业对国有资产可以“负赢不负亏”。

五、转换企业经营机制与承包制的退出

20世纪80年代后期，当承包制问题重重之时，乡镇企业、私营企业和外资企业等非国有经济却得到了迅速发展，这使得国有企业面临激烈的竞争，加上宏观经济的吃紧政策，使国有企业的亏损面不断扩大。20世纪90年代初期，国有企业陷入了前所未有的困境。理论界一些人通过与非国有经济的对比研究中，发现国有企业的经营行为和管理方式与非国有企业有着显著差别。于是，理论界提出“转化国有企业经营机制”的论题。

其实，早在1985年，马建堂就从企业行为角度研究了企业内部激励机制问题②。韩岫岚1986年撰文指出，企业的行为同人类的行为一样，具有目的性、主动性、动因性、可塑性等特点；从企业是商品生产经营者的经济性质出发，其行为至少包括决策行为、制造行

① 王珏：《国有企业改革新探》，上海远东出版社1996年版，第113页。

② 马建堂：“企业行为的改变与工资的宏观调控”，《经济研究》，1985年第6期。

为、分配行为、积累行为和公共关系行为；评估企业行为优劣的标准，应当有质的和量的两个方面；企业行为导向，主要是社会环境导向和企业自我导向。作者认为，在企业内部的运行机制和自我导向方面，当前尤其重要的是目标导向和激励导向①。同年，周叔莲从我国经济体制改革目标模式的角度分析了国有企业的经营机制特征，他指出：可以从企业状况、市场状况和宏观经济管理制度三个互相联系的方面来划分经济体制模式和确定我国经济改革的目标模式。其中经济改革的最主要任务是使社会主义企业成为真正的企业。真正的企业至少要具备以下三个特征：第一，自主经营、自负盈亏；第二，有扩大再生产的能力和自主权；第三，有自我调控的机制。具有这三个特征，企业才能成为真正的商品生产者和经营者②。

1987年，当时的国家经委主任吕东在《企业管理》杂志撰写了《完善国有企业经营机制成为经济体制改革的中心任务》一文，文章指出：十一届三中全会以来，以搞活企业为中心环节的城市经济体制改革，围绕着调整国家与企业、企业与职工之间的经济关系，从扩大企业经营管理自主权入手，但扩大给企业的权力并没有完全落实下来。因此，进入1987年以后，我们要认真贯彻落实国务院有关增强企业活力的规定，根据所有权与经营权分开的原则，努力寻找出适合不同企业特点的经营形式，完善企业经营机制③。这一年开始，关于国有企业经营机制理论的讨论迅速增多，理论工作者对国有企业经营机制的内容、目标，如何完善国有企业经营机制等进行了探讨。比如，郑恩认为企业经营机制内容应该包括企业活动机制和企业外部机制两个方面：企业活动机制包括激励机制、决策机制、竞争机制、自控机制等；企业外部机制包括市场机制、宏观调控机制等④。许质斌认为经营机制包括企业动力机制、决策机制和自我约束机制等⑤。

有些学者深入研究了构建国有企业经营机制的思路，如谷书堂、黄志亮在探讨企业活力及其源泉的基础上，提出了建立新的企业经营机制的主要条件。他们认为，新的企业经营机制必须具备的一般条件是国家、企业、职工三者之间的权力制衡、利益制约和责任约束，而且应保持三者之间的上下制衡、左右对称。只有如此，才能实现并保障企业应有的自主权和自负盈亏的地位。作者认为，只有上述新机制的构造原则，还不能解决它的有效运行问题。要使新机制有效运行还必须实现国家、企业、职工关系的规范化、契约化和法规化，只有如此，才能解决经常出现的“侵权、挖利、避责”行为，从而使新机制排除干扰得以运行⑥。再如，洪银兴从经济运行机制的视角，研究了企业动力机制问题。他认为在社会主义商品生产的动力机制中，存在着职工收入最大化——企业利润最大化——社会得益最大化之间的制约关系，企业的利润冲动是动力机制的轴心。为解决企业行为趋短化问题，试图从财产关系上寻求国家、企业和个人利益的体现者，在现阶段不可行。所以，他提出从经济机制上寻求三者利益的钳制关系，即利用市场机制，将职工谋求收入最大化的动力引入实现利润最大化的轨道；利用宏观调节机制，将企业谋求利润最大化的动力引入实现社会得益最大化的轨

① 韩岫岚：“国有工业企业行为浅析”，《中国工业经济》，1986年第5期。
② 周叔莲：“再论我国经济改革的目标模式”，《中国工业经济》，1987年第5期。
③ 吕东：“完善国有企业经营机制成为经济体制改革的中心任务”，《企业管理》，1987年第3期。
④ 郑恩：“谈谈企业经营机制的概念及其内容”，《计划与管理》，1987年第10期。
⑤ 许质斌：“企业系统运行机制分析”，《企业管理参考》，1987年第40期。
⑥ 谷书堂、黄志亮：“企业活力与两级分离的企业运行机制”，《中国工业经济》，1987年第5期。

道[①]。

中国社会科学院工业经济研究所课题组，从两权分离和完善承包制的视角，研究了转换企业经营机制问题。课题组认为，实行所有权和经营权的分离，是搞活全民所有制企业的关键。“两权分离”的根本问题是放开经营权，把权、责、利全面落实到企业和企业经营者身上，以逐步实现企业内部经营机制的改革，办法是实行承包经营责任制。国家与企业以及企业内部关系的分配关系已经发生重大变化，必须进行调整。在目前国家财政的情况下，企业增收主要应靠企业提高经济效益，不宜再在减税让利上做文章。企业内部的分配关系，要明确企业工资总额同经济效果挂钩的改革方向，实行分级管理的工资管理体制。关于企业的领导体制，要坚决贯彻实行厂长（经理）负责制，要从厂长素质和专家集团辅助厂长决策方面采取措施，不宜再走经营权的分散和所谓集体决策互相制衡的道路[②]。

随后，我国理论界关于国有企业经营机制的研究进入高潮，研究内容不断深入和具体化，这些研究成果最终体现在1992年7月国务院颁发的《全民所有制工业企业转换经营机制条例》中。1992年10月，党的十四大报告明确提出转换企业经营机制目标。报告指出：转换国有企业特别是大中型企业的经营机制，把企业推向市场，增强它们的活力，提高它们的素质。这是建立社会主义市场经济体制的中心环节，是巩固社会主义制度和发挥社会主义优越性的关键所在。

企业经营机制的研究本来是为了完善承包制，规范政府与企业的关系，然而事与愿违，这种研究在实践中并没有挽救承包制这种制度形式，相反，股份制的组织形式被推上了历史舞台。股份制的采用是国有企业改革从政府与企业之间关系的调整向企业内部关系的方向调整的必然选择。因为沿着政府与企业关系进行调整，始终跳不出行政权力的干预，只有把政府与企业的关系内化为企业内部的经济关系，才可能脱离开政府行政权力对企业经营管理的干预，同时也能够让企业成为独立的市场主体，自主经营、自负盈亏。按照这样的思路，人们自然要考虑现代社会企业最高级的组织形式——股份制形式。

第三节　企业制度论：从股份制到现代企业制度

一、关于股份制的理论探索

20世纪80年代初期，我国国有企业和集体企业都自发出现了一些股份制企业，对于这些新事物，理论界认识不一。为了解决政企职责分开，使所有权和经营权分离，探索我国国有企业改革的路子，从1985年起，经济理论界和实际部门的工作者，以撰文和召开座谈会等形式对股份制问题展开了热烈讨论。人们对国有企业，尤其是大中型国有企业实行股份制其说不一，有的褒之为解决政企分开，搞活企业的良策，有的贬之为改变社会主义公有制性质的异端。

---

① 洪银兴：“企业行为和社会主义商品生产的动力机制”，《中国工业经济》，1987年第1期。

② 中国社会科学院工业经济研究所课题组：“关于改革和完善企业机制的若干意见”，《中国工业经济》，1987年第4期。

关于国有企业实行股份制改造，最早可以追溯到 1980 年 5 月，中共中央书记处研究室和国家劳动总局召开的关于就业问题的座谈会上，厉以宁就谈到了用股份公司改造国有企业的问题①。1983 年，吴稼祥和金立佐撰写了《股份化：进一步改革的一种思路》，是我国最早对国有企业股份制改造进行系统阐述的论文，该文先在理论界传阅，而后 1985 年 8 月 3 日在《经济日报》发表②。1984 年 9 月，严斯茂撰文对社会主义经济中出现的股份公司现象进行了理论分析，他指出股份公司并不是资本主义独有的东西，它是与商品经济、社会化大生产相联系的组织形式，它在集中资金、实行现代化管理、提高生产率等方面有优越性。他认为股份公司的性质取决于生产关系的性质，建立在资本主义生产关系上的股份公司，就是资本主义性质，建立在公有制基础上的股份公司就是社会主义性质③。虽然该文主要是从筹集资金、有利于管理和提高企业效率上认识股份制的意义，但作者能从生产力和生产关系两个层面上认识股份公司，在当时已经很了不起。

1985 年以后，我国理论界对股份公司的研究逐渐升温，越来越多的人倡导国有企业实行股份制改造。曹凤岐撰文指出：股份制是联合生产的一种形式，它虽然产生于资本主义，但实际上更适合作为社会主义企业的组织形式，因为社会主义有计划的商品经济不仅是商品经济，是社会化大生产，而且还是没有资本家剥削的联合劳动，因此，应该合理利用股份制形式④。刘光第认为，股份制度是一种超越一定的生产关系、体现扩大商品生产的经济组织管理形式，不应把它等同于资本主义。社会主义股份制度不同于资本主义股份制度的主要区别，在于它是在公有制占主导地位的条件下有领导、有控制地实行。所谓公有制占主导地位，首先表现在：少数规模巨大的有关国计民生和国民经济命脉的重点企业，仍然实行全民所有，由国家任命企业领导人，代表国家经营企业，国家集中力量办好这些少数企业，在国民经济中起主导作用；其次，多数全民所有制企业可以逐步实行股份所有制，在一定时期内，股份发行的总金额应有一定的限度，国家可以通过占有这些企业股份的形式，指导企业活动，使企业沿着社会主义方向发展。因此，社会主义股份制度的实行不仅不会使社会主义公有制逆转为私有制，而且还有利于公有制的巩固和发展。他提出国有企业股份制改造后，让市场指挥企业活动，国家控制市场，把国家和企业的关系逐步变为国家——市场——企业之间的关系⑤。尽管该文在关于股份制性质问题的认识有失偏颇，但他提出的国有企业分类进行股份制改造和“国家——市场——企业”的调节模式在当时有一定的创新性。

袁恩桢撰文指出，股份制仅仅是与社会化生产和商品经济相联系的一种经济组织形式。它既可以在资本主义私有制的基础上产生，也可以在社会主义公有制基础上存在。股份制会对我国所有制产生影响，它会使所有制趋于多元化。但股份制能否成为全民所有制的改革方向和标准模式，作者持谨慎态度。但作者鲜明地提出对于那些本来不该纳入全民所有制范围的小企业，则应该“退耕还地”，而股份化则是其中的一条重要途径，对于关系国计民生的

---

① 郑海航：《中国企业理论五十年》，经济科学出版社 1999 年版，第 166 页。

② 吴敬琏：《大中型国有企业改革：建立现代企业制度》，天津人民出版社 1993 年版。转引自郑海航：《中国企业理论五十年》，经济科学出版社 1999 年版，第 167 页。

③ 严斯茂：“社会主义股份公司初探”，《经济研究》，1984 年第 12 期。

④ 曹凤岐：“试论社会主义条件下的股份制度”，《北京大学学报（哲学社会科学版）》，1995 年第 1 期。

⑤ 刘光第，“略论实行股份制的必要性及其条件”，《天津社会科学》，1985 年第 5 期。

大企业，则要根据全民所有制的特点，实行两权分离[①]。该论文的重要贡献在于从股份制的角度提出了"抓大放小"国有企业改革思路。范茂发、荀大志、刘夏平认为，企业股份制问题受到人们的普遍关注。综合各方面意见，实行股份制的主要目的有两个：一是解决企业的"短期行为"；二是筹集资金，促进资金的合理流动。我国社会主义公有制本身就是对资本主义生产方式的彻底扬弃，对资金的集中能力已远远超过资本主义所能达到的程度，更有可能选择最优秀的企业家进行管理。因此，以资本集中和经营管理高质量化为目的的股份制对我国全民企业现实意义不大。作者认为国有企业短期行为不是股份制能解决的，因为短期行为的主要原因：改革不配套；企业外部环境不确定；干部任免制度有问题。他们认为，国家仅仅把身份转变为股东，在管理上也同样政企不分。他们提出根据企业的经营环境和经营特点采取不同的制约办法，对现有企业一是竞争性企业，二是非竞争性企业，三是半竞争性企业。然后对经营者进行"利益制约"，而不是股份制的"财产制约"[②]。表面上看，这篇论文是反对国有企业股份制改革，但实际上，作者从相反的角度提出了国有企业如果仅仅为了筹集资金、解决短期行为进行股份制改造，是没有意义的。他们这种分析实际上触及到股份制改造的实质究竟是什么，它究竟要解决国有企业什么问题等这些深层的理论问题。这些问题直到1987年，蒋一苇在一次股份制研讨会上才明确揭示出来。他指出，过去全民所有制企业多层委托代理关系，产权不明晰，越是公共财产越没有人管。有人讲，搞股份制就是为了集资，这一点马克思也曾讲过，它是资本积聚的必然产物。但是从股份制的本质来说，更主要的作用还在于对产权的确认和确定[③]。蒋一苇把股份制的本质与明晰国有企业产权连在一起，在当时是非常深刻的见解，因为按照这种逻辑，接下来要讨论的自然就是企业法人财产权问题。

此外，刘诗白撰文指出，股份制形式作为联合的所有制是一种新的社会主义公有制形式，应该提倡发展[④]。针对理论界对股份制的争论，谷书堂指出，要坚持马克思主义唯物史观认识中国的股份制问题，应根据不同需要建立不同形式的股份制[⑤]。何炼成认为，承包制不仅未能使产权明晰化，反而更加模糊，所有权形同虚设；不仅没有政企分开，反而更容易受行政部门的干涉；承包企业名义上是法人，实际上没有法人地位。因此，应当毫不犹豫地、积极而又慎重地推行股份制，特别是在国有企业中推行股份制[⑥]。

应该说，以上关于国有企业实行股份制改造的理论观点，都是从马克思主义基本原理出发，结合中国经济体制改革进程和国有企业改革实践提出来的，他们运用生产力和生产关系相结合的方法，得出的对股份制的基本认识是：股份制是社会化大生产的产物，与商品经济相联系，它既不姓资也不姓社，股份制的性质取决于生产资料所有制的性质，中国国有企业深化改革应该采用股份制形式。党的十五大报告对这些理论成果给予了肯定："股份制是现代企业的一种资本组织形式，有利于所有权和经营权的分离，有利于提高企业和资本的运作

---

① 袁恩桢："股份经济与经济改革"，《上海经济研究》，1985年第9期。

② 范茂发、荀大志、刘夏平："股份制不是全民所有制企业改革的方向"，《经济研究》，1986年第1期。

③ 蒋一苇："有关股份制的几个问题"，《经济管理》，1988年第1期。

④ 刘诗白："试论社会主义股份制"，《经济研究》，1986年第12期。

⑤ 谷书堂："坚持马克思主义基本观点的实质是什么——从股份制企业讨论引起的"，《经济纵横》，1986年第10期。

⑥ 何炼成："关于社会主义股份制若干重要理论问题"，《当代经济科学》，1989年第5期。

效率，资本主义可以用，社会主义也可以用。不能笼统地说股份制是公有还是私有，关键看控股权掌握在谁手中。国家和集体控股，具有明显的公有性，有利于扩大公有资本的支配范围，增强公有制的主体作用。”

对股份制内部关系、股份制要解决的核心问题、国有企业股份制改造的具体内容等较早进行系统论述的是厉以宁。厉以宁1986年12月开始，在《中国改革》改革杂志连续3期撰文论述了股份制问题。核心观点主要是：第一，所有制可以分类改革。一部分全民所有制企业（指国民经济命脉部门的现有大型企业）可以继续保持国家所有，国家经营的方式，而主要从改善企业管理，完善经济责任制方面着手；一部分全民所有制企业（指各行各业的小型企业），可以采取租赁、承包、拍卖或改为合作经济组织；一部分全民所有制企业（指一般行业的大中型企业）可以实行股份化，以股份所有制来取代传统意义上的全民所有制，形成国家、企业和劳动者联合办企业的模式。这种做法并不改变社会主义公有制的性质，而是以新型公有制的股份企业的建立作为改革的目标。第二，股份制的性质。股份经济不是一种独立的经济形态，它的性质取决于入股者的性质。第三，股份制是一种新型的公有制。第四，企业股份化过程中，应当尽快成立各级国有股份资产管理局。第五，企业留利的性质。马克思主义从来不承认资本创造利润，利润是劳动者所创造的新增价值的一部分，利润如何分配是由国家的政策所决定，也可以说是劳动人民内部的自我决定，并非天经地义只能属于作为投资者的国家。第六，股份制的治理结构及国有企业股份制改造的模式①。随后，厉以宁出版了多部与股份制改革有关的专著，主要有《经济体制改革的探索》（人民日报出版社1987年版）、《中国经济改革与股份制》（北京大学出版社1992年版）、《股份制与现代市场经济》（江苏人民出版社1994年版）、《怎样组建股份制与股份合作制企业》（北京大学出版社1998年）等。反映了他对股份制研究的系统思想。

不过，对于厉以宁提出的股份制是新型公有制性质的观点，理论界始终存在争论。特别是党的十六届三中全会提出股份制是公有制的主要实现形式后，厉以宁2004年在《经济学动态》撰写了《论新公有制企业》的文章，认为“公众持股的股份制企业是公有制性质”②。这一观点引起了理论界的争论。比如项启源认为，把私人投资的股份也说成是公有制企业，就等于把股份制等同于公有制，既不符合马克思主义基本原理，也不符合中央精神③。再比如胡钧认为公众持有股份的股份制不是公有制性质，更不应该上升为“新公有制”的高度，如果把公众持股理解为公有制，就会抹杀公有制与私有制的区别，从而误导改革，把中央提出的用股份制作为公有制的主要实现形式，理解为消灭国有经济和集体经济④。在本文看来，公众持股的股份制是否是公有制企业，要具体分析，如果是资本联合和劳动联合相结合的股份合作制，应该是公有性质的，这一点是中央政策认可的。如果是一般的群众投资性质的股份制企业，显然不是公有制，否则按着这种逻辑，发达国家的股份制岂不都是公有制了吗？

从改革开放初期到20世纪90年代初期，国有企业的股份制改造一直在试验中，但效果并不理想，出现的最大问题就是股份制不规范，出现大量“翻牌公司”。理论界逐渐认识

---

① 厉以宁：“所有制改革和股份制的管理”，《中国改革》，1986年第12期，1987年第1、第2期。

② 厉以宁：“论新公有制”，《经济学动态》，2004年第1期。

③ 项启源：“不能把股份制等同于公有制”，《经济学动态》，2004年第4期。

④ 胡钧：“国有企业股份制改革的实质是什么”，《经济学动态》，2005年第9期。

到，国有企业股份制改造不能仅仅停留在股份制的组织形式上，还必须深入到财产制度和治理结构的建设上，于是理论界对股份制的探讨从组织形式转向了企业制度层面的探讨。

二、建立现代企业制度的理论探索

早在20世纪80年代中期，我国理论界就开始从企业管理的角度介绍关于现代企业管理的有关知识，并试图将其运用到我国国有企业的管理中来。代表性的论文如罗廷贵在《现代化企业管理体系的探索》一文中，运用马克思主义的管理理论诠释现代企业管理理论，并试图将其应用到我国企业的管理中①。余俊福较早提出了现代企业制度中的企业法人财产权问题，他指出企业应拥有法人所有权，法人所有权内容包括两个方面：一是企业财产与国库财产相分离，企业仅对自己的债务负责，这样才能与企业独立商品生产者的身份相适应；二是企业所有权在法律规定范围内具有对企业财产的占有、使用、处分的权利②。尽管他没有使用“现代企业制度”和“法人财产权”概念，但其思想已经触及了这一内容。

我国理论界从经济学角度明确使用“现代企业制度”概念大概到了20世纪80年代后期。1988年，杨宪萍撰文指出：国有企业的改革形式应该从承包制转向现代企业制度。他把国有企业的现代企业制度特征概括为五点：第一，产权关系明确，以公有股份为主体的社会主义股份制确定；第二，企业成为一个独立的经济实体和利益主体。利润最大化是企业经营活动的终极目标，资产增值成为企业经营活动的内在动力；第三，在企业中作为“联合劳动”者，职工是企业的主人，作为直接生产者，职工又是被管理者；第四，在企业内部设立股东大会、董事会、监事会等领导机构，实行董事会领导下的厂长（经理）负责制，由董事会在经营者阶层中招聘或聘任厂长（经理）；第五，通过立法建立债权债务制度、资产转移制度、兼并制度、破产制度，以保证资源的合理配置和产业结构的合理调整③。这种概括实际上是股份制的特征，还没有触及法人财产权和有限责任这些重要内容。

同年，王珏在《瞭望》周刊发表文章，指出深化改革的根本是建立现代企业制度。在文章中他已经深刻认识到现代企业制度的关键是要使企业通过财产法人所有制和终极所有权的分离，使财产关系明确界定，并认为现代企业的典型形式应是股份有限公司④。随后，王珏于1989年在《经济学家》、《领导之友》等杂志发表了多篇论文呼吁和阐述建立现代企业制度的迫切性和重要意义。

然而王珏当时提出的关于现代企业制度的讨论并没有成为热点，直到1993年承包制模式基本被放弃以后，理论界才逐渐有更多的人参加到国有企业建立现代企业制度的讨论中来。比如周叔莲撰文指出：通过企业改革，使国有企业成为商品生产者和经营者，成为独立的市场主体，是建立社会主义市场经济体制的一项主要任务。着力改革整个企业制度，建立现代国有企业制度，这样才能完成企业改革的任务⑤。张增芳、张丞邦撰文指出：随着市场的逐步放开，搞活公有企业即成为建立社会主义市场经济的当务之急。根本出路在于使国有企业从根本上摆脱行政协调的思路，让市场来搞活企业。因此，政府与企业应分工明确：政

---

① 罗廷贵：“现代化企业管理体系的探索”，《中国工业经济》，1985年第3期。
② 余俊福：“必须赋予全民所有制企业法人所有权”，《企业界》1985年第8期。
③ 杨宪萍：“试论承包责任制向现代企业制度的过渡”，《企业经济》，1988年第6期。
④ 王珏：“综合配套改革的一个根本问题——略谈建立现代企业制度的内涵和作用”，《瞭望》，1988年第42期。
⑤ 周叔莲：“加快建立现代国有企业制度”，《新视野》，1993年第5期。

府要把企业推向市场，必须建立健全的市场体系，而企业也要主动开拓市场，在市场经济中建立社会主义的现代企业制度①。郑新立撰文指出：按现代企业制度的要求规范国家与企业的分配关系②。时任国家经贸委副主任的陈清泰撰文指出：构筑与社会主义市场经济相吻合的现代企业制度，在我国改革史上将是一次历史性的突破③。

1993年11月召开的党的十四届三中全会，会议通过了《中共中央关于建立社会主义市场经济体制若干问题的决定》，《决定》明确提出“转换企业经营机制，建立现代企业制度”的改革思路，并且从六个方面明确阐述了国有企业建立现代企业制度的意义、措施、公司制形式等等。随后，理论界出现了大量关于现代企业制度阐释的文章，代表性文章如吴敬琏的《什么是现代企业制度》④，刘国光的《关于建立现代企业制度的几点思考》⑤，周叔莲、陈佳贵主编的《市场经济与现代企业制度》（经济管理出版社1994年版），邓荣霖主编的《现代企业法人制度——国有企业公司化改造》（中国人民大学出版社1995年版）等等。当然，大家对现代企业制度的理解也不尽一致，比如有人认为现代企业制度就是股份制；有人认为股份制与公司制有区别，公司制才是现代企业制度。对现代企业制度的特征也众说不一，有人强调产权清晰；有人强调法人治理结构等等。

针对理论界的争论，1994年8月，邹家华在《在全国建立现代企业制度试点工作会议上的讲话》指出：现代企业制度是一个完整的制度体系，它的建立涉及到企业与企业、企业与政府、企业与市场、企业与社会之间的多方面生产关系的调整。因此，建立现代企业制度，实行同步配套改革尤为重要⑥。显然，现代企业制度不是把国有企业仅仅看作微观主体，而是看作有机系统进行改革的。1994年11月，朱镕基在关于现代企业制度试点会议上指出：现代企业制度十六个字概括的很全面（即产权清晰、权责明确、政企分开、管理科学——作者注），但很多人过分强调“产权清晰”，把重点放在探索产权形式上，当然产权清晰对推动经营机制转换很重要，但如果只是“单打一”，做不出大文章。他强调深化国企改革的关键是转变政府职能、加强管理和建立社会保障体系。同时也批评那些在产权上做文章的人将公有产权化为私有产权的做法⑦。这表明，中央政策所理解的现代企业制度是一个“制度整体”，它既要借鉴西方现代企业制度的合理形式，更要融入中国国有企业改革的具体内容，绝不是简单照抄照搬，西方企业制度的内容更不能借“产权清晰”之名把国有企业私有化。这一点，我们从国有企业产权理论的研究中可以进一步看出来。

第四节　西方现代企业理论的引入及批判借鉴

20世纪90年代，我国逐渐引入西方现代企业理论，来为国有企业改革寻找理论基础。

---

① 张增芳、张丞邦：“在市场经济中建立社会主义现代企业制度”，《学习与探索》，1993年第2期。
② 郑新立：“按现代企业制度的要求规范国家与企业的分配关系”，《宏观经济管理》，1993年第10期。
③ 陈清泰：“现代企业制度的构筑”，《管理现代化》，1993年第5期。
④ 吴敬琏：“什么是现代企业制度”，《改革》，1994年第1期。
⑤ 刘国光：“关于建立现代企业制度的几点思考”，《中国工业经济》，1994年第1期。
⑥ 中共中央文献研究室：《十四大以来重要文献选编》（中）人民出版社1997年版，第1025页。
⑦ 中共中央文献研究室：《十四大以来重要文献选编》（中）人民出版社1997年版，第1037页。

西方现代企业理论的内容很丰富，但从国有企业改革的视角看，国内理论界最为关心的是西方现代企业理论中的公司治理理论和企业产权理论。随着西方现代企业理论的引入，针对国有企业的改革思路，出现了马克思主义企业理论与西方现代企业理论的交锋（主要体现在产权理论方面），理论界开始理性思考如何批判借鉴西方现代企业理论问题。

一、现代企业理论的争论及国有企业改革方向的分歧

我国国有企业改革从承包制过渡到股份制后，理论界逐渐提出了建立现代企业制度来推进国有企业改革。然而如何建立现代企业制度，现代企业制度的内部关系是什么，则是理论界需要进一步探讨的问题。20世纪90年代，西方现代企业理论逐渐引入我国，理论界对现代企业理论尤其是公司治理理论的研究迅速兴起，并试图将其应用于我国国有企业改革的实践。

较早把“公司治理”概念引入我国并将其应用于我国国有企业改革研究的经济学家是吴敬琏和钱颖一。1993年，当国家提出国有企业的改革目标是建立现代企业制度之后，他们就指出，现代企业制度主要就是现代公司制度，应该将中国的国有大中型企业改造为公司制企业，而建立公司治理结构是公司化的核心①。而较早对西方企业理论介绍的论文是卢让林和李子奈，他们在1994年发表的《企业理论的发展》一文中，较为系统地介绍了西方现代企业理论的发展脉络②。同年11月，张维迎、余晖在《经济研究》撰文，对西方企业理论的演进和最新发展进行了更为系统的介绍，这篇论文较为详细的提供了西方企业理论的主要文献，对国内研究现代企业理论提供了帮助。1995年9月，张维迎出版了他的代表作《企业的企业家——契约理论》一书，书中不仅对西方现代企业理论进行了批判性回顾，还阐述了自己的企业理论观点，论证了“资本雇佣劳动”的内在必然性，并以此理论为基础对国有企业改革提供自己的思路。尽管这本著作的研究方法和具体内容以及对国有企业改革提供的思路在后来引起了很大的质疑和争论，但这本书对理论界研究现代企业理论起到了重要的推动作用。正是由于借鉴了西方现代企业理论的一些内容，理论界对国有企业问题的研究才开始使用“委托一代理”、“剩余索取权”、“剩余控制权”、“交易费用”、“公司治理结构”等概念。然而，概念仅仅是思维的“外壳”，借鉴概念，不代表照抄照搬理论本身。在我国理论界同样借鉴西方企业理论的概念，但研究思路和方法可能截然不同。这一点我们从随后发生在张维迎、崔之元、周其仁、林毅夫、杨瑞龙之间关于现代公司治理和国有企业改革的论战中可见一斑。

1996年，崔之元发表了《美国二十九个州公司法变革的理论背景》一文，在文中他根据20世纪80年代美国29个州《公司法》的变迁，指出新的《公司法》，要求公司经理必须为公司包括股东、劳动者、债权人和共同体在内的“利益相关者”服务，而不仅仅是为股东服务。他认为这一变革突破了资本主义制度天经地义的私有制逻辑，对我国的公司治理理论和“经济民主化”具有重要的启发性③。这篇文章在理论逻辑上对张维迎的观点提出了挑战。随后，周其仁也发表文章，从人力资本产权特征的视角，分析了现代企业治理结构的

① 张文魁、袁东明：《中国经济改革30年——国有企业卷（1978—2008）》，重庆大学出版社2008年版，第98—99页。

② 卢让林、李子奈：“企业理论的发展”，《清华大学学报（哲学社会科学版）》，1994年第1期。

③ 崔之元：“美国二十九个州公司法变革的理论背景”，《经济研究》，1996年第4期。

特点，他认为现代企业内部的治理关系中，最重要的关系不是资本所有者与劳动者的关系，现代股份公司也不是什么“所有权与经营权的分离”，而是人力资本与非人力资本的特别契约关系。他暗含着批判了张维迎的企业理论，认为张维迎的观点是古典企业理论的一个翻版①。对于崔之元和周其仁的观点，张维迎立即给予了反驳，利用自己的逻辑维护了他的现代企业治理理论中“私有制”至上的观点②。

针对以上三者之间的理论争论，1997年杨瑞龙和周业安撰文指出，张维迎、周其仁和崔之元的观点都有片面性，作者通过分析产权的内涵与企业治理结构的主体关系、人力资本的产权特征与企业所有权安排的关系、企业治理结构的客体与最优所有权安排的关系等，建立了一个规范性的分析框架，并在此基础上提出了共同治理与相机抉择治理相结合的国有企业治理结构创新模式③。这一思路在《中国社会科学》1998年第3期上发表的《相机治理与国有企业监控》一文中进一步得到了阐发。由于他们的思路既借鉴了西方现代企业理论的有用成果，又结合了中国国有企业改革方向和目标，因此在理论界引起了较大反响。

1995年，林毅夫等人也撰文对张维迎提出的国有企业改革思路提出了质疑。他们认为深化国有企业改革的重点不是所有制改革，而是创造公平竞争的宏观环境。他们指出，一些主张产权明晰的人认为私有化才是产权最明晰的，但事实上，私有制不是企业有效率的充分条件，世界上有太多太多的没有效率的私有制企业；私有制也不是企业效率的必要条件，世界上不少国家的国有企业效率很高。他们认为国有企业的改革思路是形成一个充分竞争的产品市场，在这种约束条件下，企业行为才能规范④。此言一出，立即引起了理论界的争论，张维迎立即撰文表示反对，而高鸿业则与林毅夫持类似的观点，他认为国有企业的产权是清晰的，股份制并不能使国有企业产权清晰，反而会使产权更加模糊⑤。理论界也有人认为这场争论提出的观点没有对错之分，只是反映国有企业改革面临问题的不同侧面而已。

这一时期，受西方企业理论的影响，我国理论界开始挖掘马克思主义企业理论的内容，有些论著对新制度学派企业理论批判性研究，批判研究的理论依据就是马克思主义经济学方法论，这种研究的特点往往是马克思企业理论和新制度学派企业理论对比研究，较早系统对比的文献有金晓斌：《企业制度演进分析——马克思与科斯比较》（1995）；张银杰：《马克思企业理论与新制度企业理论比较》（1999）；程恩富：《西方产权理论评析——兼论中国企业改革》（1997）；宋劲松：《现代企业理论与实践》（2000）；林岗、张宇：《马克思主义与制度分析》（2001）等等。有些论著对马克思主义企业理论的研究，这种研究是源于新制度学派企业理论的兴起，所以研究者基本受新制度学派分析框架的影响，主要从企业性质、企业起源、企业规模、企业内部关系几个方面挖掘马克思企业理论的内容，并与新制度学派进行比较。如南岭：《马克思企业制度演进理论初探》（1994）；刘元春：《企业的起源》（1995）；周景勤：《马克思企业理论初探》（1995）；张富春：《论马克思的企业理论》（1997）；李琼：《企业起源分析》（2001）；丘海平：《马克思企业规模理论》（2001）等等。

---

① 周其仁：“市场里的企业：一个人力资本与非人力资本的特别合约”，《经济研究》，1996年第6期。

② 张维迎：“所有制、治理结构及委托——代理关系”，《经济研究》，1996年第9期。

③ 杨瑞龙、周业安：“一个关于企业所有权安排的规范性分析框架及其理论含义——兼评张维迎、周其仁及崔之元的一些观点”，《经济研究》，1997年第1期。

④ 林毅夫、蔡昉、李周：“国有企业改革的核心是创造竞争的环境”，《改革》，1995年第3期。

⑤ 高鸿业：“科斯定理与我国所有制体制改革”，《高校理论战线》，1994年第4期。

有些论著尝试马克思企业理论与新制度学派企业理论的综合，如荣兆梓：《企业性质研究的两个层面——科斯的企业理论与马克思企业理论》（1995）；伍山林：《企业性质解释》（2001）等等，这些研究对我们如何在马克思主义指导下借鉴西方现代企业理论无疑有重要的意义。

二、马克思主义产权理论的探索阶段

产权理论是随着国有企业改革进程逐渐提出和完善的，“产权”概念在理论界和中央政策中的出现，是20世纪80年代末期的事。但关于产权问题的探索，则是在20世纪60年代就开始了（参见前文第一节关于苏绍智、朱剑农的观点），改革开放以后，产权理论的研究逐渐发展起来。国有企业的产权理论发展大体经历了三个阶段：20世纪80年代末期，马克思主义产权理论的探索阶段；20世纪80年代末期到90年代中期，西方新制度产权理论的引入阶段；20世纪90年代中期至今，马克思主义产权理论与西方产权理论的交锋阶段。

前文已经指出，党的十一届三中全会以后，提出了扩大国有企业自主权的改革思路。但应该给国有企业多大的自主权以及哪些自主权，国有企业自主经营的理论依据是什么，在理论界引起了广泛讨论。整个讨论过程是在马克思主义经济学方法论和分析范式的基础上进行的，在讨论过程中，经济学家们逐渐形成了一些共识：马克思主义所有制理论十分丰富；必须区别经济意义上的所有制与法律意义上的所有权关系；所有制不单纯是生产资料归谁所有的问题，它所代表的经济关系十分丰富，从权利关系上看，包括所有权、占有权、收益权、支配权；所有权与经营权可以分离等等重要结论，这些理论成果成为指导20世纪80年代国有企业改革的理论基础。

到了20世纪80年代后期，我国经济学家开始直接使用“产权”概念研究国有企业的问题，这时新制度经济学的产权理论尚未引入我国。较早明确提出从产权角度对国有企业进行改革的论文在1987年出现，代表性的文章如史正富1987年10月撰写的《产业组织的转换与产权制度改革》一文，作者明确指出国有企业要转向产权改革，并从股份制的角度提出了明晰国有企业产权的具体思路①。韩志国1987年12月撰写的《论企业组织制度与财产所有权关系的变革》一文中，提出按照商品经济的原则改造现有企业的组织制度和财产所有权关系，是深化我国经济体制改革的主题和关键。目前推行的承包制，不能解决国有企业的产权模糊、预算约束软化等问题，甚至会为今后的改革带来障碍，因而不能成为我国企业改革的目标模式。文章反对按照产权分割、产权分解和产权转移这三种思路变革国有企业产权关系的主张，也不同意用笼统的股份制取代现行的产权关系，而主张用股份有限公司这种法人所有制形式作为社会主义公有制的新形式②。杨瑞龙1988年2月撰文，明确提出了产权清晰是国有企业改革的根本出路，并提出了“推行双层股份制的改革模式”，即第一层次通过发行准股票的形式，分散国家股的股权；第二层次国家股的股权分散后推进到真正意义上的股份经济③。这些文章都提出了从产权角度对国有企业改革，在思路上有很大的突破。但他们对产权理论本身并没有深入的阐述。

---

① 史正富：“产业组织的转换与产权制度的改革”，《经济研究》，1987年第10期。

② 韩志国：“论企业组织制度与财产所有权关系的变革”，《经济体制改革》，1987年第6期。

③ 杨瑞龙：“产权明晰化与双层股份制模式”，《经济研究》，1988年第2期。

1988 年，一些经济学家开始从马克思主义经济学的视角，对产权理论进行深入研究。代表性人物如刘诗白、唐丰义、刘伟和平新乔等。刘诗白认为所有制内部包括复杂的产权关系，包括所有权、占有权、使用权、支配权等权项。企业要成为独立的商品生产者，必须有独立的法人财产或企业财产。按照马克思主义的所有制理论，财产是某种经济上的所有制、某种生产关系的法权形式。企业拥有法人财产，仍然是经营方式的变革，是两权分离的深入发展，并不是实行所有权企业化和放弃社会主义国家所有制①。同年，刘诗白在另一篇论文中运用马克思主义基本原理对产权概念、产权功能、产权构建进行了详细阐述②。随后，刘诗白出版了《产权新论》（西南财经大学出版社 1993 年版）、《主体产权论》（经济科学出版社 1998 年版）两部书，这是国内以马克思主义经济理论为指导，在借鉴西方产权理论的基础上，结合中国经济体制改革的实际，系统阐述产权一般理论的著作，对马克思主义产权理论研究作出了一定的贡献。

唐丰义也较早运用马克思主义观点研究了产权问题，他指出目前理论界对“产权”一词有不同解释，有人认为只有沿用西方的产权概念才比较规范。他则认为西方的产权理论以私有产权为前提，关系比较明朗，问题也相对简单。但是在社会主义条件下，公有产权，特别是国家所有制内部的产权关系则非常复杂，因而是一个崭新课题。论文不仅对公有制产权进行详细研究，而且提出了公有制产权的研究方向③。

三、西方产权理论的大量引入及误用

在同一时期，国内也出现了介绍西方产权理论的文章，代表论文是平新乔和刘伟 1988 年撰写的《本世纪以来西方产权理论的演变》一文，作者系统地介绍了现代产权学说的核心——科思定理，并且认为，布坎南对科思定理的重新构造，是 20 世纪以来西方产权理论演变的最后形式④。在随后的另一篇论文中，作者对西方产权理论的借鉴意义作出分析，主要包括：产权理论强调企业产权在全部经济运行中的地位的观点，有助于我们认识企业所有制改革在整个体制改革中的地位；产权理论强调企业产权构造对风险责任承担的重要性，对于我们认识改革中对产权关系上的权利与责任的对称性是有启发的；产权理论强调交易成本的经济意义的思想，对于我们认识企业规模与运用市场机制的效率之间的相互关系是有帮助的；产权理论强调产权自由转让的必要性，对于我们认识社会主义产权市场的重要性不无启迪⑤。应该说以上对西方产权理论的介绍和评价是客观的，对借鉴西方产权理论改革国有企业的思路也是理性的。

大约在 1988 年，科斯教授的著名论文《企业的性质》被翻译成中文，首次在《中国：发展与改革》杂志上发表；1990 年，上海三联书店翻译出版了科斯的《企业、市场和法律》一书；1988 年，张五常的随笔《卖橘者言》以通俗的文笔使科斯的名字（文中为高斯）超越了经济学界⑥。20 世纪 90 年代，不仅大量西方产权理论被介绍到中国，而且被一些经济

---

① 刘诗白：“社会主义商品经济与产权改革”，《经济研究》，1988 年第 3 期。

② 刘诗白：“论产权构建”，《经济研究》，1988 年第 9 期。

③ 唐丰义：“建立社会主义产权刍论”，《经济研究》，1988 年第 4 期。

④ 平新乔、刘伟：“本世纪西方产权理论的演变”，《管理世界》，1988 年第 4 期。

⑤ 刘伟、平新乔：“现代西方产权理论与企业行为分析”，《经济研究》，1989 年第 1 期。

⑥ 盛洪：《现代制度经济学（下卷）》（代序），北京大学出版社 2003 年版，第 1 页。

学家应用到设计国有企业改革方案中来。这些经济学家把西方产权理论作为正宗的经典理论，并把自己的理论贴上现代经济学的标签。由于西方产权理论在方法论上只承认私有制最有效率，不承认公有产权可以通过改革能够产生经济效率，所以，凡是倡导运用西方产权理论指导中国国有企业改革的研究者在整体思路上没有本质差别，那就是认为国有企业改革的根本出路就是私有化，国有企业产权改革的核心目标也在这里。

应该说，20 世纪 90 年代中后期，西方产权理论的引入，对我国企业理论的深化研究和国有企业改革实践都产生了一定影响。在理论方面，尽管西方产权理论的局限性很明显，但其中的一些概念和具体分析方法，对我们有很大的启发意义。西方产权理论的引入，也推动了马克思主义产权理论的研究，在某些方面丰富了马克思主义的产权理论的具体内容。但由于西方产权理论从“经济人”假设出发，宣扬私有制最有效率的理念，在实践中对国有企业改革也造成了一定程度的误导。它使许多地方政府在国有企业产权改革的实践中，把卖国有企业作为产权改革的最主要形式。尤其是党的十五大明确提出要从战略上调整国有经济布局，对国有企业“抓大放小”。对国有经济布局进行战略性调整以后，一些理论家和实际工作者误认为这是中央释放出的卖国有企业的新信号，于是一些地方以产权改革为名，刮起了“一卖了之”的国有企业改革之风，造成了国有资产大量流失。

四、马克思主义经济学家对西方产权理论的批判

在西方产权理论引入国内的同时，一些马克思主义经济学也开始了对以科斯为代表的西方产权理论进行了分析和批判，他们认为西方产权理论从“经济人”假设出发，强调私有制的效率神化，是一种唯心史观的方法论。这种脱离开社会生产关系和具体国情的经济理论，不能成为指导我国国有企业改革的理论基础。

1991 年 3 月，高鸿业在《经济研究》撰文指出：目前流行的科斯定理认为，我国国有企业改革只要产权清晰，就能解决国有企业的问题，他认为，不能把科斯定理作为我国所有制改革的理论基础。科斯定理是在既定的私有制前提下，解决企业外部性问题而产生的理论，西方经济学家对科斯定理仍然处于争论之中。就中国的所有制改革来说，科斯定理与我国的所有制改革无关。我国改革所有制的目标是多种所有制并存，绝不可能否定公有制企业，而公有制范围内根本没有科斯定理的余地。再者所有权与劳动者的积极性没有必然联系，所以主张私有化进而产权明晰，才能调动企业积极性没有理论依据。高鸿业最后指出，要合理借鉴西方中的有用东西，不能误导改革方向①。在随后的文章中，高鸿业批评了国内一些学者对西方经济学一知半解，但却哗众取宠，除了对科斯定理不加分析的滥用之外，还有对盲目相信“私有制优越论”、“市场万能论”、“计划无用论”等等，这些都可能误导改革②。

吴易风也发表了多篇论文，详细阐述了西方产权理论、马克思主义产权理论与国有企业的关系。在《西方产权理论与我国产权问题》一文中，吴易风指出科斯定理、交易费用、产权等是西方经济学家之间尚存争论的概念，我们提出的“产权清晰”在理论界理解也不相同，一般意义上的产权清晰就是产权归属或界定要明确；特殊意义上的产权清晰就是彻底

---

① 高鸿业：“科斯定理与我国所有制改革”，《经济研究》，1991 年第 3 期。

② 高鸿业：“科斯定理与我国所有制体制改革”，《高校理论战线》，1994 年第 4 期。

私有化才叫做产权清晰。国内学者实际在这两种意义上用“产权清晰”的概念。吴易风认为科斯定理最多算作假说，谈不上定理，科斯的产权理论功能包括：对反政府干预者提供辩护依据；对西方推行私有化提供理论基础；还可以作为否定公有制的工具。因此，吴易风认为，我们的国有企业改革不能以科斯为代表的西方产权理论为指导①。

吴易风在系统研究了西方产权理论的基础上，又系统研究了马克思的产权理论。他在《马克思的产权理论与国有企业产权改革》一文中指出：马克思是被某些西方经济学家承认的第一位有产权理论的社会科学家，马克思的产权理论丰富深刻，马克思认为产权是生产关系的法律表现，而法权关系是反映经济关系的意志关系，所有权是所有制的法律形态，搞清这些辩证关系，才能理解国有企业改革与所有制的关系。马克思主义经济学运用历史观点分析财产权问题，而西方产权理论则是静态的看待产权问题；马克思主义经济学没有把产权看作单一权利，而是看作一组权利集合体，各种权利之间既可以统一，也可以分离。马克思详细研究了所有权、索取权、占有权等权利关系。吴易风批评了一些学者的产权改革思路混淆了经济上的所有制、所有权和法律上的产权关系，提出了地方政府所有权、企业所有权等错误主张。他指出必须用马克思主义产权理论指导国有企业改革，不能以社会主义生产关系的法律表现的财产关系任意改变成其他性质的财产关系，运用两权分离理论，通过建立法人财产权，落实企业经营自主权②。

程恩富从1994年起，写了系列论文在产权理论方面与张五常进行论战，他认为西方产权经济学在中国的影响较大，其合理性在于继承和发挥了人类经济学说史上的科学视角，把产权制度视为经济运行过程中的内生变量，探讨经济制度变迁的规律及对经济发展和运行效率的作用，同时又注重物与物交换背后人与人之间经济和法律关系的研究，这弥补了西方主流经济学派纯数量分析的不足，也与我国主流经济思想有某些相通之处。但是他认为总体上看，西方产权理论是不科学的，更不能成为指导国有企业改革的理论基础③。黄少安1995年出版了《产权经济学导论》一书，运用马克思主义分析方法，批判性地系统研究了西方现代产权理论，并对马克思主义产权理论进行了阐述。这是比较早系统研究西方现代产权理论的专著④。

林岗、张宇通过对马克思主义的所有制理论与西方经济学的产权理论作了比较分析，认为前者强调整体性、生产性、历史性和经济性，是一种科学的理论体系；而后者则强调个体性、交易性、自然性和法权性，从本质上看是不科学的。文章以构成产权经济学范式的硬核的个人主义、契约主义和成本收益方法为例，剖析了该范式存在的重大缺陷，同时也指出，在克服了这些根本性的错误之后，产权经济学的某些分析方法和具体结论是可以整合进马克思主义经济学的框架、为经济改革的实践服务的⑤。

吴宣恭运用比较研究方法，对马克思主义产权理论与西方产权理论的内容、对理论和实践的影响做了对比分析，西方现代产权理论在资本主义国家经济制度改革的影响虽然非常微

---

① 吴易风：“西方产权理论和我国产权问题”，《高校理论战线》，1994年第3、第4期。

② 吴易风：“马克思的产权理论与国有企业产权改革”，《中国社会科学》，1995年第1期。

③ 程恩富：“问张五常：财产所有权果真无足轻重吗?”，《上海经济研究》，1994年第6期；“用科学的产权理论分析中国经济变革——张五常先生若干产权观点质疑”，《经济学动态》1996年第8期。

④ 黄少安：《产权经济学导论》，山东人民出版社1995年版。

⑤ 林岗、张宇：“产权分析的两种范式”，《中国社会科学》，2000年第1期。

弱，但在实行社会主义制度的我国却曾经风光一时，掀起过不小的“产权热”。我国公有制的深化改革是在马克思主义基本理论，包括产权理论的指导下进行的。绝大多数的改革者对西方现代产权理论，只抱借鉴态度，所吸收的主要是关于突出明晰产权的重要性、强调发挥产权的激励约束功能、减少制度成本、改进委托代理关系、完善公司治理结构等方面的一些见解①。2000年，吴宣恭等出版了《产权理论比较——马克思主义与西方现代产权学派》一书，通过比较方法系统阐述了马克思主义产权理论和西方产权理论，得出了中国产权改革必须以马克思主义产权理论为指导的结论。

应该说马克思主义经济学家对西方现代产权理论的批判，对我们在理论上正确借鉴西方经济学的有用成分，在实践中坚持国有企业改革的正确方向，抵制私有化，维护广大人民群众的利益，起到了积极作用。

由于中共中央在十五大报告和十五届四中全会提出了国有经济战略性调整的方针，一些理论家运用西方产权理论把这一政策演绎成国有企业私有化，各地兴起了卖国有企业之风，一时间国有企业“退出论”盛行。对此，国内一些经济学家呼吁国有企业改革不能一卖了之，陶大镛、高鸿业、卫兴华、胡钧、于祖尧等著名经济学家在关于国有小企业理论研讨会上，批判了“国有企业改革一卖当先”的理论②。

杨耕教授、周新城教授撰文指出正确理解生产力标准和“三个有利于”标准，杨耕指出，生产力标准是根本标准，但不是唯一标准，从根本上看，生产力发展的目的是为了人的全面发展；周新诚教授认为任何社会生产力都不是最终目的，不同社会的生产目的是由生产资料所有制决定的③。同时，周新城教授还指出全面理解“三个有利于标准”，还必须加上两个“如果”，就是不能产生两极分化、不能产生新资产阶级④。

1996年3月，针对现实改制中国有小企业刮起了“卖企业”之风，江泽民在八届人大四次会议与上海代表座谈时指出：放活小的国有企业，不是一卖了之，要根据不同情况，采取改组、联合、兼并、租赁、承包和股份合作制多种形式。这表明，中央的“放活”小企业不是单纯的卖，而是强调多种形式相结合。

1998年7月10日，国家经贸委发出了《关于制止出售国有小企业成风有关问题的通知》，指出要全面准确理解和贯彻落实党的十五大精神，采取多种形式进行国有小企业改制。要选择适合企业特点的财产组织形式，采取改组、联合、兼并、租赁、承包经营和股份合作制、出售等多种形式，加快搞活小企业的步伐，绝不能把出售作为国有小企业改制的唯一形式。要充分认识国有小企业改革的复杂性和艰巨性，不能采取搞运动的方式进行改革；国有小企业改制要着眼于企业的长远发展，不能甩“包袱”，一卖了之。应该说，国家经贸委的文件是及时的，准确体现了中央精神。

1999年2月24日，国家经贸委、财政部、中国人民银行联合发出《关于出售国有小型企业中若干问题意见的通知》，《通知》要求各级政府及有关部门要全面理解、正确贯彻党的十五大关于国有小型企业改革的方针，采取多种形式放开搞活国有小型企业，要抵制各种错误言论的误导，坚决制止出售企业之风，特别要制止名卖实送、半卖半送、逃废银行债

---

① 吴宣恭：“西方现代产权理论的影响和社会实践”，《学术月刊》，2000年第2期。

② 张问敏、宋光茂、郑红亮等：《中国经济大论战》（第二辑），经济管理出版社1997年版，第125页。

③ 张问敏、宋光茂、郑红亮等：《中国经济大论战》（第一辑），经济管理出版社1997年版，第22—23页。

④ 张问敏、宋光茂、郑红亮等：《中国经济大论战》（第三辑），经济管理出版社1998年版，第3页。

务、拖欠税款和规避安置职工的错误做法。国有小型企业出售要按照国家法律、法规和规章操作。要严格控制出售国有小型企业的范围和数量，不得出售社会公益性企业和法律、法规规定不能出售的企业。向国外（境外）购买者出售企业，要依照国家有关规定执行。出售企业必须坚持公开、公平、公正的原则，严格实行人民政府逐级审批制度和应遵循的有关程序。对出售后的企业要进行必要的监督和管理。

1998 年 7 月 17 日，江泽民在《学习邓小平理论工作会议上的讲话》中，对实践中错误理解党的十五大精神现象进行了纠正：包括对党的十五大精神理解的片面性、绝对化和简单化；股份制是公有制的一种实现形式，不是唯一形式，不能“一刀切”、不要“刮风”；“抓大”是抓好关系国民经济命脉的大型骨干企业，应该以资本为纽带，通过市场促进生产要素的优化组合，不能不讲条件以为越大越好，也不能“拉郎配”；“放小”就是“放活”，不是“放弃”，更不是撒手不管，要多种形式，不能“一卖了之”；决不允许在“改革”名义下利用职权化公为私。1998 年 11 月，朱镕基在辽宁考察时强调：把国有小企业改制片面归结为“卖”，完全违背党的十五大精神和中央方针。2001 年 5 月 17 日，《经济日报》发表了吴邦国的文章，指出：近几年来各地区、各部门和企业按照党的十五大和十五届四中全会精神，结合实际，积极探索，在深化国有企业改革、促进国有企业发展方面做了大量工作，取得了明显成效。同时，我们也要清醒地看到，有的地方也出现了一些值得重视的倾向性问题。如将国有企业改革简单地演绎为“国退民进”，笼统地说“国有企业要从一切竞争性领域退出”；有的把国有资产“置换”为集体资产，把国有资产无偿或变相无偿量化给个人；有的搞半卖半送、“一卖了之”、“一送了之”，等等，这些是完全违背中央精神的，必须坚决加以纠正，制止这种错误倾向蔓延。他要求各级领导干部要认真学习、全面准确地理解中央关于国有企业改革和发展的一系列方针政策，把思想认识真正统一到党的十五大和党的十五届四中、五中全会精神上来，增强搞好国有企业的信心，在一些重大的、原则性的问题上保持清醒头脑，决不能有任何含糊。

2002 年 11 月，党的十六大关于进一步国有企业改革指出：要深化国有企业改革，进一步探索公有制特别是国有制的多种有效实现形式，大力推进企业的体制、技术和管理创新。按照现代企业制度的要求，国有大中型企业继续实行规范的公司制改革，完善法人治理结构。2003 年，党的十六届三中全会，明确指出：积极推行公有制的多种有效实现形式，加快调整国有经济布局和结构。使股份制成为公有制的主要实现形式。并提出了加快规范的产权交易，使资源合理流动和配置。这次会议还对公司治理结构做了明确阐述：按现代企业制度要求，规范公司股东会、董事会、监事会和经营管理者的权责，完善企业领导人员的聘任制度。企业党组织要发挥政治核心作用，并适应公司法人治理结构的要求，改进发挥作用的方式，支持股东会、董事会、监事会和经营管理者依法行使职权，参与企业重大问题的决策。要全心全意依靠职工群众，探索现代企业制度下职工民主管理的有效途径，维护职工合法权益。

应该说，中央政策这些内容，很好地体现了既借鉴西方现代企业理论，又以马克思主义为指导，吸收理论界的有用成果，坚持了中国特色的国有企业改革方向。然而，在实践中，由于一些理论工作者对中央政策的曲解，加之照搬西方现代企业理论的内容，误导了国有企业改革的方向，使改革出现了误区。除了一些人大量宣传“民进国退”主张，造成大量国有企业私有化之外，诸如 MBO 改革等，都是试图照搬国外经验和理论进行国有企业改革的产物。结果造成大量国有资产流失，2004年被称为“国有资产流失年”，由于各种形式的私有化导致的国有资产流失引起了社会广泛关注。在中国香港经济学家郎咸平发出中国国有企业不能搞MBO的声音后，一石激起千层浪，起初一些主张私有化的经济学家还出来反驳，但随着社会越来越多的愤怒声之后，一些所谓的“主流经济学家”集体失语，他们用所谓的“情绪不能代替理性”的辩护词进行搪塞。此时，程恩富、丁冰、左大培、王志伟、毛立言、吴栋、孟捷、顾钰民、周肇光、冯金华等10名教授发表联合声明：产权改革风向不能错，并对郎咸平观点的基本精神表示深刻理解和赞同，并予以支持。左大培专门写了《不许再卖——揭穿企业“改制”的神话》（中国财政经济出版社2006年版）一书，呼吁国有企业改革不能以产权改革名义进行各种形式的私有化。由于私有化引起了社会的强烈不满，从2004年8月份开始，国资委等部门连续出台了多个文件，反对国有企业私有化改革，取消MBO等不适合国有企业改革的形式。这样，20世纪末到21世纪初，一场所谓以西方现代产权理论和企业理论为指导的国有企业改革阶段宣告结束。

对于西方现代企业理论，在理论上通过反思与批判，在实践上通过国有企业改革进展及效果的评价，人们清醒地认识到，只有马克思主义才是真正指导国有企业改革的理论基础，而西方经济学在不同程度上发挥着辅助性的作用。

五、国有资产管理体制改革的推进

20世纪80年代末期开始，随着企业产权观念的深入特别是股份制改革试点的推行，如何在市场经济的新形势下管理好国有资产就成了一个重要问题。学术界广泛开展了对国有资产管理的研究，主要集中在国有资产授权经营等方面。在国有资产授权经营模式选择上，人们提出了不同的思路，其中较有代表性的几种模式包括：一是国务院发展研究中心企业研究所“国有资产管理体制研究”课题组主张建立三层级的“层级持股模式”；第二种模式是中央部委很多领导和学者主张的“将行业管理部门改组为行业性控股公司”；第三种模式是由郑海航和邵宁主持、由原国家经贸委、国家计委、中国社科院研究国有企业改革的专家们共同组成课题组完成的“大型企业集团成为国家授权投资的机构实施研究”课题提出的“将现有大型企业集团改组为国有控股公司，并充当国有资产授权投资机构”，即由大型集团公司成为国家授权投资机构并充当国有资产出资人代表，国家通过对这些大型国有企业集团授权，使之成为出资人代表，拥有国有资产经营权，由企业集团负责集团核心企业及成员企业国有资产的经营。所谓授权经营，其核心内容就是国家作为股东对经营者大幅度下放权力。在经营决策上，国家作为股东一般不干预企业的生产经营决策，只有企业经营出现明显问题的时候，国家才通过更换经营者等途径进行干预或介入。这一模式的特点在于可以充分利用大型国有企业集团这一现成的组织机构，其成员企业之间具有一定的经济技术联系，易于操作。而且授权经营是一种以企业内部约束为主、外部监督为辅的治理机制，可以减少监督成本。这一研究成为国有资产管理体制改革的重要指导①。

在实践中，国有资产管理模式不断演进和完善，1988年10月，国家组建国有资产管理局，这标志着宏观层面新的国有资产管理体制初创阶段的开始。1993年，中共十四届三中全会明确指出，对国有资产实行国家统一所有、政府分级监管、企业自主经营的体制。除政

① 郑海航：“中国国有资产管理体制改革三十年的理论与实践”，《经济研究参考》，2008年第11期。

企分开之外，首次提出了政资分开的概念，着力实现政府的社会经济管理职能和国有资产管理者的职责分开。1997 年，党的十五大提出，要建立有效的国有资产管理、监督和营运机制，保证国有资产的保值增值，防止国有资产流失。2002 年，党的十六大报告明确指出，要“继续调整国有经济的布局和结构，改革国有资产管理体制”，“建立中央政府和地方政府分别代表国家履行出资人职责，享有所有者权益，权利、义务和责任相统一，管资产和管人、管事相结合的国有资产管理体制”，要在“中央政府和省、市（地）两级政府设立国有资产管理机构”。2003 年 4 月，国务院国有资产监督管理委员会成立，第一次在中央政府层面上做到了政府的公共管理职能与国有资产出资人职能的分离，为新国有资产管理体制的运行提供了组织保障，表明国有资产管理体制创新进入实质运作阶段。

应该说到今天，国有企业改革已经取得了伟大成就，这一改革过程就是以马克思主义为指导，借鉴西方经济学中的有用成果，结合中国社会主义企业发展实践不断探索的过程。当然，我们的国有企业改革还不能说已经完成，关于企业与政府的关系、关于企业内部的管理、关于企业成长、关于企业国际化等一系列问题，都需要在马克思主义的指导下，通过完善中国特色的企业理论进一步去探索和研究。

第十一章

乡镇企业的发展实践与理论探索

第一节 新中国成立以来乡镇企业的发展实践

一、乡镇企业政策导向及重要发展阶段

（一）乡镇企业探索徘徊阶段：1958—1978年

1958年，中共中央八届六中全会通过的《关于人民公社若干问题的决议》明确提出了农村逐步工业化的方针，要求人民公社必须大办工业，通过公社工业的发展加快国家工业化的进程，而且要在农村中促进全民所有制的实现，缩小城市和乡村的差别。这标志着公社工业作为农村一种相对独立的产业地位被确定，已不再是附属于农业的副业。1959年，毛泽东提出公社工业是“我们伟大的、光明灿烂的希望也就在这里”①。之后，中央决定进一步调整公社管理体制：公社权力下放，实行三级管理，以生产队为基础的人民公社体制。从这时起，公社工业转变为社队工业，加上社队办的种植、养殖场等企业，后来统称为社队企业。

“大跃进”和人民公社化运动造成国民经济比例严重失调。1960年，中央决定对国民经济进行调整。公社企业也进行了调整、收缩、清理、限制。中央要求农村人民公社和生产大队在今后若干年内，一般不办企业，已经举办的企业，不具备正常生产条件的，不受群众欢迎的，应该一律停办；需要保留的企业，应该经过社员代表大会讨论决定，根据情况，转给手工业合作社经营，或下放给生产队经营，或者改为个体手工业和家庭副业。上述措施的实质是不允许社队办企业，把农村工业退到附属于农业社的副业地位和范围。直到1965年，中共中央、国务院颁发了《关于大力发展农村副业生产的指示》指出，集体副业应当以生产队经营为主。一个生产队无力经营的，可以由几个生产队联合经营；在不平调生产队的人力、物力、财力的前提下，也可以由生产大队直接兴办。该指示为大队办企业又重新开了口子。

1970年8月，国务院召开北方地区农业会议，提出在农村利用本地资源，兴办小化肥厂、小机械厂、小水泥厂等小企业，为农业生产服务，为人民生活服务，为大工业服务。此后，各地的社队企业纷纷发展起来。1977年，国务院批准把农村手工业企业划归人民公社

---

① 毛泽东：“在郑州会议上的讲话”，《毛泽东与中国农业》，新华出版社1995年版，第193页。

领导管理。中共中央、国务院对发展社队企业有了明确的态度，并采取了相应的措施，农林部成立了人民公社企业局，这为社队企业的发展创造了必要的条件。

（二）突破城乡二元格局，调整和充实阶段：1978—1983年

1979年7月，国务院颁发了《关于发展社队企业若干问题的规定（试行草案）》，指出了发展社队企业的重大意义，对社队企业给予了充分的肯定。该规定认为社队企业是社会主义集体所有制经济，社办社有，队办队有，还提出了社队企业的发展方针和经营范围，并制定了一系列的扶持政策，如将国家支援人民公社的投资一般不少于一半用于穷社办企业；农业银行发放一定数量的低息贷款；国家对社队企业分别不同情况，实行低税或免税政策；各行各业要积极扶持社队企业等。1981年，国务院下发了《关于社队企业贯彻国民经济调整方针的若干规定》，指出：社队企业对于利用和开发地方资源，安排农村剩余劳动力，巩固壮大集体经济，增加社员收入有明显作用；对于逐步改变农村和农业的经济结构，支援农业发展，促进小集镇建设，起到了积极作用；对于发展商品生产，活跃市场，扩大出口，增加国家财政收入也作出了贡献。社队企业已成为农村经济的重要组成部分，符合农村经济综合发展的方向。要继续予以支持，并对社队企业提出了具体的调整方针。要求城市工业有计划地向社队企业扩散产品，提供设备和技术支持，宜于在农村加工的农副产品，逐步由社队企业加工，并要求采取各种形式使社队企业的产供销同各级国民经济计划相衔接，以保证供销渠道畅通无阻。

总之，这一时期党和国家对社会企业的经营范围、经营方式、计划、供销、贷款、税收等方面做出一系列重要决策，成为社队企业发展的基本政策依据和制度保证，从业人员从2827万人增加到3235万人，增长14.4%；增加值从208亿元增加到408亿元，增长95.2%；利润总额从96亿元增加到137亿元，增长44.2%；上缴税金从22亿元增加到59亿元，增长168%，为进一步发展打下了坚实的基础，但由于各种因素，这一阶段社队企业发展还不快。

（三）全面发展阶段：1984—1988年

1984年是乡镇企业发展历史上一个非常重要的分水岭。从这一年开始，中央允许农民个体或联合经商办企业。1984年1月，中共中央《关于1984年农村工作的通知》指出："鼓励农民向各种企业投资入股。鼓励集体和农民本着自愿互利的原则，将资金集中起来，联合去办各种企业。"1984年3月，中共中央、国务院转发了农牧渔业部《关于开创社队企业新局面的报告》。这个文件实现了历史性的突破：一是将社队企业正式改名为乡镇企业，明确乡镇企业由原来的两个轮子（社办、队办）变成四个轮子（乡办、村办、联户办、户办）同时发展，农工商建运服产业同时并进，实行"多轮驱动，多轨运行"；二是突破了"三就地"的限制，乡镇企业可以广泛外引内联，市场得到极大拓宽；三是提出开创乡镇企业新局面的历史任务，并对乡镇企业的若干政策问题做出了规定。这个文件的下达，激发了广大农村干部和农民群众大办乡镇企业的积极性，各种类型乡镇企业迅猛发展起来。

1984年的中央4号文件，1985年、1986年两个1号文件和1987年5号文件中，允许农民和农村集体兴办交通运输业，参与小城镇建设，发展农产品加工业，大工业配套产业，短平快科技项目等，并在税收、信贷和运输计划安排等方面对乡镇企业实行扶持。乡镇企业出现超常的发展，个体企业和联办企业在乡镇企业总产值中的比重大幅度上升，农村经济结构中农村非农产业呈现出蓬勃生机，农村劳动力就业格局发生显著变化，农村城镇化开始启动，开创出中国特色的农村工业化和城镇化发展道路。乡镇企业进入了一个新的历史阶段。1987年，乡镇企业产值首次超过了农业产值。中央提出了对乡镇企业实行“各级扶持，合理规划，正确引导，加强管理”的总方针。邓小平对乡镇企业的发展给予了高度评价：“农村改革中，我们完全没有预料到的最大的收获，就是乡镇企业发展起来了，突然冒出来搞多种行业，搞商品经济，搞各种小型企业，异军突起。”①

（四）紧缩调整和治理整顿阶段：1989—1991年

重复建设、经济过热引发通货膨胀。1988年10月，中共十三届三中全会提出“治理经济环境，整顿经济秩序，全面深化改革”的方针。国家对乡镇企业的政策有所变化，乡镇企业的发展面临着严峻的考验。从1989年起，国家压缩基本建设，调整产业、行业、产品结构，对乡镇企业也采取“调整、整顿、改造、提高”的方针。在税收、信贷方面的支持和优惠措施减少了，政策上也明确规定“乡镇企业发展所需的资金，应主要靠农民集资筹措”，“进一步提倡乡镇企业的发展要立足于农副产品和当地原料加工”。一些人把经济中出现的问题的根源归罪于乡镇企业，要求把乡镇企业作为整治和调整的重点，用压制乡镇企业来保国营企业。一些政府管理部门制定了一些对乡镇企业发展不利的政策和规定。如不合理的产业政策、企业负担、政府对企业正常生产经营的过渡干预、市场流通方面的歧视政策等，乡镇企业发展势头明显受到抑制。1991年，乡镇企业的增长速度仅为14%，远低于1985—1988年间的平均水平。在总量增长减缓的同时，乡镇企业经济效益下降，企业个数和职工总数连续两年减少，大批乡镇企业被迫关停并转，几百万乡镇企业职工又回到农田。1988年，农业部对乡镇企业的“五个战略转移”，强调发展外向型经济和“科技进步是发展乡镇企业的必由之路”。1990年5月，国务院出台了《中华人民共和国乡村集体所有制企业条例》，对保障乡村集体所有制企业的合法权益，引导其健康发展起到了积极的作用。

（五）第二轮高速发展阶段：1992—1996年

1992年初，邓小平在南方谈话指出，乡镇企业是建设有中国特色社会主义的三大优势之一。1992年召开的党的十四大对发展乡镇企业的意义进行了又一次重大理论和政策升华。同年国务院下发19号文件，要求各级人民政府和有关部门把发展乡镇企业作为一项战略任务，切实加强领导，坚持不懈地抓下去。1993年2月，国务院发布《关于加快中西部地区乡镇企业发展的决定》，提出要把加快发展乡镇企业作为中西部地区经济工作的一个战略重点，并在产业政策、信贷政策等方面给予扶持。1994年，《中共中央、国务院关于农业和农村工作的意见》提出要组织实施乡镇企业东西合作示范工程。1995年2月，国务院办公厅转发《农业部乡镇企业东西合作示范工程方案的通知》，拉开了乡镇企业东西合作、中西部乡镇企业快速发展的序幕。这个阶段乡镇企业产权制度改革开始，并以股份合作制为重点逐步推行，乡镇企业出口也大幅增加。总的来看，这个阶段，乡镇企业在社会主义市场经济的大潮中进入新的发展阶段。

（六）产权改革和转变发展方式阶段：1997—2002年

1997年1月1日，《中华人民共和国乡镇企业法》正式施行。这是乡镇企业法制建设中的一个里程碑。1月14日，国务院召开了全国乡镇企业工作会议。3月，中共中央、国务院批转了农业部《关于我国乡镇企业情况和今后改革与发展意见的报告》，要求乡镇企业发展

---

① 《邓小平文选》第3卷，人民出版社1993年版，第238页。

要采取多种形式深化企业改革，明晰产权关系。这“三件大事”为乡镇企业的改革、发展和提高奠定了基础，创造了良好的大环境。1998年4月，江泽民在江苏考察乡镇企业时发表“要从国民经济和社会发展全局的高度来认识乡镇企业的重要地位和作用”重要讲话，为乡镇企业发展消除了政策、体制上的障碍。随着社会主义市场经济的逐步确立，尤其是进入买方市场之后，乡镇企业发展明显减缓，效益滑坡。市场竞争的压力不断向企业内部传导，159万家乡村集体企业中95%实行了各种形式的产权制度改革，其中20万家转成了股份制和股份合作制企业，139万家转成了个体私营企业。混合型企业和个体私营企业创造的增加值占整个乡镇企业的90%以上。这一阶段，虽然党和国家采取了很多有效措施，但是由于外部环境和条件的变化，乡镇企业出现了一些新的矛盾、困难和问题，发展速度明显放慢，1997—2002年，从业人员从13508万人下降到13288万人，下降1.62%；增加值从17659亿元增加到32386亿元，增长83.4%；利润总额从4351亿元增加到7558亿元，增长73.7%；上缴税金从1307亿元增加到2694亿元，增长106.1%。

（七）转型和发展阶段：2003年至今

这个阶段的特点包括：一是引导农民能人、外出务工人员和外来投资者在农村创办乡镇企业。2007年，全国乡镇企业新增个体工商户65万个，安排110多万人就业，农村能人和农民工回乡创办的小型乡镇企业85万家，农民工回乡创业人员累计达到500万人，累计安排3000万人就业；二是发展农产品加工业。一般性制造业和资源型、污染型产业大多已在竞争中被淘汰，在调控中被关停。但乡镇企业坚持发展农产品加工业，根据农产品资源优势和市场条件，大力发展加工业及贮藏、运输、保鲜、包装和流通业，使得农业延伸产业快速发展。乡镇企业在农业的产业领域迅速站稳了脚跟，扩大了空间；三是发展产业集群。目前的乡镇企业有5600个产业集群，突出的是以产业集群为纽带，以供应链重组为契机，大量引进资金、人才等要素，形成乡镇企业合理的价值链分工，形成了特色鲜明的产业集群，已经形成了产业发展、人口聚集、市场扩张、城镇扩大的良性互动局面。这一阶段，国家给予乡镇企业的直接优惠政策在减少，国家扶持乡镇企业的政策通过扶持中小企业、非公经济和产业政策的方式表现出来，乡镇企业正处在调整、创新、提升的新阶段。突出的是，经济总量跃升了新平台，经济效益取得了新突破，社会贡献也创造了新的业绩。30年来，乡镇企业有过1984—1988年、1992—1996年两轮超常规的发展跃升，这是乡镇企业的第三个高峰①。

二、经济体制的转变与乡镇企业发展

（一）传统计划经济体制阶段

乡镇企业的前身是社队企业②。社队企业有三个来源：农村早期普遍存在的副业和手工业，这是社队企业的基础和最初来源；人民公社化运动中兴办的各式小型社办工业；公社化时期下放给公社管理的一些原属国家管理的集体工业和国营工商企事业单位。这个阶段乡镇

① 徐伟民：“解读中国乡镇企业三十年：访农业部乡镇企业局常务副局长卢永军”，《管理观察》，2009年第1期。

② 学术界对社队企业的起源尚存分歧，一种观点认为从1955年互助合作运动开始后，农村就有了农业生产合作社，社下有了生产队，社和队办了一些企业；一种观点认为社队企业是在20世纪70年代北方地区农业工作会议之后才有的，因为之前社队企业一直处于停滞阶段（见冯林“关于社队企业问题的一些争论”，《经济研究资料》，1983年第8期）；一种观点认为社队企业应当是指人民公社和大队两级办的企业，因此，社队企业始于1958年（见荀速：“积极发展农村社队企业”，《中国农业年鉴》，农业出版社1980年版）。

企业发展缓慢，国家对发展社队企业态度和政策也是起伏多变。这其中的原因非常复杂，包括错误的指导思想和激进的政治环境，不合理的分配方式，企业缺乏自我发展的能动性等，但从根本上说是计划经济体制本身存在的问题[①]。1978 年前的经济体制是以行政分权为主的权力收放循环。中央向下属各级政府放权让利，企图通过体制下放进行全面性经济发展，但这样的权力下放是以维持计划经济体制为前提，并没有引发经济诱因和市场形成，也就无法达到经济分权目的刺激经济发展。权力下放导致地方各自为政和滥用资源，迫使中央再次收回权力集中管理，全面调整计划经济体系。从财税体制上，国有工业是政府主要的税收来源，国有工业的积累主要建立在剥夺农业的强制积累上，几十万乃至上千万计的社队企业不可能纳入国家计划。因此，乡镇企业发展在计划经济体制下始终难以走出收放循环，曲折发展的怪圈。

（二）增量改革阶段：1979—1993 年

这个阶段，在意识形态上姓“资”姓“社”依然是敏感的政治问题，民营经济发展滞缓；社会仍处于短缺经济时代；经济资源的配置权（如贷款申请、生产许可证的发放以及土地使用权的审批等）仍掌握在国家计划中，市场对资源配置的约束力不强；农村经济依然是地方政府收入主要来源，但经历 10 年改革后，收入增长趋缓，大量剩余劳动力凸现；国有企业经营困难，扩大自主权改革陷入困境，改革被迫从“体制内”转向“体制外”。1980 年“分灶吃饭”的财政体制改革以及 1983 年设立乡人民政府，强化了地方政府发展本地经济，增加财政收入的动机，特别是那些地方政府能自由支配、不在正式税收编制、不需与中央共享的“预算外收入”。在这样的背景下，发展“模糊产权”的乡镇企业可以解决农村剩余劳动力转移，促进本地经济增长，增加地方政府财政收入等多重目标。由此导致了这个阶段乡镇企业的异军突起。

（三）市场化改革的全面推进阶段：1994 年至今

随着市场化进程的不断深入，意识形态更趋理性和务实，民营经济地位得到认可并得到迅速发展。民营经济和“三资企业”一道在技术、管理和灵活性方面存在优势，在产出、出口和提供就业机会方面比例不断上升，在地方政府财政税收中地位不断提高。短缺经济时代结束，市场竞争激烈，乡镇企业一方面由于和社区政府的产权关系，因而成为政府寻租的对象。同时，乡镇企业模糊产权治理结构的低效率问题日益突出，如何在竞争中生存已非地方政府所能左右。国有企业改革不断深化并初见成效。随着市场对资源配置的约束能力不断提高，政府控制经济资源支持乡镇企业的能力不断削弱，比如以前通过政府担保，乡镇企业可以获得银行贷款，现在银行也要考虑风险和经济效益，政府支持不再保证乡镇企业得到更多的优惠。1994 年开始的分税制改革把原来由地方控制的税收权力收回了中央，这使得地方政府继续给予乡镇企业税收优惠的能力受到很大损害[②]。经济体制的上述变化促成了 20 世纪 90 年代中期以来，地方政府推动的乡镇企业改制，社区政府所有权逐步从乡镇企业退出。

---

① 颜公平：“对 1984 年以前社队企业发展的历史考察与反思”，《当代中国史研究》，2007 年第 2 期。

② 支兆华：“乡镇企业改制的另一种解释”，《经济研究》，2001 年第 3 期。

第二节　乡镇企业发展过程中的重大学术争鸣

一、关于小城镇与乡村工业化模式的争论

尽管农村剩余劳动力转移和人地矛盾是乡镇企业产生的重要因素，但作为中国特色的农村工业化、现代化和城市化发展模式，乡镇企业引起众多国内外学者的关注。对乡镇企业产生和发展的经济结构和制度背景分析主要有两类理论分析框架。一个是围绕刘易斯、费景汉、拉尼斯为代表的“二元经济发展论”框架及其拓展；一个是以费孝通为代表的“小城镇论”和乡村工业发展模式。

（一）以城市工业化为核心的二元经济论及其拓展

以二元经济发展模型为依据，把乡镇企业看作现代部门和中国经济发展的原动力来给予积极评价，这在中国以及美国、日本等国的学者中有相当的论述①。但是，刘易斯的二元经济论有很大局限性，不仅难以分析发展中国家农村劳动力从农业部门的转出和城市现代工业部门对劳动力的吸收过程，也难以解释中国特殊国情。中国经济的现代化不可能完全通过现代部门消灭传统部门，通过农民市民化、农村城市化，农业工业化的途径实现。因此，20世纪80年代后期以来，理论界提出了“三元结构”（张朝尊、陈吉元、李克强等）、“新三元”（黄泰岩等）、“四元结构”（陈宗胜、徐庆）、环二元结构（吴天然等）、“转型双层二元刚性经济结构”（唐炜、任保平）论。上述理论尽管观点各异，但都认为在我国农村人口总量极大的国情下，由于城市现代部门吸收劳动力能力有限，难以从传统经济直接过渡到现代经济的一元结构；根据乡镇企业大发展已形成重要经济力量，并吸收了大量农村劳动力的实际状况，认为农村工业已构成传统农业与现代工业之间的新工业系统，我国经济形成多元结构；中国经济从多元结构向一元结构转化，应该并只能通过农村工业的发展作为中间环节或过渡阶段来实现。通过农村工业可以将农村剩余劳动力汲尽，从而实现农村城市化和现代经济的一元化。

（二）小城镇论和乡村工业化发展模式

20世纪80年代，费孝通和“江苏省小城镇研究课题组”、“中日小城镇共同研究组”提出了小城镇论。费孝通认为，像中国这样的人口大国，应避免现有城市的过度扩大，并防止城市贫民窟的出现，应通过工业的农村化和农村的城市化吸收农村剩余劳动力，大力发展乡镇企业，离土不离乡，开发农村内在发展动力。“中日小城镇共同研究课题组”也肯定了由乡镇企业来带动农村城市化的发展模式，认为这种“内生发展”适合于后发国家、后发地区的经济环境和传统文化，是与西欧流行的现代化所完全不同的发展方式。

但对小城镇论和乡村工业化的异议也一直存在。早在20世纪80年代初，有关社队工业和城市大工业的“三争”（争原料、争能源、争市场），“三挤”（以小挤大、以新厂挤老厂、以落后挤先进）争议就很激烈。蔡昉（1990）认为，“就地转移”模式给农村劳动力转

---

① 比如杜海燕的《中国农村工业化研究》、蔡昉的《中国的二元经济与劳动力转移——理论分析与政策建议》、美国的 Putterman、日本的渡边利夫、严善平等学者的著作及相关论述。

移提供的空间狭小，农业中剩余劳动力转移不充分，甚至在经济很发达的地区也未能缩小二元经济反差。黄祖辉等（1989）指出，乡镇企业布局分散所带来的副作用，如耕地的浪费、环境的污染等正在越来越明显、虽然一时回避了“城市病”，但“农村病”却在不断的蔓延之中。此外还有学者指出，分散的城市化和工业化使经济发展得不到聚集经济的推动；第三产业发展的市场容量较小，无法调整产业结构，也无法大规模地增加就业；从发展经济学的分析看，分散型城市化和工业化的成本太高。因此，不要再提“城乡一体化”，也不要再提“乡村工业化”①。

二、乡镇企业产权结构演化的理论解释

（一）乡镇企业异军突起的产权解释

改革初期，为什么不是国有和民营经济，而是在所有制形式上介于其间的乡镇企业异军突起，引起了学术界广泛关注。斯蒂格利茨（1994）在考察了中国经济改革过程后认为，乡镇企业的成功表明，缺乏私有产权关系不是传统社会主义经济体制问题所在。威茨曼和许成钢（1994），李稻葵（1995）认为，中国乡镇企业是产权模糊的合作组织，即乡镇企业名义上归社区全体成员所有，但其控制权实际上掌握在乡镇基层政府手中。这种模糊产权在市场不完善的过渡经济阶段是有效率的。威茨曼和许成钢将这类企业和产权效率归因于中国传统文化的合作品质。Chang 和 Wang（1994）则认为是中央和地方政府关系的成功。模糊产权是实际最终控制权的模糊性，企业自愿地希望主管部门与它们分享企业的控制权，同时也很容易地从政府官员那里得到帮助。随着市场的完善，模糊产权变得缺乏效率，经济转型的目标就是要消灭模糊产权②。田国强（1995）从产权界定与资源有效配置的关系出发，认为，明晰产权通常是资源有效配置的充分条件，却不一定是必要条件。中国乡镇企业表现出高效率的主要原因就是其制度安排满足了激励机制最基本的先决条件：把个人的收入和劳动贡献联系起来；企业经理和职工拥有更多的选择自由等等。

（二）关于乡镇企业改制

20世纪90年代中期以来，随着短缺经济结束，市场化水平的逐步深入，政治上对私有财产和民营经济的宽容以及合法化，乡镇企业却出现增速趋缓，并随之进入产权私有化的改制过程。随着地方社区政府的逐步退出，中国乡镇企业“模糊产权”特征逐渐消退。

1. 关于企业改制的动因。20世纪90年代中期以来的改制是地方社区政府推动的。多数文献认为，地方财政困难是政府推动乡镇企业改制的主要动因。随着乡镇企业在规模和数量上的扩张以及经理就业机会的增多，地方政府作为委托人对乡镇企业经理代理人的激励约束成本提高，导致政府退出（蔡昉，1995）。地方分权导致地区间政府竞争，地区间竞争反过来引发了民营化，这是导致企业改制的重要因素（张维迎、栗树和，1998）。产权不清和政府寻租导致的企业家努力水平低下是造成乡镇企业经营困难的根本原因，企业改制是解决这一问题的主要手段。但改制如果仅限于产权易手，而不深化政府机构改革，消除地方政府事后寻租的权力基础，则很难保障改制后企业的激励和效率问题（姚洋、支兆华，2000）。

2. 企业改制的路径及效果。20世纪90年代中期开始的改制目标模式本来是股份合作制

---

① 周天勇：“质疑‘城乡一体化’和‘乡村工业化’”，《中国经济时报》，2001年7月27日。

② 李稻葵：“转型经济中的模糊产权理论”，《经济研究》，1995年第4期。

和公司制。然而，在实践上多数转向了公司制以及经营者持大股模式而不是股份合作制（范从来等，2001）。从企业财产组织形式上看，股份合作制存在一定缺陷，强调劳动组合，权力分配采取一人一票，小企业可以，大企业难以形成集中统一决策，不利于企业筹资。成员的自由进入退出使资产价格难以控制，股份合作制的公共积累部分仍然是不可分割和产权不清的部分，从而使股份合作制的灵活性和吸引力远不如股份制。在乡镇企业改制中实施的经营者持大股现象有其经济合理性。改制不是解决普通职工的积极性问题，而是解决经理（企业家）的积极性问题。因为经营决策、管理企业的努力程度很难监督和计量，让企业中最重要、最难监督的成员拥有所有权，可使剩余索取权与剩余控制权达到最大程度地统一，能有效地激励和约束经营者，避免此前乡镇企业经营中出现的机制弱化的问题，全面提升了企业的经营绩效（张维迎，1995）。姜长云（2000）认为，多数文献都认为产权改革会提高乡镇企业效率和效益，但乡镇企业产权改革的实际有时却不支持上述判断和预期。乡镇企业产权改革路径的选择，很大程度上取决于乡村政府和企业经营者为主导的乡镇企业核心利益相关者的合力指向。经营者持大股现象很大程度上是乡村政府与企业经营者利益分割的结果，简单地认为经营者持大股必然提高效率是不科学的。

三、苏南模式与温州模式之争

20世纪80年代中后期，随着乡镇企业崛起，有关乡镇企业模式的研究逐渐增多[①]。尽管存在着众多区域特色的乡镇企业模式，但苏南模式和温州模式逐渐成为乡镇企业改革实践和学术争论的焦点。这不仅是因为两种模式曾被作为姓资姓社“两条道路”的典型，是否符合社会主义方向[②]，左右着乡镇企业改革取向，更重要的是它们代表了诸多乡镇企业模式中的两个极端：一个是典型的集体所有制结构为主，社区政府主导推动的“地方政府公司主义模式”、“能人经济模式”、“政府超强干预模式”、“干部经济模式”、“政绩模式”和“地方政府的产权制度模式”；一个是个体私营经济为主，市场解决模式、自组织模式，“新古典区域工业化范式”[③]、自发和内生的经济发展模式。

（一）政府主导与市场主导

地方政府分析范式被国内外学术界用来解释政府在乡镇企业发展中的作用[④]，具体而言又沿着强调政府提供公共产品竞争的新古典经济学框架以及强调政府制度竞争的演化经济学框架。多数学者认为，在市场条件不完善的改革初期，乡镇企业发展离不开地方政府的扶持。地方政府的保护很大程度上帮助企业消除了外部市场环境的不完善，促进了企业发展[⑤]。戴慕珍认为，相比东欧私有化浪潮及其经济效果，中国农村发展的根本原因是在集体

---

① 比较典型研究文献包括费孝通、罗涵先著：《乡镇经济比较模式》，重庆出版社1988年版；陈吉元著：《乡镇企业模式研究》，中国社会科学出版社1989年版。

② 中国社会科学院经济研究所温州农村调查组：“温州农村商品经济考察与中国农村现代化道路探索”，《经济研究》，1986年第6期。

③ 赵伟：“温州模式：作为区域工业化范式的一种理解”，《社会科学战线》，2002年第1期。

④ 冯兴元总结了九类地方政府分析范式：地方发展型国家、地方政府公司主义、地方寻租型国家、掠夺性国家、保护型国家、侍从主义国家、企业家型国家、市场维护性联邦制、企业家型国家、市场维护性联邦制、威权主义国家、新威权主义国家、竞争性政府范式。

⑤ Che, Jiahua and Qian, Yingyi. 1998. Institutional Environment, Community Government, and Corporate Governance: Understanding China's Township – Village Enterprises. *Journal of Law*, *Economics and Organization*, Vol. 14, No. 1, pp. 1—23.

所有制基础上政府与企业的合作。乡镇政府与企业的关系如同公司内部的关系，其中乡镇政府充当董事会角色，政府的干预对企业的成功是不可缺少的因素①。在改革初期缺乏要素和产品市场、个人信用和能力难以承担企业管理和意识形态风险以及政府掌握税收资源前提下，没有政府制度安排，乡镇企业经营活动寸步难行，政府信用必须借助集体所有制实现，政府信用也不可能运用到非公有制企业。地方政府威权主义和企业内部的威权者（“农村能人”）对乡镇集体企业发展具有直接的、重要的影响②。早在改革开放前，苏南地方政府已经与初步发展的社队企业关系密切，初始条件和路径依赖使乡镇企业这种制度安排正好兼顾了政府与企业的双方利益，满足了企业与政府的双方偏好条件，即企业依赖政府获得“制度租”，而政府获得企业一定的控制权和剩余索取权，从而大大降低了实施成本和摩擦成本，乡镇企业发展和GDP的增长得益于政府推动③。政府利用权力向银行贷款兴办乡镇企业，把农业集体积累转化为工业积累，从而推动了农村工业化进程。因此，这是一种“强政府—弱市场”的形态。地方政府竞争会导致经济发展模式差异，地方政府为产权主体的地方产权制度使得当一个经济政策出台时，地方政府会进行资源和利益竞争。全国统一的经济转型政策引发地方政府不同的反应，导致不同的转型路径，形成不同的发展模式。政府竞争还会推进苏南模式的制度创新，即政府推动的乡镇企业改制、发展加工贸易和招商引资④。

随着经济体制改革的深入和市场的逐步放开，政府推动型经济不仅资源和需求双重依赖日益明显，而且面临“三重”依赖。即决策上缺乏内部工人管理和自治决策机制，因而在经营、资金和收入分配上对乡村行政机构高度依赖；对市场的依赖，苏南乡镇工业在发展初期是钻市场的空子，在国营企业的缝隙生存，随着经济体制改革深入，国营企业有了一定自主权并与乡镇企业展开正面竞争，乡镇企业在技术、管理和规模效益上的劣势日益突出；横向的技术依赖。苏南模式是城市大工业与农村资金积累和剩余劳动力嫁接的嵌入式发展模式，高度依赖城市大工业成熟技术的转移扩散，但也限制了乡镇企业同城市企业在同一技术层次的竞争优势⑤。

现代市场经济中，政府和市场都是必不可少的，关键是如何提高政府的有效性。温州模式属于哈耶克意义上的自发秩序，政府不是简单的无为而治，而是通过产权保护、提供公共产品等方面的有所作为，来降低交易成本。同时，地方政府对经济的弱控制客观上降低了过度干预形成的交易成本。温州模式自发秩序的问题恰恰是制度创新不足，投资环境优势相对丧失。20世纪90年代后期，温州经济发展最缺的不是“私人产品”，而是“公共产品”供给，最需要的不是微观领域改革，而是宏观管理体制创新。政府行政低效率与官员的机会主义增加了市场交易成本⑥。金融和政治体制改革滞后，民营企业与国有商业银行打交道的成本很高，导致民营企业不依赖银行发展的习惯，温州企业“长不大”和民间金融的发展和秩序混乱。温州模式中民营经济散、小、低的产品市场相似性和无序竞争特征明显，由此导

---

① Oi, Jean C. 1992. Fiscal Reform and the Economy Foundations of Local State Coporatism in China. *World Politics*. Vol. 45, No. 1, pp. 99—126.

② 邱泽奇：“在政府与厂商之间：乡镇企业政府行为分析”，《二十一世纪评论》，1998年第4期。

③ 史晋川、谢瑞平：“区域经济发展模式与经济制度变迁”，《学术月刊》，2002年第5期。

④ 江静、陈柳：“地方政府竞争与经济发展模式趋同：基于苏南和温州的分析”，《制度经济学研究》，2009年第5期。

⑤ 万解秋：“苏南模式面临的挑战与选择”，《经济研究》，1987年第4期。

⑥ 蒋伏心、周春平：“交易费用视角的政府行为——以温州为例”，《中国工业经济》，2005年第6期。

致产业组织形式发展滞后，低水平的产业集聚，局限于劳动密集制造业，忽视或无力进军资本和技术密集产业，产品结构和产业结构更新缓慢①。

（二）社区产权与私有产权

1. 两种产权模式形成的初始条件。从产权角度看，苏南模式是一种生产资料归全体社区居民所有的公有性质产权，温州模式是一种典型的私有财产组织形式。因此，两种模式的比较是两种产权制度效率以及社区政府在产权制度中的地位和作用的比较②。两种产权的形成均具有制度变迁的路径依赖，都是特定经济、政治、历史和文化等制度环境的产物。苏南乡镇集体企业产权的形成是一种自上而下的体制内的强制性制度变迁，形成于合作化和人民公社时期，便利的交通，邻近上海等大城市，乡镇企业所需原料、技术、人才和市场易于解决。集体产权易于为政府所接受，又可游离于严格的计划经济之外，且比国有企业少受约束，因而在改革初期迅速获得发展空间。温州私有产权的形成，则是自下而上的体制外的诱致性制度变迁。其集体经济基础薄弱，远离大城市，形成大工业所需原料、技术、资金和市场的条件不具备。这些决定了温州不可能像苏南那样形成集体产权，只能通过个人、家庭投资，通过市场自发的组织资源，以家庭生产替代联合生产实现农村工业化和现代化。当然，温州历史悠久的手工业和商业文化也是该模式的先决条件。

2. 两种产权制度下的政府行为。苏南模式下乡镇企业可以从社区政府获得原始资本，依靠政府信誉获取银行贷款，无偿或低成本的使用社区内的劳动力、土地等生产要素，享受政府优惠政策，节约了在旧体制下创办企业的交易成本。社区政府投资兴办的乡镇企业规模大，抗御风险能力强。这种社区所有权模式也造成了政企不分，社区政府利用剩余索取权和控制权寻租，农民负担向乡镇企业转移，加重企业负担，削弱其积累能力，社区政府投资和干预易于把企业带入高速度、高投入和高负债的恶性循环③。温州模式下，社区政府在私有产权形成中起着促进性、辅助性和倡导性作用，而不是像苏南那样起着主导性和行政性作用。社区政府的作用在于帮助私有产权主体获得所需的制度资源，这在事实上提供了私有产权在旧体制下赖以生存并发挥其效率的制度环境。

3. 两种产权体制的效率。周春平（2002）用1984—2000年苏南和温州的人均GDP和乡镇企业增长率，对比了两种模式的产权效率。结果显示在人均GDP及增长速度指标上，苏南一直高于温州，但优势在递减。就业指标上，苏南模式在20世纪90年代前逐年递增，之后负增长。温州在1987年之前递减，之后逐年递增。相对这种缺乏清晰界定产权效率的实证分析，相关的规范分析更为普遍。例如，苏南模式下，模糊产权和政企不分容易产生腐败和低效率的治理结构，难以对经营者形成有效的激励和约束机制。学者新望就指出，苏南模式下的公有制异化成了官有制，官富民穷，官民收入差距拉大，共同富裕的目标落空，从而失去了社会主义的公平原则④。温州模式的私有产权体制的弊端也很明显，温州分散经营的个体私营经济，难以摆脱小农经济影响；产权局限性难以通过联合、重组、兼并以及股份制改造得以迅速扩张；家族企业管理随着企业规模扩大弊端日益明显等⑤。

---

① 杨大楷、曾鹏、缪雪峰："关于温州模式深层次的思考"，《重庆工商大学学报》，2004年第4期。

② 周春平："苏南模式与温州模式的产权比较"，《中国农村经济》，2002年第8期。

③ 叶扬："苏南模式——乡镇企业发展的经济学分析"，《中国乡镇企业》，2004年第8期。

④ 新望、林建生："评苏南经济之'新亮点'"，《改革》，2001年第6期。

⑤ 陈鸿昌："殊途同归的苏南模式和温州模式"，《中国改革》，2001年第10期。

（三）苏南模式趋同于温州模式吗

随着20世纪90年代末乡镇企业改制的完成，以集体产权为主的苏南模式转变为私有产权，苏南模式和温州模式出现趋同，学术界甚至出现了苏南模式“终结论”、“过时论”。苏南模式被认为是过渡模式，温州模式是中国乡镇企业发展的典型坐标。这就引发了一系列问题。乡镇企业发展模式的价值评判标准是什么？各类乡镇企业发展模式是多样性强化还是走向趋同？

杜聿文（2003）认为，随着中国市场经济的不断推进，三大模式有趋同化现象。由于“温州模式”具有“民办，民营，民有，民享”的性质，更贴近社会主义市场经济的模式，因此，三大模式实际上是向着“浙江模式”亦即扩大了的“温州模式”趋同①。过去用公与私，社与资的标准来相互批判两种模式实际上夹带政治和意识形态标准，而非生产力标准。也有人认为，乡镇企业发展模式是特定区域、特定历史阶段初始条件和路径依赖的结果，其差异性绝非市场经济本身就能消除的。

洪银兴（2007）认为，对苏南模式的评判标准是有问题的，比如以私营企业比重和政府强弱评判是否达到市场化理论框架要求，事实是苏南区域经济发展和市场化水平处于全国前列，特别是率先达到全面小康水平。判断一种发展模式是否成功，不应从原则和某种先验的理论框架出发，而应当从发展的成果来检验。发展的成果也有个历史性的评价问题。不能用以后阶段的发展标准去衡量前一发展阶段的成果，进而否认前一阶段的发展模式，这显然不符合历史唯物主义。任何发展模式都有自我强化的机制或路径依赖。各种模式都是适应当地环境的发展经济模式，模式的差异是对发展条件差异的反映，因此，用某种模式做标准评价另一种模式是不符合实际的。发展模式不是固定不变的，苏南模式和温州模式都经历了很多重要变革②。

四、乡镇企业地位和未来走向的争议

随着乡镇企业改制的完成，并转为私人企业和股份制企业，由此引发了乡镇企业是否还能够作为一种独特的企业群体继续存在，学术界出现了乡镇企业“终结论”、“过时论”、“替代论”、“脱农论”、“过渡论”等观点。质疑这些观点的学者认为，中国的二元经济结构、“三农”问题是长期性的，只要这些问题没有解决，不管乡镇企业产权结构、经营领域范围如何变化，乡镇企业就有存在和发展的合理性，其他类型企业不能替代乡镇企业。

（一）乡镇企业是否终结过时

“过时论”观点认为，乡镇企业是在特殊的历史时期、特殊的宏观环境条件下形成的一种特殊事物。它是中国农民在传统城乡分割的二元结构框架下别无选择的选择，发挥了一种介于计划体制和市场体制之间特殊的资源配置通道的作用，从而为弥合二元结构，缩小城乡差别，做出了特有的贡献。但是，随着我国计划经济体制向市场经济体制转型的逐步完成，乡镇企业发挥资源配置通道的特殊作用正在消失，其社区性、封闭性的缺陷却日益突出，乡镇企业作为一个特殊部门，正在失去其独立存在的意义，其特殊的身份正在走向它的终

① 杜聿文：“农村经济三大模式殊途同归”，《中国经营报》，2003年10月13日。

② 洪银兴：“苏南模式的演进及其对创新发展模式的启示”，《南京大学学报（哲学社会科学版）》，2007年第2期。

结[1]。目前，传统意义的乡镇企业已经凤毛麟角，就农村范围看，乡镇企业、民营企业和中小企业实际上“三位一体”形势下，难以界定出一个区别于民营企业、中小企业的乡镇企业，应当关心量大面广的中小企业[2]。

姜长云认为乡镇企业是个过渡时期的过渡现象。经济意义上的城乡二元结构是乡镇企业存在和发展的必要条件，但却并非充分条件，因为它是许多发展中国家共有的，否则，很难解释那么多发展中国家存在城乡二元结构，唯独中国出现了乡镇企业。乡镇企业存在和发展的充分条件体现在政策和体制意义上的城乡二元结构，即重工轻农、重城轻乡的宏观政策和体制，或者是指在传统的计划经济体制开始有所松动、但尚未受到根本动摇。城乡之间的资源、要素和产权流动仍然面临重重限制。国有企业对经济发展的直接参与度较高且主要居于城市、主要采取国有独资形式的背景下，国家对国有企业的经营实行部分控制，并通过对主要资源、要素的计划配置，甚至在部分领域对非国有企业的市场准入限制，实行对国有企业发展的重点倾斜和优先支持。但随着市场机制已经逐步成为影响资源配置的基础性机制，城乡之间资源、要素和产权流动的体制障碍开始得到明显消除。由于国有企业的产权多元化和民营化改革已经取得突破性的进展，国有企业对经济发展的直接参与度已经大为下降，不同类型经济平等发展、共同发展的框架已经基本形成，乡镇企业存在和发展的合理性已经逐步消失。此外，乡镇企业经营领域的城市拓展，民营化，农村集体经济组织和农民投资局限的突破，无论是从外部环境来看，还是从内部发展实践来看，乡镇企业都是过渡时期的过渡现象，乡镇企业的名称已经过时[3]。

苑鹏、张晓山（2001）认为，从未来的发展趋势看，乡镇企业所面临的最大挑战既不是来自日趋激烈的市场竞争，也不是不利的宏观经济政策，更不是自身的制度创新和结构挑战，而是来自“乡镇企业”概念本身，即随着制度环境的改变，经济体制改革的深化，农村城市化进程的推进以及乡镇企业内部的分化和异化，乡镇企业是否还能够作为一种有别于其他企业形式的独特企业群体继续存在下去，这个问题并不是一个“应该不应该”的价值判断问题，而是一个不可回避的“存在与否”的客观事实问题[4]。

过时论认为，乡镇企业经过改制，原来意义上的乡镇企业已经不复存在了，因此应该取消乡镇企业的称谓，应该叫民营企业，或者叫中小企业。与此相适应，由于乡镇企业已经过时，或者说原来意义上的乡镇企业已经不存在，国家在今后的政策制定中，应当逐步淡化乡镇企业的概念，避免将乡镇企业作为一个同质性的目标对象，而应当是从行业发展或扶持弱势企业、中小企业的角度出发。

反对者认为，虽然乡镇企业发展的外部环境及企业自身都已经发生了巨大变化，但是评价乡镇企业是否过时，关键要看乡镇企业发展的社会经济条件及其承担的社会经济功能有无发生变化，决定乡镇企业发展的基本经济规律是否发生变化[5]。乡镇企业的社会经济条件，承担的社会经济功能和发展的基本规律没有发生变化。我国城乡二元结构仍然存在，城乡居民收入差距仍然比较大。农民占我国人口绝大多数的状况没有改变，农村劳动力大量剩余的

---

① 杜吟棠：“乡镇企业的历史地位、作用和经验教训”，《经济研究参考》，2001 年第 83 期。
② 邹国忠：“‘乡镇企业’概念已经过时”，《中国改革》，2007 年第 7 期。
③ 姜长云：“必须从战略高度重视乡镇企业的转型发展问题”，《经济观察网》，2008 年 4 月 18 日。
④ 苑鹏、张晓山：“乡镇企业发展面临的问题与挑战”，《经济研究参考》，2001 年第 83 期。
⑤ 徐奎松：“乡镇企业开始‘脱胎换骨’?”，《发展导报》，2002 年 9 月 27 日。

状况没有改变，或者说乡镇企业的“三农”性质没有改变。因此，乡镇企业承担的农民就业、增加收入的主渠道功能，实现农村工业化、城市化、现代化的功能也没有发生根本变化。由于走城市工业化吸纳农村劳动力极为有限，大多数农民只能在村办乡镇企业当工人，建小城镇当市民，决定了乡镇企业发展的基本规律没有发生变化①。

（二）乡镇企业是否用民营企业或中小企业替代

主张乡镇企业提法过时的观点认为，根据《乡镇企业法》有关概念，乡镇企业的概念是一个身份（农民）的、地域（农村）的以及产业的（需要履行支农义务）概念。改革开放20多年后的今天，计划经济体制所形成的乡镇企业与“三农”的内在联系已经明显松动，乡镇企业与“三农”联系纽带越来越取决于乡镇企业自身的市场选择行为，而不是外部制度环境和内部制度安排共同强制作用的结果。乡镇企业开始出现了“脱离农民”、“脱离乡村”和“脱离农业”的趋势②。

但也有不少人认为，将乡镇企业改名为中小企业或民营企业更不妥。这里包括长期以来对乡镇企业基本概念的认识误区。乡镇企业包括“五个轮子”（乡镇办、村办、联户办、户办、其他），它既不仅指乡镇集体企业，也不完全是中小企业③，也不同于城市的中小企业，特别是不同于城市国有和城市中的集体中小企业。中小企业是从企业规模大小角度界定的，民营企业是从所有制或经营投资角度界定的，而乡镇企业是从区域角度界定的，三者各具有其独立的意义。中小企业不能覆盖所有乡镇企业，它很可能使那些具有根深蒂固“城市偏向”意识的组织和个人，只顾强调发展城市中小企业，而忽视发展农村中小企业④。

现阶段还不能将城乡中小企业统一管理，也难以制定城乡一体的中小企业发展政策。乡镇企业并没有完全丧失其“三农”性，不应否认乡镇企业过去、现在和未来在繁荣农村经济、增加农民收入、转移农村剩余劳动力、实现农村工业化、城市化和现代化中的特殊作用。对于东部地区，集体乡镇企业似乎已完成了它对农村工业化的最初历史使命，农村工业化的推进更应落在个体、私营乡镇企业身上，但对中西部地区，上述含义并不一定适用⑤。

中国乡镇企业协会会长、著名企业家鲁冠球认为，中国乡镇企业出现的“两头热、中间冷”现象，即一边是战略上重视乡镇企业的中央领导重视和迫切要求脱贫致富的农民热；一边是地方政府对乡镇企业宣传舆论淡化、政策扶持弱化、企业负担强化、管理服务退化、投资环境恶化。原因在于一些干部在新形势下对乡镇企业性质、地位、作用认识不全面、不一致。随着乡企改制、转制和产权投资多元化，认为乡企服务“三农”的历史使命已经完成，出现了对乡企不想管、不敢管、不会管和走着瞧的被动局面，把发展私营企业和抓乡镇企业对立起来。乡镇企业的历史使命不是终结，而是新的起点。“三农”问题还要靠乡镇企业“三化”（农村工业化、现代化、城镇化）解决⑥。

---

① 刘增胜：“乡镇企业走向何方”，《内部文稿》，2002年第8期。

② 苑鹏，张晓山：“乡镇企业发展面临的问题与挑战”，《经济研究参考》，2001年第83期。

③ 郑家喜：“乡镇企业‘过时论’质疑”，《安徽农业科学》，2005年第1期。

④ 李佐军：“乡镇企业还没有过时”，《中国乡镇企业》，2004年第9期。

⑤ 范剑勇、袁志刚：“乡镇企业就业增长趋缓是缘于其资本密集化倾向吗”，《中国农村经济》，2002年第8期。

⑥ 万文鼎：“乡镇企业的使命完成了吗？21世纪乡镇企业向何处去？请看鲁冠球一席谈——乡镇企业：不是使命终结，而是新的起点”，《经济日报》，2001年2月20日。

第三节　乡镇企业在中国经济发展中的地位和贡献

一、乡镇企业的经济和社会效率

（一）乡镇企业的社会效益

1. 乡镇企业促进了区域农村工业竞争能力。区域农村工业竞争能力的强弱是该地区农村工业综合发展能力的反映，主要体现在该地农村工业影响力、农村工业增长能力、要素产出能力、结构转换能力和社会体制创新能力五个方面。农村工业发展很大程度上反映了一个地区经济体制创新能力，是地方政府推动体制创新的动力所在。农村工业化竞争实力不仅和各地经济发展水平高度关联，而且也反映了各地产出结构、增长源泉、市场化水平差异①。乡镇企业作为推动农村经济发展和演变的主要力量，影响了农村社区社会生活的各个方面，特别是对农村经济发展方式，基层农村政府收支方式，农村企业职工收入分配方式等产生了重大影响。

2. 城镇化和农村劳动力的转移。乡镇企业吸纳了大多数农村剩余劳动力，2000 年在我国乡镇企业就业的职工已经达到 12819 万人，比 1980 年增加了近 1 亿人。20 世纪 90 年代以来，乡镇企业吸纳劳动就业速度趋于下降，但仍然是农村剩余劳动力就业的主渠道。这种下降源于乡镇企业资本密集化倾向（于立、姜春海，2003），乡镇集体企业就业下降以及就业弹性较大的商饮服务业和交通业比例的增加（范剑勇、袁志刚，2002）。我国农村劳动力转移总体上有两个特点：一是劳动力转移以省内特别是县内转移就业为主，省际转移不占主导地位，2001 年，农村剩余劳动力在本省内转移就业比重达到 65.8%，转向省外的占 34.2%（盛来运，刘彦随，2007）；二是省际劳动力农村转移速度自 20 世纪末以来加快，劳动力省际转移主要从中西部欠发达地区向东部发达地区转移，乡镇企业对剩余劳动力的转移的本地社区性减弱（王国霞、鲁奇，2007）②。

3. 县乡两级财政和农民收入的重要来源。乡镇企业仍然是县域经济发展的主体，乡镇企业税收仍然在许多县乡两级政府财政收入中占据绝对主导地位。上交乡村的利润也是乡村两级基层组织从事各项事业的重要保证。尽管 20 世纪 90 年代以来，由于乡镇企业改制和分税制改革使乡镇企业对地方财政支撑力度削弱，乡镇企业是地方社区政府财政收入主渠道的地位没有变。乡镇企业也是农民非农产业收入的主要来源。1978—2006 年，来自乡镇企业的从业人员工资水平逐步提高，由人均每年 308 元增加到 8369 元，乡镇企业工资性收入占农民人均纯收入的比重由 8.2% 提高到 34.6%。乡镇企业已成为支持农民收入增长的主要因素③。

（二）乡镇企业效率

1. 关于乡镇企业的长期高速增长机制。1979 年以来，中国乡镇企业工业总产值增长率

---

① 杨晓光、樊杰："中国农村工业地区竞争力差异分析"，《地理科学》，2005 年第 1 期。

② 杨晓光、樊杰："20 世纪 90 年代中国乡镇企业变革及其地方效应"，《地理学报》，2008 年第 12 期。

③ 李力："改革开放 30 年：农民收入持续增长"，《经济日报》，2008 年 10 月 9 日。

远远超过全国工业总产值增长率，在利润率、资本产出率和劳动生产率三个方面，乡镇企业明显高于国有企业，被国外学者称为增长之谜[①]。为何同属公有制的国有企业和乡镇企业在效率上有如此大的差距，国内外学者对此进行了分析。刘小玄（1995）用来自26个省、市、自治区1986—1990年967个国有企业、366个城市集体、300个乡镇企业的数据，分析了三种产权类型在剩余分配权、管理决策权、市场经营决策权的差异。与前二者相比，乡镇企业有明显的自主权，受限制较少。剩余分配权、管理决策权的优势与企业效率正相关，以此解释乡镇企业对经营者的激励更大，效率更高。陈剑波（1995）用1990年10个省的200家大型乡镇企业的数据实证考察了政府在企业中产权分割（用上交利润与决策权表示）的情况，以此作为乡镇企业产权制度的交易费用特征，从而分析其对资源配置效率的影响。中国乡镇企业奇迹并不是有关政策主动支持和鼓励的结果，而是在土地制度、户籍制度、价格政策、财政政策以及金融政策等的“围追堵截”中，由于“政策失灵”才“异军突起”和不断寻求自我发展的。Perotti等（1999）将乡镇企业的长期增长归因于相对于国有企业，中国各级政府对乡镇企业规制较少。何梦笔（1996）则将乡镇企业的高速发展归因于中国乡村工业是长期处在正式经济体系之外的“缝隙经济”。

2. 关于乡镇企业效率。多数研究文献以全要素生产率（TFP）作为衡量乡镇企业效率的标准。Svejnar（1990）用4个县的122个企业数据得出乡镇企业在1981—1986年TFP年增长率为13%；Weitzman和Xu（1994）的研究表明，1979—1991年，国有企业、乡镇企业TFP年增长率分别为4.0%、12.0%；胡永泰等（1994）用1984—1987年10个省的200家乡镇企业数据得到的结果是8%—9.5%；林青松（1995）以全国独立核算工业为对象，得到的结果是国有企业1980—1990年TFP年增长率为2.52%，集体工业（乡镇企业）为3.42%，而采用与世界银行合作的样本，以1980年以前就存在的企业为对象，其结果为，国有企业1981—1990年TFP年增长率为1.52%，乡镇企业1986—1990年年增长率为2.37%。谢千里、罗斯基、郑玉歆（1995）估算1980—1992年国有工业TFP年增长率为2.5%，而集体工业（包括乡镇企业）的TFP年增长率为7.15%。尽管上述研究的结果差异较大，但都认为乡镇企业过去的发展，效率普遍要高于国有企业。

二、乡镇企业的自发性市场制度创新

（一）乡镇企业是中国经济发展模式的重要内容之一

李树林（2009）认为，乡镇企业是我国改革开放最早的标志之一，是亿万农民的伟大创造，是世界上独一无二的原创性成果，最早被国外专家学者高度重视，被称之为中国经济发展的“秘密武器”，为第三世界农村经济发展开拓了一条新路。可见，乡镇企业成功经验是“中国模式”重要组成部分。乡镇企业快速发展源于异军突起的逻辑，即党和国家政策倡导扶持；农村家庭能量的充分释放；致富欲望的历史冲动。乡镇企业对“中国模式”的贡献有三个重点：提出了中国特色的社会主义城乡学理论；建立现代企业制度管理微观体系；乡镇企业软实力不断增强[②]。乡镇企业针对亿万农民分散经营的现状，针对30多年来构建新的市场机制的平台。因此在理论发展上是对中国特色社会主义理论的贡献者和忠实实

① 姚先国、盛乐：“乡镇企业和国有企业经济效率差异的人力资本产权分析”，《经济研究》，2002年第3期。
② 李树林：“从中国模式高度重新认识乡镇企业”，《管理观察》，2009年第1期。

践者。乡镇企业为中国市场经济贡献了主体，贡献了机制，同时也贡献了增长的基础。如果从“中国模式”高度，从农村产业化、农村工业化和城镇化的需求，从农村稳定和发展的全局出发认识乡镇企业，就不难看出，目前任何一种中小企业、民营企业都不能代替乡镇企业的历史使命、地位、功能和作用①。哈佛商学院教授艾布拉米认为，中国模式颠覆了公有制企业没有效率的传统观点。很多乡镇企业在实现增长方面非常有效率，乡镇企业也是一种公有制。所有制的形式不是衡量效率问题的核心，问题的关键在于企业能否受到预算的刚性约束，从而杜绝无效率的行为。中国乡镇企业的经验证明，公有制和效率不是天然对立的②。

（二）乡镇企业为中国市场经济体制转轨提供了一条成功的演化路径

乡镇企业是中国政治经济体制改革试验的先驱和前沿领域。在国有工业、农业、乡镇企业和私有企业完成产权改革，突破转轨过程中不利于经济发展的资金匮乏和市场交易的制度条件中，乡镇企业的转轨和示范作用是举足轻重的，是中国渐进主义改革生动的体现（王一江、张春，1998）。樊纲、陈瑜（2005）认为，乡镇企业不是一种定型的企业形式，它体现了中国成功的“渐进转型”的制度形式，从最初的公有制（集体所有）形式，经过许多阶段变化，最后成为典型的非公有制形式。乡镇企业的发展为其他制度的改变创造了更好的条件，其他制度的改变反过来又为乡镇企业的进一步发展创造了条件。正是乡镇企业以及整个非公有制经济的发展，体现出市场经济的效率，为后来的国有企业改革和金融体制改革提供了有利条件。乡镇企业以及整个非公有制经济在经济发展和制度转型过程中所起到的积极作用，说服了政府和广大群众，改善了他们对私有权和民营经济的政策和态度。乡镇企业成功转型的路径表明，渐进式改革一定优于其他方式的改革。对于理解制度转型而言，“不彻底的”改革方式也许正是中国经济体制成功转型的出路③。周冰、谭庆刚（2006）把乡镇企业的基本性质归结为社区性，这一性质对乡镇企业发展具有正负两方面的影响，在市场经济体制尚不完善的改革初期，社区性为乡镇企业在要素获取和使用、就业、增加收入、增强凝聚力和信任等方面发挥了积极作用。随着市场的深化和不同产权性质乡镇企业的竞争，社区性成为制约乡镇企业发展的因素④。乡镇企业逐步退去社区色彩，向产权明晰和竞争规范的现代企业模式转变，成为一般意义的企业。

---

① 卢永军：“新时期乡镇企业理论创新与发展大趋势”，《管理观察》，2009 年第 1 期。

② 吴云：“‘中国模式’挑战传统理论”，《人民网》，2009 年 5 月 7 日。

③ 樊纲、陈瑜：“‘过渡性杂种’：中国乡镇企业的发展及制度转型”，《经济学季刊》，2005 年第 4 期。

④ 周冰、谭庆刚：“社区性组织与过渡性制度安排——中国乡镇企业的制度属性探讨”，《南开经济研究》，2006 年第 6 期。

第十二章 收入分配理论60年

第一节 改革开放前我国居民收入分配原则和实现形式以及主要问题

一、按劳分配是改革开放前我国居民收入分配的基本原则

新中国成立后，经过社会主义改造，全社会实现了生产资料的公有制。在城市，自1954年起，伴随“一五”计划的实施，不同规模的私有企业被国家合并成为全行业的公私合营企业，国营经济地位开始逐步确立。到1956年，国有经济的产值占工业总产值的比重为67.5%，公私合营经济的产值占32.5%，个体和私有经济几乎消失①。在农村，全国范围的土地改革结束于1952年，当时参加农业生产互助组的农户仅占全国农户总数的39.9%，参加农业生产合作社的农户仅占0.1%。然而到了1956年，参加农业生产合作社的农户比例在年初就一下跃至80.3%，年底更是进一步增加到96.3%。同时，200户左右规模的高级社迅速发展，参加的农户从1956年初的30.7%，增加到年底的87.8%②。可以说全社会的生产资料公有制改造进行得十分彻底。生产资料的社会主义改造剥夺了个人对各类生产资料的所有权，根据马克思主义基本原理，此时个人收入分配原则在理论上应为按劳分配：即凡有劳动能力的人都应尽其所能地为社会劳动，社会以劳动作为分配个人消费品的尺度，按照劳动者提供的劳动数量和质量分配个人消费品，等量劳动领取等量报酬，多劳多得，少劳少得，不劳不得。

按劳分配原则的实行具备客观必然性，主要表现为以下三方面：第一，按劳分配原则是在生产资料公有制条件下决定总消费品如何分配的手段；第二，按劳分配原则是在社会总产品尚未达到极大丰富前最大限度体现公平原则的分配方式；第三，按劳分配原则是在劳动尚未成为人们第一生活需要前充分调动劳动者积极性的分配方法。

可以说，按劳分配原则是对剥削制度的否定，是分配关系的一场革命，具有划时代意义。具体来讲，首先，按劳分配原则把劳动者的劳动贡献同劳动报酬联系起来，有利于调动劳动者的生产积极性与创造性；其次，按劳分配原则消灭了个人凭借对生产资料的占有剥削

---

① 薛暮桥：《中国社会主义经济问题研究》，人民出版社1979年版，第38页。

② 苏星：《我国农业的社会主义改造》，人民出版社1980年版，第156页。

其他劳动者的可能，在一定程度上体现了社会主义的优越性；按劳分配原则还把国家、集体、个人三者利益有机结合起来，促进公有制企业职工在关心个人利益的同时，关心国家和集体利益。

但按劳分配制度仍具有其局限性。不同于马克思提出的共产主义按需分配，等量劳动获得等量报酬的按劳分配原则，尽管体现了不同劳动者在个人消费品分配上的平等权利，却给不同素质的劳动者以及非劳动者的收入带来了不平等。根据按劳分配原则，脑力与体力的差别会使工资出现差别；即使劳动者的收入相等，也会因为不同劳动者需要赡养不同数目的非劳动者而造成人均实际收入不同。另一方面，改革开放前的“按劳分配制度”形式相当单一（当时只有工资和工分两种分配形式：工资制主要在城市全民所有制企业、机关和事业单位以及城镇集体企业中实行；工分制则在农村集体经济中实行），使得当时的按劳分配制度存在严重问题，即分配形式单一化、分配结构固定化及分配水平平均化。因此，尽管改革开放前期我国在理论上奉行按劳分配原则，实际经济中实行的却是平均主义分配原则。更准确地说，改革开放前的收入分配制度是“一种名义实行按劳分配，实际上是略有差别的平均分配的单一型分配制度”（常兴华，2004）。

二、按劳分配制度的具体实现形式

改革开放前，为了落实按劳分配原则，我国城镇和农村在具体的分配制度上采用了不同模式：在城镇企业和机关事业单位实行“工资制”，在农村则实行“工分制”。

（一）改革开放前按劳分配原则在城镇实现形式：工资制

职工收入的“工资制”是我国改革开放前在城镇落实按劳分配原则的基本制度，期间经过多次改革和调整，具体可分为如下几个阶段：

1. 1949—1956 年属于“工资制”的多样化阶段。这一阶段正值社会主义改造期间，多种生产资料所有制形式使我国城镇职工收入分配制度呈现多样性：资本主义工商企业基本沿用了 1949 年以前的分配方法，因而这部分企业劳动者的工资收入差距很大；全民所有制企业虽然建立在没收官僚买办资本的基础上，但国家为寻求社会稳定只改变了所有制性质，并未立即改变原有的工资制度；公务员工资由国家实行供给，在未进行工资改革前，不同级别职位的工资标准十分多样化。直到 1952 年国家进行工资改革，建立职工工资等级制度后，个人收入分配的混乱局面才得到改善。

2. 1956—1965 年为工资制度的调整与统一阶段。1956 年以后，社会主义改造基本完成，计划经济体制逐步建立。为配合计划经济体制的建立，国家迫切需要把城镇职工工资收入分配制度统一起来。1956 年全国召开工资工作会议，开展工资制度改革。改革内容主要包括：第一，取消国有企业职工“工资分”加物价津贴制度，实行货币工资标准；第二，改进企业工人工资的等级制度，贯彻按劳分配原则；第三，改进企业职工和技术人员工资制度，按产业、地区、部门等规定不同工资标准，高水平的技术人员发放技术津贴；第四，调整各产业、各地区、各部门工资关系，根据产业重要程度、技术复杂程度以及劳动条件好坏等条件制订一系列工资标准，体现国家对收入分配的计划性与相对平等性；第五，推广改进计件工资制，改进企业奖励津贴制度。上述改革奠定了改革开放前我国个人收入分配制度的基本框架，体现了按劳分配原则，在一定程度上提高了城镇职工的工作积极性，促进了劳动生产率的提高。

3.“文革”期间属于工资制度遭受严重破坏的阶段。1966年开始的“文化大革命”对刚刚建立起来的收入分配制度予以彻底否定，并将其歪曲为“滋长资本主义的经济基础”。奖金制度和计件工资制度被取消，职工工资水平整体被降低，不同等级劳动力得到同级待遇的“大锅饭”现象出现。上述情况降低了工人的劳动生产积极性以及劳动生产率。直到20世纪80年代初期，奖金制度和计件工资制度才逐步得到恢复。

（二）改革开放前按劳分配原则在农村的实现形式：工分制

改革开放前农村分配制度的形成可分为以下几个阶段：

第一阶段处于新中国建立后的土地改革期间。土地改革消灭了地主土地所有制，农民拥有了对土地的所有权，消除了由地租引起的地主阶级与农民阶级之间的收入差距。并且，国家没收了地主多余生产资料给农民，给农民生产生活条件带来了巨大改善。

第二阶段为1953—1957年，是我国进行农业社会主义改造，开展农业生产合作化运动的阶段。在这个阶段，各地农村先后探索了多种互助合作方式，包括社会主义萌芽形式的农业生产互助组、半社会主义性质的初级农业生产合作社以及具有完全社会主义性质的高级农业生产合作社。具体来说，农业生产互助组简称“互助组”，分为“临时互助组”与“常年互助组”。临时互助组一般由3—6户农户组建，主要为克服短期种植或收割作物时劳动力缺乏等困难；常年互助组则具有一定规模，从单纯以个体经营为基础的生产方式发展到包含相同生产计划、相同组织管理制度、拥有共有财产的具有公有制成分的生产合作方式等。互助组在各个成员相互帮助、自愿、平等的基础上，在不改变以户为核算单位的情况下，形成了一种以工换工的互助补偿模式，消灭了剥削，产生了统一使用土地的要求。初级农业合作社简称“初级社”，是一种以土地入股、统一经营为重要特征的半社会主义农业集体经济组织。根据自1956年全国人大颁布的《农业生产合作社示范章程》，农民入社自愿，退社自由，社员在全国范围内统一实行的计划指导下进行集体劳动。初级社的收入分配具有半社会主义性质，因此，一方面积累了若干公有性质资产；另一方面社员个人的收入分配形式多样，劳动收入与入股“土地分红”等生产要素收入并存，可以说初级社在一定程度上实现了所有权下部分产品的按劳分配。高级农业生产合作社简称“高级社”。1956年全国人大一届三次会议通过的《高级农业生产合作社示范章程》规定高级社以生产资料集体所有制为基础，实行统一经营、集体劳动以及按劳分配（按劳动时间分配）。高级社取消了土地报酬，形成了私有土地集体化，土地、耕畜、大型农具等主要生产资料公有化，劳动成员由合作社统一分配组织生产，按劳分配成为高级社通行的分配原则，劳动收入成为社员收入的主要渠道，平均主义分配倾向产生。

第三阶段开始于1958年的人民公社运动。1958年经济建设的“大跃进”催生了人民公社的诞生及迅速发展，几乎是在1958年8月到11月初的3个月里，就实现了从第一个人民公社诞生到全国范围内人民公社化的过渡，参加公社的农户达到1.27亿农户，占农户总数的99.1%。从1958—1960年，全国迅速实现了由高级社向“一大二公”的人民公社的过渡。所谓“一大”是指规模大；“二公”是指公有化程度高，部分生活资料亦开始公有化，如公共食堂、托儿所的兴办等。甚至不少地区还实行了低水平的“按需分配”，刮起了“共产风”。

第四阶段是1961—1962年的人民公社体制调整。1961年以后，中共中央对人民公社体制进行调整，在农村形成了“三级所有、队为基础”的生产组织形式。所谓的三级所有是指包括土地在内各种生产资料归人民公社、生产大队、生产队所有，其中生产队是最基本的生产、核算与分配单位。生产队作为农村最基本的生产单位实行自负盈亏，可分配的收入来自一年内总收入扣除上缴国家的税费及生产性支出后的余额。每个劳动力用这个余额除以全队劳动力的工分总数，然后得到每个工分的分值，将这个分值乘以每个劳动力全年的工分就可以得出每个劳动力全年应得的收入。用函数表示为：

$$I_i = V \times F_i$$

其中 I_i 表示某劳动力一年所获收入，V 为以货币衡量的每个工分的分值，F_i 为该劳动力全年累计的工分总量。从表面上看，农户劳动力的收入与个人努力（即工分 F_i）和生产队的经济效益（T）紧密地联系，实现了多劳多得。

此外，国家为推行重工业优先发展的战略，给有效实施计划经济制度提供可靠的人口数据作参考，便于掌握全国人口准确数量及人口变动情况，1955 年 6 月 9 日，国务院全体会议第十一次会议通过了《国务院关于建立经常性户口登记制度的指示》。此后国务院颁布了《关于城乡划分标准的规定》，把农业人口和非农业人口所占比例列为划分城乡标准的内容，并确定"农业人口"和非农业人口"作为人口统计指标，自此，按"农业户口"与"非农业户口"进行划分与管理的二元户籍管理体制开始启动。到 1956 年 3 月，全国第一次户口工作会议在京召开，户籍制度基本确立。这种城乡分治的户籍制度，基本剥夺了农民进城务工获取收入的可能性。

三、改革开放前我国居民收入分配领域存在的主要问题

改革开放前，我国收入领域存在的主要问题是收入分配格局呈现严重的平均主义。根据国内外研究机构（世界银行，1984）和学者（Lardy，1978）的测算结果，在经济体制改革前夕的 1977 年，我国城乡及全国居民总体收入差距很低，城镇内部的基尼系数只有 0.16 左右；农村居民的收入差距略高于城镇，基尼系数约为 0.22 左右；由于城乡之间的差距较大，用基尼系数衡量的全国居民收入差距为 0.3 左右，高于城镇和农村内部的差别。总体上看，改革开放前我国收入分配领域存在的主要问题包括以下几个方面：

（一）仅强调劳动收入而忽视了资本等其他要素的收入

改革开放前，我国意识形态与经济发展不相适应，主要表现在意识形态上只强调按劳动进行收入分配，否定个人拥有资本和用资本获得收入的可能性，认为个人拥有资本意味着剥削，只承认劳动是创造财富的唯一途径。从人民公社到割资本主义尾巴再到反对走资派等运动，都一再证明了个人通过占有资本等其他生产要素取得的收入是非法的。资本等生产要素与个人收入分配并未建立任何联系，完全忽视了按劳分配以外分配方式对经济的贡献。

（二）导致了进入脑体倒挂的收入分配误区

计划经济体制只承认劳动生产创造的价值，仅将有形产品的价值作为收入分配的参考系，必然会步入否定脑力劳动的误区，使脑体倒挂现象产生。在这种情况下，部分第三产业劳动者及技术人才得不到应有重视，工资与其劳动贡献不成比例，脑力劳动者与非脑力劳动者的报酬相同，甚至低于后者，必将降低脑力劳动者的工作积极性，不利于生产技术与效率的提高。

（三）平均主义倾向严重，忽视了工资的激励作用

计划经济体制一再强调按劳分配是"必须"贯彻的原则，但计划经济时期实际分配原

则却是平均主义和“大锅饭”。无论投入多少，都不重要，重要的是在同一条件下，甚至不同条件下，人与人之间的收入应当大致相等。同一部门、同一产业的工资等级和工资标准全国基本统一。同时，企业职工的工资数量与企业经营状况好坏、经济效益高低相脱节。企业之间只要工资级别相同，无论是在经济效益好的企业还是在亏损企业，都可以拿同样数量的工资。在农村同样存在严重的平均主义分配倾向。收入分配的平均主义导致城乡内部的收入差距很小（见表12－1）。在对我国城市1978年和1980年两年基尼系数的估计中，最高值也仅有0.185。1978年和1980年两年我国农村的收入不平等程度略高于城镇的收入不平等程度，最高值为0.31。由此，一种干多干少，干好干坏一个样的风气在全社会蔓延开来。这种思想首先破坏了劳动者心中的公平感，随后影响劳动者的工作积极性。劳动积极性的下降直接降低了劳动者生产效率，严重阻碍了整个经济发展。

表12－1　　改革前城乡内部及全国居民收入基尼系数的各种估计

城市	农村	全国	估计者
0.16 (1980)	0.31 (1979)	0.33 (1979)	世界银行，1983年
0.185 (1980)	0.237 (1978)		李成瑞，1986年
0.16 (1978)	0.212 (1978)		任才方、程学斌，1996年
0.165 (1978)	0.222 (1978)		Irma Adelman等，1987年

数据来源：赵人伟等主编：《中国居民收入分配再研究》，中国财政经济出版社1999年版，第44页。

（四）具有转移收入性质的补贴人人相同，基本上起不到再分配的作用

改革开放前，作为城镇居民非工资收入的各种补贴（例如住房补贴、食品价格补贴等）在城镇居民收入中长期占据了很大的比重，大约为40%左右（张向达，1996）。这些补贴基本上属于按人头平均分配的，对收入再分配的调节作用几乎为零。

（五）城市倾向的收入分配体制造成了巨大的呈现差距

改革开放前，政府为推行重工业优先发展的战略，实行了城市倾向型的收入分配制度。对于城镇户口的居民①，政府提供了包括就业、医疗卫生、住房以及养老等在内多项福利，而广大的农村居民基本上被排斥在这个福利体系之外。同时，政府还采取分治的户籍制度。这种户籍制度剥夺了农村劳动力进城务工获取收入的可能性。此外，政府为了支持工业的发展，采取工业产品剪刀差、二元税制等多种措施从农业部门掠夺了大量的农业剩余，造成了农业与农村发展滞后，形成了巨大的城乡收入差距与二元反差。

总体而言，计划经济条件下由公有制作为唯一所有制形式所决定的按劳分配的分配体制是一种高度集中的计划分配制度。在原有计划经济体制下，收入分配原则名义上实行按劳分配②，实际上并未有效地贯彻，没有做到真正意义上的“按劳分配”，却搞成了“平均主

① 所谓城镇居民按照传统的说法就是具有非农业户口的人群。

② 在“文化大革命”中，“按劳分配”被当作“资产阶级法权”和产生资本主义的经济基础而被全盘否定，连计件工资和奖金制度都被当作“资本主义”的东西而被取消。

义”。这种长期存在的平均主义分配倾向，严重压抑了劳动者的生产积极性，阻碍了我国社会生产力的发展。

第二节　改革开放后我国居民收入分配体制及收入差距的变化

一、改革开放后我国城乡收入分配体制的变化

改革开放以后，我国收入分配原则与收入分配体制发生了巨大的变化。其中收入分配原则的最大变化就是单纯的按劳分配被按劳分配与按要素分配相结合的方式所替代。在这一分配原则的指导下城乡内部的收入分配体制发生了巨大的变化。

（一）改革开放后我国城市收入分配体制的变化

改革开放以来，城镇收入分配体制上的变化主要体现在两个方面：一是伴随着改革开放而在传统经济体制之外成长起来的非国有经济单位分配制度的出现及其变化；二是原有的传统经济体制内建立起来的国有单位包括国有企业、事业单位、政府部门工资制度的变化。

改革开放以来，我国非国有经济获得了很大的发展，包括外资、中外合资、民营、个体等各种形式企业的建立，非国有经济单位分配制度也随之出现并日益多元化。这些非国有经济的分配制度是一种典型市场化的分配制度，不像原有改革中的国有企业工资制度那样具有浓厚的“计划化”和“集权化”色彩。在这种市场化的工资制度下，企业任何员工完全根据市场经济的基本原则和通行惯例平等谈判，自愿交易，通过市场化的方式签订劳动合同，确定工资水平和其他待遇条件。并且在这一过程中，资源、土地、技术、管理等非劳动生产要素也开始按贡献参与企业收入分配。伴随着非国有经济的这种发展，除工资性收入之外，城镇居民也逐渐拥有利息、股息、红利、房租等资本和财产性收入。另外，随着技术市场、信息市场、经理市场的发育，技术转让费、专利费、信息费、经营者年薪、股票期权收益和风险收入等也成为城镇居民的收入分配形式。

此外，为了适应市场经济的发展，传统经济体制内部建立起来了国有单位。国有企业、事业单位、政府部门的工资制度在其中经历了三次改革。第一次是在 1985 年，第二次是在 1993 年，第三次在 2006 年。1985 年进行的工资制度改革的最大特点是，在工资制度上，国有企业开始同行政机关和事业单位脱钩，逐渐实施与市场经济需要相适应的工资分配制度，即实行工资总额和经济效益挂钩，先后出现了计件工资制、年薪制等；行政机关和事业单位则实行以职务工资为主要内容的结构工资制。到了 1993 年，工资制度改革使得行政机关和事业单位工资制度脱钩，行政机关实行职级和级别为主的职级工资制，把一部分福利性补贴逐步纳入工资，调整了工资收入结构，建立了新的津贴制度和正常增资机制；事业单位则实行能体现其行业特点的工资制度，即根据事业单位所处行业，分别实行专业技术职务等级工资制、职务岗位工资制、艺术结构工资制、体育津贴和奖金制和工人工资制等五种类型。近年来，北京、上海、广东等省市通过规范津贴补贴发放，实行了“阳光工资”，对公务员工资制度改革进行积极的探索。2006 年，工资制度改革仍主要涉及事业单位和政府部门，事业单位工资制度改革的主要内容包括五个方面：第一，建立岗位绩效工资制度，使工作人员

的收入与其岗位职责、工作表现和工作业绩相联系；第二，实行新的工资分类管理办法，对从事公益服务的事业单位，根据单位类型不同实行工资分类管理；第三，建立符合事业单位自身特点的工资正常调整机制，在运行机制上与机关不同；第四，完善高层次人才收入分配激励机制，建立事业单位主要领导收入分配激励约束机制，同时注意加强引导和调控事业单位的收入分配；第五，健全收入分配调控机制，实行分类管理、分级调控，完善收入分配调控政策，加强工资收入支付管理，建立统分结合、权责清晰、运转协调、监督有力的宏观调控机制。公务员工资制度改革主要有三个特点：一是通过简化工资结构、增设级别、增强级别功能、完善工资调整办法等措施，进一步加强工资的激励作用，促进公务员队伍建设；二是适当向基层倾斜，加大低职务对应级别数，使低职务公务员有充分的晋升空间，实行级别与工资等待遇适当挂钩，使基层机关因机构规格和领导职数限制没有晋升职务机会的公务员待遇也能得到提高；三是向艰苦边远地区倾斜，完善艰苦边远地区津贴制度，扩大实施范围，提高津贴标准，增加津贴类别，建立动态调整机制。

（二）改革开放后我国农村收入分配体制的变化

在20世纪70年代末，农村经济体制最大的变化就是推行了家庭联产承包责任制。在此制度安排下，每个农户分得一定土地，通过生产队或集体与国家签订承包合同，在上交完合同规定数量的农产品后多余部分由自己支配。这一制度引入了市场机制，赋予农户以剩余索取权，解决了农业生产中的激励和监督问题，克服了原有体制在收入分配制度上的平均主义缺陷，产生了巨大的制度绩效。统计资料表明，在广泛推行家庭联产承包责任制的1978—1984年，以不变价格算，农业总产出增长率和年均增长率分别为42.2%、6.5%，是1949年新中国成立以来农业增长最快的时期。1981年底，我国已有1.75亿农户实行了家庭联产承包责任制，占全国农户总数的94.5%，到1984年，实行家庭联产承包责任制的农户占到全国农户总数的99%（见图12－1）。

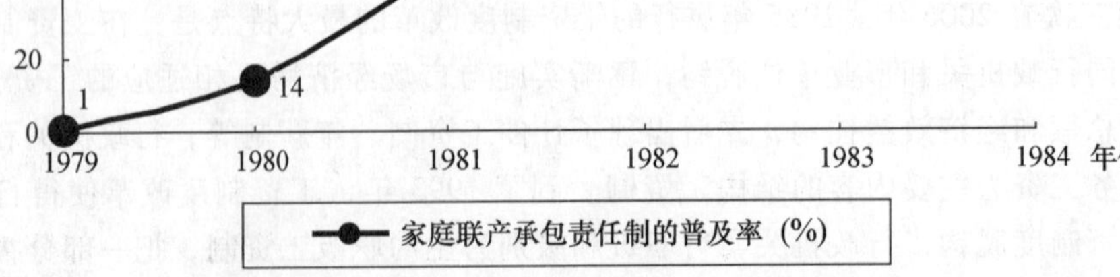

图12－1　1979—1984年我国农村实行家庭联产承包责任制的农户占农户总数的比重

资料来源：《中国统计年鉴》（1985年）。

以家庭联产承包责任制取代传统体制下的集体生产形式是我国农村发展史中一次具有重大意义的生产组织形式变革。它对农村收入分配方面的影响主要体现在这一生产组织形式使农户成为农村最基本的生产与分配单位。农户拥有了支配农业生产资料和劳动力等的农业生产要素的权力。它一方面使得农户收入来源日益多元化，除了劳动收入以外，农户可以通过从事家庭的农业与非农业经营，或者外出务工等获取更多的收入；另一方面使得农户的收入不仅仅受当地自然条件和经济发展水平的影响，也与其自身的特征，如劳动力的数量、就业情况及受教育程度、农业与非农业生产性资产投资的状况、耕地拥有情况以及农业技术的采用等紧密联系起来，这些因素也就成为影响农村居民收入差距的主要因素。

此外，我国农村经济体制改革另一个巨大成就是以乡镇企业为核心的农村非农产业获得快速发展。乡镇企业的飞速发展，使得越来越多农村剩余劳动力转移到非农产业。统计资料显示，1978年，乡镇企业吸纳的剩余劳动力为2827万人，占当年农村劳动力总量的9%以上；到了2006年，乡镇企业吸纳劳动力14680万人，占当年农村劳动力总量的30%以上。目前，非农产业的发展已经成为发展农村经济，增加农民收入的重要支柱。尤其是自20世纪80年代中期以后，由于农业生产发展缓慢，甚至陷入停滞，非农产业经营活动成为农民增收的主要来源。一些研究显示，由于非农产业，尤其是乡镇企业已经成为拉大农村区域性收入差距的主要原因（张平，1992；朱玲，1992；Tusi Kaiyuen，1993、1997；Rozzlle，1994；魏后凯，1996；李实，1998），由此，非农产业的发展就成为拉大农村居民收入差距的重要原因。有学者曾经对农户收入构成进行分解，结果表明非农收入对农户总收入差距的贡献超过了40%（陈宗胜、周云波，2002）。

最后，随着政府对人口流动管制的逐渐放松，越来越多的农村剩余劳动力进入城市。由于技术上的困难，迄今为止，有关农村劳动力外出务工的规模至今没有确切的统计。但是还是有一些粗略的估算（John Knight、Lina Song、Cai Haishan，1996；李实、魏众1999）。在20世纪中期，全国外出的农村劳动力大约在9000万人左右，其中到本县以外就业的农村劳动力约为4500—5000万人，中长期外出人口约为1750万人。2001年，我国农村劳动力跨县和跨省流动的人数分别达到了6361万人和3933万人（王西玉，2000年；范小玉，2002年）。对于农村劳动力外出务工对农村居民收入差距的影响，还没有定论，但一些研究显示（Tsui Kai－yuen，1998），外出劳动力的汇款增大了农村的收入差距。

二、收入分配体制的变化导致居民收入差距不断拉大

从图12－2和图12－3中可以看到，改革开放以来，我国居民收入差距变化呈现这样一些特点：第一，无论是城乡内部的收入差距还是全国居民总体的收入差距，基本上都会呈现在波动中逐步拉大的态势。第二，农村居民的收入差距始终高于城镇居民，这一特点在20世纪90年代中期以前表现得尤为显著。产生这一特点的原因在于我国地域广阔，地理条件复杂，各地区气候及土壤等自然条件差别很大，而农业生产受自然环境的影响非常大，因此使得地区差距对农村居民收入差距的影响比对城镇居民收入差距的影响更大，使得农村居民的收入差距大于城镇。第三，从增长速度上看，以1985为分水岭，在此以前，农村居民的收入差距增长快于城镇，之后城镇居民收入差距拉大的速度明显快于农村。其原因来自两个方面，一是由于我国目前正经历着巨大的制度转型。20世纪80年代中期以前，我国体制改革的重点在农村，城市基本上没出台太有影响的改革措施；从20世纪80年代以后直到现在，城市一直是改革的重点，农村改革一直没有太大的制度上的突破，受这种体制改革重点变化的影响，农村与城镇居民的收入差距拉大速度呈现这样的特点。二是自1988年以后我国以乡镇企业为核心的农村非农产业的发展逐渐趋于缓慢。众多研究成果显示（陈宗胜，

1991；赵人伟、李实，1999），来自非农产业的收入是导致农村居民收入差距扩大的重要原因，因而非农产业发展速度的放慢必然使得农村居民收入差距的扩大速度放慢。第四，与城镇相比，农村居民收入差距的变化曲线表现得较为平滑，表明农村居民收入差距较少受体制改革阶段性推进的影响。第五，由于巨大的城乡差距，全国居民总体收入基尼系数在大多数年份大于城镇和农村居民收入基尼系数。即除个别年份外，在坐标轴中，全国居民收入的基尼系数始终位于城镇和农村居民收入基尼系数的上方。第六，全国居民收入差距的变动态势呈现出了“阶梯型”的特征。阶梯形的每个“台阶”都与我国经济体制改革的阶段性推进相对应。比如1985年收入差距的较大上升的背景，是城镇企业体制改革的开始；1993的增加是市场经济体制模式的确定及全面改革的展开等。这再次验证了陈宗胜教授（1994）提出的一个有趣的假说（陈宗胜，1997），即体制模式改革与发展格局变动这种“双重过渡”的同时推进，将使中国居民收入差距在假定的“倒U曲线”上升段上发生了“阶梯形”变异。第七，全国居民总体收入差距的变动与城乡居民之间收入差距的变动基本上是同步的。例如，1978—1983年，城乡收入比从2.57减少到1.70，相应地全国居民总体收入基尼系数从0.30227减少到0.25310；1983—1989年，城乡收入比从1.70增加到2.28，全国居民总体收入基尼系数从0.25310增加到0.33969，随后1990年城乡收入比又降至2.20，全国居民总体收入基尼系数也减少到0.32578；1990—1994年，城乡收入比从2.20增加到2.86，全国居民总体收入基尼系数也从0.32578增加到了0.40402；此后，城乡收入比又降至1997年的2.47，全国居民收入的基尼系数也跟着减少到0.37331；1997年以后，城乡收入比在波动中增至2006年的3.28，全国居民总体收入基尼系数也增加到了0.46910。我们计算了1978年到2006年城乡收入比与全国居民总体收入基尼系数之间的相关系数，达到了0.94。全国居民总体收入差距与城乡居民收入差距之间的这种强相关性意味着，在全国居民总体收入差距中城乡差距占据了非常大的比重，甚至起到了左右总体收入差距走向的作用。这一点已经被许多研究所证实（陈宗胜，1991；Kahan和Riskin，2001；Lu，2002；Fang，Zhang和Fan，2002；Chang，2002；陈宗胜、周云波，2002）。

收入分配体制变化，导致改革开放以后，我国居民收入分配差距不断拉大（见图12-2）。

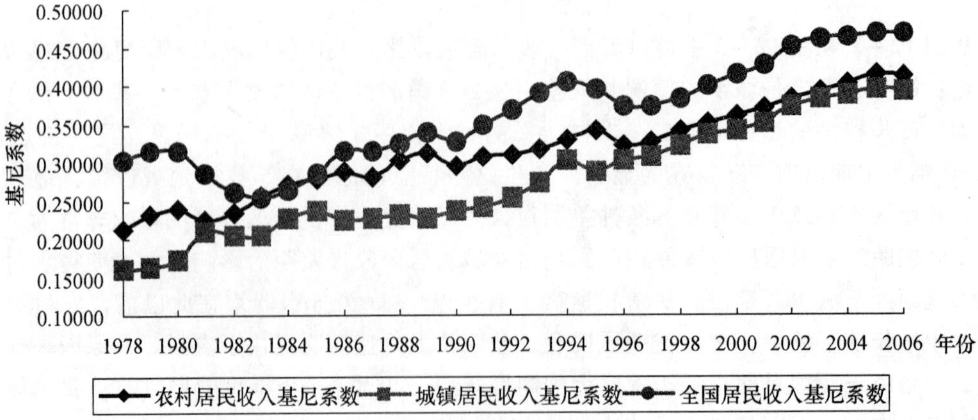

图12-2 1978—2006年城乡及全国居民收入基尼系数

资料来源：作者引自周云波、覃晏：《中国居民收入分配差距实证分析》，南开大学出版社2008年版，第174—175页的表5.1.1。

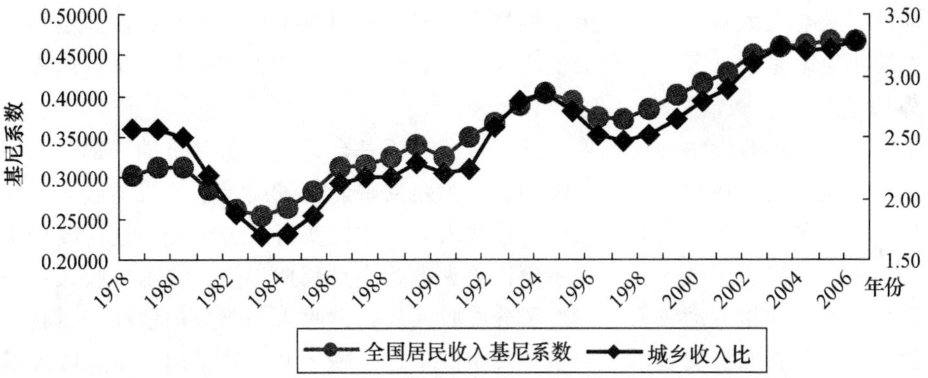

图12－3　1978—2006年城乡收入比及全国居民收入基尼系数

资料来源：作者引自周云波、覃晏：《中国居民收入分配差距实证分析》，南开大学出版社2008年版，第174—175页的表5.1.1和179页的表5.2.1。

三、公有制收入分配倒U理论的提出及与库兹涅茨倒U假说的比较①

改革开放以后，我国城乡收入分配体制与居民收入分配差距的这种变化，吸引了国内外众多学者和研究机构的关注，形成了大量的研究成果，一些学者试图从理论上对我国居民收入分配问题进行阐述和分析，其中比较系统，并且影响比较大的是陈宗胜教授（1991，1994，1999，2000，2002）提出的公有制收入差距倒U理论。接下来，我们对这一理论进行介绍并与库兹涅茨倒U假说进行对比。

（一）公有制收入分配倒U理论的提出及发展

关于公有制经济条件下的收入分配差别倒U理论提出的逻辑是这样的。首先，讨论了单一公有制下一元经济的情况，并且有如下假定：（1）国民收入是劳动的函数，不考虑资本的作用；（2）全部社会成员都是劳动者；（3）国民收入等于人均国民收入与劳动量的乘积；（4）全部国民收入都用于消费；（5）全部消费基金都用于按劳分配；（6）实行单一的公有经济和计划经济。

在上述假设下，收入差距与劳动差别（即劳动者付出的劳动量的差别）直接相关，前者是后者的增函数。根据经验，劳动差别可分解为劳动效率差别和劳动时间差别。劳动时间受制于自然时间和生理因素，与经济发展水平或阶段无关，因而劳动时间的差别可看作一个不变量。劳动效率差别则不同。劳动效率是指劳动者在单位时间内为社会实际提供的有效劳动量。劳动效率的差别不仅与天赋有关，更重要的是同人们从事的工作种类或职业性质有关。而工作种类和职业性质显然同经济发展水平、各发展阶段的产业结构、行业分化、专业分工的深化程度直接相关。在低收入阶段，传统农业部门占主导地位，行业结构简单，劳动的同质性较大，劳动差别从而收入差距不可能很大。随着经济发展，现代部门扩张，行业、专业、职业构成必定逐渐复杂化、多样化，这就要求劳动者适应经济发展的需要提高劳动的异质性，于是劳动效率、劳动量的差别必定扩大，收入差距也相应扩大。在较高发展阶段，经济中行业结构更加多样化，分工更加细密，但这时大多数经济活动都要求使用复杂劳动，

① 本部分内容主要参考了陈宗胜著：《经济发展中的收入分配》，上海三联书店和上海人民出版社1991年版和《收入差距、贫困及失业》，南开大学出版社2000年版。

对简单劳动的需求会大大减少，所以劳动的异质性又会在更高基础上缩小，由此制约的收入差距也必然缩小。就是说，劳动差别会使收入差距在经济发展的长期过程中呈现出先上升后下降的趋势。

接下来，放松上述假设中的第四条，假定按劳分配基金只是消费基金的一部分，另一部分为生计收入。这一改变在理论上是必需的，因为当反映经济发展水平的人均收入等于生计收入时，只能实行平均分配，只有在大于生计收入时，才能实行按劳分配。这一改变也符合公有经济的实践。比如职工收入中总有一定比重大致相同且长期不变，这部分收入就相当于生计收入，其余部分才是劳动收入。在按劳分配收入只是总收入一部分的情况下，收入差距就不是常数，而是随着经济发展水平和生计剩余的增加不断上升。这是因为生计收入是平均分配且不变的，在收入水平较低时，生计剩余就较少，比例于劳动分配的部分就小，总收入差距必然较小。随着收入水平的提高，差别分配部分就增加，收入差距就扩大，所以收入差距是生计剩余和总收入的增函数。但这种函数关系只是在一定范围内存在。当生计剩余达到一定水平时，收入差距就等于劳动差别。因为随着收入增长，收入中生计收入部分越来越小，生计剩余越来越大，在生计剩余接近全部消费收入（这里也是总收入）时，以生计剩余为按劳分配基数同以总收入为基数就相同了。

以上分析是假定生计收入不变的。现在把生计收入作为变量，考察它同收入差距的关系。在总收入一定时，生计收入的上升意味着总收入中平均分配的部分上升，因而收入差距将减小；反之，就扩大。所以，收入差距是生计收入的减函数。在经济发展初级阶段通常生计收入是不变的，因而收入差距不变，在较高阶段生计收入一般都有较大提高，因而将引起收入差距下降。

当独立考察生计剩余变量时，收入差距在经济发展中由上升渐趋于不变；独立考察生计收入变量时，收入差距在经济发展中由不变转而下降。将两者综合起来，我们称二者之比为剩余/生计比。剩余/生计比会对收入差距产生怎样的影响？因为剩余/生计比是收入中差别分配和平均分配的比率，所以，很显然，剩余/生计比上升，收入差距就扩大；反之就缩小。即收入差距是剩余/生计比的增函数。根据前面对生计剩余和生计收入在发展中变动趋势的说明可知，在发展的初级阶段，剩余/生计比上升，在较高阶段则转而下降，所以由此制约的收入差距也必呈先升后降的趋势。

由于现实社会中，总有一部分人因各种原因（失业、无劳动能力等）不为社会提供任何劳动，所以放松上述假设中的第二条，假设社会成员中一部分属于零劳动者，他们只能得到生计收入。将这一因素引入分析之后，一方面使按劳分配只能以生计剩余为基数；另一方面将劳动者与零劳动者的差别也引入了总收入差距。这使总收入差距不以劳动者之间的劳动差别为限，因为在收入差距等于劳动差别时，劳动者与零劳动者之间的差别仍将随着收入增长而扩大，从而使总收入差距超过劳动者之间的劳动差别，趋近于劳动量在全社会成员中的分布差别。所以，引入零劳动者这一变量后，收入差距在更大范围内成为生计剩余或总收入水平的增函数。

在现实经济生活中，国民收入实际上是资本与劳动两个基本要素的函数，继续放松上述假设一，引入资本积累。在国民收入、生计收入一定的情况下，资本积累与生计剩余和剩余/生计比呈反向运动。由于收入差距是生计剩余和剩余/生计比的增函数，所以收入差距也就是资本积累的减函数。即在国民收入和生计收入一定时，资本积累越高，收入差距就越小，反之就越大。这同私有经济中的资本积累对收入差距的影响正好相反。但应当注意，在公有经济中资本积累对收入差距的影响是间接的，即是通过剩余/生计比进行的。因此，不能直接根据资本积累在经济发展中的变动来判断收入差距的变动，只能将其作为影响剩余/生计比的一个因素而间接考察收入差距的变动。概括起来，在以上考察的若干变量中最重要的是两个，一是劳动差别；二是剩余/生计比。由于收入差距与这两个变量均为正相关，而这两个变量在经济发展中的变动方向均是先升后降，所以收入差距在经济发展中的变动必定是倒 U 型的。

由于公有经济中普遍存在二元经济结构，因此可放松单一部门的假设。引入两部门后，经济中影响收入差距的因素可概括为三个大的方面：部门内部差距、两部门间差距、部门间人口转移。前面关于一个部门内收入差距的讨论对两部门内部差距的变动也是适用的，在此不再重述。两部门间收入水平的差距是总收入差距的一部分，同总收入差距是正相关的。部门间的收入水平差距在初级阶段一般是扩大的，在较高阶段由于传统部门剩余劳动的消失将提高劳动生产率，从而两部门差距又会下降，所以由其制约的总收入差距也必然是先升后降的。两部门人口转移对收入差距的影响较为复杂。由于两部门间存在收入水平的差距以及部门内部的差距，故部门间人口转移必定引起总收入差距的变化。但是，部门内部差距在部门间人口转移过程中只影响总收入差距变动的起点和终点，部门间收入水平的差距则不同。这一差距同部门间人口转移相结合将直接导致收入差距呈现倒 U 曲线。这是因为人口从低收入传统部门转移到高收入现代部门，开始时一部分人得到更高收入必然使收入差距扩大，当高收入惠及到更多人口时，即更多人得到较高收入时收入差距就转而下降。就是说，在人口转移达到一定程度前，收入差距是人口转移的增函数，达到一定程度后，就变为减函数。所以，两部门人口转移对收入差距的影响是先增后降的倒 U 型。

将以上讨论的所有有关变量同收入差距的关系综合起来，就构成了公有经济发展中的收入差距理论模型，用数学公式表达即为：

$$G_T = A'_f\left(1 - \overline{V}\frac{L+N}{Y-KY}\right) + G'_m + G_w = A'_f\left(1 - \frac{r}{1-r}\right) + G'_m + G_w$$

式中 G_T 为总收入差距，A'_f 为包括零劳动者在内的劳动差别，r 为剩余/生计比，$\overline{V}$ 为人均生计收入，L 为劳动者，N 为零劳动者，Y 为国民收入，K 为资本积累，G'_m 为部门间收入水平差距对总收入差距的影响，G_w 部门间为人口迁移对总收入差距的影响。在这个模型中，除了两部门人口转移同收入差距的关系不具有单调性（在初级阶段正相关，在较高级阶段负相关）之外，其他变量都同收入差距是正相关。即在初级阶段，劳动差别扩大，剩余/生计比上升，部门间收入差距扩大，人口工业化程度逐步提高，但农业人口仍占较大比重，这些因素都使收入差距逐步扩大；在发展的较高阶段，劳动差别在新的水平上缩小，剩余/生计比由于生计收入的上升而下降，部门间收入差距由于传统部门生产率的提高而缩小，人口工业化持续上升到农业人口占较小比重，因而这些因素又都使收入差距缩小。所以，上述分析表明，在公有经济发展中收入差距的长期趋势呈现为倒 U 形状。

上文分析的是单一公有制情况下一元经济及二元经济中的收入差距变动趋势，但是现实中像中国这样的发展中国家却在进行着市场化体制改革。当一国的经济体制或制度发生变革时，也必然导致收入差距格局发生变化。一般而言，经济体制由计划经济向市场经济的过渡，会使收入差距上升，即导致公有经济收入分配倒 U 曲线等距离地上升。为什么向市场经济过渡会等距离地提高倒 U 曲线的位置呢?

1. 通常在经济体制市场化的过程中，经济中的非公有制经济的比重日益上升，这就意味着在国家资本积累的同时，也有了个人资本积累（个体和私人经济）、家户积累（农村大包干）、企业资本积累（法人所有）。这些非国有类型的积累不同于国家积累，他们同收入差距是正相关的关系。从长期看，如果没有别的因素的抑制，非国有资本积累导致的收入差距只会单调地扩大下去。然而，当收入差距扩大到一定的程度，抑制因素总会出现。私有经济国家的经验表明，这类抑制因素主要表现为遗产税、超额累进税等政策性措施。这些措施对促进收入差距的缩小起到了非常积极的作用。一旦一个经济社会采取了市场经济体制，资本积累对收入分配发生影响，则该社会在一定发展阶段上必然要采取这些措施。一般是在中上收入阶段及以后以及高收入阶段，这些措施对收入差距的调节作用会愈来愈大。中国这几年改革的实践也证明了这一点。以 G_k 表示资本积累和各种收入调节税对收入差距的影响，则这一影响正好也是随着经济发展水平的提高而先升后降的。需要说明的是，事实上，如果将私人、家户、企业积累以及遗产税等作为影响收入分配差别的因素引入分析，已把上述讨论的单一的公有经济社会改变为“混合经济”了，即经济制度的假设已经变化。这虽然使经济性质模糊了，但却使分析更接近制度变革的现实了。很明显，在其他因素不变的条件下，与新的制度条件相适应的收入差距轨迹，必是整体等距离上升的倒 U 曲线。

2. 经济体制市场化程度的加深，意味着供求因素起到更大的作用（这意味着前面关于计划经济的假设也得到修正）。对这里的分析来说，其中特别重要的是劳动供求对收入差距的影响。劳动供求是一种客观的经济现象，在计划经济中其作用受到抑制，在市场经济中则会在劳动力市场上独立地发挥作用，从而在经济发展过程中对收入差距产生较大的影响。如果我们把劳动粗分为简单劳动和复杂劳动（即人力资本含量高的劳动）两大类，则无论哪类劳动的供求状况变化，都会影响收入差距，所不同的只是作用的方向不同。通常复杂劳动供不应求将使收入差距扩大，而简单劳动供不应求，则会使收入差距缩小。如果相反，当简单劳动供过于求时，其收入会更低，会导致收入差距拉大，而复杂劳动供过于求时，其收入也会更低，即可能低于其劳动所值，从而导致收入差距缩小。由此可见，在市场经济中，即使不考虑资本收益，当引进劳动供求因素后，在公有经济范围内按劳分配也不可能在像传统政治经济学论述的计划经济条件下的纯粹状态中实现，它必然要受到劳动供求等其他因素的影响，从而使收入差距偏离劳动差别。这里，我们感兴趣的是在经济发展的长过程中，简单劳动和复杂劳动的整体供求状况的变动。一般的说，在经济发展的起步阶段，可以假定经济中存在大量过剩的简单劳动，这会使收入水平被压得很低。但由于这一阶段对复杂劳动的需求较少，其供求大致平衡，所以劳动供求状况对相对收入差距不会有大的影响。随着经济发展的加速，现代部门的比重加大，产业、行业、专业逐步复杂化，经济发展对复杂劳动的需求增加，但由于发展水平还较低，教育落后，致使这种劳动供不应求，“人才”缺乏，因而这类劳动的实际收入将会更高，甚至高过他们的劳动贡献；而简单劳动仍处在过剩状态，收入不变。因此，收入差距会因劳动的这种供求状况的影响而趋于更大（大于劳动差别）。在经济发展的高级阶段上，由于经济发展水平的大幅度提高，教育事业发达，大多数劳动者变为复杂劳动者，大多数部门都需要复杂劳动，所以复杂劳动的短缺状况得到缓解；另一方面，过剩的简单劳动的大量减少，又会使其供求趋于平衡。所以，在较高经济发展阶段，劳动的供求状况又会促使收入差距缩小。可见，在市场经济中，劳动供求状况本身在经济发展过程的变动将直接导致收入差距先升后降，呈倒 U 形状。就是说会对我们前文分析的收入差别倒 U 现象产生强化作用，使倒 U 轨迹更加明显。同计划经济条件下的倒 U 曲线比，无疑会在其上方形成一条更高的类似曲线。

将经济体制的变动对收入差距的影响纳入“收入分配倒 U 理论模型”，则前文介绍的公式就要做一些修正：

$$G_T = A'_f L_z \left(1 - \frac{r}{1-r}\right) + G'_m + G_w + G_k$$

式中 G_k 代表资本积累和各种调节税对收入差距的影响，是收入差距的直接增加，故同其他变量是相加的关系。劳动供求的影响 L_z 则不同，它是对劳动差别 A'_f 的矫正变量，故是相乘的关系。劳动差别和劳动供求影响的是收入中实行差别分配的那部分收入（生计剩余）的分配差别，而剩余/生计比 r 反映的是收入中差别分配与平均分配两部分的比率，因此它是前两个因素对收入差距影响的矫正，所以，与其也是相乘的关系。由于生计剩余与消费收入之比是影响收入差距的更直接因素，即当二者之比为 0 时，收入差距为 0；当生计剩余接近于全部消费收入时，收入差距趋近于劳动差别，所以剩余/生计比这个矫正变量可借助于生计剩余与消费收入之比来表达。这就是上式中各变量之间的相互关系。它体现了经济发展与体制改革对收入分配差别的双重影响。

如果随着经济发展水平的提高，经济体制同时从计划经济型转向市场经济型，则收入差距的变动轨迹就会呈“阶梯型”不断提高①。为什么会出现这样的变化？因为体制改革对收入分配差别的影响是全局性的、整体性的，不可能是一点点地发生作用，不可能是毫无感觉、毫无震动地进行，而必然是跳跃性的，即从一条曲线变为另一条曲线，因此会使收入差距的整体格局发生变化，即导致收入差距倒 U 曲线的位置上下移动。而经济发展水平对收入差距的影响则不同，它的影响通常是逐渐的、光滑的，从而使沿着原有经济体制所制约的倒 U 曲线做线上的前后或上下运动。所以，当二者同时发生时，即一旦某种体制发生变革，从而新的倒 U 曲线产生后，这时经济发展水平的提高就会使收入差距沿着这一新的曲线运动，直到又有新的体制变革导致另一新的曲线产生，从而各种制约经济发展的因素又会沿着这一曲线推进收入差距。如此循环交替，在经济体制市场化程度和发展水平不断提高的过程中，收入差距的变动轨迹必然呈现为阶梯型提高。就是说，这种阶梯形曲线是体制改革和经济发展同时推进条件下收入差距倒 U 曲线的一种变异。

以上即是公有制条件下收入差距倒 U 假说的简略描述。

（二）公有制收入分配倒 U 理论与库兹涅茨倒 U 假说的比较

虽然从表面上看，陈宗胜教授提出的公有制收入分配倒 U 理论与库兹涅茨提出的倒 U 假说描述的都是收入分配差距与经济发展水平之间倒 U 型的变动关系，但这两个理论之间是有着本质差别的，不应将二者混为一谈。

库兹涅茨对收入差别倒 U 曲线的论证主要是根据资本积累、城市化、人口比重、行业

---

① 关于体制改革导致公有制收入差距倒 U 曲线的“阶梯型”变化的最早讨论见于陈宗胜教授发表在《经济研究》1994 年第 5 期，第 55—59 页上的文章“收入差距倒 U 曲线的‘阶梯形’变异”。在陈宗胜教授后续的一些研究中，这个假说进一步得到了实证数据上的支持，具体见陈宗胜、周云波：《再论改革与发展中的收入分配》，经济科学出版社 2002 年版，第 30 页。

结构以及法律措施的变动而得出的。可以说，这些因素都是紧密地同资本主义私有经济相联的，或者说，只有在私有经济中才能找到这些制约收入分配的因素，而在传统的单一公有经济中是不存在这些因素的。第一，资本积累为少数资本家占有这是资本主义私有经济的基础，在传统公有经济中没有（在今天的混合经济中是有的，其他因素也是如此），勿需讨论。第二，城市化在公有经济中虽然存在，但库兹涅茨讨论的核心是城市收入差别大于农村收入差别——其原因还是资本积累及其收益的集中程度在城市比农村高，而在公有经济中情况恰巧相反。由于城市里主要是国家公有制，人均收入虽然较高，但分配更加平均，而农村中主要是生产条件不相同的集体经济，所以收入水平较低且分配差别上也更大些。第三，不同阶层人口比重的变动在私有经济社会里是收入水平的函数，即一般首先实行计划生育的是最富裕阶层，穷人是不搞计划生育的；而在公有计划经济中，计划生育是全民实行的国策，贫、富阶层都需执行。第四，行业结构的变动对于依靠资本收益的阶层来说当然是重要的，虽然投资的行业结构可以改变，但通常是由不同的资本所有者进行的。因此，投资于旧行业与投资于新行业一定会影响收入分配格局。但是在传统公有经济中，劳动者在同一所有制范围内不论从事何种行业，其对收入的影响即使有也不会很大。第五，由于在传统公有经济中不承认财产私有，没有百万富翁，因而也不会实施遗产税、累进税等（当然在今天的混合经济中也可能开始考虑实行）。

由以上讨论可见，库兹涅茨对私有经济收入差别倒 U 曲线的论证同陈宗胜教授提出的公有经济中的收入分配倒 U 曲线是很不同的，最大区别就是库兹涅茨所讨论的基本假设都是依据资本主义私有经济，而陈宗胜教授的讨论是严格依据公有经济的基本事实：劳动差别、剩余/生计比、资本积累、人口在部门间的转移等等。如劳动差别、剩余/生计比两个概念，库兹涅茨根本就没有讨论，这并不是说这两个因素在库兹涅茨生活的私有经济社会中不存在。事实上也是存在的。在私有经济中劳动者同样也有劳动能力和劳动量的差别，收入中也有生计收入和生计剩余这两部分，并且对收入分配产生影响。但是在那里，这两个因素对收入差别的影响太小，特别是同影响收入分配的主要因素如资本积累相比是太小了，以至于库兹涅茨在研究过程中不是将其忽略不计了，就是根本就没有注意到它们的作用。相反，在公有经济中就不同了，在传统公有经济中由于谁也不能占有资本从而得到资本收益，劳动者只能在按劳分配的原则下依据自己付出的劳动量得到收入，所以劳动差别就是最主要的影响收入分配的因素，剩余/生计比即收入中按劳分配与平均分配部分的比例也成为影响收入分配的重要因素。

在库兹涅茨的讨论中也涉及另一些因素，比如资本积累的作用及部门人口比重的变动（通过城市化因素讨论）。但是，这两个因素对收入差别的影响作用在公有经济中正好相反，或至少按照库兹涅茨的分析逻辑是相反的。比如资本积累，在私有经济中是导致收入差别扩大的根本因素、直接因素。但在公有经济中资本收益是归国家占有，因而资本积累是通过积累与消费的比例而间接影响劳动者之间收入差别的，并且其影响的方向正好相反。在私有经济中资本积累增加，意味着富裕人口得到的更多，从而收入差别扩大，即二者呈相同方向变化。在公有经济中资本积累增加，意味着国家收益增加，居民消费收入减少，即按劳分配基数减少，而按劳分配基数的减少，又使剩余/生计比减小。而剩余/生计比同收入差别是正相关关系。所以，最终资本积累的增加在公有经济中会导致收入差别减小。

再看人口比重在部门之间的转换对收入差别的影响。库兹涅茨认为城市化（即农村人口比重减少、城市人口比重增加的过程）会使经济中收入差别更大的人群增加，从而使整个社会的收入分配更不平等，因为他看到了在私有经济社会中城市内部收入差别大于农村内部。那么很显然，按照库氏的这一逻辑，如果城市内部收入差别小于农村内部的（比如公有经济社会的情况），则城市化这一过程就将使整体收入差别减小了，因为它使经济中收入差别较小的人群日益增加了。按此推论，经济增长将从一开始就推动总体收入差别日渐缩小，而不可能出现倒U趋势了。前已论述，公有经济中正是这样的：城市内部收入差别小于农村内部的。因此，按库兹涅茨的逻辑推论，在公有经济中是不会出现"收入差别倒U现象"的，至少不必然出现，因为导致收入差别扩大的因素还包括劳动差别等其他因素的影响（记住，在传统公有经济中没有资本积累的影响），城市化的"负作用"有可能抵消其他因素的影响，也有可能抵消不了。这当然是错误的。因为在库兹涅茨的讨论中，完全忽略了城市化的过程同时也是全部社会人口逐步从低收入状态过渡到较高收入状态的过程。

总之，公有经济收入分配倒U理论同私有经济收入分配倒U理论是不同的，最根本的差异是在不同经济中影响收入分配的因素是不同的。而所谓"倒U"只是一种形象的说法，实际上在各个发展阶段，私有经济收入差别倒U曲线都高于公有经济收入差别倒U曲线，而且高出的程度不同。总的来看，前者较高而且变化较大，后者较低，其变动也比较平缓，即二者在高度和具体形状上都有较大差异。由此可见，将公有经济收入分配倒U理论同私有经济收入分配倒U理论相混淆，将我国经济中的收入差别倒U趋势也作为库兹涅茨倒U曲线，实在是一种缺乏分析的误解。当然关于这方面的分析，还可以作更深入的研究。

第三节　当前收入分配领域存在的主要问题及对居民收入分配现状的评价

一、当前我国收入分配领域存在的主要问题

（一）初次分配中劳动收入比重过低

尽管改革开放以来，我国的经济发展迅速，居民收入的增长却一直落后于国民收入的增长。劳动报酬在初次分配中比重偏低，甚至出现居民收入在国民收入中比重的呈下降趋势现象。居民收入在国民收入分配中的比重从35.61%下降到12.54%，下降程度十分严重①。1990年，劳动力报酬在我国国民收入初次分配中的比重为53.42%，此后逐年下降，2003年降至不足50%，2006年甚至下降到了44.49%。劳动报酬在初次分配中比重的降低意味着收入差距的拉大。

（二）城乡差距过大

改革开放初期，我国的城乡收入差距曾经一度有所缩小。1978年，城乡收入差距比为

① 数据参考自白暴力：《让城乡居民收入稳步增长——为什么要深化收入分配制度改革》，人民出版社2008年版，第47页。

2.57∶1，1983年降至最低为1.70∶1。但是从20世纪80年代中期以后，城乡差距又在波动中逐步拉大，2007年达到了有史以来的最高值3.33∶1，2008年略有降低，仍然高达3.31∶1。有学者甚至认为假如考虑城镇居民享受的一些隐性福利，我国城乡收入差距大约在4∶1或6∶1左右①。而世界上大多数国家的城乡收入比为1.5∶1②。因此，我国目前是世界上城乡收入差距最大的国家（李实，2008）。中国社会科学院2009年4月15日在北京发布的《农村经济绿皮书》指出，农民人均纯收入增幅将出现逐年下滑趋势，由此可以预见城乡收入差距极有可能进一步恶化。城乡之间收入差距过大是当前我国收入分配领域最大的不公平和最大问题。

（三）行政性垄断导致行业差距过大

从20世纪80年代末开始，我国行业收入差距不断拉大，并且已经出现了两极分化的趋势。在导致行业差距的诸多因素中，垄断是最主要的因素之一。在任何一个国家和地区的收入差距中，垄断因素的影响都是存在的，问题的关键在于形成垄断的原因是什么？在发达的市场经济国家，垄断更多地来自于技术、资源等自然因素，而在我国这样一个向市场经济体制转型的国家，垄断的形成更多来自行政性因素，行政性垄断的背后意味着政府的控制、管制和干预。正是由于政府的管制，形成了垄断部门高额的垄断利润和收益，而在我国现行的分配体制下，垄断部门的收益和垄断利润很快就转化成了职工的收入和福利，其结果是垄断部门职工收入增长的速度大大超过了一般竞争性部门，从而拉大了行业收入差距和城镇内部的收入差距；反过来，一些垄断部门为了维护其垄断利润和收益，设置重重壁垒，从而进一步加剧了部门与行业之间的劳动力市场分割。行政性垄断意味着在我国的行业收入差距，乃至城镇居民收入差距中有相当一部分是由于改革不彻底导致的政府干预造成的，这不仅违背了市场经济中效率的原则，更与社会公平原则背道而驰。一些学者指出，行政性垄断引发的行业收入的巨大差距已成为我国当前一个社会性问题。

（四）地区差距问题

改革开放以来，我国实行了优先发展东部沿海，后发展西部内陆地区的非均衡发展战略。使得本就存在东、中、西部地区居民之间的收入差距表现得更为明显。统计资料显示，我国1978年东、中、西三个地区农村居民人均纯收入比为1.44∶1.13∶1，城镇居民人均可支配收入之比为1.1∶1∶1.01；到2000年，东、中、西三个地区农村居民人均纯收入比为为1.93∶1.30∶1，城镇居民人均可支配收入之比为1.95∶1.15∶1；到2007年，东、东北、中、西四个地区农村居民人均纯收入之比达到了1.93∶1.44∶1.27∶1，城镇居民人均可支配收入之比为1.50∶1.01∶1.03∶1。再从收入差距的绝对值上看，截至2007年，城镇居民可支配收入最高是上海市，为23622.73元，最低是甘肃省，为10012.34元，两者绝对值相差13610.39元。农村居民家庭人均纯收入最高是上海市，为10144.62元，最低是甘肃省，为2328.92元，两只绝对值相差7815.7元。地区差距的拉大带来了一系列的社会问题。

（五）体制漏洞导致的寻租性收入的滋生与蔓延

虽然我国已初步建立社会主义市场经济体制，但在很多领域仍然存在体制漏洞，这些制

① 此估计值出自2009年的《城市蓝皮书》。

② 不仅发达国家，很多发展中国家的城乡收入比也在这样一个水平。

度漏洞导致了各类非正常甚至非法的寻租性收入不断滋生与蔓延。如我国的政治体制改革一直滞后于经济体制改革，导致行政权力对资源配置起重要作用，使得灰色收入、隐性收入成为许多行政权力拥有者的主要收入来源。一些研究显示，2006 年，全国金融机构贷款 22 万亿元中额外付费给全国金融机构相关人员带来的灰色收入可能高达 1 万亿元；世界银行 2006 年进行的中国 120 城市竞争力调查指出，按 2006 年全国工业、建筑业和第三产业销售收入 55 万亿元计算，企业用于行贿的旅行和娱乐花费约为 5000 亿元（王小鲁，2007）。制度缺陷造成的寻租行为以及灰色收入干扰了国民收入分配，表现为初次分配会扭曲要素配置，导致生产行为低效率；再分配中形成逆向再分配，使低收入居民的资金非正常转移到行政权力拥有者身上，进一步扩大了收入差距和分配不公。

（六）财产收入不平等造成居民财产收入分配悬殊

随着我国居民财产的增加，居民个人财产性收入出现了悬殊差距。根据国家统计局对城市居民家庭财产作出的调查，占城市居民 10% 的最低收入家庭财产总额占全部居民财产总额的 1.4%，而占城市居民 10% 的最高收入家庭财产总额占全部居民财产总额的 45%，另外 80% 家庭占有财产总额的 53.6%，高收入者拥有的财产是低收入者的 32 倍①。如此之大的差距必将严重影响到居民的收入分配结果。作为居民财产性收入的主要构成部分，金融资产和经营资产是关键部分。李实、赵仁伟（1999）利用城镇居民抽样调查数据分析得到金融资产对总收入不均等程度的贡献率大大高于其在总收入中所占的比例，因而使得财产积累效应成为导致收入差距拉大的重要因素之一。陈宗胜、周云波（2002）利用天津市 1988—1998 年城镇居民家计调查资料分析得出来自股息、利息、租金等财产性收入对总收入差距的影响在逐渐增大，成为导致收入差距拉大的重要因素。因此，财产性收入不平等带来的居民收入分配悬殊问题需要慎重对待。

二、对我国当前居民收入分配现状的评价及未来变动趋势的判断

对于目前我国收入分配现状的评价，我们认为应该从状态和趋势两个角度作出判断。从状态上看，按照最新的测算（周云波、覃晏，2008），2006 年我国城镇、农村和全国居民总体收入基尼系数分别为 0.3918、0.41192 和 0.4691，应该说城镇居民的收入差距已经接近差距过大的标准 0.4；农村居民的收入差距刚刚超过这个标准；而全国居民总体收入差距则远远超出了该标准。因此，现阶段我国居民收入差距已经过大，但距离国际上公认的两极分化标准 0.5 还有一定的距离，即使是全国居民总体收入差距也是如此。虽然，现阶段我国居民收入差距还没有达到两极分化的状态，从动态的角度而言，当前我国的收入分配存在两极分化的趋势。当然，这种两极分化的趋势是由于高收入阶层比低收入阶层收入增长速度快而导致的相对标准的两极分化，而不是低收入阶层的收入绝对减少的、绝对标准的两极分化的趋势。综上所述，当前我国收入分配虽然没有达到两极分化的状态，但已经出现了相对的两极分化的趋势。

对于未来我国居民收入差距的变化趋势，我们认为是经济生活中促其扩大因素和促其缩小两方面因素共同作用的结果。单纯就城乡内部收入差距而言，在未来 5—10 年中，促使

---

① 数据取自白暴力《让城乡居民收入稳步增长——为什么要深化收入分配制度改革》，人民出版社 2008 年版，第 74 页。

收入差距扩大因素的影响程度会超过促使其缩小因素的影响程度而占据主导地位，因而城乡内部仍将呈缓慢上升的趋势。我们之所以认为促使收入差距拉大的因素会占据主导地位，其原因在于，很多促使收入差距拉大的因素，如财产性收入的影响、国有事业单位和政府部门的工资体制改革以及农村土地的集中，目前正在发挥着作用，正实实在在地拉大着城乡内部居民的收入差距。而很多缩小收入差距的因素，如城乡统筹发展、区域协调发展、社会保障制度的完善以及抑制高收入阶层收入过快增长的税收政策等等，这些因素中，有的政策刚刚开始实施，如城乡统筹发展、区域协调发展、完善社会保障等，其效果要经过一段时间（比如5—10年）才能显现出来，有的政策还在酝酿之中，如抑制高收入阶层收入过快增长的税收政策。所以，从近期看，拉大收入差距的因素仍将占据主导地位。众多研究显示（李实、岳希明，2004；王小鲁、樊纲，2005；唐平，2006），我国城乡内部居民收入差距拉大的速度有所减缓，但扩大的态势还没有出现发生转折的迹象。因此，我们认为近期我国城乡内部居民收入差距仍将逐步增大。

以上只是就城乡内部收入差距而言，如果将城乡综合在一起考虑的全国居民总体收入差距将很可能在近期发生转折呈现出倒U型变动的格局。导致全国居民总体收入差距出现转折的主要原因是城市化：首先，城市化的加快使得由城乡人口流动导致的收入差距从2001年以后进入了缩小阶段，由于这个差距本身在全国居民总体收入差距中占据了重要的份额，从而对减缓总体收入差距的扩大、甚至缩小总体收入差距发挥了重要的作用；其次，由于我国公有制经济条件下城市内部收入差距小于农村内部差距的特点，城市化过程中农村人口从城市迁移意味着收入差距大的人群在萎缩，而收入差距小的人群在增加，这也导致了总体收入差距增速的减缓甚至下降；最后，近几年城市化导致农村人口中高收入群体进入了城市，农村内部收入差距扩大的速度明显减缓。已有研究显示（周云波，2009），全国居民总体收入差距很可能在2006—2009年前后达到收入差距倒U曲线的拐点。但是，众所周知，影响收入差距的因素很多，到达拐点后并不意味着收入差距一定很快下降，很可能要持续一段时间，也许3年或5年甚至更长，然后随着经济发展水平和城市化水平的提高逐步下降。在影响收入差距的众多因素中，政策因素对倒U曲线拐点持续时间的影响最为明显。好的政策应该使拐点出现得尽可能早，并且持续时间尽可能短，很快使收入差距进入下降阶段。反之，不良政策的效果则恰恰相反。

三、未来我国居民收入分配体制改革的目标及政策建议

2006年10月，中国共产党十六届六中全会通过了《中共中央关于构建社会主义和谐社会若干重大问题的决定》，《决定》放弃了收入分配领域“效率优先，兼顾公平”的提法，强调“初次分配和再分配都要处理好效率和公平的关系，再分配更加注重公平”。未来我国收入分配体制改革的目标就是构建效率与公平相统一的收入分配体制，最终形成“橄榄”型或“菱”型的收入分配格局。具体的政策建议包括如下几个方面：

（一）增加劳动者的工资报酬，完善有利于提高劳动报酬的薪酬形成机制

当前工资的劳动报酬仍然是我国城乡居民收入的主要来源，约占居民总收入的65%[①]。因此，建立健全企业薪酬机制，促使初次分配趋向合理化十分必要。在国民收入初次分配中

① 数据来源：《只有真实消费才能推动经济复苏》，http://blog.sina.com.cn/s/blog_61c169390100e98s.html。

有三个分配主体，即劳动者、企业及政府。从目前我国的分配格局来看，初次分配存在着资本所有者所得偏高、财政收入大幅增长、劳动所得持续下降的局面。因此，切实采取措施，理顺劳动分配的市场关系，提高劳动者尤其是农民、农民工及城市工薪者的劳动报酬。

（二）加强城乡收入制度的再分配环节，健全社会保障制度

建立健全社会保障体系是构建和谐社会的核心内容之一。完善城乡居民养老、医疗、失业等社会保险制度可以实现全民共享社会发展成果，普遍性地增进国民福利，调节劳资关系，缩小贫富差距。改革开放以后，我国的社会保障体系建设取得了一定的成就，最主要的是城镇居民基本上实现了从单位保障向社会保障或者向政府保障的转型，初步建立起了包括养老、医疗、失业、最低生活保障等在内的社会保障体系。但是还存在一些问题，比如社会保障的覆盖范围过小，保障水平过低，城乡居民就医难，农村居民基本上被排斥在保障范围之外等问题。有人认为，政府对于社会保障的支出比例过低，是导致居民消费率低的原因之一。2008年，我国社会保障支出占中央政府支出比重仅为7.5%，低于德国的55.5%，加拿大的45.6%，美国的30.2%。鉴于我国绝大多数农村地区缺乏相应社会保障机制的事实，政府需要注意扩大保障范围，特别是加大对农村社会保障的投入力度，加快建立健全农村养老保险制度。同时，政府需要整合资源，加速构建城乡一体化的综合型社会救助体系，加大对贫困地区、低收入阶层的援助力度。

（三）明确社会发展指标，确保财政向公共服务和民生领域倾斜

为保证教育、社会保障、公共卫生等事业的快速发展，需要加快构建公共财政体制，并在公共财政框架内优先满足事关民生的教育、社会保障、公共卫生等方面的需求。针对教育不公平的现实，应加强对基础义务教育的投入。为从根本上改变教育资源配置严重失衡、教育机会不公和城乡居民家庭或个人教育负担日益沉重的现状，开展城市失业、下岗职工与农民工的技能培训方面的财政拨款也十分必要；另一方面，针对城乡居民看病难、负担过重的现实，国家需要加大对公共卫生事业的投入。在完善城市医疗保险制度的同时，放开医疗服务市场，鼓励民办医院与私人医生的发展；政府还应当强化对药品流通环节和医疗服务、医药价格的干预与调控，消除过度市场化取向的不良后果。另外，各级政府有责任通过财政、税收等措施大力推进基础设施建设，增加对公路、桥梁、铁路、电力、水利等基础设施建设的投资。

（四）引导第三次分配，扶持社会慈善公益事业快速发展

慈善业被称为是矫正收入差距的第三条路，是收入分配在市场和政府之外的第三种分配收入形式，具有极强的正外部性。从2008年初的雪灾到“5·12”大地震，再到现今中国台湾地区台风灾害，13亿中国人民与灾区人民同甘共苦，众志成城，一次次把慈善事业推到了公众视野里，我国慈善事业的发展成果得到集中展现。慈善事业如今一方面体现了中华民族的传统美德；另一方面已成为改善收入分配布局的重要手段，是对收入分配的有益调节。

（五）尽快打破城乡分割的二元户籍制度，加强城市化进程

城乡分割的户籍制度是我国城乡分治的二元管理制度的核心。这种制度极大地限制了农业劳动力向城市的转移，使得农村沉淀积累了大量剩余劳动力，极大地限制了农业生产率和农民收入水平的提高。可以说，二元户籍制度是造成城乡差距最主要的原因，而这与城乡二元结构有关。因此，要从根本上提高农民收入，需要打破城乡壁垒，让各种生产要素和劳动力在城乡之间自由流动，加快城市化进程。党的十七届三中全会提出的土地流转政策允许农村土地流转，并逐步改变户籍制度，为农村人口自由流向城市提供了政策上的保障，这对我国加速城市化、大力发展农村经济具有里程碑式的意义。同时，我们也需要发展农村非农产业，加快农业产业与现代化发展，大力推进农村城镇化。可以将部分不成规模又不宜管理、过于分散的小村子，集中发展成大村镇，促使人口向这些村镇转移；推进农业产业化与现代化，提高农业的劳动生产率。

（六）建立和完善税收调节机制，加强个人所得税征管制度

个人所得税的征收既有亟待加大的程度问题，也有加强监管的技术问题。还要积极探索在消费、财产等环节开征新税种，用以调节高收入阶层收入的新方法。比如，对只有高收入者才能享用的奢侈品或高档消费品，开征特种消费税；对不动产、金融资产收益以及财产的继承与赠与，要开征房产税、利息税和遗产税、赠与税。其中某些措施已经出台，如利息税的开征。而遗产税的实施则仍缺乏必要的经济基础，还有待于经济的进一步发展才能显现出成效。

第十三章
区域经济学理论 60 年

改革开放后，中国经济整体上取得了快速发展，几乎以超过 8% 的增长速度持续增长了 20 多年。然而中国不同区域经济增长绩效表现得很不一致，从珠三角到长三角再到环渤海的开发开放使得中国东部沿海地区经济取得了长足的发展，但广大的中西部内陆地区的经济发展相当缓慢，我国区际经济发展差距和收入差距日益扩大，区际产业重复建设、结构趋同现象严重，地方割据仍比较严重，不发达地区的造血功能不足，“资源换增长”模式普遍存在。区域经济学是在我国近一二十年才发展起来的一个新兴的经济学研究领域。虽然时间不很长，但是发展非常迅速，我国区域之间发展的这种差异性和复杂性为我国区域经济学研究提供了一个很好的土壤和“实验田”，因此，系统地回顾和分析新中国成立 60 年来我国区域经济学的形成、发展与未来展望对我国未来区域统筹协调发展，和谐社会的构建显然具有重要意义。在内容安排上，第一节我们首先介绍了国外区域经济学的形成与发展过程，因为，国内区域经济学的发展在很大程度上是引进和吸收国外相关理论并结合中国现实区域发展问题研究的结果，因此不了解国外区域经济学的形成与发展，也就不能很好地了解国内的相关研究。第二节我们介绍了国内区域经济学的形成与发展，国内区域经济学的发展与国家不同阶段不同的区域发展战略密切相关。第三节我们就当前几个我国区域经济学研究热点问题进行了回顾和评述，并介绍了几个有代表性的分析框架。最后，我们就当前我国区域经济学研究存在的问题和未来研究重点方向进行了分析与展望。

第一节　国外区域经济学的形成与发展

区域经济学是很年轻的学科，但从经济学发展史上看，人们为搞清楚空间问题作了种种尝试，最早的例子是杜能（1826）的有关农业土地利用区位的经典分析，韦伯、帕兰德、霍特林、普雷德、克里斯泰勒、廖什等学者也为空间经济分析做出了各种开创性的研究工作。到了 20 世纪 50 年代，区域经济学作为空间经济问题的分析框架，被人们逐渐所接受（后来还包括城市经济学），逐渐发展成为一门独立的经济学分支学科。

主流经济学研究经济现象时，做出很简单也是很不现实的假定，即所有生产和消费都集中在一个地点上，这样他们就剔除了空间因素这一极其重要而很棘手的变量。如果把空间因素包括进去了，那么这时所得出的结论和不考虑空间因素时所得出的结论，在许多情况下是截然不同的。最简单的例子是运输成本，这种运输成本是因生产区和市场区的空间分离而产生的。一般经济学视这种成本为一种生产成本，并认为降低这种成本的主要途径为运输技术的改进和发展。然而，如果调整厂商的生产区位，则可以避免这种额外的成本，或大大降低运输成本。为解决这种空间因素对经济现象的影响而产生的理论就是区位理论。区位理论就是研究厂商选择何种地点才能最大限度地降低运输成本（古典区位论）或实现利润最大化（新古典区位论）的问题。杜能（1826）最早注意这种成本，他发现离消费市场的距离的远近对农作物的布局有重大影响，他计算出各种农作物组合的最合理的分界线，并划分成六个同心圆状的农业圈；韦伯（1909）开创性地分析了区域间、国家间的经济区位，认为理想的厂商区位是生产和分配过程中所需运输里程最短和货物重量最少的地点，他在运输费用之外又增加了劳动费用和聚集因素，并由上述三者决定的最小成本作为厂商最优区位的标准；霍特林（1929）发展了企业间空间竞争理论，重点分析了在线性市场上的企业间非价格区位竞争。然而，韦伯以后的区位理论研究者发现，最小生产成本不能最终确定企业的最优区位，成本最低也不意味着利润最大化。这样，他们创立了以利润最大化为原则、以市场为中心的区位理论；克里斯泰勒（1936）认为，高效的物质生产和流通的空间结构是以城市为中心的多级市场区构成的网络体系；廖什（1938）进一步发展区位理论，解释了为什么区域会存在，它定义了依赖于市场区以及规模经济和交通成本之间关系的节点区。这样，不仅使区位分析由单纯的生产扩展到市场，而且开始从单个厂商为主扩展到整个产业。总之，区位理论研究的宗旨是为不同企业和部门寻找最佳的生产区位，使得企业或部门最大限度地降低生产成本，实现利润最大化。这种区位研究，无疑是属于微观经济学的范畴。但该理论存在很大的局限性。一是，以微观经济学完全竞争下的厂商理论为基础，即市场是完整的，不存在不确定性，因而不存在实现交易所需信息搜寻费用，同种同质产品的价格差只因运输费用而产生。然而，市场实际上并不是完整的，存在许多不确定性，不仅是发展中国家的市场，发达国家的市场也是如此。因此，不同市场之间的商品价格差，不仅要考虑运输成本，还要考虑对不确定性的贴现问题。二是，传统区位理论的分析方法是局部均衡方法，又是静态的方法。这种分析方法，都试图寻找一种力的平衡点，并在这些平衡点上配置厂商，而且这种平衡是以单个厂商的经济行为为基础的，因而就忽略了某种经济活动的布局在区域内外引起的一系列反应，尤其是累积性的影响，忽略了经济活动间的相互依赖相互制约的关系。战后的区位理论在这些方面有了很大的改进。三是，传统的区位理论只注重运费或劳动力费用等经济因素，忽略了制度、技术创新以及经济政策等的作用。

从区位研究转向区域研究、从微观经济分析转向宏观经济分析，与资本主义国家区域问题的出现以及凯恩斯主义的国家干预政策是密切相关的。在20世纪20年代，完成了工业化的资本主义国家（英国、美国等国家）中，开始出现了老工业区的结构性衰退现象。30年代的经济危机使得这些萧条地区和贫困地区处境更加恶化，大量人口失业，城乡之间和地区之间经济发展严重不平衡。对这种经济发展不平衡现象，英国、美国等国家采取了一些措施，如英国1936年成立巴洛委员会，试图遏制产业和人口向英格兰东南部地区集中，并通过建立工业开发区、税收优惠等手段使产业向萧条区分散；美国于1941成立田纳西河流域管理局，制定了田纳西河流域综合开发计划，其成功经验后来被许多国家所借鉴。然而，西方发达国家广泛关注区域经济问题，是在第二次世界大战结束以后。战后，世界资本主义经济进入了繁荣昌盛的时代，各国把大量的物力、财力和人力投入在那些经济发达、技术力量比较雄厚、基础设施良好的地区，以便获得更高的发展速度，解决大量劳动力就业问题。因这种经济政策，整个资本主义世界经济获得了高速增长，资本主义国家的失业率保持在较低水平上，然而，有些地区的发展速度相当缓慢，失业率持续地偏高且越来越严重，大量产业和人口流入大城市，甚至金元帝国——美国也出现了一批劳动力过剩、人口大量外流、经济状况日益恶化的地区。这种现象引起了许多学者的关注，缪尔达尔提出了“累积因果”论（1957），认为不管何种原因，一旦区域间出现发展条件和发展水平的差距，那么发展快的地区在发展过程中为自己积累有利的因素，遏制落后地区的发展，使得落后地区的处境日趋恶化；赫希曼（1958）也提出了类似的观点，认为一旦增长点形成，则通过累积性聚集不断增强自身的发展，扩大区际差距，虽然“涓滴效应”可以缩小区域差距，但这种效应要起作用需要很长的时间。这些说明，不同企业为利润最大化而做出的区位选择，在很多情况下不能实现区域整体效益的最优；地区之间差距不会因经济的普遍繁荣而降低，因市场力促使下生产要素流入要素回报率高的趋势不会因经济的普遍繁荣而减弱；资本和劳动力的外流使得落后地区的处境更加恶化，陷入贫困的恶性循环。随着这种区域问题（包括城市问题）的出现，许多经济学家根据凯恩斯主义的国家干预政策，运用宏观经济学的分析方法研究区域经济政策、劳动力就业以及城市问题。这些研究把区域看成是国家经济的一种版本，并把解决区域问题纳入到宏观经济学的范畴。这些研究认为，正确把握区域问题、研究区位以及其他的空间联系问题，是把握区域经济规律、提出区域经济政策和解决城市问题的关键。这样，从单纯的区位研究逐渐转向区域经济研究，从微观逐渐转向宏观，进而区域经济学逐渐发展成为一门独立的学科。

然而，到20世纪80年代为止，区域经济学仍无法解释一些经济现象，尤其是经济活动的空间聚集不断自我强化的机制问题。一百年以前，新古典经济学的鼻祖马歇尔从三个方面来说明了经济活动空间聚集与收益递增现象之间的关系①，即知识的溢出、熟练劳动力市场的形成、与本地大市场相联系的前后向联系，然而建立前两种外部性模型的技术问题至今没能解决，因而，目前解释经济活动的空间聚集现象仍主要集中在联系效应，也就是前面提到的循环累积关系。对这种前后向联系或循环累积因果关系而导致的空间聚集现象成了区域经济学重要的研究内容之一，如哈里斯在1954年提出了市场潜力概念②，普雷德于1966年提出了基础—乘数模型③，但包括这些学者的研究在内，传统的关联效应和经济地理学的理论无法回答一些关键性问题，其中最棘手的问题是价格竞争问题。如果在单个企业层面上存在规模收益递增现象，那么可以解释这种前后向联系效应或累积因果关系的存在；但在单个企业层面上不存在规模收益递增，那么企业不一定选择大市场为其生产区位，它可能选择多个单个市场，分别建立工厂，这时我们无法说明这种前后向联系效应或累积因果关系存在与否的问题。反过来，如果规模收益是递增的，那么企业间竞争不是完全竞争。如果企业间竞争不是完全竞争，则市场份额较大的企业可以制定阻碍其他企业进入的价格，逐渐成为该行业的垄断企业，如果成了垄断企业，则可以制定垄断价格。因此，上述理论都无法回答企业间如何竞争以及如何制定价格等问题。同时，有关区位的关联效应而言，运输费用起着极其重要的作用（要不然区位不会起重要作用），但前面的这些模型都没有解决运输费用如何进入

---

① Marshall, A. 1920. *Principles of Economics*. London: Macmillan (8th ed.).

② Harris, C. 1954. The market as a factor in the localization of industry in the United State. *Annals of the Association of American Geographers*. 64. pp. 315—348.

③ Pred, A. 1966. *The Spatial Dynamics of U. S. Urban-Industrial Growth*. Cambridge: MIT Press.

模型中的问题。这些理论问题直到20世纪70年代中后期，尤其在产业组织领域掀起收益递增革命以后才得到解决。迪克希特和斯蒂格利茨在1977年发表的“垄断竞争和最优的产品多样化”① 一文，进一步发展了张伯伦的垄断竞争理论，并为建立收益递增模型奠定了基础。从20世纪70年代后期开始，许多理论研究者把产业组织理论分析工具应用在经济学的诸多领域，如赫尔普曼和克鲁格曼在1985年出版的《市场结构和对外贸易》、格罗斯曼和赫尔普曼在1991年出版的《世界经济中的创新和发展》，把新贸易理论和新增长理论很好地衔接起来了。具有划时代意义的工作是由克鲁格曼完成的，他于1991年发表了著名的“收益递增与经济地理”② 一文，为解释经济活动空间聚集现象做出了卓越贡献。随着这些基本理论的突破，区域经济学科进一步趋向于成熟，先后出版了大量的区域经济学著作，其中影响力最大的是1984年出版的胡佛和杰莱塔尼的《区域经济学导论》③、1986年出版的区域和城市经济学手册第一卷《区域经济学》④、1998年出版的区域和城市经济学手册第二卷《城市经济学》⑤ 和第三卷《应用城市经济学》⑥、1999年出版的空间经济学：城市、区域与国际贸易。2003年出版的《经济地理与公共政策》、2004年出版的第四卷《城市与地理学》⑦ 等。

目前以克鲁格曼等为代表的新经济地理学越来越受到关注，已经成为了区域经济学研究的一个重要前沿，新经济地理学在微观层面上分析了影响企业区位决策的因素，在中观层面上解释了各种经济活动（包括企业选址、劳动力流动、资本流动等）的空间集中现象，在宏观层面上探讨影响一个国家或地区的经济增长和经济发展的内生机制。经过十多年的发展，经济学家们建立起一系列的新经济地理学模型。Krugman（1991）年构建的核心—边缘模型（CP模型）是其核心，而且是许多其他模型的基础。除了克鲁格曼构建的核心—边缘模型，新经济地理学还包括：Martin and Rogers（1995）的自由资本模型（FC模型）；Ottaviano（2001）、Forslid（1999）、Forslid etal（2003）发展起来的自由企业家模型（FE模型）；Baldwin（1999）的资本创造模型（CC模型）；Martin and Ottaviano（1999）的全域溢出模型（GS模型）；Baldwin etal（2001）的本地溢出模型（LS模型）；Krugman and Venables（1995）以及Fujita etal（1999）建立的垂直核心—边缘模型（CPVL模型）；Robert（2002）的垂直自由资本模型（FCVL模型）；Ottaviano（2002）的垂直自由企业家模型（FEVL模型）；Ottaviano（2001）以及Ottaviano etal（2002）的线性自由资本模型（LFC模型）和线性自由企业家模型（LFE模型）。

Baldwin etal（2003）把这所有的11个模型概括为两大类。第一类模型仍沿用克鲁格曼

---

① Dixit, A. K., and J. E. Stiglitz. 1977. Monopoilstic competition and optimum product diversity. *Ameican Economic Review*. Vol. 67, No. 3, pp. 297—308.

② Krugman, P. 1991. Increasing returns and economic geography, *Journal of Political Economy*. 99, pp. 483—499.

③ Edgar M. Hoover and Frank Giarratani. 1984. *An Introduction to Regional Economics*, Alfred A. Knopt.

④ Handbook of Regional and Urban Economics, 1986., *Regional Economics*, Edited by Peter Nijkamp, Elsevier Bcience B. V. Volume Ⅰ. 第一卷由安虎森等翻译并于2001年12月经济科学出版社出版。

⑤ Handbook of Regional and Urban Economics, 1998. *Urban Economics*, Edited by Edwin S. Mills, Elsevier Bcience Ltd, Volume Ⅱ. 第二卷由郝寿义等翻译并于2003年9月经济科学出版社出版。

⑥ Handbook of Regional and Urban Economics, 1998. *Applied Urban Economics*, Edited by Paul Cheshire and Edwin S. Mills, Elsevier Bcience Ltd, Volume Ⅲ. 第三卷由安虎森等翻译并于2003年11月经济科学出版社出版。

⑦ Handbook of Regional and Urban Economics, 2004. *Cities and Geography*, Edited by J. Vernon Henderson and Jacques-Francois Thisse, Elsevier Bcience B. V Volume Ⅳ.

的 CP 模型思路，没有摆脱迪克希特—斯蒂格利兹的垄断竞争一般均衡理论分析框架；消费者的偏好用两个层面的效用函数来表示，即工业品集合和农产品的消费，用柯布—道格拉斯模型效用函数来表示，多样化的工业品组合的消费，用不变替代弹性（CES）效用函数来表示；利用“冰山”型交易技术假设。第一类模型主要包括：

Martin and Rogers（1995）的自由资本模型（FC 模型）；Ottaviano（2001）、Forslid（1999）、Forslid etal（2003）发展起来的自由企业家模型（FE 模型）；Baldwin（1999）的资本创造模型（CC 模型）；Martin and Ottaviano（1999）的全域溢出模型（GS 模型）；Baldwin etal（2001）的本地溢出模型（LS 模型）；Krugman and Venables（1995）以及 Fujita etal（1999）建立的垂直核心—边缘模型（CPVL 模型）；Robert（2002）的垂直自由资本模型（FCVL 模型）；Ottaviano（2002）的垂直自由企业家模型（FEVL 模型）。

在第一类模型中，与 CP 模型的主要区别在于这些模型都在企业的生产技术方面做出了新的假设，在生产要素方面进行了扩充，引入了物质资本、人力资本（企业家才能）、知识资本、中间投入品等。按照聚集形成机制的差异，这类模型又可以分为两类。一类允许生产要素的空间流动，要素的空间流动常伴随着现代部门生产的转移，从而引起支出份额的空间变化，进而实现市场接近性优势，使生产中的前后向联系（本地市场放大效应和价格指数效应）成为促使生产聚集的力量，这类模型包括 FC、FE 模型。另一类则不允许生产要素的空间流动，通过资本形成或资本积累的空间差异而导致现代生产的空间转移，这类模型包括 CC、GS、LS 模型；这类模型还包括垂直联系模型，在垂直联系模型中，企业的成本函数与中间投入品联系起来，劳动力在现代部门和传统部门间的转移可以引起现代部门生产份额的空间变化，从而影响中间投入品的供给和需求，进而影响不同区域企业的生产成本和企业的经营利润，经营利润较高的地区就会吸引更多的劳动力从农业部门转移到工业部门，这种循环因果关系也使得市场接近性优势得以实现，成为促使聚集的力量。

第二类模型可以称之为线性模型，放弃柯布—道格拉斯模型效用函数和不变替代弹性效用函数以及“冰山”型运输成本假设，利用准线性二次效用函数及线性运输成本，并把这种假设与第一类不同模型结合起来，从而摆脱了困扰 CP 模型的非线性关系。由于准线性二次效用函数的一阶条件满足线性关系，也就是消费者的需求函数为线性函数，进而大大简化了模型，并且长期均衡下的内生变量也可以用显性解来表示。第二类模型，主要是由 Ottaviano 等人发展起来的，包括 Ottaviano（2001）以及 Ottaviano etal（2002）的线性自由资本模型（LFC 模型）和线性自由企业家模型（LFE 模型）。

第二节　我国区域经济学的形成与发展

在我国，区域经济学起步很晚，作为一门独立的经济学分支学科，只有 20 多年的历史。尽管在改革开放以前，我国曾研究过生产力布局问题，但区域经济学成为一门独立的经济学分支学科，是在改革开放以后。区域经济学科在我国的兴起与在西方的兴起有相似之处，是为了适应我国经济发展需要而产生和发展的。随着经济体制改革的不断深入，我国出现了一系列的区域性经济问题，如不同地区发展模式问题、缩小区际发展差距问题、区域协调发展问题、城市化问题、“三农”问题、城乡统筹等等。在研究和解决这些区域性问题的过程中，我国区域经济学科逐渐形成和完善起来了。尽管，我国还没有完全建立适合于我国的区域经济学理论框架，但有关区域经济学研究对象以及研究内容方面，逐渐趋向类同，这是一个学科走向成熟的表现。

一、改革开放前——我国区域经济学的萌芽时期

新中国成立初期，我国效仿前苏联模式，建立了高度集权的计划经济体制，同时学术界也引进前苏联生产力布局理论，研究了我国的生产力布局问题，揭示社会主义生产分布的变化规律，为制定和实施国家经济发展计划提供理论依据。依据生产力布局原则与理论及我国的具体国情，第一代中央领导集体制定了区域经济均衡发展战略，其基本思路是：充分利用沿海工业基地，大力发展条件较差的内地经济，缩小内地与沿海的差距，实现生产力的均衡布局，促使全国工业经济逐步平衡。

（一）生产力布局学

传统的生产力布局理论认为，所有生产要素都要落实到一定的空间进行生产是所有生产方式都遵循的客观规律，生产分布是生产存在和发展的空间形式，有生产就有生产的分布和再分布，生产力分布状况对生产有着重大的影响。生产力布局研究的中心内容是，“第一，在特定时间下，国民经济总投资的地区分配以及重大建设项目分布地区、地点的选择；第二，再生产的各个环节、各生产部门、各生产要素、空间组合的安排，包括各地区内的投资结构的确定；第三，各经济区域之间、各经济中心之间、城乡之间、城市与地区之间的分工协作及其发展比例关系的确定”①。生产力分布一般规律是，“随着生产的发展，生产的空间不断扩大，生产部门、生产要素、生产环节的空间组合日趋复杂化和多样化”②，认为，这一规律是适于一切社会形态的生产活动，我国也存在着与此相适应的生产分布规律，就是“通过生产要素有计划按比例的分配，使地区之间以及地区内部各部门之间协调发展，促进各地区和全国国民经济的普遍高涨以及各生产要素的保持或发展”③。在这种生产布局原则下，为做好投资的地区分配、选择好建设项目的地点、安排好地区内部投资结构以及确定好区域间分工协作关系，一般遵循如下五项原则：第一，有计划地在全国范围内均衡地布局生产力；第二，把地区专业化和综合化发展结合起来；第三，工业尽可能接近原料地、燃料地和消费地；第四，合理集中与适当分散相结合；第五，有利于提高国家的战略防御能力和国防的巩固。很明显，这五条原则的总的指导思想是平衡布局，这基本上代表了社会主义国家特别是在成立初期生产力布局的指导思想。20世纪50年代，在平衡布局理论指导下，我国把全国经济分为华北、东北、西北、中南、西南六大区域。20世纪50年代末到60年代末，由于与前苏联关系的恶化以及西方国家对我国的经济封锁，从战备的角度考虑，把全国划分为一线、二线和三线地区。20世纪60年代末到70年代末，又依据各大军区，将全国划分为西南、西北、中原、华北、华东、东北、华南、闽赣、山东、新疆十大片。

生产力布局原则为企业区位选择及全国范围内的产业布局提供了理论基础，并在此基础上形成了带有计划经济性质的区域经济布局或生产力布局理论——区域国民经济综合体与地

① 刘再兴等编：《生产力布局原理》，中国人民大学出版社1984年版，第2页。

② 刘再兴等编：《生产力布局原理》，中国人民大学出版社1984年版，第49页。

③ 刘再兴等编：《生产力布局原理》，中国人民大学出版社1984年版，第58页。

域生产力综合体理论。前苏联国家计委生产力研究委员会主席涅克拉索夫认为，区域国民经济综合体的主要特征是：拥有高度聚集且可利用能在近期及未来解决全国重大根本性经济发展任务的珍贵自然资源，具有进行新经济开发的大片地域，建设专业化的工业中心和建设生产基础设施与社会基础设施的必要性；地域生产综合体可成为隶属于经济区的或正在组建的国民经济综合体的一种多部门或专业化的综合体。地域生产综合体的理论及概念由克洛索夫斯基提出："在一个工业点或一个完整的地区内，根据地区的自然条件、运输和经济地理位置，恰当地有计划地安置各企业，从而获得特定的经济效果，这样的一种各企业间的经济结合（相互制约的结合）就称为生产综合体。"在增强生产联系的状况下，综合体可能转化为联合企业的形式。企业成组布局和联合化在前苏联得到迅速发展，区域国民经济综合体和地域生产综合体纷纷建立，特别是在自然资源高度集中且易开采的地区，即"新开发区"。通过工业联合及农工联合的方式创建州、共和国或全国的工业中心，从而改变工业中心的生产结构及整个地区的生产结构。

（二）内地优先发展战略时期我国整体生产力布局

新中国成立时，经济发展面临着的基本国情是，国内"一穷二白"，有限的经济总量的70%集中在东部沿海地区。此时，中部地区的经济很落后，除了湖北、山西大致同全国持平外，其余地区的经济发展水平低于全国平均水平。面对新中国成立初期的国内、国际形势，中央政府采取了优先发展重工业的战略；在生产力地区布局上，投资重心开始向内地大规模转移，这一现象一直持续到 1978 年。这期间中部的经济取得了长足的发展，1965 年和 1978 年为具有代表性的年份，在此期间，中部的工业在全国的地位不断提高，1952 年中部工业总产值占全国比重为 22.32%，1965 年该比重上升到 27.29%；此期间中部重工业产值占全国重工业总产值的比重，由 1952 年的 23.58% 提高到 1965 年的 32.41%。当时，由于客观的资源条件和所选择的工业化道路，我国中部形成了以重工业为主的工业结构，但是，这种较高的重工业比重是建立在较低的经济发展水平基础上的，是一种人为的"跨越"。

20 世纪 60 年代中后期，我国所面临的国际局势及周边环境急剧恶化，面临战争的威胁，而现有的工厂大都集中在大城市及沿海地区，不利于备战的需要，因而，中央政府决定按一、二、三线布局工业，将经济活动迁移至"大三线"地区，各地区建立相对独立的工业体系。根据《第四个五年国民经济纲要》的规定，"三线"地区包括四川、贵州、云南、陕西、甘肃、青海以及河南、湖北和湖南三省的西部、广东北部、广西西北部和山西与河北的西部。1983 年成立的"三线建设调整改造办公室"明确三线建设调整改造规划的范围为四川、贵州、云南、陕西、甘肃、重庆以及河南、湖北与湖南三省的西部。这一地域也称为"大三线"地区，重点是四川、贵州两省与豫西、鄂西和湘西。这时，原国家计委原来按照巩固、调整国民经济发展方针而制定的"三五"计划不得不转变中心，从原来的解决吃穿用为主转向以备战为主，明确提出：第三个五年必须立足于战争，从准备大打、早打出发，积极备战，把国防建设放在第一位，加快三线建设，逐步改变工业布局。也由此拉开了我国生产力布局的一次战略西移。

1965 年 8 月召开的全国计划会议确定，按照"把国防建设放在第一位，加快三线建设，逐步改变工业布局"的方针，把国家投资重点放在处于内地的"大三线"地区，每个省区建设的重点又要放在各自的小三线地区。所谓小三线地区，就是各地区的战略后方。"三五"期间，内地的基本建设投资占全国的 66.8%，其中用于"三线"地区的占 52.7%。在

1969—1972年间，大项目较多的四川省占全国投资比重达12.09%，湖北省占7.38%，而同期上海仅占2.38%，广东占3.33%。这一时期内地投资额为沿海地区的2.4倍。向“三线”地区集中投资的同时，中央政府还有计划地把一批工厂和研究机构从沿海地区搬迁到“大三线”地区，主要的迁出地是北京、上海、江苏、辽宁等省市。中央政府对三线建设先后投入2000多亿元资金，其中工业投资占70%以上。该时期是国家对中西部地区援助力度最强的时期，该期间是中西部地区快速发展时期，基本上建成了以国防工业为重点，交通、电子、化工为先导，交通、电力、钢铁、有色金属等为基础的门类比较齐全的工业体系，使中西部地区工业落后的状况有了较大改观。三线建设是一次大规模的区域倾斜性大开发，为中西部经济发展打下了良好的基础。“三五”期间，全国新建的大、中型项目中，西南、西北、中南地区的项目数高达60.2%，与此同时，东部发展则受到了较大的限制。尽管在1953—1978年间，为国防需要进行的“大三线”建设为中西部地区经济发展创造了良好的条件，但三线建设主要以国防工业为主，布局上主要“靠山”和“进洞”，与当地的经济联系很弱，尤其是在市场经济的条件下，“三线”企业因本身天生的弱质（如国家的计划调拨为主、不合理的区位等），很不适应市场经济，频繁发生企业倒闭或迁回内地现象，这又加剧了当地的经济负担。

1973年，国家有关部门制定了“关于增加进口，扩大经济交流”的计划，展开了以引进项目为中心的经济建设，即所谓的“洋跃进”。在从1973年起分两批引进的47个重要成套项目中，24个项目布局于东部沿海，12个项目布局于中部地区，11个项目布局于西部地区。这表明，国家的产业布局开始由内地向东部特别是向沿海经济发达区域转移。但这一阶段的调整还只是局部的，虽然同“三五”时期相比，“四五”时期基本建设投资总额所占比重内地下降了13.3个百分点，东部地区上升了8.5个百分点，但内地的投资总额仍远远超过沿海地区。在“五五”（1976—1980）时期，在“三线”地区仍安排了较大规模的后续投入，以保证“三线”地区建成的生产能力充分发挥作用。

经过长达30年的发展，区域经济均衡发展战略逐步改变了我国生产力布局集中于沿海地区的不合理的状态，从而对发展内地经济、缩小东西部地区之间的差距，维护民族团结起到了一定的作用。但是，传统的生产力布局理论也存在着明显的缺陷：第一，它强调资源配置的主体是国家，排除各种经济主体的存在以及它们在资源配置方面的作用；第二，传统生产力布局理论视国家指令性计划为实现生产力布局的机制，尤其是国家预算，它决定项目的布局区位、地区经济发展速度、地区产业结构以及各种比例关系，完全抛弃了市场机制及其配置资源的巨大作用；第三，传统生产力布局理论所强调的原则，严格来讲是非经济性原则，它主要考虑的是社会政治问题，资源配置效率常居次要地位；第四，尽管提出专业化与分工问题，然而中西部与东部之间的分工在大多数情况下都是垂直分工，而这种“垂直分工”的负面效应正显现出来，那些单一“资源型”的工矿城市，在资源掏空以后如何生存，正面临着严重的考验；第五，忽略了地方政府在发展地区经济中的作用。

因此，这个时期强调均衡协调的生产力布局不符合生产力发展的客观规律。首先，这种做法抑制了东部沿海地区的经济发展优势，使得整体投资的效率相对低下，这不仅限制了沿海地区的迅速发展，同时由于沿海地区不能为内地提供有力的工业支持，从而制约了西部地区的增长速度。其次，这种战略过于注重工业在地域分布和投资规模上的平衡，忽视了经济效益的发挥，造成了较大的资源浪费。因此，区域经济均衡发展战略尽管在改变旧中国遗留下来的失衡的区域经济格局等方面功不可没，但这一时期地区差距的缩小是以全国整体经济效益的下降为代价的，没有实现真正均衡发展的目的。

二、改革开放后——我国区域经济学初步形成阶段

1978 年之前我国区域均衡发展战略的低效以及当时特殊的政治、经济环境，决定了改革开放后我国把过去以内地为建设重点、过分强调平衡布局的政策，调整为以效率为主、投资重点放在效益高、见效快的沿海地区，并在政策上给予大量的优惠条件的区域非均衡发展战略。这种宏观经济政策的调整，带来了 20 世纪 80 年代我国沿海地区经济的高速增长。在这种宏观经济形势下，我国区域经济学研究得到了迅速的发展，初步形成了我国区域经济学理论的基本框架。

（一）我国生产力布局总体框架的提出

在 20 世纪 80 年代初，我国区域经济学界主要讨论了我国生产力布局的总的框架，先后提出了 T 字形生产布局、π 字形生产布局、弓箭形生产布局，并提出了生产布局的一、二、三级轴线和国土重点整治地区。在 80 年代，我国区域经济学界还探讨了经济区划问题，这种经济区划对区域经济发展具有很强的指导性，它是地域组织形式和区域政策的一部分。根据发挥地区优势、地域合理分工、专业化与综合发展相结合等思路，学术界广泛讨论了我国经济区划的划分原则、划分方案等，提出了三分法、五分法、六分法、七分法等，不过至今还没有一个统一的经济区划方案。城市化研究成了这个时期区域经济学另一个主要的研究内容，它主要涉及我国城市化道路、农村人口转移、地区二元结构以及城市化与工业化等诸多方面。学界所提出的“控制大城市、合理发展中等城市、积极发展小城镇”的思路，成了 1984 年制定的我国城市建设方针的指导思想。

（二）梯度理论、三大地带发展战略的讨论

20 世纪 80 年代初期到 80 年代中后期，学术界对梯度理论进行了较长时间的争论，有些学者主张梯度推进、循序西移，有些学者提出了跳跃式推进与反梯度理论，有的学者提出了立足东部、突破中部、循序西移的主张。不管是何种提法，总体的趋向是承认梯度理论，主张立足东部，循序西移。该期间，学术界还讨论了我国大范围的地域划分问题，主要目的是从变化了的现实出发，改革沿海与内地的两分法，重新确定地域关系的基本格局，为地域开发与生产力推移提供基础依据。讨论的焦点主要集中在东中西三个地带的划分问题。与此同时，配合全国经济总量翻两番的发展目标，学术界对地区发展战略也进行了深入研究，基本出发点是从政府行为角度，对地区发展条件、发展战略指导思想与目标、地区经济结构等重大问题进行判定与规划。

（三）不平衡发展理论、效率与公平问题的讨论

在 20 世纪 80 年代初，从注重效率、超越与跳跃式发展的基本思想出发，提出了倾斜式不平衡发展理论。该理论强调，欠发达地区不具有经济全面增长所需的资本和其他资源，因而平衡增长是不可能的，只能有选择性地在一些部门或区域进行投资，其他部门或地区可以通过该部门或地区经济增长带来的外部经济而逐步得到发展。这种相对宽泛的倾斜式发展战略，得到了学术界的普遍认同。在此理论的指导下，提出了以沿海为重点的倾斜式发展战略，并配合了一系列的具体政策，如经济特区、经济技术开发区、沿海开放城市以及优惠政策和管理特权等。在 20 世纪 80 年代后期，区域经济学界又提出了适度倾斜、总体协调、效

率优先、兼顾公平的发展思路。

三、20 世纪 90 年代以后——我国区域经济学蓬勃发展阶段

随着我国改革开放的进一步深入和经济的迅速发展，20 世纪 90 年代以后我国区域经济学研究得到了空前的发展。

（一）区域经济非均衡协调发展理论

随着我国经济的高速发展，区域经济发展不平衡问题越来越严重，倾斜式非均衡发展尽管使东部获得了很高的发展速度，但广大的中西部地区经济发展受到了抑制，拉大了东部与中西部地区的发展差距，这不仅影响总体经济发展，也影响了社会的稳定。为解决严重的地区不平衡问题，又不致影响国民经济的高效运转和适度增长，学术界提出了区域经济非均衡协调发展理论。该理论认为，区域经济的非均衡发展是欠发达国家和地区经济发展的必然选择，但非均衡发展并非单纯、孤立地发展少数地区少数优势产业，而是围绕优势地区和优势产业建立一个结构紧密、相互协调而又具有较高经济效益的区域产业体系。在此理论的指导下，确立的西部大开发战略。

（二）区域经济统筹发展理论

针对 21 世纪以来我国经济发展过程中出现的区域差距持续扩大、区际产业结构趋同日益强化、区域经济发展与资源短缺矛盾加剧、生态环境遭到严重破坏等严重问题，《中共中央关于完善社会主义市场经济体制若干问题的决定》（以下简称《决定》）首次提出了“五个统筹”的发展战略方针，即统筹城乡发展、统筹区域发展、统筹经济社会发展、统筹人与自然和谐发展、统筹国内发展和对外开放，在区域关系上，强调因地制宜，各展所长，优势互补，协调发展。协调是有重点的协调，重点是在协调基础上的重点，目标是区域总体功能的强化。在区域协调发展中，既要对战略产业和重点区域有选择地倾斜，又要对区域经济发展过程中的重大比例关系进行协调。

另外，在国家“十一五”规划纲要中，又特别列出区域协调发展一篇，提出按照资源环境承载能力、经济开发密度和未来发展潜力，划分优化开发、重点开发、限制开发和禁止开发等主体功能区，并按照发挥比较优势、加强薄弱环节、享受均等化基本公共服务的要求，逐步形成主体功能定位清晰，东中西良性互动，公共服务和人民生活水平差距趋向缩小的区域协调发展格局。并将我国区域总体发展战略界定为“坚持实施推进西部大开发，振兴东北地区等老工业基地，促进中部地区崛起，鼓励东部地区率先发展的区域发展总体战略，健全区域协调互动机制，形成合理的区域发展格局”。

根据统筹区域发展观，2007 年 6 月国务院把成都和重庆批准为“成渝城乡统筹综合改革试验区”；2007 年 12 月，又把武汉城市圈和湖南长株潭城市群批准为“全国资源节约型和环境友好型社会建设综合配套改革试验区”。

（三）区域经济学研究领域多层次扩展和深入

20 世纪 90 年代以后，随着我国区域经济实践的进一步深入，区域经济所面临的深层次问题逐步显现出来，区域经济学也逐渐扩展了研究领域。宏观、中观领域里的研究已经深入到包括区域发展模式、优化区域产业结构、城市经济、城乡联系、“三农”问题、城乡统筹等区域经济的诸多方面，以及区际分工与合作、区域协调发展等领域；微观领域研究开始涉及企业组织、企业的兼并与退出机制以及组建企业集团、跨地区跨行业的联合与合作等诸多

的经济活动。值得一提的是，从 90 年代后期开始大量研究产业集群、区域创新体系以及城市竞争力等，这些研究为我国制定重大的方针政策提供了依据。

（四）西部大开发、东北老工业基地振兴、中部崛起等区域经济问题的研究

尽管改革开放以后我国经济获得了迅猛发展，但区际差距也随之逐渐拉大，为实现区域经济协调发展，我国先后进行了西部大开发、东北老工业基地振兴以及中部崛起等发展战略的讨论。为精心设计西部大开发，许多区域经济理论工作者从比较优势、梯度推移、增长极、可持续发展等角度阐述了西部开发的理论。同时，西部开发是一个巨大的系统工程，许多学者围绕西部开发战略进行了大量的讨论，提出了综合发展思路、发挥区域优势的开发思路、加强基础设施建设的开发思路、城市化发展思路、以人为本的开发思路、政策和市场推动的开发思路、资源导向型转变为市场导向型等诸多开发思路。这些研究为我国制定西部开发战略提供了重要的理论依据。

党的十六大提出振兴东北老工业基地的战略任务后，许多学者围绕振兴东北战略提出了许多理论主张，但主要的理论仍为产业演变规律和创新理论。产业演变规律，具体来讲包括三大规律：一是工业结构演变规律；二是进口替代转换规律；三是比较优势在国家间转移规律。创新理论，主要从制度创新和技术创新角度来阐述，认为制度创新的意义在于它可以减少非经济因素引发的各种摩擦，使东北老工业基地既立于目前的生产力发展水平、社会负担沉重、国有经济占主导的现实，又遵循现代市场经济发展的规律，按照区域经济发展理论进行新的制度性安排。围绕振兴东北老工业基地战略，许多学者进行了大量的讨论，有些学者提出振兴东北国有企业应从提升竞争力入手；有些学者主张应以存量挖潜为主，增量投资为辅，以提高效率为主，扩大规模为辅，以传统产业改造为主，新兴产业导入为辅，从结构调整、制度创新、技术改造三个方面同时入手；有些学者指出，振兴东北老工业基地应实施改革领先战略、结构优化战略以及开拓创新战略。这些研究为制定东北老工业基地振兴规划提供了重要的理论依据。

中部地区近年来经济地位持续下降，与其他地区的差距越拉越大，形成了经济的“塌陷”地带。对中部塌陷的原因，许多学者提出了自己的解释，有些学者认为中部塌陷的主要原因在于国家宏观政策支持体系中的边缘化；有些学者认为中部塌陷的主要原因在于国有经济占主导，经济主体活力不强，市场化不足；有些观点认为主要原因在于产业结构，中部地区历来是传统的农业区，资源类产业在国民经济中占很大比重，这种不合理的分工结构和比价关系必然导致中部地区的塌陷；有些观点认为中部地区的小富即安、不思进取的小农文化理念是中部塌陷的主要原因。这些学者指出，中部崛起的核心是中部城市群的崛起，是中部综合优势得到充分体现，是工业化得到极大发展和城市群得到极大发育，是农业和其他基础性地位得到充分稳固。为实现这种目标，中部应积极发展有竞争优势的产业，培育大市场，构建大网络，加强区际合作，推动中部城市群的整合①。

① 参见杨云彦等著：《全球化与中部崛起》，湖北人民出版社 2005 年版。

第四节　我国当前区域经济研究状况及代表性分析框架

一、目前我国区域经济学研究状况

我国的区域经济学起步晚，而且作为应用经济学的二级学科在1997年原国家教委颁发的学科目录调整中才出现区域经济学的名称，并纳入了研究生的招生计划，但在本科教育中仍未出现该学科的名称。

尽管区域经济学作为一门独立的学科在我国出现很晚，但其区位方面的理论研究却早已出现，学科载体便是经济地理学。1963年经国务院批准、由国家计委与教育部共同修订的《高等学校通用专业目录》财经类中便设有经济地理专业，并且在新中国成立前后已经出版过有关经济地理方面的一些文献，如王庸的《经济地理学原理》、蔡源明的《经济地理学概论》、鲍文熙的《经济地理学》、归鉴明的《经济地理学》、胡焕庸的《经济地理》等。这些著作的问世从地理学与经济学的关系中指出经济地理专业的来源、特征、研究内容，搭建了经济学和地理学之间的桥梁，为我国区域经济理论的研究及学科形成奠定了基础。其实，西方区域经济理论的研究同样起源于经济地理学，被称为区域经济理论历史渊源的区位理论就是经济地理学研究的最基本内容。新中国成立以前，我国经济学界也从国外引进了一些有关经济地理学的著作，如由日本学者黑正岁撰写、张宏莫翻译的《经济地理学导言》，德国学者斯莰米德夫著、许逸超翻译的《经济地理学原理》，日本学者高桥次郎著、周宋康翻译的《新经济地理学》等。这些著作的引进为丰富经济地理学的内容及未来中国区域经济学的发展奠定了基础。

我国区域经济理论研究起步较晚，真正的发展则是从改革开放之后开始，至今只有二十多年的历史，且缺乏深度，从20世纪80年代开始，一方面，我国学者大量引进和吸收国外区域经济学理论和方法，如增长极理论、点轴网络理论、区域发展阶段理论、地域综合体理论、区域经济动力学理论、区域经济增长模型、区域经济计量和动态模型、区域投入产出分析方法、新经济地理学理论等等；另一方面，积极参与区域经济实践活动，如区域规划、国土资源开发、区域发展战略和地区产业政策制定等等，尤其是西部大开发、东北老工业基地振兴、中部崛起等区域发展战略的实行不断拓宽了区域经济研究空间。近来，随着我国区域经济实践的不断深入，区域经济问题变得更加具体化，区域经济研究也开始向不同领域的纵深方向拓展。宏观领域，注重区域空间结构、经济格局演变、区域经济联系（区际分工与合作）、区域经济政策、国家政策的区域经济效应等问题；中观领域，关注区际差异、区域发展模式、区域产业结构、城市经济及城乡联系、城乡可持续发展、区域形象设计、产业集群以及生产要素的区际流动等内容；微观领域，研究空间经济均衡、区域经济微观主体的动力学、企业区位选择、企业组织、多厂商企业区位与空间组织、企业兼并及重组、跨区域跨行业的联合等。目前主要的研究领域可以概括为如下几个方面的研究，即区域差异及区域分工研究、区域发展战略研究（西部大开发、东北振兴、中部崛起）、城市化及城市圈经济研究、产业集群研究、资源性城市转型研究。

（一）区域差异研究

在过去 20 多年间，区域差异的研究成了区域经济学最主要的研究内容之一，因而在社会上也产生了误解，只要研究区域差异，就被认为是从事区域经济学研究，或者区域经济学就是研究区域差异。对于区域经济发展水平差距之原因，理论界提出了许多观点，但大体上有如下几种观点：

1. 国家相关宏观政策的影响。1978 年后，我国开始了由高度集权的计划经济体制向市场经济体制的转轨。中国区域经济的发展战略也相应地发生了转变，开始实施以发挥优势、加快全国经济整体增长为目标的“非均衡发展”战略。一是改变了重点建设中西部的格局，国家基本建设投资向沿海地区倾斜；二是实行对外开放政策，推进东部沿海地区经济优先发展；三是国家实施了有利于东部沿海地区发展的市场改革和财税政策改革。通过以上政策措施，使本来就具有区位优势的东部地区，先于中西部地区快速发展起来。

广大学者普遍认为，以上中国政府的地区发展战略及其相关的宏观政策是形成地区差距的主要原因。冯俊（2000）通过计算东西部国内生产总值比率与全社会固定资产投资比率的相关系数说明了投资差异是东西部经济差异的一个重要原因，否认了东西部差距走向收敛的观点，同时认为东部地区从先行改革中获得的增长效应要比优惠政策得到的增长刺激更有意义，实证表明制度与知识的“先发优势”与“累积效应”同样重要，因此，从制度上对西部地区进行改进及加大西部教育的人力资本投资也应当是政策的着力点。段雨澜（2003）认为，我国地区间税负水平的差异也是区域差异的一个重要原因。1985 年以来，我国东部地区的税负水平出现了比较明显的下降趋势，而同期中西部地区的税负水平下降相对较小。1994 年我国实现新税制以后，由于地区经济结构存在很大差异，统一的税制在不同地区产生了不同的税负效应，资源产品和基础产业的税负增加，而这些行业多分布在落后的中西部地区，因此，这就会导致生产要素从落后地区向发达地区流动，从而使区域差异更为严重。

2. 经济全球化和经济自由化的影响。经济全球化和经济自由化特别是国际贸易和外国直接投资（FDI），通过乘数效应，技术转移，溢出效应和竞争作用，对经济增长有重要的影响作用。此外，全球化带给中国的竞争压力也促使中国企业提高其生产力，从总体上看，国际竞争能促进地区经济增长。经济的自由化要求取消价格控制、贸易壁垒和要素流动壁垒，发展产品市场和金融市场，缩小国家干预经济的范围、降低国企比重，发展非国有企业。所有这些都通过有效的资源配置利用和竞争促进了经济增长（Fujita and Hu，2001）。

魏后凯（2002）研究 1985—1999 年的外商直接投资数据后发现：东部发达地区与西部落后地区之间 GDP 增长率的差异，大约有 90% 是由外商投资引起的。沈坤荣、耿强（2001）则认为外商直接投资在区域间的不平衡分布加剧了地区间的不平衡发展。但是，武剑（2002）运用多维方差分析模型，对我国地区间 GDP 差距、国内投资数量差距、国内投资效率差距、FDI 数量差距和 FDI 效率差距等关键变量进行了分析研究。结果表明，FDI 的区域分布不能有效解释各地区经济的不平衡状况，相反，国内投资的区域差距，特别是在投资效率上的显著差别，是造成区域经济差距长期存在的主要因素。

3. 要素流动的影响。要素流动的影响通常又分为劳动力流动和资本流动两方面，在劳动力流量方面，学者们大都认为，在市场条件下，劳动力总是从边际报酬低的地区流向高的地区，而改革开放以来，我国的人力资本和劳动力的边际报酬在地区间的差异存在着扩大趋势。地区间生产要素边际报酬差异导致地区差距，其变化趋势与生产要素流动性和市场发育状况密切相关（蔡昉、王德文，2002）。刘夏明等（2004）则认为对于技术性的劳动力而言，跨省跨地区的流动相对比较容易，他们趋向于在沿海地区找到报酬较高的工作。然而劳动力的这种流动对于地区差距的影响作用则是模棱两可。一方面，从内陆到沿海的技术性劳动力源源不断地向家乡汇款，从而促进了内陆地区的收入增加。另一方面，技术人才的流出会抑制家乡生产力的提高，从而可能拉大地区差距。赵伟、李芬（2007）认为中国高技能劳动力流动所产生的集聚力量远大于低技能劳动力流动，高技能劳动力的地区集聚更倾向于扩大而非缩小地区收入差距，而低技能劳动力流动有助于延缓地区收入差距的扩大。

在资本流动影响方面，有的学者认为资本在各地区间的配置和流动是影响区域经济增长，从而影响地区差距的一个关键因素。中国地区间的投资是不平衡的，资金的流动在很大程度上被限制在地区内部（Wei，2000）。改革以来的这20多年间，资本流动一方面受财政分配资金和国家银行政策性资金分配的制约；另一方面又受到市场的引导。对外资而言，还受到地域性优惠政策的影响。财政体制、银行政策、市场条件、外资优惠政策等因素使得区域间资本流动呈现出复杂的格局。从20世纪80年代初期的开放到90年代早期，中国采取了财政投资分权化的政策，旨在提高资金分配和管理的效率，该政策虽然扩大了地方政府积累资本以谋求发展的自主权，但却降低了中央政府分配资金的能力，这导致的一个后果便是沿海和内陆在投资上的差异。增长速度快的一些沿海省份的固定投资增长较快，并且较少受国家预算或国有银行资助，而一些增长速度慢的内陆省份则完全依赖于中央为其发展提供资金。而在内陆地区，则主要依赖于中央为其发展提供资金，在资金的使用上受到了较多的行政干预，大部分资金被人员富余，管理不善，技术陈旧，效率低下的国企所占用，而大量的中小企业、民营企业被排斥在有组织的金融市场之外，由于资本形成严重不足，经济增长受阻，与东部的差距就越拉越大（刘夏明，2005；陆文喜、李国平，2003）。

王小鲁、樊纲（2004）认为，在整个20世纪90年代，市场主导的资本流动（包括外资、通过民间渠道和资本市场渠道的资本流动）和政府主导的资本流动（财政资金，某种意义上也包括银行信贷资金）呈两个不同的方向。由于市场导向的资本流动（包括外资在内）超过了政府导向的资本流动，地区间资本流动的整体趋势是向东部地区倾斜。这是导致地区差距扩大的关键原因。

4. 产业集聚的影响。一些学者认为，中国一些省份落后于其他地区的原因是产业集聚的影响。Fujita and Hu（2001）发现，由于地理上的比较优势，大多数制造业部门倾向在集聚在一个地区，即使是劳动密集型的部门也是这样。Golley（2002）也指出，一个地区的发展依赖于该地区的产业发展，如果一个地区的产业发展快于其他地区，则可能形成集聚经济，并导致地区差距的持久存在。东南沿海的5省（广东、福建、浙江、江苏和山东）显然是改革期间的受益者。陈继海（2003）分析了外商直接投资的集聚效应与经济增长的关系，结果发现，外商直接投资的集聚效应不仅通过要素投入数量的集聚，而且通过要素质量和效率增进强烈地影响经济增长。范剑勇（2003）采用新经济地理学的分析框架和理论假定，从要素流动、制造业规模报酬递增和运输成本的相互作用来解释制造业在东部沿海地区集聚与地区差距的因果关系。

（二）区域发展战略研究

西部大开发、东北振兴、中部崛起等区域发展战略清晰了勾画出了中国近些年的区域发展战略，围绕着这几大发展战略，广大学者也进行了深入细致的研究：

1. 西部大开发研究。在世纪之交，我国政府作出的一项重大的战略决策就是西部大开发。西部大开发战略一经提出，立刻成了社会关注的热点。许多理论工作者试图从理论和实践的结合角度作出种种阐释，有关西部开发的经济理论见仁见智，但可以概括为如下几种理论①。一是比较优势理论，当资源禀赋或在专业化和生产率方面存在差异时就形成一种比较优势，这种比较优势在很大程度上就决定一国的生产模式，进而一国密集使用该国丰富的资源要素进行生产就必然获得比较利益。因此，有些学者以比较优势理论为基础提出了发挥比较优势的发展思路。然而我们必须看到，当前的所有优势都表现为一种综合优势，并不是某一要素的丰度所决定的，同时比较优势本身是动态的，当比较优势存在的内在因素和外在条件发生变化时这种比较优势也消失，因此，根据这种比较优势理论来制定战略思路时，我们必须考虑如何培育和增强竞争优势的问题。二是梯度推移理论，任何国家的生产力发展水平在时间上和空间上都存在差异，也就是说经济发展水平不可能都处在同一个梯度上，这为生产力的梯度分布或经济的跳跃式发展提供了理论依据。在西部开发中提出梯度开发模式，主要是避免“遍地开花”的现象。三是增长极理论，增长极通过资源要素的向外扩散（但需要有扩散通道，也就是产业链），带动周围地区的发展。许多学者在西部开发中提出增长极模式，旨在发现和培育经济带动点，形成以大中城市为依托的、具有辐射效应的产业群落，从而使西部各种资源得到充分开发和有效利用，提高整体经济的素质②。四是创新理论，按照熊彼特的理论，“创新就是创造性地破坏”，是新事物取代旧事物的过程，也是一国或地区的经济能在一定程度上突破周期性从而实现迅速发展的重要原因。许多学者把创新理论应用于西部开发的研究，并把技术创新、理念创新、组织创新和制度创新为基本创新维度，尤其对制度创新给予了极大关注；有的学者认为东西部的最大差异在于制度差异，认为制度是第一生产力，西部地区要实现从计划经济体制到市场体制、从粗放经营到集约经营、从轻视民营经济到大力发展民营经济、从人治到法治等一系列的强制性和诱致性制度变迁③。五是可持续发展理论，西部的可持续发展问题不仅是西部自身的环境和资源问题，而是关系到整个国家经济的协调发展与生态安全问题，因而可持续发展理论在西部开发中具有重要的意义。

围绕西部开发的战略思路，许多学者进行了大量的讨论，尽管许多学者都从不同角度提出了西部开发战略思路，但同样可以概括为如下几种战略思路④。一是综合发展思路，主张这种思路的学者认为西部地区的区情是很特殊的，在自然、人文、经济、政治等方面与东部地区截然不同，西部开发不仅是经济问题，还要考虑社会稳定、生态环境等问题，因此应从多方位、多层次、多格局去考虑。二是发挥区域优势的发展思路，持这种观点的学者主张，尽管西部的优势在于资源优势，但这种传统的资源优势常成为经济发展的包袱，因此必须培育竞争优势，认为这种资源优势的作用必须通过增强竞争优势才能得以实现，而其关键是要在充分发挥地区比较优势的基础上不断培育和创造企业竞争优势，西部地区的产业在已有的优势基础上要拓宽产业领域⑤，才能保持竞争优势。三是加强教育、工业化、基础设施建设

① 李瑞娥、杜富军：“西部大开发：我们如何取舍”，《当代经济科学》，2003年第2期。
② 李瑞娥、杜富军：“西部大开发：我们如何取舍”，《当代经济科学》，2003年第2期。
③ 聂辉华、李海舰：“有关西部大开发若干观点的评析”，《中国工业经济》，2002年第2期。
④ 刘徐波、高兴国：“西部大开发战略研究综述”，《甘肃社会科学》，2000年第5期。
⑤ 陈佳贵：“西部大开发新思路初探”，《中国工业经济》，2000年第3期。

等的发展思路，有的学者认为西部的落后不在于西部资本投入不足或资源开发不足，而主要在于知识、信息、教育、技术等无形因素的影响，因此，首先要缩小东西部之间的知识发展差距，应投资于教育、知识、技术上。四是城市化发展思路，这些学者主张应以发展城市化、城镇化为主要的开发思路，认为提高西部城市化水平对缩小区域经济发展差距、促进经济的协调发展具有重要的意义，应尽快提升城市化水平，以大城市和小城镇为重点，通过人口和经济活动空间分布的大调整，形成与生态环境相适应的城市布局模式①。五是以人为本的发展思路，持这种观点的学者主张，西部开发应建立在人民富裕的基础上，居民收入的提高应放在首位。六是政策和市场推动的发展思路，有些学者认为西部大开发的实质是西部市场化，主张从追求优惠政策转变为主要依靠市场，从以政府行为为主转变为主要运用市场机制，从资源导向型转变为市场导向型。

2. 东北老工业基地振兴研究。党的十六大提出了振兴东北老工业基地的战略，从现实基础和未来发展潜力上看，东北地区有望成为我国继珠三角、长三角和京津冀之后的第四个增长极；从效率角度上看，加快东北老工业基地调整、改造和振兴的步伐，不仅能够产生新的增长极，而且能够降低老工业基地由于改变产业发展重心而产生的巨大沉淀成本；从公平角度上看，国家通过发展重化学工业援助老工业基地，不仅可以解决历史遗留问题，而且可以缓解这些地区产生的破产、下岗、贫困等沉重的社会问题。目前围绕东北的振兴战略，许多学者纷纷发表自己的见解，但主要的理论为产业演变规律和创新理论。产业演变规律，具体来讲包括三大规律：一是工业结构演变规律，包括重化工业化规律（指在工业化过程中，轻工业比重不断下降，重化工业比重不断提高的规律）和高加工度化规律（指在重工业中由以原材料工业为中心，向以加工、组装工业为中心转变的趋势）；二是进口替代转换规律，指的是一国总是先重点进口轻工业技术和产品，然后转向重点进口装备工业技术和产品；三是比较优势在国家间转移规律，指的是技术水平相同的同一产业在国家之间的比较优势，由较高经济发展水平的国家逐渐向较低经济发展水平国家转移，而这种转移主要由劳动力价格的高低所决定②。创新理论，主要从制度创新和技术创新角度来阐述，但重点强调的是制度创新，认为制度创新重于资本投资。制度创新的意义在于它可以减少非经济因素引发的各种摩擦，使东北老工业基地既立于目前的生产力发展水平、社会负担沉重、国有经济占主导的现实，又遵循现代市场经济发展的规律，按照区域经济发展理论重新建立制度安排。

围绕东北老工业基地的振兴战略，许多学者进行了大量的讨论，有些学者指出，东北国有企业陷入困境，有一般国有企业共性方面的原因，如体制、机制、社会负担等，也有其特殊的原因，如产业结构退化、观念陈旧等，但集中表现在市场竞争力匮乏上，因此，振兴东北国有企业应从提升竞争力入手，而提升企业竞争力的主要途径为管理机制创新、国家的扶持、战略性重组；有些学者主张应以存量挖潜为主，增量投资为辅，以提高效率为主，扩大规模为辅，以传统产业改造为主，新兴产业导入为辅，必须从结构调整、制度创新、技术改造三个方面同时入手③。有些学者指出，振兴东北老工业基地不能走老路子，必须用新思路、新体制、新机制、新方式走出新路子，应实施三大战略：一是改革领先战略，东北是

① 宏观经济研究院课题组："关于十五时期实施城市化战略的几个问题"，《宏观经济管理》，2000年第4期。

② 林木西："振兴东北老工业基地的理性思考与战略抉择"，《经济学动态》，2003年第10期。

③ 李政："加快老工业基地的改造和发展要有新举措"，《理论前沿》，2000年第8期。

“最早进入计划经济，最晚退出计划经济”地区，应混合发展国有经济和民营经济、改革国有企业领导体制、改革国有资产管理体制。二是结构优化战略，调整传统产业，加快汽车、舰船以及飞机等运输设备和军事工业的发展，加快纺织工业和食品工业；大力发展高新技术产业，加快发展电子信息制造业，重点培育机器人及自动化成套设备、数字化医疗设备、燃气轮机动力设备、环保能源装备和电子及通讯装备等装备制造业；加快新材料工业的发展，包括纳米材料、乙烯及合成材料、生物制药和新型建材等。三是开拓创新战略，包括技术创新、品牌创新、市场创新①。

3. 中部崛起研究。随着西部大开发、东北老工业基地的振兴以及东部地区的率先发展，中部省份面临着中部塌陷的危险，其实早在 1991 年，国务院发展研究中心的“中部地区政策研究”报告就提出了“谨防中部塌陷”的观点（李宏鸣、王海林和张波庆（1999）和李玲玲、魏晓和陈威（2004））。刘纯志（1992）明确提及“中部塌陷”并从对外开放角度讨论如何实现“中部崛起”。周绍森和陈栋生 2006 年主编的《中部崛起论》一书收录了较多这方面的文献。中央政府对“中部塌陷”问题也逐渐重视，2006 年 4 月，中央把促进中部地区崛起列入国家发展战略；2007 年 12 月，国务院批准中部的武汉城市圈和湖南长株潭城市群为“全国资源节约型和环境友好型社会建设综合配套改革试验区”，这可视为促进中部地区崛起的一项重要战略性举措。关于中部崛起战略，学者们进行了大量的讨论，但主要有以下几点：

一是发挥自身的比较优势，做大做强能源、原材料、农产品加工、现代装备制造业等产业高地，培育区域产业增长极。目前，中部具有国家级竞争优势的产业严重不足，因此，紧扣主导产业，培育具有国家级甚至世界级竞争优势的产业群，是中部崛起的基础和方向。中部崛起应当实施产业群导向的战略。发展特色产业群，首先要遵循的就是发挥优势的原则。根据国务院2009 年 9 月刚刚通过的《促进中部地区崛起规划》，中部地区在农业上应该以加强粮食生产基地建设为重点，积极发展现代农业，在工业上应该以核心技术、关键技术研发为着力点，建设现代装备制造业及高技术产业基地。增强自主创新能力，提升装备制造业整体实力和水平，加快发展高技术产业，以高新技术和先进适用技术改造传统制造业。当然，除了中部地区找好自身定位外，中央政府在财政、税收、金融、投资、人才等方面的支持也是必不可少的。

二是加快城市群建设，大多数学者都认为，城市群建设是加快中部崛起的一个重要支撑条件，因此，各个地方政府也都加快了城市群建设，各个地方政府都希望以打造地区经济增长极的模式实现中心城市和城市圈的迅速发展并将经济发展逐渐扩散到广大腹地，例如，以武汉为中心的包括 8 个城市的武汉经济圈、以郑州为中心的包括 9 市 48 县的中原城市群、以太原为核心的包括周边市县的太原都市圈、马鞍山—芜湖—铜陵—池州—安庆等市的沿江城市群、长株潭一体化、以及昌九工业走廊等。

三是区际协调发展，实现“中部崛起”，要加强中部省份之间的协调，反对地方保护主义，消除贸易壁垒，落后地区尤其要花大力气营造良好的市场环境和投资环境，以贸易为纽带和动力建立促进区域经济协调发展机制，大力推进中部地区共同利益的区域一体化进程，使各种资源要素跨区域自由流动，以互惠互利促进资源的优化配置，提升中部地区市场经济

① 林木西：“振兴东北老工业基地的理性思考与战略抉择”，《经济学动态》，2003 年第 10 期。

运行的总体效率和效益。

（三）城市化及城市圈经济研究

1. 城市化道路研究。近20年来一直是我国区域经济研究的主要内容之一①，而城市化研究的主要内容为城市化道路以及城市化理论问题。从时间顺序上看，可以划分为三个阶段，第一阶段（大约为1979—1983年）是清除错误认识，明确中国一定要走城市化道路的阶段；第二阶段（大约为20世纪80年代中期到90年代中期），主要围绕中国城市化道路问题展开了讨论；第三阶段（20世纪90年代中期开始到现在），全方位展开城市化理论研究②。

第一阶段，主要讨论了有关城市化的概念、特征，城市化起源与发展，城市化速度与水平等基本理论问题。许多学者从城市化的发展历史角度指出，城市化是在工业化推动下才发生的，没有工业化就没有城市化，这是一个普遍真理，但在我国对这一真理的认识经历了相当曲折的过程，其代价是两次逆城市化和城市化长期滞后于工业化。有些学者从中国人口的长期发展战略角度指出，城市化在中国经济发展和人口现代化中具有特别重要的地位，因为农村人口迁入城市后，生育行为趋向城市人口，可以降低生育率，同时缓解城市人口老龄化所带来的诸多问题③；城市化对吸收农村剩余劳动力、控制人口增长，缓解城市人口老化有重要作用④。对于城市化速度问题，大多数学者认为中国目前已进入快速城市化阶段，但对城市化速度上有不同的认识，一种观点认为未来城市化年均增长速度1.0%—1.2%，有些观点认为不要超过1.0%，有些观点认为适宜城市化速度并不能人为框定，要考虑多种因素。尽管所涉及的内容比较多、众多学者的观点也不一致，但通过这种讨论，许多学者在如下观点上基本达到了共识，即城市化是在工业化推动下发生的，人口向城市聚集是劳动分工逐渐完善和生产力不断发展的必然结果和必要前提，城市化过程是和工业化相伴随的一个客观历史过程，中国也必须遵循这一规律走城市化的道路⑤。

第二阶段，尽管笔者概括为城市化道路之争阶段，但在该期间城市化讨论所涉及的面相当广，如城市化动力机制、城市化过程及一般规律、城市在空间的展开模式等等，简单概括是比较困难的，不过研究的总的脉络是城市化道路选择问题。城市化道路之争，也就是重点发展大城市还是重点发展小城市的争论问题，主要有三种主张。一是小城镇化道路，主张优先发展小城镇，此种观点的学者以我国国情、乡情以及我国大城市存在的诸多城市问题为主要的立论依据，同时认为小城镇可以连接城乡两个市场，促进农村二、三产业的发展，从而大量吸收农村剩余劳动力；吸收剩余劳动力的主要是乡镇企业，由于地缘关系农民进入小城镇的成本比进入大中城市低得多，因而可以推动农村的城市化过程。由于这种主张符合当时发展乡镇的要求，又符合政府的城市发展方针，就成了当时我国城市化道路的主流观点。另一种主张是首先发展大城市，因为城市经济的核心在于聚集效应，这种聚集效应与城市规模

---

① 据姜爱林的研究（“中国城市化理论研究评述”，《中国城市化》，2003年第1期），1949—2001年我国共出版了各类有关城市化的著作395部；百余篇博士学位论文；中国人民大学复印报刊资料索引总汇共收录了10653篇论文。

② 主要参考了赵新平、周一星的“改革以来中国城市化道路及城市化理论研究述评”（《中国社会科学》，2002年第2期）一文。

③ 曾毅：“史论人口城镇化对控制我国人口增长的影响”，《人口与经济》，1987年第6期。

④ 杨云彦：《中国人口迁移与发展的长期战略》，武汉出版社1994年版。

⑤ 周一星：“城市化与国民生产总值关系的规律性探讨”，《人口与经济》，1982年第1期。

正相关，因此，大城市为主导的城市化可以实现社会效益、经济效益、生态效益等综合效益最优，不赞成以“农村病”为代价来避免“城市病”①。第三种观点认为，采取何种城市化道路，不应采取统一的模式，而要根据当地的情况采取不同的城市化道路，更不能借用行政手段“推动”城市化。有些学者主张，不存在统一的能被普遍接受的最佳城市规模，城镇体系永远是由大中小城市所组成的，各级城市都有发展的客观要求，以城市规模来调控城市的发展与建设的做法，就没有抓住问题的关键，城市化应该是多元化的②。总之，该期间城市化道路选择之争，客观上促进了我国城市化研究的不断深入。1989 年 12 月，我国颁布《城市规划法》，积极发展小城镇成了国家的战略选择后，城市化道路选择之争逐渐转入城市化理论研究阶段。

第三阶段为城市化理论的全方位探索阶段，城市化理论研究进入到制度层面。首先，1997 年，我国经济成功实现软着陆后发生了东南亚经济危机。东南亚经济危机之后，我国经济出现了经济增长滞缓、经济增长严重依赖于出口、储蓄增加而需求不旺的局面，许多学者认为我国经济进入了一个新的增长阶段和调整期③，也就是进入了“工业化的中期”，而工业化中期阶段的特征之一是城市化比率的迅速提高。其次，该时期我国经济由短缺向相对过剩阶段过渡，而城市化水平达到了 30%。按一般规律，一个国家的城市化水平达到 30% 以后，就应该进入一个城市化的加速期，胡鞍钢指出中国的城市化严重滞后于工业化④，许多学者接受了这一观点。再次，当时中国经济出现了产品过剩、市场需求低迷，“人口与资源矛盾的积累给中国改革留下的选择与回旋余地不多，中国经济增长速度不能过低，否则中国这架载满人口的中型飞机就会因为失速而坠毁”⑤，在这种情况下城市化政策就成了关键性的国家政策，并在 1999 年的“保八战役”中，城市化也被认为是长期拉动内需的重要的经济增长点。最后，“三农”问题成了我国社会经济生活中的大问题，而“三农”问题的核心是农民收入的提高，而要提高农民收入应加快农业产业化和城市化，进而加快农业产业化和农村的城市化成了解决农村发展和农业发展问题的主要途径。因上述原因，加快城市化成了我国新时期经济社会发展的巨大需求，城市化也成了高层决策层最关注的问题之一。随之，如何推进城市化、选择何种城市化道路成了新时期所面临的重大的研究课题。至于城市化道路选择问题，以中共中央、国务院颁布 2000 年 11 号文件(《中共中央、国务院关于促进小城镇健康发展的若干意见》，中共中央文件、中发［2000］11 号）为标志，再次确定走小城镇化的道路，并城市化也被城镇化所取代。但对于城市化道路的不同声音仍然不绝于耳，仍有一些学者坚持应走大城市化道路，他们认为大城市规模效益以及综合效益好于小城市，主张建大城市、走集约化道路是中国城市化的必由之路；还有很大一部分的学者认为城市化不能凝固于某一种模式，要适应自然条件和经济发展的需要，宜大则大，宜小则小，走大中小城市和小城镇并举、协调发展之路⑥。在该期间理论研究的另一个主要内容为城市化

① 廖丹清在“以大城市为主导的全面发展”（《经济参考报》，1994 年 11 月 22 日）一文以及周天勇、李春林在“论中国集中性城市化之比然”（《人口研究》，1989 年第 2 期）一文中，都提出了这种观点。

② 周一星：“论中国城市发展的规模政策”，《管理世界》，1992 年第 6 期。

③ 赵新平、周一星：“改革以来中国城市化道路及城市化理论研究述评”，《中国社会科学》，2002 年第 2 期。

④ 胡鞍钢：《人口与发展——中国人口经济问题的系统研究》，浙江人民出版社 1989 年版。

⑤ 赵燕菁：“国际战略格局中的中国城市化”，《城市规划汇刊》，2000 年第 1 期。

⑥ “我们离城市现代化有多远”，《光明日报》，2003 年 1 月 7 日。

的动力机制问题。一般认为，城市化是与工业化相联系的一种社会组织形态，它不仅仅是人类居住方式的改变，它是完全不同于农业社会的新的文明层次，工业化的发展是城市化的基本动力，人口迁移是城市化的途径。这种动力又可以分解为城市的吸引力与乡村的排斥力，这两种力量的相互作用就构成了推动持续城市化的动力机制，但这两种力量的作用强度不同，就形成两种不同类型的城市化过程：一种是自上而下的城市化过程，主要动力来自于国家推动的工业化，我国大多数大中城市基本上都是在国家有计划的工业化推动下发展起来的；另一种是自下而上（利普顿，1976）的城市化过程，在我国情况下主要的动力来自于农村地区自发的乡镇企业的发展，与这种自发的乡村工业化相对应的是小城镇。不过，遗憾的是至今为止的研究仍没能解释清楚这种吸引力和排斥力作用原理和机制。理论研究的另外一个主要内容为城市化的制度安排问题。但在20世纪90年代以前，这种城市化制度研究主要借助于刘易斯的二元结构模型，对计划经济体制下我国城乡二元结构进行批判和剖析，探讨了如何实现城乡一体化的问题，但没能进行深入地分析制度的各个层面以及城市化的制度创新问题；在90年代中期以后才开始借助西方各制度学派的理论，分析系统的城市化制度创新问题，不过至今仍缺乏城市化相关制度的系统化的综合分析，如土地、就业、住房、户籍、教育、医疗和社会保障等的综合性分析。

总之，过去20多年间城市化理论研究，主要涉及城市规模效益、中国城市化是否滞后的问题、城市化动力机制、城市化道路选择以及城市化制度安排等问题，但主线为城市化道路选择和城市理论。

2. 都市经济圈研究。与城市化研究密切相关的又一主要的研究内容为都市经济圈研究，其中最主要的都市经济圈为珠三角经济圈、长三角经济圈、环渤海经济圈等三大经济圈。我们将从纯理论角度研究城市及区域的形成问题，而最终结论就是，这种都市经济圈的形成是市场选择的结果并非是人为安排或规划的结果。随着经济的发展，也就是分工的不断演进和生产方式的越来越迂回，必然出现大都市为中心的都市经济圈。据有关资料分析，我国农村劳动力向城镇转移的规模正呈逐年增长态势，但农村劳动力转移的主要目的地是城市而不是小城镇。同时，我国实际走的人口城市化道路是一条以集中型城市化为主、分散型城市化为辅的道路。因此，从这种意义上讲我国城市化仅有小城镇发展是远远不够的，应将都市经济圈或大城市群发展战略提升到国家城市化发展战略的高度予以实施①。只有大城市才具有参与世界经济分工交流所需要的完善的基础设施，只有大都市才拥有足够的产业聚集和经济规模参与全球性的城市间竞争，因此，都市圈是参与国际分工和国际竞争的中观地域单元；以大都市圈为核心的区域，不仅产业聚集和要素聚集程度高，劳动生产率和土地生产率高，经济增长速度快，能够为流动人口提供较多的就业机会，而且辐射扩散能力强，对周边地区的带动作用大，有利于实现都市圈内城乡互动和融合发展，因此，都市圈是人口密度高的中国实现城乡融合发展的有效途径；都市圈是以大城市为核心、大中小城市有机结合而成的一体化发展区域，不同层次、不同结构和不同功能的大中小城市通过各种网络紧密联系，形成相互分工、互补、交流和竞争的网络体系，获得城市化经济效应（这种经济是因网络的拓扑性质而产生的经济，它与一般意义上的规模效应不同），因此，都市圈发展模式是实现城乡

① 石忆邵："都市经济圈：一个新的国家城市化发展战略"，《经济理论与经济管理》，2002年第9期。

一体化、区域一体化的空间整合模式和组织形态[①]。在我国，目前大多数学者所认可的大都市经济圈，主要有珠江三角洲都市经济圈、长江三角洲都市经济圈和环渤海都市经济圈。但环渤海都市经济圈，正划分成沈大都市经济圈、京津冀都市经济圈和山东半岛都市经济圈等三块。尽管，许多学者都认可上述的三大块分法，但实际上目前真正聚合成区域经济的是珠三角都市圈，长三角正处在聚合、进而形成区域经济的过程，而京津冀目前仍然是行政区经济，没有聚合成区域经济。开放程度高、无体制障碍、加快交通基础设施建设是珠三角经济圈形成比较完整的一体化经济的主要因素；尽管长三角圈的开放程度很高，加快区内交通设施建设，但缺乏像珠三角圈那种体制上的一致性特征，至今没能形成比较完整的一体化经济，但圈内的经济合作与联合比京津冀圈更为密切，一个不能忽视的原因是该圈内的经济发展始终沿着依托上海、联动发展的一体化轨道上运行；京津冀圈目前仍停留在行政区经济阶段，其主要的原因首先是观念上的障碍，其次是体制上的障碍，再次是京津城市规划上的严重缺陷[②]。可喜的是，最近国家发改委召开会议，推进京津冀经济一体化，建立京津冀发展和改革部门定期协商制度；建立省市长高层定期联席会议制度；联合设立协调机构；将首先选择易于突破的领域开展合作[③]。

（四）产业集群研究

我国对产业集群以及区域创新体系的研究，始于 20 世纪 90 年代，而大量开始研究则是 2000 年以后。目前国内的产业集群以及创新体系的研究，主要从聚集经济、专业化分工、后福特制生产方式、知识溢出等角度，分析产业集群以及创新体系形成机制、形成过程以及集群的经济性，有的研究也进行了分类。但作为新的区域经济发展模式来进行的研究并不多见。较为系统地研究产业集群与创新体系的学者为王辑慈（2001），她系统地概括了产业集聚理论与新产业区理论，并指出培养具有地方特色的企业集群，营造区域竞争环境，强化区域竞争优势是增强国力的关键。她分别讨论了高科技产业与传统产业的集群，同时讨论了产业集群与区域创新的关系，也分析了国内外典型案例。刘军国（2001）在产业集群形成机制方面进行了较为有说服力的研究，他认为产业集聚是报酬递增的加速器，集聚降低了交易费用，促进了企业协作，形成了报酬递增和分工不断深化的机制，因而使集群具有不断自我完善的机制。他把协作纳入报酬递增理论体系，构建了报酬递增的微观机制模型，同时较为成功地对河北清河羊绒市场进行了案例分析。杨洸（1996）认为，聚集经济是创新集群形成的内在依据，他阐述了聚集经济和外部性对创新集群形成的作用，并把创新集群划分为三种类型，基于技术轨道的顺轨性创新集群、基于技术平台的衍生性创新集群以及向技术关联域发展的渗透性创新集群。仇保兴（1998）对集群的形成过程、制约因素及其创新意义和演化趋势进行了较为系统和全面的分析，他从专业化分工角度分析了企业集群的形成机制，从产权、市场结构、产品和要素市场以及人文环境分析了集群形成发展过程中的制约因素，同时分析了小型企业集群和产业结构调整和技术创新的关系。叶建亮（2001）是从知识溢出角度分析了聚集现象，他认为知识溢出是导致集群的重要原因，它不仅决定了集群的规模，也影响集群组织内企业的生产函数。宁钟（2001）的集群研究也属于这类研究，他认

---

① 石忆邵：“都市经济圈：一个新的国家城市化发展战略”，《经济理论与经济管理》，2002 年第 9 期。

② 安虎森、朱妍：“环渤海的京津冀：你比珠三角、长三角缺什么?”，《领导之友》，2003 年第 6 期。

③ “国家发改委召开会议，推进京津冀经济一体化”，《天津日报》，2004 年 2 月 27 日。

为企业集群存在进入、退出、劳动力市场、技术溢出以及需求的动态变化，他把空间经济因素引入技术追赶模型，分析了技术追赶、吸收能力和人力资本积累之间的关系，并对国家光电子信息产业进行了分析。盖文启（2002）较为系统地研究了区域创新网络，他系统地构架了区域创新网络的一般理论，他运用规模经济和范围经济、交易成本、竞争优势、创新等理论建立了区域创新网络理论体系，并利用这些理论体系来解释了产业集聚和新产业区创新网络的发展，他还讨论了同一产业或相关产业中柔性专业化企业的聚集问题（盖文启和朱华晟，2001），并指出这些因降低交易成本、获得外部经济、增强创新功能，对区域竞争力产生重大影响。魏守华等（2002）是从区域经济发展理论角度研究产业集群的，他们认为产业集群理论是继梯度推移、增长极和地域生产综合体理论之后的新型的区域经济发展理论。

在实证研究方面，刘军国（2001）的清河羊绒市场研究、陈建军（2000）的江浙模式研究以及孟庆民（2001）珠江三角洲产业聚集研究是具有代表性的实证研究。

（五）资源型城市转型研究

资源型城市在我国城市经济中占有相当大的比重，资源型城市的困境直接影响我国经济发展和改革步伐。如何定义资源型城市，经济界意见纷纭。一种观点认为，资源型城市的宏观经济结构中，以资源（石油、煤炭、木材等）初级开发为主的第二产业占工业总产值的50%以上，且工业产值结构中初级产品占绝对优势，也就是说，矿产资源采掘业及初加工业产值总和超过工业总产值的50%，则该城市可定义为资源型城市①；另一种观点认为，有40%以上人口以直接或间接方式从事同种资源开发、生产和经营活动的城市，可称为资源型城市，也就是劳动就业人口在资源及初加工业中就业比例占全社会就业人口40%以上，则该城市可定义为资源型城市②；第三种观点认为，采选业工业产值占全部工业总产值的比例大于或等于10%的城市，可定义为资源型城市③。目前我国资源型城市有426座，总人口达31084万人④，这些城市根据形成先后顺序划分，有两种情况：一是“因矿而生”的城市，即发现大矿并经过开发建设而成的城市；二是“依矿而兴”的城市，即城市或城市雏形已经存在，由于矿业开发而获得新生与发展的城市。目前这些城市所面临的问题较多，主要有如下几个方面的问题：一是资源型城市的产业结构单一，工业经济综合化发展程度很低；二是在就业结构上，第二产业就业人口比重很高而第三产业就业比重很低；三是所有制结构单一，全民所有制工业企业产值占工业总产值的比重相当高，集体所有制企业所占比重一般不到1%；四是城市财力严重不足，自我建设和发展能力极其薄弱；五是社会负担沉重，矿产地一般远离城镇，开发矿山的同时还要办社会，这种办社会支出占采矿企业总支出的15%—20%，同时建立社会保障体系相当滞后，下岗分流再就业带来沉重的负担；六是大多数资源型城市的生态环境恶化，每年50亿—60亿立方米的煤层气逸散于空气中，发生大面积的塌陷以及地表水和地下水径流改变，土地盐渍化和沙化，生态后果难以预料。应当看到，资源型城市的转型问题与老工业基地改造问题有很大的不同，就是说资源型城市的自身调节

① 俞滨洋、赵景海：“资源型城市可持续发展战略初探”，《城市规划》，1999年第6期。

② 王元：“重视单一产业城市的可持续发展”，《人民日报》，2000年1月11日。

③ 张秀生、陈先勇：“论中国资源型城市产业发展的现状、困境与对策”，《经济评论》，2001年第6期。

④ 朱训：“21世纪中国矿业城市形势与发展战略思考”，http：//www. mining－city. net/lw/10. htm。

能力比老工业基地更低①。造成上述问题的原因是多方面的。从历史上看，在长期的计划经济体制和粗放式经济增长方式下，资源型城市的功能就是为国家提供矿产品及其加工产品，因此资源型城市一开始就存在功能单一，城市社会服务功能及基础设施建设先天不足等问题，同时资源型城市数量扩张式开发道路就忽视了资源的保护性开发、集约化开发和综合开发，结果资源型城市主导产业单一，难以形成综合发展能力②。在资源型城市中，国有大中型企业是城市经济的主体，资源型产业是地方政府财政的主要来源，城市发展高度依赖企业，企业功能与城市功能高度同构和混合，企业功能就是城市功能，实际上企业管理城市，而随着时间的推移和市场化进程，大量资源耗竭，国有企业的各种矛盾凸显，企业效率低下、机制不活、冗员过多、社会负担沉重，严重制约了资源型城市的发展和市场化进程。同时，科技进步及替代资源的开发、全国经济一体化和经济全球化所带来的冲击也是资源型城市陷入恶性循环的主要原因。围绕资源型城市的转型问题，众多学者提出了转型战略模式，中国矿业联合会会长朱训提出了多元化发展战略、适度开发战略、集约经营战略、绿色矿城战略、科教兴城战略、筑巢引凤战略、城矿互利战略、城矿扶持战略等③；有些学者主张“优化矿业城市的产业结构和产品结构，提高城市竞争力”④。总结诸多转型模式，可以归结为如下三种模式：一是产业延伸模式，即在资源开发基础上，发展下游产业加工工业，建立资源深加工和利用的产业链，这种模式的优点是在转型初期能够充分发挥本地的资源优势，同时上下游产业在生产、管理和技术方面具有明显的相关性，实施转型的难度较小⑤。提出此种转型模式，主要以分工演化理论以及区域经济较为完整的生产链理论为其基础。二是产业替代模式，即利用资源开发积累的资金、技术、人才，或是直接利用外部资源，建立全新的产业群，把原来从事资源开发的人员转移到新兴的产业上来。这种模式是最彻底的转型模式，完全摆脱了对原有资源的依赖，但在以采掘业为主的产业结构基础上发展有竞争力的替代产业群，难度相当大，需要很长的时间，会造成下岗分流人员的增加。这种模式主要以主导产业替代规律以及创新理论为其主要的理论依据。三是多元化模式，即适度开发资源或继续支持矿业发展的同时，积极发展非矿产业的发展，尤其是第三产业或“绿色农业”的发展，以培育新的经济增长点。多元化模式的另一层含义是所有制结构的多元化，即大力发展非国有企业。这种模式，以降低风险的范围经济为其主要的理论依据。四是复合模式，即有些资源型城市的产业转型可以是上述模式的复合，在转型初期为产业延伸模式，城市主导产业逐步由矿业转变为加工业，随着加工业的发展，新兴产业不断发展，城市也逐步演化为综合性城市。

二、我国有代表性的区域经济学分析框架

随着我国区域问题的大量出现及我国对区域经济发展问题的重视，这在客观上要求我国区域经济学得以形成与发展，以便为我国区域经济的实践提供理论支持。20 世纪 80 年代初，特别是 80 年代后期到 90 年代中期，有关区域经济学理论研究方面的著作大量出现，这

---

① 张米尔、孔令伟：“资源型城市产业转型的模式选择”，《西安交通大学学报（社科版）》，2003 年第 3 期。
② 张秀生、陈先勇：“论中国资源型城市产业发展的现状、困境与对策”，《经济评论》，2001 年第 6 期。
③ 朱训：“21 世纪中国矿业城市形势与发展战略思考”，http：//www. mining - city. net/lw/10. htm。
④ 朱铁臻：“加速矿业城市产业结构升级与优化，努力提高城市竞争力”，http：//www. mining - city. net/lw/21. htw。
⑤ 张米尔、孔令伟：“资源型城市产业转型的模式选择”，《西安交通大学学报（社科版）》，2003 年第 3 期。

基本上奠定了我国区域经济学的基础。其中，产生较大影响的有陆大道的《区位论与区域研究方法》和《区域发展及其空间结构》，程必定的《区域经济学》，周起业、刘再兴、祝城、张可云的《区域经济学》，陈栋生的《区域经济学》，陈宗兴的《经济活动的空间分析》，刘再兴、蒋清海、侯景新的《中国生产力总体布局研究》，刘再兴、蒋清海的《中国区域经济：数量分析与对比研究》，刘树成等人的《中国地区经济发展研究》，郝寿义的《区域经济学》，魏后凯的《区域经济发展的新格局》、《现代区域经济学》，杨开忠的《迈向空间一体化》，王辑慈的《现代工业地理学》，胡鞍钢等人的《中国地区差距报告》，孙尚清等人的《中国区域均衡协调发展战略》，张泽鲁的《布局梦》、安虎森的《新区域经济学》等。这些著作的问世，为中国区域经济学的发展奠定了坚实的基础。以上学者也试图构建中国区域经济学分析框架，并取得了一些成果，对以下代表性理论，我们进行一个简要的评述。

（一）陆大道构建的空间结构演进理论模型

区域空间结构演进理论探讨的是随区域经济发展阶段的变化，区域经济空间结构不断变化的理论。西方“中心化—外围化”理论是这一理论的代表。陆大道先生认为区域空间结构是区域发展状态的指示器，反过来，区域空间结构又要受区域经济发展水平及其所处阶段的影响，在不同的经济发展阶段，区域空间结构具有不同的特征。其内容包括以下几个方面：（1）以农业占主导地位或者说占绝对优势的经济结构阶段。在这一阶段，生产力水平低下，生产只能满足人们自身生活等方面的基本需要，绝大多数人口从事农业生产。城市之间生产要素流动不发达，其性质与规模上基本不存在等级体系关系。这时，经济发展的区域布局或空间结构具有较强的稳定性。（2）过渡阶段。在这一阶段，社会经济迅速发展，商品生产与商品交换日趋繁荣，城乡交流及生产要素流动迅速加强，区域经济的增长主要集中于具有较好基础的城市地区，并开始出现农村人口向城市的大流动，中心化—边缘化模式基本形成。同时，区域不平衡问题出现，区域发展的空间结构处于相对不稳定状态。（3）工业化和经济起飞阶段。在这一阶段，由于社会生产力迅速发展，国民经济处于相对稳定快速增长的时期，城乡交流加速，在大城市发展的同时，一个多层次的城市等级体系逐步形成，也就逐步出现了从单中心转变为多中心的区域经济空间布局格式，空间结构进一步处于变化之中。（4）技术工业和高消费阶段。在这一阶段，科学技术得到迅速发展，社会生产力大大提高，地区间的不平衡随着中心城市的扩散作用而逐步消失，各地区的资源与空间得到充分利用，并开始注重用生态系统平衡原则来进行生产力布局，从而使整个经济的空间结构又处于相对稳定的平衡状态之中。这时经济增长可能处于一个相对平缓的增长阶段，也可能因国际贸易及市场范围的扩大而促进经济的快速增长，但最终将会处于一个较长时期的平衡发展期。

（二）刘再兴构建的区域经济布局的空间投资理论模型

区域经济布局的空间投资论是指通过投资的空间分布来提高投资效益。其基本原理是，由于空间经济发展的不平衡，致使在一定区域内往往存在诸如不发展阶段、成长阶段、成熟阶段、衰退阶段或向更高阶段发展的四种不同类型的地区。那么，不同阶段的地区，其增长特征不同，经济增长的条件也不同，投资的经济效益也就不同。为提高投资的经济效益，就要依赖处于成熟阶段的地区，通过对这类地区的投资，使其带动整个区域的经济增长，并尽可能延长其成熟期，避免走向衰退阶段。并通过地区产业结构多样化、增强结构弹性等方式，提高区域的综合发展能力，其中最重要的是正确选择和扶持新的主导产业及支柱产业。

区域经济空间布局的集聚与消聚是指工业的集中与分散，其理论基础是企业的聚集理论与消聚理论。产业空间聚集是现代工业大生产发展的基本要求，企业的空间集中可以产生规模效应、外部效应，形成较大的成本优势及需求效应，从而产生区位优势，使得城市化现象、大城市化及城市群与城市带的产生成为必然。一般来说，经济效益与经济的空间聚集成正向关系，从而要求工业布局的空间集中，进而主张大城市乃至特大城市的发展。与此相反的消聚论则认为，尽管企业或产业的空间聚集会产生聚集效应及规模效应，但聚集并不永远与效益成正比，因为在聚集经济产生的同时，也会产生聚集不经济现象，如劳动力成本的提高、原材料的短缺、运输成本的提高、土地成本的上升等，这些都会导致企业的生产成本提高。此外，还有因成本极限距离内的需求趋于饱和及市场扩张而产生的过多运输支出等销售方面的问题：因聚集程度提高而使得区域内外的技术联系复杂而增加的企业决策的难度及由此引起的风险系数增加问题。

工业布局指向论是根据传统区域经济理论进行归纳而提出的关于区域经济布局的新的理论贡献。该理论指出，由于工业企业工艺及技术上的特点等原因而引起企业区位选择的必然性，即工业企业的区位选择具有明显的区域指向性。这一理论其实与消聚论有着密切的关系。企业区位选择的指向性主要是指由于某种客观因素而对企业所产生的特定吸引力，如前后向的联系就是引起企业区位选择及导致产业聚集的一种主要因素。当然，如自然资源因素、社会经济资源因素的地理分布特征等，也是影响企业区位选择的重要因素。由于各地区自然资源基础及社会经济资源各不相同，那么，对不同的企业及行业将会产生不同的吸引力，而这种工业布局的指向论就是针对不同的资源情况而进行工业布局的理论说明。通过工业布局，促进成本的节约，尽可能缩短生产要素之间、生产与消费之间的空间距离。当然，不同的地区或区域，具有不同的优势基础，企业如何选择区位也就因指向性不同而不同。其中工业企业的区位选择及工业布局具有以下指向性：原料指向、市场指向、原料与市场双重指向、劳动力指向、港口交通运输指向、科技指向、集聚经济指向等。不同的工业具有不同的工业布局指向，甚至是多种指向同时起作用；也存在多种工业同一指向的特征，即同一区域多种工业的状态，而且工业布局指向因素的重要性也会因经济的发展、技术的进步等原因而使其重要性程度发生变化。

（三）陈栋生构建的区域协调发展理论模型

张泽鲁在评价陈栋生多年研究区域经济问题心得体会之杰作时，将《区域经济学》称之为我国区域经济研究及区域经济学的一大硕果，认为其是一本具有中国特色的区域经济学著作。他认为该书具有三个特点：第一，全面系统，内容充实。该书从区域经济学的形成与发展历程开始，全面系统地介绍了区域经济学所研究的全部内容，几乎覆盖了我国区域经济学所面临的主要问题，其中包括区域经济增长、区域产业结构、区域空间结构、区域发展战略、区际分工与合作、生产要素流动、区域政策等方面。此外，该书还对我国的区域政策及特殊类型地区的经济政策进行了探讨。第二，结构精巧，思路清晰。该书从区域经济的内在逻辑关系出发，从历史的轨迹中萃取出逻辑的轨迹作为经线，又以国内外区域经济发展的历史及现状作为纬线，经纬交织从而还原出区域经济演变的本相，从理论上清晰地复制出我国区域经济的发展历程。第三，理论联系实际，重在应用。该书坚持理论研究与实际应用相结合的指导思想，使其在区域经济增长、区际要素流动、区际贸易等内容的研究中充分体现出作者的匠心独具，特别是针对我国区域经济政策的末篇，更是从我国区域政策的历史演变轨迹中分析了我国区域政策发生转变的深刻原因，指出了我国区域经济发展中存在的主要问题，从而在宏观经济布局政策、地区产业政策、区域经济组织改革、区域经济调控政策四个方面，提出了我国区域政策未来调整的方向。这对于我国区域经济的发展及区域政策的制定具有较高的参考价值。

“九五”计划的提出给中国区域经济学的发展提出了一系列的理论性及对策性的研究课题，这也使得中国区域经济学的发展达到了一个高度，在这期间有关区域经济理论及区域经济问题的研究成果大量涌现，区域经济已经成为当代中国应用经济学研究的一个重要内容。

（四）王绍光等构建的区域经济非均衡协调发展理论模型

王绍光、胡鞍钢针对我国改革开放后 20 年经济迅速增长而地区差距日益扩大的现象，提出了关于地区差距的两种不同的传统理论或假说：一是以新古典主义为基础的趋同论；二是倒 U 型理论。但王绍光、胡鞍钢认为，区域经济发展的自然趋同趋势并不存在，而区域发展差距与经济发展水平或阶段也没有什么必然的联系。在此基础上，王绍光、胡鞍钢提出了政治与经济两类因素的相互作用是造成区域之间经济不平衡的内在动因，继而提出了分析我国地区差距变化的第三种思路，即政治经济学理论。王绍光、胡鞍钢分析了我国造成这种差距的政治经济原因及其后果，同时提出了解决这一问题的政治主张及制度建议。所以，在考察了影响地区差距的地理条件、自然资源、基础设施、劳动力特征、经济结构、技术特征、外资水平等因素及主要经济指标的差距后，两位学者指出了地区发展不平衡的政治原因：一是政府缩小地区差距的意愿时强时弱；二是政府影响资本要素流动的能力时强时弱。两位学者并得出如下的结论：区域发展不平衡并不是经济增长的必要条件，出现这种现象或许是不可避免的，政府的政策偏好对于扩大还是缩小区域差距起到重要作用。今后我国区域发展的政策目标应在短期或中期内阻止差距扩大的趋势，在中长期内应努力缩小区域之间的相对差距，最终达到缩小区域之间的绝对差距，以消除不平等。两位学者还提出了采取六项必要的行动来消除区域间经济发展的不平衡，这对我国未来区域政策的选择具有重要的参考价值。这六项行动包括：取消向沿海地区倾斜的优惠政策，实行公平、公正的公共政策；重建中央财政转移支付制度，增加对贫困地区的财政援助；消除绝对贫困人口，保障每个公民的基本人权；保证各地区人口享有最低水平的基本公共服务，为贫困地区“雪中送炭”；改变落后地区的基础设施，创造良好的发展环境；促进生产要素向落后地区流动，增强落后地区的发展潜力。

（五）张可云构建的区域政策导向理论模型

张可云从区域这一区域经济学的基础性概念入手，指出了区域政策的现实基础——问题区域与区域失衡，提出了与传统的区域非均衡协调与干预主义的区域政策理论相对应的区域利益主体有限理性与区域利益非均衡协调的区域政策理论，即区域政策的微观动因。其基本逻辑是：市场机制必然造成区域经济活动的外部性与区域经济利益主体之间的信息不对称，从而加剧各地区利益主体之间的矛盾与冲突，其结果是利益各方都将陷入“囚徒困境”之中。而区域政策作为区域利益获得机制与规划的重要组成部分，则是解决这一矛盾与冲突必不可少的工具。在此基础上，张可云指出了区域政策对不同区域的指向与实现机制。尽管区域政策是区域经济学研究的一项重要内容，但区域政策的实践却要早于区域经济学的形成，也就是说，区域政策的研究对于区域经济学的形成起到了重要的推动作用，而且区域政策研究也是区域经济学的重要归宿之一，从这个意义上讲，区域政策研究水平的高低是区域经济学是否成熟的一个重要标志。我国近几年来对区域政策的研究开始逐步增加，但系统论述区域政策的理论性专著则相对较少。张可云甚至认为，我国目前尚没有真正意义上的区域政策。对于这一点我们不作过多评论。张可云在其专著《区域经济政策：理论基础与欧盟国家实践》中对区域政策的理论进行了系统性的论述，并以案例的形式介绍了欧盟主要国家的区域政策、欧盟层次性的区域政策及区域政策的评价方法。针对欧盟与我国的开发实践，张可云对未来区域政策的取向作了分析。该书对于中国区域政策的研究、中国区域政策理论体系的构建及中国区域经济学的完善有重大帮助。

（六）郝寿义等构建的区域空间三元结构理论模型

传统的区域经济空间结构理论基本上是“中心化一外围化”二元结构理论占据了统治地位，但随着经济的发展及城市化进程的加快，城市与乡村之间或者说交界地带往往出现城市要素与乡村要素逐渐过渡的中间地带，即城乡边缘区或结合部。尽管国内外有一部分学者单独研究城乡边缘区，但把它看成是某一经济区域的空间单元来研究的却很少。郝寿义和安虎森就将这种城乡边缘区作为区域空间的一种组织单元进行研究，并在“中心化一外围化”二元空间结构理论的基础上提出了区域空间的三元结构，同时提出了与三元结构相对应的三元经济，即城市经济、城乡边缘区经济、乡村经济，强调了城市、城乡边缘区与乡村地域之间不可分割的整体性与关联性，从而形成了涵盖整个区域经济空间的区域经济学。

（七）张耀辉构建的区域产业—企业核心论理论模型

张耀辉等人从区域经济与地区经济关系出发，探讨了经济空间的四个经济层次：世界经济、国民经济、区域经济和地区经济，指出区域及地区发展的核心是经济增长，而经济增长的核心是企业的发展与壮大，所以，地区经济发展也应围绕促进企业发展这一核心。张耀辉等人还从地区的区域分工及经济增长点培育角度出发，探讨了区域发展的梯度理论及发展政策，进而对不同梯度的地区提出了不同的经济发展战略，分析了城市在区域发展中功能地位及区域经济规划的理论及方法，指出区域经济发展与联合的必要性，对区域差异的度量及评价也提供了方法上的理论体系及研究的内容也将随着现实问题的提出而不断深化。并且，中国区域经济学也存在理论研究落后于实践等一系列问题，有些学者甚至将我国现在的区域经济学研究称为对策或政策研究，对区域经济发展实践缺乏指导价值。此外，对我国经济空间的配置规律及空间经济格局的演变规律、经济区与经济组织问题、区域政策问题、区域经济发展的运行机制等还缺乏理论上的深入研究。

（八）安虎森构建的新区域经济学框架

安虎森在《新区域经济学》一书中首次提出了中国区域经济学的基础理论，首先在定义上，他把区域理解为一定空间维度的经济组织，并且区域经济是“块状”经济而非传统理解上的平滑经济，在此基础上，他认为构成区域经济学完整的框架是由规模收益递增和不完全竞争、区际非均衡力以及循环累积因果律、市场开放度强化要素流动性、经济增长方式选择和结构优化的内生化、产业份额决定国民收入地区分配、二元结构与城乡联系等六种基础理论所支撑的。其主要内容包括要素流动的解释、动态的区位选择、含有空间维度的经济增长理论、产业结构调整的内生化过程、贸易自由化的分析、区域经济一体化的投资和生产转移以及福利分析、国民收入区际分配、公共产品供给与税收竞争、区域块状特征对政府干预行为的影响等在传统的区域经济学著作中很少涉及的内容。同时，由于其遵循和使用的基础理论与传统区域经济学存在较大差异（这也可能是作者把其称为新区域经济学的一个主要原因吧），一些讨论的问题所得出的结论与传统结果也存在着较大差异，有些甚至是截然相反的结果，例如，区域经济一体化问题，当前中国大多数区域经济学家在考虑中国的区域协调发展问题时，都认为应该通过提高它们之间的互相开放程度，来加强东部与中西部地区的一体化程度，从而促进产业转移，逐渐达到区域协调的目的，但安虎森教授认为，如果单纯提高沿海和内地之间的市场开放度，则在发达地区强大的聚集力吸引下，会形成各种生产要素不断向发达地区集中的过程。因为在存在聚集力的世界中，各种生产要素转移是导致区际产业分配进而是决定国民收入地区分配的决定力量，要素转移强度与市场开放度的大小密切相关，要降低要素转移强度，那么必须降低“市场开放度”。但这种“市场开放度”的降低并不意味着欠发达地区的地方政府采取强制性的保护政策，而是中央政府采取差别化的区域经济政策，在发达地区和欠发达地区之间存在一种“政策梯度”。

总之，我国在区域经济理论方面的研究目前仍处于借鉴国外区域经济理论的发展阶段，尽管我国经济学者对此已经作出了贡献，但要完善中国区域经济学还要走一段很长的路。

第五节 目前我国区域经济学研究存在的问题及未来重点研究

一、目前我国区域经济学研究存在的问题

尽管在20世纪90年代以后我国区域经济学研究得到了很大的发展，但目前我国区域经济学研究中还存在不少问题。第一，缺乏区域经济学本身的较为完整的理论体系。我国区域经济学研究大多是围绕实际问题与任务进行对策性研究，理论不成体系，理论创新也较少。我们应积极地借鉴西方区域经济学的研究成果，把这些成果同我国实际相结合，建立适合于我国国情的区域经济学理论框架。第二，缺乏微观理论基础。我国区域经济学研究过于宏观，缺乏微观机制的分析，大量的主张或观点是凭主观想象提出来的。微观理论是经济学理论的基础，区域经济学必须强调微观基础的研究，如果没有这种微观的研究，我们无法提出任何有价值的东西，只能提出空洞的口号罢了。第三，理论与实践常倒置。我国许多区域经济学研究都把重点放在区域政策研究上，然而在研究过程中，研究不是先进行深入的理论探讨，并把结论分解为具有可操作性的基本单元，然后提出政策性建议，而是常常在进行分析之前已经有了政策性建议，因此，这种政策性建议常常是空洞的、缺乏操作意义的。第四，缺乏必要的知识更新。目前从事区域经济学研究的人员当中，许多人员是从地理学转过来的，全国各个师范院校都设有区域经济学科，尽管区域经济研究可以从不同学科、不同角度去研究，然而因地理学科本身固有的特点，单纯从地理学角度的研究是无法解释区域经济本质的东西，这要求必须进行必要的知识更新。

二、未来我国区域经济学研究的重点方向

（一）微观基础研究

目前我国区域经济学中相对缺乏有关厂商的区位选择、居住区位选择、公共设施区位选

择、城乡劳动力市场、城乡土地市场、人口流动等方面的系统研究，当我国经济逐渐步入稳定发展阶段以及国内相关统计指标和数据成熟以后，微观领域的研究必将成为区域经济学研究的主流，以企业区位选择为例，企业迁移是改变企业区位调整的一种特殊形式，它是改变企业在市场中的位置、适应消费者偏好的一种可行途径，因此，分析和研究企业区位选择的基本特征、主要决定因素和动力机制、企业区位选择与区域就业的关系、地方政府的区域补贴对其区位选择的影响、地方政府对企业资源的竞争问题，都将具有重要的意义。

近年来，国外学者的研究越来越具体，也越来越重视企业层面的微观研究，因为产业和区域层面的中观研究往往忽略了企业的异质性问题，因而导致根据其中观研究所得出的一些结论和政策含义往往不适用于微观企业层面，因此，微观领域的一些研究必将成为我国区域经济学的重要基础和未来热点。

另外，作为生产要素的劳动力流动及其相关问题的研究重要性也日益凸显，特别是对于城市化和工业化进程逐渐深入的当前中国而言，劳动力流动对于区域劳动力市场、企业区位选择、居住环境、福利设施以及交通基础设施都将产生很大影响，而在实证上，由于目前我国客观条件的限制，我国没有劳动力流动的区际层面的详细数据，因此使得我国的劳动力流动的经济研究显得还停留在肤浅的层面，劳动力流动及其相关影响的研究仍将是重要的研究课题。

（二）区域协调发展研究

改革开放以来，特别是 20 世纪 90 年代以来，我国的区际发展差距日益扩大，区际差距的迅速扩大不仅影响我国经济的稳定持续发展，还可能造成地区冲突，甚至危及民族团结和国家安全。区际差距问题已经越来越引起决策层的重视，1991 年 3 月，十一届全国人大第四次会议通过的《国民经济和社会发展十年规划和“八五”计划》中明确指出：“要正确处理发挥地区优势和全国统筹规划、沿海与内地、经济发达地区与较不发达地区之间的关系，促使地区经济朝着合理分工、各展其长、优势互补、协调发展的方向前进。”并按照沿海地区、内地、少数民族地区、贫困地区四种类型规定了不同地区的经济发展方向与目标，这显示着我国区域政策有了方向上的调整，也即从单纯的注重经济增长转变到注重效率兼顾公平的发展特征。1996 年 3 月，全国人大通过的《中华人民共和国国民经济和社会发展“九五”计划和 2010 年远景目标纲要》更是专设“促进区域经济协调发展”一章，“十五”纲要与“十一五”纲要对区域协调发展也都有重要的论述。

另外，为了更有效地应对国际金融危机，国家的区域发展战略也发生了一些改变，从开始的点到后来的线再到目前的面，国家相继提出和实施了西部大开发（1999）、振兴东北老工业基地（2003）、中部崛起（2005）、滨海新区开发开放（2006）等发展战略，同时在成渝地区设立全国城乡统筹综合配套改革试验区（2007），在武汉城市圈和湖南长株潭城市群设立为全国资源节约型和环境友好型社会建设综合配套改革试验区（2007）等，特别是近两年来，国务院又陆续批复了广西北部湾、海峡西区、江苏沿海经济带、皖江经济带、横琴岛、关中—天水经济区、辽宁沿海等多个地区的发展规划和意见，至此，国家新一轮区域发展振兴战略已全面展开，在全国形成了由南到北、从东到西、中东西联合发展的区域改革发展全景图。

与决策层相呼应，区域协调发展也引起了越来越多学者的关注，但是，区域协调发展这一概念经常被人们运用，也常见之于报纸与各类学术作品中，但其真正含义却很少有人探讨，似乎是“不言自明”，也或者是“心照不宣”。但是，由于每个人的理解各不相同，大家对区域协调发展的认识很不统一，甚至可以说是相当混乱。从人们对这一概念的运用看，区域协调发展通常被用于代表如下含义：

一是指东、中、西或各省区间发展差距的缩小，或控制在适度、合理的范围内，即空间比例或地区结构的协调。

二是指区域间分工协作的发展，建立和发展地区经济的合理分工体系，促进国家整体利益的提高，即区域间产业结构的协调。

三是指国家投资在地区间的分配合理化，即区域间生产力布局的协调。

四是指区域间贸易封锁、市场分割的消除，生产要素的自由流动，即区域贸易关系（区域市场）的协调。

五是指区域间不平等竞争环境的消除，即区域间利益关系的协调。

显然，从字面上看，这几种含义都是区域协调发展的应有之意，都是区域协调发展所要求的一个侧面。为了统一大家的认识，也有少数学者尝试对区域协调发展的内涵进行界定。

蒋清海（1995）认为区域协调发展是在各区域对内对外开放的条件下，各区域间所形成的相互依存、相互适应、相互促进、共同发展的状态和过程，并且形成决定这种状态和过程的内在稳定的运行机制。

王文锦（2001）认为区域协调发展是相关区域之间在经济、政治、文化、生态发展上相互联系、关联互动、正向促进、区域利益同向增长，区域差异趋于缩小的状态和过程。

高志刚（2002）认为区域协调发展是指在国民经济的发展过程中，既要保持国民经济的高效运转和适度增长，又要促进各区域的经济发展，使区域间的经济差异稳定在合理、适度的范围内，达到各区域优势互补、共同发展和共同繁荣的一种区域经济发展模式。

陈秀山（2006）认为区域协调发展是一种强调坚持均衡发展与非均衡发展相结合的动态协调发展战略。它是在国民经济发展过程中，既要保持区域经济整体的高效增长，又能促进各区域的经济发展，使地区间的发展差距稳定在合理适度的范围内并逐渐收敛，达到各区域协调互动、共同发展的一种区域发展战略。

从以上论述中可以看出，国内大多数学者均认为区域协调发展最重要的表现之一就是要缩小区域之间的经济发展差距。而国家在“十一五”规划纲要中，在促进区域协调发展部分中总体表述为：根据资源环境承载能力、发展基础和潜力，按照发挥比较优势、加强薄弱环节、享受均等化基本公共服务的要求，逐步形成主体功能定位清晰，东中西良性互动，公共服务和人民生活水平差距趋向缩小的区域协调发展格局。

从以上表述中可以看出，区域协调发展明确定位为公共服务和人民生活水平差距趋向缩小。这说明区域协调不单单是指物质生活水平的趋同，而且还包括一些公共服务的趋同过程，这比之前的单纯强调区域经济发展水平逐渐收敛或趋同的区域协调无疑包含更多的含义、更多的科学、更多的和谐。众所周知，人民生活水平差距通常可以人均 GDP、人均 GDP 的增长率、基尼系数、锡尔指数等指标（这些指标具有可得性、科学性等特点）来表现，而公共服务水平的包含内容则众说纷纭，没有一个一致性的定义，公共服务水平都包含哪些内容，用何种指标来度量、影响公共服务水平差距的因素是什么？实现公共服务水平差距逐渐缩小的政策是什么？保障机制如何？这些都是摆在广大区域经济研究者面前的问题。

另外，在“十一五”纲要中，区域协调发展的手段则非传统的行政区而是主体功能区建设。那么主体功能区的相关研究也成为研究者需要重要关注的问题，我们在河南、陕西、内蒙古等地的实地调研中，广大基层工作者普遍反映，在主体功能区规划中，越往行政等级较低的地区进行，划分的标准和评价指标则越模糊，越不容易进行，存在的问题就越多，每个地区都希望自己被归入优化开发区和重点开发区，都不希望自己被列入适度开发区和禁止开发区；而且主体功能区政策的顺利进行也有赖于改变一些传统的政府评价体系。那么，这种有些主观意义上的主体功能区划分如何更加客观，如何更能够反映各个地区的现实发展情况以及未来发展潜力？不同主体功能区的政策导向、主体功能区的评价机制、实现主体功能区定位的体制和法律保障、中央政府和地方政府在主体功能区中的各自职责，也都成为广大学者需要认真研究的问题。

（三）产业集聚及其相关研究

20 世纪 90 年代以后，随着我国工业化、城市化进程的日益加快，我国的产业特别是制造业的集聚现象越发明显，产业集聚的相关研究也引起了广大区域经济学工作者的广泛兴趣。

在关于产业集聚的理论研究上，尽管相关的国内外有关文献可谓汗牛充栋，但专门系统论述产业集聚机制的理论专著并不多见，涉及产业集聚机制的相关论述散见于各类文献，不同的学科和流派从不同角度或有意或无意地对产业集聚现象及其形成机制进行了大量研究。对于集聚经济机制的研究最早可以追溯到新古典经济学的集大成者马歇尔，他指出：劳动力共享、中间品投入需求市场和技术扩散是集聚经济产生的三个方面。除此之外，新古典经济学、古典区位理论、现代区位论、区域科学、经济地理学、区域经济学、城市经济学、新兴古典经济学以及新经济地理学都对产业集聚的产生机制进行了大量深入和富有成效的研究，特别是最近影响巨大的以克鲁格曼为代表的新经济地理学，新经济地理学的众多模型也深刻揭示了规模经济、贸易自由度、要素流动等的相互作用如何导致经济空间格局的复杂演化，需求规模、市场关联、需求偏好、知识溢出、心理预期、外生差异等具体因素作用其间，虽然关系复杂，但都基于垄断竞争和规模收益递增而起作用，具有内在的统一性。循环累积因果机制是导致经济集聚的关键，贸易自由度的变化对循环累积因果机制起决定性的影响作用。但是在国内，学者都是以上述理论中的一种或几种作为依托，然后加入中国的实际情况，解释中国的现实经济，对产业集聚进行系统的、前沿的、一般性的理论研究还处于起步阶段。

在产业集聚的实证研究上，产业地理集中的测度及其影响因素的相关讨论是研究的核心问题之一（Marius and Rolf，2005）。由于数据可获得性关系，最初的研究主要关注欧洲和北美，Amiti（1997）发现，欧盟国家在 1968—1990 年间专业化程度日益提高，地理集中度提高的产业通常都是那些具有规模经济以及大量使用中间投入品的产业，这在一定程度上支持了新贸易理论和新经济地理学理论的预测。Midelfart - Knarvik etal（2000）发现，欧洲国家原来分散的一些产业的集中度逐渐提高，但这些产业主要是增长缓慢以及大量使用非熟练工人的劳动密集型产业。Brulhart and Traeger（2003）发现，尽管偏好核心区的区位偏好有所减弱，但 1975—2000 年间西欧国家制造业的地理集聚趋势明显，欧盟的一体化进程加快了欧盟国家内部产业的集中趋势。Kim（2000）根据美国 SIC 的三位数制造业数据研究了产业特征与空间集中度之间的关系，他发现制造业地理集中趋势与企业平均规模、资源投入率、劳动力密集度、专业和技术人员比例正相关。Hanson（1998）研究了北美贸易自由化对墨西哥国内的产业分布的影响，结果发现贸易自由化导致以墨西哥城为中心的工业带衰落，而新工业集聚带则出现在墨西哥北部的美墨边界附近地区。另一方面贸易自由化也可能会提升一个地区固有的比较优势，会吸引产业进一步向这些区域集中，Sjoberg（2004）的研究表明贸易自由化进一步强化了印度尼西亚现有产业的空间集聚。

在国内的实证研究中，Bai 等（2004）研究了 1985—1997 年我国 29 个省 32 个两位数产业的地理分布格局，发现我国的产业在 80 年代趋于分散，在 90 年代趋于集中，同时指出地方保护主义不利于产业聚集。Wen（2004）计算了 1980 年、1985 年和 1995 年 25 个两位数制造业的基尼系数，并利用 1995 年第三次工业普查数据计算了三位数产业的基尼系数，她发现大多数制造业都趋于聚集，但化学纤维制造业、黑色金属冶炼及压延加工业、有色金属冶炼及压延加工业存在分散趋势；资源密集型产业聚集度最高；许多“松脚型”产业集中在沿海地区；各地需求都比较大但运输成本较高的产业在地理上相对分散。贺灿飞等（2006）根据 1980—2003 年中国各省区两位数制造业数据发现，中国制造业在空间上越来越集中，经济全球化、比较优势和规模经济是导致产业空间集中的原因。范剑勇（2004）指出，改革以来我国区际专业化水平以及市场一体化水平已有提高，区际原有的产业分布格局发生很大变化，大部分行业已经或正进入东部沿海地区。从以上可以看出，以上这些国外和国内有关产业地理集中研究都局限在制造业地理集中的时间变化趋势及其影响因素的研究。但是，由于产业集聚理论的纷繁复杂性（即使到目前为止，国外也没有形成一个一般意义上的产业集聚形成理论研究）以及相关实证指标度量的有效性，产业集聚形成机制的实证分析与检验依然还有较长的路要走。另外，具体对中国而言，产业集聚理论和实证研究在中国的应用性，即产业集聚与我国经济增长、区域差异、区域竞争力、一体化、城市化等相关研究也将成为未来几年的研究热点。

（四）产业分工与产业转移研究

我国改革开放后其经济总量的迅速发展在很大程度上取决于我国纳入日益加深的全球一体化进程中的恰当的产业分工，随着国际分工程度的不断深化和广化，分工日益从部分间分工向产品间分工，进而向产业链分工发展，一国在产业链中位置日益成为国家竞争力的重要来源，具体对我国而言，如何使得我国目前占据比较优势的制造业向微笑曲线的两端方向扩展则日益成为广大学术界和各级政府所关心的问题，特别是在全球金融危机以及日益强调低碳经济的当今世界，世界范围内产业分工的趋势和演进方向如何？我国在国际分工中所处的地位的如何？我国如何更有效地融入国际分工？另外，在区域层面，我国的东部、中部和西部之间的产业结构也存在着较大的差异，如何在三大区域内部进行产业分工？如何有机协调三大区域内的产业分工？上述问题都将是未来需要重点考虑的问题。

产业分工与产业转移是密不可分的，对于产业转移来说，改革开放后，无论是梯度转移理论还是反梯度转移理论均认为，我国应该存在着东部向中西部的产业转移，因为无论是从东部地区日益升高的劳动力成本、土地成本以及中西部地区日益改善的交通运输环境来看，还是从中央政府到地方政府竞相出台种种鼓励产业转移的优惠政策来看，产业转移特别是一些劳动密集型产业应该转移到中西部等内陆地区，但是现实看，就总体情况而言，国内产业转移的规模总量、转移速度和程度都还远远不够，理论所预期的大规模的产业转移仍未出现，因此有序推进我国的产业转移就成为一个重要问题，对于广大区域经济学研究者来说，区域经济与产业经济通常是紧密联系的，就区域经济而言，一个地区的经济发展水平很大程度上取决于其占有的产业份额，那么阻碍我国大规模产业转移的因素是什么？是企业因素、市场因素、政策因素亦或是这些因素的联合作用，如果发生产业转移，那么发达地区应该转移什么产业，转移到哪里，如何转移，如何避免发达地区的高污染型企业转移，中央政府和各个转入和转出的地方政府的不同职责如何清晰地界定等问题都需要深入研究和分析。

（五）区域经济政策的研究

发达国家的发展历史以及区域经济实践表明，单纯依靠市场力是无法实现区内外经济协调发展的，因为企业追求利润最大化，它们流向要素回报率高的地区，尽管市场力作用下的这种配置会提高配置效率，但这种配置有时与社会最优是相矛盾的，尤其对要素回报率低的地区而言更是这样。各国政府无一例外地都通过制定区域政策刺激欠发达地区的经济发展或采取其他手段来缩小区域间发展差距。对于处于转型期的中国更是如此，这种政府为引导和干预区域经济活动所采取的各项政策措施就构成了区域经济政策的主要内容。当然，在一个区域内，为有效地组织区内经济活动而采取的各种措施也属于区域经济政策的范畴，但在一国之内不同区域组织区内经济活动所采取的各项措施，虽然区域间存在一些差异，但大体上都是类同的。因此，在一般情况下，区域政策主要指为解决区域间发展差异而采取的各项政策措施。区域经济政策，主要有两个目标：一是加快经济增长目标，也称效率目标；二是均衡目标，也称公平目标，至今在理论和实践上还没有解决好如何实现这两种目标的双赢问题，一般认为是合理组织区际分工是实现这种双赢的关键。一般的做法是，当区际差异激化时，一方面落后地区积极调整区内生产安排；另一方面国家在政策上积极扶持这些地区的经济活动，分税制、税收减免、转移支付、银行低息或无息贷款、工资补贴、价格调整、强制调配物质、强制行政管理等等，都是为实现区际分工或缓解矛盾所采取的政策和措施。但没有绝对的公平，所说的公平都是相对的，不仅发展中国家如此，发达国家也如此。因此，如何采取与社会主义市场经济体制相适应的区域政策，兼顾公平与效率，也是值得进一步深入探讨的问题。

另外，在中国尽管广大学者为了对应国家提出的种种区域经济发展与协调政策也提出了许多具体的区域经济政策，然而在许多情况下，这些政策性建议缺乏理论依据，理论厚度不够，而且这些政策建议通常都是在对中国一些省份和行业的实地调研的基础上得出的，具有很大的主观意愿，再则，缺乏操作性。因此，未来如何针对区域政策进行基础性规范研究也是我国区域经济研究重点的关注方向。

第十四章 对外贸易理论发展60年

新中国成立60年以来，在毛泽东思想、邓小平理论、“三个代表”重要思想和科学发展观的旗帜指引下，我国对外贸易实践开拓进取，取得了举世瞩目的成绩，对外贸易总额连续数年高居发展中国家之首。鲜活的外贸实践也不断地推动和促进我国外贸理论的发展，极大丰富了我国对外贸易理论的内涵。与此同时，外贸理论的进一步繁荣也更好地指导了我国对外贸易实践的发展，两者共同促进、相互发展。

回顾60年来的发展，学术界主要就对外贸易在中国经济发展中的地位与作用，中国发展对外贸易的理论基础，比较成本说，对外贸易发展的速度与规模，对外贸易效益，贸易依存度，外贸体制改革，国际贸易系统工程学，对外贸易发展战略，进口替代战略，出口导向型战略，进口替代与出口替代战略的兼用，国际大循环经贸发展战略，对外贸易的“自乘发展战略”与“技术导向发展战略”，“大经贸”战略，“科技兴贸”战略，亚太经济合作组织，世界贸易组织与中国，引进外资规模，全方位开放后的产业安全等问题展开了广泛而卓有成效的研究。笔者按照时间顺序，以重大历史事件为节点，选择其中较为重要、存在较大争议的理论问题，进行简要的回顾和总结，以便更好地探索未来中国外贸理论发展的方向。

第一节 外贸在经济中的功能定位：1949—1978年

在新中国成立之后，改革开放之前的大约三十年里，我们经历了以美国为首的西方发达国家的经济封锁和持续十年的“文化大革命”，致使这一期间我国外贸领域的理论研究成果较少，其议题大多较为宏观，就外贸在国民经济中的作用和地位讨论较多。

一般认为，外贸在这一期间的主要作用是“调剂商品余缺、互通有无”。形成这一认识的主要原因在于新中国成立后我国所处的现实国情：一方面是由于在新中国成立初期美国等西方国家对中国采取了封锁和打压政策，为了新中国的生存和发展，我国采取了积极发展与前苏联等东欧国家的政治、经济和文化关系的措施，以争取其对我国经济建设不可缺少的外部援助。同时由于前苏联建国后迅速崛起所形成的榜样效应，我国实施了“一边倒”的外交政策。“一边倒”政策的结果，使得我国在经济建设的理论和实践上均照搬前苏联模式。其后果之一就是忽视国际分工的作用，并一直视国际分工为禁区。另一方面由于新中国成立以后我国经济基础薄弱，经济建设需大量设备物资。同时，我国可供出口的产品又很少，这样客观上形成了对外贸作用的认识。

对这一思想的进一步诠释主要涉及大致三种观点：一种观点认为对外贸易的着眼点是使用价值的交换，是商品实物形态的转换。另一种则是认为我国资金短缺所以需要引进外资。第三种观点认为只要自己能生产的产品就不要进口。毫无疑问，“调剂余缺、互通有无”的思想是特定历史条件下的产物，在当时的历史条件下将对外贸易看做“调剂余缺、互通有无”的手段具有一定的道理。但是，这种认识又是很不全面的，因为只有在简单商品经济中交换的目的是使用价值本身，而在社会主义条件下由于生产力的发展，生产社会化的加强，它必然要越过国界进入世界市场参与国际分工同世界上其他国家发生包括商品交换在内的各种经济联系。而这种商品交换的目的就绝不应当仅是为了实物形态的转换，而主要应是利用国际分工实现社会劳动的节约，增加价值总量。遗憾的是，新中国成立初期对这一点并没有充分的认识，相反却过分夸大了国际分工会导致中国与发达国家的不平等交换①。

第二节　关于外贸体制改革的理论探讨：1978—1991 年

随着 1978 年末党的十一届三中全会的召开，党中央确定了解放思想、实事求是的思想路线，并及时将工作重心转移到以经济建设为中心的轨道上来。理论界大胆解放思想，各抒己见，在外贸领域产生了一系列的成果。其中就如下问题展开了较为集中的讨论。

一、外贸体制改革的指导思想

作为经济体制改革的重要部分，外贸体制改革一开始就引起了理论界的广泛关注。外贸体制改革的指导思想是理论界争论比较激烈的一个问题，归纳起来大致形成了四种观点：

第一种观点认为国家垄断制应是外贸体制改革的基本原则，外贸改革应在国家垄断的前提下实施。所谓国家垄断，就是指国家的对外经贸活动要由国家来直接领导，并由国家指定的专门政府部门全权管理并实现这种领导。外经贸活动实行国家垄断，是社会主义国家对外经济贸易的一条基本组织原则，它的基础是社会主义条件下的生产资料公有制。而国家垄断对外经贸活动的目的和组织形式，可以随不同时期的形势需要而变动，国家垄断并不是独家经营②。对于国家垄断制的理解可以按照三个原则来把握，即：第一原则，对外贸易国有化，从事对外贸易活动的必须是全民所有制的国营对外贸易企业而不能是其他所有制企业。第二原则，凡从事对外贸易活动的企业都必须经过国家授权或批准。第三原则，中央特设专门机构统一领导监督和管理对外贸易企业及其活动，所以将对外贸易垄断制狭隘地理解为一家独营是不对的，只要符合上述三原则，多家经营也未尝不可③。但是，国家垄断的基本原则，即：（1）统一对外；（2）纳入国民经济计划、确保国际收支平衡；（3）提高国民经济

① 马慧敏：《当代中国对外贸易思想研究》，立信会计出版社 2008 年版，第 121 页。

② 徐世伟：“试论我国对外贸易制度”，《国际贸易问题》，1983 年第 2 期。

③ 王寿椿：“谈谈对外贸易垄断制的概念及其现实意义”，《国际贸易问题》，1984 年第 4 期。

效益，为加快经济建设速度、提高生产率服务；（4）确保国家经济建设总方针和对外方针政策的顺利实施；（5）防止资本主义经济消极因素的影响等是不能变的①。确立国家垄断外贸的基本原则，还有另一层原因。第二次世界大战后，资本主义世界逐渐形成了以美国、日本和欧洲共同体三足鼎立的经济局面。同时帝国主义垄断资本集团和金融寡头也得到了进一步的发展。为了获取巨额垄断利润，这些集团内部实行高度集中，统一指挥，在世界范围内展开了争夺资源产地、销售市场和投资场所的激烈竞争。国家垄断资本主义日益越出国界，对发展中国家进行经济侵袭。历史和现实都说明一个社会主义国家要对付垄断资本的竞争和经济侵袭，保护本民族的经济发展，就必须实行国家统制外贸的政策②。

第二种观点认为“内活外统”应是我国外贸改革的基本原则。所谓“内活”，主要指的是根据社会主义有计划商品经济的理论，自觉地运用价值规律，把企业在国内的生产和经营放开、搞活，充分发挥外贸企业、生产企业和科研单位的积极性、主动性和创造性，使它们在国家政策和计划允许的前提下，在国家批准的经营范围之内，享有计划权、定价权、品种调整权、独立经营权和人事调配权，并且提倡和保护企业之间的合理竞争；同时，在企业内部的管理上实行“自己管自己”的原则，企业对其内部的人、财、物和供、产、销等可以自主决策、自行安排，经营方式由企业自由选择，国家行政主管部门对企业的正当经营不能随便干预。所谓“外统”主要指的是，要把各类外贸企业在国际市场上的商品和劳务交换活动，置于国家的严格监督和集中管理之下，实行统一对外的原则。企业在国际市场上的商品和劳务交换活动以及各种业务联系，必须从国家和民族的整体利益出发，严格遵守国家的外贸方针、政策和制度，服从国家的统一领导和集中管理，做到令行禁止。企业除了有权选择贸易方式、确定出口商品品种（除国家指令性计划商品外）、进行市场调研外，对于进出口商品计划、市场、价格和重要商品配额、限额以及许可证、外汇收支等，则必须由国家特别授权的机关统一掌握和监督执行，任何单位不得各行其是，互相竞争。对于同类商品的交叉经营，要由国家组织协调管理，做到一个口径、一个步调、一个“拳头”对外。由于长期以来，我们以前苏联外贸国家垄断制作为我国外贸管理的基本理论依据，对社会主义社会经济的性质缺乏科学理解，不承认企业相对独立的经济地位，从而使企业丧失了活力，因而，对内我们必须放活。另一方面，我国社会主义有计划的商品经济，不但具有商品性的属性，而且具有计划性的特征。国家对国民经济有计划地调节，客观上就要求各部门、各地区和所有企业的经济活动，必须符合并服从国家的整体利益，要求对外贸易必须实行统一对外的原则。在我国对外贸易中实行统一对外的原则，不但是我国计划经济的内在要求，也是巩固和发展我国对外经济贸易关系的根本保障③。

第三种观点认为统一计划、统一政策、统一对外（即“三统一”）应是外贸改革的前提。这一观点是基于国家对外贸权力进行了适当的下放，外贸专营制已逐步解体的背景下提出的。随着经营外贸的单位空前增多，如此众多拥有相当自主权的企业，在相当大的程度上受国际市场价值规律的支配，往往根据本身的经济利益自行决定进出口商品的数量、价格和方向，在管理工作薄弱和商品经营严重交叉的情况下，统一对外、联合对外的原则很难得到

① 秦宣仁：“论我国新时期的外贸体制”，《国际贸易》，1985年第4期。

② 何直敏：“发展我国对外贸易应在国家统制下走专业化分工的道路”，《国际贸易问题》，1983年第3期。

③ 邱德民：“试论建立‘内活外统’的外贸体制模式问题”，《国际贸易问题》，1985年第6期。

遵守。企业在海外市场上发生的较严重的自相竞争，争客户、争市场、争货源，极大地损害了我国的整体利益。因而协调企业的“三统一”原则就显得尤为迫切和必要。“三统一”的实质是保持我国进入世界市场各单位行动上的一致，把力量拧成一股绳，共同和外国资本进行有效的竞争，维护国家的权益[①]。

第四种观点则认为外贸体制改革的指导思想应该是马克思的国际价值论。对外贸易能够增加一国价值量[②]。马克思指出，各国互不相同的社会必要劳动时间，是以个别劳动时间的身份出现在世界市场上的而在世界市场上考虑产品的劳动耗费时，“它的计量单位是世界劳动的平均单位”，鉴于各国劳动强度和劳动生产率互不相同，马克思得出结论说：“因此，不同国家在同一劳动时间内所生产的同种商品的不同量，有不同的国际价值。”马克思的国际价值理论，是劳动价值论在世界市场上的运用，是劳动价值论的新发展，揭示了商品国际交换的共同基础和尺度。

就上述四种观点而言，每一种观点都具有一定的合理性，但每一种观点同样具有偏颇性。就国家垄断制而言，它指的是对外贸易的国家所有制性质问题，而不是指的对外贸易的管理形式即外贸体制问题，把它作为外贸体制改革的指导思想至少是不全面的。因为对外贸易是一种国际商品交换，而“交换的深度、广度和方式是由生产的发展和结构决定的”。我国对外贸易虽然是国家所有的，但是在当时所处的阶段，由于我国生产力水平还不高，公有化程度也比较低，社会主义计划经济内还存在着多种经济成分和多种经营方式，存在着商品生产和商品交换，因此，我国对外贸易还不能全部直接由国家经营，只能由各部门、各地区和各类企业在国家确定的范围内，独立自主地进行经营。这种由社会经济结构决定的多层次、多方式的外贸经营结构，客观上就要求有一个与它的活动机制相适应的外贸管理形式，而这种外贸管理形式不是用国家垄断制的思想可以解决的。“内活外统”是我国在对外经济贸易关系上必须采取的基本理论原则和管理手段之一，而不是外贸经营管理必须遵循的基本理论原则的全部，更不是唯一的管理手段。三十多年来，我国一贯实行的就是统一对外的原则，如果仅仅以此作为外贸体制改革的指导思想，外贸体制改革基本上就没有针对性了。同样，“三统一”虽然属于上层建筑中的外贸管理范畴，但它仍然不能从集中管理和分散经营两个方面的结合上反映出外贸体制改革的要求，它和“内活外统”实际上并没有本质的区别。至于国际价值论，那是马克思对国际分工和国际商品交换规律的理论概括，而不是对各国参加国际商品交换应当采取的组织形式和管理制度所遵循的基本原则的理论概括。国际价值论作为国际贸易的理论基础是无可非议的，但是用作一国外贸体制改革的理论基础则是值得商讨的。因为国际贸易和外贸体制是两个根本不同的概念，国际价值论所揭示的是国际生产和国际商品交换的发展规律，而外贸体制改革的理论基础应当揭示的则是各国发展对外贸易必须采取的组织管理形式和管理制度赖以存在的理论根据。前者存在于国际生产和国际经济关系之中，而后者则存在于一国生产力发展水平和社会经济制度之内。由此可见，把国际价值论作为我国外贸体制改革的指导思想，其说服力也不是很充分的[③]。

---

① 童书兴：“统一对外是发展我国对外经济贸易的客观要求”，《国际贸易问题》，1986年第2期。

② 袁文祺：“关于我国对外贸易若干基本理论问题的再探”，《国际贸易》，1987年第12期。

③ 邱德民：“我国外贸体制改革的几个理论问题”，《国际贸易》，1985年第3期。

二、实行对外开放的理论依据

经过“文化大革命”的十年浩劫，我国经济建设环境更加严峻。改革开放后，我国作为一个在经济上比较落后，劳动生产率较低的国家，要不要发展对外贸易，怎样发展对外贸易成为政府决策部门十分关注的问题。为此，理论界也从不同角度就我国实行对外开放战略的理论基础展开了大量的讨论和研究。

第二次世界大战后，随着科学技术的突飞猛进，日新月异，发达国家和发展中国家和地区的劳动生产率的差异进一步扩大了，因此，有人认为在国际交换中，发展中国家和地区的贸易条件进一步恶化，发展中国家越发展外贸越吃亏。然而从马克思主义的社会再生产理论和劳动价值论来看，发展中国家实行对外贸易既必要也必须。马克思的社会再生产理论指出，社会生产各部类之间以及每个部类的内部必须保持一定的比例关系，社会再生产才能顺利地发展，取得高的经济发展速度和好的经济效益。社会生产各部类之间及其内部的比例关系，不仅在价值形态上要求平衡，而且在实物形态上也要求平衡。但是，任何国家都不可能在实物形态上实现各个经济内部、各个经济部门之间的客观的比例关系的需要。在一国范围内，不可能在实物形态上达到社会扩大再生产所要求的平衡关系，任何一个国家都不可能生产自己发展经济所需要的一切。而对外贸易的主要特点是可以同国外实现实物形态的转换，即可以把生产资料转换成消费资料、把消费资料转换成生产资料，或者在生产资料和消费资料内部实现转换。这是其他经济部门所无法做到的。从马克思主义的国际价值论来看，国际社会必要劳动时间决定国际价值。同一种商品具有国内价值和国际价值两种根本不同的价值尺度。商品在国内交换时，是以国内价值作为衡量的尺度，而在国际交换时，则是以国际价值作为衡量的尺度。因此，同一种商品具有国内价值和国际价值两种价值尺度。马克思指出，在这两种不同的价值尺度之间存在着比较差异，这是价值规律发生作用的结果。由于商品的国内价值与国际价值存在“比较差异”，因此，从理论上考察，在正常的、平等的贸易条件下，国际交换的双方都有可能获取利益。因此，马克思主义的国际分工理论和国际价值论应是我国对外贸易的理论基础①。我国国民经济的社会主义性质决定了马克思的国际贸易理论是我国外贸理论的基础。但应当指出，马克思生前并未来得及全面系统地阐明其国际贸易理论。尽管如此，其经典著作中关于国际分工的理论、国际价值理论以及对外贸易能够增加一国价值量的理论等，已为马克思主义国际贸易理论奠定了基础。但是，马克思的国际贸易理论没有作为一个完整的学说体系得到系统的阐述，在新的世界经济形势下，社会主义的对外贸易理论不可能从马克思的几本经典著作中找到现成答案，因此，如何建立我国新时期的马克思主义国际贸易理论体系，仍是我们面临的一项十分迫切的任务②。

就西方的“比较成本”理论而言，有国内学者认为，该理论对于社会主义国家的对外贸易也有可借鉴之处。“比较成本”理论是英国古典经济学家李嘉图继承和发展了斯密的“绝对成本”理论而提出来的一项国际贸易原则。“比较成本”理论有它合理的内涵，不能认为比较成本是为帝国主义服务的理论，就不能作为我国对外贸易的一个理论③。由于各个

---

① 王绍熙：“论我国发展对外贸易的理论依据”，《国际贸易》，1986年第12期。

② 黄金平、贾朝晖、朱庆华：“我国对外贸易基本理论依据探析”，《山东大学学报（哲学社会科学版）》，1990年第3期。

③ 袁文祺、戴伦彰、王林生：“国际分工与我国对外经济关系”，《中国社会科学》，1980年第1期。

国家之间，地理、气候、科学技术进步和经济发展水平的不同，生产同种商品所花费的劳动时间是不会相等的，因而形成这种商品在各个国家的不同的国别价值，但从全世界来说，一种商品只能有一个价值，即国际价值，这样就产生了商品的国际价值与国别价值的差异。技术水平较高、经济比较发达或具有生产经验、劳动生产率较高的国家或传统产区，它生产这种商品的国别价值总是低于国际价值，从而可以获得超额利润；在相反的国家或地区，它生产这种商品的国别价值总是高于国际价值，从而不能取得较多利润，甚至还会亏损。因此，从一个国家来说，它总是要生产对自己最有利的商品（即花费劳动最少而经济收益最大的），发挥自己生产上的优势，以此去交换那些自己生产最不利的商品。这正是价值规律对国际商品流通的作用的一种表现[①]。然而，也有学者反对将“比较成本”理论作为我国对外贸易战略的理论基础。比较成本学说是假设现有的各种条件不变的学说，而经济发展是改变现有的条件来使国民经济朝着有利方向转变的行动。把条件不变的学说当作为改变条件的行动的指导思想显然是自相矛盾的，也是自我否定的[②]。

在否定“比较成本学说”和剖析马克思主义的国际价值论的基础上，有学者提出“比较竞争优势论”作为我国对外贸易的理论基础。由于“比较成本学说”鼓吹自由贸易，而这样必将使得发展中国家步入初级产品生产的深渊。发展中国家一般都处在发展国民经济和经济结构变化的过程中，它们更关心的是长期的经济增长，而不是一味追求短期的“比较利益”。所以，“比较成本”理论及自由贸易政策并不适合发展中国家。按“比较成本”理论参加国际分工，将导致发展中国家在狭窄的产品范围内实行片面的专业化生产，使国民经济处于脆弱地位，易受国际市场的影响。初级产品的需求弹性一般较低，长期生产和出口初级产品，只能使贸易条件日趋恶化。初级产品对国民经济向前及向后的连锁影响都较小，不利于经济起飞。我国是发展中国家，因此，“比较成本学说”无疑不能成为我国对外贸易的理论基础。而对于马克思主义的国际价值论来说，国际价值论告诉我们，在国际贸易中必须遵循价值规律，但是，对变化了的国际经济环境，发展中国家采取什么样的对外贸易形式？外贸战略是什么？凭借什么参加国际分工？进出口产品如何确定？在国际贸易中的地位如何？发展中国家只有被垄断而无竞争的能力吗？对于这些问题，马克思主义的国际价值论没有现成的答案。然而，“比较竞争优势论”对这些问题进行了很好的回答。其主要内容包括如下几个方面：第一，争取国际比较利益。国际比较利益可以促进国内经济的发展和人民消费水平的提高，增强国家的国际地位，所以它是对外贸易的内在动力。国际比较利益按照国际价值，遵循国际价值规律，在国际竞争中获得。第二，在竞争中参与国际分工。生产国际化的加深，各国经济相互依赖性的加强，以及新的国际经济环境，是发展对外贸易、在竞争中求发展的外部压力。第三，发展对外贸易是有计划商品经济的内在要求和必然的发展结果。商品经济的发展即生产力的发展和社会再生产总过程的扩大，经济实力的加强，必然产生外向推动力，从而使经济活动跨越国界，在国际上寻求更大的活动场所。第四，国家对经济生活的干预，是获取比较竞争优势的有力保证。这种干预包括保护和刺激出口的贸易、财政、税收、金融、产业、科技等政策[③]。

---

① 钱宗起：“‘比较成本’理论对社会主义对外贸易的现实意义”，《国际商务研究》，1981 年第 3 期。

② 高鸿业：“比较成本学说不应构成我国外贸发展战略的理论基础”，《经济问题探索》，1982 年第 4 期。

③ 邝元成：“比较竞争优势论”，《国际贸易》，1987 年第 10 期。

三、外贸经营效益的探讨

在改革开放到社会主义市场经济体制目标确定之前，关于对对外贸易经济效益的探讨主要集中在两个时期。第一个时期发生在20世纪80年代前期集中就对外贸易经济效益的一些概念性问题进行讨论；第二个时期发生在20世纪90年代初，主要就如何提高外贸经营效益及其影响因素展开讨论。

外贸经济效益的内容包括宏观、微观经济效益两个方面。外贸的宏观经济效益指外贸活动对国民经济产生的促进作用和收益。外贸的微观经济效益则指外贸部门和企业的经营效果。对于宏观经济效益理论界存在多种认识。第一种认识为节约劳动说[①②③]，对外贸易的经济效益概括地说就是通过商品和劳务的对外交换所取得的劳动节约或新增价值，也就是以尽量少的劳动耗费取得尽量多的经营成果。第二种认识为两重表现形态说[④⑤]，外贸宏观经济效益表现为两个方面：从实物形态方面表现为满足社会主义经济发展和人民生活需要，促进国民经济的综合平衡；从价值形态方面表现为增加积累。第三种认识为综合作用说[⑥]，外贸宏观经济效果是指对外贸易对整个国民经济的综合促进作用。第四种认识为多种表达方式说[⑦]，对外贸易的经济效益如果从不同的角度考虑可以有不同的表达方式，从绝对的意义上讲外贸经济效益可以用净收益额即用外贸的收入减去成本损耗来表示，从相对的意义上讲它可以用指数的形式，即用外贸取得的成果与各种耗费的比来表示。而就影响外贸经济效益的因素而言，大致有政策性、体制性、经营性、生产性和结构性五类因素[⑧⑨]。

第三节　关于外贸发展战略的理论探索：1992—2001年

1992年，在党的十四大上，全会正式确立我国经济建设的目标是建立社会主义市场经济体制。此后，在邓小平理论的指导下，理论界继续发展开放型的对外贸易理论，使中国开放型的贸易理论研究进一步深入展开。

一、比较优势原理的再考察

在马克思主义理论的指导下，一大批学者在充分吸收西方经济学理论的基础上，结合中国对外贸易的实际情况，对我国对外贸易的理论基础进行更加深入的思考，提出了许多具有

① 季崇武：《努力提高外贸经济效益〈外贸经济效益论文选〉》，中国展望出版社1984年版。

② 王林生："论社会主义对外贸易的地位和作用问题"，《国际贸易》，1982年第2期。

③ 袁文琪、王健民："重新认识和评价对外贸易在我国国民经济发展中的作用和地位"，《国际贸易》，1982年第1期。

④ 徐世伟、王绍熙、王寿椿等：《对外贸易盈亏问题探讨〈国际贸易论文选〉》，对外贸易出版社1984年版。

⑤ 王绍熙："关于对外贸易经济效益问题的研究"，《国际贸易论坛》，1991年第3期。

⑥ 陈寿琦：《扬长避短，积极参加国际分工〈国际贸易论文选〉》，对外贸易出版社1984年版。

⑦ 陶永谊：《对我国外贸经济效益问题的探讨〈外贸经济效益论文选〉》，中国展望出版社1984年版。

⑧ 中国国际贸易学会："1983年学术年会讨论概述"，《国际贸易问题》，1984年第1期。

⑨ 严建苗："贸易利益及其实现为外贸经济效益的条件"，《国际贸易问题》，1989年第5期。

真知灼见的观点，丰富了我国对外贸易理论的内涵。

一种观点认为，在社会主义市场经济体制下，比较优势原理应该成为经济发展战略的指导，同样也应是发展对外贸易的理论指导。任何一个国家要使其经济在处于开放状态下获得增长，则其面临的首要课题就是应该选择自己的比较优势战略。比较优势战略的实质，就是要求一国根据自身资源禀赋，调整自己的生产结构以充分发挥自己的比较优势，实现经济的良性发展。比较优势战略促进经济发展的逻辑起点是企业的自生能力①。在此基础上，国家经济发展的目标应该定位在要素禀赋结构的提升。因为要素禀赋结构提升了，在开放竞争的市场中，企业为了自己的生存自然必须提升其产业、产品、技术水平。要最快地提升一个国家的要素禀赋结构，这个国家就必须在每一个时点创造最大的剩余，并将剩余中最大的部分用来作为积累。一个国家如果能在每一个时点上按其当前的要素禀赋结构所决定的比较优势来选择产业、产品、技术，整个经济就会有最大的竞争力，能够创造最大的剩余。并且，资本的回报率会最高，积累的意愿会最大，要素禀赋结构提高的速度会最快。在要素禀赋方面，我国人口（劳动力）众多、人均资源稀少及资本稀缺的特征更为突出，根据作为比较优势原理一种形式的赫克歇尔—俄林理论可知，我国的比较优势将表现在劳动密集型产品上，这一战略对于我国这样的大国同样适应；我国应该通过发展劳动密集型产业来加速自己的发展，在通过一段时间的资本积累，使资本变得相对丰裕，比较优势转移到资本密集型产品上后，再发展资本密集型产业②。

另一种观点则认为，按照比较优势原则进行国际贸易，会使得出口劳动密集型产品的发展中国家陷入"比较利益陷阱"③。发展中国家缺资本和技术，但有自然资源和劳动力资源丰富的优势；发达国家则具有资本和技术资源丰富的优势。因此，按照比较优势形成的贸易格局应该是：发展中国家进口资本和技术密集型产品，出口劳动密集型产品；而发达国家则进口劳动密集型产品和自然资源密集型产品，出口资本和技术密集型产品。我国改革开放以来的贸易结构基本上就是上述格局：进口结构基本上以技术密集的设备为主，出口结构则是以劳动密集型产品为主。其中占出口第一位的纺织、服装明显属于劳动和资源密集的产品。但是，这种贸易格局长期下去势必出现"比较利益陷阱"，即在劳动密集型产品和技术密集型产品的贸易中，以劳动密集型和资源密集型产品出口为主的国家总是处于不利的地位。在劳动密集型产品市场上，发达国家资本丰裕，面对其资本对劳动的替代，发展中国家的劳动密集型产品并不具有竞争优势；而且，虽然发展中国家劳动密集型产品因其工资低而劳动成本较低，但发达国家面对国内充分就业的压力，会以各种壁垒阻碍廉价的劳动密集型产品进入。

对"比较利益陷阱"的担心，其实质是在告诫人们不要静止和僵化地看待比较利益理论，警醒那些单纯依据比较利益理论来制定本国的对外贸易长期发展战略，势必会导致资源配置和产业结构都跌入"比较利益陷阱"中去，长期下去将不利于发展中国家国民经济的健康发展和产业结构的调整与升级。然而，如果能够在政府政策的正确引导下，通过按照比较优势原理进行分工，获得最大化的剩余，快速积累资本，我国理应能够避免"比较利益

---

① 林毅夫、刘培林："自生能力和国企改革"，《经济研究》，2001年第9期。

② 林毅夫、蔡昉、李周：《中国的奇迹：发展战略与经济改革》，上海三联书店、上海人民出版社1994年版，第122—126页。

③ 洪银兴："从比较优势到竞争优势"，《经济研究》，1997年第6期。

陷阱”。

二、外贸发展战略的大讨论

继20世纪80年代学者们讨论的“进口替代”、“出口导向”战略[①②③]、“外向型”经济发展战略[④⑤]和“国际大循环”等经济发展战略后[⑥⑦⑧]，这一时期主要讨论了“大经贸”战略和“科技兴贸”战略。

“大经贸”战略的构想是时任对外贸易经济合作部部长的吴仪在1994年外经部举办的“九十年代中国外经贸战略国际研讨会”上首先提出来的。此后，不少学者就“大经贸”战略展开了多角度的理论研究。“大经贸”战略主要是指通过进一步拓展对外经贸的深度和广度，形成对内、对外全方位、多领域、多渠道的开放格局。加快国内经济与世界经济接轨，奠定我国开放型经济体系的基本格局，加快实现外经贸各项业务主要是对外贸易、利用外资、对外投资和其他对外经济技术合作业务的大融合，实现商品贸易、技术贸易和服务贸易的一体化协调发展，在竭力维护全球多边贸易体制的前提下，努力实现多边经贸合作、区域经贸合作和双边经贸合作的有机结合，维护我国应有的经济利益。协力推进贸易、生产、科技、金融等部门的密切结合，提高企业的国际竞争力。随着汇率、税收、关税等经济杠杆的理顺，对外经贸的宏观调节与国民经济宏观调控更好地结合起来。在扩大外经贸的规模，提高对国民经济增长的贡献度的同时，要着力发挥其促进我国产业结构调整，加快技术密集型产业的发展步伐，加快技术进步和提高宏微观经济效益方面的作用，同时外经贸作为沟通国内市场与国际市场的重要渠道还要对国民经济发挥全面导向功能，提供多方面的综合服务，特别是信息沟通、开拓国际市场等方面的服务[⑨]。用一句话概括就是：外贸、外经、外资相结合，贸工、技、农、银相结合，内、外贸相结合，条块相结合[⑩]。在如何实施“大经贸”战略方面，主要形成了三类观点。从政策保障的角度来看，要实施好“大经贸”战略必须要有切实可行的政策保障。这些政策包括完善的外经贸宏观调控和机制；宏观政策和产业政策；保障健全的外经贸促进政策体系；贸、工、农、技、银有机结合的微观基础保障；切实可靠的法律保障和高素质、高效率的人才信息保障[⑪]。从经营管理角度来看，实施这一战略应该满足这样的条件，即经营主体多元性，业务经营多样性，经营方式灵活性，行业管理统一性，各方行动协调性[⑫]。从实施的关键点来看，外经贸系统实现经济体制从传统的计划经济向社会主义市场经济体制转变，经济增长方式从粗放型向集约型方式转变是实施大经贸战

---

① 姚曾荫：“对外贸易与发展战略”，《国际贸易》，1983年第6期。
② 张培基：“关于我国对外贸易发展战略的探讨”，《国际贸易》，1984年第1期。
③ 刘昌黎：“进口替代是我国赶超世界工业大国的长期战略”，《经济研究》，1987年第8期。
④ 李扬：“浅谈‘外向型’经济”，《经济研究》，1986年第12期。
⑤ 薛荣久：“发展外向型经济促进社会主义初级阶段生产力高速发展”，《国际贸易问题》，1989年第2期。
⑥ 王建：“关于‘国际大循环’经济发展战略的构想”，《经济日报》，1988年1月5日。
⑦ 裴小林：“对国际大循环的几点补充说明”，《国际贸易论坛》，1988年第3期。
⑧ 裴小林：“谈二元化国际大循环发展战略”，《经济日报》，1988年4月6日。
⑨ 王子先：“关于我国实行‘大经贸战略’的若干问题”，《国际贸易问题》，1994年第10期。
⑩ 钱宗起：“深化外经贸体制改革的几个问题”，《国际贸易论坛》，1998年第5期。
⑪ 同⑨。
⑫ 同⑩。

略的关键[①]。

20世纪90年代后期，为了应对亚洲金融危机造成的困难，加速我国由外贸大国向外贸强国的转变，大力推动高新技术产品出口，加快我国适应知识经济时代到来的需求，我国提出了"科技兴贸"的战略。当时的外经贸部副部长张祥在回顾了我国对外贸易的发展历程时指出，"科技兴贸"战略的实施对中国对外贸易的发展具有十分重要的意义。"科技兴贸"战略是科教兴国战略在外经贸领域的具体体现，是我国适应国际竞争的必然需要和贸易大国走向贸易强国的必由之路[②]。实施"科教兴贸"有利于中国更深层次地参加国际竞争，实现中国出口商品结构调整，培育我国外贸出口新增长点，发展知识经济等[③]。

第四节　加入世界贸易组织后的理论思辨：2001年至今

2001年末，我国加入世界贸易组织（WTO），我国对外贸易实践迈入新的时代。加入WTO在给我们提供前所未有机遇的同时，也使我们面临亘古未有的风险。面临这一新的外贸现实，学术界展开了激烈的讨论和争辩。

一、利用外资规模的讨论

从我国加入WTO后每年流入我国外商直接投资（FDI）的数量来看，我国在利用外资方面已走在了发展中国家的前列，甚至可以说是遥遥领先。与此同时，我国储蓄率高达35%以上，居全球之首，从1992年以后，我国银行存款大大高于贷款，国内资金过剩，已造成国内资金大量流向海外，庞大的外资规模，似乎远远超过了中国利用外资的合理规模，如此下去，中国极有可能重蹈巴西、阿根廷等拉美国家的覆辙。一时间，"拉美化"成为理论界和新闻界关注的焦点[④⑤]。围绕利用外资规模的多少问题，形成了两种截然不同的观点。

第一种观点认为，当前我国利用外资的规模过大，中国经济对FDI依赖过重已经成为事实。其主要理由有[⑥]：第一，根据英国经济学家贝里尔的测算，外国资本通常只占经济起飞所需资金的30%是最好的，过分依赖FDI推动经济增长会有巨大风险。FDI虽好，但不能过量利用。第二，从经济增长的目标来看，我国政府把经济增长速度一般定在7%—8%，控制过高的增长速度，而不是经济增长被动地表现为FDI推进的结果。第三，宏观上国内资金处于充裕乃至盈余状况，特别是国内超过10万亿元的居民储蓄和庞大的外汇储备显示，利用外资中的外汇缺口和储蓄缺口都是不存在的，这也表明，我国已经出现外资替代内资的状况，资金使用效率过低，浪费严重。因此，我国的当务之急不是大量地利用外资，而是通过经济体制改革，建立现代企业制度，通过多样化的投资渠道促使储蓄转化为投资，从而确保

---

① "关于我国外经贸发展战略问题的国际性研讨与交流"，《国际贸易论坛》，1994年第4期。

② 张祥："用科技振兴贸易"，《中国高新技术产业导报》，1999年6月1日。

③ 尤宏兵："科技兴贸：中国由贸易大国走向贸易强国的必由之路"，《国际贸易》，2001年第10期。

④ 马赛："中国'拉美化'：外资不能承受之重"，《中国外资》，2006年第3期。

⑤ 钟继红、吴琼："引资'拉美化'之忧"，《财经界》，2005年第2期。

⑥ 李泳：《增强利用外资与挑战被外资利用》，中国政法大学出版社2007年第1版，第5—7页。

资本这一稀缺资源得到优化配置。第四，从我国的市场发育程度和我国吸收利用外资的能力来看，也远远不能与美国、日本、韩国等国家相比，我国的经济基础、市场条件、技术水平从根本上决定了我国不可能像发达国家那样大规模地引进外资。

与此相对应的观点则是，虽从FDI流入的绝对量来看，中国在利用外资方面取得了较大的成绩，但是，中国利用外资的规模不宜被夸大。实际上，外资流入存在多种形式，包括FDI、证券投资、银行私人信贷、官方援助及双边与多边转移支付等。证券投资在全球资本跨境流动中占有非常大的比重。中国是吸引外国直接投资最多的国家，但绝不是利用外资最多的国家。世界上许多国家的利用外资的规模都超过中国，特别是发达国家以证券投资为主要利用外资的形式①。即使在国内资金和生产能力均过剩的情况下，我们也需要大力利用外资，内资不能替代外资②。其理由如下：第一，对于很多技术进步较快的行业，引进外资是捷径。当今社会，国际经济的发展带来了从未有过的激烈竞争。尤其在一些技术进步速度快的产业，核心技术和产品更新迅速，需要持续的巨额研究与开发费用，生产能力投资额巨大。在这个大背景下，进口替代显然是一种风险巨大的选择，引进技术后消化吸收，形成自己控制的生产能力，占领国内市场并向国际市场出口，是进口替代模式的理想轨迹。然而，在一些核心技术变化快的产业中实行这个战略，甚至在未等到形成生产能力时，引进的技术与产品已经过时的并不是少数案例，形成生产能力后缺乏竞争力更是常见的情形。跨国公司之所以在全球经济中的重要性与日俱增，主要原因之一就是其技术优势。跨国公司的几乎所有特性，都与控制技术的开发与使用有关。据估计，到20世纪90年代中后期，跨国公司已掌握着全球85%以上的技术开发能力，世界范围内的技术流动，愈来愈依靠跨国投资作为载体。因此，吸引跨国公司前来投资，是发展中国家加快经济发展和技术进步的必然选择。第二，FDI并没有达到我们当初理想引资效果，存在其他方面的原因。我国引进外资的主要目的之一是引进先进技术。在较早时期，外商投资企业引进技术的实际状况并不理想。主要原因是一些规模较大的外商投资企业处于垄断地位，此时技术转让必定不会顺利。竞争是跨国公司向中国转让先进技术的真正推动力。自20世纪90年代中期以来，随着大跨国公司在华大量投资，跨国公司投资企业之间形成了激烈竞争。我国利用外资有明确的产业导向，但是实际表明，我国制定的产业导向，与跨国公司在华投资决策的方向并不完全一致。一些我国鼓励投资的行业和地区，如基础设施、农业、中西部地区等，跨国公司并没有足够的积极性；而一些我国在某种程度上限制的行业和领域，跨国公司却有很强的投资意愿，不惜想方设法绕过政策限制。究其原因，是跨国公司在华投资项目的选择，有它们自己标准，这些标准可以归纳为三个方面：第一个方面是需求档次和技术水平。跨国公司决定在华投资项目时，首先要考虑我国现有的需求档次和技术水平。如果国内市场对某项技术领先的产品（同时很可能也是价格昂贵的产品）缺乏需求，或者缺乏支持这项技术有效使用的技术基础，跨国公司就会选择技术水平相对低一些、但更符合我国产业和技术平台以及市场需求的技术。第二个方面是行业特点。建立全球生产和配套体系的跨国公司，其所处的行业通常具有技术复杂，制造过程高度专业化的特点，例如，大型客机、高档轿车等。企业要生产出高质量的产品，需要许多高技术水平配套行业的发展，显然，没有哪个国家能在如此多的行业

---

① 陈墨："中国的外资多不多"，《中国经济时报》，2004年10月20日。

② 江小涓："内资不能替代外资"，《国际贸易》，2000年第3期。

都居于领先地位，跨国公司要想使其产品居于领先地位，就必须在全球范围内组织生产和配套。特别是发展中国家，国内产业和技术整体水平不高，要求这类行业中的外商投资企业主要在国内配套很难做到。第三个方面则是国内市场结构。我国不同的行业的市场结构有较大差别。有些行业的市场结构是竞争性的，国内企业已经经过激烈市场竞争的锻炼，质量、技术和服务适合我国消费者和用户的需求，又具有低成本的优势，跨国公司要挤占这些企业的市场份额难度较大，投资决策比较慎重。有些行业由于存在种种竞争障碍，国内市场结构是垄断性的，国内企业没有经过激烈竞争的淘汰，竞争能力差，跨国公司有较明显的竞争优势，投资的积极性较高。受上述因素影响，跨国公司在华投资方向的选择，并不主要遵从我国的引导政策。跨国公司主要在那些它们具有技术和规模优势的行业中投资。

就引进外资的规模问题而言，外资的投资规模应该是一个动态的概念，在经济发展的不同时期，最佳的外资规模是不一样的，即使在经济的同一发展水平，由于产业结构、区域结构的差异，最佳外资规模也应该是有差别的，所以，很难有衡量最佳外资规模的统一标准。对最佳规模的界定，必须综合考虑多种因素。当前，我国整体的技术水平相对比较落后，产业结构相对失衡和区域经济发展存在较大差异，这些问题的快速解决都可以借助外资来帮助解决。从我国生产要素角度来看，对于产品需求弹性较小、技术人员的平均产值较高、内资企业生产效率相差较大的行业，较高的外资企业生产比例有利于国民收益，在本国技术人员供给增加的情况下，适当增加外资数量有益于本国的经济利益①。因此，利用外资绝对不是多少的问题，而应是如何制定有效的政策和配套措施，来引导外资推动我们经济的发展，将外资的目标和我们所追求的目标有机统一起来。

二、“市场换技术”的反思

所谓“以市场换技术”是指通过向外国产品出让国内市场份额以获得国外先进技术从而提高国内技术水平的策略。通常所说的“以市场换技术”一般是指外商直接投资方式的“以市场换技术”。在国际直接投资方式下，东道国可以从三个方面获得技术：跨国公司为追求利润最大化，会将先进技术转移给东道国的分支机构；外国直接投资可能会将技术转移给东道国独立的分包商；外国直接投资还会产生技术溢出效应，从而提高东道国生产相似产品的竞争力乃至整个产业的技术水平②。

中国对FDI出让了市场份额，是否换到了技术？就这一问题，理论界形成了如下两种观点。

一种观点认为“市场换技术”是可行的。用市场换技术，不是将市场份额直接给予外国的产品或公司，只是意味着市场的开放。开放市场只是给外商一个竞争的机会。市场本身无价，但开放竞争可以使外商拿先进技术来华投资，从间接的意义上换来了技术③。开放意味着竞争，竞争是效率与繁荣的基础与源泉。市场开放以后，产品的流动是技术扩散的一个重要渠道，外国产品的进入不可避免地将先进的技术、生产组织方式、管理经验、营销技巧带到国内。随着外国公司将生产基地移到中国以后，技术扩散的速度空前加快，中国人不是

① 于津平、梁琦：“最优外资规模研究”，《数量经济技术经济研究》，2005年第12期。

② 李晓华：“对加入WTO后‘以市场换技术’的思考”，《中国工业经济》，2004年第4期。

③ 李仲周：“‘市场换技术’错了吗?”，《WTO经济导刊》，2007年第4期。

仅仅可以看到优秀的产品，还可以亲自加入到他们的生产过程和研发过程中去了，这些熟练工人和研究人员的发展很难说是有害于民族产业的发展与研发能力的提高①。

另一种观点认为“市场换技术”并没有达到预期的目标，“市场换技术”换不来领先技术②。有学者根据中国第一次全国经济普查数据（2004年），估算FDI对中国制造业的技术溢出效应。得到三个方面的结论：第一，从最粗浅的FDI份额与中国制造业（各类企业其中包括FDI企业）的总生产率相关系数来说，FDI显著地与中国制造业的总生产率正相关。但这种正相关系数显然会过高地估算FDI对中国的技术溢出程度。第二，从FDI与剔除了FDI的内资企业的总生产率之间的相关系数看，在第一层次上的“技术溢出”大为减弱了，在产业内外资份额已与内资企业的总生产率不显著相关了，只有港澳台资份额仍与内资企业的总生产率显著正相关。第三，从FDI份额对中国企业缩小与国际先进技术水平之间的距离的效果看，外资进入在这一方面上并无显著作用，且外资进入会妨碍内资企业通过研发自主创新而缩小与国际先进水平之间距离的努力③。

评判“市场换技术”的成功与否，需要结合具体的经济发展阶段来解读。在经济发展的初级阶段，市场换技术无疑能够迅速地提高东道国的技术水平，但是随着东道国经济发展阶段的提升，市场换技术对东道国形成的更大挑战则是能否通过对引进技术的消化和吸收，形成自身的技术能力，并在此基础上实现技术超越和自主创新。引进技术到底是形成技术依赖，还是在此基础上形成自身的技术能力和技术创新，关键是看在引进技术消化、吸收的过程中，是否注重培育自身的技术基础和技术能力，是否形成促进自身技术发展的制度、机制、条件和环境，自身是否有足够的研发投入和技术创新。就市场换技术模式而言，如果外资企业在当地产生较多的溢出效应且当地企业能积极利用，注重自身的技术学习和研发投资，就可加快东道国企业技术能力的形成和提升，形成自主创新。因而，在这一阶段国家进一步的政策配套和引导就显得更为重要。

三、全面开放后的产业安全辩论

随着我国于2001年12月11日正式成为WTO成员，我国的市场开放进入一个新的历史时期，我国的经济从此愈加开放。于是人们开始担心产业安全、担忧外资对国内经济的控制过大，甚至质疑外资的作用。

担心外资进入可能影响我国产业安全的理由主要基于以下几个方面：第一，认为外资对中国产业发展的控制力过大，不利于国家的产业安全。具体来说，包括三个方面的内容：第一个方面是担心外资对我国品牌的控制，随着外资大举的并购，一些民族品牌纷纷倒下，如中国名牌产品销声匿迹的“金鸡鞋油”和“天府天乐”等④。第二个方面是担心外商的市场控制。近年来外商对同一产业内的骨干企业往往通过兼并收购及系列投资来实现产业内部的一体化控制，力图谋求在某些产业的垄断地位⑤。第三个方面则是担心技术控制。随着外资企业在中国各个产业中垄断势头的增强，外资企业将会更加全面地控制中国的技术发展。跨

① 卫志民：“以市场换技术是可行的”，《中国外资》，2006年第1期。
② 李融荣：“‘市场换技术’换不来领先的技术”，《中国经济周刊》，2006年第17期。
③ 平新乔：“市场换来了技术吗?”，《国际经济评论》，2007年第5期。
④ 汪浩泳、孔娴：“外商直接投资对中国社会安全的影响”，《企业经济》，2003年第1期。
⑤ 祝年贵：“利用外资与中国产业安全”，《财经科学》，2003年第5期。

国公司控制着关键和核心技术，又不转让先进技术，并长期把持高技术研发，国内自主创新愈加困难。虽然不论设在发展中国家的子公司是合资公司还是独资公司，都是主要由东道国的技术人员、管理人员和生产工人进行生产，但是母公司仍然可以采取严格保密的方式来防止东道国技术人员掌握核心的技术。对于低端的生产技术，母公司可以采用收取特许费和许可证费的方式转让，对于中、高端的生产技术，母公司通过提供关键零部件或中间产品的方式转让。这样，发达国家直接投资有可能使东道国学到低端的生产技术，但不可能使东道国学到高端的甚至是中端的生产技术①。第二，认为外资对中国金融体系的安全会造成消极影响。中国加入 WTO 后，金融市场对外资开放步伐加快，在华投资的金融机构的数量和种类迅速增加，其业务范围和规模也在逐步扩大。中国金融监管体系很不健全，金融秩序特别是非银行金融机构秩序比较混乱，外资金融机构的进入对中国的金融安全将构成严峻的挑战，加大中国金融宏观调控的难度。货币政策调控和对资本流动风险控制的难度都将加大②。第三，认为对外资实施了“超国民待遇”削弱了内资企业的市场竞争力。自 1980 年以来，在改革开放的大背景下，为了大量吸引外资，我国对外商实行了包括税收等方面的诸多优惠政策。外商对中国的投资持续增长，2004 年中国吸收外商直接投资超过 600 亿美元，已连续几年成为世界上最大的 FDI 国不能否认，外资对中国经济的发展起到了巨大的推动作用。随着中国入世过渡期的终结，中国给予外企的所得税等优惠待遇，对国内企业愈发显得不公平，继续实施特殊优惠政策不仅会破坏平等竞争，损害正常的市场秩序，造成歧视性的地区经济分割，而且还会造成中资企业与外商投资企业在法律适用上的混乱，使前者在与后者的竞争中处于十分不利的地位，大大削弱中资企业的市场竞争力③。

事实上，外商直接投资偏重第二产业，一方面加大了我国调整产业结构的难度；另一方面对我国产业优化的带动效应也较明显。一方面，要看到 FDI 对国内企业品牌的侵蚀；另一方面，也要看到外商投资对国内企业品牌发展的积极的影响。外商投资一方面对国内企业产生了市场挤占；另一方面，也给国内市场带来了竞争的活力。外商直接投资一方面保持了较高程度的技术控制，但同时对我国企业也存在着技术外溢效应④。

毫无疑问，封闭经济具有比开放经济更加大的经济风险。为了保障产业安全就应该更加深入进行改革开放。对于封闭经济的风险，我们可能有着切身的体验：清朝的闭关自守，使我们这个几千年保持世界领先的大国沦落到落后挨打的境地；冷战时国际格局导致的被迫封闭，使三年自然灾害就导致哀鸿遍野。但在经济开放的今天，这种事情是不可能发生的。系统论的基本原理告诉我们，开放的系统比封闭的系统更具活力。开放的经济可以使我们在全球范围内配置资源，比在一国之内或个别区域内配置资源具有更大的回旋余地，资源配置的效率更高，经济运行的稳定性更好。

诚如前全国人大常委会副委员长成思危所指出的那样，对待产业安全问题应该用一分为二的视角来看待，应当用综合的、系统的、动态的观点来考察产业安全，在经济全球化不断发展的今天，任何一个国家都不可能掌握所有的产业的控制力和发展力。正如个别企业的不安全通常不会影响产业整体安全一样，个别产业的不安全通常也不会影响国家经济安全；个

---

① 李翀：“论外商直接投资对我国经济的影响”，《中山大学学报（社会科学版）》，2008 年第 2 期。

② 周思聪：“FDI 大量涌入的金融风险分析及应对策略”，《证券导刊》，2005 年第 23 期。

③ 中国经济时评：“外资超国民待遇当止”，《中国经济周刊》，2005 年第 5 期。

④ 黄志勇、王玉宝：“FDI 与我国产业安全的辩证分析”，《世界经济研究》，2004 年第 6 期。

别产业当前的不安全，并不表明它今后永远都不会安全。胡锦涛总书记在中共十七大报告中指出："改革开放是党在新的时代条件下带领人民进行的新的伟大革命"，温家宝总理在新加坡国立大学的演讲中强调："对外开放是我们的基本国策，而不是权宜之计，只有开放兼容，国家才能富强。"建国60年来，我国累计引进外资已超过7000亿美元，成为世界上第二大吸收外资国，但我国的经济从整体上说仍然是安全的[①]。但是我们也必须认识到，开放经济有着与封闭经济不同的风险源。我国在过去近30年的短短时间内，已经从一个封闭型经济迅速转型为开放程度较高的经济体，对于如何防范开放经济风险，还缺乏认识与经验，由此导致防范开放型经济风险的机制很不健全，甚至是严重滞后。这样一来，一旦遇到问题，通常的反应不是考虑如何改善风险防范机制，而是暂停开放进程甚至倒退，这样只会丧失发展机遇。当务之急应该是深入研究开放经济的风险形成机制，尽快完善适应开放型经济的风险防范机制。

我国对外贸易的发展历程，推动了我国外贸理论研究空前繁荣，"百花齐放、百家争鸣"，也促进了对外贸易的实践。

我们借用李晓西教授总结改革开放30年来我国对外开放理论给予我们的启迪来概括我国对外贸易理论发展60年给予我们的"遗产"[②]。

第一，一个国家，一个地区，如果要想使经济得到高速发展，就必须向世界开放。没有对外开放，也能发展，但只能是低水平的发展，慢速度的发展，将会不断地拉大与发达国家或地区的经济差距。没有对外开放的胆略和智慧，就不可能有大步的前进。对外开放，就是要进入世界市场进行贸易，利用国际资本市场借用资金，改善投资环境引进外商投资和开办企业，本币与外币更自由的接轨，实行有管理的浮动汇率以与外部沟通，国内宏观调控把国际经济变动作为政策分析的重要因素，加强与主要的发达国家的经济交往等等。60年来，凡支持、促进开放的理论，今天看起来就显出了远见，显出了水平。凡是反对对外开放的理论，尽管有不少论据，今天看来，就显得苍白和保守。

第二，我国对外贸易理论的进展，是与计划经济体制向市场经济体制转变过程相一致的，与商品经济、市场经济理论的进展同步的。商品经济和市场经济，其本性是要求开放的，要求将国内市场与国外市场联系在一起的。开放与改革，相辅相成，互相促进。开放促进着改革，改革推动着开放。传统计划经济向社会主义市场经济发展和演变，是对外贸易理论不断深化的一条主线。理论工作者在商品经济、价值规律以至后来的市场经济的大争论，都直接与对外贸易理论的发展紧密相关。反过来，对外贸易理论的进展，也极大地推动了经济体制改革的进程。一些学者说，在某种意义上讲，开放成为改革的强大推动力。这个观点的确很有道理，符合我国60年走过的道路。这说明邓小平同志将改革和开放并列提出，具有重大意义。

第三，特别要指出，理论联系实际十分重要。对外贸易理论，由于其复杂性和实践性，使理论界脱离现实的超前研究相当困难。大量有实际用处的理论，是先来自实际部门工作的初级形态理论，然后由理论界再归纳升华成某种体系。60年来我国对外贸易理论发展的特点就是结合中国国情，从国际发展趋势与中国改革进程结合上入手。理论界面对的大多是新

① 成思危："只有坚持改革开放才能确保产业安全"，《中国国情国力》，2007年第12期。

② 李晓西："改革开放30年对外开放理论回顾"，《北京师范大学学报（社会科学版）》，2008年第5期。

问题，理论界也是在干中学，这就是对外贸易 60 年的现实。这就要求理论工作者更紧密联系实际，更深入调查现状，以提供更有价值的理论给社会。

第四，引进先进理论和知识很重要。我国对外贸易理论是在毛泽东思想、邓小平理论、“三个代表”重要思想和科学发展观指导下前进的，但很大程度上，也是在不断借鉴发达市场经济国家经验和理论的帮助下前进的。可以说，对外贸易理论的深化，是与西方国际经济学影响扩大同步的。西方国际贸易、国际分工、国际投资的理论，为我们传统的经济理论注入了大量市场经济下国际经济交往的新鲜理论，大大开拓了人们眼界，提高了理论的深度。由于理论界先接触了西方市场经济国家的理论，因此，在运用于国内开放理论上，显出了一定的超前。如果没有这种学习，理论界就难有作为。这说明了，我们在建立市场经济体制方面，要继续勇于和善于学习，学习世界上一切对我有用的理论和知识，多学点，学深点，才能在指导中国对外贸易方面，取得较大进展，才能在此基础上，创造出中国特色的对外贸易理论。

第十五章

60年来毛泽东式政治经济学与改革式政治经济学编年史：政治与经济政策的路线

第一节　导论：政策源流考

人的正确思想不是从天上掉下来的，而是从实践中来的[①]。但是这并不意味着理论与思想方法不重要，实践就是理论不断地应用于实际并为后者检验的过程。当我们掩卷沉思中国60年来的经济学的哲学基础及其进展的时候，我们不能不从毛泽东的经济思想开始。

在新中国成立前，毛泽东即已形成新民主主义的思想理论体系并付诸实践。新民主主义在经济上是主张发展资本主义的，但要为政治权力所制约。在农村，小块土地经营的小生产式的、小农经济的农业受到推崇，但必须以耕者有其田为其基础，土地改革的目的是让千千万万的贫雇农获得土地并通过新民主主义的宪法巩固其所有权，这当然会与地主、富农的根本利益相冲突，但后者的基本生活与经营活动同样得到法律保护。

1956年，毛泽东决定进行社会主义改造，在农村，他着手集体化；在城市，他着手对工商业进行社会主义改造，即以公私合营的方式把私人资本纳入国家计划之内，私人资本家从政府手中得到一定的利润或红利，但逐步出让其对企业的控制权。毛泽东的这种选择绝非普通的政策选择，而是一种精心设计的从新民主主义的政治经济体制向社会主义的政治经济体制的全面转型。其蓝本是前苏联的社会主义的计划经济体制，但却又具有极其鲜明的中国特性。

这样一种政策思路有其深刻的政治哲学背景。

其一，它是一种前苏联式的社会主义的意识形态的政治经济体制，但又有别于这种体制，因为它的所有制具有工业与农业、全民与集体的“等差系列”，即公有制的公有程度是不同的。

其二，它的分配以按劳分配为主，但兼以资本主义式的利息收入，其目的在于，它想以和平的方式“长入”社会主义，通过社会主义的积累来赎买资本主义式的企业资本，但同

---

① 毛泽东：“人的正确思想是从哪里来的?”，《毛泽东著作选读》（下），人民出版社1986年版，第839—841页。

时又想利用资本家的经营能力来为新生的社会主义经济服务。

其三，为确保工业发展，它把城乡分割为两种区域，把农业改造成为集体农业，是因为工业要改造成公有制经济，只有集体农业，才能为工业提供积累，而工农两业可以在国家计划体制下协调发展。

应当说，执政党政策源流的思想基础首先存在于共产党与其他民主党派一致拥护的《中国人民政治协商会议共同纲领》上，后来又演变成了新民主主义的经济思想，随着共产党的执政基础日渐牢固，新民主主义的思想体系又被社会主义意识形态决定下的思想体系所替代，于是不仅所有制发生了变化，其政策手段也发生了深刻变化。

第二节 毛泽东式的政治经济学

当我们回顾60年的中国发展历程时会清楚地发现，毛泽东绝不是一个简单的政治人物，也决非一个耽于幻想的思想家，他有着极其丰富的政治经济学思想。他对中国的政治、经济与社会走向一直持有一种强烈的理念，当然这种理念源于他的历史辩证法或历史唯物主义。

毛泽东式的政治经济学有如下三个体现：

毛泽东及他的同志们对土地问题的思想及相关政策主张；

毛泽东及他的同志们对如何从新民主主义的政治经济体制向社会主义的政治经济体制过渡的思想及其政策主张；

毛泽东晚年对社会主义政治经济如何运行所持基本的政治哲学或政治经济学的思想倾向及相关政策主张。我们来分别研究上述问题。

一、土地问题

毛泽东认为，必须废除地主阶级封建剥削的土地所有制，实行农民的土地所有制，借以解放农村生产力，发展农业生产，才能为新中国的工业化开辟道路[①]。旧中国是一个资本匮乏的国度，要实现从农业社会向工业社会的转变，需要大量的建设资金。以1949年而论，有两个基本路径解决建设资金短缺的问题，一是争取外援，二是自我积累。

外援对于经济发展和现代化而言是一个外生条件，因此，在政策上较易把握的一个途径就是，利用国内资源实现经济发展和向工业社会转型。而这首先要从土地改革入手。

土地改革的核心在于平均地权，本质上它没有导致阶级歧视，因为无论从前的地主，还是富农，与贫农一样，都按均等数量得到一份土地，当然，原先占地甚多的阶级，如地主、富农的多出平均数量的土地被政府强行没收，分给了少地或没地的农民。问题在于，假如1949年全面铺开的土地改革只以平均地权为限，那么毛泽东式的土地改革与历朝历代“开国后”的土地分配的性质就毫无二致了。毛泽东等中共领袖以此为逻辑起点，进一步把土地私有制改造成土地集体所有的合作经济和人民公社制度，这使毛泽东式的地权分配与历史划出了一条清晰的“界线”。的确，毛泽东式的土地改革具有压倒一切的革命性意义。

从历史来看，毛泽东式的地权改革着眼于解决如下问题：

---

① 《中华人民共和国土地改革法》，1950年6月30日中央人民政府主席毛泽东发布命令公布施行。

其一，解决占中国人口绝大多数的贫下中农无地或少地的问题；

其二，依据土地改革，进一步确立农民的政治地位。因此，必须通过组织变革来避免历史上屡次出现的农地流转对农民身份、地位与经济利益所造成的伤害；

其三，为中国的工业化进行制度上的准备，其前提就是要在中国农村实现农地集体所有的“合作社化”或“集体化”。一个基本的理由是，集体的农业便于为工业化提供必要的积累，这可以减少中国对外资的依赖，便于中国在外交上、在国际政治上、在地缘利益上的“自主性”和“独立性”。

上述三个环节是一个逻辑整体，缺一不可。它们互为因果、相互促进，成了决定中国社会特征与制度特征的关键因素。当中国的政治制度和战略目标确定之后，中国农地产权的集体所有制也就跟着被决定下来。

二、政治制度与国家战略

政治制度的选择究竟是内生的选择，还是外生性的选择？究竟是强制性的，还是公众自愿性的选择？经济学在这个主题上所花费的研究资源可谓数不胜数。拉坦和速水曾证明制度变迁是诱致性的变迁，源于市场需求和公众需要，而林毅夫反其道而行之，证明历史存在着更为普遍的强制性变迁。前者被定义为自下而上式的变迁，后者被定义为自上而下式的变迁①。

这样在学术界，研究者们就一直认定毛泽东式的政治制度的选择与国家战略是强制性变迁的经典案例。当然，更多的研究则是上述分析思路的“折中”。比如，诺思就认为，制度变迁源自“制度变迁的启动者”对周围世界的认知结构，这种认识性的结构得自于他们在自然世界进而在人造的世界所获得的一系列的认识，最后，经过一番比较、判断与思辨式的一般化，这些认识上升为更具有普适性的认知结构。实际上，认知结构就是人们对这个人的世界所持有的基本的价值观，它具有个体对周围世界所体验到的特异性与人类作为一个整体的对于这个世界所产生的趋势性的认识的共性，是两者的结合。当两者融合在一起的时候，人们就产生了对于规则、秩序、习俗和惯例的共同信念。基于此，个人行为与社会交往就“限定”在人们所预期的框架内，这使社会运行有序、稳定与可控。如果是这样的话，那么诺思关于决定制度变迁路径的“力量来源”就不是简单的外生、内生这样简单的标签式的词汇所能概括的了②。

因为不管是强制性选择也好，还是诱致性的自愿选择也好，最后都要通过社会成员对于整个社会所持有的“认知结构”的“过滤”才能产生实质性作用，才能最终成为“制度事实”，并且持续地成为约束社会成员行为的必备的、必要的“环境参数”，社会成员的选择性行为将依此而定，社会福利目标的实现所仰赖的制度资源亦将由此而定。

因此，简单地把制度选择看做是“强制”选择或“诱致”而成的非此即彼的“二选一”，实在是一种缺乏历史洞见的空洞解释。中国选择新民主主义的经济，并由新民主主义的经济发展或过渡到社会主义的经济是多种约束条件共同作用的结果。首先必须注意到国家

---

① Lin, J. Y. (1989), “An Economic Theory of Institutional change: Induced and Imposed change”, *Cato Journal*, 9, (1), Spring/Summer, 1—33.

② 道格拉斯·诺思：《理解经济变迁过程》，中国人民大学出版社2008年版。

的需要和人民的需要，其次还应注意当时的历史阶段以及与此阶段相应的“知识分布”和“知识准备”，此外，还有执政党对周围世界的“理论解释”以及开国领袖如毛泽东的个人意志。

中国共产党与历朝历代的执政集团不同，其中之一是她有一整套解释世界的政治纲领①，它有逻辑自洽的用以指导行动或决策的政治哲学。更重要的是，她有着自己鲜明的政治主张和政治诉求，这种政治诉求是通过她对中国社会的远景规划来表现的。毛泽东直接利用的理论资源是马克思列宁主义，他把马克思列宁主义看做共产党执政的理论基础，因此必然要在中国构建以公有制为基础、为主体的新民主主义经济，最后也必然向社会主义的公有制经济过渡。

然而，单凭执政党的理论基础并不能建成新民主主义的经济，也无法向社会主义的经济过渡。新民主主义的政治经济体制，进而社会主义的政治经济体制之所以为中国人民所接受，根本原因在于近一百余年的贫弱使中国人民有着惨痛的历史经验，需要一个强大的、统一的中央政府并希望能够尽快建成与先进国比肩的独立的工业体系与国民经济体系。对于一个几乎没有工业基础的后发大国，工业化甚至重工业化是当时首要的、必然的选择。重工业是一国发展的基础，也是国家长治久安的前提条件。这几乎成了20世纪50年代的中国各阶层的共识。

正是上述两个因素而非单一因素，决定了1949年的政治选择和国家战略选择。以此为逻辑起点，才有了后来的从新民主主义的政治经济体制向社会主义的公有制的政治经济体制的过渡。这样的历史变迁过程是新古典经济学解释不了的，后起的新制度主义经济学同样难以提供确切的理论解释。相反，倒是马克思列宁主义的政治经济学能够提供逻辑自洽的解释。

首先，是阶级结构决定一个社会的基本的政治特征而不是相反，即先确定一个社会基本的政治特征而反过来决定或者改变一个社会的基本阶级分布和阶层结构。读过毛泽东的“中国社会的各阶级的分析”一文的人一定知道，实际上，迄至1949年，中国社会的阶级分布及其结构与毛泽东写作这篇论文的1925年相比，并未发生多大改变，这意味着中国社会是一个贫民居多而中产阶级尤不发达的社会，这决定了中国的国家战略一是工业化，二是建成社会主义，因为社会主义比之别的主义更要求一个社会无论在政治上，还是在经济上呈现出扁平状的收入结构与社会结构，而在政治上更需要“一元化”的领导。

三、所有制

新中国成立初期执政党就认识到，要从根本上提高人民的生活水平，关键在于国家的工业化程度，但是，要实现一国工业化，尤其是要在生产力水平普遍低下的国度里实现工业化，关键又在必要的资本积累的“深度”和“广度”，即如何通过“消费”的节约来增加储蓄率，这无疑使居民生活水平在20年左右的时间里不会提高很快②。

为实现工业化的目标，就必然要求国家掌握近乎全部矿产资源和大量的国营企业（或

---

① 如1949年9月29日中国人民政治协商会议第一届全体会议通过的《中国人民政治协商会议共同纲领》。

② 刘少奇：“国家的工业化和人民生活水平的提高（1950）”，《建国以来重要文献选编》（第一册），中央文献出版社1992年版。

全民所有制企业），这样就可以利用国家的政治力量直接调节作为投入品的矿产资源与作为产出物的工业品的相对比价，以使资本向基础工业、重化工业部门“积累”①。

与此同时，在农村，先是通过建立合作社，然后在此基础上发展成农村人民公社，用以彻底改变小农经济结构为主体的经济基础，建设农村的集体所有制式的社会主义的生产关系以替代既往的建立在小农经济结构基础上的封建或半封建式的宗法关系，其经济逻辑也在于与社会主义的大工业相配合，与城市的全民所有制经济相连接，以便集中全社会的人力、物力和财力建立起现代型的社会主义国家。

刘少奇讲得很清楚，建国后人民希望生活稳定，社会进步，但这种安居乐业的局面长期而言要靠中国的工业化才能最终取得，因此，在可预计的将来（如20年左右的时间内），人民的生活会有所提高，但提高得不会很快，基本原因在于如果消费提高过快，势必影响工业资本的积累速度和广度，最终会影响到工业化在中国的历史的、现实的进程（1956）。

在执政党的“政治经济学”的分析范式里，有如此简单、明了、内涵丰富的关键词，一是经济基础决定上层建筑，上层建筑对经济基础具有反作用；二是所有制的选择乃是实现国家战略的关键环节，以此二个核心概念作为执政党的政治路线、经济路线的“逻辑起点”，在此基础上，或者在具体的政策实践方面，如何选择积累与消费的比例也就成了执政党及其他经济学家们的无可替代的具有“政治正确性”的特殊意义的“不二议题”。

如果我们系统性地检视一下执政党在1956年前后的各种纲领、文件乃至领导人的讲话，都会发现“工业化”是一个高频词汇，实际上“工业化”作为国家战略选择与执政党的“政治承诺”一直到毛泽东时代结束，始终是一切工作的重心，即使在毛泽东发动的“文化大革命”的十年也未曾间断过②。

一句话，在毛泽东等为代表的政治经济学家们看来，如果没有中国式的社会主义的公有制，就不会有中国的工业化的超越历史性的“跃进”，或者说就不会有真正的工业化，但是，如果没有相得益彰的消费与积累的“科学比例”，就无法使中国的工业化的战略选择得到各阶层人民的赞同，因而也就无法实施下去。然而，如果不能把中国的农村建设成为地权集中使用的集体所有制经济，不能把城市工业改造成为社会主义的公有制，也就无法以国家意志确定“科学的”、可实施的“消费与积累的比例关系”。这就是毛泽东式的政治经济学的核心逻辑与主要内容。

四、社会主义的商品生产与商品交换

作为政治经济学家和政治哲学家的毛泽东非常重视在理论上、思想上搞清问题的。在他看来，没有彻底的理论，就不会有行之有效的政策。为此，在如何建成社会主义的基本经济

① 例如1954年3月3日的《人民日报》社论“发展重工业是实现国家社会主义工业化的中心环节”一文，就强烈表达了重工业化优先发展的国家战略。这篇社论指出：“全国人民和所有工作部门，都应该积极支援一百四十一项工程的建设，……只有全国人民团结一致，艰苦奋斗，集中主要力量发展重工业，并相应地发展轻工业、农业、交通运输业和商业，那么，我国的国民经济就将会全面地提高，国家工业化的进程将不是很慢、而可能是相当快的。让我们为实现国家工业化的伟大理想而奋勇前进！”因此，执政党中央必须在制度上和人力资本上保证工业化的实现，例如《人民日报》1953年11月22日的社论“要迅速抽调大批优秀干部增强工业战线”就指出，把优秀干部抽调去从事工业建设，是为了国家的整体利益（即整体战略，引者注）。当然这篇社论也反对把重点当作唯一，认为也要照顾到农业与县区等其他部门。

② 刘国光等：《中国十个五年计划研究报告》，人民出版社2006年版，第360—377页。

制度以及如何让这种制度有效地运转起来方面，毛泽东作了前所未有的探索。

毛泽东认为①，在中国，已经把生产资料的资本主义所有制改造成了全民所有制，已经把资本家从商品生产和商品流通中排挤出去，现在在商品生产和商品流通领域中占统治地位的是国家和人民公社，这说明社会主义的经济除了具备计划经济的特性外，仍然具有商品生产的特点，不过，这同资本主义的商品生产和商品流通是有本质差别的。在他看来，有共产党的领导，有马克思列宁主义的路线，有工人阶级领导的国家政权，商品生产可以为社会主义建设服务。因此，不能孤立地看商品生产，要看它与什么经济相联系。商品生产和资本主义相联系，是资本主义商品生产；商品生产和社会主义相联系，是社会主义商品生产。因此，"决不能把商品生产看作是某种不依赖周围经济条件而独立存在的东西。"

但是，毛泽东认为，在社会主义社会，商品生产是受到限制的，在税收政策方面，在市场价格方面，在劳动条件方面均有特定限制。对于有利于国计民生的城乡资本主义成分，要容许其存在和发展。对于商品生产所导致的消极作用，则要通过相应的制度和政策进行否定或限制。在他看来，发展商品生产，不是为了利润，而是为了满足社会需要，为了五亿农民，为了巩固工农联盟，为了引导五亿农民从集体所有制过渡到全民所有制。

很显然，既然社会主义还存在商品生产，那就一定存在着商品交换。然而本质上，就毛泽东式的政治经济学而言，社会主义商品交换存在的逻辑前提或者说制度前提乃因所有制，即全民所有制和集体所有制的质的差异性，亦即全民所有制的经济组织与集体所有制的经济组织不能无偿占有对方的产品而应以对方的产品为交易对象。

毛泽东在评论斯大林关于商品生产的理论时特别指出，商品生产消亡的条件，除了建立单一的全民所有制（即不再存在不同的所有制形式）以外，还有生产力高度发达，产品极大丰富这一条。也就是说，存在两种所有制，是商品生产的主要前提。但商品生产的命运，最终和社会生产力的水平有密切关系。因此，即使是过渡到了单一的社会主义全民所有制，如果产品还不很丰富，某些范围内的商品生产和商品交换仍然有可能存在。

我们应注意到毛泽东并未把存在商品生产和商品交换的经济定义为商品经济，因为在他的逻辑框架里只有社会主义的（计划）经济体制而没有社会主义的商品经济体制，商品生产与商品交换始终在社会主义全民所有制和集体所有制所"总合"而成的制度结构里存在并发挥着作用，它并非本质的制度特征，而只是起着一种计价作用和媒介作用，因为全民所有制经济所创造的产品必须通过与集体所有制经济所创造的产品相交换或者通过同一种所有制内部不同行业的产品的相互交换才能获得货币收入，才能实现生产的目的。

五、价值和价值法则（规律）

毛泽东时代的诸多中国学者难以克服政治的、意识形态的压力对于他们独立研究工作的巨大影响，尽管这些影响并非樊纲所宣称的那样，只是一套专门束缚研究人员头脑的僵化的"苏联范式"②。历史唯物主义的经济分析逻辑毕竟不同于流行于世的新古典的经济学的分析逻辑，加上国际政治的地缘特点和东西两大阵营分明的冷战格局，所有这些因素均可能使执

---

① 以下诸多内容见中华人民共和国国史学会编：《毛泽东读社会主义政治经济学批注和谈话（简本）》（国史研究学习资料·上册），2000 年。此处转自此书电子版，http：//mzd. wyzxsx. com/Soft/ziliao1/200908/10. html。

② 樊纲："苏联范式批判"，《经济研究》，1998 年第 6 期。

政党对国内外的任何异动保持异常的警觉，并促使他们以十分鲜明的意识形态准则来规范一切知识活动，这当然会使那些始终活跃在政治经济学的研究领域的知识分子感到压抑，这种压抑的来源在相当程度上是因为历史唯物主义的分析范式几乎成了经济解释的“唯一可用”的工具。即使如此，以顾准、孙冶方为代表的经济学家仍然就社会主义的政治经济学发表了他们的独特看法。

顾准不仅清晰地意识到社会主义存在着商品经济的可能性与必然性，这点与毛泽东一样[①]，而且还意识到货币经济存在的长期性与广泛性。他认为，人的消费需求具有多元性，既有对具体物品的需求，也有对住宅、服务、文化娱乐的需求，要满足这些要求，就必须有一个信贷系统。借助信贷系统，人们还可以延期消费与提前消费（2007）[②]。

毛泽东的研究、顾准等人的研究，既源自复杂的社会背景，也根由于他们所面临的现实情况与马克思的经典作家对社会主义经济体系的理论阐释有相当一段距离，以至于他们必须找出逻辑自洽的理论逻辑，对此类问题提供一个充分的、具有说服力的答案。

正如前述，由于毛泽东等领导集体面临着繁重的现实压力，即如何把中国从落后的农业国建成强大的工业国，就势必选择重化工业优先的发展战略，这种战略必须有制度的可靠保证。还有一个不可忽略的问题是，共产党作为新生的政治力量，必须顾及工农的利益与感受，因为在重建中国经济并实现工业化的过程中，它必须节制资本的力量，把资本囊括在可以调控、规制甚至严格控制的范围，从而使这个新型的国家成为一个名副其实的“人民主权至上”的国家。从人口分布来看，中国工农大众占全部人口的比重达95%以上，城市资本家阶级、小资产阶级和知识分子所占比重极小，这使追求绝大多数人的“较大利益”为宗旨的执政党的政策选择必然倾向于广大的工人和农民，因此，在资本与劳动的博弈关系中，执政党会义无反顾地站在劳动（者）一边，要实现这个执政目标并保持常态，就必然建立人民民主专政的国家。在所有制方面，就必然用公有制经济代替私有制经济，这种政治意识形态的选择与国家战略选择正好在逻辑上是一致的。

本来，一般来说，公有制经济与商品经济、货币经济乃至货币金融体系是能够兼容的，需不需要商品生产和商品交换不应成为一个耗费社会主义的政治经济学家脑力、体力和时间的“研究主题”，然而它竟成了一个迄至20世纪90年代都为各国社会主义的经济学家争论不休的严肃话题。根本的原因在于：

其一，在马克思、恩格斯看来，社会主义公有制下面是不存在商品生产的，因为社会化大生产与生产资料的全社会占有（所有）的合二为一使商品经济已无存在的可能与必要。这意味着，无论列宁和斯大林还是毛泽东，以及那些思考社会主义生产目的与如何实现的学者们如顾准和孙冶方等，首先要在理论上要突破马克思和恩格斯对社会主义生产的制度特征所确立的基本原则[③]。这样，社会主义的经济制度是否具有商品经济的制度性质就成了一个

---

① 当然后者始终不说社会主义存在着商品经济，这是一种政治谋略的考虑，因为他相信社会主义的主体是计划经济，而且将来还要过渡到统一形态的全民所有制经济。

② 顾准：“论社会主义制度下的商品生产和价值规律”，《顾准文集》，中国市场出版社2007年版，第348—350页。

③ 尽管如此，我们仍要特别申明，马克思、恩格斯实际上对资本主义的生产制度的结构性问题的认识是十分深刻的，他们对市场经济的运行方式、过程以及政治经济后果，都有十分深刻并令后来的研究者难以超越的理论高度。他们以批判者的姿态对待资本主义，不是对资本主义的历史作用和巨大力量缺乏理解，而恰恰是他们对它的运行制度有着透彻的把握，因而出于对资本异化对民主、自由的伤害而预测有一种新型的社会体制取代这种制度。

必须讨论清楚的理论问题①。

其二，只要存在商品生产和商品交换，就会产生对产品（商品）如何计价的问题，接下来对劳动贡献的测度，消费基金与积累资金如何分配，工资率如何确定也必须在理论上、在技术上予以解决。因此，在新古典经济学看来十分容易理解的问题，都会在顾准和孙冶方那里引出一番议论，以便能够在社会主义的政治经济学的理论体系里（羞羞答答地）引入价值规律，因为不这样的话，交换无从进行，生产和分配也无从进行，消费基金和积累基金的比例关系也无法确立。在毛泽东、顾准（2007）、卓炯（1981）、孙冶方（1959）的分析范式里，价值规律无疑要起作用，但作用的范围已被严格限制，原因在于，价值规律更多地起着"计价"的作用，其配置资源的功能被计划调配资源的机制在相当程度上"替代"了。假如不首先承认社会主义仍然存在着商品生产和商品交换，那么价值规律就失去了它存在的"基础"了，以毛泽东为代表的社会主义政治经济学的经典研究者们当然不能无视两者的"内在联系"。

毛泽东式的政治经济学与此前的，比如列宁式的、斯大林式的政治经济学，在总的原则与理论的逻辑结构上基本上是一致的。例如列宁尝试过新经济政策，鼓励工商业和农业的发展，重视市场的作用，但没有或者未来得及利用举国之力进行大规模的工业化。不过列宁式的政治经济学确立了重工业优先发展的社会主义的基本的经济原理，这为后来的斯大林实行高度集中的计划经济提供了理论根据。斯大林式的政治经济学强调所有制与工业化的关系，但仍然把社会主义商品生产看做是计划经济的必要的补充。不过，他认为商品交换的价值法则只起有限的作用，原因在于它所依附的所有制的经济结构发生了深刻的变化，公有制经济与私有制经济不同，前者的计划性使许多本应通过市场交易的资源配置方式变成了服从社会主义生产目的的"计划配置方式"，从而使社会并不总是根据利润原则而更多的是根据国家意志来组织生产，因为，由执政党的"先进性"所决定的国家意志被证明是与人民的长远利益是一致的。毛泽东说，"中国对资本主义工商业的改造和农业的合作化是跟苏联不同的"。苏联对资本家采取了剥夺政策，甚至试图在肉体上消灭资本家；中国则通过赎买的方式将私人资本转化为公有资本，力图将他们改造成自食其力的社会主义劳动者。苏联采取命令主义和专横的方式进行农业集体化，并对富农采取以暴力手段彻底剥夺和消灭的政策；中国的农业集体化则不带有苏联那样的强制性，过程也没有苏联那么混乱。结果当然也不一样，"苏联农业集体化后几年是减产的，而我们农业合作化后是增产的"。②

如此看来，毛泽东式的政治经济学与列宁式的、斯大林式的政治经济学又具有相当的差异性。这既体现在他对所有制的选择上，也体现在他如何通过构建一种新型的组织（企业）治理模式而使毛泽东式的政治经济学具有鲜明的"中国特性"，例如尽管毛泽东强调执政党的一元化领导，但他总是希望在组织结构的内部引进更多的"群众智慧"和"群众管理

---

① 斯大林实际上也试图突破马克思和恩格斯的一些理论框架。比如他不认为价值法则能够从根本上调节社会主义的资源配置，即使社会主义的生产，其投入要素也要按"有计划按比例"的原则进行配置。斯大林说，尽管某些轻工业可能得到更多利润，某些重化工业利润很低，但国家总是有计划地发展重工业化而不会为了利润而把资金、人力配置到轻工业部门去。参阅斯大林：《苏联社会主义经济问题》，人民出版社 1958 年版。

② 类似的话也可见毛泽东：《毛泽东读社会主义政治经济学的批注和谈话》（上册），电子版。此处从王绍光（2009）引述而来，参阅王绍光："中国社会主义实践六十年"，2009 年 10 月 5 日。http://www.wyzxsx.com/Article/Class16/200910/107593.html。

(治理)”而使组织结构“扁平化”，从而客观上减少了委托代理成本，提高了组织运行的经济绩效，这与资本主义式的利润原则所确立的企业结构当然具有质的差异性，但两者追求降低组织成本的目的或企图却是一致的。

尽管毛泽东强调公有制经济的主体地位，但依然根据中国的国情而使公有制经济具有行政上的“级差性”，即不同的行政区划，或从中央到地方的各级政府拥有并管理着各自的企业，从而使全民所有制企业中的“民”不仅具有法律意义，而且也是一种地理概念（例如天津所属的全民企业与北京属下的全民企业是不同的利益体，各自在职工的来源上，在收入分配的归属上都是不相关的)。此外，公社的“三级所有，队为基础”不仅使农村“企业化”，农民“组织化”，而且在这种结构内部存在着一种或人为、或自发的“兼而有之”的“分工体系”，使公社内部既具有简单的信贷功能和贸易功能（如农业合作社、供销合作社)，也具有与农业形成一定互补性的工业和副业（如社办水泥企业、五金企业)[①]。在公社内部，还有许多数不胜数的自留地经济，从而在客观上使公社内部保留着持续性的集市贸易制度。这意味着毛泽东式的计划经济仍然具有相当的分散决策性，这使商品经济体制始终嵌于计划经济体制的内部，形成了一种彼此共生共荣的“制度结构”。

毛泽东 1974 年关于社会主义性质的谈话充分证明了中国式的计划经济体制并非“铁板一块、整齐划一”的。毛泽东说：

“总而言之，中国属于社会主义国家。解放前跟资本主义差不多。现在还实行八级工资制，按劳分配，货币交换，这些跟旧社会没有多少差别。所不同的是所有制变更了。我国现在实行的是商品制度，工资制度也不平等，有八级工资制，等等。这只能在无产阶级专政下加以限制”。[②]

这在一定程度上证明，中国式的或毛泽东式的社会主义有其独特性，这种独特性正好说明了毛泽东式的政治经济学也有其独特性，这种独特性使后来的改革开放拥有比前苏联更为丰富、稳健的理论资源，其结果也就使前苏联式的改革开放与中国式的改革开放呈现出不同的路径与命运。

第三节　论十大关系：社会主义的探索

正如毛泽东所说，社会主义社会是一个相当长的历史阶段。如何建设社会主义始终是执政党必须面对的重大课题。鉴于苏联经验，毛泽东提出建设社会主义必须注意处理的十个关系。在毛泽东的理论框架内，这十大关系既涉及经济发展所应当解决的问题，也牵涉政治发展所必须满足的基本条件。

积累与消费的比例关系既是斯大林式的政治经济学，同时也是毛泽东式的政治经济学所着力关注的问题。正如前述，由于中国的工业基础十分薄弱，又由于面临着极为复杂的国际国内环境，要从根本上改变中国的落后面貌，确保国家长治久安，就必须实施优先发展重化

---

① 龚云：“毛泽东建设社会主义新农村思想”，见 http：//myy. cass. cn/file/2008090231389. html。

② 毛泽东：“关于理论问题的谈话要点”，《建国以来毛泽东文稿》，中央文献出版社 1998 年版。作者所用的是该书的电子版，故无法查到原文页码，读者如需要可向作者索要。下同。

工业的国家战略。前苏联在结束新经济政策转而实施发展重化工业战略之后，一直未能处理好积累和消费之间的矛盾，使得重化工业过“重”，农业和轻工业过“轻”，以致国民经济比例严重失调。毛泽东认识到，这条道路在短期内有利于国家的工业化，长期内则会拖工业化的后腿，因此，要发展重化工业，就必须注重农业轻工业的自身发展并适当提高它们各自的积累率，只有合理安排农、轻、重的比例关系，重化工业的发展才有充裕的农业原料和粮食供应，反过来，农业和轻工业也会因为重化工业的发展而获得更多的销售渠道，从而得到更多的积累。从20世纪50年代初中期开始大搞农田水利建设，从60年代初中期开始大办社队企业，这些重要举措均是毛泽东关于“农轻重”并举的政策思路的显著体现①。

中国是个典型的农业国。建国初期工农业的产值比约3∶7，而且工业基地主要集中在沿海东部地区，内陆工业水平很低，工业布局极不合理。毛泽东认为，要充分利用沿海轻工业、重化工业的“经济基础”（包括“产业基础”和相对先进的“技术、人才基础”）来带动内地的轻工业和重工业，使工业布局逐步平衡，提高中国工业的整体水平。毛泽东的这一政策思路在“三五”计划的规划与落实中得到体现，“三线建设”② 成了“三五”计划的重要内容。周恩来认为，毛泽东的三线战略思路具有深刻的历史与现实意义。中国过去是半封建半殖民地社会，人口也不平衡，经济发展更不平衡，通过落实“三线建设”的政策思路可以使不同水平的地区逐步走向平衡。

毛泽东始终对经济建设和国防建设的关系给予特别关注。在他看来，没有强大而巩固的国防，就没有和平建设国家的资格，尤其对一个历史漫长，人口庞大，国土面积居世界第三的发展中大国更是这样。在理论上，毛泽东坚持认为，经济建设在先，国防建设在后，没有前者则后者难以为继，因此重要的政策思路就是尽可能快地实现工业化，只有经济建设发展得更快了，国防建设才能够有更大的进步③。

斯大林式的政治经济体制虽然具有强大的政治动员能力，能在较短的时间内组织力量建设强大的重化工业和国防工业，但僵化的管理体制却使国营企业和集体农庄失去活力。毛泽东认为，要改变这种状况，就必须发挥国家、生产单位和生产者个人的积极性，既讲集中（计划），也要讲分散；既保证国家和单位得到必要的积累，也要让工人农民得到实惠，为此，毛泽东提出了三条解决之道：

其一，工业品与农产品实行等价交换原则，除农业税外，不能无偿占用农业生产资料和农业产品，尽量缩小工农产品剪刀差。既要保证工资有适量的增长，但更要提高社会的就业水平（1977，第5卷，272—275）。

其二，要发挥中央与地方两个积极性，中央要拥有必须发展隶属它的工业，地方也应拥

---

① 实际上，“三五”计划的初衷是要解决人民的吃穿用问题的，因此，又把三线称作“吃穿用” + “三线”计划，后来（1964年），美国1964年开始派第七航队大规模轰炸越南北方，这使毛泽东改变了“三五”计划的部署，以战备为中心的大三线计划就成了主要选择（刘国光，2006年）。中共中央和国务院：《关于农村副业的决定》（1962年11月22日），《建国以来重要文献选编》（第十五册），中央文献出版社1997年版。

② 这里的“三线”主要是指在大西南（四川、云南、贵州等地区）和大西北建设钢铁、冶金、机械、国防等工业。

③ 毛泽东：“论十大关系”，《毛泽东选集》第5卷，人民出版社1977年版，第271—277页。有人认为，至少就传统社会主义经济而言，它的主要目的不是利润，而是为了不断地改善劳动者的生活与福利，但要实现这个目标，就必须实现国家的工业化和国防现代化。实现这个目标必须仰赖几代人的努力，而毛泽东的计划经济恰恰是实现这个目标的第一步，因此，毛泽东的战略选择一是发展工业，二是巩固国防。毛泽东的经济可以称为“原子弹经济”（数学，2008，http：//www. caogen. com/blog/Infor_ detail. aspx? id =40&articleId =9721）。

有并发展它所掌握的工业。中央拥有立法权，但地方可以根据本地特点制订相应的规章制度。中央和地方通过拥有各自的企业而获得彼此独立的财权（如取得企业利润和税收的权利）和经济管理权。地方可以编制反映本地实际经济状况与需要的“规划”或“计划”，但必须服从国家编制的“年度”计划或“五年”计划，在发挥中央地方两个积极性的前提下实现经济有计划、按比例的“平衡发展”（1977，第5卷，275—277）。

其三，立足自力更生，自主创业，但对外国一切好的文化、好的制度、先进技术和科学的管理方法都要学习（1977，第5卷，285—288）。

毛泽东的政治经济学从来就不单纯是经济学，它同时也是政治学、哲学与社会（组织）学，为了调动国内外一切积极因素，避免前苏联式的社会政治经济体制的僵化与保守，他十分关注民族区域的政治、经济与社会如何协调发展、共产党与民主党派如何民主协商、组织与个人的利益如何统一以及如何通过思想政治工作激励各成员参与社会主义工业化与现代化建设等诸多问题。

辩证法作为一种思辨哲学，它使人们在思考某个问题时对所研究对象有一个整体的历史性把握，通过对对象在演变过程中所呈现出来的各形态的多侧面的认识，找出决定对象何以演变至此的“内因”，然后拿这些被研究者通过抽象把握而定义的“决定性动因”与被研究对象在各历史阶段所呈现的不同形态进行比较，最后会发现所研究对象所具有的一般性的演进趋势，从而对这类对象的变化有一个质的把握。辩证法的本质是一种历史分析法，它认为那些决定事物性质的“内因”在整个演变的历史诸阶段具有相应的稳定性与变异性，前者是某种特性的代际传递，后者则是对这种代际传递性或继承性的局部的甚至是全部的颠覆和否定。如果某种事物的演变历史具有前后相随的三个阶段，则变异之变异或否定之否定就会使该事物的“新质”重现它第一个阶段所具有的“旧质”的基本性质，但由于这个新的经过两次变异的“旧质”与更复杂的内部结构和外部环境相联系，故新的变异过的“旧质”与第一阶段的“旧质”相比较就绝不会是同一种“东西”，即使如此，原先被颠覆的某些性质仍旧会“呈现”出来并影响到事物的存在状态与可能的演变趋势。

因此，从分析结构看，辩证的分析就是一种“前后相随”的历史分析，当然同时也是一种“此后否定此前”的矛盾分析。历史辩证法确立了毛泽东式的政治经济学的基本分析结构或理论框架，这就使得毛泽东式的政治经济学既具有认识论特征，又具有本体论特征，前者秉持着一种不断实验与不断试错的实践观，后者则不断地追寻决定事物变动的“内在成因”，这使毛泽东式的政治经济学相对于斯大林式的政治经济学具有相当程度的“超越性”，从而使得中国式的计划经济不同于前苏联式的计划经济。从历史逻辑来看，这种差异性也决定了后来的中苏两国选择了不同的改革路径，引发了不同的历史与现实后果，对国际性的社会主义道路与国际政治经济格局产生了巨大的影响。就是在今后，这种影响还将在相当程度上决定着国际地缘政治与经济的战略选择。

毛泽东式的政治经济学从来不是单纯的一种理论或逻辑结构，它还是他和他那个时代的人民致力建设社会主义的实践与经验总结，他从来不是一个纯粹的理论分析者，而总是尝试着把理论蓝图变成实践活动。作为政治家，他认为，自由是对必然的认识和对客观世界的改造。他是通过他的实践活动来展现他的社会主义政治经济学的基本的、整体性的逻辑的。这套逻辑的原动力或核心“要质”是中国人民一百多年来在争取民族解放的过程中所产生的以强国为价值取向的国家战略和以公平正义原则为内核的政治哲学。

在政治制度上，毛泽东领导的执政党及其人民选择了社会主义，在运行机制上则选择了计划经济，这与前苏联并无实质性区别。但毛泽东敏锐地意识到，必须使中央和地方在行政上、在财政（预算）上、在全民所有制经济的范畴和层级（或所有权的归属）上有适度的分权，以便发挥中央和地方两个方面的积极性①。在农业方面，毛泽东主张通过政治动员的方式来建设社会主义集体所有制经济，用劳动替代资本，以解决资本短缺问题，用集体（组织）的力量来改善农业生产条件，大建水利设施，解决吃饭问题。与此同时，为了满足城市工业发展的需要，就必须在农村建立政社合一的公社组织，以便多渠道地为工业发展筹措资金。为使农业具有内生性的自我发展能力，就在公社内部组建各种各样的社队企业。为了激发农民参与集体生产的积极性，除了持续的政治动员和劳动竞赛外，还保留了纯私人性质的自留地经济②。

毛泽东历来认为，尊重经济规律（如有计划按比例、量入为出、控制总量、平衡财政预算、利用价值法则等诸多所谓经济规律）与坚持群众路线并举是中国式社会主义建设道路所理应奉行的方针政策。在毛泽东式的政治经济学的理论与政策框架里，群众路线不仅是一种政治哲学的道德伦理取向，而且是一种可供利用的政治资源和经济资源。用毛泽东的政治哲学语言来说，群众路线既是执政党的理论源泉与政策基础③，也是一种保持组织活力的“运行机制”，甚至它就是组织本身。

激励问题历来是各类政治、经济、社会性组织必须解决的问题。科思（1937，386—495）认为，企业组织是对市场的替代，前者是科层结构，通过行政管理手段加以治理，后者是横向的水平结构，通过价格机制就可以调节人们的寻利性选择行为。沿着科思的分析逻辑，后起的经济学家们发展出了产权和交易成本的分析框架，认为只有把产权细化到个人，才能使组织成员的个人目标与组织目标兼容起来，从而解决组织激励失灵的难题。科思以及后起的研究者们的分析没有注意到企业或组织内部的民主管理和组织成员如何分享共同的价值或信仰等诸多问题。④

与科思等人的逻辑不同，毛泽东式的政治经济学主要通过工业民主和群众路线解决激励问题。1960 年 3 月 22 日，中共中央批转鞍山市委《关于工业战线上的技术革新和技术革命运动开展情况的报告》正式把“两参一改三结合”的企业治理方略命名为“鞍钢宪法”。所谓“两参”，即干部参加劳动，工人参与管理；所谓“一改”，即改革现行一切不合理的规章制度；所谓“三结合”，即在技术改革中实行干部、工人和技术人员三结合。后来日本管理学界所强调的全面质量管理和团队合作原则均源于“鞍钢宪法”（张衔和庄志晖，2007；

① 中共中央、国务院：“关于工业企业下放的几项决定”，《建国以来重要文献选编》（第十一册），中央文献出版社 1995 年版，第 265 页。中共中央：“中共中央批转纺织工业部党组《关于纺织企业全部下放交地方管理的报告》”（1958 年 3 月 7 日），《建国以来重要文献选编》（第十一册），中央文献出版社 1995 年版，第 205—208 页。中共中央：“中共中央关于在发展中央工业和发展地方工业同时并举的方针下有关协作和平衡的几项规定”（1958 年 4 月 5 日），《建国以来重要文献选编》（第十一册），中央文献出版社 1995 年版，第 240—243 页。

② 中共中央：“中共中央关于合作社社员的自留地和家庭副业收入在社员总收入中应占比例的意见”（1958 年 3 月 21 日成都会议通过，同年 4 月 8 日政治局会议批准），《建国以来重要文献选编》（第十一册），中央文献出版社 1996 年版，第 211—212 页。

③ 毛泽东：“实践论：论认识和实践的关系——知和行的关系”，《毛泽东选集》，人民出版社 1991 年版，第 282—298 页；“人的正确思想是从哪里来的?”，《毛泽东著作选读乙种本》，人民出版社 1965 年版。

④ R. Coase. 1937. The nature of the firm, *Economica*, November: 386—495; A. Alchian and D. Harold. 1972. Production, information costs, and economic organization. *American Economic Review*. Vol. 62, No. 5, pp. 777—795.

崔之元，2008）。[①]“鞍钢宪法”体现了毛泽东的经济民主的思想，把人的精神因素、人的创造性与工人的政治参与与管理参与的热情结合起来，赋予工人以企业为家的主人翁意识[②]，从而在相当程度上解决了企业或其他各类组织的激励问题。

毛泽东对社会主义路径的探索开启了后来的改革开放的大门，这有三种解释：

其一，毛泽东式的政治经济学不同于斯大林式的政治经济学，是因为前者提倡中央与地方的行政性的和经济性的分权，这使中央与地方的企业具有互不隶属的产权结构从而使地方（政府）存在着事实上的“利税中心”，地区间的竞争机制始终存在着计划经济的制度结构中并不断地刺激着地方政府出台有利于自身发展的政策。实际上，中国从新民主主义经济模式向社会主义的经济体制的过渡中从来就不是前苏联模式的“再版”或“照抄”。

其二，毛泽东式的政治经济学并不总会自动地获得其他人的同意或接受，执政党的领导层自始至终就存在着诸多的理论上和政策上的争论。例如，毛泽东主张通过构建合作经济组织而使农村较快地向社会主义的集体经济过渡，但邓子恢却并不认同这样的做法，坚持认为互助组的方式或者初级合作社的方式，更有甚者，分田单干的方式可能更能使农村经济变得富足而有序。诸如此类的党内争论不仅是一种政策争论，更是思想争论，这为后起的改革开放提供了思想与理论上的准备。当然，每当发生这样的争论，最后总是毛泽东占据政治道义上的制高点，其他挑战者或是放弃自己的主张，或者与毛泽东妥协。但这样一来，毛泽东的诸多的政治经济主张也会在具体实施上偏离原有初衷，因为毛泽东与他的党内同志同样是一种委托代理关系[③]，这就导致毛泽东对其他人的“形左实右”的警觉与担忧，因此毛泽东才会说，政治路线确定之后，干部就是决定因素。[④]

其三，毛泽东的“论十大关系”是对苏联式社会主义建设的经验的总结，严格讲它并非严谨的政治经济学的理论分析。然而，这篇文献在中国社会主义的政治经济学的发展中却具有标志性的作用。首先，它构成了中共八大的政治报告的哲学基础、思想基础与理论基础，其次，它诱发或鼓励了更多的政治家和理论家能用批判的眼光来看待苏联式的社会主义建设的经验教训，因此，在客观上，它成了中国改革思路的“先导”。事实上，始自1978年的改革开放是从“拨乱反正”的政治策略开始的。所谓“反正”，正是对八大政治和经济路线的回归，当然更是对毛泽东的“论十大关系”的思想、理论与政策的回归。

第四节 “毛泽东式工业革命”的后果

1977年前，即毛泽东时代，中国的工业化是通过四个“五年”计划推进的，包括

① 张衔、庄志晖：“‘鞍钢宪法’：基于合作博弈的重新解释”，《海派经济学》，2007年第19辑；崔之元：“鞍钢宪法与后福特主义”，2008，http://www.wyzxsx.com/Article/Class17/200805/38805.html。

② 中共中央：“中共中央批转鞍山市委《关于工业战线上的技术革新和技术革命运动开展情况的报告》”（1960年3月22日），《建国以来重要文献选编》（第十三册），中央文献出版社1996年版，第109—124页。

③ 例如林彪就提到，什么时候照毛主席的话去做，什么时候事业就顺利；什么时候违背毛主席指示，什么时候革命事业就容易招致失败。见林彪：“在扩大的中央工作会议上的讲话”（1962年1月29日），《建国以来重要文献选编》，中央文献出版社1997年版，第102—112页。

④ 毛泽东：《毛泽东选集》（第2卷），人民出版社1991年版，第526页。

“一五”计划的1953—1957年，“二五”计划的1958—1962年，1961—1965年的经济调整期，“三五”计划的1965—1970年，“四五”计划的1971—1975年。毫无疑问，1977年后中国的政治、经济与社会的制度变迁是承载着毛泽东的工业化的遗产的。

对毛泽东时代的工业化的后果，不同的人有不同的评价。例如美国学者莫里斯·迈斯纳就认为①：

“如果不去正确地评价毛泽东时代把中国从世界上最落后的农业国家之一变成到20世纪70年代中期为止世界第六大工业强国的过程中取得的惊人成就，就不可能理解毛泽东时代遗留给邓小平时代的经济问题。中华人民共和国的经济史以一个小小的工业生产基地为发端，这个工业生产基地甚至比比利时的还要小一些，当时，中国工业的人均产量不及比利时的工业产量的1/15。然而，是在物质资源最贫乏的基础上，在充满敌意的国际环境中和极少外援的情况下，中国在1/4世纪的时间内把自己变成了一个主要的工业大国。在毛泽东领导期间，全国工业总产值增长了30多倍（如果从1952年算起则增长了12倍），其中重工业总产值增长了90倍（1949年以前中国重工业特别匮乏）。从1952年（当时工业生产恢复到了战前最高水平）到毛泽东时代结束为止，尽管‘大跃进’造成了工业生产的混乱，工业产量仍在以平均每年11.2%的速度增长。1953年至1957年第一个五年计划期间增长的百分比最大，当时工业增长率达平均每年18%，把中国的工业生产力翻了一番还不止。其后一些年里增长的速度尽管不稳定，但仍然很快。1966年至1976年的‘文化大革命’，尽管造成了很大的破坏，但工业生产仍继续在以平均每年超过10%的速度增长。”

“在这个令人惊异的高速工业化过程中有几个关键部门的数据或许值得一提。从1952年至毛泽东时代结束期间，钢铁产量从140万吨增长到了3180万吨，煤炭产量从6600万吨增长到了61700万吨，水泥产量从300万吨增长到了6500万吨，木材产量从1100万吨增长到了5100万吨，发电量从70亿千瓦时增长到了2560亿千瓦时，原油产量从根本的空白变成了10400万吨，化肥产量从3.9万吨上升到了869.3万吨。到20世纪70年代中期，中国还在生产大量的喷气式飞机、重型拖拉机、铁路机车和现代海船。中华人民共和国还成了一个主要的核强国，完成了洲际弹道导弹的发射。1964年中国第一枚原子弹试验成功，1967年生产了第一枚氢弹，1970年把一颗卫星发射进了轨道。”

“正是这个中国现代工业革命时期为中国现代经济发展奠定了根本的基础，使中国从一个完全的农业国家变成了一个以工业为主的国家。1952年，工业占国民生产总值的30%，农业产值占64%；而到1975年，这个比率颠倒过来了，工业占国民生产总值的72%，农业则仅占28%了。其实毛泽东的那个时代远非是现在普遍传闻中所谓的经济停滞时代，而是世界历史上最伟大的现代化时代之一，与德国、日本和俄国等几个现代工业舞台上主要后起之秀的工业化过程中最剧烈时期相比毫不逊色。这些经济成就是中国人民自己通过劳动取得

---

① 莫里斯·迈斯纳：《毛泽东的中国及后毛泽东的中国》，四川人民出版社1989年版，第535—550页。又参见迈斯纳：“毛泽东时代进行了伟大的现代化”，见：http://bbs1.people.com.cn/postDetail.do?id=88870235&boardId=1；另见：http://hi.baidu.com/dbts/blog/item/8564e3dcb952bfe776c638f9.html。

的，在那个时代，毛泽东思想仍能够给人一种使命感和目的感。”①

我们再来看看刘国光等人的评价。刘国光等（2006）认为，重工业优先发展的战略在“一五”计划就得到很好贯彻，重工业发展迅速，迅速改变了工业产值在工农业产值中的比例关系，农业生产工具、化肥、农药、农业生产用的煤、电、油等诸多农业发展所需要的工业用品也有长足增长。“一五”计划期间，我国社会生产总产值年增长11.3%；工农业总产值平均每年增长10.9%；国民收入平均每年增长8.9%。费正清也认为，从经济增长数字看，“一五”计划相当成功，按不变价格计算，农业产出和工业产出分别以3.8%和18.7%的速度递增，人均产出增长率为6.5%。这与那些差不多同时独立的国家人均增长率为2.5%左右的发展中国家相比，中国的经验也是成功的。印度也是大陆型农业经济国，最初的经济状况和中国相似，它在20世纪50年代的人均增长率还不到2%②。

---

① 正文引述的是美国学者迈斯纳的话。我愿意把他同一篇文章的剩下的话全部照实录下来：

“除了20世纪50年代前苏联极其有限的援助之外，中国没有接受过任何外援。敌对的国际环境（在美国对中国革命的敌意之上又加上前苏联对毛主义的敌意），与毛泽东“自力更生”的思想原则，起到了双重强烈的作用，使中华人民共和国到20世纪70年代末以前实际上一直处于经济自给自足的状况。毛泽东的自力更生的国家政策造成了经济上额外的不利与艰苦，但是它也使中国可以自豪地说：在毛泽东时代结束之际，中国实际上是以拥有一个既无外债亦无国内通货膨胀的经济，而在世界发展中国家绝无仅有。”

“如果没有毛泽东时代发生的工业革命，与80年代一同出名的经济改革家们将找不到他们要改革的对象。”

“尽管毛泽东思想强调农业，称颂农民的创造性，但在毛泽东的时代农业发展却远非如工业成就那么可观。1957年以后，食品生产仅与人口增长同步，当时人口以平均每年2%的速度增长，使得毛泽东时代，中国人口几乎翻了一番。1975年人均粮食总产量几乎与1957年农业集体化之初时一样。”

“在毛泽东时代的20年里，农村生活水平实际上处于停滞不前的状态，每年平均增长不到1%，而且是在一个低得可怜的基础之上增长的。1952年至1975年间，在工业生产总值增长十倍的同时，农业生产仅仅增长了两倍，甚至那也是通过大量地扩大农村劳动力规模而取得的。此外，尽管毛泽东不断提倡缩小城乡差别，城市和农村的收入差异还是加大了。”

“然而，毛泽东时代的中国农业也绝非如今被描绘的那样惨不可言。维克多·李皮特曾指出，毛泽东时代中国农业的发展大大快于1868年后至1912年日本明治年间备受称赞的成功的近代工业化时期。从1952年至70年代中期，中国农业净产量增长为平均每年2.5%，而1868年至1912年间日本工业化最强阶段的数字也只有1.7%。正如马克塞尔顿曾指出的：‘1977年中国人均占有耕地比印度少14%，而人均粮食生产却比印度高30%到40%，而且是把粮食以公平得多的方式分配到了比印度多出50%的人口手中。’”

“经济统计资料并非告诉我们全部事情。经常有人指出，对于收入与消费的常规性测度并不能充分表明实际的生活水平和生活质量，还必须考虑到教育、保健、卫生以及老人与贫困者的福利措施等这样一些基本的而必要的方面的公共消费，但是这些东西是难以用标准的经济测度来数量化的。”

“在所有这些领域，毛泽东时代都取得了伟大的社会进步，在大多数关键性的社会和人口统计指标上，中华人民共和国不仅比印度、巴基斯坦等其他低收入国家强，而且比人均国民生产总值五倍于中国的‘中等收入’国家要强。在毛泽东时代，中国人由大部分人口是文盲的状况变成了大部分人识字。在农村差不多普及了小学教育，在城市几乎普及了中等教育，而且在城乡皆开创了成人教育和在职教育规划。基本的社会保护措施得到了贯彻，如禁止童工，还有农村最低限度的福利方案等，后者中最著名的是对最穷困者们的食品、物、住房、医疗以及丧葬费用的‘五保’。国营企业的城市工人们享有工作保障以及国家拨款的福利待遇。”

“毛泽东时代结束之际，中华人民共和国完全能够声称，它拥有一个虽刚起步但相当全面的医疗保健体系，这使得它在所有发展中国家都独一无二。医疗保健以及营养和卫生的改善，共同造成了中国人寿命的极大增长，从1949年以前的平均35岁到了70年代中期的65岁。”

② 这里所引的数据可参见刘国光主编：《中国十个五年计划研究报告》，人民出版社2006年版，第109页。这里所引费正清的评价也来自刘国光（2006年，第109页）。

"二五"计划是我国历经的五年计划中指标变化最多、变幅最大、实施效果最差、主要经济指标负增长、人民生活水平下降最严重的一个五年计划。1958—1962年，国民经济年增长0.65%，最高年32.2%，最低年-31%。1962年与1957年相比，工业总产值仅增长19.9%，平均年增长3.8%；农业总产值则下降了4.3%；国民收入下降了14.5%；全民所有制职工平均工资下降了5.4%。期间，1959—1961年，中国经济遭遇到空前的困难。1961—1962年，毛泽东及其执政党开始实施经济调整政策，贯彻"调整、巩固、充实、提高"的八字方针，逐步扭转了严重的比例失调关系，国民经济开始转向良性循环轨道（刘国光等，2006，235）。1963—1965年继续执行调整政策，国民经济进一步好转。从1958年至1965年，"二五"计划的实施与此后的国民经济调整并没有阻挡中国工业化的进程，这期间，建成大中型工业项目110个，不少重要的工业建设工程如武钢、包钢、洛阳第一拖拉机厂、保定化学纤维联合厂、新安江水电站，以及中国第一座试验性的原子反应堆和回旋加速器等都是这一时期投产的。1963—1965年施工建设的大型项目1097个，其中建成投产的243个。到1968年，全国工业固定资产原值已达1040亿元，比1957年增长了两倍（刘国光等，2006，247—251）。①

刘国光等认为，尽管存在着计划编制不合理、国民经济结构失衡、经济效益低下等重大问题，"三五"、"四五"计划即使在"文化大革命"的困难条件下仍然得到了实现，建成了一大批骨干企业、重点企业和基础设施，国家经济总量比以往有较大增加，再没有出现"大跃进"后那样的严重局面，从中国共产党创建新中国之后确立的工业化建设总目标和进程看，"三五"、"四五"计划是中国建立独立的比较完整的工业体系的重要阶段。截至1979年，全国工业企业达35万个，全民所有制企业固定资产达到3200亿元，相当于旧中国近百年积累起来的工业固定资产的25倍。从1952年算起，到1978年，我国工业发展尽管有过几次起落，平均每年增长速度仍然达到11.2%。一个独立的比较完整的工业体系基本建立起来了（2006，370—372）。

胡鞍钢认为，毛泽东时代最重要的标志是新中国开始启动大规模的工业化、城市化和现代化建设，仅仅用了不到30年的时间，新中国的变化和社会进步远远超过1949年之前的任何历史时期，甚至超过1949年之前所有的现代化发展成果。可以说，毛泽东时代是真正历史意义上的现代中国的巨变，为其后的改革开放奠定了基础。从1952年到1978年这一时期，中国基本实现了20世纪50年代和60年代制定的国家工业化的初期目标，迅速完成了国家工业化的原始积累，建立了比较完善的工业体系和国民经济体系，奠定了工业发展的基础。在毛泽东时代，中国的铁路、公路、空运、邮电、城市基础设施和能源生产获得空前发展。促进现代化发展的各类基础在1952—1978年期间都得到不同程度的增长，农田水利设施得到明显改善。1952—1978年期间，中国经济增长纪录与周边大国差不多，但明显优于印度。中国比较成功地用世界7%的耕地和6.5%的水资源养活世界1/5以上的人口。按购买力平价计算，到1975年，中国工业增加值占世界总量的3.4%。到1980年，中国煤炭产

① 包括大庆油田（黑龙江）、马鞍山钢铁公司（安徽）、刘家峡水电站、林县红旗渠（河南）、南京长江大桥（1959年开始兴建，1969年建成通车）、太原肥料厂、兰州合成橡胶厂、韶关电厂（广东）、南京热电站、东方汽轮厂（四川）、兴平化肥厂（陕西）、西北铝加工厂（甘肃）、富春江七里垄水电站（浙江）等大中型项目大部分在"二五"期间建成，也有部分项目在"二五"期间只完成了一期工程，而在"三五"或"四五"期间得以全部建成投产。参阅刘国光主编：《中国十个五年计划研究报告》，人民出版社2006年版，第247—251页。

量占世界总量的16.6%，水泥和化肥产量分别占世界总量的10.5%和10.4%，钢产量占世界总量的5.0%。新中国成立前人口平均预期寿命为35岁左右，低于世界平均期望寿命49岁，到1980年提高到66.88岁，提高了32岁，高于世界平均寿命62.6岁，也高于中等收入国家平均期望寿命65.6岁。到1977年，中国成为世界政治、经济、军事和综合国力强大的大国之一。毛泽东时代的中国，其现代化的发展成绩在中国近现代史上是前所未有的，即使在世界现代历史上也是十分突出的。但是，在毛泽东时代，频繁的政治运动也给经济增长、社会发展、人力资本积累、公民权力、民主制度和文化事业带来了巨大的损失和伤害。在胡鞍钢看来，毛泽东在文化大革命中的"失败"是邓小平成功之母，邓小平改革开放的思想来源于毛泽东思想的智慧，中国改革开放的成功本质就是毛泽东思想的成功（2007，683—740）。①

显然，当我们从不同的角度、不同基点（即参照点）出发来分析毛泽东时代及其"毛泽东式的工业革命"，毫无疑问会得出不同的甚至完全相反的（理论）结论。然而有一点可以肯定下来，即毛泽东所留下的政治遗产和经济遗产已经成为我国改革开放的逻辑起点并深深影响了此后中国制度变迁的轨迹。毛泽东式的政治经济学不同于斯大林式的政治经济学，中国的社会主义的计划体制也不同于前苏联式的社会主义的计划体制，这使中国和前苏联的改革命运完全不同，前者发展出一整套的有中国特色的社会主义的理论体系，后者则走向社会主义的反面，即资本主义的政治经济体制。

第五节　计划与市场：改革的政治经济学

一般而言，改革始自1978年。邓小平说，改革是摸着石头过河，似乎是没有理论的。"摸"就是实践，"石头"是一种标尺，可知河水深度，"过河"就是改革过程，"河对岸"即改革目标。实际上，邓小平的这个说法本身就是一种对改革过程的演进论作的解释。这里的关键在于如何定义"河对岸"，即改革目标究竟是什么？这就引出了诸多"学派"或"政派"② 的持续论争。

很长一段时期，社会主义要计划本来就是共识，因为迄至20世纪70年代末，甚至80年代初，社会主义的理论家们就把计划经济作为社会主义社会的本质特征，一是公有制，一是计划经济，缺一不可。前者是核心，后者是手段，没有公有制，计划经济无从实施，但无计划经济作为手段，公有制也就无法按计划比例"有效"运行。所谓价值规律仍然起作用，也只是在有计划按比例的框架内充当调剂供求余缺的一种辅助性手段，因为大部分的生产资料的分配已通过政府的计划之手流向各生产单位和消费单位，余下需要通过市场价格机制调配的部分已属不多。因此，无论是斯大林，还是毛泽东，还有那些马克思的理论家们，如陈云、薛暮桥、顾准、孙冶方等等尽管都承认社会主义社会存在着商品生产和商品交换，但几乎异口同声地认定价值规律只能有限地发挥作用。

改革是要有前提的，这有三层含义：

① 胡鞍钢：《中国政治经济史论（1949—1976）》，清华大学出版社2007年版，第687—740页。

② 这里所说"政派"，即"政治派别"之简称。

其一，要有改革的对象，即改什么。

其二，改革要有理论准备，即所改的对象及其与这些对象相关联的理论必定在逻辑上有致命缺陷，那么为了改革某种陈旧的制度或体制就必须要有相应的理论准备，否则改革就"师出无门"。

其三，此外，还要有改革的现实迫切性。如果原有的制度体系还能容纳更新的"生产力"的因素，那么即使某项制度或某种体制即使看起来是多么的不合理，或者与大家公认的某些先进制度比较起来是多么的"落后"，也不可能成为改革的对象。只有社会成员感到生活在某种体制条件下其预期收入不如所期待的改革后的制度条件下所获得的预期收入，人们才会产生改革的意愿与动力。这样一来，就会要求对原有理论的突破，因为原有的理论与被改革对象具有"同构性"，"对象"合理，即为之提供辩护或解释力的理论也就合理了，如果"对象"不合理，即为之提供辩护或解释力的理论就必然要被突破。

一、改革的政治经济学：1956—1979 年

1979 年的中国社会是一种什么样的社会呢？它与 1976 年的社会比较起来有什么不同？我们在上文业已证明，1949—1977 年中国的国家战略是实现工业化，以比较快的速度建立起独立的工业体系与国民经济体系。正如林毅夫所说，建立庞大的国民经济体系与独立的工业体系必须要有充裕的资本积累，这对一个后发大国是非常困难的事情。为此，就必然构建农村人民公社的集体经济和全民所有制的国营经济，压低银行的利息和工人的工资，通过压抑人民消费愿望的方式使更多的资本积累在国家手里，因此，林毅夫认为，全民所有制经济与农村人民公社的制度安排都是内生（选择）性的（结果）（2008）[①]。当然，正如前文所述，我国之所以选择公有制经济的原因除开林毅夫所证明的"国家赶超战略压力下的内生说"之外，还蕴涵着社会主义政治伦理强烈的价值取向，更重要的是，在一个贫穷人口占绝大多数的国家里，公平正义的强烈诉求必然首先体现在社会财富与土地产权的重新分配上，这本身就不只是一种政治选择了，其实质仍然是经济的或利益的选择，只不过这样的选择更多地体现了中国的低收入阶层的利益诉求，但这样的低收入者恰恰占中国人口比例的绝大多数。这样一来，这样的选择无疑客观上就又具有了意识形态的色彩与社会正义的伦理价值。

公有制经济便于建立起一个更为公平的社会，更有利于国家集中大量的人力、物力和财力实现工业化，因此，集体经济和国营经济以及与此相联的所有制结构和相应的产权结构就必然被选择并被看做是社会主义的公有制的本质特征。正是依靠公有制的经济组织和社会主义的意识形态，执政党不仅在经济上可以按照各个"五年"计划汲取必要的资本，而且能够发挥执政党的独特的政治动员能力而调动社会成员的积极性，用一国的整体性的劳动力来

---

① 林毅夫：《中国经济专题》，北京大学出版社 2008 年版。林毅夫的分析上的弱点也很明显，是他看到了中国的计划体制的内生性，却没有看到中国体制与前苏联体制的"变异性"。实际上，即使在印度，20 世纪 50 年代至 70 年代也是一种计划体制，但印度社会的分配结构（或制度结构）与中国社会是不同的，另外，两国的计划方法也非常不同，政治动员的"发生机制"与这种动员能力也十分不同，中国肯定强于印度，这从中国的工业基础设施远远好于印度即可得到证明。关于此点可参阅迪帕尔·拉尔（Deepak. Lal）：《印度均衡：公元前 1500—公元 2000 年的印度》（节选和修订版），北京大学出版社 2008 年版。另参阅 Lin，J. Y.（1990），"Collectivization and China's Agricultural Crisis in 1959—1961"，*Journal of Political Economy*，98，(6)，1228—1252；Lin，J. Y.（1992），"Rural Reforms and Agriculture Growth in China"，*American Economic Review*，82（1）：34—51.

替代短缺的资本，从而以一种低成本的方式实现社会主义的工业化。正如前文所述，中国式的社会主义的工业化之路虽然与前苏联式的工业化之路呈现出诸多相近的特征，却仍然保留着自己的鲜明的特色，原因在于毛泽东式的政治经济学与斯大林式的政治经济学具有相当的“变异性”，前者更注重发挥中央和地方两个积极性，尽可能在计划体制的框架内增加分散决策的种种可能性①。我们在前面反复说明，正是毛泽东式的政治经济学，包括综合平衡的政策思路及中央地方分权的政策主张为后起的改革开放做了足够的理论准备，从这个意义上说，邓小平的改革开放并非全部是“摸着石头过河”，它的起点实际上首先是（对）毛泽东的“论十大关系”与中共“八大”政治报告的“回归”。

历史地看，政治动员能力强烈地依赖于社会成员的信念与政治热情。当这种政治热情与信念所产生的功效开始边际地递减并最终影响到那种社会激励的总的水平的时候，计划经济的弊端将变得越来越明显以至于最终必然成为改革的对象。从1949年到1976年，毛泽东举全国之力以一种前所未有的速度迅速地实现了初步完整的工业化，为中国的持续的经济增长准备了历史条件，接下来作为微观主体的国营企业、人民公社的“三级所有，队为基础”的（基层的）农业生产组织的内部激励问题就成为经济增长与社会发展的决定性的因素。此外，原有的计划体制如何协调各个微观主体的生产经营活动从而实现全社会的综合平衡，就成了理论与政策必须加以解决的问题。

实际上，如果我们撇开意识形态的空洞原则和一些抽象的理论争论来观察1949年到1979年的历史，那么我们如何定义中国社会的性质呢？当然，它首先是一种社会主义的计划体制，通过计划当局的年度计划、“五年”计划来协调物质资本、信贷资本和人力资本在各个部门、各个地区的配置。计划具有法律效应，但同时它又被论证为一种经常起作用的“规律性的东西”，即有计划按比例的协调与发展规律，因为按照马克思的分析逻辑，全社会的必要劳动量必须而且必然会按照社会分工水平、全社会的生产力水平以及不同行业的各自的平均的生产力水平而在各行各业乃至具体的各个部门进行分配，从而使工农业的生产活动呈现出“有计划按比例”的“内在特征”，这种“特征”决定了全社会的供求水平以及供

---

① 按我们的理解，这“种种可能性”既包括制度上的可能性（即通过制度来确保中央与地方分权，同时，不同层级的地方政府也彼此分权），也有政策上的可能性，即在国营企业实施“两参一改三结合”政策，增加企业的生产与经营活力。毛泽东在1966年3月12日给刘少奇写的一封信提出，一切统一于中央，卡得死死的，不是好办法。20日，毛泽东在杭州召开的中央政治局扩大会议上说，中央还是虚君共和好。中央只管虚，只管政策方针，不管实，或少点实。他批评中央收上来的企业太多了，凡是收的都要下放到地方去。1969年，全国计划会议提出，企业要以地方管理为主，中央直属企业可分为地方、中央和双重管理三种形式。例如1969年5月1日，全国最大的钢铁企业鞍山钢铁公司下放到辽宁鞍山市，以此为开端，掀起了全国下放企业的高潮。但这样一来，企业都下放到地方，不利于中央计划部门制订和实施计划，故原来下放的许多大型企业后来又收回中央。不过，这种中央和地方分权的思路却一直存在在毛泽东时代的制度和政策方针之中，省里有省属企业，地区有地属企业，县里有县属企业，已成为中国公有制经济的一个重要特征。与此同时，毛泽东还要求下放财政收支、物资分配、基建投资权力，实施地方大包干。例如1971年3月财政部决定，从本年起实行财政收支包干，定收定支，收支包干，保证上缴，结余留用，一年一定。这个举措当然调动了地方财政积极性，但又造成了收入指标难以符合实际，各地苦乐不均，地方机动财力不稳定，各年差异较大；短收地区不能保证上缴，仍要国家补贴等矛盾。此后1972年3月对此政策又作调整，规定各省、市、区分成办法，不满1亿元的超收归地方，超过部分上缴中央一半，不过此种办法导致中央财政亏空。1973年再次修改财政分权政策，规定华北、华东地区和江苏省试行收入按固定比例留成等办法。这些方法虽然调动了地方积极性，但也增加了中央与地方的谈判频率（刘国光等，2006年，第303—305页），对计划管理造成不利影响。但这种分权思路的确被后来的改革开放所沿用，成了中国改革轨迹与前苏联改革轨迹不同的重大原因之一。

求状况的“均衡特性”。[①]

其次，即便1949年到1989年的中国，也不是自然经济的社会，而是一个商品经济的社会，其理由就是按照卓炯反复强调的，源自这个社会所具有的两个鲜明的特征：

其一，它的所有制是有差异的，既存在全民所有制的国营经济，也存在着“三级所有、队为基础”的集体经济。此外，在城市，还有作为国营经济补充的街道或居民委员会所有的集体经济组织；在农村，还有作为集体经济补充的自留地经济，这意味着在这样一个社会还存在着各自独立的经济组织及其相应的商品交换关系。因此，毛泽东说，中国的经济具有商品生产和商品交换两个特点。

其二，它的生产与经营活动是通过分工与专业化的手段来完成的，因此，正如卓炯所认为的，只要存在社会分工，则无论所有制形态如何，这个社会的经济就是商品经济。市场则是商品经济的集中表现，要消灭商品经济就意味着要消灭市场（1981，1—33）[②]。这样看来，即使在公有制经济占绝对优势的社会，它仍旧存在着市场和市场经济，则价值规律肯定要起作用。

这就意味着，在传统计划体制占优的社会里，不管是在理论的逻辑结构上，还是在经验现实的（社会）内部，都要面对并解决这样一个问题，即如何“划定”有计划按比例规律和价值规律的“作用边界”以及如何协调这两个规律的内在关系，假如它们真有某种内在关系的话。这样的一些问题后来就成了社会主义的政治经济学的一个具有特别含义的需要论证与解释的重要命题。换句话说，社会主义的传统理论不能回答这样的问题，社会主义的计划经济的历史经验也不能很好解决这样的问题，因此，改革旧体制就显得非常必要从而“改革的政治经济学”也就应运而生了。

尽管改革开放始自1979年，但改革的政治经济学的“起源”却要早得多[③]。中国的很多学者很早就开始了多方面的理论探索。早在1962年，卓炯就意识到，有计划按比例发展

---

① 有关有计划按比例的规律的详细论述参阅卓炯：《试论有计划按比例发展规律》，1981年，第201—219页。

② 卓炯：《论社会主义商品经济》，广东人民出版社1981年版。孙冶方：“要全面体会毛泽东同志关于价值规律的论述”，《孙冶方全集》（第二卷），山东经济出版社1998年版，第399—431页。“我与经济学界的一些人的争论”（1972年3月），《孙冶方全集》（第三卷），第1—54页；“千规律，万规律，价值规律第一条”（第96—101页）；“价值规律的内因论和外因论：兼论政治经济学的方法”，第271—295页，山东经济出版社1998年版。

③ 当然，许多东欧国家，早在20世纪50年代就开始了经济体制改革，例如匈牙利1953年就宣布改革，但1954年改革者纳吉总理被剥夺权力，此场改革即终止。前苏联在1953年斯大林逝世后，赫鲁晓夫主要是在意识形态上进行过一场反个人崇拜的“思想改革”，其基本的体制并未有根本性变化。1968年捷克斯洛伐克开始“布拉格之春”，但1968年遭到华沙条约组织的干预。参阅雅科什·科尔奈：《社会主义体制：共产主义政治经济学》，中央编译出版社2007年版，第371—374页。这些国家对市场机制的运用的思路实际上启发了中国的政治经济学家们的“改革思路”，引发了后者对计划与市场关系的探索。不过，匈牙利的学者曾告诉中国同行，计划与市场不可能结合。但来自法国的学者却说，可以结合。参阅刘国光：《刘国光文集》，中国社会科学出版社2005年版，第128—129页。这意味着，中国学者很早就受到前东欧社会主义国家的同行的影响。另外，卓炯、孙冶方、顾准、陈云很早就注意研究市场与计划的结合问题，毛泽东在《读苏联社会主义政治经济学教科书的笔记与谈话》一书中也论及如何运用价值法则的问题。这就说明，早于1979年的改革开放，理论上的“改革的政治经济学”的探索就已经开始了。参阅陈云：“安排市场要网开一面”，载《建国以来重要文献选编》（第十四册），中央文献出版社1997版，第78—82页；顾准：“关于社会主义经济中价值及价值规律的问题”，以及“试论社会主义制度下的商品生产和价值规律”，此两文均载《顾准文集》，中国市场出版社2007年版，第308—388页；卓炯：“怎样认识任何价值规律的调节作用——与薛暮桥同志商榷”以及“把产品经济体制改造成商品经济体制——对薛暮桥同志意见的一点补充”，此两文均载：《论社会主义商品经济》，广东人民出版社1981年版，第324—329页和第341—348页。

规律和价值规律的关系问题，本质上是一个商品经济问题。他认为，马克思把商品看做是使用价值和价值的统一。这个矛盾表现在社会再生产上就成为实物形式和价值形式的统一。这个矛盾反映在客观规律上就是按比例规律和价值规律的统一。由于存在社会分工与所有制的差异性，因此商品经济在全社会的生产活动中起着基础性的作用，这意味着价值规律也就是社会再生产的基础，有计划按比例只能在价值规律的基础上发挥作用。在商品交换中，价值规律是经常性的起着作用的，它通过价格变动调节着市场供求，但是，使用价值和价值之间的矛盾使市场供求不会自动地实现均衡，假如人们认识到这一点，就可以通过计划手段促使供求趋于平衡，从而使实现诸多矛盾的统一，包括积累与消费的统一，生产资料与消费资料的统一，简单再生产与扩大再生产的统一，基本建设与正常生产的统一，商品和货币的统一，最后就是商品的使用价值与价值的统一①，这样一来，整个社会就最终会实现陈云所说的国民经济的综合平衡②。

与卓炯一样，孙冶方很早就注意到即使在产品经济时代（假如存在着这样一个时代的话③），价值规律仍然起着基础性的作用。主要原因在于，产品的价值或者说使用价值的价值量由社会平均劳动量决定，而这将引导全部的社会必要劳动量在不同部门分配直至在现有技术条件下创造出最大量的物质财富并按不同行业的生产力水平来分配这些物质财富。因之，有计划按比例规律实际上是价值规律在产品经济阶段的一种变形，两者在本质上是等同的。由此就引出了中央计划当局必须按价值规律来改进计划方法，尽可能实现国民经济的综合平衡；国营企业或农业生产合作社也必须按价值规律安排生产经营活动并以价值规律为基础来计算生产活动的劳动消耗和物质消耗以尽可能创造出在社会上适销对路的产品，因此企业之间要讲生产竞赛，也要进行严格的经济核算（1956；1957）。④

无论官方学者如薛暮桥，还是以半民间半官方身份发表诸种看法的其他学者如孙冶方⑤等，均承认价值规律在计划经济体制的作用，只不过，前者更强调价值规律作用的局限性，后者则强调价值规律在计划经济作用的基础性地位；前者更认为价值规律只是在计划经济体制中的一种工具性的或手段性的“补充”，后者却认为，价值规律与社会主义的计划经济体制是完全可以兼容在一起的配置资源的一般性手段，有计划按比例规律只能在此基础上才能发挥其应有作用。前者认为价值规律只与商品经济相联系，仅仅在计划经济体制内部，由于还存在着商品生产与商品交换，因此价值规律还在一定的范围内起作用，但人们还是要通过增加有“计划按比例”的自觉性而限制价值规律的盲目性和自发性（关梦觉则此种盲目性

---

① 卓炯：“试论有计划按比例发展规律和价值规律的关系”，《学术研究》，1962年第5期，又参阅卓炯：《论社会主义商品经济》，广东人民出版社1981年版，第201—210页。

② 关于综合平衡参阅陈云：“建国规模要和国力相适应（一九五七年一月十八日”，《陈云文选》第三卷，人民出版社2005年版。

③ 括号里边的话是笔者所加，因为笔者并不认为存在着这样一个产品经济时代，或者说笔者认为，不可能存在一个纯粹的产品经济时代，即使在1949—1979年的计划体制下的中国经济内部也不是这样的。

④ 孙冶方：“价值规律和改进计划统计方法问题”，原载《社会主义经济若干理论问题》（续集）（增订本），人民出版社1956版；“江苏农村统计工作视察报告”（1957年7月8日写给李富春同志的信），此两文均载《孙冶方集》第二卷，山西经济出版社1998年版，第15—53页。

⑤ 薛暮桥：“价值法则在中国经济中的作用”，《学习》，1953年第9期；“社会主义制度下的商品生产和价值规律”，《红旗》，1959年第10期。此外转引自孙冶方：“论价值——并试论‘价值’在社会主义以至于共产主义政治经济学体系中的地位”，载《孙冶方全集》（第二卷），山西经济出版社1998年版，第175—179页。

和自发性为“野性”[①]），后者则认为只有存在着商品生产和商品交换，更一般地，只要存在着所有制的差异性和社会分工，极而言之，即使所有制并无差异性但仍旧存在着分工与专业化的客观历史条件，那么价值规律就一定起着基础性的配置资源的作用，“有计划按比例规律”只能在此基础上才能发挥其应有的功效。后者自称为商品经济的“宽派”而把前者看做是“窄派”[②]。“宽派”学者认为，一切社会形态，如自然经济、中世纪的封建的包括有远程贸易的经济，还有工业革命从发动到最终完成的资本主义的经济，还有所谓的社会主义的产品经济，都与商品经济和价值规律相联系，后者始终与所有上述社会形态相嵌在一起，只是作用形式有所区别罢了。

看起来，经典的马克思主义的经济学者在商品经济和价值规律等诸多问题上陷入了繁琐哲学，原因在于他们总是在一些常识性的问题上争论不休，部分原因是马克思的经典文献、列宁的经典文献乃至斯大林的经典文献并未为社会主义社会的经济性质和制度特征提供清晰的具有足够说服力的理论说明，或者说，至少在马克思的分析范畴内，一旦生产资料为全社会所有，则商品经济的自然特性就会自动消亡，这并非因为价值规律不起作用了，而是因为商品交换已变得不必要从而价值规律的作用范围与运行机制必然发生改变甚至也因此而“似乎”不再起作用了。分析结构和概念或语义上的模糊性使后起的马克思主义的追随者们往往难以统一他们的理论逻辑，每个研究者都可能根据他们掌握的马克思的形式不一的著述与思想而重新解释马克思的价值理论和社会主义的经济性质；部分原因也源自马克思所提供的理论范本与现实中的社会主义体制之间存在着巨大的差异，以致如果他的后起者或理论追随者仍然沿用马克思的理论框架来解释这种差异就必然要增加许许多多的理论细节以便使整个分析框架在解释现实问题时能够自圆其说。这样一来，马克思的理论框架的解释力就受到诸多的限制，这就必然导致后起者的分析结构变得越来越具有辩护性并使整个理论变得愈来愈琐屑不堪。

马克思历来认为，理论要能说服人，就必须彻底。“宽派”学者如卓炯、孙冶方、顾准也许发现他们的理论够彻底了，因为按照他们的逻辑，价值规律同样在计划经济的框架里会起作用，甚至这类作用是基础性的，以致“有计划按比例”只能建基于价值规律的作用之上而不可能脱离价值法则而独立地发挥作用。这样一来，“宽派”学者就必须面对计划与市场如何结合的问题。

同样，“窄派”学者尽管并不认为价值规律起着基础性的调节作用，而是把它局限在计划体制之内并宣称一旦全社会的所有制变得越来越单一，公有制成分变得越来越高，则计划方法越来越占据统治地位，价值规律最后也会归于“无形”，但问题是，我们所处的公有制社会既存在着等差有序的公有制经济结构，又存在着分工与专业化的商品经济，即便最终会向单一的全民所有制社会过渡，但是过渡中价值规律仍然会起作用，因此，他们仍然要回答

① 关梦觉：“关于当前的商品生产和价值规律的若干问题”，《经济研究》，1959年第2期，第9页。

② 例如，孙冶方就认为胡寄窗（1959（7））和骆耕漠把价值定义在一个很偏狭的范围内，认为资本主义经济体制之外的社会里或者价值规律受到限制或者根本消失。参阅胡寄窗：“‘价值决定’不是价值规律”，《经济研究》，1959第7期，第55、第56页；骆耕漠：《社会主义制度下的商品和价值问题》，科学出版社1957年版，第120页。这里转引自孙冶方：“论价值”，《经济研究》，1959年第9期。此文还载《孙冶方全集》（第二卷），山西经济出版社1998年版，第206—207页。卓炯也自称是商品经济（从而价值规律）的“宽派”，参阅《论社会主义商品经济》，广东人民出版社1981年版。

计划与市场的结合问题。

实际上，陈云和李先念的政策主张更多的是基于经验，因此，他们往往通过解决一系列现实问题，如财政平衡问题、通货紧缩问题、积累与消费问题、就业与工资收入问题等等，在实践中摸索出了计划与市场的内在关系。

至此，改革的政治经济学的历史与逻辑前提无非是：

（1）毛泽东式的政治经济学的探索，包括毛泽东的“论十大关系”与“八大”执政路线，这在前文已有详述，其因在于，改革必须要有“对象”，这个对象包括所有制的经济结构（或经济基础决定下的上层建筑，后者表现为所有制的制度基础），更重要的一点在于，改革是基于中国工业革命成就后的极具政治含义的“制度选择”，但是，如果没有工业革命的历史后果，改革将变得毫无意义。此外，改革必须以拨乱反正为其逻辑起点，此处的“正”即“论十大关系”所蕴涵的经济路线和政治思线。

（2）尽管1949—1979年的学术界对执政党中央的方针政策的影响远不如后来的1979年至今的影响那么大，学术界的理论探索仍然具有不可忽略的历史价值。顾准、孙冶方、薛暮桥、卓炯等人的学术活动与理论论争使后来的改革学者敏锐地意识到改革的政治经济学的核心问题，这为薛暮桥的“有计划的商品经济理论”[①]、刘国光的“计划与市场的有机结合理论”提供极具价值的理论启示。实际上，我国的改革一开始就是市场取向的，这使我国的改革逻辑与国内国际贸易的扩展、国家战略转型、所有制格局（所有权结构）的多元化、中央与地方分权、产权的分解与明晰的现实过程呈现出“理论与经验”的“相互对应性”，即“理论思考”所得出的“改革逻辑”为改革“开路”，而改革的实践又不断地检验着改革理论并不断地挑战这些“理论逻辑”对改革开放过程的“解释力”，这就使我国的改革开放既是一条现实主义的政治路线，也是一个理论逻辑不断深化和系统化的过程。

无论如何，无论“宽派”、“窄派”，还是“实践派”，都为中国的改革的政治经济学提供了丰厚的理论资源，但随着改革进程的到来和不断地前行，这些理论的局限性也越来越突出了，于是“改革的政治经济学”也就演变成了“转型的政治经济学”。

二、改革的政治经济学的分析逻辑：1979—1992年

至此，本书所讨论的“对象”（或者说改革过程及其作为理论总结的“改革的政治经济学”）离我们“越来越近”，以至于每个研究者都可以就这个过程及其相应的理论结论作出自己的“判断”，因此，我们这里只打算逻辑地、简约地就1979—1999年的改革过程作一个理论上的概括。

显然，在实践上，如何发挥有计划按比例规律与价值规律的“双重作用”很容易地转变成如何政策上协调计划与市场的关系（问题）。陈云认为，整个社会主义时期必须有两种经济，其一是计划经济部分（有计划按比例的部分），其二是市场调节部分（即不作计划，只根据市场供应的变化进行生产，即带有盲目性调节的部分）。第一部分是基本的主要的；第二部分是从属的次要的，但又是必需的。经济的调整和体制的改革中，实际上计划与市场

---

① 实际上，我们不能说薛暮桥在1979所出版的书里明确提出了“有计划的商品经济”的概念，但是，沿着他的理论逻辑最终必然会走到“有计划的商品经济”这个结论。同样的判断也适合孙冶方和卓炯。参阅《中国社会主义经济问题研究》，人民出版社1979年版；《薛暮桥晚年文稿》，生活·读书·新知三联书店1999年版。很显然，有计划的商品经济的理论逻辑最后也必然走向（要实行）社会主义的市场经济体制的理论结论。

这两种经济的比例的调整将占很大的比重。不一定计划经济部分愈增加，市场经济部分所占绝对数额就愈缩小，可能是都相应地增加①。

在刘国光看来，尽管改革是市场取向的，但市场本身有缺陷，在生态平衡、公共品供给、公平与效率的协调等诸多方面，必须依靠计划手段。改革的目标是要建立这样一种机制，即国家调控市场，市场引导企业，计划与市场有机地结合在一起，成为资源配置的两个侧面②。

当改革的市场化取向在理论界、决策界渐渐达成共识之后，人们就开始突破改革开始所依凭的"理论资源"和"历史资源"。在许多人看来，马克思的生产力与生产关系的辩证原理已不足以解释业已开始的改革开放，于是便开始寻找新的更合乎逻辑的理论解释框架来证明旧的体制以及经典的马克思的政治经济经济学的"不合理性"，结果，学者们便在五花八门的经济学的工具箱里找到新制度经济学中的交易成本理论与产权理论，这些理论恰好可以证明旧的国营企业与人民公社的组织结构由于未能解决激相容问题而陷入"效率困境"，这个结论的理论意蕴也一目了然，那就是，国营企业的低效率和人民公社的低绩效正是从前计划体制何以使国民经济濒临崩溃边缘的"内在成因"③，因此，无论人民公社也好，国营企业也好，首先要做的是，如何构造一种类似于市场高能激励的治理结构，这就意味着，放权让利的改革政策及其产权明晰的改革思路理应成为中国改革开放的不可回避的"不二选择"。

任何一种改革都不可能是单纯的经济改革，必然伴随着精心的政治谋略的"选择"及其实施。在这里，我们再一次见证了中国人的改革智慧。毛泽东思想具有丰富的内容，它是政治路线、纲领、策略、思想与方法的"总成"。邓小平巧妙地把毛泽东思想与晚年毛泽东的"政治活动"分离开来，粹取其"实事求是"的哲学基础，再一次在中国经济改革的进程中复活了"农村包围城市"的"历史"，这样，用小农式的经济结构——联产承包责任制——代替农村人民公社的改革方案就在1979年全面实施了。正如杜润生和林毅夫所反复证明的，农村改革的实质是产权改革，是基于产权变迁的"放权让利"，但是，与中国历史上的"租佃制"不同，这次改革是在基层政府和农户之间进行的，而历史上的"租佃制"则是农民与地主分享农民所创造的"收成"的"合约结构"，这种农地合约的制度背景是土地的私人占有制，即农地归地主（私人）所有，而在联产承包责任制的合约结构中，农地产权则归集体所有④。

林毅夫的分析证明了联产承包责任制的合约结构之所以在绩效方面优于人民公社的制度

---

① 陈云："计划与市场问题（一九七九年三月八日）"，《陈云文选》（第三卷），人民出版社2005年版。

② 刘国光："再谈计划与市场的关系问题"，《求是》，1990年第12期；又载《刘国光集》，中国社会科学出版社2005年版，第127—138页；刘国光类似的思想更早出现在1979年、1980年，参阅："论社会主义经济中计划与市场的关系"，《经济研究》，1979年第5期；"略论计划调节与市场调节的几个问题"，《经济研究》，1980年第11期。这里转引自刘国光：《刘国光专集》，山西经济出版社2005年版，第1—47页。刘国光较早意识到买方市场问题，这就暗含了微观企业，即国营体制改革的必要性。最后，必然从承包制改革走向产权改革。

③ 关于经济崩溃的说辞历来成为改革学者或政客论证为什么要进行经济体制改革的基本理由，但有许多证据显示，1976年及此前的中国经济根本不可能到达崩溃的边缘。例如某网站的著名网络作者邋遢道人（杨松林）就以可信的数据分析质疑"经济崩溃"的判断。参见邋遢道人（杨松林）："什么才叫'崩溃边缘'"（2008-12-19），http://www.wyzxsx.com/Article/Class14/200812/61802.html。

④ 林毅夫：《制度、技术与中国农业发展》，上海三联书店、上海人民出版社联合出版2005年版，第1—29页。

结构，乃在于前者的产权的“类私人性”使农户获得了类似于市场的“高能激励”，在公社内部，由于社员不能自由退出致使公社与社员之间的博弈变成了一种持续性的“重复博弈”，从而在父爱主义的文化氛围中，公社的各种惩罚措施对社员而言不具备“可置信性”，加上公社作为一种科层组织无法对社员的生产活动进行有效监督，结果使社员具有强烈的不履行职责的机会主义动机，这就使公社组织完全达不到这种制度设计者的预期效率水平。

我们的研究证明，林毅夫的“立论基础”是相当薄弱的，原因在于他的分析框架未能考虑农业生产的独特性质，即“农业生产的‘务农时’”使农业生产函数不同于工业生产函数，这就使他把公社的效率损失归因于社员不具有“可退出权”的分析逻辑偏离了“正确（的分析）轨道”；其次，“三级所有，队为基础”的制度结构早就代替了“一大二公”的大公社体制，林毅夫并不熟悉他所分析的公社结构的“演进历史”，造成了他过分夸大监督问题的严重性，实际上，监督成本并没有林毅夫所预测的那样高。另外，林毅夫的分析并未注意公社制度的整体性效率，即农地的规模利用以及公社内部的工副业的生产经营事实上使中国农村迈向了“农业现代化”的新的历史起点。这样一来，他的理论完全无视公社组织在农田水利建设中所发挥的实质性功效（1989，1—33；1990，1228—1252）。

当然，社员的“不可退出权”肯定是一个问题，但这个问题并非因为它过分损害了公社的（组织）效率，而是源于它妨碍了全社会的劳动力市场的形成，从而在客观上不利于工业化进程中的产业分工，结果因此损害了全社会的分工与专业化的“配置效率”。事实上，劳动力在公社与城市（企业）间的自由流动不仅可以很好地实现劳动力的配置效率，而且还能藉此“内生出”与劳动力配置格局相对应的产业配置格局。一个更值得研究者关切的问题是，由于中国的工业化的国家战略，使得公社的收入更多地通过工农产品的剪刀差而输送到城市，成为中国实现工业化的资本积累的重要来源，由于“三级所有，队为基础”的公社未能在国民收入的初次分配中获得它理应得到的那一份，这就使公社的绩效甚至未达到这种组织设计理应达到的效率水平①。

中国农村改革的成功源于多种因素，最主要的原因是农业生产技术的改进、化肥的投入、农田水利设施的日益完善以及工农业产品的比价调整变得有利于农民增收，当然，联产承包制的实施也有一定影响，但影响程度并不如某些改革学者所宣称的那样大②。即使如此，“承包制”的改革思路对此后的工业企业的改革甚至国家财政体制的改革产生了极大影响。所有这些措施都是对传统体制的改革，因此，把中国的经济体制改革首先概括为增量改革、边际改革的“理论判断”看来是不恰当的。以承包制改革而论，可以发现，联产承包制不仅是放权让利的改革，也是产权制度的改革，从集体经济组织向联产承包制的“转型”意味着农户获得了更为充分的生产经营权与收益权，农户实际上与基层政府分享了土地的处置权和农业生产的剩余。

国营企业的承包制同样如此，经营者与职工作为一方，政府作为另一方，不仅就企业的产品数量展开谈判，而且就企业的工资基金、利润留成比例、信贷额度展开谈判，这说明国营企业的经营者已在相当程度上拥有企业的剩余控制权和剩余索取权，这实质上已触及甚至

---

① 邓宏图、崔宝敏：“制度变迁中的中国农地产权的性质：一个历史分析视角”，《南开经济研究》，2007年第6期。

② 邓宏图、李德良：“农地产权、合约选择与制度变迁：一个有关农地租约的历史逻辑分析”，《江苏社会科学》，2008年第5期。

超越了产权改革或所有权改革的底线了。

我国的财税制度改革同样是从实施“承包制（财政包干制）”开始的。财政包干制，即国家和企业就收入分配的分享比例谈判。每个企业跟政府签承包合同，在承包合同上规定税基和税率。承包的内容，不仅包括税收，还包括贷款、利率、外汇、汇率。承包制改革从1987年全面实施，客观上刺激了企业的生产经营的积极性，但导致了1988—1989年的持续通货膨胀。承包制使国家无法采用稳健的财政政策和货币政策调控宏观经济的周期波动，这证明财政包干制并非理想的制度安排①。

无论国营企业的利润包干制，还是财政体制的税收包干制，这类“放权让利”的改革思路实际上早在1969年就实施过。1971年，财政部就决定，地方政府定收定支，收支包干，保证上缴，结余留用，一年一定。包干以后，虽然调动了地方积极性，但又产生了收入指标难以符合实际，各地苦乐不均；地方财力不稳定，各年差异较大②。后来的始自1979年的改革思路只是对这种分权策略的一种借鉴、沿用和扩展性继承。杜润生就证实，1956年四川、浙江、广西等地就进行过“包产到户”的尝试。1959年、1961年也先后出现过分田单干的实际案例。但毛泽东最终仍然坚持实施“三级所有，队为基础”的公社体制，这种尝试才最后废止③。但是，到了1979年，“承包单干”的分权让利的改革思路又重新成了改革策略的首要选择，甚至一度成为“改革的政治经济学”所要研究的核心问题。

分权与承包单干的改革思路同样受到人们的普遍的质疑，因为：

（1）小农经济结构并非一种有效率的制度，它弱化了农民的谈判能力，无法确保农民的切身利益。同时，这种小农式的经济结构既不利于农业内部的分工与专业化，也不利于农户在产业选择中发展出以土地为质押的货币信贷体系。这种经济结构诱发了20世纪90年代愈演愈烈的“三农问题”。

（2）分权式的财政包干制度弱化了中央的财政能力，不利于宏观经济的稳健发展，尤其在计划体制占主导的情况容易诱发“一放就乱，一收就死”的治乱循环。

（3）承包制尽管激发了员工的生产积极性，却使企业易于追求短期利益，此外，政府与企业的频繁就承包条款反复谈判，也增加了制度运转的交易成本。

这样，到1992—1994年，建立现代企业制度、构建中央地方分税制的改革思路就呼之欲出了，原先的“改革的政治经济学”就要被“转型的政治经济学”所替代了④。

第六节　转型的政治经济学：1992年至今

改革的政治经济学更强调公有制的自我完善，因此，尽管我们认为即使联产承包制和企

---

① 汤艳文：“对财政包干制的政治后果的三种理解及其评价”，《天津社会科学》，2002年第6期。项怀诚：“改革是共和国60年财政主线”，《经济观察报》，2009年9月2日。未名作者：“财政包干制：当初没有更好的方法”，http://view.news.qq.com/a/20090911/000036.htm，2009年9月11日。

② 刘国光等：《中国十个五年计划研究报告》，人民出版社2006年版，第304页。

③ 杜润生：《杜润生自述：中国农村体制变革的重大决策纪实》，人民出版社2005年版，第84—95页。

④ 张五常等学者过分夸大承包制的作用，而且对承包制作了不切历史逻辑的解读，主要原因在于他的全部分析建立在“产权至上”的形式逻辑上。张五常：《中国的经济制度》，中信出版社2009年版，第127—145页。

业承包制的改革含有产权改革的成分，但仍然不是彻底的产权改革。改革的取向是市场化，那么转型的取向就有更深的政治学、社会学与文化学的含义了。然而，这并非意味着改革与转型是“不相干”的“两种事物”，实际上，改革的逻辑会内在地向转型的逻辑“转化”，而转型过程同样也包含了一系列的改革行为或“阶段”。不过，尽管两者如此密不可分，我们仍然可以指出转型的若干鲜明的特征：

（1）转型并不单纯指经济转型，也包括社会转型与政治转型。

（2）就经济转型而言，其本质在于产权或所有制的“革命性”的变化。

（3）就国家层而言，转型意味着国家战略的重新选择与定位。

鉴于本书的研究主题，我们并不打算过多地讨论社会转型与政治转型，尽管后者中的“宪政主题”一直以来都是学术界与政策界的“兴趣中心”。之所以这样做，部分原因是社会转型与政治转型的复杂性需要进行专门性的（单独）研究，部分原因在于经济转型是一切社会转型与政治转型的“基础”，正如马克思所说的，是经济基础决定上层建筑，后者只对前者提供“反作用”。

近20年来，中国的改革思路越来越受新自由主义思潮的影响，所导致的政策后果无非是：

其一，国企的全面改制，即建立股权多元的现代企业制度。

其二，财政体制的分税制改革，即通过法律的方式确定中央与地方的事权，由此反推出中央与地方的税种与税基，既保证了中央财政收入的稳定，也确保地方财政的积极性。

其三，实施金融深化与自由化的改革，即在组织结构上引进战略投资者，把国家的独资银行改造成股份公司性的商业银行。

实际上，上述政策思路正是不加约束的市场化取向的逻辑结果。很显然，当决策者或某些研究者把市场化取向的改革目标看做是更少的政府责任、更多一些的资本主义、更加不受约束的自由企业以及股权更为多元的货币金融体制，那么教育产业化、医疗市场化、社会保障“社会化”就必然是整个社会成员必须接受的结果。进一步说，当政府职能与公用事业单位所提供的公共品也要通过市场供求机制待价而沽，那么权贵资本化和资本权贵化也自然就成为改革的后果之一。这是建基于新自由主义经济学之上的改革战略不能不受到公众质疑的原因之一。

改革愈来愈向“纵深”发展，则其转型的含义也就愈来愈不确定，作为改革的最初逻辑起点的马克思的经济分析逻辑或毛泽东式的政治经济学也就越来越被一种新的理论解释框架所替代，结果，改革与转型过程就被新的产权理论、新的制度理论、新的自由主义的哲学所解释和“过度解释”。这时，“绩效”和“增长”也就成了一切政策与思想的合法性的基础。一切藉以“增长”为理由的各种各样的改革方案最易被改革者所选择，尽管其后果可能悖离社会的基本的道德伦理准则和社会成员的“正义诉求”（及其折射出来的“公众意愿”）。这样一来，改革与转型就有了新的理论基础，在学术界，这样的理论基础被定义“转型经济学”。

但这是否意味着经典理论就失去了应有的价值了呢？实际上，一种理论体系的价值既取决于它能为活生生的现实及由此上溯的历史提供多少合乎实际的“解释力”，也取决于这种理论对社会的演变趋势所作的“预测能力”，还取决于社会成员对这种理论的需要程度。与从前不同，现在的人们不仅仅关注各种经济活动的绩效，更关注生活质量、幸福感，不同阶层成员和谐相处的可能性，受教育和发展的均等机会，经济持续、健康发展的质量和速度，资源和环境条件能否得到充分的改善以使我们的子孙后代能够享有进一步发展的“历史基础”。因此，新古典的效率原则更多的是一种经济学的分析视角和分析基准，我们不可能按照它的分析结论原封不动地拿来作为制度和政策选择的标准答案。按照博弈论与产权经济学的分析方法，张维迎得出了“资本雇佣劳动”的理论结论。显然，在学术上这或许是一个有价值的结论，但如果把这样一个结论简单地用作国有企业改革的“决策依据”，那就一定会得出一系列有损于劳工阶层利益的方案。例如按照资本雇佣劳动的理论逻辑，国有企业的经理通过财务手段做低企业价值从而最终把国有资产归于自己是符合张维迎所推导出的效率原则的，因为第一，这样一来产权就“细化”到个人了；其二，企业经理由于同时拥有剩余索取权和剩余控制权而获得了更高的“激励”，从而他的经营积极性将会提高。

但问题在于，企业经理由于效率原因而拥有低价购买国企的“合理性”，那么国企员工或者社会成员可否因为社会的正义原则而获得拥有企业资产的权利呢？前者具有效率标准的“合理性”，后者则具有“正义标准”的“合理性”，这两种“合理性”如此地不能“兼容”，以至于成为转型过程中产生社会冲突的根源之一①。自1979年，改革过程所遵循的（原则）是“效率优先，兼顾公平”的经济逻辑，但由此引发的后果却导致了社会收入分配的严重失衡。这也是影响宏观经济稳健发展的内需不足的原因所在。

这里，我们有必要重温一下邓小平为改革开放所设定的十个“正义原则”：

（1）我们实行的是社会主义制度，我们的人均四千美元不同于资本主义国家的人均四千美元，特别是中国人口多，如果那时十五亿人口，人均达到四千美元，年国民生产总值达到六万亿美元……就表明社会主义优于资本主义。所以，搞社会主义，一定要使生产力发达，贫穷不是社会主义。（“社会主义必须摆脱贫穷”，《邓小平文选》第三卷第225页）；（2）在中国现在落后的状态下，走什么道路才能发展生产力，才能改善人民的生活？这又回到是坚持社会主义道路还是走资本主义道路的问题上来了。如果走资本主义道路，可以使中国百分之几的人富裕起来，但是绝对解决不了百分之九十的人生活富裕问题。而坚持社会主义，实行按劳分配的原则，就不会产生贫富过大的差距。再过二十年，三十年我国生产力发展起来了，也不会出现两极分化。（“建设有中国特色的社会主义”，《邓小平文选》第三卷第64页）；（3）如果走资本主义道路，可能在某些局部地区少数人更快地富起来，形成一个新的资产阶级，产生一批百万富翁，但顶多也不会达到人口的百分之一，而大量的人仍然摆脱不了贫穷，甚至连温饱问题都不可能解决。只有社会主义才能从根本上解决摆脱贫穷的问题。（“中国只

① 汪晖：“改制与中国工人阶级的历史命运——江苏通裕集团公司改制的调查报告”，《去政治化的政治：短20世纪的终结与90年代》，三联书店2008年版。汪晖在该文中详细记述了江苏通裕集团公司在政府和某些企业领导、战略投资者的“主导”下如何把声誉良好、盈利能力高的集体企业改制成国有企业，尔后又如何将国有企业改制成战略投资者控股的股份集团公司的过程。在这个过程中，工人始终处于谈判之外，后来则到处上访申辨自己的权力。类似的例子还可参阅未名作者：“解析通钢改制这四年”，http：//info. chem. hc360. com/2009/08/05150369353－3. shtml。吉林省国有资产监督管理委员会与北京建龙重工集团有限公司（以下简称“建龙集团”）“合谋”，欲将建龙集团引入吉林省通化钢铁集团股份有限公司（以下简称“通钢集团”）成为后者的控股者，引起工人不满，结果造成建龙集团外派进通钢集团的经理陈国君被群殴致死的惨剧。2006年，建龙入股通钢集团进行产权重组，并未带来可观的效益，通钢集团收益反而下降。2008年全球性金融危机爆发后，建龙撤出通钢集团。但2009年7月，建龙又以战略投资者的身份人主通钢集团，遂引起通钢集团工人的不满。

能走社会主义道路”，《邓小平文选》第三卷第208页）；(4) 如果富的愈来愈富，穷的愈来愈穷，两极分化就会产生，而社会主义制度就应该而且能够避免两极分化。解决的办法之一，就是使富起来的地区多交点利税，支持贫困地区发展。（“在武昌、深圳、珠海、上海等地的谈话”，《邓小平文选》第三卷第374页）；(5) 按照现在开放的办法，到国民生产总值人均几千美元的时候，我们也不会产生新资产阶级。基本的生产资料归国家所有，归集体所有，就是说归公有。国家富强了，人民的物质、文化水平提高了，而且不断提高，这有什么坏处！（“在中顾委三次会议上的讲话”，《邓小平文选》第三卷第91页）；(6) 社会主义最大的优越性就是共同富裕，这是体现社会主义本质的一个东西。如果搞两极分化，情况就不同了，民族矛盾、区域间矛盾、阶级矛盾都会发展，相应地中央和地方的矛盾也会发展，就可能出乱子。（“善于利用时机解决发展问题”，《邓小平文选》第三卷第364页）；(7) 同时也有右的干扰，概括起来就是全盘西化，打着拥护开放、改革的旗帜，想把中国引导到搞资本主义。这种右的倾向不是真正拥护改革、开放政策，是要改变我们社会的性质。一旦中国全盘西化，搞资本主义，四个现代化肯定实现不了。中国要解决十亿人的贫困问题，十亿人的发展问题。如果搞资本主义，可能有少数人富裕起来，但大量的人会长期处于贫困状态，中国就会发生闹革命的问题。中国搞现代化，只能靠社会主义，不能靠资本主义。历史上有人想在中国搞资本主义，总是行不通。我们搞社会主义虽然犯过错误，但总的说来，改变了中国的面貌。（“吸取历史经验防止错误倾向”，《邓小平文选》第三卷第229页）；(8) 但风气如果坏下去，经济搞成功又有什么意义？会在另一方面变质，反过来影响整个经济变质，发展下去会形成贪污、盗窃、贿赂横行的世界。所以不能不讲四个坚持，不能不讲专政，这个专政可以保证我们的社会主义现代化进行，有力地对付那些破坏建设的人和事。（“在中央政治局常委会上的讲话”，《邓小平文选》第三卷第154页）；(9) 如果我们的政策导致两极分化，我们就失败了（“一靠理想二靠纪律才能团结起来”，《邓小平文选》第三卷第111页）；(10) 如果产生了什么新的资产阶级，那我们就真是走了邪路了。我们提倡一部分人先富裕起来，并且使先富裕起来的个人，也要有一个限制，例如征收所得税。还有，提倡有的人先富裕起来以后，自愿拿出名列第一炒办教育、修路。当然不能搞摊派，现在也不宜过多宣传这样的例子，但是应该鼓励。（“一靠理想二靠纪律才能团结起来”，《邓小平文选》第三卷第111页）。此处所引的“十个如果”来自韩强（2007年11月22日）的“博文”，参阅：http://blog.sina.com.cn/s/blog_4c2e02cb01000dc2.html）

这意味着基于正义取向的“社会分配”决非单纯的经济效率问题或孤立的经济政策问题，它会通过影响（社会的有效）需求（水平）而决定一国一地区的产业布局从而最终影响中国的城市化和现代化的进程，更主要的是，“社会分配”、“均等的发展机会”以及与此相关的一切“社会选择”还将以清晰的历史逻辑表明“改革取向”或“转型取向”将并非只是单一的“市场化”的或“效率标准”的，而是介乎公平与效率标准之间的一种“折中”选择。这表明，人们有必要重新思考马克思的经济分析逻辑和毛泽东式的政治经济学的历史与现实意义。既有的理论资源不是要引领我们退回到早已逝去的历史，而是迫使我们思考现实的和将要面临的问题，这就是如何在既有的制度与技术约束条件下重塑社会信念，构建责、权、利相统一的财产关系，在激励资本不断扩大的同时寻求它与劳动的“平衡”关系，通过制度或法律制约资本对劳动的潜在“压力”从而确保劳动者的合法权益。

1979年以来，经济学家们似乎获得了解构传统中国社会的“话语霸权”，他们用一系列看似逻辑严明的经济学的分析结构定义了产权、交易成本和制度变迁。但是，当他们在讨论发展与转型问题的时候却忘记了正是先有了毛泽东式的重工业优先发展的战略才有了今天的比较优势战略。恰恰因为毛泽东时代所创建的独立的工业体系和比较完整的国民经济体系才使我们今天的改革与转型找到了自己的对象从而成为一个具有历史意义的现实问题。同样，假如中国自1949年10月1日开始就致力于（实践）陈志武所推崇的彻底的私有化（逻辑）①，那么中国的工业化与城市化将进行得怎么样呢？这是一个需要研究、讨论甚至澄清的历史问题与学术问题。我们还要问，中国近二十几年的“圈地运动”以及地方政府从地产的开发中汲取到的巨大地租难道没有为城市化节省出巨量的交易成本吗？而这得益于中国1949年10月1日就开始的土地改革运动。

毛泽东式的政治经济学的政策含义就是“组织化加工业化”，这为我们创建独立的完整的工业体系与国民经济体系准备了“理论”，但这样的“理论”的确在许多地方违背了他早年所倡导的新民主主义的基本原理或原则。越到毛泽东晚年两者相悖的地方就越多，这使我们从1979年始就合理地找到了改革毛泽东式的政治经济学的种种理由，也找到改革毛泽东的工业体制与农业体制的客观依据。到了今天，如果说历史的演进真是辩证地螺旋式地向前推进的话，那么至少在理论上我们也到了否定之否定的历史阶段，但这绝对不是简单的历史的回归。从这个意义上说，即便从政治经济学的思想史来分析，马克思的经济分析逻辑和毛泽东式的政治经济学的基本原理仍具有重要的启发意义。

第七节　结语：政治的或意识形态的政治经济学？

顾准的“从理想主义到经验主义”一文的核心是经验主义或渐进的演进主义的，即社会变迁的路径是多元演进的，在这个演进过程中，人们的思想和认识就各局部来说是片面的，即所获得的都是片面性“真理”，而总合在一起，则就成了多元的“认识体系”或“知识体系”，这意味着思想必须多元而不能单一，具体到政治结构，同样如此，即理想的或充满理想主义精神的政治制度希望通过彻底的直接民主来体现主权在民的政治诉求，但这样的理想主义的直接民主却最终导致多数人对少数人的专政，亦即多数人占优的“暴民政治”，因此，尽管清谈馆式的议会民主并非单一的民主形式，亦并非最能体现民主精神的民主形式，却可以通过不同政治派别与力量的竞争而避免直接民主导致多数人的暴政或政治上有威权主义，因而反而成为了一种相对好的、稳定的政治结构②。在我看来，学术与思想流派的竞争同样如此。然而，意识形态始终在起作用，尽管新自由主义经济学的初衷是多元主义

---

① 陈志武：“改革开放160年”，《中国改革30年：10位经济学家的思考》，上海人民出版社2008年版，第232—259页。只要认真读读陈志武的这篇文章，我们就知道陈志武教授需要什么。他需要什么并不重要，重要的是中国社会各阶层需要什么，以及所有这些社会成员又如何在改革过程中获得社会共识，这才是民主宪政与转型逻辑的“题中应有之义”。

② 《顾准文集》，中国市场出版社2007年版，第242—260页。

的，渐进主义的、彻底的自由主义的，但当它发现在这个世界上还存在着许多与它有差异的思想体系时便群起而攻之并以真理的占有者和诠释者自居，这就大大背离了新自由主义的经济学与哲学所倡导的自由与宽容精神了。在中国，新“自由”主义的经济学家们对“异端”表现得尤为剧烈，而新自由主义的哲学家们反倒是谦谦君子而稍能容忍“异见”的[1]。

陈志武把改革开放的始起时间推至160年前的洋务运动，也许有其道理[2]。但是，为什么洋务运动并未在中国引起工业革命？孙中山先生的辛亥革命同样未能使中国人民顺利地开始他们的工业革命的梦想。只是到了1949年，我们的工业革命才正式拉开序幕，到1979年，我们才有了初步的完整的工业体系与国民经济体系。可见陈志武的历史观是不健全的，不正确的。

市场化取向改革是正确的而且颇有成效，但它的缺陷也显而易见，资本的放纵加上权力的“强势”催生出一种现代社会的“怪胎”，即“权贵资本主义”而使中国的平民阶层，甚至那些所谓“中间阶层”深陷“新三座大山”的泥淖而难以自拔，这就使我们的改革开放多多少少进入了某种“未知之域”，这意味着我们必须在制度上、在政策上要“折中”或“平衡”正义与效率的“历史之维”。一种新的转型政治经济学呼之欲出，首先，它必须具备健全的历史视角。

---

① 秦晖作为新自由主义的知识分子就颇具宽容之风，而且表现出对民生的关注。他认为，中国的许多“改制”有违正义标准。

② 陈志武：“改革开放160年”，《中国改革30年：10位经济学家的思考》，上海人民出版社2008年版。

主要参考文献

1. Albert Park, Sangui Wang . 2001. China's Poverty Statistics. *China Economic Review*. Vol. 12, pp. 384—398.

2. Anand, S. M. R. Kanbur. 1993. The Kuznets Process and The Inequality Development Relationship. *Journal of Development Economics.* Vol. 40, pp. 25—52.

3. Andrew G. Walder . 2002. Income Determination and Market Opportunity in Rural China, 1978—1996. *Journal of Comparative Economics.* Vol. 30, pp. 354—375.

4. Ashwani Saith. 1983. Development and Distribution, A Critique of the Cross - Country U - Hypothesis. *Journal of Development Economics.* Vol. 1, pp. 367—382.

5. Athar Hussain, Peter Lanjouw and Nicholas Stem. 1994. Income Inequalities in China, Evidence from Household Survey Data. *World Development.* Vol. 22, No. 12, pp. 1947—1957.

6. Bai, C, E. Du, Y, J., TaoZ. G., Tong, Y. T. 2004. Local Protectionism and Regional Specialization: Evidence from Chinas Industries. *Journal of International Economics.* Vol. 63, No. 2, pp. 397—418.

7. Baldwin, Richard E. 2001. The Core - Periphery Model with Forwarding - looking Expectations. *Regional Science and Urban Economics.* Vol. 31, pp. 21—49.

8. Baney, J. 1991. Firm Resources and Sustained Competitive Advantage. *Journal of Management*, Vol. 17.

9. Blaug, M. 1996. *Economic Theory in Retrospect, fifth edition.* Cambridge University Press.

10. Cecilia García - Peñalosa, Stephen J. Tumovsky. 2006. Growth and income inequality, a canonical model. *Economic Theory.* Vol. 28, pp. 25—49.

11. Chang, G. 2002. The Cause and Cure of China's Widening Income Disparity. *China Economic Review*, Vol. 13, pp. 335—340.

12. Che, Jiahua and Qian, Yingyi. 1998. Institutional Environment, Community Government, and Corporate Governance: Understanding China's Township - Village Enterprises. *Journal of Law, Economics, and Organization*, Vol. 14, No. 1, pp. 1—23.

13. Coase, Ronald H. 1990. Accounting and the Theory of the Firm. *Journal of Accounting and Economics.* Vol. 12, pp. 3—13.

14. Demsetz, Harold. 1988. The Theory of the Firm Revisited. *Journal of Law, Economics, and Organization.* Vol. 4, No. 1, pp. 141—162.

15. Dixit, A. K. and J. E. Stiglitz. 1977. Monopolistic Competition and Optimum Product Diversity. *American Economic Review.* Vol. 67, pp. 297—308.

16. François Bourguignon, Christian Morrisson. 1998. Inequality and development, the role of the dualism. *Journal of Development Economics.* Vol. 57, pp. 233—257.

17. Fujita M and Hu D. 2001. Regional disparity in China 1985—1994: the effects of globalization and economic liberalization. *Annals of Regional Science.* Vol. 35, No. 1, pp. 3—38.

18. Gustafsson and Li Shi, "Income Inequality within and across Counties in Rural China 1988 and 1995.", Journal of Development Economics, 2001, 22, 179—204.

19. Hyoungsoo Zang. 1998. The stability of the Kuznets curve, some further evidence. *Alied Economics Letters*, Vol. 5, pp. 131—133.

20. Khan A. and Riskin C. 2001. *Inequality and Poverty in China in the Age of Globalization.* Oxford: Oxford University Press.

21. Kristin J. Forbes. 2000. A Reassessment of the Relationship Between Inequality and Growth. *The American Economic Review.* Vol. 9, pp. 869—887.

22. Krugman, P. 1991. *Geography and Trade.* MA: MIT press.

23. Marurice, C. Xu bei, L. and Christophe, V. H. 2005. Openness, Industrialization and Geographic Concentration of Activities in China. World Bank Policy Research Working Paper, No. 3706.

24. Masahisa Fujita, Paul Krugrnan, and Anthony J. 1999. Venables. *The Spatial Economy: Cities, Regions, and International Trade.* MIT Press.

25. Naughton, B. 1994. Chinese Institutional Innovation and Privatization from Below. *American Economic Reviews.* Vol. 84, No. 2.

26. Oi, Jean C. 1992. Fiscal Reform and the Economy Foundations of Local State Coporatism in China. *World Politics.* Vol. 45, No. 1, pp. 99—126.

27. Paukert, Felix. 1973. Income distribution at different levels of development, A survey of evidence. *International Labour Review.* Vol. 108, pp. 97—125.

28. Perotti E. C.; Sun, L.; Zou, L. 1999. State - owned versus Township and Village Enterprises in China. *Comparative Economic Studies*, Vol. XLI, No. 2—3.

29. Pomeranz, K. 2000. The Great Divergence China Europe and the Making of the Modern World Economy. Princeton: Princeton University Press.

30. Prahalad, C. K. and Hamel. G. 1990. The Core Competence of the Corporation. *Harvard Business Review.* Vol. 66.

31. Qian, Y. and G. Roland. Federalism and the Soft Budget Constraint. *American Economic Review.* Vol. 88, No. 5.

32. Ratt R. 1997. Reply to the Comment on Rati Ram's Test of the Kuznets Hypothesis. *Economic Development and Cultural Change.* Vol. 46, No. 1. pp. 191—195.

33. Rauch J. E. 1993. Economic development, urban underemployment, and income ine-

quality. *Canada Journal of Economics.* Vol. 26, pp. 901—918.

34. Ruttan, Vernon, W. and Yajiro Hayami. 1984. Toward to a Theory of Induced Institutional Innovation. *The Journal of Development Studies.* Vol. 20, pp. 203—223.

35. Sherman Robinson. 1976. A Note on the U Hypothesis Relating Income Inequality and Economic Development. *The American Economic Review.* Vol. 6, pp. 437—440.

36. Simon Kuznets. 1995. Economic Growth and Income Inequality. *The American Economic Review.* Vol. 3, pp. 1—28.

37. Smith, J., Maynard. 1982. Evolution and the Theory of Games, Cambridge University Press.

38. Weitzman, M. and C. Xu. 1994. Vaguely Defined Cooperatives and Cooperative Culture. *Journal of Comparative Economics.* Vol. 18, No. 2, pp. 121—145.

39. World Bank. 1993. *The East Asian Miracle: Economic Growth and Public Policy.* New York: Oxford University Press.

40. Sachs、胡永泰、杨小凯："经济改革和宪政转轨"，《经济学（季刊）》，2003 年第 2 卷第 4 期。

41. 安虎森等编著：《新经济地理学原理》，经济科学出版社 2009 年版。

42. 奥尔森：《集体行动的逻辑》，三联书店 1965 年中译本。

43. 奥利弗威廉姆森等：《交易费用经济学：契约关系的规制》，经济科学出版社 2001 年版。

44. 白暴力：《让城乡居民收入稳步增长——为什么要深化收入分配制度改革》，人民出版社 2008 年版。

45. 白和金、宋群："我国社会主义市场经济的计划管理方式研究"，《经济研究》，1993 年 10 期。

46. 波拉尼：《大转型》，浙江人民出版社 2007 年版。

47. 蔡昉：《科学发展观与增长可持续性》，社会科学文献出版社 2006 年版。

48. 蔡继明："转型期的中国理论经济学"，《经济学动态》，2003 年第 4 期。

49. 陈岱孙："现代西方经济学的研究和我国社会主义经济现代化"，《北京大学学报（哲学社会科学版）》，1983 年第 3 期。

50. 陈国富、段文斌：《中国经验：内生道路与持续发展》，经济科学出版社 2009 年版。

51. 陈吉元：《乡镇企业模式研究》，中国社会科学出版社 1989 年版。

52. 陈剑波："乡镇企业的产权结构及其对资源配置效率的影响"，《经济研究》，1995 年第 5 期。

53. 陈平："新古典经济学在中国转型实验中的作用有限"，《经济研究》，2006 年第 10 期。

54. 陈文科："中国转轨经济学论纲"，《改革》，2001 年第 3 期。

55. 陈宗胜：《经济发展中的收入分配》，上海人民出版社和上海三联书店 1991 年版。

56. 陈宗胜、谢思全、吴浙等：《中国经济体制市场化进程研究》，南开大学出版社 1999 年版。

57. 成思危：《改革核心是制度创新》，《中国改革 30 年》，上海人民出版社 2008 年版。

58. 董辅礽："对社会主义市场经济还需进一步研究"，《经济研究》，1998年11期。

59. 樊纲：《公有制宏观经济理论大纲》，上海三联出版社1990年版。

60. 樊纲：《渐进式改革的政治经济学分析》，上海远东出版社1997年版。

61. 方兴起："评形而上学的市场经济观"，《中国社会科学》，1996年第6期。

62. 谷书堂、常修泽："社会主义与商品经济论纲"，《经济研究》，1990年第6期。

63. 谷书堂主编：《社会主义经济学通论——社会主义经济的本质、运行与发展》，上海人民出版社1989年版。

64. 顾准："试论社会主义制度下的商品生产和价值规律"，《经济研究》，1957年第3期。

65. 关梦觉：《关于社会主义再生产的几个问题》，吉林人民出版社1980年版。

66. 郭金兴："技术进步、制度变迁与资源暴利：中西方历史大分流的解释与启示"，《经济评论》，2009年第2期。

67. 何自力、乔晓楠、李菁："中国模式与未来道路的探索"，《社会科学研究》，2009年第2期。

68. 胡汝银："中国改革的政治经济学"，《经济发展研究》，1992年第4期。

69. 胡永泰、海闻、金毅彪："中国企业改革究竟获得了多大成功"，《经济研究》，1994年第6期。

70. 贾根良：《演化经济学——经济学革命的策源地》，山西人民出版社2004年版。

71. 蒋学模："论计划调节与市场调节的结合"，《经济研究》，1979年第8期。

72. 蒋一苇："企业本位论"，《中国社会科学》，1980年第1期。

73. 金碚："产业国际竞争力研究"，《经济研究》，1996年第11期。

74. 景维民：《经济转型的阶段性演化与相对市场化进程研究》，中国财经出版社2006年版。

75. 凯恩斯著，高鸿业译：《就业、利息和货币通论》，商务印书馆1999年版。

76. 科尔奈：《后社会主义转轨的思索》，吉林人民出版社2003年版。

77. 科斯：《企业的性质》，北京大学出版社2003年版。

78. 赖明勇、张新、彭水军、包群："经济增长的源泉：人力资本、研究开发与技术外溢"，《中国社会科学》，2005年第2期。

79. 黎玉柱："我国国有企业与乡镇企业、外商投资企业劳动用工效率的比较"，《经济研究》，1996年第3期。

80. 李稻葵："转型经济中的模糊产权理论"，《经济研究》，1995年第4期。

81. 李扬："浅谈'外向型'经济"，《经济研究》，1986年第12期。

82. 厉以宁：《股份制与现代市场经济》，江苏人民出版社1994年8月版。

83. 林青松："改革以来中国工业部门的效率变化及其影响因素分析"，《经济研究》，1995年第10期。

84. 林毅夫、蔡昉、李周：《中国的奇迹：发展战略与经济改革》，上海三联书店1994年版。

85. 林毅夫："本土化、规范化、国际化"，《经济研究》，1995年第10期。

86. 刘昌黎："进口替代是我国赶超世界工业大国的长期战略"，《经济研究》，1987年第 8 期。

87. 刘刚："企业竞争力的实质与深化我国企业改革的战略思考"，《教学与研究》，2002 年第 10 期。

88. 刘国光："关于社会主义市场经济理论的几个问题"，《经济研究》，1992 年第 10 期。

89. 刘骏民："马克思主义经济学与西方经济学基本理论比较"，《南开经济研究》，1987 年第 1 期。

90. 刘芍佳、李骥："超产权论与企业绩效"，《经济研究》，1998 年第 8 期。

91. 刘树成：《繁荣与稳定：中国经济波动研究》，社会科学文献出版社 2000 年版。

92. 刘小玄："国有企业与非国有企业的产权结构及其对效率的影响"，《经济研究》，1995 年第 7 期。

93. 柳随年："正确处理积累和消费的比例关系　加速实现四个现代化"，《经济研究》，1979 年第 4 期。

94. 柳欣：《经济学与中国经济》，人民出版社 2006 年版。

95. 骆耕漠："关于生产资料的低价政策问题"，《经济研究》，1957 年第 3 期。

96. 马家驹、蔺子荣："生产方式和政治经济学的研究对象"，《经济研究》，1980 年第 6 期。

97. 孟连、王小鲁："对中国经济增长统计数据可信度的估计"，《经济研究》，2000 年第 10 期。

98. 南冰、索真："论社会主义制度下生产资料的价值和价值规律的作用问题"，《经济研究》，1957 年第 1 期。

99. 诺思：《经济史上的结构与变迁》，商务印书馆 1981 年。

100. 诺斯：《制度、制度变迁与经济绩效》，上海三联书店 1994 年版。

101. 逄锦聚："改革开放的伟大历程和基本经验——纪念我国改革开放 30 周年"，《南开学报（哲学社会科学版）》，2008 年第 2 期。

102. 平心："论生产力性质"，《学术月刊》，1959 年第 6 期。

103. 钱敏泽："库兹涅茨倒 U 字形曲线假说的形成与拓展"，《世界经济》，2007 第 9 期

104. 钱颖一："理解现代经济学"，《经济社会体制比较》，2002 年第 2 期。

105. 瑟尔沃：《增长与发展》，中国财政经济出版社 1999 年版。

106. 沈坤荣、耿强："外国直接投资、技术外溢与内生经济增长——中国数据的计量检验与实证分析"，《中国社会科学》，2001 年第 5 期。

107. 盛洪：《中国的过渡经济学》，上海三联书店 1994 年。

108. 苏星："社会主义市场经济与公有制为主体"，《中国社会科学》，1997 年第 6 期。

109. 孙景宇："论转型经济学的转型"，《经济社会体制比较》，2008 年第 5 期。

110. 孙尚清、陈吉元、张耳："社会主义经济的计划性与市场性相结合的几个理论问题"，《经济研究》，1979 年第 5 期。

111. 孙文凯："中国农村收入流动分析"，《经济研究》，2007 第 8 期。

112. 孙冶方：《社会主义经济学的若干理论问题》，人民出版社 1979 年版。

113. 谭秋成："从企业的性质看乡镇集体企业产权改革的方向"，《中国农村经济》，

1998 年第 3 期。

114. 陶继侃："政治挂帅、计划指导和价值规律"，《关于社会主义制度下商品生产和价值规律问题》，科学出版社 1959 年版。

115. 田光："从马克思列宁主义政治经济学史来看政治经济学的对象"，《经济研究》，1961 年第 4 期。

116. 万解秋："苏南模式面临的挑战与选择"，《经济研究》，1987 年第 4 期。

117. 汪丁丁："企业家的形成与财产制度——评张维迎《企业的企业家——契约理论》"，《经济研究》，1996 年第 1 期。

118. 王小鲁、樊纲：《中国地区差距：20 年变化趋势和影响因素》，经济科学出版社 2004 年版。

119. 王亚芬、肖晓飞、高铁梅："我国城镇居民收入分配差距的实证研究"，《财经问题研究》，2007 年第 6 期。

120. 王亚南：《中国经济原论》，广东经济出版社 1998 年版。

121. 王振中、剧锦文主编：《中国经济学百年经典》（中卷，1949—1978），广东经济出版社 2005 年版。

122. 魏后凯："外商直接投资对中国区域经济增长的影响"，《经济研究》，2002 年第 4 期。

123. 魏埙："中国经济学向何处去"，《当代经济研究》，1997 年第 6 期。

124. 吴传启："马克思对庸俗经济学方法论的批判及其现实意义"，《经济研究》，1962 年第 11 期。

125. 吴敬琏：《转轨中国》，四川人民出版社 2002 年。

126. 吴忠观："评价《英国古典政治经济学》"，《经济研究》，1979 年第 6 期。

127. 许涤新主编：《政治经济学辞典》（上），人民出版社，1980 年 3 月版。

128. 薛暮桥："关于社会主义市场经济问题"，《经济研究》，1992 年第 10 期。

129. 薛暮桥：《中国社会主义经济问题研究》，人民出版社 1979 年版。

130. 杨坚白："必须有计划地发展商品市场经济"，《经济研究》，1996 年第 2 期。

131. 杨瑞龙："我国制度变迁方式转换的三阶段论——兼论地方政府的制度创新行为"，《经济研究》，1998 年第 1 期。

132. 杨小凯："企业理论的新发展"，《经济研究》，1994 年第 7 期。

133. 杨小凯："经济改革和宪政转轨：回应"，《经济学（季刊）》，2003 年第 2 卷第 4 期。

134. 伊特韦尔等编：《新帕尔格雷夫经济学大辞典》1—4 卷，经济科学出版社 1996 年版。

135. 于光远、董辅礽：《中国经济学向何处去》，经济科学出版社 1997 年版。

136. 于光远："关于社会主义制度下商品生产问题的讨论"，《经济研究》，1959 年第 7 期。

137. 于立、于左等：《中国乡镇企业产权与治理结构研究》，经济管理出版社 2003 年版。

138. 袁文祺、戴伦彰、王林生："国际分工与我国对外经济关系"，《中国社会科学》，

1980 年第 1 期。

139. 约瑟夫·熊彼特，《经济发展理论》，商务印书馆 1990 年版。

140. 张军、冯曲：“集体所有制乡镇企业改制的一个分析框架”，《经济研究》，2000 年第 8 期。

141. 张军：《“双轨制”经济学：中国的经济改革（1978—1992）》，上海三联书店 1997 年版。

142. 张仁德：“比较经济学的危机与创新”，《经济社会体制比较》，2004 年第 3 期。

143. 张曙光：《经济结构和经济效果》，中国社会科学出版社 1982 年版。

144. 张曙光：“中国的制度分析：三个理论框架的比较——简评刘世锦新著《经济体制效率分析导论》”，《经济研究》，1994 年第 12 期。

145. 张维迎：《理解中国经济改革》，《中国改革 30 年》，上海人民出版社 2008 年版。

146. 张闻天：“关于生产关系的两重性问题”，《经济研究》，1979 年第 10 期。

147. 张问敏：“关于按劳分配理论的思考”，《经济研究》，1987 年第 2 期。

148. 张五常：《企业的契约性质》，上海三联书店和上海人民出版社 1996 年版。

149. 张宇：《转型政治经济学——中国经济改革模式的理论阐释》，中国人民大学出版社 2008 年。

150. 张卓元主编：《中国经济学 30 年（1978—2008）》，中国社会科学出版社 2008 年版。

151. 赵晓雷：《新中国经济理论史》，上海财经大学出版社 1999 年版。

152. 赵新平、周一星：“改革以来中国城市化道路及城市化理论研究述评”，《中国社会科学》，2002 年第 2 期。

153. 支兆华：“乡镇企业改制的另一种解释”，《经济研究》，2001 年第 3 期。

154. 中国社会科学院科研局：《刘国光集（中国社会科学院学者文选）》，中国社会科学出版社 2005 年版。

155. 周冰、靳涛：“经济体制转型方式及其决定”，《中国社会科学》，2005 年第 1 期。

156. 周黎安：“晋升博弈中政府官员的激励与合作——兼论我国地方保护主义和重复建设问题长期存在的原因”，《经济研究》，2004 年第 6 期。

157. 周其仁：“产权与制度变迁——中国改革的经验研究”，《中国社会科学出版社》2002 年版。

158. 周业安：“行为经济学是对西方主流经济学的革命吗”，《中国人民大学学报》，2004 年第 2 期。

159. 朱光华：《政府经济职能和体制改革》，天津人民出版社 1995 年版。

160. 朱剑农：“关于所有制和生产关系的几个基本理论问题”，《经济研究》，1980 年第 1 期。

后 记

新中国成立60年以来，经济发生了翻天覆地的变化。中国经济的腾飞越来越受到世界的瞩目。在与中国经济实践的互动中，中国的经济理论不断创新，中国的理论经济学日益发展。在新中国成立60周年之际，结合中国经济的发展历程，对中国经济理论进行回顾与总结，并对其未来进行展望，具有特别的意义。本书就是循着这样的思路，以中国经济实践为背景，从各个侧面对中国经济学60年的理论变迁进行梳理。

本书是南开大学经济研究所研究人员集体劳动的成果。长期以来，南开大学经济研究所重视理论经济学的研究，并取得了丰硕的成果，为我国理论经济学的建设作出了重要贡献。2008年，适逢改革开放30周年，在南开大学经济研究所和中国财政经济出版社的共同努力下，反映改革开放以来中国经济学发展的《中国经济学三十年》出版，全面系统地阐述了我国经济领域各个方面的改革历程和改革成果，并对中国经济学的理论体系进行了深入探讨。本书是南开大学经济研究所与中国财政经济出版社再次合作的成果，是继《中国经济学三十年》后对中国经济学的发展更为全面和更为系统的梳理与回顾，是我国经济学发展的阶段性总结，必将对中国经济学未来的发展产生一定的影响。

在本书的写作过程中，南开大学经济研究所所长柳欣教授做了大量的组织工作，秦海英副教授和曹静博士对文稿进行了整理。本书的序言由谷书堂先生撰写。各章的撰写者分别为：第一章：杨文婷、何婧怡、胡洋；第二章：张海鹏；第三章：王璐；第四章：贺京同、那艺；第五章：曹静；第六章：乔晓楠；第七章：郭金兴；第八章：王玉茹、张玮、关永强、雷鸣；第九章：钟茂初、宋树仁、许海平；第十章：刘凤义；第十一章：崔学东；第十二章：周云波、沈扬扬；第十三章：薄文广、吴艳红；第十四章：谢申祥；第十五章：邓宏图、雷鸣、李伟华。本书的后记由曹静撰写。由于时间仓促和作者水平的限制，对于本书中可能存在的不足与漏洞恳请读者指正，感谢您对本书的关注与支持！

感谢中国财政经济出版社为本书的出版给予的大力支持，特别感谢中国财政经济出版社周桂元编审，在本书组织和编写过程中，多次与南开大学经济研究所及写作人员进行沟通与协调，使本书的出版工作得以顺利进行。本书文责自负，对于可能存在的疏漏与不足由作者负责。

2009年12月